SIGMUND FREUD

El Siglo del Psicoanálisis

Diseño de tapa: María Chimondeguy/Isabel Rodrigué

EMILIO RODRIGUÉ

SIGMUND FREUD

El Siglo del Psicoanálisis

EDITORIAL SUDAMERICANA
BUENOS AIRES

IMPRESO EN LA ARGENTINA

Queda hecho el depósito
que previene la ley 11.723
© *1996, Editorial Sudamericana S.A.*
Humberto I 531, Buenos Aires

ISBN 950-07-1155-9

Para la vieja guardia, los psicoargonautas de siempre,
Armando, Fernando, Hernán y Tato, compañeros de mil
batallas y algunas victorias.

Para Aurelio, Syra y Urania, discípulos bahianos que
se convirtieron en maestros.

Para el equipo que supervisó, con amor crítico, la redacción
de este libro: Alone, Lucinha, Mali, Marcio y Susana.

Para Graça, la mujer de los mil nombres,
sangre de mi alma.

Antes de morir, tengo que encontrar alguna manera de
expresar lo esencial que hay en mí, algo que nunca he dicho,
algo que no es amor, ni odio, ni piedad, ni desprecio, sino el
intenso hálito propio de la vida, que viene de muy lejos y que introduce en la
vida humana la inmensidad y la
tremenda fuerza imparcial de las cosas no humanas.

Bertrand Russel, *Autobiografía*

Tomándonos alguna libertad, podemos decir que el psicoanálisis
es la ciencia de la tremenda fuerza imparcial de las cosas no humanas del
hombre.

Advertencia para el lector

Los números volados remiten a notas agrupadas al final de cada capítulo; los números volados precedidos de asterisco corresponden a notas al pie.

En las notas, *SE* es la abreviatura de *Standard Edition*, la edición inglesa de las obras completas de Freud.

Primera Parte

PRÓLOGO

LA HORA DE LOS ARQUEROS

Comienzo con un cuento de arco y flecha:
Olofín, rey de Ifé, prepara la fiesta del tiempo de cosecha. En el palacio, en clima de celebración, se sirven manjares para los ilustres convidados. Pero, atención: un pájaro gigantesco se posa, amenazante, en el punto más alto del edificio. Su siniestra sombra atraviesa el patio iluminado por el sol. Olofín ha olvidado hacer un sacrificio a las hechiceras, las *Eleyés*. Ominosa omisión. Ellas usaban esos pájaros malvados para sus nefastas misiones.

Pánico y confusión en la corte. El Rey manda buscar a los Cazadores Custodios de la Noche. Primero prueba su puntería el Cazador de veinte flechas; luego, el Cazador de cuarenta flechas, y finalmente el arquero de cincuenta flechas. Los tres fracasan. Eran arqueros experimentados, pero el pájaro gigantesco estaba protegido por el escudo invisible de las brujas.

Sólo restaba el humilde arquero de una única flecha. Mientras los primeros Cazadores Custodios de la Noche se esforzaban en vano, la madre del arquero de la flecha solitaria había consultado a un *Babalao*, que le dijo:
— Tu hijo está a un paso de la muerte y a un paso de la riqueza. Para que la muerte se transforme en oro es preciso que hagas una ofrenda.

El *Babalao* le mandó sacrificar una gallina y abrirle el pecho en el momento exacto en que el hijo lanzara su flecha. En ese momento el temible pajarraco perdió la coraza protectora y la flecha atravesó su corazón.

En la corte del psicoanálisis desfilaron renombrados arqueros: el formidable Jones, con sus incontables flechas oficiales; los archivistas Ellenberger y Sulloway; el sombrío Schur, con su biografía "psicosomática" de Freud[1]; el gran "interpretador" Anzieu; el culto y versátil Peter Gay; Roudinesco, la maravillosa contadora de historias, que abrió el pecho del pájaro francés; el poético Rieff; el malvado Masson y el "cinematográfico" Sartre[*1], para mencionar a los principales Ca-

---

[*1]. Me refiero a su guión para la película de Houston, *Freud* (1962).

zadores Custodios de la Noche. Pero el cuento africano no alude a que todas las flechas previas fueron necesarias para el éxito de éste, que es mi propio intento.

Cuando confié a mis colegas que pensaba escribir una biografía de Freud, ellos se sobresaltaron por la audacia, por la osadía tal vez. Alguna razón los asiste: para un psicoanalista, historizar a Freud significa palparlo y auscultarlo; significa tumbarlo en el diván, escrutar su cuerpo biográfico y pasar el peine fino en busca de piojos existenciales. Los escritores de ese género son impiadosos, y revelan con gusto intimidades salaces, como la operación sin éxito que desplazó el clítoris de la desventurada princesa Marie Bonaparte, con la intención de curar su frigidez, o la práctica masturbatoria de la joven y recatada Anna Freud. El biógrafo nato es un sujeto cruel, ávido de anécdotas. Podemos hablar, con de Mijolla, de una "pulsión biográfica"[2]. Soy uno de ellos.

Dudo de que exista, después de Jesucristo y el tío abuelo de Marie Bonaparte, un individuo más biografiado que Freud[*2]. Mucho se ha escrito sobre el padre del psicoanálisis, y ese montón de libros puede transformarse en provecho mío. Existe la anécdota de Freud calificando a Adler de pigmeo. El arquero de la flecha solitaria, con la pequeña ayuda de su PC 468, tiene la enorme ventaja del tremendo y triturado terraplén de documentación previa para catapultarse.

La figura de referencia, sin duda, es Ernest Jones. Como biógrafo oficial, él tuvo acceso a un acervo que, por tacto o censura, quedará fuera del conocimiento público hasta el siglo XXI. Paul Roazen tiene razón al decir que "Jones llenó su biografía de detalles valiosos. Fue minucioso hasta el punto de inhibir a quienes escribirían después de él"[3]. Su *Vida y obra de Sigmund Freud* tiene algo de empresa faraónica; cae en la tentación de levantar un mausoleo para la veneración de las generaciones futuras. Pocas veces hubo una biografía tan "comprometida", con alma de texto apostólico, expresión tan cabal de la leyenda y la doctrina freudianas. Esa militancia es su punto fuerte y su punto débil. Los tres tomos, publicados en la década de 1950, arrojaron una increíble luz sobre la "persona" de Freud. Hasta ese momento, nadie, con la excepción de los familiares y de algún miembro del círculo palaciego, conocía la naturaleza íntima, humana, más que humana, de este Conquistador que vino a perturbar la complacencia del planeta.

Nunca se supo tanto de un gran hombre como desde la publicación de la biografía de Jones y la *Correspondencia* con Fliess. Para los analistas fue vejatorio toparse con el fuero íntimo del Maestro, dán-

---

* 2. El emérito juez israelita Haim Cohn, en su ensayo sobre Cristo, calcula que en este siglo el número de historias de Jesús alcanza la espantosa suma de sesenta mil. Supongamos que el juez exagere, pero la cifra es elevadísima (H. Cohn, *O julgamento de Jesus, o nazareno*, 1989, Río de Janeiro, Imago).

dose de cara con la frondosidad de su neurosis. Para los intelectuales de fuera de la *cosa nostra*, la figura del padre del psicoanálisis ganó mucho en "consistencia de vida", como dice Sartre, que antes lo consideraba un frío y limitado profesor dogmático[*3].

Jones pavimenta la *via regia* para la comprensión histórica de nuestro héroe. Tiene razón Paulo Souza: "la imagen que tenemos de Freud es, esencialmente, la que nos legó Jones"[4]. Necesitamos de él, sin creer mucho en él, porque (lo ha señalado Philip Rieff) la ortodoxia no es más que la herejía dominante[5]. "Ese mentiroso galés" (así lo llamaba Freud) fue el discípulo más ortodoxo y, por tanto, el menos veraz. Hombre de las mentiras ciertas y de los mitos verdaderos. Yo no lo admiro. Pienso en una anécdota de Gide: ante la pregunta de cuál era el mayor poeta francés de todos los tiempos, Gide suspiró antes de responder: "¡Victor Hugo, *hélas!*" ¿Cuál es el mayor biógrafo de Freud? Ernest Jones, ¡qué le vamos a hacer!

La motivación motiva. La razón principal que me llevó a escribir esta biografía reside en el cruce del deber con el deseo. Cuando el deber se vuelve deseante, proporciona un incentivo tan intenso que no parece sublimación[6]. Mi disposición a historiar se ve facilitada por mi eclecticismo impenitente, esa virtud con cara de vicio —o viceversa. Soy un ecléctico curtido; me doy el lujo de no pronunciarme porque sé que me pronuncio. Por esa vía, mi apreciación recorre un abanico que va desde el escarnio hasta la hagiografía. Ecléctico en la medida en que nado con la marea transferencial que me va llevando.

Esta tendencia plantea el tema del plagio. ¿No es éste, acaso, el colmo del eclecticismo? ¿Cómo digerir a Jones, Peter Gay, Didier Anzieu, Roazen, Roudinesco, Ellenberger, Rieff y Schur, sin indigestarse? ¿Cómo hacer un cierto ilegítimo abuso de la producción ajena? ¿Cuáles son los límites del decoro en el jardín de la propiedad privada intelectual?

Ahora bien, considero que plagiar es un crimen "hediondo" de menor cuantía. "Que me corten la mano...", sería una alusión literal, en la medida en que plagiar trae ecos masturbatorios, de práctica secreta, de una apropiación imaginaria autoerótica —particularmente si consideramos que el plagio más común es el plagio a uno mismo.

El plagio, como todo vicio, fascina. Estoy en buena compañía. "Plagiar —le escribe Freud a Jung—, ¡qué tentación!"[7]. Y le confiesa a Ferenczi: "Tengo un intelecto francamente complaciente y una fuerte tendencia al plagio"[8].

[*3]. Pontalis, en su prefacio al guión de Sartre, escribe: "Recuerdo haberle oído decir con deleite, mientras leía el libro de Jones: «Entre nosotros, dígame, su Freud era neurótico hasta la médula»" (Jean Paul Sartre, *Freud, além da alma*, 1984, Río de Janeiro, Nova Fronteira, pág. 17).

Con relación al tema, Lacan, borgesianamente, piensa en un acervo común, patrimonio del Otro, donde el acto plagiario no existe como tal y sólo se relaciona con el derecho legislado de propiedad intelectual. O sea, se puede trasgredir y pisar el césped del jardín privado[9]. Deleuze habla de *agenciamiento*, una forma válida de apropiación[*4] deseante –un plagio amoroso a cielo abierto.

Las biografías cambiaron de tono según la época. La primera fue la de Wittels, escrita antes de 1923, o sea antes del cáncer, cuando aún no existía la muerte anunciada[10]. Historia que tiene su historia. Wittels, discípulo de la primera hora, fue también uno de los primeros desterrados de la Sociedad Psicoanalítica de Viena, por haber escrito una "patografía" de Karl Krauss; lo readmitieron una década más tarde, convertido en biógrafo de Freud[11]. Esta biografía, además de estar bien escrita, no peca de idealización excesiva. Así, el escaldado Wittels advierte: "Freud se ha transformado en un emperador, en torno del cual está tomando forma una leyenda. Reina en sus dominios, reconocido y absoluto; hombre duro, consagrado a su causa"[12]. Luego viene *From Thirty Years with Freud*, de Reik, una óptica más nostálgica que épica, escrita hacia el final de la vida del padre del psicoanálisis. Pinta un Freud romántico e incompleto, sin la Academia Española de la adolescencia, sin la correspondencia amorosa, sin Fliess. Hasta ese momento, Freud es un libro abierto misteriosamente cerrado.

Ernest Jones da el siguiente paso al penetrar en el arca de los secretos. Quebrado el lacre, el cofre cede parte de su contenido. Junto a esta biografía, la *Correspondencia Freud-Fliess* conoce la luz del día. El deseo póstumo del Profesor no fue obedecido. Contra su voluntad en vida, la familia, o sea Anna Freud, *interpreta* que el deseo inconsciente de su padre, en el fondo de los fondos, era ser "publicado". Decisión muy valiente de Anna, tal vez no suficientemente reconocida, en la medida en que ella también fue medrosa en la censura ulterior.

Gerhard Fichtner estima que la producción epistolar freudiana total alcanza la increíble suma de 20.000 cartas. Fichtner juzga que la mitad de esas cartas se han perdido. Quedan, entonces, 10.000 cartas, de las cuales 4200 fueron publicadas, 3650 se conservan en el limbo inquieto de las cosas censuradas, y hay que estimar que unas 2000 no están totalmente perdidas, sino que, como botín de pirata, yacen en sótanos polvorientos[13]. Parafraseando el famoso *dictum* de Lacan, cabe decir que la correspondencia freudiana está estructurada como un laberinto, con un código de desciframiento que tiene que dar cuenta no sólo de las cartas que hablan, sino también de las que fal-

*4. Freud se refiere a la "apropiación" como una modalidad de los instintos del yo. Está en la naturaleza íntima del hombre (véase la Conferencia XXIII, SE., XVI, págs. 358-377).

tan, de las que murmuran con la voz retumbante de los fantasmas[*5].
Diez mil cartas excluidas acompañan el texto teórico, dando pie para
imaginar un hipertexto totalizador.

Existe otra razón, más íntima, para escribir el libro: yo estuve
allí. El arquero de una única flecha vivía en Londres cuando se publicó el primer volumen de la biografía de Jones. Resultó el *best-seller*
de ese año en que yo cumplía veintinueve y terminaba mi análisis con
Paula Heimann, dentro del bando kleiniano.

Ocurrió una noche antes de Navidad. Nevaba. La calle estaba
resbaladiza. Casi me caigo en la puerta de la casa de Melanie Klein
–"Mrs. Klein", como la llamaba. El resbalón se debió tal vez a los
"nervios" de mis piernas inquietas, porque Melanie Klein me había
invitado a cenar, junto con mi mujer. Se encontraban también Ernst
Freud, su esposa, y la bella Joan Rivière. La gran cena comenzó con
una humeante sopa húngara. Recuerdo detalles de esa mesa: el sombrero de alas grandes de Joan Rivière, los cubiertos de plata, el parecido de Ernst con su padre, la conversación de gente importante en la
que Freud era evocado con nostálgico acento vienés. Gran reunión.
Frau Ernst Freud estaba sentada a mi lado. En un momento dado,
tal vez a los postres, se inclinó hacia mí y me dijo en voz baja:

— ¡Qué linda es su señora! Debe ser una joven judía.

Dijo eso, juro que lo dijo. Un oído perspicaz, como el de Anzieu,
por ejemplo, sin duda inferiría que lo que quiso *realmente* decirme
era:

"Usted, que ha tenido tan buen gusto para elegir esposa, sería un
biógrafo óptimo de mi suegro."

Volviendo a la realidad, lo que importa es que yo estaba allí como
testigo del fin de una época. 1950. Punto importante: *antes* de la biografía de Jones. Para mí, y para el analista común de Londres o de
Buenos Aires, el único gran amigo de Freud había sido Breuer; no se
sabía de la existencia de Fliess. En adelante los analistas tuvieron
que asimilar el impacto de esas revelaciones, y resignificar la vida
privada del Maestro.

Soy un analista de la cuarta o quinta generación. Abraham fue
mi abuelo. Vi a un Jones un tanto irónico polemizar en la discusión
de trabajos de Bion y Balint. Fui vecino de Mrs. Klein por más de dos
años. Participé en seminarios con Rickmann, Glover y Anna Freud, y
más tarde intercambié correspondencia con Winnicott. Tomé el té con
Alix Strachey, servido por Mrs. Lindon, la bibliotecaria del Instituto
Británico de Psicoanálisis. Del otro lado del Atlántico, en la costa de
la *ego psychology*, trabajé, durante más de tres años, en la misma clínica que David Rappaport y Erik Erikson. Tengo una poderosa transferencia con el pasado, pero, junto con eso, soy un francotirador, un

*5. ¡Una carta a Breuer sólo podrá conocerse en el año 2102!

arquero *free-lance*, alguien que fue un joven analista del tiempo viejo y que ahora es un viejo analista del tiempo joven. Desde un mirador panorámico, veo el itinerario del movimiento psicoanalítico. Permanecí un prolongado período dentro de la *Asociación Psicoanalítica Internacional (IPA)*, para luego ser agente de cambio con ese huracán manso que fue el movimiento Plataforma. Soy el Analista de las 100.000 horas[*6].

En esta historia milenaria, *Plataforma* se destaca como un momento importante. Fue un grupo de ruptura, originado por analistas italianos, franceses, suizos y argentinos. Bauleo, Kesselman y Rothschild fueron los iniciadores. Su primera razón de ser: un cuestionamiento radical del psicoanálisis como institución. En Buenos Aires se formó un grupo integrado por cuatro "didactas" (Marie Langer, Diego y Gilou, Garcia Reynoso y yo), al que se sumaban Rafael Paz, Barenblitt, Pavlovsky, Sciarreta, Rozitchner y los padres de la criatura. Fuimos arqueros, esta vez arqueros políticos. Recuerdo la noche de setiembre de 1971 en que firmamos nuestro documento de ruptura. Hasta entonces, la *IPA* había impulsado –que yo sepa– sólo dos bajas: la de Reich y la de Lacan (sin contar el "alejamiento" de Wittels). En ese momento renunciaban a la institución más de cuarenta analistas (entre ellos los cinco didactas) si se sumaban los miembros de Plataforma y del grupo hermano Documento. Ese acto fue un pivote en la historia del movimiento psicoanalítico. Antes de *Plataforma* no existía la formación de analistas fuera de la *IPA*. Antes, un libro como éste no podría haberse escrito.

En los años 60, Laplanche y Pontalis, en el prólogo del *Diccionario del psicoanálisis*, escribieron que "El psicoanálisis nació hace casi tres cuartos de siglo. El «movimiento psicoanalítico» tuvo una historia larga y tormentosa; se crearon grupos de analistas en muchos países, donde la diversidad de los factores culturales repercutió sobre las propias concepciones"[14]. Como observa Renato Mezan, los autores mencionan los efectos de esa diversidad cultural, pero no extraen las conclusiones necesarias[15]. Una de ellas, la más importante, fue la creación de un movimiento psicoanalítico latinoamericano.

Esta biografía se nutre con las contribuciones de los analistas del Hemisferio Sur. Nuestra geografía e historia nos coloca en una posición, digamos, versátil. Debemos superar el servilismo del colonizado sin caer en la idealización indigenista. Somos bicéfalos, con una cara vuelta hacia Europa, mientras que la otra es más umbilical[16]. Nuestra visión del psicoanálisis está excluida del circuito internacional. El Freud visto por Ricardo Avenburg o Marcelo Viñar, Luis Hornstein, Juan David Nasio, Fernando Ulloa y León Rozitchner, o por Renato Mezan, Garcia-Roza, Joel Birman, MDMagno, Urania Tourinho, Syra

---

*6. Título de un artículo publicado en la revista *Percurso*.

Tahim de Lopes, Aurelio Souza, Manoel Berlinck y Zeferino Rocha, tiene la misma y fértil "aura" tercermundista. De Viena al Cono Sur. Del Danubio Azul a Foz de Iguazú.

Por ello coincido con el neurobiólogo Francisco Varela cuando, hablando de sus primeras contribuciones, afirma que ellas fueron posibles "por el hecho de que estaba en la América Latina, porque era un chileno perdido en Santiago. Pero, al mismo tiempo, había todo un fenómeno que se estaba produciendo en mi país y, sinceramente, creo que no sería posible repensar la autonomía [autopoiesis] fuera de ese contexto político-social. Si yo me hubiese quedado en los Estados Unidos, como quería uno de mis profesores, sospecho que nada de eso habría sucedido"[17]. Considero que ese "fenómeno que se producía en Chile" en el plano político, está sucediendo en Latinoamérica en el campo cultural actual.

Las biografías son nacionalistas de corazón. En el índice analítico de Peter Gay no hay lugar para Lacan ni para Laplanche, Fedida y Pontalis –lo que es un gran lapsus. Los franceses, por tradición, desconocen la literatura anglosajona, y así sucesivamente

Jones terminó el tercer volumen de su biografía en 1957. El arquero que hay en mí piensa que éste fue el punto de partida del Retorno a Freud que, en los años 60, sería la primera bandera de Lacan. Podemos postular que se entrelazaron dos retornos, el teórico y el histórico. No fue casual que la biografía oficial se titulara *Vida y obra de Sigmund Freud*. El movimiento de vuelta a las fuentes se origina en Francia. Anzieu publica *El autoanálisis de Freud* en 1959, y el *Coloquio de Bonneval* se realiza en 1960. Marthe Robert lanza su *Revolución psicoanalítica* en 1964, los *Escritos* de Lacan aparecen en 1966, y el *Vocabulaire Psychanalytique* de Laplanche y Pontalis en 1968. Finalmente, en 1969 ve la luz *Hermano animal*, de Roazen, la primera crítica institucional al Movimiento Psicoanalítico[18]. En la siguiente década, la "vida y obra" cobra un enorme impulso en las manos de Elisabeth Roudinesco, de Mijolla y René Major. Ellos aportaron su erudito talento galo, pintando un Freud más deseante, más charcotiano, menos anglosajón.

En la historia de las biografías, Anzieu tuvo el mérito de transitar por un camino diferente, por una senda "psicoanalítica" en la que la pregunta "¿qué es una biografía psicoanalítica?" ocupa un lugar destacado. Y por si eso fuera poco, él se embarca en el ambicioso proyecto de incursionar por los meandros de la creación. Coincido con Roudinesco en que "Una historia psicoanalítica no puede prescindir de una interpretación psicoanalítica de la historia"[19]. La idea de Anzieu de hacer de los sueños el hilo conductor es brillante. Demostró que el autoanálisis de Freud fue una autobiografía que narra la cura de Freud y el nacimiento del psicoanálisis[20]. Anzieu nos hace pensar en Ellenberger, aunque estén en las antípodas: el primero parte de la singularidad del sueño; el segundo, de la universalidad de la cultura. Ambos poseen un sello de garantía de seriedad histórica.

El siguiente paso fue dado por una generación de biógrafos críticos como Roazen y Sulloway. Críticos crueles y obstinados, traen el maniqueísmo de los revisionistas. El trabajo de Sulloway, que se prolonga en el reciente libro de Erik Porge, *Vol d'idées*, nos muestra un Fliess diferente del convencional.

La estrategia de Peter Gay, por su parte, es la del *best-seller*. El *best-seller* es un envidiado género literario que carga con una reputación injusta. Me gustaría apropiarme de la estructura novelesca del libro de Gay.

En los últimos tiempos ha aparecido una nueva variedad de biógrafo, interesante, peligrosa, maldita. Personas jóvenes, esotéricas, con conocimiento de los archivos, que acceden al psicoanálisis por los caminos más insólitos. Sujetos que, imagino yo, en las reuniones originales de los Miércoles se sentirían como peces en el agua. Con ellos se cierra el ciclo que denomino *El Siglo del Psicoanálisis*. Estoy pensando en Masson y Swales; Geoffrey Masson llegó desde el sánscrito; Peter Swales, vía Gurdjieff y, por increíble que parezca, vía los Rolling Stones. Swales se autodenomina el "historiador *punk* del psicoanálisis"[21]. Él "declara la guerra a toda una profesión –la de los psicoanalistas– en la medida en que ellos tienen una ignorancia supina sobre la persona de Freud"[22].

¿Será así?

Sigmund Freud - El Siglo del Psicoanálisis es una experiencia que cierra 50 años de práctica analítica. En este baño de *psicología profunda*, aprendí mi oficio en la espiral de un movimiento doble de identificación y distanciamiento respecto del proyecto de un gran hombre, de un genio misterioso. Por ello puedo hacer mías, por extraño que parezca, las palabras de un Presidente de la *IPA*:

> Para muchos de nosotros, Sigmund Freud subsiste como un objeto perdido, como un coloso inaccesible, del cual tal vez no hemos podido realizar cabalmente el duelo, al menos en su plenitud emocional[23].

Eysenck, que detesta todo lo freudiano, afirma que los psicoanalistas somos "hagiógrafos"[24, *7]. La acusación: pintar al Profesor con los colores de los ángeles. La truculencia de Eysenck es poco elegante, pero la tendencia a idealizar a Freud es un factor que hay que considerar.

Estamos frente al *Mito del Héroe Científico*. ¿Cuáles son las características de ese mito? El protagonista pasa por una serie de prue-

---

*7. El propio Freud tenía otra expresión: "historiadores de la corte de Bizancio" (carta de Freud a Fluss, 1° de mayo de 1873, *Lettres de jeunesse*, 1990, París, Gallimard, pág. 237).

bas, tales como la *iniciación*, el *aislamiento*, la *pobreza* y el *retorno*. Estos elementos convergen en el mito de la *Fundación*.

Para Henri Ellenberger, la leyenda describe a un héroe solitario que lucha contra la adversidad y un ejército de enemigos, pero finalmente triunfa[*8]. Afirma que la "leyenda [freudiana] exagera considerablemente la amplitud y el papel del antisemitismo, de la hostilidad del mundo universitario y de los supuestos prejuicios victorianos"[25]. Otra característica de la propuesta mítica consiste en oscurecer gran parte del contexto cultural en el cual evolucionó el psicoanálisis. El mito exige la originalidad absoluta del héroe, a expensas de sus predecesores, pioneros, precursores, asociados, discípulos, rivales y contemporáneos[26]. Breuer, por ejemplo, es rebajado para enaltecer a Freud.

Esta mistificación de los grandes hombres es moneda corriente en la tradición occidental. En el caso de la saga freudiana, el gigantismo resultante, según Sulloway, se potencia por "una circunstancia única en la historia de las ciencias: el psicoanálisis es la primera gran teoría científica en la cual una parte esencial consiste en presentar históricamente la forma precisa en que *debía* nacer esa teoría en el espíritu de su autor"[27]. Como lo señala Anzieu, Freud "... descubrió el psicoanálisis al mismo tiempo que se descubría a sí mismo"[28]. Él fue Newton, pero también la manzana. Soñó el psicoanálisis y fue soñado por él. Hay una identificación iniciática del hombre con su obra. Dado ese enlace entre objeto y sujeto, "cuestionar la leyenda freudiana a veces puede equivaler a cuestionar el fundamento del pensamiento freudiano, eventualidad que los discípulos más celosos sólo en raras ocasiones estaban dispuestos a encarar"[29].

Una parte importante del mito es el "descenso a los infiernos" protagonizado por Freud en su autoanálisis. Dice Jones:

En el verano de 1897... Freud inició su empresa más heroica: el psicoanálisis de su propio inconsciente. Es difícil hoy en día imaginar hasta qué punto fue significativo ese hecho ... En la historia de la humanidad, la empresa se intentó muchas veces. Filósofos y escritores, desde Solón hasta Montaigne, desde Juvenal hasta Schopenhauer, pretendieron realizarla, pero sucumbieron en el esfuerzo[30].

El autoanálisis, como veremos, es más y menos que eso; mejor dicho, es otra cosa; es una *herramienta*, según lo caracteriza Fernando Ulloa.

¿Cómo evaluar los avatares de la idealización? Tanto Ellenberger como Sulloway y Roazen ven en el mito freudiano la gran contradic-

---

*8. Es interesante consignar que otro mito semejante se construyó en torno de la figura de Pavlov.

17

ción psicoanalítica; llaman la atención sobre la presencia de fuerzas mistificadoras que actúan perversamente en la biografía de un hombre que dedicó su vida a demoler los mitos de la cultura. ¿Acaso puede ser de otro modo? El trabajo historiográfico es importante en la medida en que el mito, como una hinchazón, esconde las aristas de cualquier gesta. Pero ellos tienden a subestimar el hecho de que el mito también es la sombra gigante del cuerpo fáctico. Partiendo del capullo mítico se alcanza, por los tortuosos caminos biográficos, la conquista del gusano de seda. Dicho de otra manera: los mitos, como los sueños, son indispensables en la fabricación de un perfil de vida.

Por cierto, yo idealizo a Freud. El biógrafo, empero, también pretende abrir el pecho de su víctima. Invento un nuevo dicho: *"Pour écrire une biographie il faut casser des poitrines"*.

El acto de forjar mi universo freudiano genera una didáctica, una "transferencia de trabajo", que redunda en un tremendo aprendizaje del psicoanálisis. Estoy hablando de un saber altamente personal que busca una respuesta en el fondo de mi naturaleza psicoanalítica. Al mismo tiempo, invento una ficción veraz y feroz de Freud.

El hombre puede extender al máximo sus conocimientos, con la impresión de ser lo más objetivo posible, pero, en última instancia, sólo produce su propia biografía.

Así hablaba Nietzsche. Algo semejante dice Glover:

El arte animista de la biografía, como el de embalsamar, esculpir o pintar imágenes, o redactar epitafios, responde a la intención del artista-biógrafo de reanimar y preservar, para beneficio de la posteridad, el semblante de aquellos que alcanzaron la fama. El superlativo mérito del género biográfico reside en el hecho de que además de brindar un retrato del biografiado –terreno donde la escultura no tiene rival– permite esbozar la trayectoria espiritual del héroe. Pero existe un problema: el biógrafo no puede ir más allá de los límites de su propia comprensión; esto es, no puede ir más allá de su propia autobiografía[31].

En esa misma línea surge la noción de la *ego-historia*, de N. Parvu, que parte del postulado de que "el historiador ilumina la historia que escribe… develando su propia historia"[32].

Yo, que me siento aludido, diría que en esta escaramuza de cinco años biográficos fui analizado día y noche por Freud. Me interpreté a mí mismo al interpretar a Freud. El objetivo biográfico es recrear el universo que constituye una condensación simbolizada de ese hombre, de ese acervo, de ese síntoma cultural. El ideal sería entrar en una sintonía envolvente, existencial, poética, histórica y retórica, como quien afina un instrumento más allá de la simbiosis. Es un ideal alquímico, lo sé. Pero piénsese que, a diferencia de la historia, la biografía es el arte de ser el otro que soy yo. Esa identificación fascinada y fascinante no se encuentra de cualquier modo, en el ocaso de una noche. Es el resultado de una larga marcha; a veces pienso que se trata de una iniciación, en la que la idea de la posesión no está ausente. De una cosa estoy seguro: yo no salgo de esta experiencia siendo la misma persona.

O sea que la biografía de Freud es la biografía de mi análisis con él.

Para escribir una historia transformadora del psicoanálisis es menester ir dando pasos al tanteo, pasos casi imposibles, y saltar afuera de la transferencia de discípulo. Escribir de ese modo, entonces, implica un proyecto intelectual en el que se intenta salir de la transferencia, a fuerza de abusar de ella, quebrando el espejo. Hace mucho tiempo que soy analista y, en la última década, me he preguntado cómo podría acabar todo esto. Más concretamente: ¿será que *existe un final de analista*, así como el final del análisis, aunque improbable, es teóricamente posible*9? ¿Existe un momento en que la transferencia con Freud acaba y, por definición, se deja de ser neurótico para caer en la extraña locura de la normalidad?

NOTAS

1. Bertrand Vichyn, "La psychanalyse entre la archéologie et l'histoire", *Revue Internationale de l'Histoire de la Psychanalyse*, VI, 1993, pág. 137.

2. Alain de Mijolla, "Freud, la biographie, son autobiographie e ses biographes", *Revue Internationale de la Psychanalyse*, VI, 1993, pág. 83.

3. P. Roazen, *Freud y sus discípulos*, pág. 32.

4. Paulo César Souza, "Vidas de Freud", *Sigmund Freud & o gabinete do Dr. Lacan*, 1989, San Pablo, Editora Brasiliense, pág. 144.

5. Recomiendo el excelente libro de Rieff, *Freud o la mente de un moralista*, Paidós, Buenos Aires, 1966.

6. J. D. Nasio, *Cinq Leçons sur la théorie de Jacques Lacan*, 1992, pág. 124.

7. Carta de Freud a Jung del 12 de noviembre de 1911, *Freud-Jung, Correspondência Completa*, 1976, Río de Janeiro, Imago, pág. 524.

8. Carta de Freud a Ferenczi del 8 de enero de 1910, *Sigmund Freud-Sandor Ferenczi, Correspondance*, 1992, París, Calman-Levy, pág. 144.

9. Jacques Lacan, *D'un Autre a l'autre*, 20 de noviembre de 1968.

10. Fritz Wittels, *Sigmund Freud: his personality, his teaching and his school*, 1924, Londres, Allen & Unwin.

*9. La idea de un *final de analista* surgió en una memorable conversación con Urania Tourinho Peres, fuente más que inspiradora de un futuro trabajo cuyo título es *Una teoría de la felicidad*.

11. Bertrand Vichyn, ibíd., pág. 136.

12. Fritz Wittels, *op. cit.*, pág. 4.

13. Gerhard Fichtner, "Les lettres de Freud en tant que source historique", *Revue Internationale de l'Histoire de la Psychanalyse*, 1989, II, págs. 58-9.

14. J. Laplanche y J.-B. Pontalis, *Diccionario del psicoanálisis*, 1981, Barcelona, Labor, pág. xiii.

15. Renato Mezan, "Vers une histoire de la psychanalise", *Revue Internationale de l'Histoire de la Psychanalyse*, 1993, VI, pág. 33.

16. Allan Castelnuovo, "Teoría psicanalítica, trabalho multidisciplinar e realidade latino-americana", *Percurso*, 1992, año V, N° 9, pág. 32.

17. Entrevista con Francisco Varela, en Rogério da Costa (comp.), *Limiares do contemporâneo*, 1993, San Pablo, Escuta, pág. 80.

18. Paul Roazen, *Irmao Animal, a história de Freud e Tausk*, 1973, San Pablo, Brasiliense.

19. Elisabeth Roudinesco, *História da psicanálise na França. A batalha dos cem anos*, 1986, I, Río de Janeiro, Zahar, pág. 9.

20. Alain de Mijolla, ibíd., pág. 83.

21. Citado por Janet Malcolm, *In the Freud Arquives*, 1983, Nueva York, Knoff, pág. 134.

22. J. Malcolm, ibíd., pág. 135.

23. R. Wallerstein, "One psychoanalysis or many?", *International Journal of Psycho-Analysis*, 1988, LIX, N° 1, pág. 9.

24. H. J. Eysenck, *Decadencia y caída del imperio freudiano*, 1988, Barcelona, Nueva Arte Thor, pág. 47.

25. H. F. Ellenberger, *The Discovery of the Unconscious*, 1970, pág. 547.

26. Ibíd.

27. Frank J. Sulloway, *Freud, biologiste de l'esprit*, 1981, París, Fayard, pág. 4.

28. Didier Anzieu, *A auto-análise de Freud e a descoberta da psicanálise*, 1989, Artes Médicas, Porto Alegre, pág. 359.

29. Ibíd.

30. Ernest Jones, *A vida e a obra de Sigmund Freud*, 1989, Río de Janeiro, Imago, I, pág. 322.

31. Edward Glover en el prólogo de Hilde Abraham y Ernst Freud, *A psycho-analytic dialogue: the letters of Sigmund Freud and Karl Abraham, 1907-1926*, 1965, Nueva York, Basic Books, pág. ix.

32. François Dosse, "L'histoire devient le caractère psychique de son object", *Histoire Internationale de la Psychanalyse*, 1993, VI, pág. 148.

CAPÍTULO 1

POR LA PASARELA DEL SUEÑO

Fijemos la fecha 1895. Comienza el Siglo del Psicoanálisis. Como en las películas de suspenso, esta historia secular puede contarse empezando por el medio. Cinco años después del acto fundante, en el nuevo siglo, Freud escribe su carta más famosa:

Viena, 12-6-1900
Berggasse, 19.

Mi querido Wilhelm:
Recibimos visitas de la familia. Mi hermano mayor, Emmanuel, llegó en vísperas de Pentecostés con Sam, su hijo menor, que ya tiene más de 35 años, y se quedó hasta el miércoles por la noche. Fue muy agradable, él es una excelente persona, alerta y vigorosa, a pesar de sus 68 o 69 años. Siempre significó mucho para mí. Después mi hermano partió para Berlín, donde la familia tiene ahora su cuartel general ...
La vida en Bellevue transcurre placenteramente. Las mañanas y las noches son deliciosas, el perfume de las acacias y jazmines sustituye a los alburnos, las rosas silvestres florecen y todo –hasta yo me doy cuenta– parece estar brotando con vida.

Carta extraña. Carta casi pueril. Podría haberla escrito un tío nuestro de vacaciones. De pronto, fuera de contexto, el tono cambia:

Imagina que un día habrá en esta casa una placa de mármol que diga:

> AQUÍ, EL 24 DE JULIO DE 1895
> SE LE REVELÓ AL DR.
> SIGMUND FREUD EL SECRETO
> DE LOS SUEÑOS[*1]

[*1]. La preocupación por las placas, por las Tablas de la inmortalidad, son

21

Por el momento las posibilidades son pocas. Pero cuando leo los últimos libros psicológicos (el *Analyse der Empfindungen* de Mach o el *Aufbau der Seele*, de Kroell y similares,) que tienen un tipo de preocupación análoga a la mía, y veo lo que ellos tienen que decir sobre los sueños, me siento satisfecho como el enano del cuento de hadas, porque "la princesa no sabe ..."[1] [*2].

Curioso contrapunto: el campo está en flor, desbordando primavera; "hasta yo me doy cuenta", profiere Freud con aire melancólico, a pesar de ser el primero en conocer el secreto de la princesa... pero es un enano.

Este sueño, soñado para ganar la placa de mármol de la fama, ocupa un lugar central en *La interpretación de los sueños*[*3]. Su nombre: el Sueño de la Inyección de Irma. Sirve de modelo de interpretación en el capítulo II del libro.

En el día del sueño, Freud sólo tuvo tres pacientes y el fantasma de la pobreza merodeaba por el consultorio vacío. Pobreza y desánimo. Un par de meses antes, en una carta a Fliess, después de elogiar calurosamente el libro *Periodenlehre* de su amigo, dice lo siguiente de su propia obra: "Conmigo es diferente. Ningún crítico ... puede ver más claro que yo la desproporción existente entre los problemas y mis respuestas, y sería un castigo apropiado que ninguna de las inexploradas regiones de la mente que fui el primer mortal en pisar, reciba mi nombre u obedezca a mis leyes"[2]. Clara identificación con Moisés. Él no podrá ver la Tierra Prometida y, como en el caso de Colón, ella no llevará su nombre.

Pasemos al sueño merecedor de una placa de mármol:

Un gran vestíbulo, numerosos invitados que estamos recibiendo. Entre ellos Irma, a quien llevo aparte, como para responder a su carta y censurarla por no haber aceptado "mi solución". Yo le digo: "Si todavía sientes dolores, es sólo por tu culpa". Ella responde: "Si supieras el dolor que tengo en la garganta, el estómago, el vientre... me siento oprimida". Alarmado, la observo. Está pálida y edematosa. Pienso que puedo haber omitido algo... orgánico. La

---

una constante en Freud, aun cuando él lo niegue: "No fui realmente ambicioso. Buscaba en la ciencia la satisfacción que se obtiene durante la investigación y en el momento del descubrimiento, pero nunca me conté entre quienes no soportan la idea de morir sin que su nombre aparezca grabado en alguna piedra" (Carta de Freud a Martha del 9 de setiembre de 1883, *Sigmund Freud. Correspondência de amor*, 1981, Imago, Río de Janeiro, pág. 77).

*2. Referencia al cuento "Rumpelstizschen" de los hermanos Grimm, citado por Masson (*Correspondência Sigmund Freud-Wilhelm Fliess*, 1986, comp. por J. M. Masson, Imago, Río de Janeiro, pág. 419).

*3. Esa placa, como tenía que ser, fue colocada en Bellevue el 6 de mayo de 1977.

llevo junto a una ventana y examino su garganta. Se muestra recalcitrante, como las mujeres que usan dentadura postiza. Pienso que ella no la necesita. Entonces abre bien la boca y encuentro a la derecha una gran mancha y, más allá, veo formaciones extrañas, onduladas, muy parecidas a los cornetes de la nariz y que muestran grandes escaras grisáceas. Llamo... al Dr. M., quien repite el examen y lo confirma... El Dr. M. parecía diferente de lo habitual, muy pálido, cojo, y sin barba en el mentón... Mi amigo Otto está también presente, junto a mi amigo Leopold; él la percute por encima del corsé y dice: "Ella presenta una macidez abajo, a la izquierda (lo que percibo como él, por sobre la ropa)". El Dr.M. dice: "No hay duda, es una infección, pero también existe una disentería, aunque el veneno será eliminado...". Inmediatamente sabemos también de dónde viene la infección. Mi amigo Otto le había aplicado, poco tiempo antes, cuando ella se sintió mal, una inyección con un preparado de Propil, Propilen... ácido propiónico... trimetilamina (veo la fórmula impresa en gruesos caracteres delante de mí). No se aplican tales inyecciones descuidadamente... También es probable que la jeringa no estuviese esterilizada[3, *4]

Digamos de entrada, con Erikson, que se trata de "un sueño que lleva el peso histórico de haber sido soñado para ser analizado, y analizado a fin de cumplir un destino muy particular"[4]. Por ese camino, el deseo puede sofisticarse, generando la pregunta: ¿cuál es el deseo último *de ese* deseo?

Pocas veces se vio un sueño tan auscultado. Se presenta como el mayor acertijo a resolver de la historia del psicoanálisis. El premio: ganar la placa de mármol de las placas de mármol, descubrir la ganzúa que abre ese enigma, porque el "deseo de Irma" todavía hoy en día permanece hermético, como una *Roseta* semidescifrada. Razón para que los arqueros más renombrados de todas las filiaciones psicoanalíticas recogieran el guante: Anzieu, Berenstein, Erikson, Anna Freud, Hirschmüller, Kohut, Krüll, Lacan, Leavitt, Roazen, Schur, Swales, van Veltzen, para nombrar los participantes más reconocidos en riguroso orden alfabético.

*4. Una nota sobre las características de este sueño. El texto onírico tiene la propiedad de ser elusivo. Cuando yo estaba en Austen Riggs, Erikson le dedicó un seminario. Nos dio lápiz y papel. Después de leer el sueño de Irma nos pidió que lo transcribiéramos con la mayor fidelidad posible. Se comprobó que el contenido es muy difícil de retener. Ni siquiera se desempeñó bien David Rappaport, que tenía fama de haber leído setenta y cuatro veces *La interpretación de los sueños*. Haga la prueba. (Erik Erikson, "The dream specimen of psychoanalysis", *Journal of American Psychoanalysis*, 1954, N° 2, págs. 5-56).

Por la pasarela de este sueño desfilan los personajes centrales de la vida del joven Freud. Primero tenemos a Martha Bernays, su mujer. Ella abre la escena onírica, junto a su marido, ya que la fiesta del sueño es la de su aniversario. Martha había sido alguna vez una princesa. Ahora, con casi 34 años y reiterados partos, está resignadamente grávida, aguardando a su sexto vástago para fin de año (mejor dicho: está esperando a Anna Freud, la que será llamada "la vestal del psicoanálisis", hecho que no hay que olvidar).

¡Sexta hija!

Esa gravidez es sin duda deplorada por el progenitor, como puede inferirse de la carta a Fliess, con fecha 25 de junio de 1895, un mes antes del sueño de Irma. Comienza con felicitaciones: "Las novedades que me cuentas me hacen saltar de alegría. Si tú realmente resolviste el problema de la concepción [o sea, si ha encontrado un método anticonceptivo], lo único que tienes que hacer es decidir qué tipo de mármol [!!!] te gusta más. Para mí el descubrimiento llega meses tarde, pero puede ser de utilidad el año que viene".[5]

Wilhelm Fliess, amigo amado, alma gemela, otorrino genial, también merece su placa. ¿Cómo sería esa placa?

> AQUÍ, EL 25 DE MAYO DE 1895
> SE LE REVELÓ AL DR. WILHELM FLIESS
> El MISTERIO DE LA CONCEPCIÓN

A todo esto, Ida, la mujer de Fliess, se embaraza. Freud se identifica con ella. Hablando del próximo "congreso" –como denominaban a sus encuentros– anticipa que irá "ávido de todas tus novedades y yo mismo lleno de rudimentos y gérmenes embrionarios".

Uno de esos gérmenes embrionarios es la "Psicología", como él denominaba a su *Proyecto*. "La construcción de la «Psicología» parece que progresa. Pero todavía no lo sé. Decir algo ahora sería como mandar a un feto femenino de seis meses a un baile...". Es imposible no pensar en ese feto, que será Anna Freud, cursando su cuarto mes en el limbo intrauterino[6].

Freud piensa en un nombre para su futuro hijo, y pide permiso a su amigo para llamarlo Wilhelm, si fuese varón. En caso contrario, ya se ha decidido el nombre de Anna, en homenaje a la única hija de Samuel Hammerschlag, su antiguo profesor de hebreo. Pero, también es probable que Anna se deba a su hermana celosa y celada, aquella cuyo piano, como veremos, él desterrará de su casa.

Sí, Freud deplora la gravidez y no está dispuesto a llevar alegremente *ese* feto al baile de la vida. Señal de eso es la total ausencia de cualquier comentario alusivo en las cartas a Fliess. Cinco hijos son de por sí una carga suficiente, que se suma a la de sus padres y hermanas. También es una mala noticia para Martha, cansada de partos.

No es de extrañar, entonces, que doce días antes del sueño de Irma, él escriba: "La mayor parte del tiempo la carga es sobrehumana"[7]. La preocupación científica está presente, petrificada en la placa de mármol. Freud se queja a Fliess: "Es una pena que ambos suframos de tantas enfermedades cuando tenemos tanto en la cabeza"[8]. De hecho, Freud había publicado bastante, y adquirido una sólida reputación local como neurólogo. Fueron artículos en revistas especializadas y enciclopedias, y dos monografías, sobre la cocaína y las afasias; ninguna obra en el sentido pleno del término, salvo los *Estudios sobre la histeria*. Ideas no le faltaban; los resultados limitados se debían tal vez a una cierta precipitación. No tuvo el cuidado de verificar completamente los datos (caso de la cocaína) o de extraer las consecuencias que se imponían (caso de la neurona) o de resaltar lo esencial (caso de las afasias). Intuía su capacidad; sólo era cuestión de madurar y regular la marcha de su carácter. Estaba pronto para dar el salto del tigre.

El escenario del sueño de los sueños está montado para el nacimiento del psicoanálisis.

Retomemos las asociaciones. Los *restos diurnos* son de una diversidad extrema. Freud relató sus asociaciones sobre cada frase del contenido manifiesto. Este sueño supera las propias expectativas del soñante, prevalece sobre nuestro héroe. Él es Freud y sus circunstancias. Múltiples problemas –profesionales, familiares, de salud, existenciales– lo atormentan en esa noche de julio. Una paciente que había tratado con aplicaciones de cocaína sufrió una necrosis nasal. Otro paciente, en viaje a Egipto, tuvo un nuevo acceso que un colega ignorante tomó como disentería. Las noticias de su medio hermano Emmanuel no eran buenas: la artritis lo limita. Freud añade que M. en el sueño –o sea, Breuer, en primer lugar– se parece a su mediohermano[9]. Las noticias de Fliess tampoco son gratas: sufre supuraciones nasales. Freud también menciona un amigo muerto: Fleischl, que abusó de la cocaína. En la víspera, una anciana señora, a la que aplicaba inyecciones, había tenido un ataque de flebitis, debido probablemente a una jeringa mal esterilizada. Finalmente recibió la visita de su asistente y amigo, el Dr. Oscar Rie, pediatra de la familia. Otto es *"un brave"*, como lo llama Lacan; un "amigazo" que no es par intelectual, como Breuer, ni cómplice a la manera de Fliess. Oscar Rie y Ludwig Rosenberg, también pediatra, asistentes ambos de Freud en la Clínica de Niños, son Otto y Leopold en el sueño. Todos los sábados, por la noche, ellos se reúnen en casa de Leopold Königstein, para jugar al tarot. En esa oportunidad, Otto, además de regalarle un licor de ananás fermentado, lo irritó hablándole de Irma. Esa paciente se había tomado vacaciones desoyendo la "solución" propuesta por Freud en su análisis. Otto le informó que Irma no estaba bien. Freud, afligido, redactó esa misma noche un informe para Breuer sobre el caso. Ese penoso informe –probablemente una "supervisión escrita"– despertó el reumatismo de su hombro derecho.

25

Breuer es una figura clave en la fundación del psicoanálisis. Alguna vez Freud lo llamó "Maestro Secreto de la Histeria"[10, *5]. Además de maestro, fue amigo, generoso mecenas, fuente de inspiración con el caso de *Anna O*. Podría ser considerado el paradigma de la psiconeurología de la época.

Esa misma noche, Freud escribe otra carta: un billete corto aunque revelador a Fliess: "Demonio, ¿por qué no me escribes?"[11]. La correspondencia con el rinólogo berlinés, como veremos, es rica, atormentada, reveladora. Un dato para retener: Freud se queja del silencio de su amigo, pero esa vez no le comunica su "sueño", aunque Fliess, vía la trimetilamina, era la figura onírica estelar. Él, en el "congreso" de Munich, hablando sobre la química sexual, se había referido al papel fundamental que desempeñaría una sustancia como la trimetilamina. ¿Cómo explicar esta resistencia ante el "demonio-analista" Fliess, sino pensando que la inyección de Irma representa la "cura" transferencial?

Debemos al médico biógrafo Schur otro antecedente del sueño, no mencionado por Freud[12]. Se trata de Emma Eckstein. Ella, como luego veremos, era una paciente de Freud que sufrió una malograda operación a manos de Fliess, quien había dejado una larga tira de gasa purulenta en la cavidad nasal. Esa tira de gasa, saliendo de la nariz de Emma Eckstein, hace pensar en las "grandes escaras (parecidas al cornete) blanco-grisáceas" que Freud ve en la garganta de Irma. Dicha conexión refuerza el acierto de Erikson en cuanto a que el sueño tenía el destino de caer en la pesadilla, y que fue una visión terrorífica que Freud sólo pudo superar gracias a su "fuerza psíquica"[13]. Este registro es retomado por Lacan, en 1955, en su *Seminario II*, donde la boca abierta de Irma es interpretada como una vagina pavorosa cual cabeza de Medusa[14]. Lacan habla de "confrontación con lo Real", registro que tendrá larga vida.

Continuemos con los *restos diurnos*: las "somatizaciones". Tenemos la problemática cardíaca del año anterior, con la tríada de arritmia, taquicardia y dolor precordial. Junto a eso, Freud, en un caso típico de identificación culposa con el propio Fliess, comienza a tener supuraciones nasales.

Pus y cocaína: "Siguieron algunos pésimos y furiosos días en los cuales la cocaína en la nariz me ayudó de un modo sorprendente ... Al día siguiente mantuve la nariz en tratamiento con cocaína ... durante ese período salió lo que, en mi experiencia, fue una cantidad copiosa de pus espeso y, desde entonces, me siento maravillosamente bien, como si no hubiese habido nada"[15, *6].

*5. ¿Por qué secreto?

*6. Pregunta: estas "aplicaciones nasales", ¿en qué se diferencian de "nariguetear" cocaína?

Finalmente el 12 de julio, doce días antes del sueño de Irma, Freud se queja: "Necesito mucha cocaína. También recomencé a fumar después de dos o tres semanas ... Si tú todavía me lo prohíbes, renunciaré nuevamente..."[16].

Bien: "Un gran vestíbulo, numerosos invitados que recibimos...". El sueño se presenta con un montaje que luego utilizará el cine: desde la primera escena panorámica del gran vestíbulo, cuando se levanta el telón, hasta el *close-up* de la garganta de Irma, una situación heterosexual en la que el mirar juega un gran papel. El primer acto termina en la visión de la garganta ulcerada de Irma, carne de pesadilla. El segundo acto se abre con esa ineficiente consulta médica, donde se habla demasiado y se toca con manos torpes. El drama se cierra en un nuevo *close-up*, esta vez de fórmulas, evasivas, enigmáticas: TRIMETILAMINA.

Los personajes masculinos entran en ación desde el principio del segundo acto. Abundan los fantasmas, comenzando por el semidiós caído, abatido por la cocaína, la triste figura brillante de Fleischl. Se destaca Breuer, testigo de los errores terapéuticos de Freud, listo para convertirse en objeto de aversión. Tras Breuer encontramos a Emmanuel. Otto y Leopold son pequeños *alter egos*. Leopold más prudente, más cuidadoso; Otto, más impulsivo, más rápido.

Berenstein señala la evocación latente, en la elección del seudónimo "Leopold", del viejo barrio judío de Leopoldstädt, marco de la segunda infancia del soñante[17]. Él también sugiere que esa escena médica del sueño con Otto y Leopold tiene que ver con la operación de Emma por Fliess, en la que Freud estuvo presente. Yo encuentro que esa escena, como veremos más adelante, más bien alude a la operación del glaucoma de Jacob Freud, padre de Sigmund, realizada por Leopold Königstein, asistido por Koller, mientras el hijo se ocupaba de la anestesia. Königstein se llamaba Leopold, y esta asociación me parece más pertinente que la del barrio [*7].

Con la junta médica, presidida por Breuer, el circo está montado y revela ser un proceso judicial, como bien lo señala Anzieu[18]. El punto nuclear del proceso es claramente una cuestión de idoneidad médica. ¿Quién es el culpable del acto iatrogénico? En el primer acto, Freud se defiende: la responsable es Irma por no haber aceptado la solución. En el segundo acto, se presentan las pericias médicas y se interroga el cuerpo de la paciente. Todo se explica en el tercer acto, y el sueño se cierra con el caso resuelto. La culpa es de la inyección. Las inyecciones son siempre peligrosas. Otto abusa de ellas; además,

---

*7. Por otra parte, esa Irma palpada y percutida recuerda, a título de flecha, el espectáculo, narrado por Jones, de las grandes escenas histéricas en la Salpêtrière, provocadas por la presión en los puntos histerógenos. O sea que tiene un fuerte ingrediente erótico.

él había llevado licor de ananás fermentado. "El contrapunto de la cocaína y el sulfonal, del amil y el propil llegó a su fin: Freud encontró la fórmula que buscaba"[19].

El tema de la culpa y reparación, iniciado por Erikson y retomado por Anzieu, supone una visión kleiniana. "Freud se siente ahora tan responsable por la vida futura de la cual Martha está grávida, como de su obra. Las furias que deseaban la muerte de esa criatura, como pago por todas las culpas del padre, no tienen razón de ser. La fórmula trimetilamínica de la vida, que Freud descubre, las conjura. La criatura será Wilhelm o Anna"[20]. La salida de la culpa está en la reparación.

Continuando con el elenco del sueño, por orden de aparición en escena, tenemos a la protagonista, Irma, la paciente amiga de la familia. Ella había sido invitada a la reunión que los Freud darían tres días más tarde, en el cumpleaños de Martha. En esa época Freud ya conocía la interferencia de lo social en la relación médico-paciente: "Durante el verano de 1895 tuve en tratamiento psicoanalítico a una joven señora (Irma) que tenía estrechas relaciones de amistad conmigo y con los míos"[21]. Él advierte que esa "mezcla" puede convertirse en "fuente de sentimientos embarazosos. El interés personal del médico es más fuerte y su autoridad menor"[22].

¿Quién es Irma? Gran juego analítico de salón. Anzieu nos dice[23] que el debate fue y sigue siendo animado.

En primer lugar, entra decididamente en la arena el propio Anzieu, arquero de lúcidas flechas autoanalíticas: "Nosotros mismos, en la edición de 1975 de la presente obra, propusimos identificar a Irma con Anna Hammerschlag Lichtein. Igual que Irma, Anna es una joven viuda, amiga de Freud y de su familia, persona bien conocida de Breuer, una de las pacientes favoritas de Freud"[24]. Prueba de peso: una nota al pie de página de *La interpretación de los sueños* habla en favor de la elección de Anzieu: "*Anana* suena como el apellido de mi paciente Irma"[25]. Bastaría cambiar "apellido" por "nombre". "Mi hipótesis fue adoptada por Hartmann y por la propia Anna Freud"[26]. Anna Hammerschlag Lichtein, entonces, es una fuerte candidata.

Schur, el primero en revelar el episodio infeliz de la operación de Emma Eckstein, piensa que el sueño reproduce muchos temas y escenas de su calvario (en particular, el tema de la gasa saliendo de la nariz). Ella, como Irma, presenta una profusión de síntomas histéricos junto con males orgánicos. El propio Freud le examinó nariz y garganta. La hipótesis de Emma fue luego adoptada, entre otros, por Roazen,[27] Peter Swales[28] y Thoden van Veltzen[29].

Una tercera posibilidad, variante de la primera e, inclusive, gran complicación de la segunda, es sustentada por Krüll. Según ella, Anna es Emma. Freud, en su correspondencia con Fliess, al mencionar la operación de Emma habría utilizado un seudónimo clínico. Pero, si es así, la correspondencia *Sigmund Freud-Wilhelm Fliess* compilada por Masson se equivoca gravemente, ya que él habla directamente de la Srta. Eckstein[*8].

Todas las candidatas presentan currículos convincentes. Me parece que el hecho de que Anna Freud optara por Anna Lichtein pesa en la historia, pero, por más que refinemos obsesivamente nuestra duda, mal podríamos pensar que Miss Freud –que en ese entonces estaba en el vientre de su madre– deseaba que Irma fuese Anna.

También es válido conjeturar que se trata de una "figura compuesta"[30], condensación de varios personajes reales, de toda una constelación de personas "que fueron superpuestas en el trabajo de condensación"[31]. Muchos piensan así. Irma es Emma, es Anna, es Bertha Pappenheim (alias Anna O,) y "otras más". Al fin de cuentas, este sueño es el ejemplo más acabado del mecanismo de la condensación onírica, en el que la "trimetilamina" pone un broche de oro.

Anna O., paciente superestrella de Breuer, amiga de larga data de Martha, también estaba en la fiesta del sueño. Todas ellas pueden considerarse grandes histéricas históricas. Hay que reparar que una de ellas tiene como nombre el seudónimo de la otra –y en el sueño de Irma el mote es casi más importante que el nombre. La primera Anna, observa Anzieu, es viuda; la segunda enviudó simbólicamente de Breuer. Cuando Abraham, años después, le preguntó a Freud si en la interpretación de este sueño se había agotado el sentido sexual, el maestro le respondió: "Lo que está detrás, oculto, es el delirio de grandeza sexual: las tres mujeres, Mathilde, Sophie y Anna, son las tres madrinas de mis hijas, ¡y yo las poseo a todas!"[32]

Esta "omnipotencia erótica" revela la identificación con el padre de la horda, aquel que poseerá a todas las mujeres en *Tótem y Tabú*, "padre del goce impenitente, violador de sus propias hijas"[33].

Hay una Mathilde en el sueño que no es su hija ni la mujer de Breuer. Esa segunda Mathilde entra en el sueño, por vía de las asociaciones de Freud, de la siguiente manera:

> En una ocasión provoqué un serio estado tóxico al prescribir repetidas veces una droga que en la época era considerada inofensiva (sulfonal). En esa oportunidad me apresuré a pedir ayuda y consuelo a un colega más experimentado. Existe un detalle subsidiario que confirma la idea de que tenía este incidente en mente: mi paciente, que sucumbió por el veneno, llevaba el mismo nombre que mi hija mayor [Mathilde].[34]

---

*8. Véase particularmente la carta del 8 de marzo de 1895, *Correspondência Sigmund Freud-Wilhelm Fliess*, 1986, comp. de J. M. Masson, Imago, Río de Janeiro, pág. 118. Me parece poco probable que Freud haya alterado el nombre en una carta a Fliess.

Los recientes hallazgos de Hirschmüller, en efecto, ubican a la Srta.[35] Mathilde S. en lugar destacado[36]. Hirschmüller investigó en los archivos del Hospital Psiquiátrico de Viena, el Baumgartner Höhe, encontrando el siguiente *Certificado de Admisión* de Freud, fechado en octubre de 1889:

> La Srta. Mathilde S., una joven de 27 años perteneciente a una familia distinguida aunque predispuesta a las enfermedades nerviosas, de excelente educación y dotada de numerosos talentos, particularmente en el dominio artístico, fue tomada en febrero de 1886 por una melancolía, con todos los fenómenos de inhibición, autoacusación e ideas delirantes melancólicas, sin alucinaciones ni trastornos de la inteligencia ... A partir de julio de 1889 apareció una manifestación maníaca que fue en aumento, causando la insociabilidad actual de la paciente[37].

Mathilde, internada por Freud, en pleno delirio maníaco, desarrolló una psicosis transferencial, como lo atestigua el siguiente fragmento:

> La paciente, que se jacta de ser judía, exige ser llevada a presencia del Dr. Freud; se tira al suelo (cuando este deseo no se le concede), amenaza con suicidarse e intenta estrangularse con una trenza de sus cabellos ... canta y grita de manera erótica.

Y también:

> A pesar de la contención, logró arrancarse una trenza con los dientes. Ninfomaníaca, rueda por el suelo masturbándose, llamando al Dr. Freud, profesando ser su esclava[38].

A esta altura, Mathilde S. cae en una depresión. Fue entonces cuando Freud prescribió un tratamiento alternado de sulfonal con hidrato de cloral. Poco después la paciente muere con un cuadro agudo de porfiria. Conviene señalar que sólo a partir de esta fecha el sulfonal pasó a ser considerado una droga peligrosa.

Durante el período maníaco, Meynert, admirado profesor de psiquiatría de Freud, es llamado en consulta. Hirschmüller concluye que Freud había hipnotizado a Mathilde S. Es muy probable, como luego veremos, que Meynert no aprobara esa intervención de su discípulo ...

Estos datos arrojan una nueva luz sobre el sueño de Irma, ya que Mathilde S. podría robarse la escena. Ella fue prácticamente ignorada por los biógrafos. Anzieu le dedica dos líneas: "El acto se cierra con el surgimiento de un segundo trío femenino: la enferma mal tratada con cocaína; otra, de nombre Mathilde, a la que Freud había matado con sulfonal, y la hija mayor, también llamada Mathilde, que casi muere de difteria"[39].

Yo lanzo mi flecha en la dirección de este trío: la paciente de la cocaína (cuyo nombre desconocemos), Mathilde S. y Mathilde hija, encarnan las tres transgresiones de Freud: la cocaína, la hipnosis y la pulsión incestuosa.

Entre la muerte de Mathilde y el sueño de Irma transcurrieron cinco años. Freud, en el segundo caso, pide ayuda y teme la crítica de Breuer. Con Mathilde, el "colega experimentado" fue Meynert. ¿No será, entonces, que el M. del sueño representa tanto a Breuer como a Meynert? La escena se repite, la culpa es la misma, la trimetilamina tiene que neutralizar el sulfonal.

A la luz de la psicosis transferencial de Mathilde S., podemos pensar en términos erotómanos en "otras" mujeres. Este arquero tiene dos candidatas. Una fuerte competidora: Mónica Zajic, la niñera católica de los tiempos de Freiberg. Ella, a la manera de Breuer, fue su Maestra Secreta de la Sexualidad"[40]. En checo las niñeras se llaman "Nanas", lo que está muy cerca de "ananás", que en alemán se escribe "anana". Sabemos que Freud comentó con Fliess la significación "profunda del sueño que va y viene entre mi niñera (mi madre) y Martha"[41]. Una segunda flecha tal vez sea la más sutil de todas, ya que se presenta con la malicia de la carta robada: Minna, la cuñada de Freud, estaría presente en la trimetila*mina*. La Minna trimetila-mínica*[9]. Más adelante contaremos la singular y controvertida historia de esta hermana de Martha Bernays, la primera mujer que tomó conocimiento del psicoanálisis.

Entonces: Emma - Anna - Anna O. - Mónica Zajic - Amalia - Minna - Mathilde S., entre las mujeres. Luego veremos que Irma también es Freud.

Sigmund está al borde de los 40 años, edad crucial en la que muchos piensan que perdieron el tren de la historia. Erik Erikson, gran especialista en las crisis de la vida, nos familiarizó con la idea de una crisis de la mediana edad en la vida de Freud; en esa crisis la Muerte amenazó su temeroso corazón:

> Un hombre como yo no puede vivir sin una causa, sin una pasión que lo consuma; un tirano, en las palabras de Schiller. He encontrado a mi tirano y en su servicio no conozco límites. Mi tirano se llama Psicología. La psicología siempre fue mi meta distante; pero ahora, con el estudio de las neurosis, se volvió mucho más accesible ... Durante las últimas semanas le dediqué cada minuto libre de mi tiempo a ese trabajo. Las horas nocturnas, de las once

*9. En esta oportunidad le cedo mi arco a María Auxiliadora Fernandes, de quien fue la idea. Cierto que en alemán TRIMETILAMINA se escribe TRIMETILAMINN.

a las dos de la mañana, me encuentran imaginando, trasponiendo, adivinando, y sólo abandono la causa cuando el absurdo me visita. No pidas de mí resultados *por mucho tiempo*"[42] [el énfasis es mío].

Ese *mucho tiempo* es el que transcurre entre la placa imaginada para Fliess y la suya propia. Tiempo que coincide con la gestación de *La interpretación de los sueños*. O sea que el sueño de Irma anuncia el lustro más creativo de la vida de Freud. La carta del "tirano" fue escrita un mes antes del sueño.

¿Cuál es conclusión final de este sueño inaugural? "Por el momento, me contento con esta noción recién adquirida: cuando se sigue el método de interpretación de los sueños que expuse aquí, se verifica que el sueño realmente tiene sentido y que no es de ningún modo la expresión de la fragmentación de la actividad cerebral, como sostienen los autores. *Cuando termina el trabajo de interpretación, se percibe que el sueño es una realización de deseos*"[43].

Cierto, pero Lacan se pregunta, con razón, cuál es la importancia de este sueño. Se advierte su desilusión cuando dice: "¿Cómo es posible que Freud, que más adelante hablará del deseo inconsciente, aquí presente, como primer paso de su demostración, un sueño que se explica totalmente por la satisfacción de un deseo que sólo puede denominarse preconsciente o incluso totalmente consciente?"[44] La respuesta que da el propio Lacan es bonita, aunque no totalmente convincente. "Este sueño, en cuanto sueño, está integrado en el progreso de su descubrimiento. En segundo lugar, este sueño no es solamente un objeto que Freud descifra, es una palabra de Freud. De ahí su valor ejemplar; en caso contrario, tal vez sería menos demostrativo que otros sueños"[45], lo que parafrasea un poco a Erikson cuando habla del sueño soñado para ser decodificado; o sea, un sueño que cobra importancia por su valor histórico y su resonancia simbólica. No caben dudas de que el desciframiento de este sueño fue una divisoria de las aguas, ya que, treinta y un años más tarde, él todavía pensaba que "un *insight* como éste sólo se produce una vez en la vida"[46].

Concuerdo con Garcia-Roza en que los elementos que hicieron posible ese *insight*, tomados aisladamente, no son muy novedosos. El primero es la afirmación de que los sueños tienen sentido. Considerada en sí misma, esta idea es, de hecho, muy antigua. El propio Freud enumera una serie de autores que, desde los tiempos de las Pirámides, afirmaban que los sueños obedecen a las leyes del espíritu[47]. El segundo elemento consiste en suponer que el sueño no es nada más que "una realización de deseos inconscientes"[48]. Esta tesis también era conocida por los oniromantes. El tercer elemento tiene más novedad: los deseos inconscientes de los que se trata son de naturaleza sexual, mejor aún, de naturaleza sexual *infantil*. En este punto, él no tiene precursores.

Freud, en el sueño de Irma, no osa explorar esa vía. Él, que revela con "admirable falta de pudor"[49] sus sentimientos con relación a los colegas, es extremadamente prudente, casi mudo, cuando se trata del contenido sexual del sueño. Un análisis más profundo revelaría su deseo de "todas las mujeres". Freud, nieto de Mesmer, hijo de Charcot, *bête noire* de la cocaína, no desea ser crucificado. Aunque no se trata sólo de reticencias, él apela aquí a la valiosa noción del "ombligo del sueño":

> Tengo la impresión de que la interpretación de esta parte del sueño no fue llevada a su término, lo que habría permitido revelar todo su sentido encubierto. De haber proseguido mi comparación entre las tres mujeres, habría llegado mucho más lejos. Todo sueño tiene por lo menos un punto insondable, un ombligo por el cual se conecta con lo desconocido[50].

Freud alude a este desconocido en el epígrafe de "El Libro de los sueños", con la frase de Virgilio: *"Flectere si nequeo superos, acheronta movebo"* (si no puedo conciliar a los dioses celestiales, moveré a los del mundo subterráneo). Resulta evidente que el ombligo de ese laberinto subterráneo está mucho más allá de la lujuria de Freud por esas tres mujeres que ya aparecen en el sueño de las Tres Parcas ... Luego veremos que en el ombligo del sueño, junto al sexo, está la muerte[*10].

El sueño de Irma rinde homenaje a las ideas del rinólogo berlinés. Freud utiliza una de esas ideas, la relación entre la garganta (el "órgano cefálico") y el sexo, desplazando el contenido ginecológico latente hacia un contenido manifiesto que consiste en un examen de la nariz y la garganta. La segunda gran idea de Fliess, la de los períodos –ciclos vitales– diferentes en la mujer y el hombre, es introducida por la trimetilamina, sustancia que estaría en la base de esa operación.

El sueño habla con *ambivalencia*, para anticipar un término que Freud utilizará más tarde. En primer lugar tenemos la desastrosa operación en Emma. Anzieu estima que "el examen de Irma también parece encubrir el deseo latente de auscultar él mismo a Ida Fliess, antigua paciente de Breuer. Ella (en el sueño) es su paciente; Freud procura ver el hijo que ella tiene en el vientre. En este pasaje se puede leer, en filigrana, la naturaleza edípica de la "transferencia" con Fliess y la anticipación de su futuro descubrimiento[51].

El sueño de Irma, como objeto simbólico polifacético, se presta a muchas combinaciones. Veamos la fórmula de la trimetilamina:

---

*10. Agradezco esta sugerencia a Lucia Andrade.

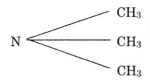

Para Lacan ésta es la fórmula de la infancia de Freud en Freiberg. Los 3 CH corresponden a las tres familias que componían el protogrupo de Freiberg: el matrimonio Zajic, el matrimonio de Emmanuel Freud y el nuevo matrimonio de Jacob Freud, con sus respectivos hijos. Su estructura terciaria también incluiría, en la sobredeterminación, a los tres tipos de neuronas en los cuales Freud pensaba encontrar la fórmula del aparato nervioso. De hecho, la fórmula aparece por primera vez en una carta a Fliess, tres semanas después del sueño[52].

Son tríadas dentro de tríadas. Se pueden completar de la siguiente forma:

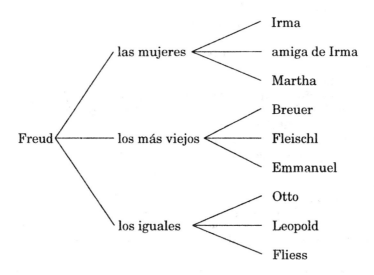

Así, el sueño contiene una representación simbólica de su propia estructura[53]. Eso nos aproxima de la visión nietzscheana del sueño como forma de transmisión de una verdad[54]. El sueño, para Zarathustra, permite anticipar una verdad. Tenemos varios tríos: Otto-Leopold-Fliess, Breuer-Fleischl-Emmanuel. El "3", número sagrado, número perfecto, número edípico, la ley del ternario en la Cábala, rige el sueño de Irma, donde la trimetilamina opera como broche de oro.

Aquí encuentro la oportunidad para lanzar una flecha que me parece certera, y que me llama la atención porque soy –casi– el primero en arrojarla. Ya he dicho de qué se trata: Irma es Freud[*11]. Mejor dicho: Irma es el Freud por venir. La garganta de ella, como luego veremos, representa y anticipa la formación maligna que lo acechará a él en el futuro. Tal vez en el fondo de este sueño histórico se encuentre el deseo de muerte. Esta pulsión tomaría la forma de un pacto fáustico por el que se entrega la vida a cambio de la fundación de la ciencia del siglo[*12].

NOTAS

1. Carta de Freud a Fliess del 12 de junio de 1900, *Correspondência Sigmund Freud-Wilhelm Fliess*, 1986, comp. de J. M. Masson, Imago, Río de Janeiro, pág 418.
2. Carta de Freud a Fliess del 7 de mayo de 1900, ibíd., pág. 413.
3. SE, IV, pág. 107.
4. Erikson, ibíd., pág. 11.
5. Carta de Freud a Fliess del 25 de mayo de 1895, J. M. Masson (comp.), *op. cit.*, pág. 130.
6. Carta de Freud a Fliess del 12 de junio de 1895, ibíd., pág. 132.
7. Ibíd.
8. Carta de Freud a Fliess del 13 de setiembre de 1895, ibíd., pág. 120.
9. SE, IV, pág. 112.
10. Dedicatoria a Breuer de la traducción del libro de Charcot, J. M. Masson (comp.), *op. cit.*, pág. 20n.
11. Carta de Freud a Fliess del 24 de julio de 1895, ibíd., pág. 135.
12. Max Schur, *Freud, vida e agonía*, 1981, Imago, Río de Janeiro, I, pág. 98.
13. Erik Erikson, "The dream specimen of psychoanalysis", *Journal of Americam Psychoanalysis*, 1954, N° 2, pág. 16.
14. J. Lacan, *Le Moi dans la théorie de Freud et dans la technique de la psychanalyse, Seminaire II*, 1978, París, Seuil, págs. 177-204.
15. Carta de Freud a Fliess del 24 de enero de 1895, J. M. Masson (comp.), *op. cit.*, pág. 107.

[*11]. Insisto en la paternidad de la idea, y me remonto a *Heroína*, una novela que escribí en 1969, donde digo, hablando del sueño, que Irma es Freud.
[*12]. El sueño, como luego veremos, fue tildado de "neurótico" por Jung: "En cuanto a ese poco de neurosis, me permito llamarle la atención sobre el hecho de que usted abre *La interpretación de los sueños* admitiendo en tono de lamento su propia neurosis –el sueño de la inyección de Irma–, identificándose con el neurótico que necesita tratamiento. Muy significativo". (Carta de Jung a Freud del 3 de diciembre de 1912, *Freud-Jung, Correspondência completa*, 1976, Río de Janeiro, Imago, pág. 596).

16. Carta de Freud a Fliess del 12 de junio de 1895, ibíd., pág. 133.

17. I. Berenstein, "*De la phrase latente au contenu manifeste*", *Bull. Psychol*, 1975, N° 336, págs. 674-690.

18. Didier Anzieu, *A auto-análise de Freud e a descoberta da psicanálise*, 1989, Artes Médicas, Porto Alegre, pág. 47.

19. Ibíd., pág. 48.

20. Ibíd.

21. SE, IV, pág. 106.

22. Ibíd.

23. Didier Anzieu, *op. cit.*, pág. 77

24. Ibíd., pág. 43.

25. SE, IV, pág. 115.

26. Anzieu, *op. cit.*

27. Roazen, "*Some additional ...*"

28. P. Swales, *Freud, John Weier and the Status of Seduction. The Role of the Witch in the Conception of Fantasy*, 1982.

29. Thoden van Veltzen, *Irma at the window. The fourth script of Freud's specimem dream*, Amer. *Imago*, 41, N° 3, págs. 245-98.

30. Didier Anzieu, *op. cit.*, pág. 44.

31. SE, IV, pág. 292.

32. Carta de Freud a Abraham del 8 de enero de 1908, *A Psycho-analytic Dialogue: the Letters of Sigmund Freud and Karl Abraham, 1907-1926*, 1965, Nueva York, Basic Books.

33. Serge Cotet, *Freud e o desejo do psicanalista*, Río de Janeiro, Zahar, pág. 66.

34. SE, IV, pág. 111.

35. Mathilde S. ¿es soltera o casada? No tenemos esa información.

36. Albrecht Hirschmüller, "Freud, Meynert et Mathilde: l'hypnose en question", *Revue Internationale de la Psychanalyse*, 1993, VI, pág. 277.

37. Albrecht Hirschmüller, "Freuds «Mathilde», ein weiterer Tagesrest zum Irma-Traum", *Jb. Psychoanal.*, 1998, XXIV, págs. 129-59.

38. Albrecht Hirschmüller, "Freud, Meynert et Mathilde: l'hypnose en question", ibíd., pág. 278.

39. Didier Anzieu, *op. cit.*, pág. 47.

40. Cf. la ya mencionada dedicatoria a Breuer de la traducción del libro de Charcot; véase la nota 10, *supra*.

41. Carta de Freud a Fliess del 9 de febrero de 1898, J. M. Masson (comp.), *op. cit.*, pág. 299.

42. Carta de Freud a Fliess de 25 de mayo de 1895, ibíd., pág. 130.

43. SE, IV, pág. 182.

44. J. Lacan, *op. cit.*, pág. 194-5.

45. Ibíd., pág. 195.

46. Prefacio a la Tercera Edición Inglesa, 1931, SE, IV, pág. xxxiii.

47. L. A. Garcia-Roza, "Um mundo arcaico de vastas emoções e pensamentos imperfeitos", *Manuscrito 1992*, pág. 6.

48. SE, V, pág. 589.

49. L. A. Garcia-Roza, ibíd., pág. 3.

50. SE, IV, pág. 111.

51. Didier Anzieu, *op. cit.*, pág. 51.

52. Carta de Freud a Fliess del 16 de agosto de 1895, J. M. Masson (comp.), *op. cit.*, pág. 136.

53. Didier Anzieu, *op. cit.*, pág. 57.

54. Paul-Laurent Assoun, *Freud e Nietzsche*, 1981, San Pablo, Brasiliense, pág. 217.

CAPÍTULO 2

LA RUTA DE LA LANA

Freud abre como sigue sus notas autobiográficas:

Nací el 6 de mayo de[*1] 1856 en Freiberg, Moravia, una pequeña ciudad de la actual Checoslovaquia. Mis padres eran judíos; yo he seguido siéndolo. Creo que mi familia paterna vivió mucho tiempo en la región renana, en Colonia, y que con motivo de una persecución contra los judíos, en el siglo XIV o XV, volvió a Lituania pasando por Galitzia, rumbo a un país de lengua alemana, Austria[1].

El origen judío constituye la tarjeta de presentación en un texto que aspira a mostrar las raíces científicas del psicoanálisis. Ser judío como punto de partida de su jornada. En ese sentido, cuando cumple 70 años, Freud envía a la logia *B'nai B'rith* el siguiente mensaje: "Debo confesarles que ni la fe ni el orgullo nacional me ligaron al judaísmo, pues siempre fui ateo, educado sin religión ... Con todo, subsistían muchas cosas que hacían irresistible para mí la atracción de los judíos y el judaísmo: potencias sentimentales oscuras y grandiosas, tanto más poderosas cuanto difíciles de expresar en palabras; la clara conciencia de lazos íntimos, la secreta familiaridad de poseer una misma arquitectura anímica"[2].

Roudinesco acota: "Ser judío como «patrimonio genético»"[3].

En carta a Oskar Pfister, Freud se pregunta: "¿Por qué el psicoanálisis no fue creado por uno de esos innumerables hombres piadosos, por qué fue necesario esperar a un judío totalmente ateo?"[4] Esta pregunta incluye una doble afirmación: primero, era preciso ser judío; segundo, ser un hombre sin fe[5]. Inquietante aseveración. Tenemos

---

[*1] ¿Es así? Un pequeño problema, uno de los tantos en el camino de la biografía de Freud, reside en que todo es cuestionado por los Cazadores Custodios de datos. De ahí que, a partir de un registro poco legible de la ciudad de Freiberg, Vladimir Granoff afirme que Freud nació el 6 de marzo, lo que plantea la cuestión de que la madre de Sigmund se habría casado en estado interesante. Pero todo hace pensar que la fecha convencional es la correcta y Freud sería un taurino de ley (Cf. Théo Pfrimmer, *Freud, lecteur de la Bible*, pág. 34).

que evaluar qué significaba la cuestión judía en el Imperio Austro-Húngaro a mediados del siglo XIX.

1867: fecha clave. La vida del Pueblo Elegido en la Europa Central cambia dramáticamente después de la Emancipación de 1867. Francisco José, al renunciar al poder absoluto, moderniza el aparato del Estado y otorga igualdad de derechos civiles a los judíos. Eso significa libertad de vivienda y circulación. Fin del gueto, con su confinamiento cívico y geográfico. Abiertos los caminos, los judíos emigraron en masa para las ciudades. Aparece un nuevo tipo de Diáspora que modificó radicalmente la *Weltanschauung* judaica. Los mercaderes se "asimilan" a los tiempos, aprenden el modo de ser de los burgueses austríacos, renuncian al *ídish*[*2] y cambian de vestimenta para "europeizarse". La asimilación no fue total y la tradición persistió bajo la forma de un judaísmo liberal. Por otra parte, quienes renunciaban a la religión judía debían, por ley, registrarse en uno de los otros cultos establecidos (o sea, el católico o el protestante).

Dos años después del nacimiento del padre de Sigmund, en 1817, Benjamín Disraeli, niño semita de doce años, recibió el bautismo en la Iglesia Anglicana de Saint Andrew's. Una década más tarde, otro niño judío, Karl Heinrich Marx, de seis años, también fue bautizado, en la pequeña ciudad de Tier. Estos bautismos históricos marcan el inicio del judío en la cultura europea[6].

Antes de la Emancipación, digamos en el siglo XVIII, cinco grupos de judíos vivían en la Europa Central. *Hors-concours* encontramos las llamadas "familias toleradas" –la aristocracia del dinero. Ejemplo: los Rothschild. Luego vienen los sefardíes, comerciantes llegados de Constantinopla, ricos en su mayoría; hablan el ladino, mezcla de español con algo de árabe. El resto, la inmensa mayoría errante, se divide en tres grupos con fronteras fluidas: los mercaderes de las ciudades, los vendedores ambulantes y los campesinos itinerantes. Vivían en guetos o de gueto en gueto.

La Emancipación fue el "fruto de una lenta lucha que duró cerca de setenta años y que comenzó importada por Napoleón al derrotar a las Potencias Centrales"[7]. El Corso dejó su marca, y no extraña que Freud lo admirase. En los años siguientes a las conquistas napoleónicas emerge "una especie hasta entonces inédita": el intelectual judío urbano. Personaje brillante, oportunista, inseguro, lleno de culpa, que, de una manera caricaturesca, recuerda las neurosis de carácter de nuestro siglo[*3]. Aparece en los laberintos tortuosos de ese paradig-

*2. Dialecto alemán del siglo XIV, con numerosas palabras en hebreo.

*3. Renato Mezan caracteriza bien el tipo psicológico de este intelectual asimilado, "dilacerado por tendencias contradictorias, vacilando entre una oscura fidelidad al pueblo perseguido que abandonara, junto a un remordimiento igualmente oscuro nacido de este alejamiento, y una inmensa volun-

ma de sujeto atormentado que fue Franz Kafka[*4]. Se caracteriza por el abandono de la tradición judía, y sufre la culpa resultante de su asimilación. La metamorfosis, como piel de oveja, debía ser radical, pues, según dijo Heine en su célebre frase, "el bautismo es el pasaporte que permite entrar en la sociedad europea"[8]. Heine, que se convirtió un año después de Karl Marx, afirmaba enfáticamente: "Yo soy bautizado, no convertido". Tenía su "patria portátil" que era la Biblia; juró "comprometerse ardientemente con la causa de los judíos y [luchar] por su igualdad de derechos civiles; en los tiempos peores que sin duda vendrán, la canalla germana escuchará mi voz, y gritaré lo bastante fuerte como para que [esa voz] penetre en las cervecerías y los palacios de Alemania".

Frente a este panorama, dice Janine Chaseguet-Smirgel, "Un judío de la diáspora, en las condiciones de Freud, que no fuese ambivalente respecto de su identidad judaica, estaría simplemente al margen de las leyes que gobiernan la psique humana"[*5, 9] Violaría el Principio de Realidad. Las alternativas eran tres: la religiosa, en favor de la fe, con la segregación concomitante; la solución asimilacionista, con la negación parcial (Heine) o total (Marx) de la condición judía y, finalmente, la salida sionista, todavía en el horizonte, que comenzará a esbozarse a fines de la década de 1870.

Quizás existía una cuarta salida, más benigna que la pura negación, ejemplificada por el padre de Josef Breuer. El hijo tenía lo siguiente que decir de su progenitor:

> Él pertenecía a la generación de judíos que salieron del gueto espiritual para respirar el aire de Occidente ... Es difícil evaluar la energía espiritual que le fue transmitida a esa generación. Cambiar nuestro dialecto por un alemán correcto, los laberintos del gueto por los modos educados del mundo Occidental, tener acceso a la literatura, la poesía y la filosofía de la nación alemana[10].

Leopold Breuer, rabino respetado en la comunidad vienesa, estudió en la célebre *yeshivá* de Presbourg, donde enseñaba Mosche Sop-

---

tad de triunfar del «otro lado...»" (Renato Mezan, *Freud, pensador da cultura*, 1985, San Pablo, Brasiliense, pág. 64).

*4. El héroe de su novela *El Castillo* "intenta romper el círculo mágico judío", procurando parecerse lo máximo posible a los campesinos que encuentra en su interminable camino. Véase el análisis que realiza Marthe Robert de esta "asimilación" (Marthe Robert, *D'Oedipe a Moïse*, 1974, París, Calman-Levy, pág. 33).

*5. Ejemplo de ambivalencia: Karl Marx. "¿Cuál es en sí mismo el fundamento de la religión judía? La necesidad práctica, el egoísmo. Por eso el monoteísmo judío es en realidad el politeísmo de las necesidades múltiples, un monoteísmo que hace de las letrinas un objeto de la ley divina". Artillería pesada.

her[11]. En las *yeshivá*, sólo se estudiaba el Talmud. Pronto, a los 15 años, Leopold dejó el gueto talmúdico para estudiar "otras ciencias" en Praga[12]. Fue profesor de hebreo durante veinte años. Este cuarto camino puede denominarse la "salida europeizante". Como fruto de ese trabajo cultural, su hijo tuvo frente al "antisemitismo" una actitud menos problemática que la de Freud*[6]. En efecto, los hombres de la generación de Josef Breuer, como Moriz Benedikt y Kassowitz, no se sintieron tan discriminados.

Por otra parte, el antisemitismo furioso comenzó después del Miércoles Negro de 1873, y creció en los años 80 y 90. Es difícil evaluar la malignidad de esta ola racista, ya que los testimonios son muy divergentes. Hay autores como Stefan Zweig que afirman no haber experimentado molestia racial alguna[13]. En cambio, para Bakan el racismo fue una pesadilla[14]. Aquí es oportuno recordar el cuento del locutor judío tartamudo que se quejaba de ser discriminado por la BBC. Existía una hipersensibilidad que llevó a Breuer a decir: "Nuestra epidermis se está volviendo demasiado sensible y sólo me resta esperar que los judíos tengan una conciencia firme de su propio valor y mantengan cierta indiferencia frente al juicio de los demás, en lugar de esa actitud susceptible ... junto con un aguzado *point d'honneur*".

Bakan opina que el psicoanálisis puede entenderse como una "secularización" del misticismo judío. El interés por los sueños, por ejemplo. En este punto, Bakan enfrenta un obstáculo importante: la total ausencia, en los textos freudianos, inclusive en la correspondencia, de nada que haga pensar en un discurso místico. Freud, de hecho, se pronunció radicalmente en contra de cualquier manifestación espiritualista, aunque es cierto que lo hizo refiriéndose al "misticismo ario", *a la Jung*. Para remediar esa debilidad de su argumentación, Bakan apela a una tesis ingeniosa y típicamente psicoanalítica: "Freud tenía la mejor de las razones para no mencionar expresamente esta tradición", porque el antisemitismo "era en la época tan intenso y difundido que, al indicar la fuente judaica de sus ideas, él habría expuesto peligrosamente sus teorías, esencialmente polémicas, a una oposición inútil y tal vez fatal"[15].

Puede ser, quién sabe, quizá.

En 1867, fecha de la Emancipación, Freud tenía 11 años y Renato Mezan observa que el panorama hubiera sido otro de haber nacido una década antes, porque habría tenido dificultades para ingresar en la Universidad, encontrando allí manifestaciones antisemitas más

---

*6. En una carta de Breuer al grupo militante judío Kadimah, él dice que es posible ser alemán y judío al mismo tiempo, y firma como Josef Breuer, *estirpe judaecus, natione germanus* (Carta de J. Breuer a un responsable de la Asociación Kadimah, citada por Albrecht Hirschmüller, *Josef Breuer*, 1991, París, PUF, pág. 289).

duras que las mencionadas en su *Autobiografía*[16]. Pero él también fue objeto de una discriminación sutil:

La Universidad... me provocó de entrada algunas profundas decepciones. Más que nada me preocupaba la idea de que, por pertenecer a la religión judía, estuviese en situación de inferioridad frente a mis colegas, entre los cuales yo era un extranjero ... Nunca pude comprender por qué debería avergonzarme de mi origen o, como ya se comenzaba a decir, de mi "raza". Por eso renuncié sin grandes emociones a la doble nacionalidad que me era negada..."[17].

La agitación antisemita ocupaba un lugar destacado en la plataforma política de los dos partidos conservadores de la época: el Cristiano-Social y el Pangermánico. Los discursos inflamados de Von Schnörrer recibían grandes titulares en la prensa, y hubo varios casos de judíos acusados de cometer asesinatos rituales y crímenes satánicos. El movimiento Cristiano-Social, con el temible Lueger a la cabeza, se transformó en un partido de masas que retomó los temas racistas desde una postura "aria". Karl Lueger puede considerarse un prohombre del nazismo, por haber sido maestro del joven Hitler, que lo consideraba "el alcalde más poderoso que jamás se vio"[18].

Concuerdo con Renato Mezan en que es posible que el antisemitismo estuviera difundido, pero era poco eficaz. En la época, el centro del poder político todavía pasaba por el Emperador, figura declaradamente hostil a esa discriminación, ya que para él, desde la óptica de su sangre azul, todos los burgueses, de todas las razas, eran iguales. Él fue, en realidad, anti-antisemita. Además, no interesa tanto si el racismo fue una traba en el pensamiento psicoanalítico, como hasta qué punto el "semitismo" freudiano se constituyó en fuente de inspiración. Cuando Max Graf, más conocido como el padre de Juanito, le preguntó a Freud si debía bautizar a su hijo, Freud le respondió que no: "Si no permite que su hijo crezca como judío, le impedirá disfrutar de fuentes de energía ireemplazables. Como judío, él tendrá que luchar, y usted debe dejar que en él se desarrollen todas las fuerzas que necesitará en esta lucha. No lo prive de esta ventaja"[19].

Para Freud la "arquitectura anímica" del judío lo dotaba de una ventaja enraizada, casi lamarckiana, sobre el "goy"*[7]. La idea aparece reiteradas veces en su correspondencia con Ferenczi y Abraham. Él apostaba, vagamente, a lo que se llama el "espíritu judío". Algo atávico, transmitido de generación en generación, que mantiene el fuego

---

*7. Término, un tanto despectivo, que designa al gentil.

sagrado del exilio babilónico: "La memoria judía está atravesada por una puñalada que la tradición llama el *9 de Ab* o *Jurbán*, que vio la desaparición del Estado hebreo y el comienzo de la diáspora judía"[*8].

"En la segunda mitad del siglo XIX un espíritu renovador iluminó el pensamiento de Europa. El mundo de *El contrato social* de Rousseau y del optimismo liberal se vio transformado por una ola de desarrollo tecnológico"[20]. Ese giro remodeló la tradición cultural y artística, las concepciones de la forma y el lenguaje, los valores, "incluso el aspecto de nuestras calles, de nuestras casas e interiores, de nosotros mismos"[21]. Ese siglo, romántico y positivista, contradictorio, esquizoide, nos legó algunas de las mayores realizaciones y algunas de nuestras peores pesadillas.

El romanticismo se origina en Alemania en el *fin du siècle* anterior y florece soberano en toda Europa. En su acepción restricta, el movimiento estaba constituido por una red de pequeños grupos, poco orquestados entre sí, de poetas, artistas y filósofos.

Se suele considerar al romanticismo como una regresión frente al Siglo de las Luces. El *pathos* romántico exaltaba lo irracional y el culto a la singularidad. Mientras que los enciclopedistas colocaron al Hombre, con H bien mayúscula, en el centro del universo, los románticos pasaron a reverenciar la Naturaleza, no sólo la Naturaleza visible, sino también la cara oscura de la Luna. De ahí el interés por lo que hoy denominamos las manifestaciones del inconsciente: sueños, delirios y locura en general, genio y figura, parapsicología, los poderes misteriosos del destino, la fascinación por los fluidos magnéticos. Así como el Renacimiento descubrió la antigüedad greco-romana, el Romanticismo se volvió hacia la Edad Media. Schelling cantó los prodigios que resonaban en la penumbra de las catedrales. La palabra clave era *Weltanschauung*, acuñada por Wilhelm von Humboldt: una cosmovisión que atraía e incomodaba a Freud[22].

Tal vez la oposición mayor entre la Ilustración y el Romanticismo se daba en el dominio del amor y el sexo. Para un Werther, paradigma del héroe romántico, los matices de la pasión eran la sal de la vida. Werther execraba el invento "ilustrado" del "casamiento de la razón". Frente al ideario burgués, el héroe era un joven trapecista, bello como Byron, dispuesto a dar su pirueta mortal. Se anuncia un nuevo tipo de subjetividad, un "espacio psicológico" cuyo prototipo será Goya con su "transformación" demoníaca[23].

El romanticismo germánico, en la pluma de Wilhelm von Schelling (1775-1854) generó una Filosofía de la Naturaleza, que postulaba la unidad esencial del hombre con el cosmos. Una malla de "simpatía" liga a los seres, los hechos, los portentos, en un movimiento

*8. Gerard Haddad, *El hijo ilegítimo. Fuentes talmúdicas del psicoanálisis*, 1985, Jerusalén, La Semana, pág. 25.

universal del cual el hombre forma parte. De ahí que las ideas de Mesmer sobre el magnetismo animal atizasen el fuego romántico.

La visión enaltecida de una naturaleza benévola y divina iba a ser subvertida por el gigantismo de las grandes ciudades, la masificación urbana y el ocaso de los pastores. Siglo más proteico que el nuestro, acepta ser dividido por la mitad: su gran crisis política e ideológica se produjo en 1848, año de la revolución paneuropea[24]. Movimiento que recuerda el Mayo francés de 1968. Figuras como Kinkel, Schurz y Wagner en Alemania, Garibaldi y Mazzini en Italia, fueron algunas de sus cabezas. Vista desde otro siglo, la empresa parece más ideológica que política. Revolución que montó la plataforma de Malwida von Meysenburg, pionera del feminismo. En esa cruzada, el padre de Ferenczi luchó por la liberación de Hungría. Fue tal vez la primera causa popular, en escala internacional, en la cual la juventud fue protagonista. El entusiasmo juvenil hizo que el movimiento se denominara la "Primavera de los Pueblos"[25].

Lucha contra el orden establecido, contra los privilegios de la burguesía. Era la hora de las minorías oprimidas frente a los poderes absolutos. Fuera del escenario europeo, mejor dicho, en los márgenes de la Metrópoli, esa revolución tuvo su expresión más cabal en las guerras de emancipación en Latinoamérica. Europa, por su parte, cambiaba con la volubilidad sostenida de un lento caleidoscopio. En 1848 Marx y Engels lanzan el *Manifiesto Comunista*, anunciando el surgimiento del nuevo proletariado industrial. Emerge una visión secular materialista. La impresionante producción técnico-científica generó una *aceleración histórica*, mutación infraestructural que se fue expandiendo, con olor a hollín. La Revolución Industrial que acababa de nacer en Inglaterra cubrió toda Europa y saltó a los Estados Unidos y la costa este del Canadá. La nueva dinámica comercial generó un salto cualitativo en las fuerzas de producción, multiplicando el flujo industrial, creando nuevos medios de transporte por los que corría la red en expansión. Se inicia la interconexión de un planeta que, en la mente de su profeta, Julio Verne, podía ser recorrido en menos de cien días.

Sería cuestionable hablar de prosperidad; nuestros bisabuelos vivieron tiempos escuálidos, pero los índices de salud y mortalidad anunciaban un futuro fisiológico más promisorio. La mortalidad infantil cayó sustancialmente, en concomitancia con una migración masiva desde el campo a la ciudad. Este proceso de urbanización, la segunda ola de la Revolución Industrial, alcanzó su máxima expresión en Francia. Resultado: París, en el tiempo en que Freud la conoció, era la primera megalópolis del mundo, con más de dos millones de ciudadanos. En los suburbios proliferaba una nueva clase social: el proletariado. Freud, siguiendo a Le Bon, habla de "masas". La mayor natalidad crea una fuerte corriente migratoria. Millares de europeos invaden Canadá, Estados Unidos, México, Brasil y la Argentina. Van a Australia y Nueva Zelanda, e incluso a Siberia. O sea que hubo una explosiva expansión de la horda caucasiana por el planeta. Su hora, sin duda, había llegado.

Europa, centro del mundo, se agrupaba en naciones soberanas. Inglaterra, con su red ultramarina, era la potencia hegemónica. Luego venían Francia y el Imperio Austro-Húngaro, mientras que Alemania e Italia todavía "gateaban" rumbo a la consolidación nacional.

En el péndulo de la historia, pasada la hora romántica, el faro de los nuevos tiempos volvió a iluminar las Luces. El Dios era ahora el "dato verificable". Lo oculto, la cosa-en-sí kantiana, no le interesaba a Augusto Comte, padre de la Filosofía Científica. El Hombre ocupa nuevamente el centro del escenario. El positivismo se consagra en grandes templos: las universidades. Casas del Saber, consagradas a la exploración científica, cuyo corazón late en los laboratorios, pupila de los ojos del positivismo. Estamos al borde de lo que vendrá. El exceso de esa corriente será el cientificismo. El positivismo tuvo un gran mentor: Darwin, aunque no fuese un positivista militante. *El origen de las especies*, perla de la nueva era, proponía una teoría coherente de la razón de nuestra existencia, "cuestionando frontalmente la idea cristiana de la creación".

"Yo ya vivía cuando Charles Darwin publicó su obra sobre el origen de las especies", rememora Freud setenta y cinco años después del acontecimiento histórico[26]. La vida del creador del psicoanálisis coincide con el comienzo de la "revolución darwiniana". En ese tiempo, en el mismo siglo contradictorio, surge una forma de pensar que tiene de romántica la singularidad de sus protagonistas. Nietzsche, yo diría, habla por todos:

¿Usted piensa que las ciencias podrían ser lo que son sin los magos, los alquimistas, los astrólogos y los brujos que las precedieron? Ellos fueron los primeros en crear, a través de sus promesas y pretensiones engañadoras, la sed, el hambre y el gusto por poderes escondidos y prohibidos[27].

Hoy en día, frente a un nuevo fin de siglo, podemos mirar desde cierta distancia el siglo que nos precedió. Podemos comparar los tres últimos fines de siglo. Ellos —el nuestro inclusive— se caracterizan por una ráfaga mística de características románticas, que toma la forma del posmodernismo. En contraste con lo que se podría llamar el romanticismo "clásico" del siglo XVIII, los neorrománticos crean el espíritu finisecular con o sin interlocutor. Para el primero, el contacto era intimista e idílico; para los neorrománticos la relación se vuelve corrupta, *decadente*, y la acompaña un individualismo exaltado. Fueron los tiempos de Narciso. El materialismo secular generó ese sentimiento de decadencia que llevó a Ibsen, su mayor ideólogo, Profeta del Caos Moral, a afirmar: "La gran tarea de nuestro tiempo es destruir todas las instituciones vigentes"[28]. El posmodernismo ya apunta en el horizonte.

Con ese telón de fondo, veamos lo poco que se sabe de los antepasados de Sigmund Freud.

Comencemos por el padre. Mejor dicho, comencemos por la lana. Ella puede ser el hilo conductor para tejer el relato del mercader Kallamon Jacob Freud[*9]. Cuando él nació, la industria textil estaba convulsionada por la tecnología de los nuevos tiempos. Por un lado se inventa la hilandería mecánica que agiliza tremendamente la producción. Por el otro, comienza el fin de esas vastas zonas libres del pastoreo nómade. El campo se estrecha, cuadriculado por cercas. El pastor de ovejas, héroe de nuestros cuentos de hadas, tiene los días contados. Tractor por pastor. Y los comerciantes de lana –Jacob Freud entre ellos– intentan amoldarse precariamente a un presente incierto, que se les escapa con la aceleración del tiempo[29].

Kallamon Jacob[*10] Freud nació en Tysmenitz el 18 de diciembre de 1815. No poseemos ningún documento de archivo que diga algo sobre él. Tysmenitz no tiene registros ni historia catastral. Esa pequeña ciudad, empero, era un oasis intelectual judío en la atrasada Galitzia, uno de los centros esotéricos de la Diáspora, conocido por su escuela mística. Numerosos rabinos y talmudistas se formaron en su *yeshivá*. Según Sajner –especialista en la prehistoria freudiana– la ciudad, en los tiempos en que nació Jacob, tenía seis mil habitantes, de los cuales la mitad eran judíos[30].

La pesquisa rastrea con un modesto éxito el exilio de los antepasados de Sigmund Freud por la Europa Oriental. Los caminos se cruzan en Colonia. Se sabe de un poblado israelita establecido en el tiempo de los romanos. Cuenta la leyenda que un día el padre de Freud se encontró con el secretario de la comunidad judía de Colonia, y éste le confirmó que el apellido Freud aparecía en los registros de la vieja ciudad desde el siglo XIV. Eso, cuenta Ernest Jones, "pareció ser curiosamente confirmado por el descubrimiento, en 1910, de un fresco firmado por «Freud de Colonia» en la catedral de Brixen, actual Bressanone, al sur del Tirol"[31].

Según Jones, "las primeras huellas de la familia Freud se encuentran en Buczacz, aldea al este de Stanislav, en Galitzia"[32]. En esa segunda encrucijada, la familia se dividió: una parte marchó a Rumania y la otra a Moravia. Ambas ramas se mantuvieron en contacto. El más conspicuo Freud rumano fue el "medio asiático" Moriz Freud, que sufría de "seudología fantástica" y se casó con Mitzi, hermana de Sigmund[33].

---

*9. En la grafía alemana, Jacob se escribe con "k", pero el padre de Sigmund escribía su nombre con "c". Así está en su lápida del Cementerio Central de Viena.

*10. El nombre Kallamon era desconocido en los tiempos en que Jones escribió su biografía. Conocemos su existencia gracias a Sajner.

El genealogista Hellreich trazó el árbol genealógico familiar, haciendo una indagación pormenorizada en el cementerio de Buczacz. Parece ser que los Freud vivieron en Buczacz (a 60 kilómetros al este de Tysmenitz) por un tiempo no determinado. Los genealogistas no tienen dudas de que "Freud" deriva del nombre "Freide", de la tatarabuela materna de Jacob. Ese nombre fue registrado en 1787, cuando las autoridades de Galitzia obligaron a todos los judíos a adoptar un apellido[34].

Freide, lindo nombre. Según Paul Johnson, para conseguir apellidos bonitos, derivados de flores o de piedras preciosas (Lilienthal, Rosenthal) había que pagar sobornos; los pobres, o los mal vistos por los malhumorados funcionarios, recibían apellidos tales como *Glagenstrick* (cuerda de ahorcado), *Eselkapf* (cabeza de burro)[35].

Tenemos entonces a:

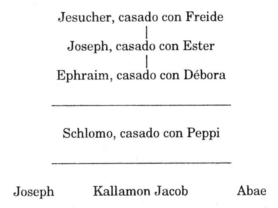

Jesucher, casado con Freide

Joseph, casado con Ester

Ephraim, casado con Débora

Schlomo, casado con Peppi

Joseph   Kallamon Jacob   Abae

Blond[36], autor del libro *Tysmienica*, opina que Schlomo, padre de Jacob, fue el primer Freud que dejó Buczacz para instalarse en Tysmenitz, como estudiante de la *yeshivá*. Allí se casó con Peppi, pasando a vivir en la casa de su suegro Susskind Hoffmann. Schlomo poseía el título de "rabí"[*11], lo que no significa que ejerciera como rabino. A su propio padre, el bisabuelo de Sigmund, Ephraim, también lo llamaban "rabí". Estos rabíes laicos eran personas cultas[37].

Swales informa que Peppi le dio a Schlomo tres hijos y una hija. Jacob era el primogénito[38]. El benjamín, Joseph, fue la oveja negra de

---

*11. Aunque Jacob sabía hebreo, nunca tuvo derecho al codiciado título de rabí. "Consciente o inconscientemente, le encargó entonces a su hijo Sigmund Schlomo que continuara esa tradición familiar de erudición" (Lydia Flem, *A vida cotidiana de Freud e sus pacientes*, pág. 87).

la familia. El otro hijo, Abae, es descrito por Freud en estos términos: "Nunca menciono a mi tío de Breslau porque nunca pienso en él ... Es un hermano menor de mi padre. La historia de su familia es muy triste. De los cuatro hijos sólo una hija es normal, casada en Polonia. Un hijo es hidrocéfalo y retardado; otro, que cuando joven prometía bastante, enloqueció a los 19 años, y una hija también, a los 20 y tantos. Me había olvidado de tal forma de este tío que siempre pensé que mi familia estaba libre de cualquier tara hereditaria"[39].

En esos tiempos, en esos lugares, los judíos se casaban jóvenes. El suegro de Schlomo, Susskind Hoffmann, abuelo materno de Jacob, tenía a lo sumo cuarenta años cuando nació su nieto. El patriarca Susskind Hoffmann era la figura fuerte del clan. Comerciante en lana, cáñamo, miel y sebo, comenzó a ser viajante en 1808, recorriendo el camino de Galitzia a Moravia. Schlomo, su yerno, lo acompañó a partir de 1838[40]. El pequeño Jacob, en edad temprana, se suma a la caravana, en la ruta al Sur. Recorrían más de 600 kilómetros en carretas tiradas por jumentos. Más de una semana de polvo y sol. Un nuevo mundo, bajo el cielo estrellado, se abrió para el joven Kallamon Jacob Freud en la ruta que bordeaba el río Moravia.

Se desconoce la orientación religiosa de Schlomo, y sólo podemos conjeturar la educación que recibió su primogénito. Sabemos que el niño Jacob leía y escribía hebreo; es muy probable que haya asistido a una escuela religiosa tradicional (*herder*) y continuado los estudios en una *yeshivá*. Freud, en carta tardía a Robak, dice: "Acaso le interese saber que mi padre es de ascendencia jasídica"*[12, 41]. Parece ser que en Jacob se produjo un enfriamiento religioso a partir de 1833, acentuado cuando se casó con Sally Kanner[42].

Sabemos poco o nada de este casamiento. Si la fecha registrada del nacimiento del primer hijo, Emmanuel, es correcta, el novio tenía la imberbe edad de 16 años. Quizá fueron bodas de "apuro". como dicen las comadres[43]. Según la investigación de Peter Swales, la pareja tuvo otros dos hijos que murieron poco después de nacer.

El documento más antiguo donde consta el nombre de Kallamon Jacob Freud se encuentra en una "lista de judíos extranjeros de paso por Freiberg, con fecha del 14 de abril de 1844. Un segundo documento, redactado en junio de ese mismo año, escrito por su abuelo, aclara el motivo del viaje:

Por el hecho de que compro tejidos de lana en Freiberg ... y que

---

*12. De la secta de los *Hassidim*, fundada a fines del siglo II a.C., consagrada a la observancia estricta del ritual. "Jasid" significa piadoso. Fue la tercera secta mística de Europa Oriental, junto con el *frankismo* e el *shabbataísmo*. Sus miembros se oponían a los estudios seculares y al racionalismo judíos (Martin Buber, *Werke*, 1963, Munich, Heidelberg, III).

los tiño ... en el mismo lugar, para luego enviarlos a Galitzia y que, en trueque, comercializo lana, miel, cáñamo y sebo, y que comerciantes extranjeros vienen hasta Freiberg para comprar esos artículos, motivo por el cual alquilo un almacén para guardar los productos; por esas razones me parece necesario tener un permiso de residencia permanente en Freiberg[44].

El viejo mercader apela al peso de sus años para justificar el pedido:

Designo a mi nieto Kallamon Freud, para que pueda ser mi acompañante. Él va a dirigir el comercio exterior, mientras que yo me ocupare exclusivamente de las compras y ventas en Freiberg. Para dicho fin, conseguí los pasaportes que adjunto ... Por estas razones, hago el siguiente pedido: que la honorable Magistratura se digne concederme un Permiso de Tolerancia para residir en Freiberg hasta la fecha de expiración de nuestro pasaporte; o sea, hasta el 18 de marzo de 1845.

Freiberg, 24 de junio de 1844
Susskind Hoffmann
Kallamon Jacob Freud[*13]

Concedido. La corporación de mercaderes de lana de Freiberg veía con buenos ojos las "empresas comerciales e industriales de los comerciantes israelitas galitzianos, ya que ellos nos brindan ventajas ... que si bien no son brillantes, son por lo menos aceptables"[45]. Ese "permiso de tolerancia" era renovable[46]. Cuando Jacob Freud hizo su presentación en el año 1848, las autoridades sólo se lo otorgaron por tres meses. En esa época las autoridades municipales recibieron la orden de expulsar a todos los judíos en el término de tres meses, "si ellos no satisfacían las reglamentaciones en materia de pasaporte y policía"[47]. Ese mismo año, Jacob también solicitó que se lo autorizara a permanecer en Freiberg. En 1852 Jacob figura como titular de un certificado de domicilio de la comunidad de Klogsdorf, cerca de Freiberg. Sajner opina que nunca vivió ahí: era más fácil obtener el derecho de residencia en una aldea que en una ciudad. Klogsdorf, entonces, como cabeza de puente[48].
Ese año de 1848 marca la ruptura de Jacob con la tradición ortodoxa para entrar en el mundo occidental. Poseía un ejemplar ilustra-

---

[*13]. Este y otros documentos fueron descubiertos por Sajner y Renée Gicklhorn en los archivos del distrito de Neu Titschein (Okresni Archiv Novy Jicin), en la actualidad Archivos de Novy Jicin (cf. el artículo de Sajner, ibíd., pág. 10).

do (hebreo-alemán) de la Biblia de Ludwig Philippson, en tres volúmenes. Krüll aclara que la Biblia de Philippson era la favorita de los judíos en vías de asimilación, admiradores del Siglo de las Luces. En la primera página, Jacob trazó su firma y anotó la fecha "1º de noviembre de 1848"[49]. Que haya escrito allí en el frontispicio la fecha de la Revolución (en el mismo lugar donde después registrará la fecha de la muerte de su padre, Schlomo, y la del nacimiento de su hijo Sigmund) habla de la relevancia de ese año para Jacob.

¿Qué sucedió en el año 1848 en la vida de Kallamon Jacob? ¿Un golpe de fortuna? ¿Una conversión ideológica al alcanzar la edad de Cristo? Quizás hubo un gran y oscuro amor. Esto nos lleva al tema de sus mujeres. Como lo señala Max Schur[50], existen "chocantes" diferencias entre los datos ofrecidos por Jones acerca de los lazos conyugales de Jacob Freud y los datos catastrales aportados por Sajner en 1968.

Según Ernest Jones, después de la muerte de Sally, en 1852, el padre de Sigmund Freud viajó por Alemania y se casó con la madre de Freud, en 1955.[51] Historia oficial. Hoy sabemos de la existencia de una tercera esposa, segunda en el orden cronológico. Su nombre: Rebecca. De hecho, poco o nada se conoce de la vida del viudo Jacob entre 1848 y 1852, o sea, entre los 33 y los 37 años. Cuando resurge, en 1852, aparece acompañado de sus dos hijos, Emmanuel –ya casado– y Philipp, junto a Rebecca, la "misteriosa" Rebecca, que recuerda a la heroína del libro de Daphne du Maurier. Ella tiene 32 años. Por su edad, no podría ser la madre de Emmanuel. Por ello la hipótesis de un segundo casamiento, intermedio, tiene numerosos partidarios, comenzando por Sajner y Gicklhorn[52], seguidos de Schur[53], Ellenberger[54] y, posteriormente, Eissler[55]. Aunque de Mijolla no concuerde.

Para las desconfiadas Mariane Krüll y Renée Gicklhorn, se trata de un casamiento hipotético. Puede ser que Jacob, a fin de obtener un permiso de residencia, haya hecho pasar a alguien por su legítima esposa. De todos modos fue un casamiento efímero. El nombre de Rebecca no consta en los registros de 1854[56]. Renée Gicklhorn[57] no descarta la posibilidad de que fuera repudiada por estéril; aunque tienen que pasar diez años para que se pronuncien los rabinos.

Es válido preguntar quién sabía y quién no sabía de este matrimonio, fugaz y sigiloso, guardado bajo siete llaves. Max Schur afirma que los hijos mayores estaban al tanto. La madre de Sigmund, sin duda, también: ella vivió cuatro años en una de esas pequeñas comunidades de pocas centenas de "patricios" donde tales informaciones se proporcionan gratuitamente. Schur opina que "todo hace suponer que Sigmund no conocía conscientemente de la existencia de esta tercera esposa (que, en realidad, sería la segunda)"[58]. Pero, por eso mismo, debemos rastrear cuidadosamente el autoanálisis, las cartas, los sueños y los recuerdos encubridores, en busca de vestigios de este secreto que "podría haber determinado su manera de pensar"[59]. Intrigante pesquisa que el propio Schur no emprende. Lanzo mi flecha: una pista quizás aparezca en el sueño "1851-1856", uno de los "sueños absurdos" del autoanálisis, en el que Freud pregunta a su padre: "¿Y te casaste después?"[60]. 1851 es el año anterior al casamiento de Jacob con Rebecca, y bien puede ser el año de la muerte de Sally Kanner. La pregunta de Freud tendría sentido, como reproche: "¿Y te casaste un año después de la muerte de tu primera mujer?" Otra pista se encuentra en la célebre carta a Fliess del 19 de setiembre de 1897, cuando Freud, en el acto de abandonar su teoría de la seducción, se consuela recordando "una historieta de [su] colección: «Rebecca, tira el vestido; ya no eres más novia»"[61].

Anzieu también afirma que Freud "nunca supo de esta tercera esposa, cuya existencia sospechó, si le fue ocultada, o reprimió si le fue comunicada"[62]. Pero Anzieu no presenta ninguna prueba de sus conclusiones. La mayoría de los biógrafos, después de Sajner, entienden que Freud, al menos "conscientemente", no conocía la existencia de esta mujer "sandwich" en la vida de su padre[*14]. Desconocimiento que sería significativo, ya que habla de una fractura en el tejido biográfico, de un fantasma en el altillo. Puede ser que el historiador dude: el psicoanalista "sabe" que Freud "sabía" inconscientemente.

La posibilidad de esta olvidable e inolvidable Rebecca es tema de debate. El confiable de Mijolla encuentra que se trata de "la explotación comercial de misterios y escándalos"[63], pero no aporta datos que respalden su afirmación. Tres mujeres, por otra parte, no justifican, como pretende de Mijolla, la imputación de que se quiere pintar a Jacob Freud como un "Barba Azul", ni hacen que la historia sea escandalosa.

Podemos imaginar que algún portento ocurrió a fines de 1851, para usar una fecha onírica. Sabemos que en 1852 Emmanuel se casó con María Kokach, una inmigrante rusa[*15]; el propio Jacob le transfirió sus negocios al primogénito, e hizo frecuentes viajes a Viena. Extraña jubilación prematura para un hombre fuerte y vigoroso de 38 años, a punto de formar una nueva familia con ocho futuros hijos[64]. En esa época él conoció el brillo de la gran ciudad. Ahí vivía la futura madre de Sigmund Freud.

Se llamaba Amalia Nathansohn. Su familia era oriunda de

---

*14. Honorio Delgado, el pionero del psicoanálisis en América del Sur, en la biografía de Freud que escribió en 1926, en Lima, Perú, habla de las tres esposas de Jacob (no sabemos cómo llegó a esa conclusión). Freud le escribe: "Permítame corregirlo en dos errores históricos que se deslizaron en su relato biográfico: mi padre se casó dos veces y no tres; él tenía 40 años en el momento de sus segundas nupcias y mi madre 20, de modo que no puede decirse que era un hombre viejo".

*15. Esta María o Mary es, como observa de Mijolla, una de las pocas personas totalmente "mudas" en la vida de Freud (A. de Mijolla, *Les visiteurs du moi*, págs. 118-9).

Brody, en la Galitzia oriental. Había pasado la mayor parte de su infancia en Odessa[65].

Paul Roazen, que dista de ser un admirador del biógrafo oficial, dice: "La biografía de Jones no es muy compleja, psicológicamente hablando. Por ejemplo, Jones aceptó sin reservas la descripción que Freud hizo de su propia infancia y de la relación con sus padres"[66]. Roazen tiene razón. En casa de herrero, cuchillo de palo. Tanto Jones como Peter Gay, como los biógrafos masculinos, comenzando por Wittels y terminando por el propio Roazen, dejaron sin examinar las posibles "raíces ocultas" de ese casamiento. Fueron las mujeres, Robert, Krüll, Gicklhorn, las que formularon la pregunta medular: ¿en qué condiciones tuvo lugar este matrimonio entre un hombre de 40 años y una "virgen" que tenía menos de veinte? Partamos de la base de que los novios casi no se conocían, ya que, según Sajner[67], Jacob sólo hizo cuatro cortas visitas a Viena en 1854. El proyecto marital fue un asunto acelerado, pues la escena era de Sally hasta 1852, sin contar con la trayectoria meteórica de Rebecca.

¿Se trató entonces de un casamiento por interés? Es posible: era la regla entre los judíos en ese lugar, tiempo y condición. ¿Por qué, se pregunta Krüll, el señor Nathansohn eligió para la hija a un hombre que podía ser su padre? ¿No será que los Nathansohn eran tan pobres que la novia no tenía dote? Renée Gicklhorn responde que sí: Amalia fue "vendida" por su padre. Gicklhorn piensa también que el hombre pintó un Freiberg color de rosa y que la joven se desilusionó al descubrir que vivirían en un solo cuarto, mientras que en Viena los Nathansohn tenían un cuarto y medio[68]. Puede ser. Pero Krüll replica que la diferencia no es tan grande y, además, no sabemos cuántos Nathansohn se apiñaban en ese cuarto y medio. En el siglo pasado, en el confinamiento de los guetos, los judíos vivían en cubículos estrechos. Con una lente de otro color, se puede decir que en su luna de miel la pareja tuvo el privilegio de poseer un cuarto sólo para ellos[69]. Otra posibilidad: ¿tenía Amalia un "defecto escondido"?, se pregunta Krüll[70], ya que las fotos de la época —como la tomada en 1864— muestran una mujer por lo menos atractiva.

El casamiento tuvo lugar el 29 de julio de 1855 en la sinagoga de Viena. La boda fue celebrada por el rabino reformado Manheimer[71].

Antes de que Sigmund naciese, murió el padre de Jacob. Schlomo se fue seis meses después de las bodas. El hijo, como ya vimos, escribió en su Biblia, con "menudas letras hebreas"[72]:

Mi padre, Schlomo, hijo del rabino Ephraim Freud, entró en su morada celestial en el sexto día de la semana, viernes, a las cuatro de la tarde, el 6 de Adar, de [5]616 y fue enterrado en mi ciudad natal de Tysmenitz, el 18 de ese mismo mes. Según el calendario cristiano, el día de la muerte de mi padre es el 21 de febrero, y el de su entierro, el 23 de febrero de 1856[73].

Parece poco probable que el hijo fuese a Tysmenitz en la hora de la muerte y que haya cumplido con sus deberes filiales, recitando el *kaddish* junto a la tumba. Krüll piensa que este hecho dejó una marca en el hijo ausente, generado en él remordimientos por haber abandonado la tradición. La culpa de Jacob, como luego veremos, acompañó a su hijo Sigmund cuarenta años después[74].

De Mijolla opina que Schlomo murió de pura amargura. Tanto él como su padre —o sea, el abuelo y el bisabuelo de Sigmund— eran hombres cultos y piadosos, merecedores, como vimos, del título de rabinos. Esa tradición se quebró con el mercader Jacob y, más aún, con su hijo Joseph, un fuera de la ley. De Mijolla concluye que el padre de Sigmund fue "un mujeriego que se casó prematuramente y pronto tuvo un hijo, para desesperación del rabino Schlomo". Entonces, "con el anuncio de un tercer casamiento, y con un bebé en camino, [Schlomo] no pudo aguantar más", exagera de Mijolla, y optó por la muerte[75].

En la sombra de este luto culposo nació Schlomo Sigismund Freud el 6 de mayo de 1856, dos meses y medio después de la muerte de su abuelo. El hecho de que le haya puesto al hijo el nombre de su padre indica, para las Leyes de los Antepasados, que Jacob "delegó en su hijo la tarea de reparar su propia falta"[76]. Destino que liga tres generaciones. El pacto aparece vivamente simbolizado en esa página de la Biblia de Philippson, donde, debajo de la entrada sobre la muerte del venerable Schlomo, Jacob, "con una letra —según Lydia Flem— ligeramente trémula de emoción"[77], escribe:

Mi hijo Schlomo Sigismund nació en el día 1º de Lar de [5]616 a las seis y media de la tarde.

Como se lee en el resto de la anotación, ocho días después el bebe pasó a formar parte de la alianza judía y fue circuncidado por el *mohel* Samson Frankl, de Ostrau. Sus padrinos fueron los hijos del rabino de Cernowitz, Lippa Horowitz y su hermana Mirl. En ese oficio religioso, el *sandak*, el padrino que sostiene al recién nacido para que el *mohel* realice el corte ritual, fue Samuel Samueli[78].

Esa página muestra cómo se pasa la antorcha del abuelo Schlomo al nieto Schlomo Sigismund, ratificando la importancia del nombre del padre como eje identificatorio. O sea, que detrás del vendedor ambulante Jacob encontramos la figura patriarcal de Schlomo.

Ése es también el momento en que el padre cambia de nombre, y "Kallamon" desaparece para no volver nunca. Kallamon era un nombre judío tradicional, tomado, según algunos, del griego "Kalomynos", que significa "buen nombre", y para otros derivado del latín "Colomanus". Era común en la Europa Central, particularmente en Hungría.

Kallamon nos lleva al extraño "sueño de Garibaldi". Se trata de un espécimen de la serie de "sueños absurdos"[*16], ligados a la muerte del padre, que merece ser recordado:

> Después de su muerte mi padre desempeñaba un papel político con los magiares, uniéndolos políticamente. Allí (imagen indistinta) veo una multitud como en el Reichstag y una persona de pie sobre una o dos sillas; otras la rodean. Recuerdo que, en su lecho de muerte, él [Jacob] se parecía mucho a Garibaldi, y me alegra que esa predicción, a pesar de todo, se haya realizado[79].

"¿Qué puede haber de más absurdo que este sueño?", se pregunta Freud, acotando que se produjo:

> ...en la época en que los húngaros fueron llevados, por obstrucción parlamentaria, a un estado caótico, y cayeron en una crisis de la cual fueron salvados por Kallamon Széll[80].

Este sueño fue interpretado por el propio Freud partiendo de la idea de que su carácter "absurdo" apuntaba a denigrar al muerto. Luego retomaremos los sueños absurdos; aquí quiero enfatizar el increíble hecho de que Freud, a pesar de su "saber" psicoanalítico, no relacionó *ese* Kallamon Széll con el nombre de *su* padre. ¿Cómo es posible que Freud no hiciese la obvia asociación? ¿Cómo es posible, por añadidura, que Anzieu, o Grinstein, o Jones, o Gay, no hayan resuelto esa charada? Intrigante ejemplo de amnesia grupal contagiosa después de la represión del líder. El dato es tan extraño que de Mijolla se pregunta, con justa razón, si el propio hijo desconocía el antiguo nombre de su padre (el último documento firmado como Kallamon Jacob Freud data, como vimos, de 1859: en ese entonces, Freud ya era un niño inteligente de 3 años). Por otra parte, en el viaje sentimental de Freud a Freiberg, cuando tenía 17 años, vivió en la casa de los Fluss, viejos amigos de la familia que conocían a Jacob como Kallamon. Parece imposible que Sigmund desconociese el nombre de su padre, lo que sería un bocado de cardenal para Lacan. De allí que "Kallamon" pase a ser un significante clave, y que cabe hablar de Jacob Freud y de Kallamon Freud, como dos lugares identificatorios polares[*17].

---

*16. Es la serie formada por los sueños del "Conde Thun", "Goethe y el paralítico", "Barba Amarilla" y, a mi ver, "Cierren los ojos", que Freud consideró "chistoso" (este sueño inicia la lista). Se trata de sueños netamente ligados a la muerte del padre.

*17. Recomiendo la lectura del capítulo "Kallamon, Goethe y el rabino Schlomo", en Alain de Mijolla, *Les visiteurs du moi*, 1979, París, Les Belles Lettres, págs. 105-42.

La figura del padre de Freud sufrió distorsiones en manos de los biógrafos. Conocemos el clisé que pinta a Jacob como un hombre bonachón, de buen humor, un tanto bobo, eclipsado por la belleza y juventud de la estupenda Amalia. Como un Garibaldi de pacotilla. Debemos a su nieta Judith Bernays-Heller la única descripción de su abuelo en vida, que ella ve como un jubilado venerable que lee el Talmud en mecedora y a quien, al caer la tarde, se puede encontrar en el café del barrio[81].

Una cosa que Jones y los biógrafos en general omiten –con la excepción de Dubcovsky y de de Mijolla– es el vigor sexual de Kallamon Jacob, hombre de fuerte constitución física y que disfruta de los placeres de la carne. El padre de nuestro protagonista se presenta como un ejemplar robusto y saludable, amante de las mujeres, como lo prueban su reincidencia marital y la progenie numerosa[82]. De Mijolla tiene razón cuando afirma, con ironía gala:

Casado a los 17 años, padre a los 18 y 22, casado nuevamente a los 35, vuelto a casar a los 39, padre una vez más a los 40 y por ocho veces consecutivas, estamos frente a un *curriculum vitae*, para no hablar de una marca deportiva, que no encaja bien con el perfil de viejo que, a ejemplo de su hijo, evocamos píamente al imaginar a Jacob[83].

Conviene reparar que en el guión de Sartre para *Freud,* la película de Houston, se sugiere que "Valdría la pena hacer representar los dos papeles por el mismo actor, para marcar las semejanzas, pero también las diferencias"[84]. Buena idea de Sartre: una cuestión de identidad; Sigmund es un Jacob magnífico.

Del padre –según Ernest Jones– Freud heredó el sentido del humor, el contundente escepticismo en relación con las inconstancias de la vida, la costumbre de puntuar una moraleja con historias judaicas, el liberalismo de un librepensador, así como el gran amor por su esposa. De su madre tomó el "sentimentalismo". Esa palabra, todavía más ambigua en alemán, debería probablemente entenderse como temperamento emotivo femenino. El intelecto era propio de él[85].

Resumiendo: existe un Jacob Freud, comerciante pobre, optimista incurable, ineficiente, mercader en lana, incapaz de enfrentar el nuevo mundo industrializado, el papá de la tradición biográfica oficial; en marcado contraste, tenemos a Kallamon Jacob Freud, el futuro genitor de la horda primitiva, el líder garibaldino que armaba su tienda en las noches de luna por los caminos de Galitzia.

NOTAS

1. SE., XX, pág. 7.
2. SE., XX, pág. 274.
3. Elisabeth Roudinesco, "Tótem e Talmud", 1993, *Libération* [2-5-93], París, pág. 33.
4. Carta de Freud a Pfister del 29 de octubre de 1918, *Correspondance de Sigmund Freud avec le Pasteur Pfister*, 1966, París, Gallimard, pág. 105.
5. Gerard Haddad, *El hijo ilegítimo. Fuentes talmúdicas del psicoanálisis*, 1985, Jerusalén, La Semana, pág. 15.
6. Paul Johnson, *História dos Judeus*, Río de Janeiro, Imago, 1987, pág. 311.
7. Renato Mezan, *Freud, um pensador da cultura*, pág. 64.
8. Citado por Hanna Arendt, 1958, pág. 274.
9. J. Chasseguet-Smirgel, "Algunas reflexiones sobre la actitud de Freud durante el período nazi", *Revue Internationale del'Histoire de la Psychanalyse*, I, pág. 21.
10. Josef Breuer, *Curriculum vitae*, en H. Meyer, *Joseph Breuer*, 1925, págs. 9-24.
11. Albrecht Hirschmüller, *Josef Breuer*, 1991, París, PUF, pág. 21.
12. Bernhard Wachstein, *Das Statut für das Bethaus der Israeliten in Wien; seine Urheber und Gutheifer*, 1926, Viena, pág. 34.
13. S. Zweig, *Die Welt von Gestern*, 1925.
14. David Bakan, *Freud et la mystique juive*, 1977, París, Payot, págs. 39-44.
15. Ibíd.
16. Renato Mezan, *Psicanálise, judaismo: ressonâncias*, 1988, San Pablo, Escuta, pág. 63.
17. SE, XX, págs. 8-9.
18. Helm Stierlin, *Adolf Hitler*, París, 1980, pág. 67.
19. Ernest Jones, *A vida e a obra de Sigmund Freud*, 1989, Río de Janeiro, Imago, II. pág. 266.
20. Malcolm Bradbury, *O mundo moderno - Dez grandes escritores*, 1989, pág. 21.
21. Ibíd.
22. Max Scheler, *Vom Umsturz der Werte*, 1951, pág. 126.
23. Patricia Viana Getlinger, "Goya: conflitos", *Cadernos de subjetividade*, 1993, San Pablo, pág. 228.
24. H. Ellenberger, *The Discovery of the Unconscious*, Nueva York, Basic Books, 1970, pág. 223.
25. F. Fejto, *1848 dans le monde, le printemps des peuples*, 1948.
26. SE., XXII, pág. 173.
27. F. Nietzsche, "Die fröliche Wissenschaft", *O.C.* III.
28. Malcolm Bradbury, *op. cit.*, págs. 21, 25.
29. Eric Hobsbawm, *En torno a los orígenes de la revolución industrial*, 1971, Madrid, Siglo Veintiuno; S. Zweig, *op. cit.*, págs. 87-90.
30. Josef Sajner, "Sigmund Freuds hungen zu seinem Geburtsort Freiberg (Pribor) und zu Mähren", *Clio Medica*, 1968.
31. Ernest Jones, *op. cit.*, pág. 15.
32. Información proporcionada por la señora Lily Freud-Marié, hija de Moritz y Marie Freud, citada en Ernest Jones, *op. cit.*, págs. 15-16.

33. Carta de Freud a Fliess del 27 de abril de 1898, *Correspondência Sigmund Freud-Wilhelm Fliess*, 1986, J. M. Masson (comp.), Imago, Río de Janeiro, pág. 312.

34. Th. Haas, *Die Juden im Mären*, 1908.

35. Paul Johnson, *História dos Judeus*, Río de Janeiro, Imago, 1987, pág. 305.

36. Szlomo Blond, *Tysmenica. A memorial book*, 1974, Tel-Aviv, citado por Mariane Krüll, *Sigmund, fils de Jacob*, 1979, París, Gallimard, pág. 137.

37. Ibíd.

38. Swales, Peter, "Freud, Minna Bernays and the conquest of Rome", *New American Review*, 1982.

39. Sigmund Freud, *Correspondência de Amor*, carta a Martha Bernays del 10 de febrero de 1886, 1981, Imago, Río de Janeiro, pág. 250.

40. Mariane Krüll, *op. cit.*, págs. 134 y sigs.

41. Carta a A. A. Robak del 20 de febrero de 1930, en Sigmund Freud, *op. cit*, pág. 458.

42. Mariane Krüll, *op. cit.*, pág. 134 y sigs.

43. Citado por Krüll, *op. cit.*, pág. 137.

44. Josef Sajner, ibíd., pág. 169.

45. Archivos del registro de Novy Jicin. Citado por Sajner, ibíd., pág. 169.

46. Mariane Krüll, *op. cit.*, pág. 141.

47. Archivos de Novy Jicin, citado por Sajner, ibíd., pág. 171.

48. Mariane Krüll, *op. cit.*, pág. 143.

49. A. A. Robak, *Freudiana. Including unpublished letters from Freud*, Cambridge, Mass., pág. 89.

50. Max Schur, *Freud, vida e agonia*, 1981, Imago, Río de Janeiro, I, pág. 24.

51. Ernest Jones, *op. cit.*, I, pág. 16.

52. Joseph Gicklhorn y Renée Gicklhorn, "The Freiberg Period of the Freud Family", *Journal of the History of Medicine*, 1970, XXIV, págs. 37-43.

53. Max Schur, *op. cit.*, págs. 38-40.

54. Henri F. Ellenberger, *op. cit.*, pág. 354.

55. K. Eissler, "Esquisse biographique", en E. Freud y otros, *Sigmund Freud. Lieux, visages, objects*, París, Gallimard, 1979, págs. 10-38.

56. Josef Sajner, ibíd., pág. 171.

57. R. y J. Gicklhorn, ibíd., pág. 41.

58. Max Schur, *op. cit.*, pág. 26.

59. Ibíd.

60. SE., V, pág 435-6.

61. Carta de Freud a Fliess del 19 de setiembre de 1897, *op. cit.*, pág. 267.

62. Didier Anzieu, *A auto-análise de Freud e a descoberta da psicanálise*, 1989, Artes Médicas, Porto Alegre, pág. 337.

63. Alain de Mijolla, "Freud, la biographie, son autobiographie e ses biographes", *Revue Internationale de la Psychanalyse*, 1993, VI, pág. 101.

64. Gracias a ese dueto de historiadoras poco parsimoniosas –Gicklhorn, Krüll– podemos tener una idea de la situación económica de Jacob Freud en ese período de 1852 a 1855. Existe un documento de archivo de la ciudad en el que consta el valor en dinero de los productos brutos vendidos por los comerciantes de Freiberg. Jacob aparece en sexto lugar entre los 18 comerciantes catastrados.

65. Ernest Jones, *op. cit.*, I, pág. 16.

66. Paul Roazen, *Freud y sus discípulos*, 1974, Alianza, Buenos Aires, pág. 33.

67. Sajner, Josef, ibíd., pág. 171.

68. Joseph Gicklhorn y Renée Gicklhorn, ibíd., págs. 17-8.

69. Mariane Krüll, *op. cit.*, pág. 146.

70. Ibíd., pág. 147.

71. Willy Aron, "Farzeichnungen wegen opschtam fun Sigmund Freud un wegen seis Jiddischkeit", en *Yivo Bleter*, 1971, págs. 266-174.

72. Lydia Flem, *A vida cotidiana de Freud e seus pacientes*, 1986, L&PM, pág. 85.

73. Ernst Freud e Ilse Grubrich-Simitis, *Sigmund Freud. Lieux, visages, objects*, 1979, París, Gallimard, pág. 46.

74. Mariane Krüll, *op. cit.*, pág. 150.

75. Alain de Mijolla, *Les visiteurs du moi*, 1979, París, Les Belles Lettres, pág. 131.

76. Mariane Krüll, *op. cit.*, pág. 148.

77. Lydia Flem, *op. cit.*, pág. 84.

78. E. Freud, *op. cit.*, pág. 46.

79. SE., IV, págs. 427-8.

80. Ibíd.

81. Judith Bernays-Heller, "Freud's Mother and Father".

82. Santiago Dubcovsky, *La triple vida sexual de Freud*, 1983, Buenos Aires, La Antorcha, pág. 26.

83. Alain de Mijolla, *Les visiteurs du moi*, 1979, París, Les Belles Lettres, pág. 119.

84. J. P. Sartre, *Freud, além da alma*, 1986, Río de Janeiro, Nova Fronteira, pág. 22.

85. Ernest Jones, *op. cit.*, I, pág. 17.

CAPÍTULO 3

FREIBERG, EL PAÍS DE
LOS RECUERDOS ENCUBRIDORES

Sigismund, al nacer, tenía un cabello negro rizado tan frondoso que su joven madre lo llamó "Negrito"[1]. En el decir de las parteras, "Era un bebé sano y grande". Como David Copperfield, "nació con la cabeza cubierta por una membrana fetal"[2], lo que se consideró una señal de buena estrella. En *La interpretación de los sueños*, cuando nuestro héroe busca una explicación para sus sueños de ambición, recuerda que poco después de su nacimiento "una vieja campesina le profetizó a mi madre, feliz con su primer hijo, que había dado al mundo un gran hombre"[3]. Ella lo creyó.

El matrimonio Freud se instala en la calle de los Cerrajeros, N° 117, cerca de la iglesia de Freiberg. Alquilaron un cuarto en una casa sencilla que durante cuatro generaciones había pertenecido a la familia Zajic. En ese lugar vino al mundo Sigismund. En el clan Zajic todos eran cerrajeros y trabajaban en una fragua de la planta baja. Él nació bajo el simbolismo del hierro y el fuego[*1].

Parece ser que ambas familias convivían en armonía. La señora Vitezslaba Balcarkova, hija de Joham Zajic, decía que su padre recordaba que Sigismund era una "criatura extraordinariamente activa, bien desarrollada y con alegría de vivir. Adoraba trabajar en el taller de la cerrajería, llamando la atención por su habilidad manual y su fantasía en la fabricación de juguetes de hierro laminado"[4]. Lo que resulta altamente improbable. Ningún cerrajero de ley dejaría acercarse a la fragua a un chico de menos de tres años.

Sajner nos informa que la vieja amistad con Joham Zajic, seis años mayor que Sigismund, continuó por el resto de la vida, y que él (Joham) fue "un huésped bienvenido en la casa de los Freud hasta una edad muy avanzada"[5]. Uno de los raros amigos de toda la vida. Sucede que Freud nunca olvidó su lugar de origen, los dulces campos de Moravia, las aguas cantarinas del río Lubina:

> Bajo gruesas capas sigue viviendo en mí la criatura feliz de Freiberg, el primogénito de una madre tan joven, que recibió de aquel aire y de aquella tierra sus primeras impresiones imborrables[6].

*1. La casa se conserva básicamente inalterada hasta el día de hoy.

Jones no cuestiona a la "criatura feliz de Freiberg", y describe el lugar como parte del bosque encantado del universo pastoril de nuestros viejos sueños[7]. Dice que ese prado mágico llegaba hasta el jardín, donde retozaba el pequeño Sigismund. Según Sajner, que estuvo allí con espíritu crítico de agrimensor, no era tan así: la calle de los Cerrajeros no se encontraba tan cerca del paraíso[8].

Freiberg, o sea "Monte-Libre", era una pequeña ciudad a la vera de una ruta comercial antiquísima, en el camino del ámbar y de las pieles del Norte, una comunidad de 4500 habitantes fundada en 1213, en los tiempos del rey Lothar[9]. Está en la ladera de los Cárpatos, cerca de la actual frontera con Polonia. De los casi cinco mil habitantes, unos 4000 eran católicos y el resto se dividía entre protestantes y judíos. Algunos kilómetros más al Este se encuentra Heinzedorf, cuna de Gregorio Mendel, el monje que estableció los fundamentos de la actual genética[10]. La casa de los Zajic se erguía a la sombra de la casi famosa iglesia gótica cuyo campanario dominaba el vistoso mercado central. La iglesia cuenta con diez altares, y está organizada en torno a San Urbano, el cazador de antipapas, patrono del lugar. En el centro de la plaza se puede apreciar una virgen de granito. Más allá se extendían los apacibles "alrededores de bosques densos y colinas suaves"[11].

Vimos que, cuando Jacob casó con Amalia, tenía dos hijos del primer matrimonio: Emmanuel, casado y a su vez con hijos, y Philipp, soltero. Emmanuel residía cerca. Es probable que Philipp haya vivido con el padre hasta la llegada de la joven y atractiva madrastra. Emmanuel era más viejo que Amalia[*2]. Ella tenía la misma edad que Philipp. Por otra parte, John, hijo de Emmanuel y, por tanto, sobrino de Sigismund, era mayor que su joven tío. Para complicar todavía más la trama, la vieja niñera checa de Sigismund, personaje protagónico en esta historia, tenía una edad adecuada para ser la esposa de Jacob.

En esa maraña generacional, Philipp es una pieza maestra. La leyenda lo caracteriza como el "pícaro" de la familia, más bien parecido a la "oveja negra" Joseph Freud: alguien que "no toma nada en serio". Carecía de la autoridad que Emmanuel tenía sobre su medio hermano. Inconsecuente en la edad madura, fue rival temible en la infancia, lo que le valió reiteradas entradas en *La interpretación de los sueños* y en la *Psicopatología de la vida cotidiana*. Aparece aludido directamente en el siguiente registro:

El sueño era sumamente claro y mostraba a mi madre querida adormecida con una expresión particularmente tranquila, siendo

---

*2. Él era, literalmente, un entenado de Amalia, ya que la palabra deriva del latín *ante-natu*, o sea, nacido antes.

llevada al cuarto y arrojada sobre la cama por dos personajes que ostentaban picos de pájaro. Desperté llorando y gritando e interrumpí el sueño de mis padres. Las figuras extrañamente alargadas y disfrazadas, con picos de pájaro, fueron tomadas de la Biblia de *Philippson*. Creo que eran dioses con cabezas de gavilán pertenecientes a un bajorrelieve egipcio[12] [lo destacado en "Philippson" es mío].

A partir de ese sueño, Freud recuerda "al hijo andrajoso del portero que solía jugar con nosotros en el campo que estaba frente a casa. Creo que se llamaba *Philipp*. Es muy posible que haya escuchado de su boca, por primera vez, la palabra vulgar con que se designa el comercio sexual..." [el énfasis es de Freud][13]

Philippson, Philipp, no cabe duda de que se trata de *nuestro* Philipp. Bonita, esbelta, vital y sensual, Amalia, en los tiempos de Freiberg, ejercía un atractivo erótico no sólo sobre su marido, sino también sobre su entenado Philipp. Del "Negrito" ni se habla. Imposible no conjurar la imagen de Yocasta. Tenemos la siguiente entrada en la *Traumdeutung*: "Es una experiencia sin duda cotidiana que el acto sexual impacta y angustia a los niños. Explico esa angustia por una excitación sexual que escapa a su comprensión y que, además, resulta reprimida en la medida en que están involucrados los padres"[14]. Esa Yocasta judía complicó la vida del pequeño Sigismund. Freud, en pasajes reveladores de *La interpretación de los sueños* y en los comentarios autobiográficos sobre su infancia, revela mucho más de su relación con el padre. Se puede decir que en el autoanálisis su madre no entra. La "reprimida" Amalia resultó "fundamental en el descubrimiento del complejo de Edipo y en el cuestionamiento, por bastante tiempo postergado, sobre la feminidad"[15]. Era freno y fermento. A diferencia de Jacob y otras figuras parentales, ella aparece raramente en sus sueños; es la gran ausente en la *Traumdeutung*. Amalia, en los textos, no puede competir con la niñera, frecuente compañera sexual onírica. Cuando aparece, como en el "recuerdo encubridor" de 1899[16], comparte su lugar con otras dos figuras maternales. Lo mismo sucede en el sueño de las tres Parcas:

Ahí están las tres mujeres de pie: una de ellas es la dueña de casa. Mueve algo con las manos como si hiciera *knödel**3. Dice que es preciso esperar hasta que esté pronto [indistinto como discurso]. Yo me impaciento y me voy, ofendido. Me pongo un sobretodo, pero el primero que me pruebo me queda grande. Lo doy vuelta, un poco sorprendido porque esté forrado de piel. El segundo tiene una larga tira aplicada con un diseño turco. Aparece un ex-

*3. Un tipo de raviol, plato típico judío.

traño que tiene el rostro alargado y una barba puntiaguda, declarando ser el dueño. Entonces le muestro que está todo cubierto de bordados turcos...[17]

Primera asociación: las tres mujeres del sueño "me recuerdan a las tres Parcas que tejen los destinos humanos, y sé que una de las tres, la anfitriona del sueño, es la madre[*4] que da la vida y también el primer alimento a los seres vivos"[*5]. Las tres Parcas, recordémoslo, son Cloto, que hila el hilo de la vida; Lâquesis, que lo enrolla, y Átropos, que lo corta. "El seno materno evoca, al mismo tiempo, el hambre y la vida"[18]. Aquí, Freud evoca la anécdota picaresca del joven "que, un cierto día, cuando se hablaba de la bella ama de leche que él tuvo en los tiempos idos, lamentó no haberse aprovechado mejor de la situación"[19].

Sigismund no aprovechó más la idílica situación por causa de Anna, su hermana, nacida a fines de 1858. Demasiado pronto. Anna deshizo la fiesta simbiótica de la dedicación exclusiva de una madre joven. Con ella, además, nace la duda en la novela familiar: ¿quién fue el padre de esa odiosa criatura: Jacob o Philipp? ¿El veterano Jacob o el irreverente Philipp? Nada sabemos de Philipp como galán. Se trata de una misteriosa novela familiar.

Sigismund y Anna: un caso de desafecto mutuo. Él "nunca gustó de esa hermana"[20]. Lo que ella luego relata de sus primeros años muestra que los celos eran recíprocas. Anna nunca olvidó que su hermano tenía un cuarto sólo para él, mientras que todas las hermanas se amontonaban en un tercer dormitorio. Luego tenemos el episodio del piano. Anna tocaba; a la madre le gustaba, pero Sigismund se opuso terminantemente, amenazando con abandonar la casa. Anna lo consideraba autoritario, pesado y celoso[*6]. Aquí es pertinente preguntarse por qué Freud, muchos años más tarde, le puso ese nombre a su hija menor.

Nuestro protagonista recordará a su sobrino John como amigo y enemigo inseparable[21]. Se llamaba Jochanan en aquella época. El "John" fue el sobrenombre adoptado cuando la familia se instaló en Manchester. Había nacido el 15 de agosto de 1855; era por lo tanto nueve meses mayor que Sigismund. Tenían "relaciones tanto amigables como belicosas"[22]. En una carta a Fliess, Freud escribe: "Sé también desde hace mucho quién era mi compañero de travesuras cuando

---

*4. Otra puede ser, como vimos, Rebecca. El turco de "rostro alargado y barba en punta", Philipp.

*5. Varios arqueros, a partir de Grinstein, asocian la triple imagen de la madre en Freud con las tres mujeres que lo cuidaron en Freiberg, o sea Amalia, María (la esposa de Emmanuel) y Mónica (la niñera checa).

*6. Anna vivió casi un siglo; murió rica en Nueva York, en 1955.

tenía entre uno y dos años de edad. Se trata de mi sobrino John, un año mayor, que ahora vive en Manchester ...”[23]. Y además recuerda: “John era más fuerte que yo y pronto aprendí a defenderme. Éramos inseparables y nos queríamos, pero, en ciertos momentos, según me contaron, comenzábamos a pelear y a acusarnos mutuamente”[24]. Uno de los recuerdos más remotos, que luego será, por así decir, el primer *après coup* –o sea, una vivencia cargada mnémicamente a posteriori– se refiere a algo que ocurrió cuando Sigismund tenía casi tres años. Un día de primavera, la estación de los dientes-de-león, Sigismund, junto con John y su hermana Pauline, unos meses más joven, jugaba en las colinas del río Lubina. La niña recogía flores. De pronto, ¡zas!, los vándalos cayeron sobre ella, arrancándole cruelmente el ramillete. Vandalismo que deja marcas. De hecho, tanto la rivalidad como las alianzas giraban frecuentemente en torno de Pauline. “Ese trío original –comenta Lydia Flem– influyó en todos los senderos amistosos y profesionales del Freud adulto: así fue que Emma Eckstein y Sabina Spielrein desempeñaron un papel importante en sus amistades apasionadas con Fliess y Jung”[25].

John será el gran *revenant* en la vida de su joven tío. La ironía del destino hizo que, cuando Sigmund tenía 14 años, en una visita de John a Viena, los dos actuaron en la obra de teatro *Julio César*; Sigmund interpretó a Bruto:

> Desde esa época, John tuvo numerosas reencarnaciones que revivieron las múltiples facetas de su personalidad, fijadas de modo inalterable en mi memoria inconsciente[26].

Más allá de las escaramuzas heterosexuales con Pauline, es muy posible, dice Krüll, que haya habido juegos homosexuales[27]. El propio Freud es un tanto ambiguo cuando habla de “relaciones íntimas”.

Pasemos a la niñera, personaje pivote en la primera infancia. Mónica, de apellido Zajic. O sea, del clan de los cerrajeros. Las investigaciones realizadas en 1957 por Sajner, Kalidova y Gicklhorn en Novy Jicin, en el registro de residentes en Freiberg, verificaron que Mónica Zajic era empleada para todo servicio en la casa de María Freud, o sea, la esposa de Emmanuel. Mónica, entonces, habría sido una niñera colectiva de Sigismund, John y Pauline[*7]. La empleada de Amalia era, según Swales, Resi Wittek. A Mónica, Freud la llama “vieja niñera prehistórica”, pero, para Anna Freud, aún no tenía cuarenta años en aquella época[28]. Católica, llevaba al pequeño Sigi a mi-

---

*7. Peter Swales y Sajner descubrieron un documento en las termas de Roznau, Moravia, de fecha 7 de junio de 1857, donde figura “Amalia Freud, esposa de un mercader en lana, y su empleada Ressi Wittek, de Freiberg” (citado por Mariane Krüll, *Sigmund, fils de Jacob*, 1979, París, Gallimard, pág. 335).

sa y le hablaba de Dios y del fuego eterno del infierno. En 1897, en los tiempos del autoanálisis, Freud interrogó a su madre sobre la mujer. Parece ser que "cuando volvía de la iglesia, Sigismund rezaba y contaba lo que hacía Dios Todopoderoso"[29]. Amalia la pinta como una "mujer madura, fea y despierta". Ella sedujo a Sigismund, siendo –como luego veremos– compañera de juegos sexuales en sus primeros lances amatorios. De allí que él la llame "maestra de la sexualidad"[30]. Mónica Zajic, desde otra óptica, sería el arquetipo de la Gran Madre junguiana.

La niñera fue despedida cuando nació Anna. Philipp la acusó de un pequeño robo. Cicatriz doble: la madre pare y la niñera desaparece. Estas pérdidas dejaron una marca indeleble en el ombligo de su pasado. Freud recuerda haber buscado desesperadamente a la madre, llorando sin consuelo. Entonces Philipp, que había delatado a Mónica, abrió maliciosamente un cajón –un *Kasten*, en alemán– para mostrar que ella no estaba presa allí[31]. Pero el pequeño Sigismund sólo se calmó cuando apareció su madre en el vano de la puerta, "linda y esbelta"[32].

¿Por qué Philipp habría mostrado un cajón vacío? La respuesta llegó años más tarde, en la olla de la *Traumdeutung*. Cuando Sigismund le preguntó al hermano por la niñera, éste respondió que estaba *eingekastelt* –"encajonada"–, aludiendo en chiste al hecho de estar en la cárcel. La palabra "encajonada" tiende un puente alusivo entre confinamiento y gravidez. El niño temía que su madre también hubiese desaparecido para siempre. Los biógrafos dan gran importancia a este momento; Krüll va todavía más lejos: "Yo no dudaría en atribuir a esa experiencia el origen de la neurosis cardíaca de Freud"[33]. Lo que es, pienso, una flecha un tanto fantasiosa.

Luego tenemos la nota al pie de página del capítulo IV de la *Psicopatología de la vida cotidiana*, donde, en relación con este recuerdo infantil, Freud acota:

> Quien se interesa por la vida mental infantil, fácilmente adivinará el motivo profundo del pedido hecho a su hermano mayor: el niño, que todavía no tenía tres años, comprendió que su hermanita, nacida poco antes, se había desarrollado en el vientre de su madre. Él estaba muy lejos de concordar con este aumento de la familia, inquieto y desconfiando que el vientre materno pudiese albergar a otras criaturas. También quiso mirar dentro del cajón y recurrió a su hermano mayor que, como queda claro en otro material, ocupa el lugar del padre como rival del niño. A la sospecha fundada de que este hermano tenía "encajonada" a la niñera desaparecida, se sumaba la duda de que él era quien había, de alguna manera, introducido al bebé, recientemente llegado al mundo, en el vientre materno[34].

Éste es el párrafo más kleiniano que Freud haya escrito nunca.

Hay quien piensa que Mónica Zajic fue despedida por una causa más grave. Las referencias bastante numerosas a símbolos cristianos llevaron a Vitz[35] a postular un "inconsciente cristiano" en Freud[*8]. La niñera habría hecho bautizar al pequeño Sigi, y ése habría sido el verdadero motivo del despido. Lo que me parece otra flecha caprichosa. Pero creo muy probable que el mundo a media luz de la catedral, junto al perfume místico de esa droga sacra que es el incienso, con música gregoriana de fondo, haya dejado una vívida impresión en el alma de un niño sensible que todavía no tenía cuatro años[36]. Considérese esta descripción de una Madonna de Rafael, contemplada por Freud en el museo de Dresden:

> Emana de este cuadro una belleza fascinante de la cual no se puede escapar, aunque yo tuviese una seria objeción por tratarse de la Virgen ... Casi contra mi voluntad se me impuso la idea de que ella era una encantadora y simpática *niñera*, que no pertenecía en modo alguno al mundo celestial, sino a nuestro mundo[37] [las cursivas de "niñera" son mías].

Tenemos una información *sui generis* de los primeros tres años de la vida de Sigismund en Freiberg. La mayoría de los datos existentes provienen de *La interpretación de los sueños*, la *Psicopatología de la vida cotidiana* y la *Correspondencia* con Fliess. Los historiadores profesionales se horrorizarían frente a esas migajas que son escenas oníricas, restos diurnos, recuerdos encubridores, y configuran un historial clínico fantástico. Una docena de relámpagos rescatados del lado oscuro de la memoria infantil. Pero esos fogonazos arrojaron más luz sobre nuestro héroe que cualquier crónica minuciosa de madre obsesiva.

Cierta vez Sigismund entró en el cuarto de sus progenitores, movido por una vaga curiosidad sexual, y recibió una reprimenda de su padre airado. Freud recordaba haber dicho en la ocasión: "No se preocupe, papá, le voy a comprar una cama nueva y bonita en Neutischein"[38]. Con experiencias semejantes se consolidó la ley del padre que representa el filoso principio de realidad; la madre sustentaba el principio de placer. No hay, sin embargo, razón para pensar que su padre en la "vida real" era más severo que el promedio en la Europa Central a mediados del siglo XIX. Por el contrario, "todas las pruebas —dice Jones— indican que Jacob fue un padre afectuoso y tolerante,

---

*8. El texto de Vitz, basado especialmente en el sueño de la Monografía botánica, señala la presencia de palabras significativas como *crucífera* (portacruz); *ciclamen* (repetición cíclica de amén). También toma otros ejemplos en los sueños del Conde Thun y Mi hijo, el miope (citado por Anzieu, en su *Autoanálise de Freud*, pág. 143).

aunque justo y ecuánime"[39]. El hijo lo consideraba el "hombre más poderoso, sabio y rico" de la Tierra, como todo padre tiene que serlo[40].

La cicatriz mayor de la prehistoria quizá fue la muerte de Julius; el segundo hijo de Amalia nació en octubre de 1857 –o sea, cuando Sigismund tenía un año y medio– y falleció seis meses más tarde, de una "inflamación intestinal". Momento de "deseos maléficos y auténticos celos infantiles"[41]. No conocemos la duración de la enfermedad ni la reacción de la madre. Jones no habla del luto materno; en esos tiempos la mortalidad infantil era muy elevada, pero la pérdida de un hijo siempre...

Los recientes descubrimientos de Peter Swales[42] arrojaron nueva luz sobre este episodio: un mes antes de la muerte de Julius, otro Julius, hermano de Amalia, murió de tuberculosis en Viena, a los veinte años de edad[*9]. Una pérdida doble para ella. Es muy posible que la muerte del hermano y del hijo marcaran el final de la juventud dorada de Amalia. La muerte, que se llevó al abuelo Schlomo y a los dos Julius, se hizo sentir temprano en la vida de Sigismund.

Julius no aparece en el autoanálisis. Emerge en otro lugar, en el olvido del nombre del poeta Julius Mosen. En esa oportunidad, Freud le escribe a Fliess que la causa está en "ciertos materiales infantiles que habían desempeñado su papel en la represión de este nombre"[43].

Aquí termina una época que luego será recordada con interminable nostalgia. Sólo a través de un rodeo, de las palabras atribuidas a un "paciente ficticio" –en el artículo sobre los recuerdos encubridores– nos enteramos de que la pérdida de Freiberg había sido "la catástrofe original que conmocionó toda [su] existencia"[44]. Fin de ese paraíso perdido. Cuando Sigismund tenía tres años, la familia emigró.

¿Cuál fue el motivo del éxodo? Según Jones, la situación económica de Freiberg, relativamente buena hasta 1840, se deterioró con la llegada del ferrocarril que iba de Viena a Varsovia y que pasaba lejos de Freiberg. La pequeña ciudad ubicada junto al río Lubina había prosperado anteriormente por ser un punto estratégico de la caravana de los mercaderes[45]. Jones pinta el siguiente cuadro: "La actividad de Jacob fue directamente afectada. Había, también, otros presagios siniestros. Uno de los resultados de la revolución de 1848-9 fue el establecimiento del nacionalismo checo como poder emergente en la política austríaca, con la consiguiente hipertrofia del nacionalismo local ... Hasta en Freiberg, los fabricantes de tejidos de lana, todos checos, comenzaron a murmurar que los comerciantes judíos eran los responsables de la nueva situación precaria"[46]. O sea que la corporación de la-

---

*9. Amalia tenía cuatro hermanos: Hermann y Natham, mucho mayores que ella; Adolfo, que prosperó en Cracovia, y el fallecido Julius. Según Swales, que se basa en una carta inédita de Oliver a Bernfeld, Freud admiraba a su tío Hermann (Mariane Krüll, *op. cit.*, pág. 196).

neros, que antes veía con buenos ojos los negocios de Susskind Hoffmann y Jacob Freud, dio un giro de 180 grados. Pero, para Ellenberger, eso no fue así[47]. En este punto, Sajner, una vez más, proporciona una documentación que refuta el argumento de Jones. Parece ser que no existió tal crisis en la industria textil. Moravia prosperaba en esa época, particularmente en Brunn, la "Manchester morava", situada cerca de Freiberg[48]. Tomemos el caso de Ignaz Fluss, el padre de Gisela, el primer amor adolescente de Freud. Fluss, también originario de Tysmenitz, tenía un depósito mucho más pequeño que el de Jacob Freud, pero, con el tiempo, fue prosperando, al punto de tener una fábrica de tejidos cuando Sigmund Freud lo visitó a los 17 años.

Tampoco está probado que el ferrocarril haya perjudicado el trabajo de Jacob Kallamon, ya que éste hacía negocios en toda la región, y un ramal del Expreso del Norte llegaba a Ostrau, situada a treinta kilómetros de Freiberg. Sajner encontró documentos de archivo que demuestran un florecimiento de los negocios en la década de 1850[49]. Tenemos, por ejemplo, el certificado de la alcaldía de Klogsdorf, en el que consta que "El señor Jacob Kallamon Freud, nacido en Tysmenitz el 18 de diciembre de 1815, junto con su esposa Amalia Freud, nacida Nathansohn, y los hijos de esta unión, Sigismund Freud, nacido en Freiberg el 6 de mayo de 1856, y Anna Freud, nacida en Freiberg el 31 de diciembre de 1858, del mismo modo que todos los hijos que puedan nacer de esta unión, son residentes de esta comuna y tienen derecho a domicilio y, mientras no encuentren otro lugar de residencia, tendrán en todo momento asilo en nuestra comuna. Además, el infrascrito, como representante de la comuna, certifica que el señor Jacob Freud y su esposa tienen un buen nombre y que nunca hubo en su conducta nada desfavorable"[50].

Este certificado descarta la teoría de la persecución checa. De hecho, no se sabe, a ciencia cierta, cuáles fueron los motivos del exilio. Roazen sugiere un gran revés financiero. Según Edward Bernays (nieto de la madre de Martha), Emmanuel y Philipp hicieron inversiones equivocadas en granjas sudafricanas, dedicadas a la producción de plumas de avestruz[51]. Otro motivo, conjeturado por Roazen, podría haber sido el servicio militar, ya que había tres Freud aptos para tomar las armas. En aquellos años, el servicio militar era una gran penalidad para los judíos[52]. Se ignora si toda la familia se mudó junta, lo que hablaría en favor de la tesis del servicio militar. En esa línea, Mariane Krüll desenterró una carta en la que se habla de Pinkas Freud; esto es, Philipp, y otro hermano, que "tienen que cumplir con las obligaciones militares"[53].

Otro posible motivo, y ésta es una flecha muy erótica de Mariane Krüll, eran los presuntos celos de Jacob. "Él podría haber querido desterrar a Philipp, de ser cierto, como llegó a concluir, que había una relación entre este último y Amalia"[54].

Hay una última conjetura que es la más plausible de todas. Se trata del asunto de los rublos falsos. En 1866, Joseph, hermano de

Jacob Freud, cayó preso por falsificación de rublos. "Fue una historia triste", rememora Sigmund Freud[55], que no simpatizaba con su tío. En *La interpretación de los sueños* menciona que los cabellos de su padre encanecieron de disgusto en pocos días. Jones da cuenta del episodio en un par de líneas[56]. Una vez más, las investigaciones de Gicklhorn[57], resumidas por Krüll, permitieron esclarecer las andanzas de esta oveja negra de la familia. Joseph fue detenido por recepción y venta de rublos falsos, y condenado, con un cómplice, a diez años de prisión, en Viena, el 22 de febrero de 1866 (Sigismund tenía 10 años). "La «operación» –según el Jefe de Policía– fue montada por extremistas de origen polaco"[58]. La moneda falsa era fabricada en Inglaterra, con la complicidad de los "hijos del hermano" del acusado, establecidos en Manchester. Existe la posibilidad, entonces, de que Jacob también estuviese implicado en la "mafia polaca". Joseph fue preso en 1865, aunque tal vez este operativo ya funcionase en 1859. De acuerdo con los documentos de la época, ya había billetes falsos en 1863. Según esta hipótesis, Emmanuel y Philipp podrían haber emigrado a Manchester para entrar en contacto con los falsificadores y participar en la organización. En tal caso el propio Jacob estaría comprometido, puesto que financió el viaje y la instalación inicial.

Sea que se debiera al racismo, el servicio militar, las plumas de avestruz, el adulterio de Amalia, los rublos falsos, lo cierto es que no se conoce con certeza la razón ni la fecha de la partida. El éxodo se produjo después del 11 de agosto de 1859, cuando Amalia recibió su pasaporte, y antes del 21 de marzo, el día en que su tercera hija, Rosa, nació en Viena. Como el ferrocarril no pasaba por Freiberg, la familia cubrió en carreta los treinta kilómetros hasta Ostrau, y allí tomó el Expreso del Norte que iba a Leipzig, pasando por Breslau.

Freud, de varias maneras, habla de la partida como una calamidad:

Cuando tenía aproximadamente tres años, la rama de la industria en la cual mi padre trabajaba sufrió una catástrofe[59].

Años después, cuando Jacob sugirió el casamiento con Pauline, Sigmund relata que su "padre tenía buenas intenciones al planear dicho casamiento, quería compensarme por la pérdida [debida a] *la primera catástrofe que él había causado en toda mi vida*"[60].

Infortunio que pasa por el infierno. El primer recuerdo que recupera en ese otoño autoanalítico de 1897, cuando la amnesia infantil se rasga, lo lleva a ese viaje en tren, etapa inicial del éxodo:

Breslau también desempeña un papel en mis recuerdos infantiles. A los tres años de edad pasé por esa estación cuando partimos de Freiberg para Leipzig, y las llamas de gas que vi entonces por primera vez me hicieron pensar en espíritus ardiendo en el infierno ... Mi angustia de viajar, ahora superada, también está ligada a ese episodio[61, *10].

El alma condenada al infierno: ese castigo –como lo señala Théo Pfrimer– es el funesto destino de los grandes pecadores, según el Nuevo Testamento. Él observa también que la edad equivocada que menciona Freud –tres años, cuando en realidad tenía cuatro– corresponde a la fecha de la desaparición de Mónica Zajic[62]. Encontramos otra versión del éxodo en la siguiente carta a Fliess de 1899, o sea, cuarenta años después:

> Profundamente enterrada bajo todas las fantasías, descubrí una escena de la primera infancia (antes de los veintidós meses) que llena todos los requisitos y en la cual convergen todos los enigmas restantes. Ella es todo al mismo tiempo: sexual, inocente, natural y el resto. Aún me cuesta creerlo. Es como si Schliemann hubiese desenterrado una vez más a Troya, lo que era hasta entonces considerado una gran fábula ... Demostró la realidad de mi teoría en mi propio caso, dándome, de forma sorprendente, la solución de mi fobia anterior a viajar en tren ... Mi fobia, por lo tanto, era una fantasía de empobrecimiento, una fobia de hambre, determinada por mi voracidad infantil ...[63].

No fueron tiempos fáciles. Concuerdo con Mariane Krüll en que la angustia de Sigismund en el infierno de Breslau no se debió solamente a excitación sexual. Es de presumir que el clima de los adultos en el éxodo era tenso, al borde del pánico[64]. No estaban haciendo turismo.

Al comienzo de la migración, la familia se mudó a Leipzig. Tampoco sabemos nada de la permanencia en esa ciudad. ¿Por qué una ciudad que se encuentra fuera de la ruta directa de Freiberg a Viena? ¿Por qué Leipzig? ¿Permanecieron algunos meses o todo el año 1859? Leipzig, mejor dicho, ese viaje de partida de Freiberg, marca el choque cultural de la travesía a la gran ciudad. A fines de 1897, en un momento en que el "autoanálisis es, de hecho, la cosa más esencial"[65], la amnesia infantil se levanta en parte, y Freud recuerda:

> Más tarde, entre los dos y los dos años y medio de edad, se despertó mi libido en relación con mi *matrem*, cuando durante un

---

*10. Cambiando de óptica, y abandonando esta vez el gran angular de mi ignorancia, sorprende que Freud haya vivido su primera infancia sin conocer el gas. Este recurso moderno aún no había llegado a Freiberg. Conviene recordar que ese joven fue de otro siglo. Incidentalmente, Breslau era un lugar de pésimo "astral": ahí vivía Abae, el "Tío Reprimido", con su historia de locos, hidrocéfalos y retardados –la "tara neuropatológica".

viaje nocturno en tren de Leipzig a Viena, tuve la oportunidad de verla *nudam*[66].

De Freiberg a Leipzig: las llamas infernales de Breslau; de Leipzig a Viena: la visión de la madre desnuda. Como si en la estela de ese tren de emigrantes rurales se acabara la inocencia de Sigismund, esa inocencia que luego el padre del psicoanálisis decretará que no existió, que nunca existe.

Curioso detalle: Freud se equivoca en cuanto a la fecha de ese acontecimiento. Él tenía cerca de cuatro años en esa época. Era, por tanto, mayor, más concupiscente, más voyeurista, cuando vislumbró a su madre desnuda y grávida. Interesante que aún a los 41 años, siendo ya el menos convencional de los exploradores del sexo, optara por el *matrem nudam*, apoyándose en un latín más púdico, por su condición de lengua muerta[67].

Finalmente, Viena. Días aciagos. La familia cambiaba de domicilio con la frecuencia de los desposeídos. Varias mudanzas entre 1860 y 1865, todas ellas en el barrio judío de Leopoldstadt. Todas ellas en la incertidumbre. Leopoldstadt, como barrio, parece un escenario sórdido de novela de Dickens, y Sigismund, otra vez como David Copperfield, vive en edificios grises y tristes, con el rancio olor a repollo de la angustia suburbana. Es muy probable que su odio sempiterno por Viena date de ese período en el que la familia corría el riesgo de caer al nivel de la villa miseria[68].

El barrio se amontonaba en la extremidad norte de la ciudad, separado del centro por un canal contaminado del Danubio. En esa época, cerca de la mitad de los 15 mil judíos radicados en la Capital del Vals se concentraba en esa zona. Leopoldstadt, que incluía Brigittenau y el Prater, venía siendo un gueto desde la Edad Media[69]. El impacto de la "invasión israelita", como preferían decir los racistas, ponía a los judíos asimilados frente al dilema típico de cualquier gueto: la "discriminación interna". Los recién llegados, desnutridos y miserables, "venían de una Europa Oriental sumergida en las tinieblas"[70], y suscitaban una mezcla de compasión y repulsa entre sus hermanos ya afincados. El joven Sigmund no estaba libre de tales sentimientos. A los dieciséis años, de vuelta de una visita a su Freiberg natal, se encontró en el tren con "un viejo judío, altamente respetable y su vieja judía correspondiente, con una hijita melancólica y llena de granos y un hijo imprudente...". Le describe su rechazo a su amigo Emil Fluss, también judío[71]. Considera que son lo más "insoportable que se pueda imaginar". Ese individuo estaba "hecho de la misma estofa con que el destino hace a la gentuza: astuto, mentiroso, mantenido por su cara familia en la convicción de que es un hombre de talento y, junto con eso, la libertad de no tener principios ni concepción del mundo. A su lado, completaba el cuadro una cocinera de Bohemia, dueña de la más perfecta cara de *bulldog* que yo haya visto. Estaba harto de esa ralea"[72]. Peter Gay tiene razón al afirmar que "un perseguidor profesional de judíos difícilmente se expresaría de manera más truculenta"[73].

Ese joven del siglo XIX ingresó en la escuela cuando tenía diez años. Cabe consignar que la madre fue su maestra inicial en asuntos no sexuales. Con ella Sigismund aprendió la primera y más dura lección de su vida. Asociando con el sueño de las Tres Parcas, él recuerda:

> Cuando tenía seis años y estaba recibiendo las primeras lecciones de mi madre, ella quería enseñarme que todos estamos hechos de polvo y debemos, por tanto, volver a la tierra. La idea no me agradaba y cuestioné el dogma. Mi madre entonces se restregó las manos, como si estuviese haciendo *knödels*, excepto que no tenía harina en ellas, y me mostró las escamas de la epidermis, fruto de la fricción, como prueba de que procedíamos de la tierra. Mi asombro ante esta demostración *ad oculum* no tuvo límites, y me resigné a lo que más tarde encontré expresado por las palabras "tú debes una muerte a la naturaleza"[74].

Éste es uno de los pocos recuerdos de su madre en el período de latencia. La escena, con sus connotaciones bíblicas, fue memorable. Somos mortales, no hay salida. En la hora del asombro, el niño pierde su inmortalidad. En una nota al pie de página, Freud añade que los dos afectos involucrados en la escena infantil fueron la estupefacción y la resignación, para concluir: "No se debe dejar escapar nada, hay que aferrar todo lo que se puede tener ... no se debe dejar pasar ninguna ocasión, la vida es tan corta, la muerte inevitable"[75].

Schur liga esta *Parábola del Knödel* al interés de Freud por la historia bíblica; cree que "se puede pensar que él conocía el texto del *Génesis* antes de haber leído a Shakespeare", y que "aprendió a edad temprana el carácter ineluctable de la muerte"[76, *11]. Para Anzieu, de este episodio surgió una imagen materna inquietante: la madre que da la vida y la madre que da la muerte; Cloto y Átropos[77].

Respecto del lazo materno, Rieff comenta que Sigismund, "por ser judío, debió tener una relación con la madre cargada de significado. Eso explicaría la notable represión de esa relación en su propio autoanálisis –represión que Jones acepta sin cuestionar en su biografía"[78]. Freud escribirá: "El niño al pecho de la madre es el prototipo de toda relación amorosa. Encontrar el objeto sexual es, en suma, reencontrarlo"[79].

---

*11. Cuestionaría la precocidad del momento. La mayoría de los niños se enfrentan con la muerte a los cinco o seis años, incluso antes si han sido criados en contacto con la naturaleza.

En octubre de 1865, Jacob Nathansohn, el abuelo materno de Sigismund, muere a consecuencia de una gangrena[80]. Su nieto asiste, impresionado, a los estertores del coma[81]. Ésta fue la primera muerte presenciada, doblemente impactante porque incluía el sufrimiento de su madre. Amalia estaba grávida de tres meses de Alexandre. La viuda, Sarah, pasó a vivir con ellos. Fueron tiempos sórdidos; vivían apiñados. Después de la muerte del abuelo, sobrevino la prisión del tío Joseph. Gangrena, muerte y corrupción.

"Entonces vinieron largos años difíciles"[82]. El fantasma de la pobreza siempre presente. Freud se describe como "hijo de padres originalmente acomodados que ... vivían en aquel agujero de provincia con bastante confort". Esa hipérbole es un pequeño ejemplo de lo que Freud llamará "Novela Familiar"[83].

La fertilidad de Amalia no ayudó a la economía familiar. Cuando Jacob Freud y su mujer se mudaron a Viena, sólo tenían dos hijos: Sigismund y Anna. Luego, en rápida secuencia, entre 1860 y 1866, Sigismund tuvo que recibir a otras cuatro hermanas –Rosa, Marie, Adolfine y Pauline– y al benjamín Alexandre. Según la hermana Anna[84], el nombre de Alexandre fue elegido por el propio Sigismund, que entonces tenía diez años, en una reunión familiar que él mismo había convocado. Se aceptó el nombre que proponía el primogénito, pensando en antiguas hazañas heroicas. Pequeño consuelo para el hijo celoso que acababa de perder el título de único hijo varón.

Un acontecimiento fundamental, en medio de la infancia, divide las aguas. Freud recuerda que "debía tener diez o doce años cuando mi padre comenzó a llevarme en sus paseos". En una ocasión, a fin de demostrarle que la vida había mejorado radicalmente para los judíos en Austria, él contó el siguiente caso:

Cuando yo era joven, un sábado, fui a pasear por las calles de la ciudad donde naciste. Iba bien trajeado, con un gorro de piel nuevo en la cabeza. De pronto se acerca un cristiano y tira mi gorro en la alcantarilla, gritando: "¡Fuera de la acera, judío!"
— ¿Y qué pasó? –pregunta el pequeño Sigismund. Tuvo la siguiente respuesta:
— Nada, bajé a la alcantarilla y recogí el gorro[85].

Mucho se ha comentado sobre este episodio, en torno del cual el hijo rumió prolijas fantasías de venganza. De esa alcantarilla nace su identificación con la figura del magnífico e intrépido semita Aníbal, que juró vengar a Cartago; de allí, también el nombre de Alexandre para su hermano menor. Dice Marthe Robert que esta historia nos da una idea de la apariencia física del joven Kallamon Jacob. Ella conjetura que el padre de Sigismund conservaba ciertas características de su Galitzia natal que "permitían conocer por el aspecto"[86] que se trataba de un judío piadoso de Europa oriental en un día sábado. Debemos considerar que Freiberg era una ciudad pequeña, y que el "cristiano" agresor bien podría haber sido un vecino.

El período menos conocido de la vida de nuestro héroe es quizás el que va de 1862 a 1872, abarcando la latencia, la pubertad y la entrada en la adolescencia. Lo poco que sabemos nos llega de su hermana Anna –testigo tendencioso. Su artículo, "My brother, Sigmund Freud", es poco confiable[87].

Jones concluye que Sigismund debe "haber sido un «buen» niño, nada rebelde, aficionado a la lectura y al estudio"[88]. Lo que no quiere decir nada. Una gran laguna curricular cubre la alfabetización y la escolaridad primaria. Jones liquida el tema con sólo un párrafo: "Después de las primeras lecciones con su madre, el padre se encargó de su educación, antes de mandarlo a una escuela particular. Aunque autodidacto, [Jacob] era evidentemente un hombre culto, con inteligencia y visión superiores al promedio"[89]. Jacob Freud, judío en vías de asimilación, no le dio a su hijo la educación religiosa que la tradición manda. La familia no comía *kosher*[*12] ni respetaba las fiestas religiosas, excepto un ocasional *Seder* o *Pessag*.

Anna Bernays, por su lado, cuenta que no fue el padre quien educó a Sigismund: "Mi hermano mayor era el orgullo de la familia. Durante todo el período correspondiente a la escuela primaria, mi madre le daba ella misma lecciones en casa, de modo que él sólo asistió a la escuela pública a los diez años, al entrar en el liceo"[90]. Sean de quien fueren los méritos de su educación, el hecho es que Sigismund siempre amó la lectura. Conocía los clásicos antes de entrar en la escuela y, a los ocho, iniciaba su larga aventura con Shakespeare, pero sólo a los trece leyó su primera novela moderna.

Con respecto a la enseñanza religiosa, las investigaciones actuales no permiten precisar cuánto tiempo asistió a la escuela, ni a cuál fue. Sólo sabemos que aprendió historia judía a lo largo de sus estudios primarios y secundarios. Ruben Rainey[91] ha presentado una tesis bien documentada sobre el asunto. En ella aparecen los programas religiosos de la época y las reseñas de los artículos de Samuel Hammerschlag, el profesor de religión que consideraba a Sigmund Freud como su hijo.

Dos manuales regían esas clases. El primero –por esas vueltas del destino– era de Leopold Breuer, el esclarecido padre de Joseph Breuer. Escrito en estilo simple, para niños, el texto se dividía en dos partes: la primera trataba de la historia de los judíos hasta el Talmud (siglo IV d.C.); la parte final cubría hasta 1860. El segundo texto, más avanzado, era una antología del pensamiento judío, que trataba en particular del Pueblo Elegido en la Diáspora. Rainey comenta: "En los tiempos de Freud, la educación religiosa era materia obligatoria, tanto en las escuelas públicas como en la privadas".[92]

*12. Comida preparada siguiendo los preceptos judíos.

73

Freud leyó las obras completas de Ludwig Börne a los 13 años. Fue un gran descubrimiento en el portal de la adolescencia. En una carta a Ferenczi escrita en 1919 se refiere al efecto de esa lectura: "Muy joven, tal vez al cumplir los trece años, recibí de regalo la obra de Börne; la leí con gran entusiasmo y guardé en mi memoria algunos de sus pequeños ensayos, aunque no el dedicado a la criptomnesia*[13]. Cuando releí este último texto, me sorprendió comprobar que, en varios pasajes, coincide palabra por palabra con cosas que yo siempre pensé y sustenté. Él podría ser, efectivamente, la fuente de mi originalidad"[93]. Tal vez este olvido se deba a que Börne fue un judío que se convirtió al cristianismo.

En la leyenda freudiana hay por lo menos dos referencias a éxitos futuros. Cierta vez, cuando él tenía 11 años, en un restaurante del Prater, el famoso paseo de Viena, un poeta ambulante sumó su predicción a la de la campesina al pie de la cuna. El poeta recorría las mesas, improvisando sonetos por monedas. "Me mandaron –cuenta Freud– que llamara al poeta a nuestra mesa, y él mostró su agradecimiento al mensajero. Antes de preguntar por el tema, recitó algunos versos respecto de mí e, inspirado, declaró que algún día yo probablemente sería ministro"[94]. En el clima liberal de Viena después de la reforma de 1869, dicha profecía parecía perfectamente sensata[95].

Si minimizamos la disparidad de edades de los progenitores y la pobreza sin hambre, sobresalen los celos por los nacimientos de las hermanas, la culpa por la muerte del bebé Julius, el episodio erótico-católico con la niñera, la rivalidad con su medio hermano Philipp, el vandalismo con Pauline, la complicidad con John (paradigma del futuro amigo-enemigo), y quizá, lo más fuerte de todo, ese gorro paterno en la alcantarilla. De allí que la mayoría de los biógrafos, analistas de profesión, acostumbrados a historiales clínicos más bien pesados, estimen, con Marthe Robert, que él tuvo "una infancia trivial ... cuyos principales acontecimientos podían pasar inadvertidos a los ojos de los adultos". Una infancia que podemos considerar, parafraseando a Winnicott, razonablemente buena. Eso vale para todo el período, y es doblemente válido para los tres primeros años, "bañados por una cálida intimidad familiar, en contacto con la naturaleza y con toda la libertad concebible en aquellos tiempos"[96]. Conviene recordar que, según la firme y certera convicción del biografiado, ésos son los tiempos fundantes del sujeto barrado. Como luego veremos, Sigismund Freud fue un chico mucho más sano que, para dar un ejemplo, Carl Gustav Jung.

---

*13. Técnica de Börne que aparece en un ensayo titulado "Cómo aprender a escribir en tres días".

NOTAS

1. GW, II-III, pág. 143
2. Ernest Jones, *A vida e a obra de Sigmund Freud*, 1989, Río de Janeiro, Imago, I, pág. 18.
3. SE, IV, pág. 192.
4. Josef Sajner, "Sigmund Freuds hungen zu seinem Gebrustsort Freiberg (Pribor) und zu Mähren", *Clio Medica*, 1968, pág. 172.
5. Ibíd.
6. Carta al alcalde de Freiberg (Pribor) del 25 de octubre de 1931, en *Sigmund Freud. Correspondência de Amor*, 1981, Río de Janeiro, Imago, pág. 250.
7. Ernest Jones, *op. cit.*, Imago, I, pág. 19.
8. Josef Sajner, ibíd., pág. 179.
9. Tomado de Th. Pfrimmer, *Freud, lecteur de la Bible*, 1982, París, PUF, pág. 35.
10. Ronald Clark, *Freud, el hombre y su causa*, 1985, Planeta, Buenos Aires, pág. 12.
11. Peter Gay, *Freud, uma vida para o nosso tempo*, 1989, San Pablo, Companhia das Letras, 1989, pág. 25.
12. SE, V, pág. 583.
13. Ibíd.
14. SE, V, pág. 585.
15. Lydia Flem, *A vida cotidiana de Freud e seus pacientes*, 1986, L&PM., pág. 127.
16. SE, III, págs. 303-23.
17. SE, IV, págs. 204-8.
18. SE, IV, pág. 204.
19. SE, IV, págs. 181-2.
20. Ernest Jones, *op. cit.*, pág. 23.
21. SE, IV, pág. 231.
22. SE, V, pág. 424.
23. Carta de Freud a Fliess del 3-10-97, *Correspondência Sigmund Freud-Wilhelm Fliess*, 1986, J. M. Masson, Río de Janeiro, Imago, pág. 269.
24. SE, V, pág. 483.
25. Lydia Flem, *op. cit.*, pág. 85.
26. SE, V, pág. 424.
27. Mariane Krüll, *Sigmund, fils de Jacob*, 1979, París, Gallimard, pág. 184.
28. J. M. Masson (comp.), *op. cit.*, pág. 271n.
29. Carta de Freud a Fliess del 15 de octubre de 1897, ibíd., pág. 272.
30. Carta de Freud a Fliess del 5 de octubre de 1897, ibíd., pág. 269.
31. Carta de Freud a Fliess del 15 de octubre de 1897, ibíd., pág. 270.
32. Carta de Freud a Fliess del 15 de octubre de 1897, ibíd., pág. 272.
33. Mariane Krüll, *op. cit.*, pág. 175.
34. SE, VI, págs. 50-1.
35. P. C. Vitz, *Sigmund Freud Christian Unconscious*, 1988, Guilford Press, Londres.
36. Mariane Krüll, *op. cit.*, pág. 172.
37. Carta de Freud a Martha del 20 de enero de 1883, *Sigmund Freud. Correspondência de amor*, 1981, Río de Janeiro, Imago, pág. 106.

38. GW, II, pág. 221.
39. Ernest Jones, *op. cit.*, pág. 21.
40. GW, II, pág. 207.
41. Carta de Freud a Fliess del 3 de octubre de 1887, J. M. Masson (comp.), *op. cit.*, pág. 269.
42. Peter Swales, *Freud, Joham Weier and the Status of Seduction. The role of the Witch in the Conception of Fantasy*, 1982, Nueva York, edición del autor.
43. Carta de Freud a Fliess del 26 de agosto de 1898, J. M. Masson (comp.), *op. cit.*, pág. 325.
44. SE, III, pág. 314.
45. Kurt Eissler, *Sigmund Freud, a biographical sketch*, 1978, Londres, Deutsch, pág. 12.
46. Ernest Jones, *op. cit.*, pág. 25.
47. Henri F. Ellenberger, *The Discovery of the Unconscious*, 1970, Basic Books, Nueva York, pág. 428.
48. Mariane Krüll, *op. cit.*, pág. 201.
49. Josef Sajner, ibíd., pág. 176.
50. Ibíd.
51. Paul Roazen, Entrevista a Edward Bernays del 28 de noviembre de 1965, *Freud y sus discípulos*, 1974, Buenos Aires, Alianza, pág. 30.
52. Ibíd.
53. Mariane Krüll, *op. cit.*, pág. 203.
54. Ibíd.
55. SE, IV, pág. 138.
56. Ernest Jones, *op. cit.*, pág. 17.
57. R. Gicklhorn, *Sigmund Freud und der Onkeltraum. Dichtung und Wahrheit*, Viena, 1976.
58. Mariane Krüll, *op. cit.*
59. SE, III, pág. 312.
60. SE, III, pág. 314.
61. Carta de Freud a Fliess del 3 de diciembre de 1897, J. M. Masson (comp.), *op. cit.*, pág. 285.
62. Th. Pfrimer, *op. cit.*, pág. 50.
63. Carta de Freud a Fliess del 21 de diciembre de 1899, J. M. Masson (comp.), *op. cit.*, págs. 392-3.
64. Mariane Krüll, *op. cit.*, pág. 200.
65. Carta de Freud a Fliess del 15 de octubre de 1897, J. M. Masson (comp.), *op. cit.*, pág. 271.
66. Carta de Freud a Fliess del 3 de octubre de 1897, ibíd., pág. 269.
67. Peter Gay, *op. cit.*, pág. 28.
68. Bertin, Célia, *A mulher em Viena nos tempos de Freud*, 1989, Campinas, Papirus, pág. 77.
69. Mariane Krüll, *op. cit.*, pág. 207.
70. Marsha L. Rosenblit, *The Jews of Vienna, 1865-1914: Assimilation and Identity*, 1983, págs. 13-45, 27.
71. Carta de Freud a Fluss, del 18 de setiembre de 1872, *Lettres de jeunesse*, París, Gallimard, 1990, pág. 228.
72. Ibíd.
73. Peter Gay, *op. cit.*, pág. 35.
74. SE, IV, pág. 205.

75. SE, IV, págs. 207-8.
76. Max Schur, *Freud, vida e agonia*, 1981, Río de Janeiro, Imago, I, pág. 33.
77. Didier Anzieu, *A auto-análise de Freud e a descoberta da psicanálise*, 1989, Artes Médicas, Porto Alegre, págs. 260-8.
78. P. Rieff, *Freud, la mente de un moralista*, 1966, Buenos Aires, Paidós, pág. 147.
79. SE, XXII, pág. 66.
80. Mariane Krüll, *op. cit.*, pág. 223.
81. GW, III, pág. 406.
82. SE, III, pág. 312
83. Peter Gay, *op. cit.*, pág. 25.
84. Anna Bernays, "My brother, Sigmund Freud", *American Mercury*, 1940, págs. 335-42.
85. SE, IV, pág. 197.
86. Marthe Robert, *D'Oedipe a Moïse*, 1974, París, Calman-Levy, pág. 37.
87. Anna Bernays, ibíd.
88. Ernest Jones, *op. cit.*, pág. 29.
89. Ernest Jones, *op. cit.*, pág. 31.
90. Anna Bernays, ibíd., pág. 7.
91. R. M. Rainey, "Freud as a student of religion: perspectives on the background and development of his thought", University of Montana, Missouri, 1975 (Th. Pfrimer, *op. cit.*, pág. 57).
92. Citado por Th. Pfrimer, *op. cit.*, págs. 58-9.
93. Carta de Freud a Ferenczi del 9 de abril de 1919, *Sigmund Freud-Sandor Ferenczi, Correspondance*, París, Calman-Levy, 1992.
94. SE, IV, págs. 192-3.
95. SE, IV, pág. 193.
96. M. Robert, *La revolución psicoanalítica*, México, Fondo Nacional de Cultura, 1978, pág. 35.

CAPÍTULO 4

LAS AVENTURAS DE CIPIÓN Y BERGANZA

¿Recuerdan la escena? El hueso vuela por los aires, el mono imaginado por Stanley Kubrick acaba de descubrir el arma que lo saca de su vida simiesca y ese mismo hueso se transmuta en una estación espacial. Hablo de la película *2001, Odisea del espacio*. ¿La música? Primero, Zarathustra, de Richard Strauss. Luego un fantástico vals: el Danubio Azul, de Johann Strauss, símbolo de la alegre sofisticación humana. Las esferas celestes valsan en frívola perfección. Esto es lo máximo que se puede decir de la Viena de fin de siglo: el centro supremo del hedonismo mundial, sin los desmanes de un París habitado por franceses maleducados. Viena era la Venecia de Marco Polo, la Amsterdam de los años 60, una Amsterdam un poco presumida y mentirosa. Un poco cruel. Una ciudad de la que había que desconfiar. Así pensaba Freud.

Viena crecía monstruosamente, duplicándose cada setenta años. Ya superaba el millón de habitantes, la mayoría proveniente de las zonas paupérrimas del Imperio Austro-Húngaro. Ciudad de contrastes, luminosamente sórdida. Su arquitectura reflejaba un caos sublimado: calles miserables, fachadas viejas y descascaradas; burdeles junto al lujo de sus catedrales y la aristocrática irrelevancia de sus palacios barrocos[1]. Ciudad de colinas verdes y onduladas, cuya luz siempre fascinó a los pintores, con el toque oriental de su remota estirpe. Hanns Sachs, ese *Lebenkünstler*, le dedica un capítulo de su libro sobre Freud[2]. "Tarea difícil, comprender a Viena. No era una «joven cocotte» ni una «vieja beata», sino joven y vieja, lasciva y piadosa"[3]. Sachs cuenta una historia del famoso humorista Karl Krauss: en el día del Juicio Final, en Viena, cuando el difunto sale del sueño eterno, lo primero que encuentra es una mano estirada, pidiendo limosna, de quien lo ayudó a salir del cajón[4].

La ciudad de la juventud de Freud cambió de rostro para siempre. "En 1857, el joven emperador Francisco José demolió las antiguas fortificaciones del perímetro histórico de la ciudadela; en los siete años siguientes, fue tomando forma la *Ringstrasse*, una vasta avenida en forma de herradura. En 1865, cuando Sigismund entró en el Leopoldstädter Real und Obergymnasium, el emperador y la emperatriz inauguraron solemnemente aquella gran avenida"[5]. La Ringstrasse fue el escenario de las largas caminatas del joven, del maduro y del anciano Freud.

"A ambos lados se levantaban edificios públicos y sólidas casas residenciales, que celebraban la cultura y el constitucionalismo liberal. El nuevo teatro público fue concluido en 1869; dos grandes y pomposos museos fueron inaugurados doce años después" [6]. Una Brasilia babélica, construida por los más brillantes arquitectos de la época, que levantaron un conjunto imponente de edificios, con una mezcla tal de estilos que sorprende que el resultado no haya sido un colosal espantajo.

Pero Francisco José y Viena no impresionan al joven Sigismund, que opina lo siguiente de la ciudad imperial, en una carta a su amigo Emil Fluss: "Cuando vengas a Viena no reconocerás el Prater. ¡Qué transformación radical! ¡Qué aire distinguido!"[7] En seguida, pasa a describir el jubileo de los veinticinco años de reinado del emperador Francisco José de una manera más pintoresca que respetuosa:

Si dentro de veinte o treinta años lees en algún lugar: "El 1º de mayo de 1873 fue uno de los días más bellos que nuestro clima septentrional haya conocido. La felicidad proverbial de Su Majestad el emperador Francisco José no lo abandonó en esa ocasión solemne. En una carroza descubierta, acompañado por los príncipes más importantes de su época, la figura caballeresca avanzó en medio de una multitud extática, etc.", todo escrito en el estilo de los historiadores de la corte de Bizancio, no creas nada de esto y sí en lo que te digo: en ese 1º de mayo hacía un frío casi siberiano, una lluvia democrática encharcaba campos y avenidas. Su Majestad también tenía un aire tan poco caballeresco como el de nuestro... vendedor de escobas, los príncipes extranjeros parecían reducirse a bigotes y condecoraciones y, en fin, nadie aplaudía a las altezas apostólicas a no ser algunos chicos trepados en los árboles mientras el pueblo se protegía bajo paraguas y algún sombrero se agitaba para saludarlo. Se percibe fácilmente que este sincero amigo y narrador no participó de dicha fiesta. Por lo menos digo que me *siento muy superior como hombre de pensamiento* y como ciudadano íntegro, frente a esa "troupe" coronada[8].

No fue fácil la adaptación de este chico, nacido en la ribera del río Lubina, al ritmo de la gran ciudad. Reiteradas veces habló con amargura de la Ciudad del Vals: "No se puede dar una idea de la impresión que me causó Viena. Fue algo muy desagradable"[9], le escribe a Emil Fluss a los 17 años, después de una visita a Freiberg. La nostalgia por los años de la "criatura feliz de Freiberg" era grande. "... Nunca superé la nostalgia por los bellos bosques junto a mi casa, por donde, casi gateando, solía escapar..."[10].

La descripción caricaturesca del jubileo del Emperador concuerda con la opinión clásica de los historiadores sobre el Imperio Austro-Húngaro. Esta caracterización, empero, es injusta; no refleja la realidad política de los tiempos de la Monarquía Dual. Se acostumbraba pintar los años del Imperio como ridículamente anticuados, regidos por una aristocracia barroca y danzante. Craso error. De hecho, como señala Somary[11], lejos de ser un anacronismo político, el Imperio Austro-Húngaro estaba a la cabeza en la creación de lo que hoy en día llamaríamos "Estado supranacional", que puede ser considerado el punto de partida de la Europa unificada actual. La nueva constitución de 1867, después que Francisco José renunciara al poder absoluto, dividía su universo en dos Estados con los mismos derechos, ambos sujetos a un soberano que era Emperador de Austria y Rey Apostólico de Hungría[*1]. Cada uno de esos Estados poseía una cultura étnica dominante y varias minorías. Casi todas estas minorías eran turbulentas, con una perversa tradición cismática "balcánica". Serbios, croatas, bosnios, siempre fueron un dolor de cabeza para la diplomacia europea. La unidad de la sofisticada estructura política reposaba en la lealtad al Emperador, junto a una administración pública eficiente y un ejército con poca experiencia pero de marcialidad imponente, con bonitos uniformes azules y la caballería mejor montada de Europa. La complejidad de este edificio político llevó a considerar que el Imperio era un improbable castillo de arena, pronto a desmoronarse ante la primera pleamar. Los austríacos y húngaros se consideraban un baluarte en la frontera del mundo civilizado. Al Sur gruñía el Imperio Otomano y la corte despótica del Sultán[*2]. Por otra parte, la amenaza potencial para la Monarquía Dual Austro-Húngara, a mediados del siglo pasado, llegaba del lado de Rusia[12].

Este país, después de que el zar Alejandro II concediera en 1861 la emancipación a 22 millones de siervos, pasó a tener un rápido crecimiento industrial y comercial, bajo un régimen autoritario con pretensiones expansionistas. En Hungría, en particular, las matanzas de los tiempos de Iván el Terrible quedaron grabadas en la memoria del pueblo.

El eterno Francisco José había sido coronado emperador a los 18 años, en 1848. Durante más de 60 años dominó la política de la Europa Central, imprimiendo un cuño nacionalista en el Imperio. Marie Langer dice en su autobiografía:

> Viví un complejo de Edipo Imperial ... En 1917, año de la revolución bolchevique, yo tenía siete años y murió el emperador Francisco José. No lo podía creer; fue como si hubiese muerto Dios ...

*1. Sistema que recuerda, para bien o para mal, la actual estructura de la Gran Bretaña, en la que Inglaterra, Gales, Escocia e Irlanda del Norte tienen un soberano común.
*2. Conviene recordar que los turcos sitiaron dos veces la ciudad de Viena, y que la segunda vez, en 1683, casi la saquean.

Que yo creyera en la inmortalidad del Emperador indica que para mi familia y quizá para la burguesía austríaca, el Imperio, a pesar de los conflictos y contradicciones políticas, sociales y nacionales, era inmutable[13].

El siglo XIX fue esencialmente nacionalista: el concepto emergente de Nación potenció los ingredientes institucionales de los Estados modernos. Aparece el burgués, el poder se seculariza y el gobierno se encarga de la educación y la salud. En Austria, el *Reichstadt* se convierte en un floreciente Poder Legislativo, que propone leyes y sanciona el presupuesto. Conquistas liberales todas ellas.

El reinado del Emperador duró 68 años. Hablar del extraordinario renacimiento intelectual de Viena en el "tiempo de Francisco José" sería impreciso, ya que ese reinado incluye varios "tiempos". El más brillante de ellos se inició en 1890. No cabe duda de que la sociedad vienesa de fin de siglo ejerció una influencia profunda en toda una generación de intelectuales, de Freud a Wittgenstein, de Kafka a Weininger, de Richard Strauss a Mahler, que brillaron durante los años de la declinación del imperio de los Habsburgo[14].

La situación económica de los Freud mejora en la década del 70. El precio de la lana se estabiliza, y Jacob Freud conoce cierta prosperidad, probablemente subsidiada por los hijos con negocios en Manchester [15]. Pero aun después de poder permitirse tener empleadas, comprar un piano para Anna*3 y cenar en el Prater, los Freud tuvieron que contentarse con un departamento de seis cuartos, demasiado pequeño para esa familia tan numerosa. Los padres, Alexandre y las cinco hermanas se apiñaban en tres piezas. Sólo Sigismund usaba el "escritorio", "aposento largo y estrecho, con una ventana que daba a la calle"[16]. El cuarto estaba abarrotado de libros, su único lujo. Ahí dormía, estudiaba y muchas veces comía solo, sin dejar de leer. Sigismund reveló ser un estudiante de primera magnitud, brillante y tenaz, con un admirable poder de asimilación. Estudiaba hasta bien entrada la noche, bajo la "luz de una miserable lámpara de kerosene que perjudicaba la vista (mientras que, en Inglaterra, hasta el último de los mendigos se ilumina a gas)"[17]. Lo avergonzaba "no tener un diccionario"[18].

Como primogénito promisorio, era el favorito declarado. Por otro lado, actuaba en el seno familiar como un censor puritano. Supervisaba el trabajo escolar de los hermanos y disertaba sobre lo que se debía y lo que no se debía hacer. La hermana Anna cuenta que, "cuando tenía 15 años, él desaprobó la lectura de Balzac y Dumas por ser demasiado picantes" [19]. Peter Gay piensa que "la familia aceptaba su

---

*3. El piano de la discordia.

dominación pueril con serenidad, alimentando sus sentimientos de excepcionalidad"[20].

En 1865, año de la muerte de Jacob Nathansohn, su abuelo materno, Freud entra en el liceo *Leopoldstädter Real und Obergymnasium*, un año antes de la edad reglamentaria. Esto indica que los estudios realizados en la casa con el padre (o la madre) le brindaron una formación adecuada. Durante los ocho años en el liceo, él fue casi siempre el primero de la clase[21]. "En el liceo fui el primero de la clase durante siete años, mantuve una posición privilegiada, casi nunca di exámenes"[22]. Los boletines escolares, que él conservó, son ejemplares, y enorgullecerían a cualquier madre judía[23].

Pero su paso por el liceo tuvo dos etapas. Al principio fue rebelde. De allí el siguiente comentario a Martha:

Esto difícilmente se adivina a primera vista, pero en la escuela yo fui un oposicionista rebelde, siempre pronto a defender cualquier posición extrema y generalmente dispuesto a pagar caro por eso. Cuando me promovieron a la posición de alumno líder, en la cual permanecí años y años... la gente dejó de tener motivos para quejarse de mí[24].

En el cincuentenario del *Leopoldstädter Real und Obergymnasium*, el liceo pidió trabajos alusivos a los alumnos eméritos. Sigmund Freud fue uno de los convocados:

Se tiene una sensación extraña cuando, ya avanzado en la vida, se recibe la orden de escribir una composición escolar. Uno obedece entonces automáticamente, como el viejo soldado que se cuadra si escucha la palabra "¡Atención!" ...[25]

Esa "composición escolar" habla de la ambivalencia del alumno respecto de los profesores, a los cuales "tendía a amar y odiar", por partes iguales[26].

Gracias a la correspondencia con Fluss y Silberstein, sabemos de los resultados finales de su bachillerato en dos tiempos. Freud escribe a su amigo Emil Fluss, de Freiberg:

El bachillerato ha muerto, viva el bachillerato. Para ser breve, en las cinco pruebas obtuve las notas de excelente, bueno, bueno, bueno, suficiente ... En latín me tocó un pasaje de Virgilio que, por suerte, había leído para mi placer, ... lo que me permitió escribir rápidamente, utilizando sólo la mitad del tiempo acordado, lo que me hizo perder la nota de "muy bueno" ... La gramática latina parecía simple, pero esa facilidad disimulaba su dificultad, razón por la cual le consagré un tercio del tiempo disponible, lo que resultó en un lamentable fracaso: de ahí el "suficiente" ... En cuanto al griego, que versaba sobre un pasaje de treinta y tres versos del *Edipo Rex*, recibí un "bueno", el único de la clase. También, había leído ese fragmento para mí mismo ... La prueba de matemáticas ... fue un éxito total. Me atribuyo un "bueno", porque no conozco todavía la nota exacta. Por último, mi composición de alemán se vio coronada con un "excelente". El tema era altamente moral: "¿Qué consideraciones hay que tener en cuenta en la elección de una profesión?", y puse más o menos lo que te he escrito hace dos semanas, sin que entonces me calificaras con un "excelente".

Pasadas las pruebas escritas, Sigmund escribe con el mejor de los espíritus a su compañero Eduard Silberstein:

Estoy tomándome la libertad de informarte que ayer, 9 de julio de 1873, pasé con mención honorífica mi examen y con la ayuda de Dios, obteniendo el título de bachiller. Fue una jornada interesante; mis notas son brillantes: un excelente, siete muy buenos y felicitaciones en geografía[27].

Según los documentos que examinó Rainey, en el liceo de Leopoldstadt, durante los años 1865-70, no había ningún profesor que enseñara religión judía. Los alumnos de religión "mosaica" (ése era el nombre utilizado en la época) seguían el curso fuera de la escuela. La biografía ilustrada de E. Freud reproduce el boletín del padre, firmado por Hammerschlag[28].

Hammerschlag tuvo una gran influencia sobre el joven Freud. Ese profesor de rostro sereno estaba hecho de la misma fibra que los profetas, y en sus ojos ardía una "chispa del mismo fuego que brilla en el espíritu de los grandes videntes"[29].

Mucho se ha discutido sobre los conocimientos que Freud habría tenido del hebreo. En una carta a Robak[30], afirmó no conocer la lengua de su pueblo, aunque hay quien piensa que esa respuesta fue fruto de la irritación del momento. Es muy posible, empero, que la carta diga la verdad. La Biblia que servía de libro de texto en el liceo era una versión alemana, y la orientación liberal de la *Kulturgesmeinde* tenía un sesgo asimilacionista, y prestaba poca atención al estudio de la "lengua de los Profetas"[31]. Por otra parte, los manuales de catequesis de Leopold Breuer estaban parcialmente escritos en hebreo[32].

Una incógnita importante: el *Bar Mitzvá*. Es posible que el joven Freud haya tenido el *Bar Mitzvá* que conduce al universo de la tradición de sus antepasados. En la práctica piadosa judaica, el estudio religioso tiene allí su momento iniciático. La ceremonia se habría realizado en 1869, uno de los años más mudos en la vida del joven Freud. No tenemos datos que confirmen o excluyan el episodio. Según Lydia Flem, sería "sorprendente que el padre, que lo circuncidó, que lo inició en la lectura de la Torá y que respetaba la grandes fiestas del calendario judío ... no haya preparado a su hijo para el rito de pasaje"[33]. Sin embargo, la ausencia de toda mención al *Bar Mitzvá* en la correspondencia y en los escritos autobiográficos me parece un dato en contra de la opinión de Flem. Él nunca usó su nombre judío y precisamente a partir de los 13 años Sigismund pasó a llamarse Sigmund. Sigmund suena menos judío que Sigismund.

Hablemos del *Playboy Cavalier*[34]: el seductor que en sus aventuras amorosas alterna damas respetables, solteras o casadas, con bailarinas, prostitutas y, particularmente, con la *süse mädel*, la *midinette* vienesa. Ésta puede ser una costurera, una modesta trabajadora que admira a los jóvenes de vistoso uniforme y ama a alguno con la esperanza de un romance nupcial, aunque generalmente termina desplazada por la dote respetable de una virgen respetuosa. La "bohemia austríaca"[35].

París y Viena son las capitales del sexo del fin de siglo. El código de la época exigía, lacanianamente, el máximo de conquistas a los hombres, y la consecución de amantes discretos a la mujer. La sensualidad de Viena, en contraste con el cancán parisiense, se caracterizaba por un cierto intimismo hipócrita. La Viena sexual era un París suburbano.

Schnitzler explota literariamente el tema del erotismo vienés en su clásica pieza teatral *La Ronde* donde, en sucesivos diálogos amorosos, aparecen las relaciones sexuales entre la prostituta y el soldado, el soldado y la empleada, la empleada y el *Playboy Cavalier*, el joven caballero y la mujer casada, la mujer casada y su esposo, el esposo y la *süse mädel*, la *süse mädel* y el poeta, el poeta y la actriz, la actriz y el conde y, finalmente, el conde con la prostituta, cerrando el ciclo de la plusvalía concupiscente, en el carrusel del *Wien, by Nacht*. Este rodeo vale como telón de fondo para la pregunta: ¿qué sabemos de la sexualidad del joven Freud?

Ernest Jones nos legó la imagen de un adolescente sereno, estudioso, el mejor alumno, orgulloso, idealista, deportista. El hijo ideal y dedicado que todos querríamos tener:

Pasear, caminar, constituía su principal diversión en sus años de estudiante. Le gustaba patinar, pero ese deporte todavía estaba en una fase muy primitiva[36].

Buen nadador, devorador de libros; en él:

las necesidades emocionales que generalmente hacen su aparición en la adolescencia –continúa Ernest Jones– encontraron su expresión principalmente en reflexiones filosóficas, y después en una seria adhesión a los principios de la ciencia. Por lo que sabemos de sus equilibrados años maduros y de las sublimaciones evidentemente bien logradas de su adolescencia, se puede suponer que su desarrollo fue más calmo que el de la mayoría de los jóvenes[37].

¿Será así? Esta descripción convencional no parece salida de la pluma de un analista, y de un analista del calibre de Jones, inventor de la noción de racionalización y de la lógica del semblante[38]. Aparte de que el cuadro es en general inverosímil, conocemos concretamente la vida atribulada de Freud, incompatible con la hipótesis de una juventud serena, tranquila y, sobre todo, notablemente asexual. Peter Gay, por su lado, pinta una imagen semejante:

Ambicioso, aparentemente seguro de sí, brillante en la escuela y voraz en sus lecturas, el adolescente Freud tenía todas las razones para creer que lo aguardaba una carrera ilustre, la más ilustre que la sobria realidad le permitiese imaginar[39].

El énfasis cae sobre el adolescente bueno y casto. Todos hablan de la promesa y el brillo, y disimulan las prácticas solitarias de nuestro héroe[40]. La masturbación siempre fue problemática para Freud. Roazen cuenta que le aconsejó al hijo que no se masturbara[41]. En una oportunidad le dijo a Hitschmann que el "...problema de la masturbación consiste en que hay que saber practicarla"[*4].

¿El joven Freud la practicaba bien? ¿Toleraba el flujo pulsional de aquello que luego denominará "vicio primario", o sea, la madre de todos los otros, cocaína y tabaco incluidos? Él siempre condenó esta perversión autoerótica, aunque la salida sea "practicarla bien". El joven Sigmund luchó contra la masturbación y sucumbió en la lucha. En carta a Fliess dirá más tarde: "La neurastenia masculina [de la cual él adolecía] se adquiere en la época de la pubertad y se manifiesta cuando el hombre alcanza los 20 años. Su fuente es la masturbación, cuya frecuencia es completamente paralela a la frecuencia de la neurastenia masculina"[42].

Los biógrafos no profundizan en la "erótica" del joven Freud. Encontramos un Eissler que dice: "La experiencia amorosa descrita en su trabajo de 1899 [Gisela] fue la primera experiencia apasionada ... y también, puedo asegurarlo, la última de los diez años siguientes"[43]. ¿Cómo puede asegurarlo?

Clark aborda bien la cuestión cuando supone que "la casi total ausencia de referencias a mujeres [de la adolescencia de Freud] en sus fragmentos autobiográficos, sugiere que el hombre que reveló la importancia de la sexualidad en los males mentales era particularmente asexuado, o bien que la destrucción de sus papeles personales tuvo un motivo comprensiblemente humano"[44].

*4. Hitschmann, *Freud, Life and Death*, American Imago, pág. 141.

Aquí nos contentamos con repetir la pregunta: ¿cómo era la sexualidad del joven Freud?

A los 16 años, tal vez antes, aparece el primer amor, amor que tiene que ser contado desde un lugar muy especial, llamado la Academia Española.

En algún momento de la adolescencia, antes de los 15 años, Sigmund Freud y Eduard Silberstein fundaron una sociedad secreta, primero llamada SSS (Spanische Sprache Schule) y luego Academia Española. Tenían un sello y un código secreto, como corresponde a toda logia que se respete. Esta sociedad de dos miembros fue concebida para el estudio del español, para la invención de mitologías privadas, para promover un estilo expositivo regido por el absurdo y, *last but not least*, para hablar de mujeres. Los estatutos de la Academia Española ya estaban consolidados cuando los dos miembros fundadores iniciaron en 1871 una correspondencia que durará hasta enero de 1881, fecha en que se interrumpe sin previo aviso, un par de meses antes de que Freud se recibiera de médico. Logia fruto de una amistad:

Fuimos amigos en una época en que no se ve la amistad como un pasaporte o una ventaja, sino cuando se necesita un amigo para compartir las cosas. Estábamos juntos, sin exagerar, todas las horas que no pasábamos en los bancos escolares[45].

Freud escribe: "Creo que nunca nos separaremos, ya que nos hicimos amigos por libre elección y estamos unidos uno al otro, y parece que la naturaleza nos hubiese colocado en la Tierra como hermanos de sangre. Pienso que hemos alcanzado el punto en que se ama al otro tal como él es y no, como antes, por sus cualidades positivas"[46].

Carta reveladora en más de un sentido. La intensidad del pacto anuncia el vínculo con Fliess. Al mismo tiempo hay sutileza psicológica en ese párrafo, donde el joven Sigismund anticipa al Freud freudiano.

Dentro de esta amistad "Sigismund" pasa a ser "Sigmund". Antes de la aparición de las "cartas de juventud", autores como Anzieu y Marthe Robert pensaban que el cambio de nombre se había producido alrededor de los 22 años, coincidiendo con la aparición de sus primeros trabajos científicos, que fueron firmados "Sigmund Freud". En realidad, en la correspondencia con su amigo vemos que el cambio de nombre fue gradual[47]. Firmó Sigmund por primera vez en setiembre de 1872, pero en 1874 Sigismund aparece varias veces. Sabemos, por otra parte, que Freud nunca usó el "Schlomo". Es típico de un adolescente experimentar con su firma.

En la primavera de 1871 el estudio del español progresaba en el seno de la Academia Española. Empresa montada sin profesor ni gramática, sin siquiera el deseado diccionario. Se estableció sobre la base de textos, probablemente una antología que incluía *morceaux choisies* de Cervantes, entre ellos las andanzas de los perros Cipión y Berganza en el hospital de Sevill[*5]

En la repartición de papeles, Sigmund era Cipión, perro de espíritu crítico, pedagógico (para no decir psicológico) y el más reflexivo del par; Eduard era Berganza, más extravertido, casi *Playboy Cavalier*; contaba historias humorísticas y hacía de la vida una alegre aventura. Can mujeriego que tiene aventuras con la "bella Heide" y la "vieja y alegre Göttingen". Freud parece deleitarse con estos escarceos inconsecuentes, aunque la cosa cambia cuando su amigo se compromete seriamente. En ese momento, Cipión pronuncia su sermón machista: "Un hombre racional es su propio legislador, confesor, absolvedor. Pero una mujer, aún más, una joven, no posee ningún padrón ético innato; sólo puede actuar correctamente si se mantiene dentro de los límites de la convención, acatando lo que la sociedad juzga correcto"[48]. Tengo que admitir que esta carta no favorece mi tesis de la iniciación sexual precoz del joven Freud.

La Academia Española trata de mujeres y de libros. En las cartas a Silberstein abundan las referencias literarias. Freud lee a Schiller y Goethe, Heine y Shakespeare. Devora "al viejo Lichtenberg con gran placer"[49]. Conoce de memoria el segundo volumen de los *Ensayos* de Macauley que Silberstein le prestó[50]. Brückner[51], en su estudio sobre las lecturas de Freud, concluye que conocía la *Teogonía* y la *Esencia del Cristianismo* de Feuerbach. Es muy probable que estas obras inspiraran en parte tanto su crítica a la religión como su teoría de los sueños. Considérese el siguiente pensamiento de Ludwig Feuerbach: "Dios es lo interior manifestado, la mismidad expresada del hombre; la religión es la revelación solemne de los tesoros ocultos del hombre, la declaración de los pensamientos más íntimos, la confesión pública de sus secretos de amor"[52]. Si cambiamos "Dios" por "el inconsciente" y "la religión" por "el psicoanálisis" tenemos una de las ideas fundamentales de la psicología profunda freudiana. Sin duda lo impresionó la afirmación del padre de la *antropología filosófica* en cuanto a que, "los hombres crearon a Dios a su imagen y semejanza"[53]: en esa torsión antropológica Dios muere.

Se sabe mucho de Sigmund Freud; casi nada de Eduard Silberstein. Cipión quemó las cartas de su amigo en la primera hoguera de 1885. Pésimo hábito que se repetirá con las cartas a Fliess. Silberstein, por su parte, las guardó cuidadosamente. Pero, ¡*caramba!*, como dice Freud en sus cartas, la castración epistolar nos deja escu-

---

*5. En Cervantes se trataba del hospital de Valladolid.

chando sólo un lado del diálogo sofisticado entre dos adolescentes fuera de serie[*6].

Sabemos, eso sí, que Silberstein era rumano y que nació en 1856, ocho meses después de Sigmund. El padre de Eduard también estaba indirectamente ligado al comercio de la lana. Él montó, en las márgenes del Danubio, una empresa que le permitió enviar a los hijos a estudiar en Viena. Durante varios años Eduard y Sigmund fueron condiscípulos, primero en el *Realgymnasium* y después en el *Obergymnasium*, en la zona este de Leopoldstadt. No se sabe cuándo ni cómo comenzó esa amistad. Ya en 1870 eran amigos, porque los padres de Freud, por razones económicas, propusieron tomar a los hermanos Silberstein –Eduard y Karl– como pensionistas en el nuevo departamento que acababan de alquilar; pero ese proyecto no prosperó. Es posible que Amalia Freud, acompañada de un hijo, tal vez Sigmund, visitara la estación termal de Roznau, cerca de Freiberg, donde también se encontraba Anna Silberstein de Braila, acompañada de un hijo, quizás Eduard[54]. El hecho es que ambas familias estrecharon lazos en torno del vínculo entre los dos amigos.

En 1874, un año después de recibirse, Freud lanza un proyecto que nos da una idea del tiempo febril de la adolescencia y anuncia portentos futuros:

Nosotros, los miembros de la Academia Española, nos contamos entre esos hombres modernos cuya jornada de trabajo abarca más de 12 horas, y que por las noches, a causa de la fatiga acumulada, no conocen los sueños[55].

La propuesta, ya que ellos están "en un frenesí de actividad", es la siguiente:

...que cada uno de nosotros, que somos los portaestandartes de la A.E., escriba todos los domingos una carta que no será nada menos que una enciclopedia completa. Dicha enciclopedia incluirá, en su respeto escrupuloso por la verdad, la narración de todo aquello que hicimos y no hicimos, así como todos nuestros pensamientos y observaciones dignos de ser consignados y, finalmente, una especie de bosquejo de nuestros sentimientos..."[56].

En suma, algo que podría ser una psicología secuenciada de la vida cotidiana. La finalidad de este *weekly periodical*, como él lo llama,

---

*6. De hecho, Freud tenía el mal hábito de destruir la correspondencia ajena; también sucedió con las cartas de Fliess. El único caso inverso se da con el epistolario Charcot-Freud.

era "poder conocer con certeza el ambiente y el estado de ánimo del otro..."[57]. El *weekly periodical* anuncia dos desarrollos importantes en el futuro: el autoanálisis y la correspondencia con Fliess.

Los dos amigos tenían buen oído para los idiomas, y las cartas ponen de manifiesto los grandes progresos realizados con el correr del tiempo. Las primeras estaban plagadas de errores. Pero, en honor a la verdad, el español de Cipión era primitivo. No sólo en la sintaxis; hay muchos pasajes donde se nota la ausencia del diccionario. Con frecuencia aparecen palabras que no existen en español. Ejemplos: en lugar de "deseo", palabra que será crucial en el futuro teórico de la nueva ciencia, encontramos, vía latín, "desiderio"; en lugar de "violín", "geigolina", a partir de "Geige", violín en alemán; ferrocarril es "camino de fierro". Pero todos los caminos van a Sevilla.

Sevilla, para los miembros de la Academia Española, significaba antes que nada "el mundo" y, después, "Viena". Algunos párrafos tienen que ser descifrados; ejemplo: "Mi padre se valió de un «Ruso» para invitar a tu hermano a una visita"[58]. ¿Quién es este Ruso? Jacob Freud conocía bien a Karl Silberstein y no necesitaba de un intermediario. Parece ser que Freud quiso decir "estratagema" y, no encontrando la palabra española, apeló al francés, "ruse". En el código interno, "principios" eran las jóvenes atractivas.

La mitología propia que las cartas atestiguan, parece remontarse a una visita a Freiberg en el verano de 1871. Los Freud fueron huéspedes de la familia Fluss, a la que conocían desde los tiempos de Rebecca. Tenían siete hijos, entre ellos Gisela, de 12 años, que recibió el insólito mote de Ictiosaura; era inaudito cortejar a una mujer tan joven poniéndole un nombre de reptil. Krüll opina que Ictiosaura era otra chica de la región, y puede ser que tenga razón[59]. Ella, con su *pedigree* antediluviano, será la mujer "principio" por excelencia.

El nombre de Ictiosaura, para los cazadores de rastros antiguos, se aclara un tanto cuando se descubre que Cipión firma algunas de sus cartas con la fórmula "Príncipe del Lías y Señor del Cretáceo", y que denomina "Iguanodonte" a un personaje no identificado. Todos estos nombres provienen de un poema de Joseph Viktor von Scheffel, el Hermann Hesse de aquellos tiempos. Freud, en realidad, siempre siguió sintiéndose fascinado por el tiempo de los Grandes Reptiles[*7]. Tarde en la vida escribió: "Puedo imaginar que hace millones de años, en el Período Triásico, todos los grandes iguanodontes y saurios estaban orgullosos de su raza reptante y contemplaban el futuro sabe Dios con qué expectativas de un porvenir grandioso"[60].

Sigmund volvió a encontrar a su Ictiosaura durante el verano siguiente. Esa vez viajó sin su amigo Eduard. Gracias a la ausencia de Berganza, él escribió las cartas hamletianas del 17 de agosto y el 4 de

*7. Entre ellos, nuestro Argentinosaurio ocupa un lugar destacado.

setiembre, donde el amor por ella lleva su timidez al punto de fusión. La primera carta comienza con un largo preámbulo en alemán, donde finalmente dice que está escribiendo con "una franqueza que a él mismo le extraña, en la plena confianza de que nadie ajeno leerá esta carta"[61]. Luego, para tener mayor seguridad, pasa a la lengua oficial de la Academia Española.

La parte en español comienza así:

¿"Vuestra Gracia" se acuerda de un joven llamado Emil, director de la tintorería, aquel que intentó, en la época, que yo me aproximase a la Ictiosaura? Emil Fluss es su nombre[62].

Freud luego se explaya más de una página con los otros hermanos, hasta que finalmente llega a Gisela, el plato fuerte:

Sólo puedo decir que surgió en mí una "inclinación"[*8] por la hija mayor, llamada Gisela, que va a partir mañana, ausencia que me conferirá una seguridad en la conducta que hasta ahora no he conseguido. Porque "Vuestra Gracia" sabe, conociendo mi carácter particular ... que yo me alejé de ella, en lugar de aproximarme y que nadie, ni siquiera ella, sabe de lo que sucedió [en mí] más que el Rey de los Turcos. No tengo miedo de parecer ridículo ante tus ojos ... porque tú sabes hasta qué punto todos somos locos, estúpidos e idiotas[63].

Lamentación ésta que habla de una adolescencia poco tranquila, aunque interesante. De hecho, Gisela, en la mañana siguiente, regresó al colegio en Breslau. La historia no acaba aquí. El panorama sentimental se complica: existe más de una forma de interpretar la segunda carta, que se abre con un nuevo preámbulo, en el que las palabras tienen la complicada aerodinámica de un *boomerang:*

Tú no me haces justicia al atribuirme un humor mórbido y triste; ponlo a cuenta de mi estilo absurdo que nunca me permite decir lo que quiero; en la medida en que mi última te llevó a creer lo que has supuesto[64].

"Estilo absurdo", lo que un profesor llamó estilo "idiótico"[*9] de Freud. Después de más piruetas, él exclama:

---

*8. *Inclinación*: luego retomaremos esa palabra.

*9. En carta a Emil Fluss, cuando Freud le cuenta que recibió un *excelente* en alemán, añade: "El profesor me dijo ... que poseo lo que Herder sutilmente llama estilo *idiótico*, o sea, un estilo al mismo tiempo correcto y característico" (Carta de Freud a Fluss del 16 de junio de 1873, *Lettres de*

¡Qué carta más extraña! Todavía no dije ni una sola palabra de lo que ocupa todo mi tiempo ... El miércoles pasado, después de escribirte, ella partió, no sin jugarme una mala pasada*10. Me despedí con tristeza y fui a Hochwald, mi pequeño paraíso, donde viví las más agradables de las horas. Ahí pude apaciguar los sentimientos que bullían en mi mente, y sólo me sobresalté ligeramente cuando la madre de ella pronunció el nombre de Gisela*11. La inclinación hizo su aparición como en un buen día de primavera; sólo mi absurdo hamletismo, mi timidez mental, impidieron que me encontrara cómodo y a gusto junto a esa joven, medio ingenua, medio culta[65].

Breslau, ciudad fatídica: primero las llamas infernales y el tío Abae con su hijo hidrocéfalo; ahora, el lugar imposible de un amor evanescente. El "principio" perdido. Freud promete detallar la diferencia entre "mi inclinación"*12 y otras pasiones, pero sólo explica que en la "inclinación" por la joven él "no experimentó ningún hiato entre lo ideal y la realidad, y que sería incapaz de burlarme de Gisela". Se trata de una perfecta articulación entre amor y deseo: buena definición del amor cortés.

En la segunda parte de la carta, Freud pasa a hablar extensamente de Eleanora Fluss, la madre de Gisela. Comienza diciendo: "Me parece que transferí sobre la hija, en la forma de amistad, el respeto que me inspira la madre ... Estoy lleno de admiración por esta mujer que ninguno de sus hijos iguala"[66]. Habla maravillas de esa matrona carismática: es culta, leída, tiene el don de la conversación amena, dirige la fábrica con maestría junto al marido, y sabe hacerse obedecer. En sus elogios, *Frau* Fluss es comparada favorablemente con su propia madre: "Otras madres –y por qué negar que las nuestras pertenecen al promedio, sin que por ello las queramos menos– sólo se ocupan de la vida corporal de sus hijos, y no ejercen ningún poder sobre su desarrollo espiritual"[67].

En la hora de la confusión, un diente duele. Sigmund bebe para

---

Jeunesse, París, Gallimard, 1990). Joham Gottfried Herder (1744-1803) fue un poeta y filósofo alemán.

*10. ¿Cuál fue?

*11. Cosa curiosa, algo semejante ocurrió algo más de treinta años después. Freud estaba analizando el famoso caso del Hombre de las Ratas. Cuenta que el paciente "se sintió muy impresionado durante las maniobras militares cuando el Capitán N. mencionó el nombre de Gisela Fluss (!!!)". En una nota, Strachey escribe: "Los signos de admiración de Freud aluden al hecho de que él se había sentido muy atraído por una joven llamada Gisela" (SE, X, pág. 280).

*12. Esa "inclinación", tres décadas más tarde, aparecerá como *Anlehnung*, elección anaclítica de objeto.

conciliar el sueño y se siente mal, a punto de vomitar. Eleanora Fluss "cuidó de mí como si yo fuese su hijo". Freud termina sus elogios extrapolando:

> Hermosa nunca fue, aunque en sus ojos brilla un fuego espiritual, una luz interior. La belleza de Gisela también es una belleza salvaje, casi diría una belleza traciana: tiene la nariz aguileña, largos cabellos negros y labios firmes; de su padre recibió la piel bronceada y una expresión algo indiferente en el rostro ... No puedo sacar de mi espíritu la imagen de Gisela. ¡Caramba![68]

Tengo una duda: la borrachera, más allá del dolor de muelas, ¿fue para olvidar a la hija o para tener el regazo de la madre? Posiblemente no se equivoque quien piense en una complicada transferencia cruzada. El propio Freud nos alerta: "ponlo a cuenta de mi estilo absurdo que nunca me permite decir lo que quiero". No olvidar que él está en Freiberg –mejor dicho, en *Montelibre*[*13], su paraíso perdido, en el momento en que la imagen de la mujer se potencia en ese par femenino que lleva la apuesta erótica a niveles que Jones, aparentemente, nunca sospechó.

El secreto era fundamental, nadie podía conocer el contenido de esas cartas. Correspondencia ultrasecreta. Me pregunto: ¿qué es más explosivo para un adolescente: el amor por una joven de 13 años o la "inclinación" por una mujer que tiene la edad de su madre? La maravillosa *Frau* Fluss tenía 38 opulentos años en la época. Este amor instantáneo, bicéfalo, estival, recuerda al héroe de la novela *Catcher on the rye* de J. D. Salinger.

Montelibre en la encrucijada; la familia Fluss, en la mira. Aquí tenemos que incluir a Emil Fluss, probablemente su segundo mejor amigo en la adolescencia. Las relaciones amistosas de los Freud con los Fluss databan de antes de que Jacob Freud dejara Freiberg y perdiera su "Kallamon". Es más que probable que Emil haya jugado con Sigismund, John y Paulina, en los campos en flor. Él nació el 8 de octubre de 1856, de modo que tenía cinco meses menos que Sigismund.

Las familias se mantuvieron en contacto, y Amalia Freud visitó varias veces Freiberg rumbo a la estación termal de Roznau. La amistad con Emil Fluss fue retomada en los dos viajes de la adolescencia. Poco después de la segunda visita, Freud escribe su primera carta, con fecha del 18 de setiembre de 1872, dos semanas después de la misiva ya citada a Eduard Silberstein. Esa primera carta es importante, no tanto por lo que dice, como por lo que no dice:

---

*13. "Montelibre" (*Frei*, libre; *Berg*, montaña), en SSS.

Viena, 18 de setiembre de 1872

Querido nuevo amigo,

Cumplo con la promesa de relatarte mi viaje. De vuelta en mi antiguo domicilio ... sólo Dios sabe qué torbellino me llevó fuera de Freiberg ... dejo que todo fluya, preguntas, cumplidos y felicitaciones ...[69]

Una vez más, como fue el caso con Eduard Silberstein, Freud pide reserva a su nuevo amigo, ya que "voy a contar la verdad sin retoques y espero que ningún ojo extraño vea estas líneas" (¿*el ojo de Gisela, el de Frau Fluss?*). Freud pasa a narrar entonces una serie de aventuras que había tenido en el tren de regreso. Primero encuentra una mujer con la cara deformada por un absceso. Su repugnancia es tal que tiene que cambiar de asiento. En el próximo compartimiento de ese viaje atribulado, en el que la tormenta interior lo desgarra, descubre ese matrimonio ya citado de viejos judíos y lánguidos hijos que despiertan su violento desprecio.

El viaje continúa. Después de una deliciosa cerveza en Prerau, se topa con una mujer nerviosa, llena de suspiros y gemidos, que tiene el tic de consultar todo el tiempo su reloj. El tipo de mujer que frecuentará la sala de espera de su consultorio. Junto a la madre neurótica, la hija de 12 años, un ángel:

A partir de Prerau, dos lindas estrellas centellearon sobre mí. Aquí ... detente un momento y guarda silencio ... eran las estrellas de dos lindas pupilas ... La niña comía mucho más pausadamente que su madre y, después de cada bocado, dejaba sus tímidos ojos castaños vagar por los comensales. Pero incluso antes de que mi primer apetito estuviese saciado, aun antes de haber tenido tiempo para mirar fijamente el fondo de esos ojos castaños, la madre ansiosa la llevó lejos, junto con su hermanita menor[70].

El joven Sigmund Freud se enamora perdidamente de ese efímero ángel y pasa el resto del viaje intentando un encuentro de ojos. La carta termina diciendo: "Si quieres un relato completo de la Ictiosaura, relato que te estoy debiendo, yo no me negaré"[71]. Pero nunca cumplirá esa promesa. Parece ser que algo muy importante sucedió en esos días en Montelibre, donde las pulsiones brotaron como un volcán erótico, como ese absceso, fuente de repugnancia. Tres mujeres surgen y se entrelazan, suscitando la desconfianza de los biógrafos: Gisela, Eleanora Fluss y ese Ángel Rubio que recuerda las bellas futuras criaturas arias de la juventud nazi.

Años después, a fin de siglo, cuando su vida es autobiografía pura, cuando la idea de *realidad psíquica* finalmente germina, Freud, como un prestidigitador, usa un recuerdo encubridor personal, camuflado y atribuido a "un hombre de educación universitaria de 38 años", para hablar de sí mismo. Un *Deckerinnerung*, un *screen memory* tras otro *Deckerinnerung*. Aquí, el burlador fue burlado por la pericia detectivesca de Bernfeld, antes incluso de que la correspondencia con Fliess aclarara totalmente el delito de identidad. Bernfeld, después de la muerte del Profesor, destapó la olla, y bajo el seudónimo vemos aparecer una bella página de amor de Freud [*14]. Vale la pena detenerse en este recuerdo doblemente encubridor de Gisela:

El sujeto de esta observación –disimula Freud– es un hombre de educación universitaria de 38 años[72].

Luego añade, probablemente pensando en su autoanálisis:

Su profesión se desenvuelve en un área muy diferente de la mía; él se interesó por los problemas psicológicos a partir del momento en que fui capaz de ayudarlo psicoanalíticamente con una fobia de poca intensidad. El año pasado este paciente llamó mi atención sobre sus recuerdos infantiles, que ya habían desempeñado un papel en su análisis.

Una vez montada la fachada, Freud pasa al asunto principal:

Eran mis primeras vacaciones en el campo –relata el "paciente"–. Tenía 17 años. Estaba en la casa de mis amigos que habían ascendido mucho en el mundo desde el tiempo en que nos mudamos. Podía evaluar el grado de bienestar existente allí y compararlo con nuestro propio estilo de vida [de otrora]. Pero de nada vale que trate de eludir por más tiempo lo esencial: debo admitir que había otra cosa que me excitaba poderosamente. Yo tenía 17 años y en la casa de familia donde me hospedaba había una hija de 15, por la cual inmediatamente me apasioné. Era la primera vez que mi corazón ardía de una manera tan intensa, y yo guardaba completamente el secreto. Pocos días después la joven volvió a su colegio ... y esta separación, después de tan breve encuentro, no hizo más que exacerbar mi nostalgia. Pasaba una hora tras otra en la soledad de aquellos magníficos bosques,

*14. Freud, según Swales, intentó suprimir este artículo de sus obras completas. Además, en ediciones posteriores de *La interpretación de los sueños*, introdujo dos modificaciones que podrían traicionar su identidad (Peter Swales, "Freud, Minna and the conquest of Rome", *The New American Review*, 1982, pág. 2).

creando fantasías que extrañamente no apuntaban al futuro, sino que procuraban mejorar el pasado. ¡Ah, si ... yo hubiese permanecido en mi ciudad natal, creciendo en aquellos campos, volviéndome robusto como los jóvenes de la casa, hermanos de la bien amada, si hubiese retomado la profesión de mi padre, para finalmente casarme con la joven de la que, por cierto, con el correr de los años, me habría hecho íntimo! Naturalmente, no dudaba ni un solo instante de que, en las circunstancias creadas por mi fantasía, yo la amaría con un amor tan ardiente como el que sentía entonces... Puedo recordar con precisión el color amarillo de la ropa que ella vestía en nuestro primer encuentro. Durante mucho tiempo, cada vez que veía ese color en algún lugar me sentía emocionado[73].

Gran amor, amor cretáceo, que necesitó la distorsión de tantos espejos para finalmente desenmascararse. Cosa curiosa: el recuerdo encubridor de 1899 tiene la misma actualidad inmanente, la misma urgencia por el secreto, que la carta de juventud escrita por Cipión a su amigo Berganza[*15].

Amor imposible que brilló en una mirada fugaz. Tiembla ante el nombre de Gisela. Su recuerdo lo hace transgredir. Porque Freud, al ponerse la máscara de ese "hombre de educación universitaria de 38 años", está deslizándose en un delito de ocultación de identidad, maquillaje biográfico y abuso de confianza con el lector. Inventa una réplica de sí mismo.

Inocencia aparte, esta práctica de montar historiales, "falsificando" biografías, se volverá un vicio bastante común en nuestra profesión. Aparece en el primer trabajo de Anna Freud, donde ella pone en boca de una paciente sus propias fantasías de flagelación. Algo semejante sucedió con Hug-Hellmuth y su sobrino asesino, y con Melanie Klein y sus hijos.

Dejando la cuestión ética de lado, ¿qué ocurrió en Montelibre? Para mí, el héroe, en su camino, fue puesto a prueba. La tentación de Gisela prometía un retorno nostálgico al mundo mágico infantil de Freiberg, mundo natal de una familia feliz. Por un momento, él estuvo dispuesto a tirar *su sueño cultural* por la ventana, inclusive abra-

*15. Una tercera versión, en otro registro, aparece en una carta a Martha: "¿Ya te conté que Gisela fue mi primer amor, cuando yo apenas tenía dieciséis primaveras? ¿No? Bueno, te vas a reír de mí, primero por mi gusto, segundo porque nunca dirigí a la criatura ni siquiera palabras neutras, y mucho menos, por lo tanto, palabras amables", miente Freud sin mentir (Carta de Freud a Martha del 23 de julio de 1885, *Sigmund Freud. Correspondência de amor*, 1981, Imago, Río de Janeiro, pág. 194).

zando la profesión lanera paterna, con tal de gozar de la simpatía de su Dama. De allí ese pasaje un tanto críptico de la carta a Silberstein, en el que manifiesta no haber experimentado "ningún hiato entre el ideal y la realidad" y sentirse "incapaz de burlarme de ella"[74]. Sí, él es incapaz de burlarse, porque esa imagen idealmente real, o realmente ideal, se constituía en la *Primera Tentación de Sigmund Freud*.

El color amarillo abre otra ventana sobre el dominio de los recuerdos encubridores. Tras el vestido amarillo de Gisela se esconde la figura de Pauline, la sobrina del ramillete de dientes de león a la que, como vimos, su hermano John y el propio Sigismund habían sometido a un "atentado" sexual. Entonces la línea sería Pauline - Gisela [Eleanora Fluss - Ictiosaura] - Martha - Gradiva: la mujeres "principio" de su vida, las mujeres de la "inclinación".

Lo que sigue no tiene nada que ver con el espíritu de Freiberg, ni con el amor cortés. Al contrario, tenemos una historia inquietante que pone un final siniestro a lo que parece un cuento de hadas de Príncipes y Saurios. Se trata de otra Pauline.

Sabemos que Silberstein estudió derecho durante cuatro semestres en Leipzig, interesado en teoría política y social. Luego continuó sus estudios en Viena, para doctorarse en 1879. En un encuentro emocionado, en vísperas de la partida de Silberstein para Bräila, "Cipión" pronunció un pequeño discurso, en el que declaró que el amigo se estaba llevando consigo la juventud de él, Freud[75]. Lo que quizás era verdad, como lo señala Grosskurth: con el fin de la Academia Española, Freud "perdió su alegría en la realidad seria del casamiento, de la pobreza y de la ambición frustrada"[76].

En esa época Eduard Silberstein se casó con Pauline Theiler, una joven neurasténica de salud precaria, definida por Freud, en carta a Martha, como "una muchacha rica y burra"[77]. Peor todavía, una chica problema.

Cuando el estado psicológico de su mujer empeoró, Eduard mandó a Pauline Theiler al consultorio de su amigo. El día de la primera entrevista, ella ordenó a la persona que la acompañaba que la esperara en el corredor, pero en lugar de bajar al consultorio subió al tercer piso y desde ahí se tiró por la ventana, muriendo en el acto[78]. Esta historia fue contada de un modo un poco más plausible por la nieta de Eduard Silberstein, Rosita Braunstein Vieyra. Según ella, Pauline Theiler "fue tratada sin éxito por un amigo de mi abuelo, Sigmund Freud, y se arrojó de una ventana de la casa de este último. Esta tragedia fue ratificada por Anna Freud, que me invitó a visitarla en 1982, pocos meses antes de su muerte"[79]. En realidad, no se sabe si el suicidio se produjo antes o después de que Freud hubiera estado con la mujer y el relato en el *Neues Wiener Tageblatt* no menciona nombres[80].

Sucedió el 14 de mayo de 1891, diez años después de la última carta entre los dos amigos. El consultorio en cuestión quedaba en Mariatheresienstrasse, 8. Tres meses más tarde, Freud se mudaba a su definitivo Berggase 19. ¿Qué puede haber significado, para un hombre poseedor de un rico mundo supersticioso, esta inmolación de una desesperada neurótica que muere a sus pies? Sólo se puede conjeturar que, para Pauline Theiler, Cipión y Berganza eran más que simples héroes cervantinos. Cabe pensar que Silberstein era una especie de doble complementario de Freud, de la misma manera que Sancho "casa" con Don Quijote. Pero, en este caso, la tragedia cayó sobre Dulcinea.

NOTAS

1. Santiago Dubcovsky, *La triple vida sexual de Freud*, pág. 20.
2. Hanns Sachs, *Freud, Master and Friend*, 1946, Boston, Harvard University Press, págs. 18-38.
3. Ibíd.
4. Ibíd., pág. 29.
5. Peter Gay, *Freud, uma vida para o nosso tempo*, 1989, San Pablo, Companhia das Letras, pág. 34.
6. Ibíd.
7. Carta de Freud a Fluss, del 1º de mayo de 1873, *Lettres de jeunesse*, 1990, París, Gallimard, pág. 237.
8. Ibíd.
9. Ibíd., pág. 230.
10. SE.
11. Felix Somary, *Erinnerungen aus meinem Leben*, Zurich, 1959.
12. Henri F. Ellenberger, *The Discovery of the Unconscious*, 1970, Basic Books, Nueva York, págs. 259-60.
13. Marie Langer, *Memoria, historia y diálogo psicoanalítico*, 1981, México, Folios, pág. 3.
14. A. Janik y S. Toulmin, *Wittgenstein Vienna*, 1973, pág. 73.
15. Mariane Krüll, *Sigmund, fils de Jacob*, 1979, París, Gallimard, págs. 219-23.
16. A. Bernays, "My brother Sigmund Freud", *Amer. Mercury*, 1940, págs. 235-42.
17. Carta de Freud a Silberstein del 9 de setiembre de 1873, *Lettres de jeunesse*, pág. 169.
18. Ibíd.
19. Peter Gay, *op. cit.*, pág. 30.
20. Ibíd.
21. R. Gicklhorn, "Eine Episode aus Sigmund Freuds Mittelschulzeit", en Unsere Heimat, 36, págs. 18-24.
22. SE, XX, pág. 8.
23. Peter Gay, *op. cit.*, pág. 37.
24. Carta de Freud a Martha Bernays del 2 de febrero de 1886, *Sigmund Freud. Correspondência de amor*, pág. 241.

25. SE, XXIII, pág. 241.
26. Ibíd., pág. 242.
27. Carta de Freud a Silberstein del 10 de julio de 1873, *Lettres de jeunesse*, págs. 49-50.
28. E. Freud, *Lieux, visages, objects*, París, Gallimard, pág. 41.
29. Homenaje en ocasión de la muerte de Hammerschlag (SE, IX, pág. 255).
30. Carta de Freud a Robak, *Sigmund Freud. Correspondência de amor*, pág. 262.
31. R. M. Rainey, "Freud as a student of religion: perspectives on the background and development of his thought", University of Montana, Missouri, 1975 (Th. Pfrimmer, *Freud, lecteur de la Bible*, 1982, París, PUF, pág. 61).
32. Albrecht Hirschmüller, *Josef Breuer*, 1991, París, PUF, pág. 72.
33. L. Flem, *L'homme Freud*, 1991, París, Seuil, pág. 126.
34. Santiago Dubcovsky, *La triple vida sexual de Freud*, 1983, Buenos Aires, La Antorcha, pág. 150.
35. Ibíd., pág. 57.
36. Ernest Jones, *A vida e a obra de Sigmund Freud*, 1989, Río de Janeiro, Imago, I, pág. 37.
37. Ibíd., pág. 37.
38. Ernest Jones, "Rationalisation in everyday life", 1908, *Papers on Psychoanalysis*, 1948, Londres, Baillière, Tindall e Cox, págs. 17-31.
39. Peter Gay, *op. cit.*, pág. 37.
40. Santiago Dubcovsky, *op. cit.*, pág. 57.
41. Paul Roazen, *Freud y sus discípulos*, 1974, Buenos Aires, Alianza, 1974.
42. *Correspondência Sigmund Freud-Wilhelm Fliess*, Manuscrito B, 1986, Río de Janeiro, Imago, pág. 40.
43. K. Eissler, *Criatividade e adolescência*, pág. 44.
44. Ronald Clark, *Freud, el hombre y su causa*, 1985, Planeta, Buenos Aires, pág. 20.
45. Carta de Freud a Martha del 7 de febrero de 1884, *Sigmund Freud. Correspondência de amor*, págs. 122-3.
46. Carta de Freud a Silberstein del 9 de setiembre de 1875, *Lettres de jeunesse*, pág. 170.
47. Ibíd., pág. 12.
48. Carta de Freud a Eduard Silberstein del 27 de febrero de 1875. Ibíd., págs. 133-4.
49. Carta de Freud a Silberstein del 6 de diciembre de 1874. Ibíd., pág. 110.
50. Carta de Freud a Silberstein del 7 de setiembre de 1877, Ibíd., pág. 206.
51. P. Brückner, *Sigmund Freuds Privatlektüre*.
52. Ludwig Feuerbach, *Das Wesen den Christenhuns*, 1843, pág. 243.
53. Ludwig Feuerbach, *La esencia del cristianismo*, 1975, Salamanca, Sígueme, pág. 66.
54. J. Sajner, "A familia Freud en Roznau".
55. Carta de Freud a Silberstein del 4 de setiembre de 1874, *Lettres de jeunesse*, págs. 90-91.
56. Ibíd.
57. Ibíd.

58. Carta de Freud a Silberstein del 2 de octubre de 1875, *Lettres de jeunesse*, pág. 174.

59. Mariane Krüll, *op. cit.*

60. Carta de Freud a Pfister del 7 de febrero de 1930.

61. Carta de Freud del 17 de agosto de 1872, *Lettres de jeunesse*, pág. 43.

62. Ibíd.

63. Ibíd.

64. Carta de Freud a Silberstein del 4 de setiembre de 1872, *Lettres de jeunesse*, pág. 44.

65. Ibíd., pág. 45.

66. Ibíd., pág. 47.

67. Ibíd.

68. Ibíd., pág. 48.

69. Carta de Freud a Fluss del 18 de setiembre de 1872, *Lettres de jeunesse*, pág. 227.

70. Ibíd., pág. 229.

71. Ibíd., pág. 230.

72. SE, III, pág. 287.

73. Ibíd.

74. Ibíd., pág. 45.

75. Carta de Freud a Martha del 7 de febrero de 1884, *Correspondência de amor*, pág. 123.

76. Ibíd.

77. Carta de Freud a Martha del 7 de febrero de 1884, *Correspondência de amor*, pág. 123.

78. Sigmund Freud, *Lettres de jeunesse*, pág. 19.

79. Rosita Braunstein Vieyra, "Notice biographique sur Eduard Silberstein par sa petite-fille", *Lettres de jeunesse*, pág. 255.

80. Phyllis Grosskurth, *O círculo secreto*, 1992, Río de Janeiro, Imago, pág. 52.

CAPÍTULO 5

LA SEGUNDA TENTACIÓN DE SIGMUND FREUD

En la década de 1870, ser liberal "era bueno para los judíos"[1]. La verdad sea dicha, Freud siempre fue un escéptico en relación con la política; no era un conservador empedernido, pero tampoco encajaba en un ideario socialista. Se trata de un joven burgués que no transige con la inmunidad aristocrática arrogante y menos aún con la Iglesia Católica. Roma era considerada el principal obstáculo para la plena integración de los judíos en la vida cívica austríaca[2]. Conviene recordar que el sionismo todavía no tenía sustancia jurídica. El sueño del retorno a Jerusalén, tan viejo como la Diáspora, recién toma forma en 1897, cuando se crea la Organización Sionista Mundial, que proporciona coherencia política y combustible religioso al movimiento de los Amantes de Sión.

Fue Theodor Herzl, cuatro años menor que Freud, quien le dio fuerza política a un movimiento de la intelectualidad francesa, en la estela del proceso Dreyfus. Suya fue la idea de transformar en realidad el viejo proyecto sionista del Retorno a la Tierra Prometida. Plataforma política montada sobre un socialismo utópico.

Fueron los liberales quienes en 1867 concedieron derechos plenos a los judíos de Austria. Estas reformas, en última instancia, eran de naturaleza más cosmética que transformadora. Como dice Arnold Schnitzler, "La autocracia limitada dio espacio para un constitucionalismo limitado"[3]. Con los nacionalismos imperantes, el régimen de Francisco José refrenaba con dificultad los intereses políticos en conflicto y a los grupos étnicos hostiles. Hervía la caldera de razas. Así, en las vísperas del Viernes Negro de 1873, que llevó a la ruina al padre de Theodor Herzl, el austríaco valsaba alegremente en la calle, al borde de un volcán de humo azul pronto a explotar. "El alegre apocalipsis"[4] lo llamó Hermann Broch.

La caída de la Bolsa de Viena provocó bancarrotas y corridas bancarias en masa que arruinaron a especuladores imprudentes, rentistas, hombres de negocios, artesanos y agricultores despistados. De un día para otro, escribe Max Eyth, "los austríacos han perdido todo su dinero o, más bien, han descubierto que nunca tuvieron dinero"[5].

Semejante desastre exigía un chivo expiatorio. En ese año de 1873, Wilhelm Marr, periodista alemán, creó el término "antisemitismo" en un folleto titulado "La Victoria del Judaísmo sobre el Germanismo", que acusaba a los judíos de "ser portadores de todos los pecados, iniquidades y degeneraciones que pervierten la civilización"[6]. La teoría de la "herencia-degenerativa" no era tanto una doctrina médica como un modo de pensar de la época[7]. Los austríacos, entonces, entraron en una orgía racista. Los caricaturistas dibujaban "banqueros de nariz ganchuda y cabello crespo"[8], batiendo alas de buitres.

Sigmund Freud comienza su carrera universitaria relativamente temprano –a los 17 años– y la termina relativamente tarde, con 25 años bien cumplidos. Poco después de que él ingresara en la Universidad, los hechos que llevaron al derrumbe de la Bolsa provocaron, como hemos visto, un brote virulento de antisemitismo. Esa ola de racismo lo marcó para el resto de su vida[9]. Sigmund Freud reaccionó activamente ante la arrogancia de la mayoría católica. Por ser judío, lo consideraban *nicht volkszugebörig*, que se puede traducir como "ajeno al pueblo austríaco". Pero, como señala Peter Gay, "él declinó decididamente esa invitación a la humildad. En más de una ocasión Freud declaró preferir esa posición de marginado de la compacta mayoría"[10].

El episodio de Jacob Freud recogiendo mansamente el gorro de la alcantarilla fue una de sus "Escenas Temidas"[*1]. Escena que atraviesa *La interpretación de los sueños* y que cimentó su carácter. No extraña, entonces, que su hijo Martin recuerde que el padre, en 1901, en un pueblo de veraneo de Baviera, cerca del lugar donde nació Hitler, desbandó un grupo de cerca de diez hombres y algunas mujeres que les habían gritado insultos antisemitas a Martin y su hermano Oliver; Freud avanzó furiosamente hacia la pandilla con el bastón amenazante.[11]

A fines de 1923, al leer las pruebas de imprenta de la biografía de Wittels, Freud colocó un gran signo de admiración, o sea de protesta, al margen de la siguiente frase: "Su destino de judío ... lo atormentó con sentimientos de inferioridad, de los cuales ningún judío alemán podía escapar"[12]. Para él, el coraje personal era una cuestión de honor. Veamos un par de anécdotas sobre su valentía. Freud escribe en la *Traumdeutung:*

Se discutía en un grupo de estudiantes alemanes la relación de las ciencias naturales con la filosofía. Yo era en la época un joven inexperto lleno de doctrinas materialistas, y defendí el punto de vista materialista con vehemencia. Uno de mis compañeros, ma-

---

*1. Término tomado de Hernán Kesselmann, que designa un acontecimiento traumático representable de la vida de un sujeto, posible punto de partida para una multiplicación dramática grupal (Ver *La multiplicación dramática* de Hernán Kesselmann y Eduardo Pavlovsky, Ayllu, 1989).

yor y más reflexivo[*2], que posteriormente demostró su habilidad para conducir hombres y organizar masas, cuestionó mi punto de vista y dijo que él también, hijo pródigo, había criado puercos en su juventud...[13].

El joven Freud, de temperamento apasionado, respondió "puercamente" (*sauergob*) diciendo que no lo sorprendía que él hubiese criado puercos. Los ánimos se caldearon:

Indignación general; pidieron que retirara mis palabras y yo me negué. El ofendido fue suficientemente sensato para no considerar aquello como una provocación y dejó las cosas donde estaban[14].

O sea que Freud casi se bate a duelo con su compañero. Tenía 15 años en la época. Asocia este episodio con un notable incidente en el tren de regreso de Wandsbek. Sigmund escribe a su novia en el duro invierno de 1883:

Entre Dresden y Riesa tuve mi primera gran aventura, desagradable en el momento, pero agradable en visión retrospectiva. Tú sabes que siempre busco aire fresco y procuro abrir ventanas, sobre todo en los trenes. De modo que en un momento dado abrí una ventanilla y saqué la cabeza para respirar un poco.

Punto de partida del incidente:

Entonces me gritan que la cierre (era del lado del viento), especialmente un determinado sujeto. Digo que estoy dispuesto a hacerlo si abren otra, del lado opuesto, ya que aquélla era la única ventana abierta en el coche. Mientras proseguía la discusión, y el hombre dijo que aceptaba abrir la rejilla de ventilación en vez de la ventana, llegó un grito del fondo del vagón: "Él es un judío inmundo". Con eso, toda la situación adquirió un contorno diferente. Mi primer adversario también resultó ser antisemita y declaró: "Nosotros, los cristianos, tenemos consideración por las otras personas; sería mejor que pensase menos en su preciosa persona", etc., y murmurando insultos adecuados a su educación, mi segundo adversario anunció que saltaría por encima de los asientos para demostrarme ... etc. El año pasado, sin ir más lejos, me hubiese quedado mudo de pura excitación; ahora estoy cambiado; no tuve el menor miedo de aquella ralea: a uno le pe-

[*2]. Según Strachey, probablemente se trata de Victor Adler. Otro candidato es Fischhof, también delegado estudiantil.

dí que guardase para sí sus frases vacías, que no me inspiraban ningún respeto, y al otro, que viniese a recibir lo que le esperaba. Yo estaba totalmente preparado para matarlo, pero él no vino. Quedé contento por no haber insultado a mi vez, algo que siempre se debe dejar a los otros. Con ese acuerdo de la rejilla de la ventilación a cambio de la ventana terminó el primer acto[15].

La aventura continúa. Acude el conductor, llamado por Freud, y, sin tomar partido, le ofrece otro coche. Freud lo rechaza. A todo esto, en la estación siguiente bajan unos pasajeros y dejan otra ventana abierta. Él se sentó "valientemente al lado de ella porque se sentía listo para la lucha". Comienza el acto segundo. El antisemita, esta vez con irónicos buenos modales, reitera el pedido:

"No", respondí, "no lo haré", y le dije que recurriese al conductor. Me mantuve firme hasta la estación siguiente. Una vez más el conductor se negó a intervenir, pero otro funcionario, que casualmente se enteró de la disputa ... decidió que todas las ventanas tenían que estar cerradas en invierno. Entonces la cerré. Después de esta derrota me parecía que todo estaba perdido: una tempestad de insultos y amenazas cayeron sobre mí, hasta que me paré, gritándole al líder del bando que viniese a conocerme. No tenía certeza alguna del resultado. La respuesta fue que todo el mundo calló ... y de allí en más reinó el silencio ... Estimo que mantuve mi posición con coraje, usando todos los medios a mi disposición, y de cualquier modo no bajé al nivel de ellos. A fin de cuentas, no soy ningún gigante, no tengo cresta para erizar, ni dientes para rechinar, ni rugido amenazador. Mi apariencia no llama la atención ... pero ellos deben haber notado que yo no tenía miedo...[16]

Este incidente beligerante es el opuesto dramático al gorro en la alcantarilla. Sigmund, sin cresta, pero valiente, lucha contra muchos. Vale consignar que, en ambas situaciones, padre e hijo son identificados como judíos. En el episodio de Jacob, Marthe Robert consideró que el gorro lo identificaba. Ahora bien, en el caso del hijo... ¿será que los alemanes poseen un olfato racista tan desarrollado?

En el verano de 1875, Freud fue a visitar a sus hermanos de Manchester. Tenía 19 años cuando pisó la tierra de sus sueños. Envidiaba a Emmanuel por vivir en Inglaterra y criar a sus hijos lejos de las persecuciones habituales en tierra austríaca[17]. Hablando de la cuestión judía, Jones narra que en Manchester los hermanos sostuvieron largas conversaciones sobre el pasado de la familia, evocando los tiempos nómades en la Galitzia de Kallamon Jacob; esas conversaciones tuvieron el efecto de suavizar las críticas por el episodio de la alcantarilla[18]. Posteriormente, en su "Libro de los sueños", Freud confesó que solía entregarse a la fantasía de que era hijo de Emmanuel, "lo que hubiese hecho mucho más fácil su trayectoria en la vida"[19]. O sea que Freud tuvo una doble fantasía en su "novela familiar": ser hijo de Emmanuel y también de Philipp. La primera, deseada; la segunda, abominada.

Antes de viajar, le escribe a Silberstein que está "leyendo historias inglesas, escribiendo cartas en inglés, declamando versos ingleses, escuchando descripciones inglesas y ansiando paisajes ingleses", para rematar, con típico humor de can sevillano: "Lo esencial del viaje a Inglaterra está fuera de mi alcance; lazos contractuales indisolubles me ligan a la escuela de natación de Viena"[20].

Los Freud de Manchester, partiendo del mundo textil, se habían diversificado. Emmanuel, además de comerciar algodón, tenía un negocio al por menor, él era *fent dealer*, y Philipp, conocido como Mister Robinson[21], joyero e importador de *fancy foods*[*3]. Pequeños empresarios modernos, habían escalado posiciones sociales, se habían mudado a barrios residenciales, y habían fundado la *South Manchester Synagogue*, la más primorosa sinagoga de las Midlands. Emmanuel, en 1875, vivía en Green Street, un suburbio de clase media alta, al sur de Manchester. Philipp, por su lado, se había casado en 1873 con Matilda Frankel, y tenía una hija, Poppy, de menos de dos años de edad. Residía en Ardwick, cerca de Emmanuel[22]. Sigmund le presenta su familia "inglesa" a su amigo Silberstein de la siguiente manera: "Son dos hermanos por el lado de mi padre, fruto de su primer casamiento, que tienen 20 y 22 años más que yo. El mayor, Emmanuel, está casado desde su juventud. El otro, Philipp, desde hace dos años y medio. Mis *sisters in law* [cuñadas] son alegres y lindas –una es inglesa, lo que hace la conversación con ella sumamente agradable ... Tú conoces a John, él es inglés de la cabeza a los pies, tiene conocimientos técnicos y un vocabulario superior al común en formación comercial. Pauline tiene 19 años y Bertha, a quien no conocía, 17, y finalmente un sobrino, un muchacho de 15 años que responde al nombre de Samuel..."[23]

Tuvo una espléndida recepción. Emmanuel escribe a la familia en Viena: "Nos han proporcionado un verdadero placer al enviarnos a Sigmund. Él es un espléndido ejemplar de ser humano; si yo tuviese el arte de Dickens, lo convertiría en protagonista de mis obras. Las descripciones de ustedes son un pálido reflejo de lo que es él..."[24]. En esa atmósfera cordial, se habló de la posibilidad de que Freud emigrara a ese lugar, de que echara raíces en el comercio. De hecho, Gran Bretaña le gustaba mucho más que su tierra natal, a pesar de "la neblina y la lluvia, el alcoholismo y el conservadurismo"[25]. Siete

---

*3. Especias, productos exóticos, clavo y canela, *delicatessen*.

años más tarde, en una carta a su novia, hablando de las "impresiones indelebles" con que volvió a su casa, añade que fue "Una experiencia que tuvo una influencia decisiva en mi vida"[26]. Ésa fue la Segunda tentación de Sigmund Freud.

En esta tentación, el señuelo era Pauline, la niña de las flores amarillas. La idea familiar: sacarlo del mundo rarefacto de los libros, con sus huecas fantasías y magros florines. "Cuando comprobaron –comenta Freud– la firmeza de mis intenciones, abandonaron el plan..."[27]. En ese proyecto, entonces, el algodón ocupaba el lugar de la lana, "pero Pauline no era Gisela"[28].

Lo cierto es que varias veces en la vida, cuando el dinero escaseaba, él se declaró arrepentido de no haber emigrado a Inglaterra. Todo quedó en un ocasional lamento, y Freud continuó ligado a su "escuela vienesa de natación".

Ernest Jones cierra el episodio de Manchester con flemática truculencia: "Si los encantos de ella (Pauline) hubiesen sido iguales a los de la joven del campo (Gisela), muchas cosas serían diferentes en nuestro mundo"[29].

La experiencia de Manchester marca un vuelco decisivo en favor de la ciencia. Lo que más le impresionó en el paradigma científico inglés fue el empirismo coherente de un Tindall, la intuición templada de un Huxley y el trabajo "sherlockiano" de un Lyell. "Volví con pocos libros, pero el conocimiento científico que he adquirido tendrá el efecto de colocarme siempre del lado de los ingleses en mis estudios"[30]. Freud comenzaba a inclinarse por la aversión británica frente a las fantasiosas especulaciones metafísicas. "Descreo de la filosofía más que nunca", le confía a Eduard Silberstein[31].

No fue un turista común:

No estuve –concluye Freud– en Londres, Sheffield, Birmingham, Oxford, etc., como se espera de quien viaja por placer. Alimento la esperanza de volver a Inglaterra el año que viene...

Además de los empiristas, conoció el mar:[*4]

Para conmover al poeta que albergas, imagina que vi el mar, el Thalasus sagrado. ¡Seguí las olas de la marea y recogí cangrejos y estrellas de mar en la playa![32]

Fin de las poéticas estrellas de mar. Al año siguiente disecará anguilas en Trieste. En el medio está la cuestión vocacional.

*4. Que yo sepa, éste fue su primer encuentro con el mar.

Fue la hora de la duda. No porque la elección fuese variada: para un judío vienés, la gama de oportunidades era reducida: industria, comercio, derecho y medicina[33]. Las dos primeras alternativas habían sido definitivamente descartadas después del "complot de Manchester"[34]. "Aunque viviésemos en circunstancias muy limitadas –narra Freud en su autobiografía–, mi padre insistía en que, en la elección de profesión, yo siguiese mis propias inclinaciones". Y acota: "Ni en esa época, ni en mi vida posterior, sentí una predilección particular por la carrera de médico. Me movió, más que nada, una especie de curiosidad, que se dirigía más a las cuestiones humanas que a los objetos naturales..."[35]. Esa predilección pasaba por sus raíces judaicas: "Mi precoz contacto con la historia bíblica (cuando aún no había terminado de aprender e leer) tuvo, como comprendí más tarde, un efecto duradero sobre la dirección de mi interés"[36].

En el momento de la elección, también estuvo presente el interés social: "Bajo la poderosa influencia de una amistad de la escuela con un joven un poco mayor que yo, desarrollé el deseo de estudiar derecho como él y realizar actividades sociales"[37].

Ese amigo era Heinrich Braun, futuro líder del partido socialdemócrata austríaco. De él, cincuenta años más tarde, Freud dijo lo siguiente: "Conocí a Heinrich Braun el día en que recibimos nuestras primeras «notas» y en seguida nos hicimos amigos inseparables. Todas las horas libres después de la escuela las pasábamos juntos ... Él reforzó mi aversión por la escuela y por lo que ahí se enseña, despertando una fuerte tendencia revolucionaria ..."[38] [*5]. Este Braun fue quizás el primero de una serie de hombres que influyeron en su vida.

Por otra parte, Sigmund era un joven idealista que quería "examinar los documentos milenarios de la naturaleza". Joven un tanto ajeno al panorama macrosocial circundante. Le confía a Silberstein que "en política estoy tan poco al corriente de lo que sucede, que apenas si puedo tener una opinión". Para concluir: "Sin duda soy republicano, en la medida en que considero que la república es el único régimen racional ... Pero de allí a una militancia real en favor de la instauración de la república ... *hay gran trecho*" (la bastardilla es español de Freud)[39]. La política tuvo su cuarto de hora en los años rebeldes, antes de que sufriera la irresistible atracción de Darwin, sumada a un ensayo de Goethe. Freud relata: "... las teorías de Darwin, que eran de sumo interés, me atrajeron poderosamente, pues prometían un extraordinario adelanto en la comprensión del mundo; y fue al oír el bello ensayo de Goethe sobre la Naturaleza, leído en voz alta

---

*5. H. Braun aparece repetidas veces en la correspondencia con Silberstein (cf. la carta del 7 de setiembre de 1874, *Lettres de jeunesse*, 1990, París. Gallimard, pág. 95).

en una conferencia pública por el profesor Carl Brühl..., cuando decidí estudiar medicina"[40].

En realidad, él se decidió por la "historia natural", lo que sería biología hoy en día. El poder, la riqueza y la gloria sólo serían la consecuencia de que fuera un gran hombre de ciencia. Tendría que ser Alguien: "Le tengo miedo a la mediocridad", le escribe a Emil Fluss en una noche insomne de 1873[41], después de haber pasado los exámenes finales. Pero ¿quién puede tener la seguridad de estar libre de ese fantasma en los tiempos conturbados de la adolescencia?

Veamos otra versión autobiográfica, más extensa, sobre su elección de profesión:

Después de 41 años de actividad médica, mi autoconocimiento me dice que nunca fui un médico en el sentido propio de la palabra. Me formé en medicina al verme obligado a desviarme de mi propósito original, y el triunfo en mi vida consiste en haber encontrado el camino de retorno a mi trayectoria inicial, después de una larga y tortuosa jornada. No recuerdo haber albergado, en mis primeros años, el menor anhelo de ayudar a la humanidad sufriente. Mi disposición sádica innata no era muy fuerte, de modo que no tuve la oportunidad de desarrollar sus derivativos. Nunca "jugué a ser médico"; evidentemente, mi curiosidad infantil iba por otros senderos.

¿Cuáles eran esos senderos?

En mi juventud, sentía una inmensa necesidad de comprender algo de los enigmas del mundo en que vivimos, y de contribuir con algo a su solución. El medio más promisorio para alcanzar esa finalidad, en aquel entonces, era matricularme en la facultad de medicina, pero aun así experimenté sin éxito con la biología, la zoología y la química, hasta que por fin, bajo la influencia de Brücke, la autoridad que influyó más que cualquier otra en mi vida, descubrí la fisiología, aunque, en esa época, se limitaba a la histología[42].

O sea que la aversión a la escuela sólo fue superada por la presencia carismática de Brücke sobre el telón de fondo de la Oda goetheana. Esta Oda es el retrato romántico de una tierra maternal y generosa, vestida con los soberbios ropajes de la Selva Negra.

Pero es apócrifa. Se piensa que fue escrita por Georg Christoph Tobler, teólogo suizo, amigo de Goethe, divulgador del idealismo teutónico. Freud escuchó la apología altisonante de una naturaleza erotizada cual madre que envolvía, casi asfixiante[43].

"¡Ah, Naturaleza!" –comienza– "Nos rodea y abraza. Somos impotentes para separarnos de ella e impotentes para ir más allá de ella"[44]. Una especie de Yocasta ecológica. Fritz Wittels comenta con perspicacia que esa Oda parece funcionar como recuerdo encubridor, típico *Deckerinnerung* innocuo que, detrás de su bucólica transparencia, oculta fantasías con resonancias inconfesables.

Los biógrafos se detienen en un episodio que tuvo gran influencia en la "estructura definitiva de su ambición"[45]. Cierta vez, cuando Sigismund tenía siete u ocho años, "una noche, antes de acostarme, satisfice mis necesidades en el dormitorio de mis padres y en la presencia de ellos. Mi padre, al retarme, exclamó irritado: «¡Este chico nunca será nada en la vida!»"[46]

Ese chico no vale nada. El episodio es recordado como asociación con la palabra "orinal" en el sueño del Conde Thum. Sueño que muestra en plenitud las fantasías sádico-uretrales y la curiosidad infantil. Freud indicará más tarde que la verdadera fuente de la investigación científica brota de la epistemofilia infantil. Este recuerdo lo persiguió por años; era imperativo que le demostrara al padre que se había equivocado. "Ese chico" tendría que llegar lejos, no podía ser un mediocre. Los impulsos que lo movían en la búsqueda de grandeza eran sumamente complejos. La medicina prometía recompensas psicológicas que iban más allá de la sublimación de la epistemofilia primordial. Apostaba método y autocontrol. Ser médico implicaba rigor, verificación empírica, una forma de domesticar a la ya mentada Madre Naturaleza cantada por el seudo-Goethe.

¿Cuál era la materia prima de su ambición? Concordamos con Bernfeld cuando opina que "las fantasías y los ensueños de la adolescencia de Freud ... no anticipan al futuro creador del psicoanálisis". Son más propias de un general o un empresario "que de un oyente, en jornada completa, de quejas triviales, historias monótonas y relatos de sufrimientos irracionales"[47].

Largo fue el camino del niño que devoró la historia de Thiers, que canta el poder de Napoleón, y que se identificó con el mariscal Massena, duque de Rivoli y Príncipe de Esling, hasta convertirse en el psicoanalista que admite, de hecho, tener muy poco control sobre el sujeto del inconsciente, sobre el hombre que está más acá y más allá del Principio de Placer.

Elección difícil en la encrucijada de los 17 años. Freud nunca tuvo la certeza imperativa de, digamos, un Mendel, su coterráneo, apodado el Mozart de la Genética. Cuando finalmente se decidió, tuvo que preparar a su interlocutor Emil Fluss, previniéndolo: "Si te revelo [mi decisión], ¿no vas a sentirte defraudado?" –le pregunta dramáticamente a su amigo–. "Entonces, allí va: decidí convertirme en investigador natural". Pero, como observa Peter Gay[48], el vocabulario jurídico de esta carta muestra la dificultad de la elección: "Voy a examinar los documentos milenarios de la naturaleza, quizá me entrometa personalmente en su eterno litigio, y compartiré mis victorias con todos los que quieran aprender"[49]. Se advierte la complejidad de ese carácter que apela a la ironía como cimitarra turca, usando el lenguaje de su renuncia para hablar de sus futuros logros.

En el otoño de 1873, año poco promisorio, asolado por la epidemia de cólera, por la pobreza y por el derrumbe de la Bolsa*6, Freud ingresa en la Universidad de Viena. Se matricula en la Facultad de Medicina, que incluía tres años de estudios previos –una introducción común para medicina y biología.

En los primeros dos años, la elección de temas fue alucinante. En una carta a Silberstein, Freud enumera los cursos programados: Anatomía de los Vertebrados, Anatomía de los Moluscos, Óptica (teórica y práctica), Fisiología, Zoología, Química, Laboratorio de Fisiología, Lógica y Filosofía con Brentano. Elección voraz y caótica. Cornelius Hein, en su minuciosa traducción del *Jungebriefen*, estima que estos cursos representaban una carga de 51 horas y media[50]. A eso se suma su pretensión de entrar en la Facultad de Letras, "ya que mi intención es cursar las dos facultades al mismo tiempo y presentarme dentro de 3 o 4 años a los dos exámenes de doctorado"[51].

Poco después de haber entrado en la Universidad y de haber sentido "el lado duro y pérfido" de Viena, Cipión Freud confía la siguiente fantasía a su amigo Berganza: "Te confieso que hoy en día tengo más de un ideal; he sumado un ideal práctico a mi ideal teórico de los años anteriores"[52]. Así, si alguien le hubiera preguntado, el año anterior, cuál era su mayor anhelo, él habría respondido: "Un laboratorio y tiempo libre, o un navío*7 en el océano, con todos los instrumentos que un investigador precisa; hoy en día, hago un balance y me pregunto si no debería pensar en un gran hospital y suficiente dinero para erradicar de este mundo todos los males que amenazan a nuestros cuerpos. Inglaterra sería el país indicado para dicha ambición"[53].

Gran ambición. Para satisfacerla, ningún transatlántico serviría, por mayor que fuese: quizá sólo la Santa María de Colón. Freud se nos presenta como un *conquistador*:

Pues la verdad es que no soy, de ningún modo, un hombre de ciencia, ni un observador, ni un experimentador, ni un pensador. Soy, por temperamento, un conquistador[54] *8.

El conquistador-filósofo que soñó Aristóteles. Sería bueno precisar la posición del joven Freud frente a la filosofía. Ella era un peli-

---

*6. La red de cloacas de Viena era precaria. A raíz de esta epidemia, se inició la recuperación del Danubio azul, el primer río contaminado del mundo, y se tomaron medidas de sanidad básicas.

*7. Navío sin duda inspirado por el H. M. S. Beagle, en el que viajó su ídolo Darwin entre 1831-6.

*8. "Conquistador" está en español. En esa carta de fin de siglo, Freud comenta: "Acabo de adquirir un Nietzsche de quien espero encontrar palabras para mucho de aquello que está enmudecido en mí." "Conquistador" es una palabra nietzscheana.

gro, otra tentación, casi tan fuerte como Gisela. Cuando, muchos años más tarde, Ernest Jones le pregunta cuánta filosofía había leído en su vida, Freud responde: "Muy poco; cuando joven sentí una fuerte atracción por la especulación, pero la refrené implacablemente"[55]. En esos años, empero, dos pensadores ocuparon un lugar importante en sus lecturas: Ludwig Feuerbach y Franz Brentano.

"Entre todos los filósofos –le informó a Eduard Silberstein en 1875–, Feuerbach es el hombre que más respeto y admiro"[56]. Feuerbach era el campeón del hegelianismo de izquierda[*9].

Él tenía mucho que enseñarle, tanto en contenido como en estilo. Buena parte de sus escritos se proponen "desenmascarar la teología", ya que afirmaba que la antropología era "el secreto de la teología". Freud devoró la *Esencia del cristianismo*, primera obra de Feuerbach. La lectura de los *Principios de una filosofía del futuro*, donde el filósofo elabora la noción de que el cristianismo es "fundamentalmente una ilusión"[57], no fue, sin duda, inútil, cuarenta años más tarde, a la hora de escribir *El porvenir de una ilusión*. Se comprende que Feuerbach fuese objeto de su admiración, dada su radical crítica a casi toda filosofía, a casi toda teología. Se empeñaba en poner de manifiesto que su modo de filosofar era "la verdadera antítesis a la especulación absoluta, inmaterial, infatuada"[58]. Opositor sistemático a cualquier sistemática, "llegaba a negar a su filosofía el nombre de filosofía". No se consideraba filósofo: "No soy más que un investigador intelectual de la naturaleza"[59].

Fue una ironía del destino que Freud comenzara a frecuentar la metafísica en la Facultad de Medicina, "bastión de las ciencias naturales"[60]. Desde el comienzo del siglo todos los estudiantes de medicina vieneses tenían que seguir un curso obligatorio de iniciación filosófica[61]. Sin embargo, esta "obligación fue suprimida a partir de 1873"[62], precisamente en el momento en que la Facultad de Medicina abre sus puertas al joven Conquistador. "¡Notable coincidencia –exclama Assoun–, que, de alguna manera, simboliza la relación ambivalente de Freud con la filosofía!"[63] Él asiste todas las semanas, por propia iniciativa, a las "reuniones de lectura" sobre Aristóteles, conducidas por el mayor maestro de mayéutica de su época. Se puede decir que Brentano fue el primer peso pesado filosófico que Freud encontró en su vida, y quizás el único.

En la época de ese encuentro, Franz Brentano gozaba de inmenso prestigio, al punto de que Jones comenta que la "mitad de Viena"[64] se apiñaba para asistir a sus conferencias. Él llegaba de la Universidad de Würtzburgo, la Sorbonne alemana de los tiempos pos-hegelianos. Su libro, *De la múltiple significación del ser según Aristóteles*, le

---

*9. El gran infortunio de Feuerbach en la historia muchas veces mezquina de la filosofía fue el de haber sido blanco de la "mortífera" *Proposición* de Marx.

110

había ganado una doble reputación de filósofo aristotélico y psicólogo empirista. Seductora alianza: una especulación controlada por la observación[65].

En 1873, Brentano entra en su encrucijada existencial: cuelga los hábitos, lo que le vale la hostilidad declarada del clero y le cuesta la cátedra universitaria. Llega a Viena como el filósofo polémico de Europa. Su obra da un giro decisivo en 1874, cuando publica los dos primeros tomos de su *Psicología desde el punto de vista empírico*[66].
El ex padre, magistral en retórica, era un "tipo colosal"[67]. Freud asistió a todos sus seminarios y también le solicitó entrevistas particulares. Brentano se nutría en las dudas metafísicas de su tiempo: creía en un Dios y, al mismo tiempo, respetaba a Darwin. Esa duda franca resonó en el joven Freud, que le confía a Berganza: "Ya no soy materialista, y tampoco teísta"[68].
Él creía sin creer, pero nunca se convirtió en un hombre de Dios. El poder persuasivo del Padre de la Fenomenología fue grande, e hizo escorar el navío conceptual del joven. "Cuando consigue superar los fuertes argumentos con que Brentano le da jaque, Freud vuelve a su incredulidad básica y allí se queda. Pero Brentano había contribuido a enriquecer su pensamiento, dejando sedimentos indelebles en su mente"[69].
Para Brentano, discípulo y rival de Herbart, la sensación era la base de la actividad psíquica: "Los fenómenos psíquicos son representaciones o reposan en representaciones". De ese modo encabezaba la vanguardia de un representacionismo radical, que anticipaba la teoría del significante. Cuando Freud, una década y media más tarde, pone en la base de la actividad psíquica la *Vorstellung*, está retomando el camino brentaniano. El ex padre, además, tenía una *penchant* lacaniana al juego de palabras, y Freud lo menciona en *El chiste y su relación con lo inconsciente*[70].
Feuerbach en los libros, Brentano de cuerpo presente.
En 1861 se encontró en la roca calcárea del jurásico superior de Solenhofen, una de las mejores muestras de dos tipos previstos por el *El origen de las especies*. El *Archaeoptery* era un eslabón intermedio prácticamente perfecto entre aves y reptiles. Ese descubrimiento contribuyó al reconocimiento entusiasta de las ideas de Darwin[71]. En Alemania, a diferencia de Francia donde la teoría darwiniana tardó en aceptarse, quizá por la resistencia de los discípulos de Buffon, el evolucionismo encontró suelo fértil, gracias a Haeckel y Gegenbauer[*10]. Gegenbauer fue uno de los maestros de Carl Claus.
Freud, al regresar de Manchester, comenzó a trabajar con Carl Claus, biólogo importado para modernizar el Departamento de Zoolo-

*10. Entre los libros que Freud se llevó consigo a Londres había un ejemplar del *Esbozo de anatomía comparada* de Gegenbauer.

gía. Claus tenía fondos para montar una estación experimental de biología marítima en Trieste. Parte del dinero estaba destinada a subsidios para estudiantes aventajados. Sigmund Freud fue uno de ellos. Trieste, entonces, fue el primer encuentro con el Mediterráneo que tanto cautivara su imaginación. Claus era la máxima autoridad en hermafroditismo. Los textos de la época estipulaban que las anguilas eran hermafroditas. Claus quería verificar la afirmación de un biólogo triestino-polaco, Simón de Syrsky, quien sostenía que había observado gónadas masculinas en anguilas, lo que resolvía uno de los problemas "biológicos más antiguos y desconcertantes"[72].

Parece ser que el sexo de las anguilas había desconcertado a los investigadores desde Aristóteles, ya que, como dice Freud, "Nadie había encontrado una anguila adulta masculina, nadie había visto los testículos de una anguila, a pesar de las innumerables investigaciones realizadas a lo largo de los siglos"[73]. Si Syrsky estaba en lo cierto, caía la idea tradicional de la anguila como "último" animal hermafrodita[74]. Aquí cabe preguntar si la Diosa del Destino no le tendió a Freud una trampa simbólica en su elección. Es lo que piensa Bernfeld cuando lanza su flecha esotérica: "¿No es una extraña coincidencia que el descubridor del complejo de castración dedicase su primer trabajo a los testículos ausentes de las anguilas...?"[75] Peter Gay afirma que considerar la investigación sobre los testículos de las anguilas como ejemplo inicial de su interés en la sexualidad –lo que hace Bernfeld– "es una hipótesis infundada, puesto que fue una tarea impuesta"[76]. ¿No será que la sincronicidad junguiana a veces funciona?

Los primeros esfuerzos fueron un fiasco. "Todas las anguilas disecadas –le escribe a Eduard Silberstein– son del sexo débil"[77]. Al cabo de dos temporadas en Trieste, Freud puede confirmar parcialmente las conclusiones de Syrsky. Silberstein recibió una detallada descripción de las dificultades surgidas de disecar "cuatrocientas anguilas y examinarlas bajo el microscopio"[78]. Su contacto con el "amable sur" fue ambivalente y allí, en contraste con la euforia poética en las estrelladas playas inglesas, él revela una cierta "neurastenia": "Soy un individuo afligido por una desafortunada predisposición: encuentro todo habitual y me acostumbro fácilmente a todo; después de 18 años de pisar tierra firme, me veo súbitamente desplazado a la ribera de uno de los más bellos mares que existen, y éste, pasados dos días, me deja completamente indiferente, como si hubiese nacido en un barco de pescadores"[79]. Aquí Freud está anticipando la epidemia de tedio de fin de siglo.

Trieste es la Perla del Adriático, famosa por sus bellas mujeres. Freud repara en las formas femeninas, pero no se aproxima. "Fisiológicamente sólo sé que les gusta caminar", pero, agrega, con un leve toque de sadismo: "... lamentablemente está prohibido disecar seres humanos"[80].

Contribución meritoria la de encontrar esos testículos, pero Freud nunca tomó en serio ese logro. Experimentará un cierto malestar al evaluar posteriormente esos años inciertos. Puede ser, como interpreta Marthe Robert, que se culpara de diletantismo, mejor dicho, "de ese *Schlamperei* al que se sentía propenso"[81]. De hecho, retomando la metáfora náutica, Freud iba a la deriva, sin encontrar su puerto seguro. Sólo en el tercer año de la Universidad encontró en Brücke el lugar de amarre.

A fines de 1876, de vuelta de Trieste, Freud entró en el Instituto de Fisiología de Brücke, que estaba instalado en una antigua fábrica de armas. Predio oscuro y precario que carecía de gas y de agua corriente. El agua se llevaba desde un pozo del quintal, donde una barraca abrigaba los animales empleados en los experimentos. Así y todo, ese instituto era el orgullo de la Escuela de Medicina de Viena[82].

Freud trabajaba con su microscopio instalado en el laboratorio, junto con los otros *famulis*. Según Bernfeld, Brücke prefería que los estudiantes desarrollasen sus propios proyectos de investigación, pero también estaba dispuesto a definirles la tarea a los novatos tímidos o indecisos. Nuestro héroe resultó ser un *famulus* de ese tipo[83]. Brücke le encargó una investigación relacionada con la histología del sistema nervioso.

Aquí entra en escena el Petromyzon. En la médula de este pez perteneciente a los primitivos *Cyclostomatea*, Reissner había descubierto un tipo especial de célula gigante, de función desconocida. La misión de Freud: esclarecer la estructura fina de esas células anómalas[84]. Tarea modesta pero fascinante. Él tuvo la suerte de los principiantes: descubrió que las células no mielinizadas de los nervios posteriores se originaban en las células gigantes de Reissner. Eran homólogas a las células ganglionares espinales posteriores; abarcaban una variedad de células unipolares y bipolares que anteriormente eran sólo conocidas en los vertebrados superiores (unipolares) y en animales inferiores (bipolares). Aunque este descubrimiento no explicase la naturaleza celular, algunas hipótesis corrientes quedaban descartadas. Freud presenta su informe y Brücke, satisfecho, lo presenta a la Academia de Ciencias a comienzos de 1887[85].

Para situarnos mejor: a partir del descubrimiento de Broca, la estructura y función del tejido nervioso era objeto de un intenso debate. El propio Freud, en un artículo posterior, sintetizó la polémica: "Después del reconocimiento de las células nerviosas y de las fibras nerviosas como partes fundamentales del sistema nervioso, comenzaron los esfuerzos tendientes a aclarar la estructura más fina de esos dos elementos, con la esperanza de usar el conocimiento de su estructura para el esclarecimiento de su función. Como es bien sabido, hasta ahora no se ha alcanzado una comprensión suficiente al respecto. Un autor concluye que las células nerviosas son granuladas, otro piensa que son fibrilares; alguien sostiene que la fibra nerviosa es un manojo de fibrillas, otro la representa como una columna líquida. Consecuentemente, mientras que unos elevan la célula nerviosa al rango de fuente básica de la actividad nerviosa, otros la degradan a la condición de mero núcleo de las vainas de Schwann"[86].

Además de este problema estructural, estaba en juego una cuestión de gran porte: el interrogante filogenético de si las unidades básicas del sistema nervioso –o sea, las neuronas– eran las mismas a lo largo de la escala evolutiva. Controversia básica. ¿El cerebro del hombre y el del Petromyzon son esencialmente iguales? ¿El hombre es un mero superpetromyzon? ¿La diferencia era cualitativa o sólo se trataba de una suma de complejidades? Muchas implicaciones filosóficas sobre el tapete, inclusive la existencia de Dios.

Freud continúa investigando el Petromyzon, con un interesante "método embriológico"[87]. Parece tener manos de hada en el dominio de las tinturas histológicas. Gracias a la excelencia de sus preparados, pudo concluir que las células de Reissner "no son más que células ganglionares espinales que en los vertebrados inferiores ... permanecen dentro de la médula espinal"[88]. De allí que "esas células esparcidas [fuera de la médula espinal] marquen el camino que los ganglios espinales recorrieron durante la evolución"[89].

Se puede especular que estas investigaciones están en la prehistoria del concepto de "fijación". El propio Freud establece esa conexión en la *Conferencia XXII*, de las *Conferencias de introducción al psicoanálisis*, donde infiere que, "en cada pulsión sexual particular, algunas partes quedan atrás, en los estadios iniciales de su desarrollo, mientras que otras partes pueden haber alcanzado su objetivo final"[90]. Después de resumir estos trabajos, acota: "Por eso puedo declarar sin reservas que considero posible, para cada una de las pulsiones sexuales tomadas en particular, que una parte permanezca en un estado previo de su desarrollo, mientras que las restantes alcanzan su fin ... Por eso describimos ese retardo en un estadio anterior como una *fijación*; o sea, una fijación de la pulsión"[91].

En la polémica filogenética, Freud presentó un segundo informe completo sobre el Petromyzon. El estudio, de más de 80 páginas, tiene 18 de reseña bibliográfica. La siguiente investigación tuvo el mismo objetivo, pero esa vez él mismo eligió el tema. Se trataba de estudiar las células nerviosas del langostín. Examinó los tejidos vivos al microscopio para llegar a la conclusión de que los cilindros axiales de las fibras nerviosas tienen estructura fibrilar. Iba por buen camino: fue el primero en comprobar esa característica fundamental del sistema nervioso, abriendo las puertas para la futura teoría de las neuronas. En efecto, las células y las fibrillas nerviosas son visualizadas como una unidad morfológica y fisiológica[92]. El énfasis del trabajo cae sobre la anatomía de esa unidad estructural. Las consecuencias fisiológicas de la red neuronal no son explicitadas, aunque a posteriori se puede decir que el aspecto dinámico estaba implícito. Solamente en un párrafo, en la conferencia sobre *La estructura de los elementos del sistema nervioso*, él se aventura a ir más allá de la anatomía: "Si suponemos que las fibrillas del nervio tienen la significación de trayectos de conducción, tenemos que decir que *los caminos que en el nervio están separados confluyen en la célula nerviosa*: entonces la célula nerviosa pasa a ser el «origen» de todas las fibras nerviosas anatómicamente relacionadas con ella"[93].

Como luego veremos, más de una vez Freud estuvo cerca de alcanzar el éxito o, mejor dicho, la fama. En este caso se trataba de la teoría de las neuronas. Waldeyer, en 1991, cierra una serie de descubrimientos que se habían iniciado con Broca y pasaba por Forel y Ramón y Cajal. La "neurona" término acuñado por el propio Waldeyer, está en la base de la neurología moderna. "Fue la primera vez –se lamenta Ernest Jones– que Freud perdió por estrecho margen la fama mundial en el comienzo de su vida profesional, por no atreverse a seguir su pensamiento hasta su conclusión lógica"[94]. Volveremos sobre este punto al hablar de la cocaína.

Su camino de investigador estaba claramente perfilado. Según los entendidos, los trabajos publicados entre 1877 y 1883, a partir de las investigaciones sobre el Petromyzon, entrañan descubrimientos que no son nada triviales. Freud recordará luego estos tiempos de estudiante como un período de paz interior y gran concentración profesional. Estaba en la ruta de lo que yo denominé el "Deber Deseante", o sea, obedeciendo el dictado de su alma[95].

NOTAS

1. Peter Gay, *Freud, uma vida para o nosso tempo*, 1989, San Pablo Companhia das Letras, pág. 37.
2. Ibíd.
3. A. Schnitzler, *Jugen in Wien*, págs. 78-81.
4. Hermann Broch, *Der nationale Zwist un die Juden em Osterreich*, 1886, citado por Peter Gay, *op. cit.*, pág. 34.
5. Citado en Bernhardt Zeller, *Jugend in Wien: literatur um 1900*.
6. L. Poliakov, *Histoire de l'antisemitisme*, París, 1976.
7. Elisabeth Roudinesco, *História da psicanálise na França. A batalha dos cem anos*, 1986, I, Río de Janeiro, Zahar, pág. 9.
8. Peter Gay, *op. cit.*, pág. 31.
9. SE, XX, págs. 7-9.
10. Peter Gay, *op. cit.*, pág. 33.
11. Martin Freud, *Sigmund Freud: mi padre*, 1966, Buenos Aires, Hormé, págs. 71-2.
12. Fritz Wittels, *Sigmund Freud: his personality, his teaching and his school*, 1924, Londres, Allen & Unwin, págs. 14-15.
13. SE, IV, págs. 212-3.
14. Ibíd.
15. Carta de Freud a Martha del 16 de diciembre de 1883, *Sigmund Freud. Correspondência de amor*, 1981, Imago, Río de Janeiro, págs. 101-2.
16. Ibíd.

17. SE, V, pág. 448.

18. Ernest Jones, *A vida e a obra de Sigmund Freud*, Río de Janeiro, Imago, 1989, I, pág. 36.

19. SE, VI, pág. 219.

20. Carta de Freud a Silberstein del 6 de agosto de 1873, *Lettres de jeunesse*, 1990, París, Gallimard, págs. 63-4.

21. Carta de Freud a Martha del 16 de diciembre de 1883, *Sigmund Freud. Correspondência de amor*, pág. 102.

22. Mariane Krüll, *Sigmund, fils de Jacob*, 1979, París, Gallimard, págs. 232-3.

23. Carta de Freud a Silberstein del 9 de setiembre de 1875, *Lettres de jeunesse*, págs. 170-1.

24. Anna Bernays, "My brother, Sigmund Freud", *American Mercury*, LI, pág. 335.

25. Carta de Freud a Silberstein del 9 de setiembre de 1883, *Lettres de jeunesse*, pág. 171.

26. Carta de Freud a Martha del 16 de agosto de 1882, citada por Ernest Jones, *op. cit.*, I, págs. 178-9.

27. Carta de Freud a Silberstein del 3 de agosto de 1875, *Lettres de jeunesse*, pág. 168.

28. O. Mannoni, *Freud, el descubrimiento del inconsciente*, pág. 26.

29. Ernest Jones, *op. cit.*, I, pág. 38.

30. Carta de Freud a Silberstein del 9 de setiembre de 1895, *Lettres de jeunesse*, pág. 172.

31. Carta de Freud a Silberstein del 9 de setiembre de 1875, ibíd., pág. 173.

32. Ibíd, págs. 171-2.

33. Ernest Jones, *op. cit.*, I, pág. 40.

34. Ernest Jones, ibíd.

35. SE, XX, pág. 8; GW, XIV, pág. 34.

36. SE, XX, pág. 9.

37. SE, XX, pág. 8.

38. Ibíd.

39. Carta de Freud a Silberstein, del 7 de marzo de 1875, *Lettres de jeunesse*, pág. 139.

40. SE, XX, pág. 9.

41. Carta de Freud a Emil Fluss del 16 de junio de 1873, *Lettres de jeunesse*, pág. 243.

42. SE, XX, pág. 253.

43. Lucille B. Ritvo, *A influência de Darwin sobre Freud*, 1992, Río de Janeiro, Imago, pág. 38.

44. Ronald W. Clark, *Freud, el hombre y su causa*, 1985, Planeta, Barcelona, pág. 25.

45. Didier Anzieu, *A auto-análise de Freud*, 1989, Porto Alegre, Artes Médicas, pág. 202.

46. SE, IV, pág. 216.

47. S. Bernfeld, "Freud's scientific beginnings", 1949, *Amer. Imago*, VI, págs. 165-96.

48. Peter Gay, *op. cit.*, pág. 39.

49. Carta de Freud a Fluss del 1º de mayo de 1873, *Lettres de jeunesse*, pág. 116.

50. Carta de Freud a Silberstein del 15 de marzo de 1875, ibíd., pág. 147n.

51. Carta de Freud a Silberstein del 13 de marzo de 1875, ibíd., pág. 142.

52. Carta de Freud a Silberstein del 9 de setiembre de 1875, ibíd., pág. 171.

53. Ibíd., pág. 171

54. Carta de Freud a Fliess del 1º de febrero de 1900, *Correspondência Sigmund Freud-Wilhelm Fliess*, 1986, comp. por J. M. Masson, Imago, Río de Janeiro, pág. 399.

55. Ernest Jones, *op. cit.*, III, pág. 205.

56. Carta de Freud a Silberstein del 9 de setiembre de 1875, *Lettres de jeunesse*, pág. 138.

57. Ludwig Feuerbach, *Das Wesen den Christenhuns*, 1843, pág. iii.

58. Perter Gay, *op. cit.*, pág. 43.

59. Ludwig Feuerbach, *Princípios de uma filosofia do futuro*, 1842.

60. P. L. Assoun, *Freud, la filosofía y los filósofos*, pág. 14.

61. Ernest Jones, *op. cit.*, I, pág. 50.

62. Ibíd.

63. P. L. Assoun, *op. cit.*, págs. 14, 15.

64. Ernest Jones, *op. cit.*, I, pág. 67.

65. P. L. Assoun, *op. cit.*, pág. 17.

66. F. Brentano, *Psychologie du point de vue empirique*, 1944, París, Aubier, pág. 102.

67. Carta de Freud a Silberstein del 7 de marzo de 1875, *Lettres de jeunesse*, pág. 136.

68. Carta de Freud a Silberstein del 13 de marzo de 1875, ibíd.

69. Peter Gay, *op. cit.*, pág. 44.

70. SE, VIII, 31n.

71. Lucille B. Ritvo, *op. cit.*, pág. 25.

72. Ronald Clark, *op. cit.*, pág. 31.

73. Beobachtungen über Gestaltung und feineren Bau des als holden beschrieben Lappen organe des Hals. Von Sigmund Freud, stud. med.

74. Peter Gay, *op. cit.*, pág. 46.

75. S. Bernfeld, "Freud's scientific beginnings", 1949, *Amer. Imago*, VI, págs. 165-96.

76. Peter Gay, *op. cit.*, pág. 46.

77. Carta de Freud a Silberstein del 5 de abril de 1876, *Lettres de jeunesse*, págs. 189-90.

78. Ibíd., pág. 187.

79. Ibíd., pág. 182.

80. Ibíd., pág. 187.

81. M. Robert, *La revolución psicoanalítica*, pág. 54.

82. Ernest Jones, *op. cit.*, I, pág. 58.

83. S. Bernfeld, ibíd., VI, pág. 175.

84. Ernest Jones, *op. cit.*, I, pág. 59.

85. "Ueber der Ursprung der hinterem Nervenwurzeln im Rueckenmark von Amoecetes (Petromyzon Planeri)", *Aus den physiologischen Institute der Wiener Universität*, 1877, págs. 15-27.

86. S. Freud, "Die Struktur des Elemente des Nervensystems, von Dr. S. Freud, Sekundararzt im allgemainen Krankenhause", *Nach einem im psychiatrischen Vereine gehaltenen Vortrag*, 1884, págs. 221-9.

87. Frank J. Sulloway, *Freud, biologiste de l'esprit*, 1981, París, Fayard, pág. 13.

88. Ueber Spinalganglion und Rueckenmark des Petromyzon, von S. Freud, est. med. Aus dem physiologische Institute der Wiener Universität, 1877, págs. 81-167.

89. S. Freud, "Inhaltsangabe der wissenschaftlichen", 1897, *Int. Zeitschrift f. Psychoanalyse*, 1940, págs. 68-100.

90. SE, XVI, pág. 340.

91. Ibíd.

92. Smith Ely, Jellife, *Sigmund Freud as neurologist. Some notes on his earlier neuro-biological and clinical studies*, en *Journal of Mental Disease*, 85, 1937, págs. 696-711.

93. Conferencia publicada en el *Jahrbücher für Psychiatrie* a comienzos de 1884 (Die Struktur der Elemente des Nervensystems. Von Dr. S. Freud, Sekundarartz im allgemeinen Krankenhause).

94. Ernest Jones, *op. cit.*, pág. 62.

95. E. Rodrigué, *Gigante por su propia naturaleza*, 1989, Buenos Aires, Sudamericana.

CAPÍTULO 6

LOS OJOS DE BRÜCKE

La Universidad de Viena, en los tiempos de estudiante de Freud, tenía una galaxia de estrellas médicas de brillo internacional. Además de Carl Claus, recién transferido de Gotinga, se destacaban Ernst Brücke y Hermann Nothnagel al frente del Departamento de Medicina Interna, avanzada en electrofisiología[1]. A ellos se sumaba el brillante cirujano Theodor Billroth, pionero de la cirugía cardíaca e íntimo amigo de Brahms, y el equipo estable de la Universidad, formado por discípulos de Robitansky y Oppolzer. Esa docta constelación daba un aire de distinción intelectual a la provinciana Viena.

El Instituto de Brücke era la filial vienesa de un movimiento científico de grandes dimensiones, conocido como la Escuela de Medicina de Helmholtz. La meteórica historia de ese círculo comienza en el inicio de la década de 1840, cuando Emil Du Bois-Raymond se encuentra con Ernst Brücke y los dos se juramentan en torno de una misión. Du Bois-Raymond escribirá más tarde: "Brücke y yo hicimos el pacto de desarrollar cabalmente esta verdad: «Más allá de las fuerzas fisicoquímicas comunes, no hay otras fuerzas activas dentro del organismo. En los casos que por el momento no pueden ser explicados por esas fuerzas, hay que encontrar el medio o la forma específica de su acción por el método fisicomatemático, o postular nuevas fuerzas de dignidad igual a las inherentes a la materia, reducibles a las fuerzas de atracción y repulsión»"[2].

El pacto fue ratificado y sellado cuando Hermann Helmholtz y Carl Ludwig integraron el Círculo, completando "un grupo con espíritu de cruzada" positivista[3]. Ellos pensaban la ciencia en términos rigurosamente mecanicistas, aunque este movimiento *biofisicalista* difería considerablemente del materialismo duro de un Vogt o de un Haeckel, en la medida en que se cuestionaba el andamiaje epistemológico de la plataforma doctrinaria de estos últimos. A pesar de ser radicalmente antivitalista, el grupo se interesaba por los problemas filosóficos de la naturaleza. La cuestión de la inmanencia, sin ir más lejos. Por eso, decir que la Escuela de Helmholtz era una facción ultramecanicista, como la presentan Bernfeld[4] y Assoun[5], constituye una simplificación injusta[6].

Du Bois-Raymond, en 1880, enuncia sus célebres *Siete enigmas del mundo*; el texto, que pasó a ser el manifiesto del agnosticismo, postula cuáles son las cosas que ignoramos y que siempre ignoraremos. No tenemos conocimientos sobre:

1) el origen del movimiento; 2) la aparición de la vida; 3) el ordenamiento finalista de la naturaleza; 4) la aparición de la sensibilidad; 5) el origen de la conciencia; 6) el pensamiento racional; 7) el origen del lenguaje.

Du Bois-Raymond era hombre de manifiestos; Brücke, hombre de laboratorio. El primero extrapola, el segundo no se aventura fuera de los límites de su praxis. Assoun opina que el contacto de Freud con Brücke tuvo un efecto moderador "sobre lo que habían sido sus primeros entusiasmos románticos"[7]. Lo que descubre en las conferencias del maestro sobre fisiología, en 1874, no es una teoría grandiosa, elevada a dimensiones cosmológicas, sino una fecunda hipótesis genética, la llave programática de una práctica experimental.

"En el espíritu de Freud –reflexiona Jones– existía un claro contraste entre Claus y Brücke: insatisfacción con el primero –aun cuando fuese un zoólogo de renombre– y admiración por el segundo. Como ambos, científicamente hablando, eran de los mismos quilates, es probable que algún sentimiento no profesional entrase en el asunto"[8], [*1].

La transferencia con Brücke podría calificarse de amor filial. Pero para Peter Gay, gran parte de este atractivo de Brücke se debía precisamente a que "no era como [el] padre" de Freud[9]. Era, por así decirlo, el antipadre: no tenía la "generosa displicencia" de Kallamon Jacob Freud[10]. Jacob era simpático, hedonista, alegre, bonachón, fantaseador, tal vez un tanto Schnorrer[*2]. Su Maestro, en contraste, era meticuloso, preciso; su rigor llegaba a la pedantería; intimidaba como examinador y jefe exigente[11].

Los ojos de Brücke. Magnéticos, azules, acerados, esos ojos entraron memorablemente en "El libro de los sueños". En uno de ellos, llamado Non vixit, un rival es aniquilado con "una mirada penetrante"[*3]. Este sueño reveló ser un fragmento deformado de una experien-

---

*1. Bernfeld, considerando el hecho de que Claus es 20 años mayor que Freud, y Brücke 40, piensa que "esas diferencias de edad corresponden exactamente, por un lado, a la existente entre Freud y su medio hermano, Philipp, temible rival imaginario en la primera infancia y, por el otro, a la existente entre Freud y su omnisciente padre" (Bernfeld, "Freud's Scientific Beginnings", págs. 169-74). Argumento dudoso, ya que la diferencia de edad corresponde más a la que existe con Emmanuel.
*2. De tal palo ...
*3. En ese sueño, crucial en la relación de Freud con Fliess, están presentes todos los ojos superyoicos, comenzando por la mirada de su hermano Julius, muerto exactamente 40 años antes.

cia muy real en la que la mirada mortífera había sido la de su maestro. Freud explica: "Brücke había descubierto que algunas veces yo llegaba tarde al laboratorio. Entonces, un día llegó puntualmente a la hora de entrada, y me esperó. Lo que dijo fue sucinto y directo, pero no eran las palabras lo importante, sino los temibles ojos azules, ante los cuales yo me disolví. Los ojos del gran maestro, maravillosamente bellos en su edad avanzada ..."[12]. Dicen que eran idénticos a los del propio Freud. Quienes lo conocieron afirmaban que la mirada del padre del psicoanálisis era aguda y "escrutadora"[13].

La excelencia de un maestro impecable fue necesaria para que Freud recibiese su bautismo de fuego. Como señala Peter Gay, "lo que Brücke proporcionó a Freud, joven pecador, fue el ideal de la autodisciplina profesional en acción"[14].

"En el laboratorio de Ernst Brücke –le escribe Cipión a Berganza– finalmente encontré sosiego y plena satisfacción". Se siente solo, como "la última rosa de verano", pero satisfecho[15]. Fueron tiempos de formación. Durante seis años trabajó en el microscopio, resolviendo los problemas que su maestro le planteaba. "Descifrando los rompecabezas del sistema nervioso, inicialmente de los modestos peces y después de seres humanos, cumpliendo con las expectativas y exigencias del severo profesor, Freud se sentía singularmente feliz"[16]. Como muestra de gratitud, en 1892, Freud le dio a su cuarto hijo el nombre de Ernst. "Brücke fue la mayor autoridad que actuó sobre mí"[17].

Siegfried Bernfeld investigó en forma exhaustiva la influencia del Maestro sobre Freud[18, 19]. Jones, hablando de la "orientación evolucionista de Brücke", escribe: "Darwin había demostrado que en un futuro próximo se podría lograr alguna comprensión concreta del «cómo» de los orígenes. Los evolucionistas estaban convencidos de que Darwin ya había contado toda la historia. Mientras los entusiastas y los escépticos medían sus fuerzas, los investigadores estaban ocupados reuniendo los árboles genealógicos, llenando lagunas, reorganizando los sistemas taxonómicos ..."[20]. Lucille Ritvo llama la atención acerca de que este párrafo, que Jones cita de Bernfeld, se aplica más a Claus y sus actividades zoológicas que a Brücke y su interés fisiológico. "No hay pruebas de que la biología darwiniana fuese de especial interés para Brücke, como vimos que era para Claus, ... principal mentor de la «revolución darwiniana»"[21]. Ritvo, en efecto, no encontró referencias a Darwin en los textos de Brücke, ni en los de Exner o Fleischl. De hecho, el propio Claus afirmó que ningún fisiólogo podría haber realizado el descubrimiento de Darwin, por carecer de conocimientos geológicos[22]. El interés de Claus giraba en torno del orden sistemático de las plantas y animales, mientras que el de Brücke, según sus propias palabras, era "encontrar la verdadera diferencia entre animales y plantas, estudiando su alimentación, sus procesos de asimilación y su modo de crecimiento"[23].

O sea que Claus no tuvo un Bernfeld que lo proyectara a la biografía oficial de Jones. Freud se mantuvo extrañamente silencioso con respecto a Claus. Quizá éste fue un individuo difícil, amargado por la muerte prematura de tres esposas ...

El positivismo nació al grito de "¡Abajo la Metafísica!" Su plataforma prospera en física, química, astronomía y medicina. El paradigma era la matemática, Reina del Saber. De allí que Comte, profeta del positivismo, consideró posible dar bases sólidas al estudio del individuo en la sociedad y acuñó la palabra "sociología": la sociología como una especie de física social. Esto recuerda la Psicohistoria que Hari Seldon, héroe de Asimov, soñara para la Fundación del Futuro.

El positivismo promovió el espejismo de que el saber científico bastaba para barrer lo que había de bestial en el ser humano, de que era una herramienta para crear el poco común sentido común con un andamiaje sólido basado en la Razón. Los positivistas creían píamente en todo lo que era del orden de lo natural. Lo que el hombre tiene de natural es bueno[24]. En ese punto, curiosamente, los positivistas eran románticos.

Los auxiliares del Instituto de Fisiología también dejaron impresiones profundas en Freud. Allí conoció a dos personajes importantes en su vida: Exner y Fleischl. Ambos eran asistentes de Brücke. Difícilmente se podría encontrar a dos hombres con temperamentos tan opuestos.

Sigmund von Exner había sido su profesor de fisiología de los órganos sensoriales. Freud se refiere a él como uno de los "hombres que yo podía admirar y tomar como modelo"[25]. Miembro de una familia rica, vinculada con la corte del Imperio Austro-Húngaro[26], figura del *Tout Viena*. Técnico nato, excelente administrador, de sólida carrera universitaria. En el futuro ocupará la cátedra de Brücke como Profesor *Ordinarius* y Director del Instituto de Fisiología. Pero, más allá de la burocracia, merece ser recordado por las nociones de *Bahnung* ("facilitación" o "huella") y de "suma de excitaciones" que Freud retomará en su *Proyecto*.

La familia de Ernst von Fleischl-Monakow, por su parte, era tan próspera y renombrada como la de Exner, pero sus conexiones mundanas pasaban más por el arte, el mundo de la música y del teatro[*4]. Figura byronesca hasta en su destino trágico, Fleischl impresionó vivamente la imaginación del joven Freud, abriendo la ventana intelectual de un universo fascinante, que iba desde la equitación y el juego japonés del "go" hasta el sánscrito[27]. "Era el hombre mejor vestido de

---

*4. La madre, Ida Fleischl, reunía en un salón literario a hombres de ciencia, periodistas y artistas, entre los que se encontraban el arqueólogo Emmanuel Löwy, la escritora Betty Paoli y la gran amiga y corresponsal de Breuer, Marie von Ebner-Eschenbach (Albrecht Hirschmüller, *Josef Breuer*, 1991, París, PUF, pág. 36).

los desfiles frente a la puerta de la Ópera, los domingos por la mañana"[28]. Fleischl tenía un espíritu irreverente, vivo y alerta. Su ambición no era la carrera universitaria, de modo que no competía con
Exner.

Brücke, Exner, Fleischl. Un cuarto nombre, que luego se volverá
personaje central en esta historia, fue el de Josef Breuer, el Dr. M.
del sueño de Irma. Él ya no trabajaba en el Instituto de Brücke, como
parece desprenderse de la biografía de Jones, pero lo visitaba regularmente, y era gran amigo de la plana mayor. Es muy posible que
Freud conociera a Breuer desde 1877, cuando éste dio un curso sobre
nefropatías[29].

En 1876 Brücke publica su ópera prima: las *Conferencias sobre
fisiología*, basadas en las clases que el propio Freud había ayudado a
preparar y en las que había actuado como asistente. Este grueso volumen fue su segundo libro de cabecera, sólo detrás de *El origen de
las especies*, del "mayor Maestro de todos". El vitalismo, la filosofía
romántica de la naturaleza, con su poético palabreo engañador, era
el enemigo por derribar. Basta de tinieblas y de fuerzas ocultas. Primer mandamiento del catecismo ideológico de Freud. Su enérgica
afirmación de que el psicoanálisis no tiene una visión del mundo propia, y de que nunca podría generarla, fue su manera de rendir un
perpetuo homenaje a sus profesores positivistas. El psicoanálisis, tal
como él resumió la cuestión en 1932, "es una parte de la ciencia y
puede adherir a una visión científica del mundo"[30]. Lo que era filosofía se convierte en ciencia.

En aquella época los estudiantes de medicina hacían el servicio
militar como asistentes médicos. Freud tuvo la suerte de trabajar en
una clínica ambulatoria cerca de la Ringstrasse. Su tarea, en ese año
de paz de 1880, consistía en atender a algunos soldados enfermos y
huir del tedio. Se desempeñó bien en el ámbito militar, y fue dado de
baja cubierto de honores. Es curioso que este judío rebelde e impenitente lograra elogios marciales de los oficiales superiores por ser
"muy confiable y animado", "humanitario" con sus pacientes[31]. En esa
época Freud traduce los ensayos de John Stuart Mill. Consiguió este
trabajo gracias a una recomendación del ya olvidado Brentano. Es
muy probable que Breuer, gran amigo del filósofo, también le diese
una mano[32].

Meses sin hacer absolutamente nada. Freud no podía adivinar
que, a la sazón, a pocas cuadras de distancia, Breuer comenzaba a
tratar a Anna O., una mujer clave en su destino.

Anna O.: oportunidad para hablar más de Josef Breuer. Este
hombre pronto se convertirá en gran amigo paternal y confidente. Catorce años más viejo que Freud, era conocido en Viena como el hombre de la "Mano de Oro"[33]. Josef Breuer era el médico personal de la
mayoría de los profesores de la Facultad de Medicina, comenzando
por el propio Brücke, lo que lo convertía en el clínico más solicitado

de todo el Imperio Austro-Húngaro. Su fama se basaba en su infalibilidad para diagnosticar. Uno de los últimos grandes "médicos de cabecera", hoy en día una especie en vías de extinción.

Josef, como vimos, era hijo de Leopold Breuer, el autor de los manuales religiosos de Sigmund Freud. Existe un "parecido de cuna" entre Freud y Breuer: el padre de este último, como Jacob, se casó tarde en la vida, con una esposa joven: Leopold tenía 49 años; ella, Bertha Semler, 24. La pareja tuvo dos hijos: Josef y Adolf. Josef no conservaba ningún recuerdo de su madre, que murió al dar a luz a su segundo hijo, "glorificada de juventud y belleza"[34]. Leopold no se volvió a casar, y su suegra se hizo cargo de la casa y de la educación de los niños[35]. Adolf murió de tuberculosis a los 30 años.

La trayectoria de Breuer merece ser detallada, ya que él fue, por lo menos, la "partera" del psicoanálisis. Poco se sabe sobre su infancia, más allá de un par de párrafos de su currículum, escritos a los ochenta y cuatro años. Él la sintetiza hablando de una *aurea mediocritas*, lo que parece constituir un pecado de modestia sazonada con humor. En carta a María Ebner-Eschenbach, su corresponsal de toda la vida, Breuer dice que tuvo una juventud "muy calma, muy feliz y muy ordenada"[36]. Excelente alumno, lograba notas máximas en griego, geografía y matemáticas, y tenía una "conducta ejemplar y atención concentrada"[37].

El joven Josef ingresó en la universidad a los 16 años y aparentemente siguió siendo un estudiante calmo, feliz y ejemplar. Por considerar que aún no tenía una edad adecuada para los estudios médicos, hizo un año preparatorio, cursando "Historia de la Filosofía Griega", "Física Matemática" y "Cálculo Diferencial e Integral". Al año siguiente ingresó en la Facultad de Medicina, en la llamada Segunda Escuela Vienesa de Medicina, encabezada por el patólogo Robitansky. El famoso Virchow había apodado a Robitansky "el Linneo de la anatomía patológica". En su cosmovisión médica los síntomas aparecen "como los signos necesarios y esenciales para la formación del producto patológico"[38]. Se presenta como el padre de la "anatomía topográfica".

Breuer fue discípulo y asistente de Oppolzer, el gran semiólogo[39]. En esa posición trabó amistad con Moriz Benedeck, con el fisiólogo Wunderlich y con el clínico Skorda[40].

Fleischl era integrante conspicuo de ese círculo. Una profunda amistad unía a Breuer y Ernst Fleischl von Monakow. El grupo, denominado "Club de Fisiología de Viena", se completaba con Exner, Anton von Frisch, Rudolf Croback y Vincent Czerny[41]. De la misma manera que la muerte de Charcot afectó a Janet, la carrera de Breuer se vio alterada por el deceso prematuro de Oppolzer, en 1871, víctima de la epidemia española de tifus.

Josef se casó "bien" a los 26 años, con Mathilde Altmann, hija menor de un comerciante en vinos. Los Altmann eran una de las familias burguesas judías ricas de Viena. Mathilde parece haber sido una joven dulce y tímida; el tipo de mujer que, como los buenos vinos de las bodegas de su padre, mejora con el correr de los años. Freud, que gustaba mucho de ella, dio el nombre de Mathilde a su hija mayor. En carta a su suegra, anunciando la llegada de la nieta, dice: "Se llama Mathilde, *naturlich*[42]. El *naturlich* dice mucho; significa que no podía ser de otro modo. Freud, en efecto, frecuentaba la casa de los Breuer, quienes lo habían adoptado como si fuese de la familia –sin duda en el lugar de Adolf, el hermano menor muerto.

Más allá de los ecos nostálgicos, una serie de puntos en común vinculan a Freud y Breuer. Existe un notable paralelo en la elección del camino profesional. De hecho, ambos renuncian a la carrera universitaria, siempre obstaculizada por un toque de antisemitismo[*5], para dedicarse a la clínica privada. Digamos de paso que, cuando Freud elaboró su método de tintura de clorato de oro, tenía la misma edad que Breuer en la época en que estudiaba el mecanismo de la fiebre. Los dos tuvieron los mismos maestros. Otra cosa en común: el amor por los senderos de los Alpes.

Breuer, eso sí, siempre recibió mayor reconocimiento de la clase médica, y fue nombrado miembro de la Academia Vienesa de Ciencias en 1894, o sea en el año en que ponían punto final a los *Estudios sobre la histeria*. Momento en que Breuer y Freud comienzan a alejarse. Es muy probable que el reconocimiento académico haya pesado para que este respetable supermédico del Imperio Austro-Húngaro, miembro por su casamiento de una familia rica de Viena, amigo epistolar de Brentano, no entrara en la escandalosa cruzada de la etiología sexual de las neurosis. Teoría que no era de él. A esta altura, como veremos, Anna O. ya no era suya.

Los biógrafos tienen tendencia a enfatizar la bondad personal y el éxito clínico de Breuer, en detrimento de su carrera como investigador. Él poseía una excelente mentalidad teórica y era un fisiólogo de primera línea. Tiene el mérito de dos importantes hallazgos, además de su primera investigación sobre la termodinámica corporal.

El primer descubrimiento de importancia, realizado simultáneamente por Ernst Mach y Crum Brown, se refiere al papel de los canales semicirculares del oído, según la denominada *teoría del movimiento endolinfático del aparato vestibular*[43]. Breuer describió correctamente los dispositivos reflejos mediante los cuales los corpúsculos sensoriales, en el interior del laberinto, consiguen coordinar la postura, el equilibrio y el movimiento. También llamó la atención sobre el sistema de otolitos, cuya función había sido subestimada por Mach y Brown[44].

El segundo descubrimiento lo llevó a identificar el mecanismo

---

*5. Contrariamente a lo que se piensa, Breuer también sufrió (aunque en silencio) las vicisitudes de la condición de judío (ibíd., pág. 40).

autorregulador del nervio vago. Tenía 25 años en la época, cursaba el último año de medicina y trabajaba bajo la dirección de Ewald Hering (de ahí el nombre del "reflejo de Hering-Breuer)[45]. "El ingenioso experimento proporcionó la prueba decisiva respecto de uno de los primeros mecanismos de retroacción biológica estudiados en los mamíferos"[46].

En este contexto, Hering, su maestro de fisiología, no puede ser ignorado. Discípulo de Fechner, eminente miembro de la escuela de Leipzig, Hering fue el gran rival de Brücke y de Helmholtz[*6]. "Podemos pensar –piensa Hirschmüller– que en aquellos tiempos Breuer estaba más cerca de Hering que de Brücke"[47]. Ellos diferían en el abordaje de los grandes problemas biológicos. Hering "no veía la vida como un proceso mecánico, [consideraba] necesario reconocer su actividad propia, su autonomía y su finalidad, tratando de encontrar estas características generales en todas las manifestaciones particulares"[48]. Por otra parte, juzgaba superada la creencia optimista en el progreso mecanicista. Así se caracteriza el debate del *empirismo* de la Escuela de Helmholtz con el *nativismo* de Hering, que concebía un organismo con leyes propias y disposición teleológica.

Haciendo historia, se puede decir que la psicología de Fechner era una elaboración construida a partir de Herbart. Fechner –ese último panteísta romántico– fue el primero en aplicar a los organismos vivos el principio recién descubierto de la conservación de la energía. Él fue entonces el primer "investigador entrópico". Sostenía que "los movimientos en el sistema nervioso dan origen a la ideas", e influyó en Breuer, que sólo lo consideraba comparable a Goethe[49].

Freud, continuando el circuito Herbart-Fechner-Hering-Breuer, por esa vía, aprendió que la mente y el cerebro están tan íntimamente ligados que deben ser considerados como dos expresiones del mismo fenómeno. Se puede hablar con todo derecho de la "mecánica del cerebro". Esa psicología asociacionista repudiaba la psicología de las facultades tan en boga en los comienzos del siglo XIX, y en contra de la cual Herbart levantó su "dualismo dinámico".

Por otra parte, sabemos poco de la influencia directa de Hering sobre Freud. Jones menciona que en 1884, en pleno período de la coca, Hering "invitó a Freud a trabajar como asistente suyo en Praga, siendo probable ... que Breuer tuviese algo que ver con esa invitación[*7, 50].

*6. Esa rivalidad fue la causa de que Brücke vetase dos veces la candidatura de Hering para la segunda cátedra de fisiología de la Universidad de Viena.

*7. Éste fue el período en que Freud buscaba fuentes de trabajo. Strachey, en el *Apéndice A* del artículo sobre el inconsciente, habla de la traducción de un ensayo de Hering realizada por Freud, en la que éste, en nota al pie de página, señala que ciertas observaciones de Hering "permiten suponer

¿Cuál era el rasgo fundamental de la biología de Breuer? Él tenía una visión del cuerpo que, en el siglo XX, iba a desembocar en la temática del *feedback*. La idea era una autorregulación de las funciones corporales, centradas en su utilidad para el organismo. Breuer habla de *"performance* teleológica"[51]. Tanto en su trabajo sobre la fiebre como en su fisiología de la respiración y del aparato vestibular, estudió diferentes tipos de regulación por retroalimentación[52].

Sulloway considera que "las investigaciones fisiológicas de Breuer proporcionaron las bases conceptuales para la teoría de avanzada que él y Freud elaboraron posteriormente"[53]. Esto puede ser una exageración, Sulloway tiende a atribuir más méritos a Breuer y a Fliess, navegando contra la corriente biográfica que sacrifica a los colaboradores en el altar del mito. El enfoque científico de Breuer, no muy alejado del de Charcot, fue sin duda útil para Freud, un poco preso en cierto dogmatismo helhmoltziano. "Breuer era un fecundo creador de intuiciones científicas y un observador atento"[54], nos cuenta Peter Gay. Tenía plena conciencia de la magnitud del foso que separa la hipótesis del conocimiento. En su capítulo teórico de *Estudios sobre la histeria*, Breuer cita a Teseo (*Sueño de una noche de verano*), que dice: "Lo mejor de este género es apenas sombra"[55], y expresa la esperanza de que haya por lo menos alguna correspondencia entre la idea de la histeria que se forma el médico y la cosa en sí.

En 1881 Cipión se despide de Berganza. *The dream is over*. La Academia Española, el Período Lías acabó. La vida va distanciándolos; esa relación dio todo lo que tenía que dar. Con el ocaso de esa amistad acaba la adolescencia. Sevilla vuelve a ser Sevilla, y Viena, Viena. Se puede pensar, entonces, que el lugar dejado vacante por Eduard Silberstein pasó a ser ocupado por una persona que era diametralmente opuesta: Josef Breuer.

En ese año Freud rindió los tres *rigorosa*, o sea, los tres exámenes finales. En el primer *rigorosum*, Química, escapó "apenas del desastre por la clemencia del destino o de los examinadores". En el segundo *rigorosum*, de medicina general, se desempeñó bien, obtuvo un "satisfactorio", y no le fue aún mejor por no haber estudiado de memoria medicina legal. En el tercer *rigorosum*, sobre especialidades médicas, sacó la nota máxima[56].

A la hora señalada, los padres de Gisela Fluss, llegados de Montelibre, concurrieron especialmente para la ocasión.

Recibirse no hizo gran diferencia. El título alteró poco su rutina. Como la correspondencia con Silberstein termina un par de meses antes de su doctorado, no tenemos detalles de su estado de ánimo en

---

que la psicología tiene derecho a dar por sentada la existencia de una actividad mental inconsciente" (SE, XIV, pág 205).

esos momentos. Continuó trabajando junto a Brücke, *full time*, por más de un año. Fue promovido a la posición de "demostrador"[*8, 57] Ernest Jones revisó los archivos del Instituto y no encontró el registro de ninguna investigación suya durante ese período. Completó su trabajo sobre el langostín en el otoño de 1881. Investigó gases en el Instituto Químico de Ludwig. Aunque aficionado a la química, no le gustó ese trabajo. De hecho, posteriormente calificó a 1882 como "el año más melancólico y menos exitoso de mi vida profesional"[58].

En realidad, Freud estaba más cerca que nunca de Brücke. Por eso esperó hasta el final de 1882 para abandonar, por consejo del Maestro, el capullo protector del laboratorio, y asumir un puesto subalterno en el Hospital General de Viena.

Decisión fundamental. Cuarenta años después, en su *Autobiografía*, dice lo siguiente:

> Lo decisivo ocurrió en 1882, cuando mi profesor, a quien yo tenía en la más alta estima posible, corrigió la generosa imprevisión de mi padre, aconsejándome enfáticamente, en vista de mi mala situación financiera, que abandonara la carrera teórica. Seguí su consejo, dejé el laboratorio de fisiología e ingresé en el Hospital General[59].

Veamos este momento más de cerca. Jacob Freud, que, es bueno reconocerlo, había costeado los estudios de su hijo, atravesaba serias dificultades económicas, después de perder gran parte de su pequeño capital en el derrumbe de la Bolsa en 1873. A partir entonces, la familia comenzó a sufrir graves penurias. La cosa estaba negra, con o sin el "mito del héroe pobre" del que nos habla Sulloway. Hay un "gran trecho" entre la Academia Española, con su sello y su blasón, y la casi sórdida lucha por la vida de un médico recién diplomado. Freud tenía ante sí una elección difícil: la práctica científica elitista o la práctica médica para ganarse la vida. Optó por la segunda.

La pobreza era un factor importante en la encrucijada, pero fue la llegada meteórica de Martha Bernays lo que cambió su vida. La fecha: 10 de junio de 1882. El lugar: el jardín de Mödling. Allí Freud declaró su amor y obtuvo un sí. Once días después, en una entrevista con Brücke, tomó la decisión de abandonar el Instituto. Sus razones: la pobreza, el amor, la ambición.

En realidad, su corazón estaba dividido entre el gran amor por Martha y el amor por la ciencia (por las anguilas, los langostinos, el corte histológico). Ese pobre corazón enamorado latía al ritmo de una nueva droga que él acababa de experimentar: la cocaína. Pero el amor llegó antes que la coca.

---

*8. Cargo semejante al de jefe de Trabajos Prácticos.

NOTAS

1. Jacques Nassif, *Freud, l'inconscient,* 1977, París, Galilée.
2. S. Bernfeld, "Freud's Scientific Beginnings", *American Imago,* pág. 173.
3. Ernest Jones, *A vida e a obra de Sigmund Freud,* Río de Janeiro, Imago, 1989, I, pág. 53.
4. S. Bernfeld, "Freud's scientific beginnings", 1949, *American Imago,* VI, págs. 165-96.
5. P.-L. Assoun, "Los fundamentos filosóficos del psicoanálisis", *Historia del Psicoanálisis,* comp. de Roland Jacard, 1984, Buenos Aires, Granica, pág. 73.
6. Albrecht Hirschmüller, *Josef Breuer,* 1991, París, PUF, pág. 64,
7. P.-L. Assoun, *Introdução a epistemologia freudiana,* pág. 233.
8. Ernest Jones, *op. cit.,* II, pág. 52.
9. Peter Gay, *Freud, uma vida para o nosso tempo,* 1989, San Pablo, Companhia das Letras, pág. 47.
10. SE, XX, pág. 10.
11. E. Lesky, *The Vienna Medical School of Medicine of the 19th Century,* pág. 231.
12. SE, V, págs. 521-2.
13. Peter Gay, *op. cit.,* pág. 47.
14. Ibíd., pág. 48.
15. Carta de Freud a Silberstein del 22 de junio de 1879, *Lettres de jeunesse,* 1990, París, Gallimard, pág. 213.
16. Peter Gay, *op. cit.,* pág. 47.
17. SE, XX, pág. 253.
18. S. Bernfeld, ibíd., págs. 165-96.
19. S. Bernfeld, "Freud earliest theories and the school of Helmholtz", 1944, *Psychoanalytic Quarterly, XIII, N° 3.*
20. Ernest Jones, *op. cit.,* I, págs. 54-5.
21. Lucille B. Ritvo, *A influência de Darwin sobre Freud,* 1992, Imago, Río de Janeiro, pág. 29.
22. Ibíd., pág. 211.
23. Ernst Brücke, *Vorlesungen über Physiologie unter desen Aufsicht nach stenographischen Aufzeihnungen bearaugegeben,* 1875, 2 tomos, Viena, Beaumüller, pág. 40.
24. Becker, "Depois de Freud", *Letra freudiana,* 1989, pág. 61.
25. SE, XX, pág. 8.
26. Sigmund Exner era sobrino nieto de Franz Seraphim Exner, pedagogo reformista, amigo de Herbart.
27. Carta de Freud a Martha del 27 de junio de 1882, *Sigmund Freud. Correspondência de amor,* 1981, Imago, Río de Janeiro, pág. 30.
28. I. Stone, *As paixões da mente,* I, pág. 24.
29. S. Bernfeld, "Sigmund Freud, MD, 1882-1885", *Int. J. Psychoanal.,* XXXII, 1951, pág. 217.
30. SE, XXIII, pág. 181.
31. "Qualifications Enigave", 1886, citado por Peter Gay.
32. Ernest Jones, *op. cit.,* I, pág. 67.
33. I. Stone, *op. cit.,* I, pág. 31.

34. J. Breuer, *Curriculum Vitae*, traducido por Obendorf, pág. 11.

35. Albrecht Hirschmüller, *op. cit.*, pág. 24.

36. Carta de Breuer a Maria Ebner-Eschenbach del 16 de abril de 1903, *Correspondência de Breuer com Marie Ebner-Eschenbach*, 1966, comp. por Robert Kahn, pág. 73.

37. Albrecht Hirschmüller, *op. cit.*, pág 28.

38. E. Lesky, *The Vienna Medical School of Medicine of the 19th Century*, pág. 132.

39. Archivos de Breuer, citado por Albrecht Hirschmüller, *op. cit.*, pág 38.

40. Albrecht Hirschmüller, *op. cit.*, pág. 33.

41. E. Lesky, *op. cit.*, pág. 538.

42. Carta de Freud a Emmeline y Minna Bernays del 16 de octubre de 1887, *Sigmund Freud. Correspondência de amor*, pág. 266.

43. J. Breuer, "Ueber dier Funktion der Bobengänge des Ohrlabyrinths", *Medizinisch Jahrbücher*, 1874, IV.

44. Frank J. Sulloway, *Freud, biologiste de l'esprit*, 1981, París, Fayard, pág. 47.

45. J. Breuer, "Die Selbststeurung der Athmung durch den nervus vagus; Sitzungsberichte des kaiserlichen Akademie der Wissenshaften", vol. II, Abtheilung, págs. 909-37.

46. Cranefield, "Joseph Breuer", *Dictionary of Scientific Biography*, 1970, II, pág. 446.

47. Albrecht Hirschmüller, *op. cit.*, pág. 64.

48. Citado por Hirschmüller, ibíd., pág. 63.

49. Ernest Jones, *op. cit.*, I, pág. 375.

50. Jones cita una carta inédita de Freud a Martha del 27 de mayo de 1884 (Ernest Jones, *op. cit.*, pág. 230).

51. Josef Breuer, "Über der Function der Borgengänge der Orlabyrinthes", *Medical Jahrbuch*, 1874, Viena, págs. 72-124.

52. Albrecht Hirschmüller, *op. cit.*, pág. 112.

53. Frank J. Sulloway, *op. cit.*, pág. 46.

54. Peter Gay, *op. cit.*, pág. 74.

55. SE, II, págs. 250-1.

56. Carta de Freud a Silberstein del 22 de julio de 1879, *Lettres de jeunesse*, pág. 212.

57. Ernest Jones, *op. cit.*, pág. 71.

58. Ibíd.

59. SE, XX, pág. 10.

CAPÍTULO 7

LA ÉTICA DEL TROVADOR

En una tarde fría de abril de 1882, Freud volvía del Instituto, quizá después de haber teñido su milésimo Petromyzon. Ese día, en vez de subir directamente a su cuarto, como acostumbraba hacerlo, lo detuvo la presencia de una alegre joven que mordisqueaba una manzana. "Esa primera visión –cuenta Jones– fue fatal"[1]. La joven de la manzana era Martha Bernays, con sus veinte primaveras. La acompañaba Minna, su hermana menor. Amigas de Anna. El flechazo fue fulminante.

En los días que siguieron, semana tras semana, abundaron los encuentros. Encuentros borrascosos, con la torpeza de los tímidos. "Para Freud era más fácil presentar un aspecto antisocial y excéntrico que hacerle la corte abiertamente"[2]. Pretendiente desmañado. Su conducta repite el "hamletismo" del encuentro con Gisela[*1]. Pero luego cambia, porque "cualquier señal de artificialidad en relación con una joven como ésa habría sido intolerable"[3].

Garbosa –aunque esto sea cuestión de gustos– y segura de sí misma, Martha peinaba hacia atrás su cabello lacio y negro, realzando su cuello grácil.

Según Marthe Robert, la joven, también llamada "*my sweet darling girl*", "mi dulce novia", "mi bien amada Martune", "mi bichito vanidoso", "mi princesita", "mi dulce tesoro", "mi corazoncito", "mi querido amor", "mi Cordelia", "mi Dulcinea", "mi Evita", no parece justificar semejante rosario de calificativos y sobrenombres[*2]. Es "delgada y delicada, de rasgos finos aunque insignificantes"[4]. Pero tenía

---

[*1]. ¿Recuerda el lector la carta a Silberstein?: "La inclinación hace su aparición como en un buen día de primavera; sólo mi absurdo hamletismo, mi timidez mental, me impidieron encontrarme cómodo y a gusto junto a esa joven, medio ingenua, medio culta" (carta de Freud del 17 de agosto de 1872, *Lettres de jeunesse*, 1990, París, Gallimard, pág. 43). Habían pasado más de diez años...

[*2]. A modo de contraste, humano, tan humano, en 1908, un cuarto de siglo más tarde, en ocasión del Primer Congreso Psicoanalítico de Salzburgo, él encabeza su carta con un "Mi querida Vieja" (carta de Freud a Martha del 29 de abril de 1908, *Sigmund Freud. Correspondência de amor*, 1981, Imago, Río de Janeiro, pág. 322). Martha tenía a la sazón 47 años.

varios pretendientes, lo que llevó al joven Freud a niveles insospechados de celos. Por seducido que estuviese, él no la consideraba bella y, con una franqueza desconcertante para un corazón apasionado, le dijo lo siguiente:

> Sé muy bien que no eres hermosa, en el sentido en que pintores y escultores lo entienden; si quieres que dé a las palabras su sentido estricto, tengo que confesar que no eres una belleza[5].

Jones se esmera en describir el noviazgo paso a paso, y relata que en el último día de mayo tuvieron su primera conversación "seria", bajando del Kahlenberg tomados de la mano. En su diario, Sigmund se preguntó ese día si él podría significar para ella tanto como ella significaba para él, cuestión que está en la base del ritual de deshojar la margarita. Ese día también interpretó como indiferencia que Martha se negara a aceptar el pequeño regalo de hojas de roble recogidas en el lago de los enamorados del parque. "Eso hizo que odiase los robles", hoja por hoja[6].

Apenas dos días después, el sol volvió a brillar y ella se mostró encantadora en los bellos bosques de Mödling. La naturaleza fue cómplice: encontraron un almendro doble, que los vieneses llaman *Velliebchen* y por tradición impone como prenda que se haga un regalo. Al día siguiente Martha le envió una torta hecha con sus propias manos, para que él la "disecase". ¿Habrá recordado Freud a las bellas mujeres de Trieste? El pretendiente, que odiaba los robles, pasó a adorar las tortas[7].

El ritmo se acelera: dos días después, ella cena en la casa de él; él se apodera de la tarjeta de visita de la joven como *souvenir*; en agradecimiento por ese gesto, ella le aprieta la mano por debajo de la mesa. El delicioso *frisson* no pasa desapercibido para las hermanas de él, y un murmullo disimulado recorre la mesa oval[8]. Al día siguiente salieron de paseo y Martha le contó que había recogido para él, en Baden, una flor de azahar. Animado, en la soledad de su "escritorio", él redacta su primera carta de amor, vertida en el más puro estilo de los trovadores[9].

My sweet darling girl,[*3]

comienza la trémula carta. Lo preocupa el problema del sigilo:

> Todavía no sé cómo haré para que estas líneas lleguen a los ojos de la querida joven: creo que pediré a mis hermanas que contacten a Eli [Eli Bernays, hermano de Martha], para que él concier-

---

*3. En inglés en el original.

te nuestro encuentro el domingo y haga llegar clandestinamente esta audaz carta[10].

El sigilo es esencial para la audacia del amor cortés:

Pero sé que no puedo dejar de escribirle; en los pocos minutos que pasaremos juntos no encontraré la calma y tal vez el coraje necesarios para hablar de todo con usted: las pequeñas intrigas y planes que su partida para Hamburgo despiertan en mí[11].

Después del sigilo aparece la transformación:

Querida Martha, ¡cómo ha cambiado usted mi vida! Hoy, en su casa, fue tan maravilloso estar juntos...[12]

Luego viene la ética del trovador:

... yo no podría utilizar para mi propio interés los pocos momentos en que Eli nos dejará a solas, eso me parecería una violación de la hospitalidad y yo no haría nada vil cerca de usted[13].

En seguida pasa a describir su amor como vivencia:

Hubiera deseado que la tarde y el paseo no acabaran nunca. No me atrevo a escribir lo que me conmovió. No podía creer que por meses no veré sus adoradas facciones ... Tanta esperanza, dudas, felicidad y privaciones se concentraron en el pequeño espacio de dos semanas...[14]

El novio "no es vil", aunque al lado de ella no vale nada: "Usted va a viajar y tiene que permitir que yo le escriba". Él tiene que escribir "porque experimenté la magia de Martha". Aquí, con astucia, se vale del simbolismo de la "envoltura sacra":

Tengo un pequeño plan. Si acaso una letra masculina extrañaría en la casa de su tío [donde ella iba a pasar las vacaciones], Martha podría escribir varios sobres con su suave mano y yo llenaría ese precioso envoltorio con un contenido miserable[15].

A continuación viene el problema del "tú", de la intimidad:

No puedo decirle aquí a Martha lo que todavía me falta. No tengo confianza para completar la frase ... Me permitiré apenas una cosa: la última vez que nos vimos yo habría deseado dirigirme a mi amada, a mi adorada, tratándola de "tú" y estar seguro de una relación que tal vez por algún tiempo tenga que ser mantenida en secreto[16].

El *Du* (tú) es el equivalente a la contraseña cátara. Freud da fin a la carta con una pirueta de trovador: "La consideración de la amiga por esta carta implora su Dr. Sigmund Freud"[*4].

Por Rougemont[17] sabemos que existen las *Leys d'Amor*: Paciencia, Mesura, Honra y Secreto. Paciencia significa paz de espíritu. Mesura implica límites, los límites del equilibrio, la lucha interior por la armonía. La honra da la medida ética del trovador. El secreto, finalmente, implica transgresión, porque el amor cortés es transgresor por su propia naturaleza. Filtro destilado en el *boudoir*.

El amor cortés engendra símbolos. El anillo fue uno de ellos. Jones nos cuenta que "la respuesta de Martha a la carta de la envoltura sacra" fue regalarle "un anillo del padre que le dio la madre –tal vez con esa finalidad"[18]. El anillo, grande para ella, calzaba en el dedo meñique del novio. Por desgracia, se produjo un accidente. De allí la siguiente carta:

Tengo que hacerle una pregunta trágicamente seria. Respóndame por su honor y a conciencia si a las once del último jueves se sintió menos afecta a mí, o más enojada conmigo que lo habitual, o quizás hasta "infiel" –como en la canción[*5, 19].

¿Cuál es el motivo de esa "ceremoniosa conjuración de mal gusto"?, se pregunta el celoso novio, para luego mentir descaradamente:

Porque ésta es una buena oportunidad para poner fin a una superstición.

Se explica:

En ese momento mi anillo se quebró en el punto en que estaba montada la perla.

Lo que sigue es increíble en la pluma del hombre que dará al "acto fallido" el estatuto de "acto preciso":

Debo admitir que mi corazón no sucumbió, ni fui acosado por el presentimiento de que nuestro noviazgo no llegará a buen término, ni por ninguna negra sospecha de que usted, en ese exacto momento, estuviese ocupada en apartar mi imagen de su corazón. Un hombre sensible hubiera experimentado todo eso, pero

---

*4. El papel de la carta tenía el membrete de Jacob Freud.
*5. Canción de Eichendorff, *Das zerbrochenen Ringlein*.

mi único pensamiento fue que habría que reparar el anillo y que los accidentes de ese tipo no pueden evitarse[20].

Es extraño que, en ese momento, Freud decididamente no encaje en la categoría de "hombre sensible". Se trata, a mi ver, más de simulación que de negación: sin duda su corazón sucumbió ante el simbolismo de la cosa. Él "disimula", pero está hablando "trágicamente en serio" sobre el significado oculto de ese "accidente" que pone en riesgo el amor cortés.

La naturaleza del accidente es altamente significativa. Jones narra: "Lo que ocurrió fue que un cirujano acababa de introducir el bisturí en su garganta para remover un absceso y, al sentir el dolor, Freud golpeó la mesa con la mano. En el mismo instante, Martha estaba ocupada en nada más terrible que comer un trozo de torta"[21].

Ahora bien, a diferencia de lo que Freud dice de él mismo, yo soy supersticioso y creo en la bruja de la sincronicidad. Ese anillo, al quebrarse, ¿no estaba hablando de su muerte futura, 45 años más tarde, después de sufrir innúmeras operaciones en la región bucal? Tendremos ocasión de retomar el tema fáustico del destino.

Tres días después, el sábado 17 de junio, formalizaron el noviazgo. La fecha será recordada; celebraron el 17 de cada mes durante varios años. La olvidaron por primera vez en febrero de 1885. Ese dato nos permite precisar el tiempo durante el cual el amor cortés reinó en estado puro: dos años y ocho meses. Treinta y dos meses sin que el corazón conociera olvidos. Cabe la pregunta: ¿qué marcó el fin? Tal vez, la felicidad misma. En esa época, él se siente "espléndidamente bien". La noche del 10 de marzo escribe a su enamorada: "El día de hoy, como sabes, representa una clara línea divisoria en mi vida: todas las cosas antiguas terminaron y estoy en una situación completamente nueva"[22]. Un mes después enciende la primera gran fogata de sus cartas, ensayos y papeles. En el cielo del futuro, brilla París.

Ésa fue una de las grandes correspondencias románticas de todos los tiempos[23]. Philipp Rieff comenta: "Esas cartas funcionan como revelaciones deliberadas de sí mismo, con la audacia inicial de su tremenda inteligencia sobre el caso especial de esa relación mutua. Las cartas de Freud sirven, un doble propósito: preparan a Martha para casarse con él y forman parte de un aprendizaje para la larga y tenaz lucha con sus sentimientos..."[*6, 24]. Concuerdo en que esa correspondencia tiene carácter iniciático. Puede considerarse una incursión profunda en el diálogo del amor, materia prima del psicoanálisis. Allí

*6. M. Robert es otra biógrafa que aprecia este epistolario amoroso. Según ella, la correspondencia "es digna de figurar en la historia de la literatura junto a las más hermosas cartas de amor" (*La revolución psicoanalítica*, pág. 62).

se inicia un tipo de reflexión que conduce al propio análisis, a la posterior correspondencia con Fliess y a la revelación del poder de la asociación libre. Estamos frente al gran amor del hombre del siglo con la mujer de su vida. Son en total 900 cartas, lo que daría para dos volúmenes. En ellas vemos su lado fogoso, viril. El cuño taurino, dirán los astrólogos.

Dos caras se esbozan en esas cartas: un perfil sombrío, volcánico, torturado por los celos, a veces cariñoso y sentimental, dotado de un humor feroz; el otro perfil es razonable, un poco demasiado razonable, siempre pronto a reconocer sus errores (si se los demuestran de modo inequívoco), con propensión a la pedantería[25]. "Estas dos caras aparecen alternativamente o, a veces, simultáneamente en la misma carta. Martha conoció primero al Freud romántico. La opinión de Peter Gay en nada contradice a Marthe Robert: "Él se muestra afectuoso e íntimo, a veces impulsivo, exigente, exaltado, deprimido, didáctico, rezongón, dictatorial y, en raros momentos, compungido. Fanfarrón, desatento en su franqueza, impiadoso con los sentimientos de ella y aún más con los suyos, llenaba sus cartas con relatos pormenorizados, con una atención a las minucias digna de un detective ... o de un psicoanalista"[26]. Yo incluiría una tercera cara, rara en Freud: la de un hombre que disfruta de un vino Mosela bien frío, del placer de que lo haya afeitado un buen barbero, de un baño de agua fresca tomado en la casa de Breuer, en la noche más tórrida de un verano vienés.

Freud pasó por los torpes balbuceos de la pasión:

Sabía que solamente después de que te fueras yo comprendería toda la profundidad de mi felicidad y −¡pobre de mí!− también la magnitud de mi pérdida. Todavía no consigo entender, y si aquella cajita elegante y esa suave foto no estuviesen frente a mí, pensaría que todo ha sido un sueño engañador y tendría miedo de despertar ... Tu encantador retrato; primero lo subestimé, cuando tenía el original junto a mí, pero ahora, cuanto más lo contemplo, más se asemeja al objeto amado; entonces espero que las facciones pálidas tomen el color de nuestras rosas, que los brazos delicados se separen de la superficie y alcancen mi mano; pero la querida fotografía no se mueve, apenas parece decir: ¡Paciencia! ¡Paciencia! Soy sólo un símbolo, una sombra lanzada en el papel, la persona verdadera va a volver y entonces podrás olvidarme otra vez[27].

Y también:

De tus labios caen rosas y perlas como sucede con la Princesa del cuento de hadas, y uno no sabe si es la bondad o la inteligencia lo que predomina en ti. Fue así como adquiriste el título de Princesa ... Que las cosas sean siempre así entre nosotros dos[28].

Luego recuerda el cuento romántico de Goethe sobre el hombre que llevaba a su enamorada en una cajita; sale a buscar el libro y descubre "detrás de cada detalle de la historia ... una referencia a nosotros dos, y al acordarme de la importancia que mi enamorada atribuía al hecho de que yo sea más alto que ella, tuve que tirar el libro, medio enojado, medio divertido, y confortarme con el pensamiento de que mi Martha no es una sirena y sí un hermoso ser humano"[29].

A continuación sentencia:

Cuando amo soy muy exclusivo.

Freud concluye la carta diciendo: "¡Qué hechiceras son ustedes, las mujeres!"[30].

El amor se quiere recíproco:

Es preciso que me ames sin razón, como aman sin razón todos los que aman, simplemente porque yo te amo[31].

El amor por el amor, la primera de las *Leys d'Amor*.

Cierta vez, Freud tuvo una fuerte inflamación de garganta que le impidió tragar durante varios días. Al recuperarse fue "atacado por un hambre gigantesca, como un animal que despierta de su hibernación"[32]. A esa hambre la acompañaba una intensa añoranza de su novia: "Un gran anhelo, grande no es exactamente la palabra, mejor sería decir extraño, monstruoso, colosal, gigantesco; en suma, una indescriptible nostalgia de ti"[33]. Esto nos lleva a la problemática ya esbozada de la castidad.

Freud, comenta Peter Gay, "pudo haberse mantenido casto durante ese período, no existe ninguna indicación sólida de lo contrario. Pero el interminable período de más de cuatro años de abstinencia dejó su marca en la formación de las teorías de Freud sobre la etiología sexual de las neurosis"[34]. Jones afirma que Freud "era monógamo en grado bastante inusitado"[35]. En la contingencia última del sexo, el orden simbólico no permite piruetas imaginarias del tipo de estar "un poco encinta". Se es o no se es monógamo. Paul Roazen, por su lado, considera que Jones estaba en lo cierto al describir a Freud como "casi casto" en su compromiso con Martha[36]. El lado puritano del novio era muy fuerte. En una ocasión Martha quiso hospedarse en la casa de una amiga que, aunque desposada, "se había «casado» antes de la boda". Él prohibió dicho encuentro[37]. Muchos años después, en 1915, escribió que estaba "a favor de una vida sexual infinitamente libre, aunque personalmente usé poco de esa libertad". Y agregó una reserva a esa renuncia: "sólo en la medida en que me sentí con derecho a tenerla"[38].

137

"Al comienzo de su noviazgo —escribe Paul Roazen— el ardor de Freud, a veces expansivo, a veces celoso, era evidente; sus cartas lo dicen todo. Podemos conjeturar, sin miedo a equivocarnos, que, en el comienzo de su matrimonio, en 1886, la ternura de Freud acompañó plenamente su pasión sexual"[39]. Es muy posible que un párrafo de "El tabú de la virginidad", artículo escrito en 1917, se aplique a su propio noviazgo: "Quien fue el primero en satisfacer el deseo de amor de una virgen, deseo contenido durante mucho tiempo y con grandes esfuerzos, y que, al hacerlo, venció las resistencias que se habían formado por influencia de su ambiente y su educación, ése es el hombre que ella aceptará para una relación duradera, posibilidad que no volverá a existir para ningún otro hombre"[*7].

A Martha Bernays, cinco años menor que él, este cortejo impulsivo le exigía todos los recursos del tacto femenino y, en momentos críticos, la capacidad de defender amistades amenazadas por la vorágine de los celos. A juzgar por las cartas de Martha —que Jones pudo leer— resulta evidente que ella "lo amaba verdadera y profundamente"[40]. Parece ser que nunca fue una novia "derretida". Durante mucho tiempo Freud dudó de que lo amara y, al final del noviazgo, la censuró por lo que llama el *primum falsum* de su relación: el hecho de que él se hubiera apasionado por ella nueve meses antes —todo un embarazo— que ella por él, y de que pasó momentos terribles mientras ella trataba de amarlo[41].

Pero éste es el signo del amor cortés.

Las cartas también son un peregrinaje erótico. Cuando asciende a la torre de Notre Dame, Freud hiperboliza: "Se suben trescientos escalones, es muy oscuro, muy solitario y en cada escalón yo te habría dado un beso si hubieras estado conmigo, y habrías llegado a la cima enloquecida y sin aliento"[42]. Trescientos besos embriagadores. Ella llegaría al campanario vibrando en un orgasmo gótico. Freud nos revelará más adelante el simbolismo de las torres y del acto de subir escaleras.

Para finalizar, concuerdo con la legión de comentadores en que las cosas no pasaron de besos, aunque un ósculo demorado y húmedo, en el silencio de la noche, puede llegar lejos.

El amor como rito de pasaje. Tengo la impresión de que los biógrafos no supieron darle a este amor —tormentoso, posesivo, celoso, tembloroso por momentos, a veces lírico— su verdadera dimensión. Quizá se contagiaron del propio novio que, en más de una ocasión, reniega de ese amor y culpa a Martha, entre otras cosas, por su fracaso en el episodio de la coca. Conviene reparar en que, en los años 20, cuando Freud habla del amor y de la mujer, lo hace desde una posi-

---

*7. En la literatura analítica también encuentra su lugar la idea opuesta, inicialmente propuesta por Adler: el resentimiento por la desfloración.

ción completamente contraria a la del amor cortés con su consumación imposible.

"Tengo tendencia a la tiranía"[43], escribió al comienzo del noviazgo, aunque ese autoconocimiento, tal vez fugaz, no lo hizo menos tiránico. Pero el noviazgo surtía efecto y, en la misma carta en que habla de su despotismo, añade: "A esto se suma el hecho de que estoy muy alegre últimamente; me he dejado llevar por una especie de euforia juvenil e inmadura que antes me era completamente extraña"[44]. Los conflictos reprimidos de su infancia, en los que el amor y el odio se mezclaban indistintamente, ahora se manifiestan en una "melancolía alegre" que lo lleva a preguntarse si realmente merecía a su Martha. Ella era por cierto una princesa, pero él duda de ser realmente un príncipe. Tal vez sea más apropiado decir que psicodramatizaba lo que luego teorizará como retiro de la libido del yo del enamorado. La succión del amor objetal chupa el narcisismo, dejando al yo exangüe en el fondo del lago que no refleja nada.

Freud, como machista de la *belle époque*, aspiraba a tener el completo dominio de Martha. Está claro que creía en el derecho del hombre a dirigir la vida de la mujer. Ejemplo típico de esa certeza de la "superioridad masculina" fue su crítica a John Stuart Mill. Él admiraba a Mill, por considerarlo "el hombre del siglo que mejor superó los prejuicios imperantes. Pero, en ciertas cosas, carecía del sentido del absurdo"[45].

¿Cuál era ese absurdo?

Era absurdo que las mujeres pudieran ganar lo mismo que los hombres. Esta idea, a juicio de Freud, no tenía en cuenta las realidades domésticas: "mantener la casa en orden, supervisar y educar a los hijos constituye una ocupación de tiempo completo. El hogar es el lugar de la mujer. Enviar a las mujeres a la lucha por la supervivencia es una idea «abortada»"[46].

Y no se contenta con esto.

Sencillamente, esta idea de Mill no puede considerarse humana ... Realmente es una idea que nació muerta: lanzar a las mujeres a la lucha por la existencia, exactamente como si fuesen hombres. Si, por ejemplo, yo imaginase a mi dulce y gentil muchacha como un competidor, tendría que dejar de decir ... que estoy apasionado por ella, y pedirle que cambiara la lucha por la tranquilidad sin competitividad en mi hogar[47].

O también:

En conclusión, la naturaleza ha destinado a la mujer, a través de la belleza, la dulzura y el encanto, a algo más que el trabajo duro[48].

Estas opiniones sobre la emancipación de la mujer eran iguales a

139

las de la mayoría de los vieneses que tomaban su cerveza en el Café Kurzweil, al promediar el octavo decenio del siglo pasado. Freud, empero, no era un hombre común. Nadie podría haber imaginado, a juzgar por este manifiesto impecablemente conservador, que él estaba por elaborar la teoría más subversiva, perturbadora y poco convencional sobre la naturaleza de los seres humanos[49].

Por el momento, Sigmund Freud guardaba a Martha Bernays en esa cajita que era su corazón. El espíritu de su fogosidad es cortés; la reflexión, en contraste, es conservadora. Freud sueña con un hogar donde el hombre y la mujer ocupan los lugares reservados por la tradición a cada sexo. A la esposa le corresponde la casa, la cocina, la ropa bien apilada en los armarios. El hogar en el que él pensaba posiblemente era el de los Fluss en Freiberg, donde Eleanora, madre de Gisela, brillaba como una estrella doméstica de primera magnitud. La perspectiva de una vida hogareña era el deleite supremo, y a menudo soñaba con "el pequeño mundo de la felicidad". Era optimista: "Todo lo que necesitamos son dos o tres pequeños cuartos para habitar, comer y recibir visitas, y un hogar en el que la lumbre nunca se apague. Piensa en todas las cosas que esos cuartos van a tener: mesas y sillas, cama, un espejo, un reloj para recordar a la feliz pareja el paso del tiempo; una poltrona para una hora de agradable sueño despierto; alfombras para ayudar a la *Hausfrau* a conservar el piso limpio; ropa blanca atada con lindas cintas en el ropero, un vestido de última moda y sombreros con flores artificiales, cuadros en la pared, vasos para todos los días y otros para el vino y las ocasiones festivas, bandejas y platos, una pequeña despensa para el caso de tener un ataque de hambre o por si una visita aparece súbitamente, y un manojo de llaves enorme y ruidoso"[50].

Poco antes del fin del gran vuelo amoroso inicial, tenemos la historia del hombre-que-besó-a-Martha. Se llama Fritz Wahle, pintor de profesión y ex profesor de la novia. Fritz era compañero del grupo de Freud en el Café Kurzweil. Estaba de novio con una prima de Martha, pero era amigo fraterno de esta última. Una amistad íntima —comenta Jones— "aparentemente sin ningún *arrière pensée*"[51]. Al parecer, en una ocasión se dieron un beso. Para empeorar las cosas, esto había ocurrido el mismo día que la joven rechazó las hojas de roble. El retablo de los celos estaba montado. Schönberg, en el papel de Mercutio, actuó como mensajero, y Freud lo presionó para que le contase lo peor. En realidad, la historia de Fritz y Martha se venía arrastrando en una serie de cartas, y Sigmund juzgaba que el tono de la correspondencia era, por lo menos, impropio e incomprensible. Schönberg echó leña al fuego al comentar la extraña conducta de Fritz. Freud supo que el pintor había llorado al saber del noviazgo de su amiga, y que desde entonces se quejaba de que las cartas de Martha ya no eran las mismas.

Hubo un encuentro en el Café Kurzweil. Schönberg ofició de árbitro y mediador. Fritz —comenta Jones— se presentó histriónicamente torvo, amenazando con disparar contra su rival y después contra sí mismo, en el caso en que Sigmund no la hiciera feliz. El clima empeoraba a cada instante, lo que motivó una carcajada histérica de Freud. Esa salida extemporánea fue interpretada como un desafío por Fritz, y lo llevó a decir que si él, Wahle, le ordenaba a Martha que acabara con ese noviazgo, ella lo obedecería. Sigmund se negó a creerlo. Fritz pidió papel y le escribió un billete a la dama disputada. "Adorada Martha" comenzaba la misiva, y hablaba de un "amor imperecedero". Amor a la medida de los celos del novio. Éste rasgó la carta. Fritz, mortificado, sollozó nuevamente. Esto calmó y conmovió a Freud, que también rompió en llanto[52]. Al día siguiente, sin embargo, se recriminó: "El hombre que trae lágrimas a mis ojos tiene que esforzarse mucho para que yo lo perdone. Ya no es mi amigo y ay de él si se vuelve mi enemigo. Estoy hecho de una materia más dura que él, y cuando nos enfrentemos verá que no es mi igual"[*8, 53].

Fritz Wahle, en efecto, estaba hecho de otra materia, lo cual preocupaba a Freud. De allí la siguiente reflexión: "Pienso que existe una enemistad radical entre los artistas y quienes se dedican a los detalles del trabajo científico. Sabemos que ellos tienen en su arte una ganzúa que abre con facilidad los corazones femeninos, mientras que nosotros permanecemos desamparados ante el extraño diseño de la cerradura y tenemos que atormentarnos para descubrir una llave apropiada"[54].

Martha, muy mujer, insistía en que Fritz era sólo una vieja amistad. Ella ya estaba instalada en Wandsbek, cerca de Hamburgo. Freud decidió conseguir dinero de cualquier manera para ir a buscarla, tomando por asalto el "castillo de Wandsbek", con o sin cerradura. Fueron días atormentados, en los que se sumió "en un estado de desvarío [y] de noche vagaba por las calles durante horas"[55].

Otro rival, hecho del mismo material de los artistas, era Max Mayer, músico, primo de la novia. Max había sido el primer amor de Martha. Esta vez la hoguera de los celos fue atizada por Anna, la celosa Anna Freud, que maliciosamente hizo mención de algunas canciones que Max compusiera y cantara para su prima. Sigmund se enfureció aún más cuando Max observó que "Martha necesitaba amor, de modo que pronto encontraría un marido"[56]. Como si ella fuese una de esas muchachas que salen por ahí, a la caza de hombres.

Max sobre Fritz, eran demasiado para sus celos. Freud le prohibió a Martha que se refiriera al músico como "Max"; tenía que llamarlo *Herr* Mayer. No cabe duda de que el gran trabajo anímico del noviazgo, como lección de vida, fue elaborar sus celos: "No puede haber nada más loco, me dije a mí mismo: has conseguido a la más ado-

---

*8. Estas palabras recuerdan un famoso dicho posterior, cuando le comenta a Martha: "Yo no soy un Breuer".

rable joven sin ningún mérito de tu parte, y no sabes hacer nada mejor que, al cabo de una semana, ... atormentarla con tus celos. La amada no debe convertirse en una muñeca de porcelana... Cuando una joven como Martha gusta de mí, ¿cómo puedo temer a un Max Mayer o a una legión de Max Mayers?"[57]

Luego tenemos el caso de Eli, hermano de Martha. Ella había confiado a su hermano una cierta cantidad de dinero reservado para los muebles. Eli lo gastó, y al ser interpelado sugirió que los muebles se compraran a plazos. El novio, fuera de sí, exigió que Martha le escribiera una carta al hermano, en la que éste era tildado de "canalla". Aun después de la devolución del dinero, Freud "le hizo prometer a Martha que rompería todas las relaciones con Eli"[58].

Junto a los celos, estaban las reticencias de *Frau* Bernays, que tenían sentido. Los Bernays gozaban de una posición de mayor prosperidad y prestigio que los Freud. Berman Bernays, hijo de rabino y padre de Martha, se había mudado a Viena con el puesto de asistente del famoso economista Lorenz von Stein. Berman murió súbitamente, en la calle, de un síncope cardíaco, a los 53 años, en 1879, tres años antes del primer encuentro de Martha con Freud. No sabemos cuál fue el impacto de esta muerte en la joven de 18 años, ni cómo fue elaborado ese duelo.

Las circunstancias de la familia Bernays cambiaron con la muerte del padre. A partir de ese momento la prosperidad de la familia declinó, aunque Eli era considerado un administrador eficiente.

Narra la leyenda familiar que *Frau* Bernays, al saber del noviazgo, llevó inmediatamente a su hija a Hamburgo, donde permanecería hasta que pudiera realizarse el casamiento. Justificación: es mejor mantener a la pareja separada si parece que el noviazgo va a ser largo. Jones dice que "La Sra. Freud [Martha] me lo contó con una mal disimulada admiración por la conducta decidida de su madre"[59]. Agrega, sin embargo, que "en este caso su memoria debe de haberle jugado una mala pasada, pues la mudanza a Wandsbek sólo se realizó un año más tarde, y por razones que no tenían nada que ver con el noviazgo"[60]. La sospecha de que la separación fue proyectada por la futura suegra parece carecer de fundamento. Jones, "por razones que no se pueden dar"[*9], omitió un motivo, el más maquiavélico, de esta separación. En el seno de la familia Bernays se dirimía una lucha de poder entre Eli y su madre, y éste maquinó el alejamiento del grupo familiar para excluirla del comando de las operaciones. Siendo así, la furia de Freud con Eli estaría más justificada en la escala de las de-

---

*9. Ahora sabemos que la omisión respondía al deseo de no violentar a las primas de Anna Freud. Esta información proviene de las cartas de Jones a Anna Freud del 23 de abril y del 18 y el 26 de noviembre de 1952 (citado en Elisabeth Young-Bruehl, *Anna Freud, a biography*, págs. 31, 465).

savenencias humanas. Philipp, el viejo hermano rival, sin duda andaba de cuerpo presente en esa furia, "encajonando" a su *darling girl*, por bajos motivos, en el castillo de Wandsbek.

Así y todo, Sigmund no era santo de la devoción de *Frau* Bernays, esa viuda vivaz y dogmática. Freud le cuenta a Minna:

> Bien, no quiero que pienses que siento hostilidad hacia ella ... No creo ser injusto, veo en ella a una persona de gran fuerza intelectual y moral que se destaca ... capaz de grandes realizaciones, sin un vestigio siquiera de las debilidades absurdas de las viejas ...[61]

Pero existe un pero:

> ... no se puede negar que ella está tomando posición contra todos nosotros, como una vieja. Como su encanto y su vitalidad han durado tanto, exige a cambio una plena participación en la vida –y no sólo la que cabe a los viejos– y espera ser el centro, la autoridad, el fin en sí. Todo *hombre* que ha envejecido honrosamente quiere lo mismo, pero la diferencia está en que con las mujeres no estamos acostumbrados a eso[62].

¿Quiénes eran "todos nosotros"? Sigmund, Martha, Ignaz y Minna formaban un cuarteto inseparable. Ignaz Schönberg era novio de Minna Bernays, que en la época tenía 16 años. Dos parejas en la ruta del amor. La decisión de *Frau* Bernays de partir para Alemania sin duda los hería a los cuatro. Wandsbek recuerda la infernal Breslau, donde Gisela partió para siempre.

Emmeline Bernays recuerda en algo a la formidable Amalia Nathansohn en la tercera edad, aunque la "vieja" Emmeline sólo tenía entonces 53 años. Ella abrigaba dudas sobre el futuro de Sigmund Freud. Y no sin su medida de razón. Era un candidato promisorio, pero todo hacía pensar que estaba condenado a años de pobreza. La futura suegra rezongaba. Los Bernays tenían más méritos que los Freud en la pirámide del status: Martha Bernays tenía prestigio social, aunque no dinero; Freud, ni lo uno ni lo otro[63]. Poco podía esperar de un padre achacoso, paupérrimo como el propio Garibaldi, en el ocaso de su vida, sin hablar de la sombra policial de Joseph Freud proyectada desde Scotland Yard.

La siguiente carta, escrita en las vísperas del casamiento, revela muy bien los sentimientos de Emmeline Bernays. Sólo Jung, en el siglo siguiente, escribiría una carta tan insolente:

Querido Sigi

> Su carta no me espantó *ni un poco* y su *único* pasaje sensato es "Estoy preparado para desistir de nuestros planes matrimoniales". Que usted, siquiera por un *único* momento, en las actuales

circunstancias, cuando tiene que dejar el consultorio por casi dos meses, pueda pensar casarse en setiembre sería, en mi opinión, un acto irresponsable de *precipitación. Otra* palabra sería más apropiada, pero no la usaré. *No* daré mi consentimiento a semejante idea ... En virtud de esa calamidad [el servicio militar] su supervivencia está completamente amenazada, y el plan, en una palabra, se ha vuelto *imposible* e impracticable[64].

Como si fuera poco, Emmeline Bernays continúa:

Cuando un hombre sin medios o perspectivas se compromete con una joven pobre, tácitamente asume, para los años venideros, una pesada carga, pero no puede pretender que nadie se sienta responsable por esa carga. No puede, además, aumentar esa carga casándose por furia, que es justamente lo que usted está a punto de hacer.

Alquilar un departamento en agosto, poco antes de partir por 5 o 6 semanas, es literalmente tirar dinero por la ventana ... Usted no tiene motivos para el mal humor, que raya en lo patológico. Descarte todas sus maquinaciones y antes que nada conviértase en un hombre sensato. Ahora parece un chico *mimado* que llora porque no puede actuar como quisiera, pensando que así puede conseguirlo todo. No se enoje por esta última frase, pues ella es realmente verdadera. Reciba con el corazón abierto estas palabras verdaderamente bien intencionadas y no piense mal de

su fiel Mamá[65].

El énfasis y los gritos son de ella.

¡Qué suegra más formidable! Es evidente que este Sigi, a los ojos de *Frau* Bernays, no tiene nada de *Goldener*. Ella fue otra piedra en el camino del noviazgo. Parece ser que la actitud de Martha con su madre, como cabe a toda joven comprometida, era de solícita obediencia; cumplía al pie de la letra la voluntad materna. Freud la consideraba por demás obediente. En contraste, Minna, independiente y voluntariosa, mujer fálica en la terminología futura, enfrentaba a su madre, para delicia de Sigmund. Subrayando ese contraste filial, él escribe: "Tú no la amas mucho y tienes la mayor consideración para con ella; Minna la ama, pero no escatima críticas"[66].

Martha hizo a su hermana confidente de sus primeros encuentros con Sigmund. Minna comenta: "El doctor es muy amable al interesarse tanto por nosotras"[*10, 67]. No podía adivinar entonces que viviría 43 años en la casa de su cuñado. Durante los años de los dos

*10. Ese "en nosotras", como veremos, traerá cola.

noviazgos, Freud estimaba que Martha e Ignaz eran los mejores del cuarteto, mientras que Minna y él mismo eran "salvajemente pasionales". Y agrega: "Dos seres parecidos como Minna y yo no se llevarían muy bien"[68]. Schönberg, ya en 1882, había contraído tuberculosis. Al principio el mal no fue tomado muy en serio, a pesar de que Isaac, hermano de Minna y Martha, había muerto de esa enfermedad. En el verano de 1883 el estado de sus pulmones empeoró. Freud lo acompaña a un *spa* de Hungría. Él se recupera parcialmente y va a Oxford a preparar un diccionario de sánscrito. Pero el mal avanzaba, trayendo consigo un cambio de carácter, aunque hay quien piensa que su retraimiento fue el intento romántico de un moribundo que se proponía desilusionar a su novia. Schönberg muere a comienzos de 1886. Freud le escribe a Minna una carta singular: "Tu triste romance terminó ... Ahora querría pedirte una cosa: procura recobrar un poco de la juventud perdida ... da un largo descanso a tus emociones, y ven a vivir algún tiempo con nosotros dos, que somos las personas más allegadas a ti". Termina la carta diciendo: "Te aconsejo que quemes sus cartas este mismo invierno, que liberes tu espíritu de todo eso y pienses en la larga vida que tenemos por delante y en las cosas maravillosas y extraordinarias que aún pueden suceder en nuestro círculo. Pronto habrás olvidado la amargura que el recuerdo de él te provoca y entonces dirás que perdiste a un hombre bueno, noble y afectuoso ...". Firmado: "Tu devoto hermano, Sigmund"[69]. Curiosa carta de pésame, realista y, en el fondo, casi fría[*11, 70].

No sabemos hasta qué punto esta muerte abatió a Minna, que luego se empleó como dama de compañía en Brno, en la casa de una pariente rica[71]. Aparentemente se resignó a quedar soltera. Es muy probable que esta muerte haya pesado en el ánimo de Emmeline Bernays, preocupada por el futuro de sus hijas, huérfanas de padre. De allí la oposición al pobre Sigi.

Dada esa oposición, el "noviazgo tenía que aparecer como un terrible secreto"[72]. Tal vez ese "terrible secreto", como lo llama Jones, también era una pieza esencial en el juego de las *Leys d'Amor*.

Las cartas de la novia no llegaban a la casa de Freud, sino a través de un asistente del laboratorio del Instituto Brücke. El secreto era difícil de preservar. Sin ir más lejos, pocos días después de la partida de Martha, Freud, en la reunión con sus amigos del Café Kurzweil, permaneció preocupado, porque temía que quienes estaban al tanto del secreto –Emil Fluss, entre ellos– lo traicionaran sin querer[*12].

---

*11. Contrasta con la carta dirigida a Martha, el año anterior, en ocasión del suicidio de Nathan Weiss (carta de Freud a Martha del 16 de setiembre de 1883, *Sigmund Freud. Correspondência de amor*, pág. 79).

*12. Una vez por semana, en el casi siempre tranquilo Café Kurzweil, el

Penosa separación de los enamorados. "Las dos semanas siguientes a la partida de Martha a Wandsbek fueron de las peores que ellos vivieran. Martha, en cartas muy tiernas y pacientes, consintió en volverse «compañera de armas», como él lo deseaba, pero dejando en claro que no pensaba sumarse a él en un asalto frontal a la familia"[73].

Wandsbek era un castillo remoto, casi inaccesible. Freud era demasiado pobre para visitar a su novia con frecuencia: no era fácil economizar, florín por florín, el precio del pasaje. Ernest Jones, afilando el lápiz, calculó que la pareja estuvo separada durante tres de los cuatro años y medio transcurridos entre el primer encuentro y el casamiento. Estima que "En muchas ocasiones hubo dos o incluso tres cartas escritas el mismo día. Misivas largas. Las de cuatro páginas eran cortas, algunas llegaban a doce páginas y, la más larga de todas alcanzó las veintidós páginas".

La pobreza rebrotó con singular fuerza en los años del noviazgo. Freud evoca la libertad de las pampas: "El dinero es gas hilarante para mí. Desde mi infancia sé que los caballos salvajes, en las pampas, después de haber sido enlazados por primera vez, quedan con una cierta ansiedad por el resto de su vida. Conocí la pobreza sin remedio, y ella me atemoriza constantemente"[74].

Freud fue educado –¿domesticado?– en el rigor de la escasez. Ya vimos que la pobreza "sin remedio" asoló a la familia desde los tiempos de la calle de los Cerrajeros. Hubo un pequeño interludio que trajo el piano de Anna y otras satisfacciones, pero el lazo estaba siempre pronto. Su padre orillaba los 70 años, en franca claudicación. Amalia Freud hacía milagros, secundada por sus hijas. Para empeorar las cosas, ella también contrajo una tuberculosis grave. La enfermedad de la madre, junto a la ansiedad general, causó inevitables gastos cuando la paciente tuvo que dejar la tórrida Viena estival y trasladarse al campo. Un pronóstico sombrío llevó a Freud a escribir que "estaban tratando de mantenerla con vida por algún tiempo". Nadie podía suponer que Amalia viviría sus vigorosos 95 años. Freud hizo todo lo que pudo, pero podía muy poco. En esas ocasiones, le resultaba insoportable ir a su casa y ser testigo de la miserable situación de la familia. Lo amargaba el aspecto macilento de sus hermanas. Contó que, cierta vez, invitado a almorzar afuera, no podría tragar la carne asada, pensando en el hambre que pasaban sus hermanas[75]. Parece un tango en la pampa, pero era así.

La solución lógica: poner a todo el mundo a trabajar, pero en aquella época las cosas no eran tan fáciles. Las posibilidades de encontrar un trabajo adecuado, como las sufragistas vienesas bien lo sa-

---

Bund, o sea el grupo "Unión", se reunía hasta altas horas de la madrugada, charlando, filosofando y jugando al ajedrez. Entre los compañeros del *Bund* estaban Eli Bernays, los tres hermanos Wahle y los tres hermanos de Gisela Fluss y Knofmacher, además de Eduard Silberstein.

bían, eran casi inexistentes, ya que "un trabajo subalterno perjudicaría las oportunidades de casamiento"[76]. Con todo, Mitzi, la tercera hija, fue a París, donde estuvo un año empleada como gobernanta, logrando enviar a la familia la respetable suma de 300 francos. Dolfi –la cenicienta de la casa– quedó como apoyo de la madre. Rosa, la segunda hermana, tuvo una seria decepción amorosa y su medio hermano Emmanuel la invitó a afincarse en Manchester.

Las cosas mejoraron cuando Anna, la hija mayor, se casó con Eli. El hermano de Martha tenía una buena situación, en términos comparativos. En esa época se hizo un reajuste del presupuesto familiar. Emmanuel asumía la responsabilidad de aportar 50 libras anuales, mientras que la cuota de Sigmund quedó estipulada en 4 dólares. Sin esta ayuda exterior, la familia, esencialmente pequeño-burguesa, corría un riesgo inminente de proletarizarse.

Freud ganaba muy poco. Tenía el subsidio del hospital, un cuarto con calefacción y ropa limpia. Al salario del hospital se sumaba lo que percibía de los alumnos, en su mayoría enviados por Fleischl. También ganaba algún dinero con reseñas para una revista médica. Más sustanciales fueron los *royalties* por la traducción del libro de Charcot (290 florines). Y hay que agregar los cursos sobre anatomía cerebral, para médicos norteamericanos, que comenzó a dar en 1884.

Finalmente, durante los cuatro años en el hospital Freud, tuvo pacientes particulares, la mayoría derivados por Breuer. "En junio de 1884 anunció orgullosamente que había recibido al primer paciente no enviado por alguien, el que había oído hablar de sus descubrimientos relativos a la cocaína; le pagó a Freud 2 florines"[77].

A estas magras fuentes se sumaban los préstamos. Breuer era el principal mecenas. Solía prestarle –darle, en realidad– una cierta suma mensual. Este patrocinio comenzó con el noviazgo y llegó hasta el casamiento en 1886. En *La interpretación de los sueños* encontramos la alusión a un amigo que lo ayudó durante cuatro o cinco años[78]. En mayo de 1884, calcula Jones, la deuda había alcanzado la suma de 1.000 florines (400 dólares), hecho que Freud, con un toque *Schnorrer*, no deja de comentar: "Aumenta mi autoestima el conocer mi valor para alguien"[79], pensamiento metapsicológicamente correcto. Esa suma, fue creciendo año a año, hasta llegar a los 2300 florines. Deuda considerable, que acabó minando precisamente su autoestima. Entonces Freud escribe: "Breuer parece encarar esos préstamos como una institución regular, pero siempre me siento incómodo con él"[80].

Fleischl fue otro patrocinador. Le prestó dinero en varias ocasiones y murió antes de que Freud pudiera devolvérselo. Josef Paneth, por su parte, aportó una donación de 600 dólares a fin de abreviar el noviazgo[81]. Freud, por supuesto, quedó muy contento y le escribió a Martha que parecían estar entrando en el segundo volumen de un folletín de fin de siglo.

Como el mito del héroe pobre está presente, se pueden percibir ciertas imprecisiones. Jones, que es nuestra fuente principal, dice que Eli "tenía una buena situación" económica, como administrador de los bienes de la familia Bernays[*13]. Cabe entonces preguntar si su hermana, Martha Bernays, era tan pobre como Jones la pinta. Emmanuel es sucesivamente descrito como pobre y opulento. Jones llega a escribir que "es difícil decir de qué vivía la familia"[82]. Por otra parte, según él mismo lo señala, "pocos jóvenes pobres de aquella época podrían haber visto tanto mundo" como Sigmund[83]. Él conocía Manchester, Trieste, Hamburgo, Bruselas, Gmundem, Teschen, Colonia y, *last but not least*, París.

Martha, nos narra Ernest Jones, "también encontró un padrino de cuento de hadas", uno modesto, pero cuento de hadas al fin: un tío le prometió 50 marcos por trimestre, unos 12 dólares. La primavera de 1885 llegó con dos golpes de fortuna: la muerte de una parienta distante que dejó a *Frau* Bernays una herencia de 375 dólares, y la muerte de Lea Löwbeer, hermana de Emmeline, que le legó 1000 dólares a cada sobrina. La reacción de Freud fue un tanto tangencial: "Sólo las personas pobres se sienten embarazadas al recibir alguna cosa; las ricas, nunca"[84].

En 1884 era imposible predecir cuándo podrían casarse; en momentos depresivos llegaron a pensar en un noviazgo de 10 a 15 años. Cosa inadmisible, según mi amigo astrólogo, para un taurino. Pero en esa época, no era algo inaudito; incluso la irascible Emmeline Bernays había estado de novia durante nueve años. Freud, tras minuciosos cálculos, concluyó que, Dios mediante, el purgatorio podría durar cuatro años. El sacramento se consumaría en cuanto le ratificaron la demorada docencia.

En la espera, el circo clínico estaba montado para un joven médico aguerrido, con buenas conexiones científicas, discípulo de Charcot y Brücke, una persona tímida aunque con sentido del humor, acorralada pero ambiciosa. Seguía confiando poco en sus habilidades médicas, y repetidas veces se quejó de sentirse inadecuado para lidiar con los pacientes. Todos los historiadores consideran que la eternización del período premarital se debió a las finanzas. Pero no por nada Freud fue el inventor del Complejo de Edipo. Creo que le resultó difícil separarse de la madre. Cierta noche, narra Ernest Jones, en casa de los Breuer, el novio hablaba de su atribulada novela nupcial. Cuando Mathilde Breuer entró con bríos en el asunto, Josef exclamó: "¡Por el amor de Dios, no lo instigues a casarse!"[85]. Jones interpreta esta intervención como indicador precoz de un conflicto en la relación

---

[*13]. Sabemos que Eli Bernays amasó una fortuna en América. En 1920 donó un millón de coronas para fundar una guardería (carta de Freud a Pfister del 9 de mayo de 1920, *Correspondance de Sigmund Freud avec le pasteur Pfister*, 1967, París, Gallimard, pág. 121).

entre ambos hombres.[86] Pero es mucho más probable que el mentor haya encarnado las propias resistencias maritales del novio.

Estar de novio le cambió la vida. El mundo se convirtió en un botín que había que ganar. El siguiente paso fue ir a ver al gran Nothnagel, que acababa de llegar a Viena, proveniente de Berlín, para ocupar la cátedra de Medicina Interna. Freud llegó temprano a la cita. La casa de Nothnagel era una mansión opulenta, nueva, con olor a barniz. "La sala de espera era simplemente deslumbrante". En un caballete se podía admirar el enorme retrato de una mujer de notable belleza, de cabellos oscuros. Nothnagel hace su entrada, descrita con detalle para que la novia se haga "una idea": "Se siente una gran emoción cuando se está en presencia de un hombre que tiene tanto poder sobre nosotros y sobre el cual nosotros no tenemos ninguno. El hombre no es de nuestra raza. Un leñador germánico. Cabello, cabeza, mofletes, cuello, totalmente colorados. Dos verrugas enormes: una en el rostro, otra en la punta de la nariz; ninguna gran belleza pero, sin duda, alguien fuera de lo común"[87].

Freud le confía a Martha que estaba un poco nervioso, pero "en el calor de la batalla", se calmó. Entonces saluda y entrega la tarjeta de presentación de Meynert. Sabía lo que contenía: "Caro profesor, le recomiendo vivamente al Doctor Sigmund Freud por su valiosa obra histológica, y quedaría agradecido si le concede una entrevista. Esperando verlo en breve, su – Theodor Meynert"[88].

Nothnagel, con una sonrisa amable, dijo lo que tenía que decir: "Recibo con mucha atención una recomendación de mi colega Meynert. ¿En qué puedo serle útil, doctor?".

La impresión era buena. Freud comenta que estaba ante "un hombre que siente lo que dice y pesa sus palabras". Una persona "que inspira confianza". Freud abre el fuego:

— Probablemente usted ya ha adivinado de qué se trata. Dicen que va a contratar un asistente, y también que dentro de poco tendrá un empleo nuevo para ofrecer. También oí decir que da gran importancia a la investigación científica. Realicé algunos trabajos científicos, pero por el momento no tengo posibilidades de continuar, de modo que consideré aconsejable presentarme como candidato.

— ¿Ha traído algunas separatas de sus trabajos, doctor?

— Sí –dice Freud.

Mientras Nothnagel hojea los papeles, Freud explica su posición:

— Primero estudié zoología, después fisiología e hice algunas investigaciones en histología. Cuando el Profesor Brücke me dijo que no podía prescindir de su asistente ... renuncié.

Aquí Nothnagel se explayó:

— No le ocultaré que varias personas se disputan este puesto y que, por consiguiente, no puedo darle ninguna esperanza. No sería justo. Por eso voy a anotar su nombre para el caso de que aparezca otro empleo. No haré promesas ... Me quedaré con sus trabajos, si no tiene inconveniente[89].

"Todo esto –observa Freud– fue dicho de la manera más amistosa que me es posible reproducir: no fue rudo; a lo sumo un tanto reservado, pero siempre cordial"[90].

Esta entrevista, narrada paso a paso, ilustra bien la situación del postulante Freud: entonces ¿qué hacer?

Una alternativa era emigrar. En la entrevista con Nothnagel, Freud mencionó la posibilidad de trabajar en Inglaterra, "donde tengo parientes"[91]. La idea de probar fortuna en otras tierras persistió por algún tiempo. Gran Bretaña siempre en primer lugar: "Anhelo independencia, para seguir mis propios deseos. La imagen de Inglaterra surge ante mí con su sobria prosperidad, su generosa consagración al bien público, el obstinado y sensible sentimiento de justicia de sus habitantes ... todas las indelebles impresiones de mi viaje de hace siete años, que tuvo una influencia decisiva en mi vida, despertaron bajo una viva luz. Estoy volviendo a leer la historia de la isla, las obras de los hombres que fueron mis verdaderos maestros, todos ingleses o escoceses; y he recordado el que para mí fue el período histórico más interesante: el reinado de los puritanos y Oliverio Cromwell, y también el grandioso monumento de ese período –*El Paraíso perdido*–, donde recientemente, cuando no me sentí seguro de tu amor, encontré consuelo y ánimo. ¿Debemos permanecer aquí, Martha?"[92]

En otro momento pensó radicarse en el interior; haría un curso breve de tres meses de obstetricia y pediatría, para instalarse en algún lugar de la Monarquía Dual donde se hablara alemán: Moravia, por ejemplo. "Contigo, mi pila de libros y un microscopio, espero encontrar consuelo suficiente por haber fracasado en la ciudad. No se padece de pobreza en el interior, ya que allí faltan médicos por doquier. Y no quedaremos en el olvido para siempre, pues continuaré con mi trabajo"[93]. Apenas tres días después escribe: "Me siento lleno de energía y ya no pienso en desistir de mi futuro en Viena"[94].

Pasadas unas semanas, Freud vuelve a ver a Nothnagel a fin de retirar sus separatas (que, para más datos, eran originales sin copias). En la nueva charla obtiene la misma respuesta pesimista. El maestro podría darle recomendaciones para Madrid o Buenos Aires[*14]. O sea que ninguno de los dos "pesos pesados" científicos estaba dispuesto a salir del camino burocrático para darle una mano.

En la encrucijada vocacional, la fundamental conversación con Brücke ocupa el centro. ¿Qué sucedió realmente en ella? "La *Presentación autobiográfica* no nos dice si Brücke, por propia iniciativa, ofreció su influyente consejo, o si Freud le pidió una opinión"[95]. Creemos que Jones tiene razón cuando observa: "No vemos cuál podía ser la contribución de Brücke al conocimiento de algo que Freud ya seguramente sabía"[96].

*14. ¿Imaginan a Freud como colega de José Ingenieros?

Mejor preguntarnos: "¿Cuál era el deseo de Freud?". Lo más probable es que haya tenido la esperanza de que Brücke, conmovido por la precariedad económica de su pupilo, hiciera algún tipo de excepción para que el promisorio investigador permaneciera en el Instituto. Freud no iba en busca de un consejo; deseaba seducir a su viejo jefe de los ojos azules. El mero consejo recibido debe de haber sido una amarga decepción. En la jerarquía universitaria, los asistentes estaban muy por encima de los demostradores. Ambos asistentes eran desgraciadamente apenas 10 años mayores que Freud, y había pocas probabilidades de que la muerte los visitara en un futuro razonable.

Llama la atención que un pupilo brillante de uno de los mayores institutos de fisiología de Europa, con varios trabajos meritorios publicados, que contaba con la amistad de Fleischl y el estímulo de Breuer, tuviera que soportar tantas penurias para sobrevivir. Caben dos posibilidades: o en el momento de la verdad lo consideraban simplemente alumno y no discípulo, o bien había algo en él que ya iba a contrapelo del orden establecido. Por eso no se puede descartar la sugerencia de ese buen biógrafo que fue Wittels cuando plantea la posibilidad de un "enfriamiento con la cúpula", aunque nada hubiera cambiado en la superficie[97]. El famoso episodio de los "terribles ojos azules de Brücke" bien pudo ser el desplazamiento de otra "mirada", más seria[*15]. En el caso de Nothnagel, es muy probable que de alguna manera se transparentara la actitud altanera de Freud: "En circunstancias favorables, yo podría realizar más que Hermann Nothnagel, a quien me siento muy superior"[98]. Se puede detectar cierta ambiciosa ironía en la minuciosa descripción que Freud hace del "leñador germánico", un cierto racismo.

Ése también fue el tiempo de la primera hoguera. La idea de quemar su producción escrita es muy antigua. En Freud encontramos desde muy temprano una pulsión "piromaníaca". Clark nos cuenta que ya en 1875 planeaba destruir los archivos de la Academia Española, y en setiembre de 1877 le escribió a Silberstein: "Propongo que celebremos una agradable velada invernal y que quememos luego los archivos de la Academia en un solemne *auto de fe*"[*16]. Otro tanto maquinó respecto de la correspondencia amorosa[99].

Como señala Sulloway, en el crisol de la producción intelectual, "existe una poderosa tensión subterránea entre la orientación del aspirante al descubrimiento, que apunta al futuro, y la orientación del historiador dirigida al pasado"[100]. No cabe duda de que nuestro héroe poseía un sentido histórico aguzado, en la medida en que el psicoaná-

---

*15. En contra de esta tesis, tenemos el hecho, como luego veremos, de que Brücke promovió calurosamente su beca a París.
*16. En castellano en el original.

lisis procura la recuperación del pasado del sujeto. Pero en lo que a él concierne trató de dificultar la tarea de sus futuros biógrafos. Tres veces en la vida, en 1885, 1908 y finalmente en 1917, con sus artículos metapsicológicos, su pasado fue incinerado. Luego veremos que cada *auto de fe* tuvo su significado circunstancial.

Comencemos por la primera hoguera encendida en los tiempos de la cocaína, un día "ruin y árido" en el que acababa de torturar a "dos conejos que mordisqueaban nabos y ensuciaban el piso". Él le confía a Martha su intención:

> Intención, dicho sea de paso, que terminé de llevar a cabo, y de la cual algunas personas infelices, que aún no han nacido, algún día se quejarán. Como no vas a adivinar a quiénes me refiero, voy a decírtelo: son mis biógrafos. Destruí todas mis notas de los últimos 14 años, fueran ellas cartas, resúmenes de trabajos científicos o los manuscritos de mis monografías[101].

Sólo fueron preservadas las cartas de la familia:

> Las tuyas, mi amor, nunca corrieron peligro[*17].

Cuando quema su pasado, considera que "todos mis pensamientos y sentimientos sobre el mundo en general y sobre mí mismo en particular [son] indignos de seguir existiendo". Les da un *coup de grace*. Todo tendrá que ser pensado de nuevo.

> Pero este material está asentándose como las nubes de polvo en torno de la Esfinge[102].

¿Premonición? Él es la Esfinge, mejor dicho, él es el héroe que revela la gran incógnita. De allí que esta carta, probablemente escrita bajo los efectos de la cocaína, continúe:

> En cuanto a los biógrafos [una vez más], que se atormenten, no tenemos ningún deseo de hacer las cosas fáciles para ellos. Todos tendrán razón cuando expresen su opinión sobre la "Evolución del Héroe", y ya estoy anticipando su perplejidad[103].

¿Qué significa esta destrucción sistemática de su propio pasado? Freud encendió esas hogueras antes de que pudiese adivinar que su vida tenía la consistencia que anticipa la inmortalidad, por más que soñara con placas de mármol. ¿No será que Sulloway tiene razón cuando especula "que los espíritus revolucionarios ... frecuentemente

---

*17. Pero hasta hoy no conocen la luz del día.

procuran obliterar la historia a fin de recrearla según su conveniencia ideológica"?[104]. ¿No será que Freud entró en 1885 en esa senda de un *après-coup* orwelliano (en el doble sentido del término)? Por otra parte, ¿cuál sería la "perplejidad" de los biógrafos? Él acaba de descubrir que "el demonio de un ser humano es su mejor parte, es él mismo"[105]. Está pronto a quemar las naves. Acaba de rechazar la promisoria invitación de Meynert. "Es verdad, evidentemente, que aún no tengo la beca y los subsidios para el viaje; mucha gente dirá que es una locura rechazar un empleo que disputé hace un mes"[*18]. Repitamos la pregunta: ¿cuál era el deseo de Freud?

Si pensamos en términos de posterioridad, Freud descubrió la cocaína dos años más tarde; la hipnosis, cuatro; la etiología sexual de las neurosis, seis. Ese investigador aventurero, poco convencional, nieto de Mesmer, no "calzaba" bien en el Instituto de Brücke. Tal vez el conflicto central de Freud no se producía entre la ciencia y el amor, como creen Jones y Gay. Esto es, le aciertan al bulto, pero fallan en la sutileza. Esas tensiones estaban presentes, pero las fuerzas en pugna se daban en un nuevo campo de "inclinación", para usar el término de la Academia Española, un campo apenas vislumbrado[*19]. Esa inclinación lo llevaba hacia el lado de Charcot, hacia el sonambulismo artificial de las grandes histéricas, hacia las alteraciones de la consciencia, con o sin droga. En ese horizonte próximo se proyectaba el deseo inconsciente de Freud.

La decisión, por ser desgarradora, fue dolorosa. El primer paso era inevitable: Freud tenía que capacitarse para abrir un consultorio privado. Necesitaba experiencia clínica hospitalaria. El estudio de la medicina en el Viejo Continente ponía el mayor énfasis en el aula y las demostraciones; el estudiante poco aprendía del quehacer clínico. Faltaba práctica junto al lecho del paciente, sobraba junto al cadáver en la fría mesa de mármol. Por eso Freud planeó pasar dos años viviendo y estudiando en el hospital, inmerso en la clínica. Once días después del noviazgo sellado en el Jardín de Mölding, Freud se inscribe en el Hospital General de Viena.

En ese sombrío año de 1882, y durante el primer tiempo en el Hospital General, Freud hizo una ronda de especialidades, pasando de un departamento a otro durante tres años. Prefirió comenzar por cirugía; el laboratorio lo había formado para un uso eficiente de las manos. Pero no resultó bien: permaneció sólo un par de meses en las salas quirúrgicas. Visitó entonces las salas de clínica médica, psiquiatría, dermatología y oftalmología.

---

*18. Además del trabajo con Meynert, Freud había solicitado empleo en la Fundación Rudolf junto a Julius Hein.
*19. La misma "inclinación" que lo llevó a apasionarse por Gisela.

Partió de la posición más subalterna posible, la de *Aspirant*, una especie de asistente clínico, y fue promovido a *Sekundarartz* en mayo de 1883, al ingresar en el Departamento de Psiquiatría de Meynert[106]. En julio de 1884 pasó a ser *Sekundarartz Superior*, para alcanzar, finalmente, al año siguiente, el codiciado título de *Privatdozent*, posición que procuraba más prestigio que salario.

La Viena médica era sumamente competitiva. No debe extrañarnos que, como lo señala Gay, albergase fantasías hostiles frente a colegas que obstaculizaban su camino. Como él dirá más tarde en su *Traumdeutung*: "En cualquier lugar del mundo donde exista jerarquía y promoción, está abierto el camino para deseos que deben de ser suprimidos"[107].

En setiembre de 1883, después de conocer los Alpes por sugerencia de Breuer, nuestro héroe pidió el consejo de su amigo. La visita coincidió con el suicidio de su colega Nathan Weiss, promisorio neurólogo, cuyo óbito dejaba un espacio en el empinado camino universitario[*20]. Freud descartó la posibilidad de ocupar ese vacío. Le dijo a Breuer que creía tener algunos méritos sólidos, pero no mucha ambición (el talón de Aquiles de Weiss, dicho sea de paso) que no fuera la de casarse. De insistir con la neurología quedaría preso en Viena, prolongando indefinidamente su noviazgo. En cambio, en provincias podría "atender partos, arrancar dientes y enderezar piernas quebradas"[108].

Breuer propuso una salida intermedia: continuar con lo que venía haciendo y permanecer atento a otras posibilidades[*21]. Así, al día siguiente, Freud le pidió al director del hospital que incluyera su nombre en el sector de enfermedades del sistema nervioso y del hígado (!).

Acorralado entre la inconmovible burocracia de la carrera docente y la logística del casamiento, se tiene la impresión de que a Freud no le importaba que el paciente fuese un enfermo de la piel, de los huesos o de la vejiga, con tal de que acudiera a su futuro consultorio. El panorama comienza a cambiar cuando entra como *Sekundarartz* en el departamento de Meynert. Allí retomó el contacto con las perturbaciones cerebrales y obtuvo permiso del jefe para trabajar en su laboratorio. Freud le propuso a Holländer, segundo de Meynert, que realizaran juntos un trabajo sobre el cerebro del recién nacido. Estu-

*20. El relato de Freud a Martha sobre este amigo que "se ahorcó en un baño público de la calle Land" demuestra una comprensión aguzada de la psicología del suicida. " ... sus cualidades buenas y malas se habían combinado para provocar su caída; su vida, por así decirlo, había sido elaborada por un inventor de ficciones y esta catástrofe fue el fin inevitable" (carta de Freud a Martha del 16 de setiembre de 1883, *Sigmund Freud. Correspondência de amor*, págs. 79-85).

*21. Exactamente lo que el propio Breuer había hecho una década y media antes.

dio de largo aliento. Holländer se cansa pronto de examinar millares de láminas de cerebros de fetos, y el proyecto se interumpe, aunque, como veremos, más tarde Freud sacó partido de ese esfuerzo[109].

El psiquiatra y anatomista general Theodor Meynert no era menos ilustre que Nothnagel. La obra y la personalidad de Theodor Meynert habían impresionado a Freud ya en sus tiempos de estudiante. Obstinado, con la meta de una psicología científica, Meynert era un determinista estricto que descartaba el libre albedrío como simple ilusión, y consideraba que la mente obedecía a un orden fundamental oculto, el que aguardaba un análisis profundo que lo sacara a luz. Alumno y protegido del gran Robitansky, Meynert abrió la primera cátedra de psiquiatría de la Universidad de Viena, en 1870, y dominó el panorama "psi" hasta su muerte en 1892[110]. Poderoso, fue criticado en la época precisamente por su vuelo especulativo. Se le reprochaba que hubiera elaborado una "mitología del cerebro". Kraepelin prevenía a los estudiantes que no "se instalaran apresuradamente en el edificio que Meynert había erigido en el aire ..."[111]. Meynert fue un buen maestro de Freud. Su postura filosófica, con su epistemología positivista, sólo podía servir como confirmación y estímulo. Una deuda: la noción de un "principio de displacer" y, también, la de "suma de excitaciones". Freud vio en él, primero, a un admirado protector, y después un obstáculo, más que un rival. Casi desde el comienzo de su relación, Freud se quejó de que era difícil trabajar con ese hombre "lleno de manías e ilusiones"; "no te escucha ni te entiende"[112]. En los años noventa, los dos iban a disputar por cuestiones muy palpitantes: la histeria y la hipnosis.

Es muy posible que el período en el pabellón de Meynert haya sido el momento del giro de Freud hacia la "cosa" psicológica. Ese verano de 1884 puede considerarse el *turning point*. No en vano Sartre inicia el guión de la película en los viejos corredores del Hospital General de Viena, donde dos enfermeros llevan en camilla a una anciana que padece de ceguera histérica. La conducen a la sala donde Freud y Meynert, frente a los estudiantes, tienen una discusión sobre la validez del discurso histérico (discusión que realmente se producirá a partir de 1886).

NOTAS

1. Ernest Jones, *A vida e a obra de Sigmund Freud*, 1989, Río de Janeiro, Imago, I, pág. 114.
2. Ibíd.
3. Ibíd.
4. M. Robert, *La revolución psicoanalítica*, 1978, Fondo Nacional de Cultura, México, pág. 87.

5. Carta de Freud a Martha del 2 de agosto de 1882, citada por Jones, *op. cit.*, I, pág. 113.

6. Ernest Jones, *op. cit.*, I, págs. 114-5.

7. Ibíd., pág. 115.

8. Ibíd.

9. Ibíd.

10. Carta citada por Ernest Jones, ibíd., I, págs. 115-16.

11. Ibíd.

12. Ibíd.

13. Ibíd.

14. Ibíd.

15. Ibíd.

16. Ibíd.

17. Denis de Rougemont, *El amor y Occidente*, 1978, Barcelona, Kairós, pág. 18.

18. Ernest Jones, *op. cit.*, I, pág. 117.

19. Carta de Freud a Martha del 16 de mayo de 1884, citada por Ernest Jones, *op. cit.*, I, pág. 117.

20. Ibíd.

21. Ibíd.

22. Carta de Freud a Martha del 10 de marzo de 1885, *Sigmund Freud. Correspondência de amor*, pág. 165.

23. Martha, como Fliess, conservó todas las cartas, llevándolas para Inglaterra en 1938. Noventa y tres de esas cartas fueron incluidas en *Sigmund Freud. Correspondência de amor*. Aproximadamente dos tercios del total está guardado bajo siete llaves a la espera del próximo milenio.

24. P. Rieff, *Freud, la mente de un moralista*, 1966, Buenos Aires, Paidós, pág. 237.

25. M. Robert, *op. cit.*, pág. 89.

26. Peter Gay, *Freud, uma vida para o nosso tempo*, 1989, San Pablo, Companhia das Letras, pág. 50.

27. Carta de Freud a Martha del 19 de junio de 1882, *Sigmund Freud. Correspondência de amor*, pág. 26.

28. Ibíd., pág. 27.

29. Ibíd.

30. Ibíd.

31. Carta de Freud a Martha, del 16 de enero de 1884, ibíd., pág. 114.

32. Carta de Freud a Martha de agosto de 1882, citada por Jones, *op. cit.*, I, pág. 178.

33. Ibíd.

34. Peter Gay, *op. cit.*, pág. 51.

35. Ernest Jones, *op. cit.*, I, pág. 149.

36. Paul Roazen, *Freud y sus discípulos*, 1974, Alianza, pág. 72.

37. Ernest Jones, *op. cit.*, I, pág. 123.

38. Carta de Freud a J. Putnam, del 8 de julio de 1915, *Sigmund Freud. Correspondência de amor*, pág. 360.

39. Paul Roazen, *op. cit.*, pág. 72.

40. Ernest Jones, *op. cit.*, I, pág. 119.

41. Ibíd.

42. Carta de Freud a Martha del 5 de diciembre de 1885, citada por Peter Gay, *op. cit.*, pág. 53.

43. Carta de Freud a Martha del 22 de agosto de 1883, *Sigmund Freud. Correspondência de amor*, pág. 62.
44. Ibíd.
45. Carta de Freud a Martha del 15 de noviembre de 1883, *Sigmund Freud. Correspondência de amor*, pág. 98.
46. Ibíd.
47. Ibíd.
48. Ibíd.
49. Peter Gay, *op. cit.*, pág. 52.
50. Carta de Freud a Martha del 18 de agosto de 1882, *Sigmund Freud. Correspondência de amor*, págs. 47-8.
51. Ernest Jones, *op. cit.*, I, pág. 122.
52. Ibíd.
53. Ibíd.
54. Carta de Freud a Martha del 8 de julio de 1882, citada por Jones, ibíd., págs. 121-2.
55. Ibíd., I, pág. 123.
56. Ibíd., I, pág. 121.
57. Carta de Martha de fecha incierta, citada por Jones, ibíd., pág. 121.
58. Ibíd., I, pág. 146.
59. Ibíd., I, pág. 119.
60. Ibíd.
61. Carta de Freud a Minna Bernays del 21 de febrero de 1883, *Sigmund Freud. Correspondência de amor*, pág. 56.
62. Ibíd.
63. Peter Gay, *op. cit.*, pág. 51.
64. Carta de Frau Bernays del 27 de junio de 1886, citada por Ernest Jones, *op. cit.*, I, págs. 157-8.
65. Ibíd.
66. Ibíd., I, pág. 127.
67. Ibíd.
68. Ibíd., I, pág. 174.
69. Carta de Freud a Minna del 7 de febrero de 1886, *Sigmund Freud. Correspondência de amor*, pág. 243.
70. Ibíd.
71. Peter Swales, "Freud, Minna Bernays and the conquest of Rome", *New American Review*, 1882, pág. 2.
72. Ernest Jones, *op. cit.*, pág. 119.
73. Ibíd., I, pág. 136.
74. Carta de Freud a Fliess del 21 de setiembre de 1889.
75. Carta inédita a Martha del 10 de agosto de 1884, citada por Jones, *op. cit.*, pág. 168.
76. Ibíd.
77. Ibíd., I, pág. 169.
78. SE, V, pág. 482.
79. Ernest Jones, *op. cit.*, I, pág. 170.
80. Ibíd.
81. Ibíd., I, pág. 171.
82. Ibíd., I, pág. 166.
83. Ibíd., I, pág. 167.
84. Ibíd., I, pág. 171.

85. Carta de Freud a Martha del 18 de agosto de 1882, citada por Ernest Jones, ibíd., pág. 155.

86. Ibíd.

87. Carta de Freud a Martha del 5 de octubre de 1882, *Sigmund Freud. Correspondência de amor*, pág. 51.

88. Ibíd.

89. Ibíd., pág. 53.

90. Ibíd.

91. Ibíd.

92. Carta de Freud a Martha del 16 de agosto de 1882, citada por Ernest Jones, *op. cit.*, I, pág. 187.

93. Carta de Freud a Martha citada por Ernest Jones, ibíd., I, pág. 189.

94. Carta de Freud a Martha de setiembre de 1882, citada por Ernest Jones, ibíd., I. pág. 189.

95. Ibíd., I, pág. 73.

96. Ibíd.

97. Fritz Wittels, *Sigmund Freud: his personality, his teaching and his school*, 1924, Londres, Allen & Unwin, pág. 20.

98. Carta de Freud a Martha del 2 de febrero de 1886, *Sigmund Freud. Correspondência de amor*, pág. 241.

99. Carta de Freud a Silberstein del 7 de setiembre de 1877, *Lettres de jeunesse*, pág. 207.

100. Sulloway, *Freud, biologiste de l'esprit*, pág. 5.

101. Carta de Freud a Martha del 28 de abril de 1885, *Sigmund Freud. Correspondência de amor*, págs. 168-9.

102. Carta de Freud a Martha Bernays del 26 de abril de 1885, ibíd., págs. 168-9.

103. Ibíd.

104. Sulloway, *op. cit.*, pág. 4.

105. Carta a Martha del 31 de marzo de 1885, *Sigmund Freud. Correspondência de amor*, pág. 167.

106. Ernest Jones, *op. cit.*, I, pág. 76.

107. SE, V, pág. 484.

108. Carta de Freud a Martha del 19 de setiembre de 1883, citada por Ernest Jones, *op. cit.*, II, pág. 208.

109. Carta de Freud a Martha del 2 de julio de 1883, citada por Ernest Jones, ibíd., I, pág. 207.

110. Erna Lesky, *Die wiener medizinische Schule im 19. Jahrhundert*, 1965, Colonia, Graz, págs. 374-80.

111. Emil Kraepelin, *Die Richtungen der psychiatrischen Forsung*, 1887, Leipzig, citado por Erna Lesky, ibíd., pág. 377.

112. Carta de Freud a Martha del 20 de agosto de 1883, *Briefe*, pág. 49.

CAPÍTULO 8

EL SALTO DE GATO

Martha, novia aplicada, se interesa por la actividad de su novio. Éste "explica" su trabajo de la siguiente manera: "Bien ... en primer lugar, el cerebro debe ser endurecido (en alcohol, por ejemplo) y, en seguida, cortado en rebanadas finas para ver dónde se encuentran las fibras y las células en relación recíproca, adónde van las fibras, etc. Las fibras son los conductos de las diversas partes del cuerpo, las células las controlan, de modo que debemos respetar estas estructuras"[1]. Esas "respetables" estructuras son, en suma, las neuronas.

Ya comentamos que Freud tiene talento para las tinturas. Él modificó la fórmula de Reichert (mezcla de ácido nítrico con glicerina) para preparados del tejido nervioso. Usa la nueva fórmula "con la finalidad de preparar de modo seguro y fácil el sistema nervioso central y periférico de los vertebrados superiores (ratones, conejos, bovinos) ... Estimamos que [el método] facilita considerablemente la preparación de nervios situados en los canales óseos y la preparación y deslinde de anastomosis y redes nerviosas"[2].

Lo llamativo de sus incursiones neurológicas es el apego a la anatomía. Esa fijación en la estructura microscópica estática tal vez le impidió profundizar la fisiología de la neurona. En carta a su amigo Knöfmacher, Freud dice en 1878: "Me he pasado a otro laboratorio y me estoy preparando para mi propia profesión –mutilando animales o atormentando seres humanos ..."[3]. La preferencia del ojo sobre la mano –comenta Jones– tal vez fue la causa del poco éxito de Freud con el método experimental. Sus ensayos "con el dinamómetro para medir la fuerza muscular bajo el efecto de la cocaína fueron interrumpidos sin resultados concluyentes"[4]. Lo mismo sucedió con su incursión en la fisiología animal en el laboratorio de Stricker. Esta visita merece ser mencionada: "Mi demonio me hizo visitar el laboratorio de Stricker. Fui bien recibido y me ofrecieron excelentes proyectos. Ahora estoy inmerso en las glándulas salivares y tengo la certeza de que encontraré alguna cosa. El mes que viene iniciaré experimentos con la secreción salivar de perros"[5].

Reparemos en que casi 25 años después, Pavlov –que sí era un gran experimentador– encontró en la saliva de los perros la llave maestra de su teoría de los reflejos condicionados. Desde el punto de vista de la historia de las ideas, los trabajos de Iván Petrovitch Pavlov son contemporáneos de los de Freud y de Janet. El "error" de Iván

Petrovitch Pavlov tal vez fue considerar que la "salivación psíquica", como él la denominó, esto es, el "agua en la boca", era un fenómeno psicológico[6].

Freud nunca fue receptivo a la noción de comprobación experimental. En una carta tardía al psicólogo norteamericano Saúl Rosenzweig, hablando de la situación analítica, afirma que "la riqueza de las observaciones sobre las que se basaban [nuestras] aserciones las independizaba de la comprobación experimental"[7]. Él privilegiaba las horas que pasaba fluctuando en la escucha analítica[*1]

El tema de la ambición merece que nos detengamos en él. Freud tenía ambición de sobra. Basta pensar en su identificación napoleónica, en sus fantasías como Príncipe del Cretáceo, en el futuro estremecimiento existencial frente a la Acrópolis, y en el también futuro arribo con Jung al puerto de Nueva York. Es curioso, eso sí, que él mismo no se considerara ambicioso; más aún, pensaba que su falta de ambición era un defecto de carácter. En abril de 1884 escribe: "Lo malo es que tengo poca ambición"[8].

En sus rondas por el Hospital General, Freud llega al sector del Dr. Franz Scholz, donde estudia las enfermedades nerviosas orgánicas. "Me estoy definiendo cada vez más como neuropatólogo ante mi jefe"[9]. Scholz era "un fósil", pero su indolencia senil tenía por lo menos la ventaja del *laissez-faire*, y los médicos gozaban de amplia libertad[10].

Además estaba la electricidad, de reciente adquisición en el arsenal médico. Sartre, en su guión cinematográfico, monta el consultorio de Freud en esa época de la siguiente manera:

> Un escritorio cubierto de papeles y libros, algunas sillas sin estilo definido y un diván contra la pared, frente a la mesa. Un biombo abierto oculta la pared izquierda, frente a la ventana: ante ésta, una extraña silla[*2], ligada a cables y enchufes que parece más un instrumento medieval de suplicio que un aparato terapéutico ...[11]

En 1878 Thomas Alva Edison inventó la lamparilla incandescente. Con ella la "luz mágica" entra en su mayoría de edad y Europa

---

*1. Luego veremos que, en la historia del psicoanálisis, una honrosa excepción a esta postura fueron los experimentos en simbolismo onírico de Herbert Silberer y los estudios experimentales de Otto Pötzl. No podemos olvidar tampoco el impacto de los experimentos de Bernheim con las sugestiones poshipnóticas de Nancy.

*2. Esa silla imaginaria no puede dejar de recordar la temible poltrona, instalada en un pequeño cuarto vecino al gabinete de Freud, en la que, a partir de su cáncer de boca, iban a realizarse regularmente los ajustes a las prótesis que lo torturaron.

se electrifica, mientras una gigantesca red telegráfica "parlotea" por el continente. La tecnología de la ciencia médica da un tremendo salto aun antes de la llegada de los rayos X. En esa época, la electricidad, tanto la galvánica como la farádica, era la varita mágica de la neurología, no sólo con fines diagnósticos, sino sobre todo como principal recurso terapéutico. En el verano de 1883, en la Exposición de Electricidad de Viena, se presentó el más sofisticado de estos aparatos, y Fleischl llevó a Freud a verlo. Había hasta un teléfono interno, instalado especialmente para el evento, que permitía hablar de una sala a otra[12]. Frente a esta tecnología de punta, Freud vio la necesidad de profundizar en el tema. Fleischl se ofreció a ayudarlo económicamente en la compra de los aparatos. Durante más de cinco años Freud experimentó con los flujos galvánicos y, en 1888, en carta a Fliess, describe un tratamiento hidroeléctrico en el que "el caso resultó bastante simple"[13]. Luego, inspirado en el trabajo de Breuer, investigó los cambios que produce la fiebre en la conductividad eléctrica del sistema neuromuscular[14]. También llevó a cabo un trabajo conjunto con Königstein sobre la reacción eléctrica del nervio óptico. No publicó nada en esa esfera. Nunca tuvo mucha fe en los efluvios galvánicos y en 1890 abandonó, con evidente alivio, toda la "parafernalia eléctrica"[15]. Es interesante una observación que hizo cuando estaba tratando con electricidad a su primer paciente particular: "en esos casos —comenta— tratamos mucho más con nuestra personalidad que con los instrumentos"[16]. La transferencia aún se llamaba magnetismo. Para él los aparatos galvánicos valían tanto como la *baquet* de Mesmer.

De hecho, en 1883, Freud estaba lejos de las neurosis. En su *Presentación autobiográfica* hay un párrafo en el que se ufana por sus pálpitos como neuropatólogo: "La fama de mis diagnósticos confirmados *post-mortem* atrajo a numerosos médicos norteamericanos, para los cuales di conferencias sobre los pacientes de mi sector, en mi inglés *pidgin*. Pero *yo no sabía nada sobre las neurosis*. En cierta ocasión presenté ... a un neurótico que sufría de dolor de cabeza como un caso de meningitis crónica localizada; todos de inmediato protestaron ..." (el énfasis es mío)[17].

O sea que en 1883, cuando Breuer le habla sobre Anna O., Freud "no sabía nada sobre las neurosis". En el año y medio que precedió a su visita a París, las investigaciones histológicas estaban en auge. Experimenta con las células de la médula espinal, la parte del sistema nervioso que aún constituía su principal interés. Para convertirse en un neuropatólogo completo tenía que "ascender por la médula". Entonces comienza, bajo la supervisión de Brücke, un estudio de la estación central radicular: el bulbo raquídeo. En los dos años que pasó con Meynert, su trabajo fue de primera línea. A la sazón —antes del clásico trabajo de Monakow— la estructura del paraencéfalo era en gran parte un misterio.

El caso más perfecto de polineuritis aguda ratificada por la autopsia [el de un joven panadero] apareció publicado a comienzos de 1886[18]. El profesor Sperling, al comentarlo en el *Neurologisches Zentralblatt*, escribe: "Se trata de una contribución muy valiosa para nuestro conocimiento de la polineuritis aguda"[19].

Poco después de entrar en el laboratorio de Meynert, Freud basándose en una sugerencia de Fleischl de unos años antes, inventó un método para colorear preparaciones del sistema nervioso con cloruro de oro. El oro nunca se había usado en forma de cloruro. Después de pocas semanas de experimentación, Freud alcanzó resultados sorprendentes, y se entusiasmó con este procedimiento que le brindaba una "imagen maravillosamente nítida y precisa"[20]. Exultante, lo primero que hizo fue reunir a algunos colegas, comprometerlos bajo juramento a guardar el secreto, y concederles permiso para usar el nuevo y maravilloso cloruro de oro en sus sectores específicos. En el reparto, a Holländer le tocó el cerebro; a Lustgarten la piel; a Ehrmann las gándulas suprarrenales, y a Horowitz la vejiga[21]. "Así, distribuí las diversas partes del cuerpo a la manera de un comandante en jefe"[22], como cabe, acotaríamos, a un Conquistador que divide el botín de guerra.

La competencia histológica era feroz en esos tiempos. De allí su prisa por enviar una "Comunicación Preliminar" sobre su método al *Zentralblatt für die Medizinischen Wissenschaften*; también logró que su artículo se publicara en la revista inglesa *Brain*. En vista de este éxito, Brücke vaticinó erradamente que "sólo sus diversos y nuevos métodos le traerían fama"[23].

Años después, Freud escribe: "El bulbo raquídeo es una cosa seria y bella. Recuerdo muy bien cuánto tiempo y preocupación dediqué a su estudio años atrás. Hoy en día, a decir verdad, debo confesar que no conozco nada que me parezca menos pertinente para la comprensión patológica de la angustia que el conocimiento de las trayectorias nerviosas que siguen sus excitaciones"[24].

Pero, como veremos, no era esto lo que Freud pensaba en la época del *Proyecto*, que consiste, esencialmente, en la tentativa de expresar su teoría psicológica en un lenguaje neurológico, buscando en la anatomía cerebral datos duros (y no metáforas) para una psicología científica.

Freud dedicó dos años al estudio del bulbo y publicó tres artículos que serán sus últimos trabajos histológicos. En estos estudios se apoya de nuevo en un descubrimiento de Fleischl: la mielinización de las vainas medulares de las fibras nerviosas no se produce simultáneamente, sino por grupos siguiendo un orden filogenético, lo que permite su diferenciación. La pista embriológica aportada por Fleischl sirvió de guía para la decodificación anatómica. Entonces, sustituyendo el tejido adulto por un cerebro fetal, en el que sólo son visibles unos pocos fascículos mielinizados, se obtiene una imagen superior a los preparados "enmarañados de las secciones transversales [del cerebro adulto] que sólo permiten una visión topográfica superficial"[25]. La investigación de cerebros embrionarios, iniciada con Holländer, comenzó a dar frutos. Aquí, en la cuestión del "orden filogenético", comienza a madurar la noción de "regresión" (término de Hughlings Jackson), que Freud elaborará en su libro sobre las afasias.

El último artículo histológico, en este período de las tinturas, apareció en un periódico especial sobre otología en setiembre de 1886. Es un estudio detallado de los orígenes y conexiones del nervio acústico, que demuestra, al pasar, que los pares craneanos (V, VIII, IX y X) son homólogos a los ganglios radiculares posteriores de la médula espinal. En ese estudio, observa Jones, "aparece una vez más el aspecto genético".[26]

Pasaron los años y Abraham, en el catálogo de un anticuario, en 1924, encontró la referencia al trabajo de 1878 sobre el Petromyzon; ufano, se consideró coleccionista *hors concours* de la obra del Maestro[27]. Freud, que estaba terminando su *Presentación autobiográfica*, le respondió a vuelta de correo: "La tentativa de identificarme como el autor del trabajo sobre el ganglio medular del Petromyzon impone una exigencia excesiva a la unidad de mi personalidad. Pero así tiene que ser, y creo que fui más feliz con ese hallazgo que con cualquier otro"[28]. Aquí cabe la siguiente pregunta: ¿qué papel tuvo el joven investigador del cloruro de oro en el trayecto científico posterior? Ese camino, ¿fue lineal o disperso, quebrado o continuo? Jones, Bernfeld, Sulloway, ponen el énfasis en la continuidad del recorrido; Assoun, Mario Francioni[29] y los epistemólogos en general, creen en los saltos y las torsiones epistémicas, en las que la palabra de orden sería la resignificación, en una secuencia regida por el tiempo retroactivo de la posteridad.

El *Entwurf zu Einer Physiologischen Erklärung der Psychischen Erscheinungen*, de Exner, se publicó un año antes que el *Proyecto*. Jones recuerda que Exner, "como Freud, cubre un vasto campo; trata temas tales como la percepción, el juicio, la ideación, el reconocimiento y los procesos de pensamiento"[30]. Ambos postulan la primacía del principio de placer.

Jones y Bernfeld fueron los primeros en señalar la importancia de esos años de trabajo en el Laboratorio de Brücke, junto a Exner y Fleischl. Bernfeld se sitúa en una línea empirista cuando da más importancia a la técnica que a la teoría: "El psicoanálisis, antes que nada, fue una nueva técnica que permitió iluminar toda una categoría de nuevos datos, antes inaccesibles"[31]. La técnica organiza los datos. "Freud inventó el instrumento, que usó para hacer grandes descubrimientos, y que le permitió organizar una teoría y especular más allá de lo conocido"[32]. Pero de allí, concluir que "el descubrimiento freudiano fue un resultado casi *incidental* de la invención freudiana"[33] hay, como decía Cipión, *un gran trecho*. Esta manera de razonar es típica de quienes piensan que la histología nació a partir del microscopio, cuando, en realidad, la histología inventó el microscopio para darse cuerpo.

Existe *una falla* fundamental en la concepción de Bernfeld y Jones. Ellos hablan de la revolución freudiana como la llegada de algo espantosamente nuevo, sin precedentes ni precursores. Para Jones, viejo militante fiel, el psicoanálisis hace borrón y cuenta nueva con la historia del pensamiento. Pero, como señala Assoun, ese acontecer inédito no está localizado *"en el nivel de los principios epistémicos*, o sea en el registro teórico de ese pensamiento"[34]. No es la originalidad lo que está en juego. Todo ocurre como si Freud se hubiese apropiado de entrada de un determinado capital epistemológico –brückiano, digamos– que le sirvió para el resto de su vida, y como si ese fondo organizado de teoría (positivismo del siglo XIX) se hubiera utilizado en la investigación de todos los fenómenos, haciéndola prosperar considerablemente *sin que se adoptaran nuevos principios*. Todo el psicoanálisis, entonces, viviría de esa primera renta, percibiendo un lucro incesante sin necesidad de renovar su empresa inicial[35]. De allí que Assoun[36], hable pintorescamente de un *barroco epistemológico*, caracterización válida si definimos el barroco como encuentro totalizador de estilos heterogéneos. Jones, que no entra en preciosismos estilísticos, resuelve el problema del *turning point* del psicoanálisis concluyendo que Freud heredó de Brücke un cierto "espíritu de rigor" teórico, de base fisiológica, en el cual "trató más tarde de insertar sus descubrimientos de orden psicológico"[37]. Convengamos en que Freud es mucho más que un discípulo disidente de Brücke: "Si escapé a esa influencia no fue renunciando a los principios de Brücke, sino ampliándolos empíricamente a los fenómenos psíquicos, sin considerar, por lo tanto, la anatomía"[38]. Aquí justamente se encuentra el *problema* que Jones ignora al mencionarlo como *hecho*. En caso contrario, tendría razón María Dorer cuando dice que Freud quizá sea un mero seguidor de Brücke o de Meynert, cuya originalidad apenas estriba en la aplicación empírica de esos principios a una nueva esfera de fenómenos. Pero, entonces, ¿cuál es la identidad epistemológica freudiana?

Para Jones sería una metodología prestada, una visión conservadora de pequeño investidor. Él no postula un salto copernicano. No entra en lo que Dalbiez alguna vez denominó la *rage* freudiana[39]. Retomando Assoun, cabe preguntar si existe algo así como un "capital epistémico". La rica metáfora mercantil sugiere que esos principios son una garantía, la base segura de una nueva ciencia. Lo que, en última instancia, refleja el *parti pris*, a su vez conservador, de los epistemólogos. Tiene su lógica, anárquica, pero lógica al fin, pensar que lo que marca a un hombre como genio es precisamente la producción de lo inédito epistémico. Lo nuevo está en la simiente y no en el suelo. Freud produce, en el crisol analítico, un hombre desconocido, en una nueva dimensión que constituirá, a partir de ese momento, la marca, la diferencia en su apuesta psicológica.

Hubo un corte, sin duda. El problema precisamente reside en que ese corte no es una cosa obvia, sino un sutil salto de gato. El

164

avance parece realizarse en un *continuum* ilusorio –en esto tenemos que concordar con Assoun. El papel del observador respecto del objeto de la observación cambia con el psicoanálisis. Aparece el sujeto del inconsciente, la incertidumbre sobre lo que se llama "yo pienso". Una mutación[*3]. Más de veinte años después, hablando del difícil caso del Hombre de las Ratas, Freud le escribe a Jung: "¡Qué malas son nuestras reproducciones, de qué modo deplorable disecamos las grandes obras de arte de la naturaleza psíquica!"[40]

Comprobado el salto de gato, habría que nombrar a algunos precursores. En esta travesía genealógica aparece Carus, 1789-1869, médico, pintor, maestro en fisiognómica, romántico radical, "gran admirador de la ciencia goetheana",[41] el primero en realizar una presentación perfecta del inconsciente, en el párrafo de apertura de su libro *Psiche*:

> La clave para el conocimiento de la vida del alma consciente yace en el dominio del inconsciente. Eso explica la dificultad de llegar a tener una comprensión cabal del secreto del alma. Si fuese completamente imposible encontrar el inconsciente en el consciente, el hombre nunca podría alcanzar un conocimiento de sí mismo. Pero si esta imposibilidad es sólo aparente, la principal tarea de la ciencia del alma es buscar la manera de que el espíritu del Hombre pueda descender a sus profundidades[42].

Para Carus, maestro de Von Hartmann, la conciencia se desarrolla gradualmente, pero siempre bajo la influencia del inconsciente, al que el sujeto retorna periódicamente cuando sueña. De ahí el subtítulo *Psyché: Historia de la evolución del alma*. Carus, además de "freudiano", también fue "junguiano", al formular que el inconsciente individual está relacionado con el inconsciente de todos los hombres[43].

Von Hartmann representa la culminación erudita de la filosofía romántica del siglo XIX. Él describe tres niveles en el inconsciente: 1) un absoluto inconsciente que constituye la sustancia del universo y que es fuente de las otras formas de inconsciente; 2) un inconsciente carusiano, que sería una instancia dinámica en la génesis del psiquismo, y 3) un inconsciente psicológico, sumergido en el fondo de nuestra vida consciente. Con Carus y Von Hartmann, la "voluntad" de Schopenhauer afina su puntería y recibe un nombre más adecuado.

Schopenhauer, a su vez, publicó su *El mundo como voluntad y representación* en 1819, cuando tenía 31 años, pero el libro pasó inadvertido. A este hombre la fama le llegó tardíamente, en 1850. Para él

---

[*3]. Robert Holt, "A Review of some of Freud's biological assumptions and their influence in his theory", *Psychoanalysis and Current Biological Thought*, págs. 93-124.

la voluntad tenía el carácter dinámico de una fuerza ciega, de la cosa en sí, kantiana, semejante a la *Ding* sobre la que Freud especulará más de cien años después. El dualismo de Schopenhauer reparte las fuerzas irracionales en dos instintos: el de conservación y el sexual, siendo el segundo mucho más importante que el primero. "El hombre es instinto sexual encarnado ya que debe su origen a la copulación, y el deseo de sus deseos es copular"[44]. La sexualidad sería la mayor afirmación vital y, en ese sentido, la crítica de pansexualismo le cabe más a él que a Freud[45]. Ellenberger consigna que estos dos grandes solitarios tenían tres puntos en común: "una concepción irracionalista del hombre, una identificación del impulso vital con la pulsión sexual, y un pesimismo antropológico"[46].

NOTAS

1. Carta de Freud a Martha del 15 de octubre de 1883, *Sigmund Freud. Correspondência de amor*, 1981, Imago, Río de Janeiro, pág. 92.
2. *Zentralblatt für die Medizinischen Wissenschaften*, XVII, 1879, pág. 468.
3. Carta de Freud a Wilhelm Knöpfmacher del 6 de agosto de 1878, *The Origins of Psycho-analysis*, 1954, Londres, Imago, pág. 16n.
4. Ernest Jones, *A vida e a obra de Sigmund Freud*, 1989, Río de Janeiro, Imago, I, pág. 63.
5. Carta de Freud a Silberstein del 14 de agosto de 1878, *Lettres de jeunesse*, 1990, París, Gallimard.
6. Elisabeth Roudinesco, *História da psicanálise na França. A batalha dos cem anos*, 1986, II, Río de Janeiro, Zahar, pág. 51.
7. Carta de Freud a Rosenzweig del 28 de febrero de 1934, David Shakov y David Rappaport, *Freud's influence in American Psychology*, 1964, pág. 124n.
8. Carta de Freud a Martha del 19 de abril de 1884, *Sigmund Freud. Correspondência de amor*, págs. 132-3.
9. Ernest Jones, *op. cit.*, I, pág. 208.
10. Ibíd.
11. Jean Paul Sartre, *Freud, além da alma*, 1984, Río de Janeiro, Nova Fronteira, pág. 165.
12. Ernest Jones, *op. cit.*, I, pág. 198.
13. Carta de Freud a Fliess del 4 de febrero de 1888, *Correspondência Sigmund Freud-Wilhelm Fliess*, 1986, comp. por J. M. Masson, Imago, Río de Janeiro, pág. 22.
14. Carta de Freud a Martha del 29 de mayo de 1884, *Sigmund Freud. Correspondência de amor*, pág. 139.
15. SE, XX, pág. 16.
16. Carta de Freud a Martha del 5 de agosto de 1883.
17. SE, XX, pág. 12.
18. *Wiener Medizinische Wochenschrift*, 1884, N° 9-10.

19. Ernest Jones, *op. cit.*, I, pág. 209.

20. Eine neue Methode zum Studium des Faserverlaufs im Zentralnervensystem, von Dr. S. Freud. Archiv f. Anatomie und Physiologie Anatomische Abth., 1884, págs. 453-460.

21. Ernest Jones, *op. cit.*, I, pág. 213.

22. Carta de Freud a Martha del 12 de octubre de 1883, citada por Ernest Jones, ibíd., I, pág. 212.

23. Carta a Martha del 28 de octubre de 1883, citada por Ernest Jones, ibíd., I, pág. 212.

24. SE, XIV. Véase, en especial, la metapsicología.

25. *Monatschrift für Ohrenkeilkunde*, vol. XV, 1886, pág. 408.

26. Ernest Jones, *op. cit.*, I, pág. 215.

27. Carta de Abraham a Freud del 17 de setiembre de 1924, *A Psychoanalytic Dialogue: the Letters of Sigmund Freud and Karl Abraham, 1907-1926*, 1965, Nueva York, Basic Books, pág. 368.

28. Carta de Freud a Abraham, ibíd., pág. 369.

29. Mario Francioni, "Historicité et situation épistémologique de la psychanalyse: filiation et ortho-praxis", *Revue Internationale de l'Histoire de la Psychanalyse*, 1993, VI, págs. 187-96.

30. Ernest Jones, *op. cit.*, I, pág. 380.

31. S. Bernfeld, "Freud's scientific beginnings", 1949, *Amer. Imago*, VI, págs. 165-96.

32. Ibíd., pág. 184.

33. Ibíd.

34. P.-L. Assoun, *Introdução a epistemologia freudiana*, 1982, Río de Janeiro, Imago, pág. 117.

35. Ibíd., pág. 118.

36. Ibíd.

37. Ibíd., pág. 117.

38. SE, XX, pág. 253.

39. Roland Dalbiez, *La méthode psychanalytique et la doctrine freudienne*, I y II, 1949, París, Denoel.

40. Carta de Freud a Jung del 30 de junio de 1909, *Freud-Jung, Correspondência Completa*, 1976, Río de Janeiro, Imago, pág. 289.

41. Jacques Le Rider, crítica del libro *Vor Freud. Philosophiegeschichtliche Voraussetzungen der Psychoanalyse*, de Wilhelm W. Hemecker, 1991, Munich, pág. 656.

42. C. G. Carus, *Psyche, zur Entwicklungsgeschichte der Seele*, 1846, Pforzheim, Flammer e Hoffmann.

43. Andrew Samuels, "Psychologie nationale, national-socialisme et psychologie analytique", *Revue Internationale d'Histoire de la Psychanalyse*, 1992, V, pág. 204.

44. A. Schopenhauer, *Die Welte als Wille und Vorstellung*, II, pág. 456-60.

45. Luis Granjel, "Schopenhauer y Freud", *Actas Luso-Españolas de Neurología y Psiquiatría*, vol. IX, 1950, págs. 120-34.

46. Henri F. Ellenberger, *The Discovery of the Unconscious*, 1970, Basic Books, Nueva York, pág. 209.

CAPÍTULO 9

LA DROGA MÁGICA

$C_{17}H_{14}NO_4$[*1]

El intento de Sherlock Holmes de escapar de los tentáculos de la cocaína era el esfuerzo más titánico que jamás presencié ... El primer día Sigmund Freud consiguió mesmerizar a Holmes, que ahora dormitaba en un cuarto en el piso superior. En cuanto Holmes se acostó en la cama de estilo barroco, Freud me sacudió la manga y ordenó: "Rápido, Watson, tenemos que revisar su equipaje"[1].

El año de 1884 fue capital en la formación de Freud. En 1883 había descubierto el cloruro de oro; al año siguiente le tocó el turno de las sales de cocaína. Esta droga cambió su vida y, como luego veremos, su modo de pensar. Tiempos psicodélicos en aguas turbias. Él todavía no conocía a Charcot y el psicoanálisis no era ni siquiera un sueño. Pero la cocaína fue una ilusión que terminó en pesadilla.

El interés surgió de una monografía del médico alemán Theodor Aschenbrandt, que en 1883 describió sus experimentos de administración de la droga a soldados en maniobras. Objetivo: combatir la fatiga[*2]. En su informe "El efecto fisiológico y la importancia de la cocaína", Aschenbrandt presenta el caso de un soldado que sufre un colapso por agotamiento durante las maniobras y que, después de tomar "una cuchara sopera que contenía 20 gotas de muriato de cocaína (0,5:10)", se recupera y continúa marchando varios kilómetros con la pesada mochila a cuestas[2].

El 30 de abril de 1884 Freud supo por experiencia propia que Aschenbrandt y los indios del altiplano tenían razón:

[*1]. Ésta es la fórmula de la cocaína establecida por Lossen.

[*2]. Los alemanes siempre se especializaron en la psicofarmacología de guerra. El caso más célebre fue el uso de las anfetaminas por pilotos en la Segunda Guerra Mundial. En 1883, cuando Aschenbrandt experimentaba con la cocaína después de marchas forzadas, una Alemania unificada, en las manos de Bismarck, comenzaba la escalada militar prusiana que prenunciaba las *Blitzkriegs* del siglo XX.

Durante una ligera depresión debida al cansancio tomé por primera vez 0,05 gramos de muriato de cocaína diluidos en agua en una solución del 1% ... Pocos minutos después experimenté una súbita exaltación y sensación de alivio[3].

No resultó fácil obtener literatura sobre esta novedad en la farmacopea; fue el propio Fleischl quien le dio una carta de recomendación para la biblioteca de la Gesselshaft der Arzte (Sociedad de Médicos), donde encontró un volumen publicado poco antes que contenía amplia información sobre el tema.

"Al principio –comenta Jones– él no esperaba grandes resultados"[4]. El gran obstáculo, en esos años de vacas flacas, era el costo de la cocaína, encargada al Laboratorio Merck[*3]. Sabía que el gramo iba a costarle 33 coronas (13 centavos de dólar), y se sintió aterrado al comprobar que el precio era de tres florines y 33 coronas (1 dólar con 25 centavos). Pensó que con eso terminaría la investigación, pero temerariamente encargó un gramo e hizo la experiencia de que el "brillo" de la cocaína transformara su mal humor en buena disposición, concluyendo "que no hay ningún motivo para preocuparse"[5].

Aquí tenemos que hablar de los "problemas funcionales" de Freud. Durante muchos años él sufrió depresión, astenia y apatía crónicas, con dispepsia contumaz, síntomas corporales que luego asumieron la forma de ataques de angustia. Las reacciones neuróticas se exacerbaron en su tumultuoso compromiso amoroso, en el que la abstinencia sedimentaba como neurastenia. La cocaína resolvía el cuadro, levantando la depresión y la opresión dispéptica del estómago.

Ernest Jones le dedica a esta época un capítulo que titula: "El episodio de la cocaína"[6]. Parece ser que Freud tuvo un éxito espectacular con el alcaloide en un caso de catarro gástrico, en el cual eliminó inmediatamente el dolor. Su entusiasmo crecía en rápida progresión. En mayo de 1884 le comunica las buenas noticias a Martha. La primera carta, del día 21, todavía es cauta:

Leí comentarios sobre la cocaína, el eficaz componente de las hojas de la coca que los indígenas de algunas tribus mascan para resistir la privación y la fatiga ... Ahora encargué una pequeña cantidad y, por motivos obvios, voy a experimentarla en casos de enfermedades del corazón, agotamiento nervioso, especialmente

*3. Merck fue el primer laboratorio que consiguió "estabilizar" el efecto de la droga. Las soluciones anteriores eran inestables, inclusive el reputado vino de Mariani. Merck, fundador de la actual firma Merck, Sharpe & Dohme, escribe: "Fabrico el alcaloide cocaína puro, así como en combinación con ácido muriático, con ácido salicílico, con ácido hidrobrómico, con ácido tartárico y con ácido cítrico" (E. Merck, "A cocaína e sus sales", en *Freud e a cocaína*, Robert Byck (comp.), 1989, Río de Janeiro, Espaço e Tempo, pág. 89).

en el terrible estado que sigue a la interrupción [del consumo] de morfina (como es el caso del Dr. Fleischl) ... Sólo necesitamos un golpe de suerte de este tipo para montar nuestra casa[7].

Cuatro días más tarde su entusiasmo crece:

Si esto funciona, voy a escribir un ensayo que espero acabe encontrando su lugar en la farmacopea ... También albergo otras expectativas e intenciones. Tengo la esperanza de que acabará con los vómitos más rebeldes, aun los que provienen de un dolor intenso. Resumiendo, sólo ahora me siento médico y tengo confianza en poder ayudar a los otros[8].

"Freud envió una cierta cantidad de la droga a su novia para fortalecerla y dar rubor a sus mejillas; la ofrecía insistentemente a sus amigos y colegas, y también la repartió entre sus hermanas. En resumen, a la luz de lo que sabemos hoy en día, Freud estaba convirtiéndose en un verdadero peligro público"[9].

Droga mágica. Furor terapéutico. La palabra del día: "esperanza". El filtro corría libremente, dándole, como dice Pierre Eyguesier, un "Efecto de Fortuna"[10]. La verdad es que, durante por lo menos doce años, Freud tomó cocaína regularmente. "Entre la cura de Anna O. y el vivo interés por el método catártico, están los amores de un neurólogo «neurasténico» con una «substancia mágica»"[11].

Cabe preguntarse si este entusiasmo no lo llevó a buscar una clave para su autoconocimiento mediante la inducción de un estado alterado de conciencia, transitando el mismo camino que Moreau de Tours había recorrido cincuenta años antes, al consumir hachís en su laboratorio. Años cruciales, en los cuales nace el psicoanálisis. Tal vez se pueda decir que si los sueños constituyen la Vía Regia para el inconsciente, la cocaína electrificó los rieles[*4]. Eyguesier concuerda: "Mi idea es que el encuentro de Freud con la cocaína marca la puerta de entrada para la experiencia psicoanalítica de una manera tan decisiva como el autoanálisis"[12].

La idea de que esta droga pesada participe de los orígenes del psicoanálisis incomoda. Resulta incómoda particularmente a los espíritus conservadores que, lógicamente, repudian esa idea de un padre "cocainómano". Por eso la postura de Ernest Jones se revela compleja: valiente y medrosa al mismo tiempo. Él documenta fielmente el episodio de la coca, aunque encuentra lugar para decir:

[Freud] no tenía ningún motivo para pensar que su conducta era peligrosa, y cuando afirmaba que, a pesar de la frecuencia con

*4. He desarrollado esta idea en mi *Ondina, Supertramp*, 1989, Río de Janeiro, Imago.

que la tomaba, no percibía ningún deseo de volver a tomarla, estaba diciendo estrictamente la verdad. Como sabemos ahora, se necesita una predisposición especial para incubar la dependencia a la droga, y Freud, felizmente, no tenía esa predisposición[13].

¿¡Felizmente no tenía esa predisposición!? El propio Freud comentó en incontables oportunidades los tormentos de su tabaquismo. Concuerdo con Jones en que no fue cocainómano, pero entró directamente en la propuesta de la droga. En junio de 1883, en medio de la lucha por liberarse del cigarro, escribió: "Necesito mucha cocaína"[14].

Coca y amor. Freud suspira, estornuda, moja la pluma para escribir su centésima carta de amor:

Ay de ti, mi princesa, cuando yo llegue. Voy a besarte hasta que te suba el color y alimentarte hasta ponerte gordita. Y si te opones, verás quién es más fuerte: una delicada joven que no quiere comer o un hombre grande y salvaje que tiene cocaína en el cuerpo[15].

Intrigante billete. Parece una versión surrealista de *Caperucita Roja* con un final indeclinable: el lobo Freud quiere comerse a su sabrosa enamorada. La carta va más allá de mostrar una dulce fantasía sádica en estado naciente: da testimonio, en vivo y en directo, de una producción literaria escrita bajo los efectos de la droga. Sólo con "cocaína en el cuerpo" un tímido y neurasténico muchacho judío –considerado virgen por muchos– pudo haber escrito ese billete gargantuesco.

El arquero de una sola flecha se pregunta otra vez: ¿es posible que ese "hombre salvaje" haya llegado virgen al casamiento, después de pasar cuatro años al rojo? Lo veo improbable. Considerémoslo: un joven buen mozo de 28 años, con bellos ojos oscuros, un librepensador, picaresco ex miembro de la Academia Española, que incinera buena parte de su correspondencia, que luego pasa a ser consumidor habitual de cocaína y que –como escribe en su artículo "Lo ominoso"– en un viaje a Italia rumbeó para el barrio de las prostitutas[16]. Sería demasiada idealización pensar que ese "conquistador" llegó virgen al casamiento. De hecho, no sé si sería idealizarlo o deformarlo: depende del punto de vista.

Por otra parte, los lectores que hayan experimentado con la cocaína concordarán conmigo en que la droga arroja un fuego perverso sobre la sexualidad. Es obvio que Jones nunca la usó. La cocaína, repito, es una droga pesada. Freud tenía que saber que estaba jugando con fuego[*5].

*5. En efecto, como veremos al hablar de las utilizaciones de la droga, él menciona las propiedades afrodisíacas.

Sea como fuere, su vida amorosa de adolescente no fue gran cosa. Que se sepa: algunos juegos sexuales infantiles, Gisela como estrella fugaz, preocupaciones masturbatorias y poco más. Ese poco más, vamos a imaginar que pudo haber sido la visita a un prostíbulo de Manchester, tal vez con John, alguna escapada en Trieste o en París o al *Graben*, el barrio rosa de Viena, en las sombras de la noche. No sé. Me resisto a pensar que el mayor sexólogo de todos los tiempos haya sido nada más que un tímido y furtivo "puñetero".

La cocaína también electrifica el romance:

Si realmente insistes en encontrarme en la estación, no puedo impedirlo. Yo estoy en contra porque no quiero que la estación y las valijas interfieran nuestros primeros besos. Pero si los serios hamburgueses no te intimidan y quieres darme un beso al verme y luego, camino a Wandsbek, otro y otro más, etc., entonces estoy de acuerdo. No estaré cansado porque voy a viajar bajo la influencia de la coca, a fin de vencer mi terrible impaciencia[17, *6].

La siguiente larga carta a Martha es muy reveladora. Comienza anunciando que, "la pizca de cocaína que acabo de tomar está volviéndome locuaz, mi mujercita":

Sabías que el hombre es una mezcla muy extraña: sus virtudes frecuentemente están en el origen de su perdición, mientras que sus faltas le dan la felicidad ... Pero si hoy fuese el último día de mi vida y alguien preguntara si yo fui feliz, escucharía de mí un sí categórico. Porque nunca dejé de creer que algún día serías mía y confié en tu amor ... A fin de cuentas, lo que más deseo es poseerte, y poseerte tal como eres[18].

Luego habla de sí mismo:

¿Piensas realmente que soy simpático? Tengo mis dudas al respecto. Sospecho que las personas encuentran en mí alguna cosa que los desconcierta y eso se debe, en última instancia, a que durante mi juventud nunca fui joven y que ahora, cuando la edad madura está a la puerta, no consigo envejecer. Sé muy bien que no soy un genio y no comprendo cómo puedo pretender serlo. Ni siquiera soy alguien dotado: toda mi potencia de trabajo proviene de mi carácter y de la ausencia de grandes flaquezas intelectuales. Pero sé que esta mezcla puede llevarme lentamente al éxito... Tal vez consiga igualarme con Charcot. Eso no quiere decir que

---

*6. Y, tal vez, su "terrible" fobia ferroviaria.

172

llegue tan lejos, ya que no encuentro las condiciones favorables y no tengo el poder de obtenerlas por la fuerza. Hoy hablo hasta por los codos. ¡Hay tantas cosas que quería decirte! ... Mi dulce tesoro, estoy haciéndote confesiones muy estúpidas, sin razón alguna, a menos que sea la cocaína la que destraba mi lengua"[19].

"Nunca fui joven ... y no consigo envejecer". Ésta no es una carta común. El propio Jones observa que "se trata del más extenso comentario que Freud hizo sobre él mismo"[20].

"En el jardín de las prohibiciones, el hombre es cómplice del rayo"[21]. Siegfried Bernfeld tiene el mérito de haber sido el primero en considerar la droga, no como un mero tropiezo en el camino (según la interpretación de Jones), sino como una "transgresión creativa"[22]. Freud, con la coca, siguió por primera vez su propio rumbo. Las investigaciones realizadas bajo la dirección de Brücke, así como su trabajo en neurología clínica, fueron fundamentalmente conservadores, aunque revelen singular talento y originalidad en el detalle. Los objetivos, los conceptos, la metodología, los interrogantes planteados y sus respuestas son otros tantos elementos absolutamente alineados con el positivismo doctrinario de sus admirados maestros. "En cambio, nadie avalaba sus estudios sobre la cocaína ... Aquí Freud transgredió las estrechas fronteras del dominio de la investigación..."[23]. Assoun coincide: "Ésta es la originalidad del trabajo sobre la cocaína: la primera empresa sin patrocinador"[24]. Entramos en los dominios de una "transgresión de las reglas del juego epistémico, brecha sutil por la cual se desliza la promesa de autonomía"[25].

Freud escribe febrilmente su ensayo *Über Coca*, monografía apreciada principalmente por su nivel literario. Lo que no deja de ser una verdad errada. Este texto redactado en un estilo "suave que no se encuentra en ningún otro escrito"[26] inaugura una nueva forma de hablar sobre la condición del sujeto parlante. Anna Freud, por su parte, opina que este ensayo está "al borde del entusiasmo"[27]. Encontramos allí los tres atributos de vivacidad, simplicidad y claridad[*7]. Jones comenta: "En este ensayo hay sobre todo un tono que nunca se repetirá en los textos posteriores, una notable combinación de objetividad con vehemencia personal, como si él mismo se apasionara por el contenido"[28]. Bernfeld va todavía más lejos, y da ejemplos. Freud, en lugar de decir "una dosis de cocaína" habla de "una dádiva [*Gabe*] de cocaína"; en otro párrafo celebra "la más espléndida excitación de la droga"[29]. Es fácil pensar que para este trabajo, tan opuesto al de los testículos de las anguilas, el autor se inspiró en la mejor tradición de la

*7. Buen ejemplo del *estilo histórico* de Freud, tal como es descrito por Patrick Mahony en *Uma definição do estilo de Freud*, 1986, Río de Janeiro, Imago.

literatura romántica germánica. *Über Coca* inaugura la modalidad expositiva del "observador observado". La experiencia personal como materia prima. Aunque está a años luz del psicoanálisis, esta monografía hace pensar en *La interpretación de los sueños*: un componente subversivo se infiltra en ambas obras. Los efectos de la coca, primero; luego los efectos del recuerdo de los sueños. El riesgo del compromiso autobiográfico es el mismo. En ambos escenarios él se trata como sujeto. En el caso de la cocaína, Freud piensa que el alcaloide aumenta la fuerza muscular y disminuye el tiempo de reacción, atribuyendo esos dos efectos a una causa psíquica intermediaria. Algo semejante sucede en el plano onírico: la asociación libre provoca la intensificación de las representaciones inconscientes, propiciando las condiciones para que entre en acción un dispositivo creativo[30].

La monografía se abre con la saga mítica de Manco Cápac, el hijo real del Dios Sol, que repartía la coca como "dádiva de los dioses para satisfacer a los hambrientos, fortalecer a los agotados y hacer que los desdichados olviden sus penas"[31]. Freud acota: "Las hojas de coca eran ofrecidas en sacrificio a los dioses, mascadas durante las ceremonias religiosas, incluso introducidas en la boca de los muertos..."[32]. Manco Cápac afirmaba que el divino hijo del Sol había descendido de los peñascos del lago Titicaca en tiempos remotos, "trayendo esa planta divina que da fuerzas...".

La ruta de la droga pasó por España. Noticias de la planta maravillosa llegaron a la corte de Felipe V a mediados del siglo XVI, en las descripciones del viajero Nicolás Monardes. Nada se hizo con ella por más de tres siglos, hasta que en 1855, un año antes del nacimiento de Freud, Gardeke extrajo de esas hojas un alcaloide que denominó "eritroxilon". El proceso fue perfeccionado cinco años más tarde por Albert Niemann, quien le dio el nombre de cocaína a la sustancia obtenida[33].

Freud, en cuanto a sus propiedades farmacológicas, confirma las conclusiones de Mantegazza sobre el valor terapéutico del alcaloide, su acción estimulante y al mismo tiempo adormecedora del estómago. También confirma su utilidad en la melancolía. "Es notorio que los psiquiatras tienen a su disposición una gran variedad de drogas para reducir la excitación de los centros nerviosos, pero ninguna que sirva para aumentar el funcionamiento reducido de los nervios centrales"[34]. Sobre el modo de actuar de la droga, él propone la hipótesis, después confirmada, de que la cocaína no incide directamente sobre el cerebro, sino que suprime las actividades depresoras de las estimulaciones corporales.

La segunda parte del ensayo trata sobre los efectos de la droga, a partir de observaciones realizadas en sí mismo y en el consultorio. Describe la "euforia duradera que en nada difiere de la euforia normal de la persona saludable ... Se percibe un aumento del autocontrol y una mayor vitalidad y capacidad de trabajo ... En otras palabras, se sigue en un estado sencillamente normal, y cuesta creer que uno se encuentra bajo la influencia de cualquier droga ... Se puede realizar un intenso trabajo mental y físico sin la menor fatiga. Después de la primera administración, o aun después de repetidas dosis, no surge ningún deseo de más cocaína; se siente al contrario una curiosa aversión por ella"[35].

El párrafo final de *Über Coca* revela el "error" de Freud. En ese texto, escrito con prisa, él concluye: "La capacidad de la cocaína y sus sales, aplicadas en soluciones concentradas, para anestesiar membranas cutáneas y mucosas, sugiere un posible uso futuro, especialmente en casos de infecciones locales. Es probable que en un futuro próximo se desarrollen algunos otros usos de la cocaína, basados en esa propiedad anestésica"[36].

Años después, en un demorado *après coup*, Freud se recriminó amargamente que hubiera perdido la fama por un tris. Pero coincido con Ernest Jones en que el autorreproche estaba mal encaminado. Freud, como Manco Cápac, tenía una visión exaltada del filtro mágico, del "Elixir de la Virilidad"*[8] y se puede conjeturar que, aun con todo el tiempo a su disposición, no hubiese pensado en la aplicación quirúrgica aséptica y localizada, tan ajena a sus preocupaciones totalizantes. Los usos locales que tenía en mente sólo se relacionaban con mitigar el dolor en infecciones cutáneas. Solamente eso. O sea que veía la cocaína como analgésico, y no como anestésico. Cuando le sugirió al oftalmólogo Königstein, su amigo de tarot, que el alcaloide se podría aplicar en los ojos, ambos pensaban en calmar los dolores del tracoma. Él estaba interesado, eso sí, en la aplicación afrodisíaca, euforizante, lejos del bisturí[37]. No fue, entonces, por pura precipitación que no descubrió la utilidad de la cocaína como anestésico de las mucosas. Estoy de acuerdo con la hija de Koller en que "lo que parece hoy en día tan obvio no lo era" en la época, ya que las propiedades anestésicas de la cocaína no habían sido advertidas por "Mantegazza, Niemann, Moreno y Wöhler"[38]. Todos ellos investigadores de peso.

De hecho, al final del ensayo, Freud presenta "las utilizaciones terapéuticas de la coca". Son siete en total, enumeradas por orden de importancia: 1) como estimulante, 2) en la dispepsia, 3) en la caquexia, 4) en el tratamiento de adicciones a la morfina y el alcohol, 5) en el asma, 6) como afrodisíaco y 7) en último lugar, como anestésico local.

Examinemos la psicología del autorreproche en Freud. Él esperaba alcanzar una cierta fama con la cocaína, y no podía imaginar que una fama mucho mayor aguardaba a quien la aplicase como anestesia. Se recrimina cuando lo advierte: "Sé muy bien cómo me sucedió

---

*8. Véase la propaganda de los "Vinos Mariani" en el libro de P. Eyguesier, *Comment Freud devint drogman*, Anexo II, 1983, París, Navarin, pág. 44.

–le cuenta Freud a Fritz Wittels–; el estudio de la coca era para mí un «atajo» que yo estaba ansioso por abandonar"[39].

Esa sería la "Tercera Tentación de Freud". Había renunciado al camino estrecho de la investigación histológica sobria para tomar un desvío transgresor –un "atajo"– que, a fin de cuentas, le trajo sufrimiento, mientras que otra persona, su colega Koller, alcanzaría una fama internacional como benefactor de la humanidad. Todo esto, dicho sea de paso, pertenecía a un futuro próximo pero inesperado. Freud, sin la menor idea de ese porvenir, partió impaciente, en el primer día de setiembre, para disfrutar sus vacaciones en Wandsbek, en la huella de los húmedos ósculos.

Über Coca, de hecho, no sólo fue redactado con apuro, sino que quedó inconcluso desde el punto de vista expositivo. Así se explica que no tenga un párrafo de conclusión, ni siquiera unas palabras de cierre. El breve ensayo de veinticinco páginas termina con las siete utilizaciones terapéuticas ya citadas. Freud nunca, ni antes ni después, dejó una obra suya inconclusa. Existen cuatro motivos posibles: 1) la prisa de un novio abstinente por ver a su Dama; 2) la culpa por el "desvío" implícito en el trabajo con una droga de alto riesgo; 3) la "transferencia" con la cocaína, y 4) algo así como una neurosis de fracaso ante el éxito.

Mientras Freud celebraba su centésimo beso, la "otra persona" entró en escena. Carl Koller, un año más joven que Freud, tiene su nicho –pequeño aunque seguro– en la Historia de la Medicina por ser el primero que empleó la cocaína como anestésico local. Esto permitió un salto cualitativo en la cirugía ocular. Koller era médico residente en Oftalmología. "Cierto día –narra Freud– yo estaba en el patio con un grupo de colegas, entre ellos ese hombre, cuando otro interno pasó a nuestro lado dando señales de intenso dolor. Le dije «Creo que puedo ayudarlo», y todos fuimos a mis habitaciones, donde le apliqué algunas gotas de un remedio que hizo desaparecer el dolor instantáneamente. Expliqué a mis amigos que esa droga era el extracto de una planta sudamericana, la coca, que parecía tener poderosas propiedades para aliviar el dolor. El hombre, que tenía un interés permanente por el ojo, y cuyo nombre era Carl Koller, no dijo nada, pero pocos meses después supe que había comenzado a revolucionar la cirugía de los ojos con el uso de la cocaína, facilitando operaciones que hasta entonces habían sido imposibles"[40].

Y así fue: Carl Koller lee el ensayo de su amigo y la historia nuevamente se acelera. Esas veinticinco páginas cambiaron su vida. Recapitulemos: Freud tomó coca el 30 de abril, y publicó su ensayo en junio de ese año. Koller leyó el ensayo a principios de agosto y realizó su experimento definitivo a fines de agosto. Gärtner, que se considera "el único testigo ocular del nacimiento del anestésico local", narra:

El Dr. Karl Koller entró corriendo en el laboratorio del Prof. Stricker, sacó del bolsillo un pequeño frasco que contenía un poco de polvo blanco ... diciendo más o menos lo siguiente: "Espero, en realidad creo, que este polvo hará al ojo insensible al dolor"[41].

Una rana fue retirada del vivero, envuelta en un paño e inmovilizada. Gärtner continúa:

Colocamos unas gotas de la solución en uno de sus ojos protuberantes. Los reflejos de la córnea fueron testeados a intervalos de unos pocos segundos. Durante cerca de un minuto no sucedió nada fuera de lo común. Luego, el gran momento histórico. La rana dejaba que su córnea fuese tocada ... Cuando el ojo tratado con la droga era arañado o pinchado, ella nos contemplaba en calma, con completa indiferencia, pero respondía con la agitación habitual al menor toque en el otro ojo. La experiencia prosiguió en el clima de excitación que la oportunidad justificaba ... La experiencia no duró más de una hora[42].

Conviene recordar "que a principios del siglo XIX, antes de Lister, el dolor todavía no había sido dominado; la anestesia general pasó a ser empleada, en las intervenciones importantes, a partir de 1847"[43].

Parece ser que la cocaína corre por la sangre de quienes la investigan, porque el tiempo se acorta otra vez. Koller escribe con mucha prisa una nota preliminar, fechada en setiembre de 1884, que fue leída en una Convención de Oftalmología en Heidelberg. Según las minutas de la Convención, "El efecto fue electrizante"[44]. Un mes después, a mediados de octubre, realizó una exposición detallada y definitiva ante la Sociedad Médica de Viena. En el primer párrafo se destaca la obervación siguiente: "Nosotros, los médicos vieneses, conocimos la cocaína gracias a la compilación minuciosa y el interesante ensayo terapéutico de mi colega en el Hospital General, el Dr. Sigmund Freud"[45].

Cuando Freud vuelve de Wandsbek en octubre, encuentra el mundo cambiado por el sensacional hallazgo oftalmológico. La hija de Koller exclama: "Las cosas sucedieron tan velozmente que la secuencia de los acontecimientos, e incluso los hechos que rodearon el descubrimiento, quedaron desdibujados"[46]. El Dr. Herman Knapp, oftalmólogo norteamericano, futuro amigo de Koller, afirma: "Ningún remedio moderno fue recibido por la clase médica con semejante entusiasmo, ninguno se difundió tan rápido y difícilmente algún otro haya demostrado tener un campo de aplicación tan amplio como la cocaína, el anestésico local que recientemente ha hecho conocer el Dr. Koller"[47].

Como vimos, Freud también había llamado la atención de su amigo Leopold Königstein sobre el poder embotante de la cocaína, y le había sugerido su aplicación para aliviar el dolor de ciertas enfermedades oftálmicas, como el tracoma y la iritis. Leopold Königstein siguió esas indicaciones con éxito, y sólo algunas semanas después extendió el uso de la droga al campo de la cirugía, extirpando el ojo de un perro con la asistencia del propio Freud. O sea que Königstein perdió el tren por tan poco que entró en litigio. En la reunión del 17 de octubre presentó un artículo que describía sus experiencias con la cocaína sin mencionar a Carl Koller. Todo estaba pronto para una desagradable disputa por la prioridad, pero Freud consiguió desactivar la bomba, persuadiendo a Leopold Königstein de que incluyera en su texto una referencia a la "Comunicación Preliminar" de Carl Koller.

En abril de 1885 Jacob Freud visitó a su hijo con una molestia en los ojos. Sigmund se mostró inclinado a minimizar el hecho, pero Carl Koller, que estaba presente, examinó a Jacob y diagnosticó un glaucoma. Pidieron entonces la ayuda de Königstein, jefe de Koller, y Königstein lo operó con éxito. En la mesa de operaciones, Carl Koller, que administraba la nueva anestesia local con la asistencia de Freud, observó que allí estaban presentes las tres personas que habían participado en la introducción del alcaloide. El hijo sin duda se sintió orgulloso: él, a fin de cuentas, había llegado a ser alguien[*9].

A mi juicio también existe una secreta conexión entre la droga y Jacob Freud. Como luego veremos, en la misma carta en que Freud anuncia a Fliess la muerte de su padre, le comenta: "... a propósito, dejé completamente de lado la escoba de la cocaína"[48].

Podría suponerse que Freud quedó muy abatido e irritado consigo mismo por la hazaña de Carl Koller. Una vez más la histérica Diosa de la Fortuna lo marcaba en la recta final. Pero no fue así. Le relató el hecho a Martha de la siguiente manera: "Mi segunda noticia es más amena. Un colega mío descubrió una notable aplicación de la coca en oftalmología, y la comunicó al Congreso de Heidelberg, con gran éxito"[49].

Sólo más tarde, después del tumulto ocasionado por la riña entre los dos "K", Freud se da cuenta de que apenas se le reconocía el "5% del mérito" por el descubrimiento y "los otros se quedaban con la parte del león"[50]. Entonces se deprime y se acusa de negligencia. Años más tarde, cuando los efectos mágicos del filtro de amor ya habían desaparecido, él dijo, con poca elegancia: "Fue por culpa de mi novia por lo que no me hice famoso cuando todavía era muy joven"[51]. Ernest Jones, olvidando las reservas mencionadas, comenta: "así, por segunda vez en la vida, Freud se perdió la fama por un pelo"[52].

Freud y Koller eran amigos, tenían la misma edad, ambos eran judíos pobres[*10], trabajaban en el mismo hospital. ¿Cómo quedaron sus relaciones después de la cocaína?

*9. Esta escena es importante en el imaginario de Freud. Reaparecerá en el sueño de Irma cuando Leopold y Otto examinan la zona de macidez en el torso de la paciente, y en el sueño de la Monografía Botánica.

*10. Koller no pudo leer personalmente su "Comunicación Preliminar" en Heidelberg por no tener dinero para el pasaje ferroviario.

En un sentido, la amistad se estrechó. Cuando Koller se bate a duelo por haber sido llamado "puerco judío", Freud le escribe a Martha: "En este exacto momento ellos están batiéndose a sable, con condiciones muy severas ... Estoy demasiado trastornado para escribir algo ahora, y sólo voy a mandar esta carta después de contarte el resultado del duelo"[53]. Ese mismo día, de "emociones violentas", le escribe a Koller, antes del duelo: "Me daría una gran alegría si aceptase mi ofrecimiento de que nos tuteemos familiarmente, como prueba de la sincera amistad, simpatía y disponibilidad que nos une. Permítame desearle que las sombras que todavía parecen amenazar su vida desaparezcan y que usted siempre sea lo que fue durante las últimas semanas y días: un hombre al servicio de la humanidad y un orgullo para sus amigos"[*11, 54]. Hay que reparar que fuera de la Academia Española, Freud sólo se tuteó con Fliess y Koller. Ambos son los "amigos de la cocaína". Por otra parte, la hija de Koller encontró, entre los papeles de su padre, un ensayo de Freud, "Contribución al conocimiento del efecto de la cocaína", con la siguiente dedicatoria: "A mi querido amigo Coca Koller"[55]. ¿Hay alguna ambivalencia en este mote que anticipa a la Coca-Cola?

Según Bernfeld, "entre ambos hombres se instaló un cierto conflicto, sutil y casi inadvertido. En su agradecimiento a Freud, Koller comete el error bibliográfico de mencionar la monografía *Über Coca* como publicada en agosto de 1884. Freud corrige rápidamente el equívoco"[56]. La teoría de las parapraxias todavía no había sido elaborada. El "error" daba una falsa sensación de simultaneidad, pero la hija de Koller considera que Bernfeld fue demasiado suspicaz.

Hemos visto que, al experimentar por primera vez con la "Droga Mágica", Freud pensaba en la morfinomanía de su amigo Fleischl. Aquí entramos en un capítulo importante: la amistad con un hombre admirable. Admirado inicialmente desde una cierta distancia, Freud pasó después a conocerlo de manera más personal. En una carta a Martha Bernays, en los albores del noviazgo, expresa lo siguiente: "Ayer estuve con mi amigo Ernst Fleischl, a quien envidiaba hasta hace poco, antes de conocer a Martha en todos sus aspectos. Se trata de un hombre muy distinguido, por quien tanto la naturaleza como la educación han hecho lo mejor. Rico, practica todos los ejercicios físicos, y tiene una marca de genialidad en todos sus rasgos. Fuerte, esbelto, con bellos sentimientos, dotado de todos los talentos y capaz de una opinión original. No descansé hasta que nos hicimos amigos y pude experimentar una alegría pura con su capacidad y reputación"[57].

En otra ocasión escribe: "Lo admiro ... con una pasión intelectual,

---

*11. El Freud futuro, ¿no encontraría aquí un buen ejemplo de formación reactiva?

si me permites esa expresión. Su destrucción me perturbaría como la destrucción de un templo famoso y sagrado. Lo estimo como a una de las realizaciones preciosas de la creación, más que como a un ser humano, y no tienes por qué sentir celos"[58].

La trágica historia de Fleischl comienza con una seria infección del pulgar derecho, contraída al disecar un cadáver. Parte del pulgar fue amputado. Se formó luego un tejido granular, conocido como "envenenamiento cadavérico" de Bichat[59], y la herida se abría continuamente, en una ulceración rebelde. El profesor Billroth lo operaba por lo menos dos veces al año, pero sin resultados positivos. El dolor era insoportable. A causa de las terribles noches en blanco, Fleischl comenzó a usar y abusar de la morfina. La neuralgia, que lo atormentó durante más de diez años, fue poco a poco derrotándolo. Freud se percató de su estado en una visita realizada en otoño de 1883. "Desconsolado, le pregunté adónde iría a llevarlo todo eso. Dijo que sus padres lo consideraban un gran *savant*, por lo que trataría de continuar con su trabajo mientras ellos viviesen. Una vez muertos, él se pegaría un tiro, pues juzgaba prácticamente imposible seguir por más tiempo. No tenía sentido intentar consolar a un hombre que ve su situación con tanta claridad"[60].

Freud quería ayudarlo. A mediados de 1884 comenzó a administrarle cocaína, con la esperanza de que Fleischl pudiera prescindir de la morfina. De hecho, comenzó a tratarlo un par de semanas después de haber experimentado la droga él mismo[61]. Hubo un breve período de éxito. Fleischl compartió el optimismo inicial*[12]. Pero luego empeoró. En una ocasión, Freud, que lo visitaba diariamente, encontró la puerta cerrada y nadie respondía a sus golpes. Le pidió ayuda a Obersteiner y juntos echaron la puerta abajo, para encontrar a Fleischl desfalleciente, casi sin sentido[62].

Josef Breuer, médico de Fleischl, tomó medidas para que Obersteiner entrase en el cuarto diariamente, con una llave maestra. Unos días después Billroth sometió al enfermo a estimulación eléctrica bajo narcosis: el resultado fue desastroso, y el estado de Fleischl se deterioró aún más.

Semana a semana el consumo de la droga aumentaba. "Cierta vez Freud pasó la noche junto a Fleischl, mientras éste permanecía en un baño tibio. Freud escribió que era casi imposible describir algo así, ya que nunca había experimentado nada semejante: «se tocaron todas las notas de la más profunda desesperación». Ésa fue la primera de numerosas noches análogas que él pasó en los dos meses siguientes"[63].

---

*12. En *Über das Coca* Freud canta victoria precipitadamente, hablando de que el "paciente ya no guardaba cama y podía trabajar normalmente. Durante los primeros días del tratamiento tomó dosis diarias de 3 dg de *cocainum muriaticum* ("Sobre a coca", en Robert Byck, *op.cit.*, pág. 84).

No era solamente dolor y desesperación:

> En todo momento me preguntaba si en mi vida experimentaré alguna cosa tan perturbadora e inquietante ... Su conversación, sus explicaciones de todas las cosas oscuras posibles, sus juicios sobre las personas de nuestro círculo, su actividad múltiple interrumpida por estados del más completo agotamiento, aliviado por la morfina y la cocaína, todo eso constituye un ensamble que es imposible describir[64].

Este episodio, paradigma del "goce", dejó una huella profunda en Freud. El fantasma de Fleischl aparece en el ombligo del sueño de la Inyección de Irma.

El episodio de la cocaína continuó afectando la vida de Freud. El interés general por el alcaloide iba en aumento. Entonces decidió reimprimir su ensayo, ahora en forma de folleto, con una tirada de 500 ejemplares. En esa época, algunos colegas informaron sobre éxitos terapéuticos presuntamente obtenidos con la droga, mientras que otros fueron más reticentes. Brücke, en su lecho de muerte, probablemente habría desaprobado la temeridad. Breuer, con su habitual cautela, fue uno de los que no se dejaron impresionar, aunque como médico de la familia de los Fleischl estaba al tanto de la intentona[65]. Toda droga mágica, como las estrellas de rock, tiene una ascensión meteórica y una caída no menos espectacular. Freud, tres años después, fue objeto de acusaciones más o menos veladas de irresponsabilidad médica. A la postre, él quedó como el villano de la película, menospreciado por haber cantado loas a una droga que se estaba revelando como el "tercer flagelo de la humanidad", después de la morfina y el alcohol[*13]. Este hecho, según Byck, explica que el papel pionero de Freud en la psicofarmacología moderna haya sido olvidado[66]. En julio de 1884 Erlenmeyer escribió una crítica mordaz contra los abusos de la cocaína[67]. Después de elogiar las cualidades literarias del ensayo freudiano, agrega: "Él recomienda, sin reservas, el libre empleo del alcaloide en el tratamiento del morfinismo"[68]. El propio Freud, sólo tardíamente, reconoció el peligro de la droga. En 1908, en el caso de Otto Gross, atribuye su comportamiento "...a la cocaína que, como yo mismo bien sé, produce una paranoia tóxica"[69].

El hombre que pretendía beneficiar a la humanidad o, en todo caso, ganar fama curando la neurastenia y otros morbos afines era ahora acusado de "creador de flagelos", de persona irreflexiva e imprudente[70]. Un "peligro público", como dice Jones. Esa incipiente mala

---

*13. Expresión empleada por Erlenmeyer, *Uber Cocainsucht,* en *Deutsche medizinische Zeitung,* 1886.

reputación se vio agravada cuando una paciente murió por sobredosis. "Es difícil determinar hasta qué punto esto afectó el concepto de Freud en Viena: todo lo que él mismo dijo al respecto fue que el episodio le acarreó «graves censuras»"[71]. Las cosas no mejoraron cuando, ese mismo año, él apoyó con entusiasmo las ideas de Charcot sobre la hipnosis y la histeria masculina. Precaria base de sustentación para lanzar al mundo, al cabo de pocos años, sus chocantes teorías sobre la sexualidad infantil.

NOTAS

1. Nicholas Meyer, *The Seven-per-cent Solution*, 1975, Londres, Coronet.
2. Informe de Aschenbrandt, citado por Bernfeld, "Os Estudos de Freud sobre a cocaina", en Robert Byck, *Freud e a cocaína*, Río de Janeiro, Espaço e Terupo, 1989.
3. Ibíd., pág. 73.
4. Ernest Jones, *A vida e a obra de Sigmund Freud*, 1989, Río de Janeiro, Imago, I, pág. 91.
5. Carta de Freud a Wittels del 12 de diciembre de 1923, citada en Ernest Jones, ibíd., I, pág. 90.
6. Ibíd., I, págs. 89-108.
7. Carta de Freud a Martha del 21 de mayo de 1884, *Sigmund Freud. Correspondência de amor*, 1981, Imago, Río de Janeiro, pág. 135.
8. Carta de Freud a Martha del 25 de mayo de 1884, citada en Ernest Jones, *op. cit.*, II, pág. 91.
9. Ibíd., I, págs. 91-2.
10. P. Eyguesier, *Comment Freud devint drogman*, Navarin, París, 1983, pág. 23.
11. Ibíd., pág. 25.
12. Ibíd., pág. 19.
13. Ernest Jones, *op. cit.*, I, pág. 92.
14. Carta de Freud a Martha del 12 de junio de 1895, *Sigmund Freud. Correspondência de amor*, pág. 133.
15. Carta de Freud a Martha del 2 de junio de 1884, no incluida en la *Correspondência* (Ernest Jones, *op. cit.*, pág. 95).
16. SE, XVII, pág. 237.
17. Ernest Jones, *op. cit.*, I, pág. 96.
18. Carta de Freud a Martha del 2 de febrero de 1886, *Sigmund Freud. Correspondência de amor*, págs. 240-1.
19. Ibíd.
20. Ernest Jones, *op. cit.*, I, pág. 92.
21. Octavio Paz, "Poesía Circular".
22. S. Bernfeld, "Os estudos de Freud sobre a cocaina", en R. Byck, *op. cit.*, págs. 297-321.
23. Ibíd., págs. 316-7.
24. P.-L. Assoun, *Introdução a epistemologia freudiana*, 1982, Río de Janeiro, Imago, pág. 130.

25. Ibíd.
26. Patrick Mahony, *Freud l'ecrivain*, 1990, París, Belles Lettres, pág. 33.
27. Anna Freud, *The cocaine papers*, 1974, Nueva York, New American Library, pág. 49.
28. Ernest Jones, *op. cit.*, I, pág. 92.
29. S. Bernfeld, "Os estudos de Freud sobre a cocaina", en Byck, *op. cit.*, pág. 302.
30. H. Schott, "Freud experiment on himself with cocaine as a foreruner", *J. Int. Histoire Psychoanal*, II, págs. 7-9.
31. "Sobre a Coca", en Robert Byck, *op. cit.*, con notas de Anna Freud, 1989, pág. 66.
32. Ibíd.
33. Robert Byck, *op. cit.*, pág. 1.
34. Ibíd., pág. 81.
35. Ibíd., págs. 74-6.
36. Ibíd., pág. 86.
37. Ernest Jones, *op. cit.*, I, págs. 94-5.
38. Hortense Koller-Becker, "Coca Koller", en Byck, *op. cit.*, pág. 261
39. Ernest Jones, *op. cit.*, I, pág. 94.
40. Carta de Freud a Martha del 4 de abril de 1885, citada por Ernest Jones, *op. cit.*, pág. 98.
41. S. Bernfeld, "Os estudos de Freud sobre a cocaina", en R. Byck, *op. cit.*, pág. 304.
42. Ibíd.
43. Jürgen Thorwald, *O século dos cirurgiões*, 1891, San Pablo, Hemus, Capítulo II, "O despertar do século", págs. 97-161.
44. K. Koller, "Vorläufige Mitteilung Über locale Anästhesierung am Auge", *Versam. d. Ophtal. Gesellschaft*, 1884, XVI, págs. 60-3, citado por Ronald W. Clark, *Freud, el hombre y su causa*, 1985, Planeta, Barcelona, pág. 55.
45. Ibíd.
46. Byck, *op. cit.*, pág. 268.
47. H. Knapp, "On cocaine and its use in ophtalmic and general surgery", XIII, 1884, citado por H. Koller Becker en Byck, *op. cit.*, pág. 268.
48. Carta de Freud a Fliess del 26 de octubre de 1886, *Correspondência Sigmund Freud-Wilhelm Fliess*, 1986, comp. por J. M. Masson, Imago, Río de Janeiro, pág. 202.
49. Carta de Freud a Martha del 10 de octubre de 1884, citada por Ernest Jones, *op. cit.*, I, pág. 98.
50. Carta de Freud a Minna Bernays, del 29 de octubre de 1884, citada por Ernest Jones, *op. cit.*, I, pág. 99.
51. SE, XX, pág. 15.
52. Ernest Jones, *op. cit.*, I, pág. 96.
53. Carta de Freud a Martha del 6 de enero de 1885, *Sigmund Freud. Correspondência de amor*, pág. 158.
54. Carta de Freud a Koller del 6 de enero de 1885, ibíd., pág. 159.
55. H. Koller Becker, "Coca Koller", en Byck, *op. cit.*, pág. 269.
56. S. Bernfeld, "Os estudos de Freud sobre a cocaina", ibíd, pág. 306.
57. Carta de Freud a Martha del 27 de junio de 1882, citada por Ernest Jones, *op. cit.*, I.

58. Ibíd.
59. Elisabeth Roudinesco, *História da psicanálise na França. A batalha dos cem anos*, 1986, I, Río de Janeiro, Zahar, pág. 18.
60. Ernest Jones, *op. cit.*, pág. 100.
61. Robert Byck, *op. cit.*, pág. 3.
62. Ernest Jones, *op. cit.*, I, pág. 101.
63. Ibíd.
64. Ibíd.
65. S. Bernfeld, en Byck, *op. cit.*, pág. 300.
66. Robert Byck, *op. cit.*
67. *Ueber Morphiumsucht*, 1887.
68. *Ueber Cocainsucht, Deutsche Medizinische Zeitung*, mayo de 1886, págs. 74-112.
69. Carta de Freud a Jung del 21 de junio de 1908, *Freud-Jung, Correspondência Completa*, 1976, Río de Janeiro, Imago, pág. 204.
70. Ernest Jones, *op. cit.*, I, pág. 104.
71. Ibíd.

CAPÍTULO 10

UN JUDÍO EN LA CORTE DEL REY CHARCOT

París, meca psiquiátrica. Buen momento para un breve relato de la historia de la locura en la prehistoria del psicoanálisis. La locura, como objeto cultural, comienza, como tantas otras historias, en el siglo XVI, en la hora de la quiebra de las verdades antiguas, acumuladas durante más de dos milenios. Desde Aristóteles hasta el Espíritu Santo, todo fue convulsionado por este siglo magnífico, atravesado por la osadía de Colón, por el estruendo de la pólvora y por el Edicto de Lutero.

Después de este torbellino vino el orden de la racionalidad del siglo XVII. "En el tiempo de Shakespeare, los cometas eran todavía cosas portentosas"[1]. Pero con la publicación de los *Principia* de Newton se supo que Halley había calculado las órbitas de ciertos cometas y que éstos obedecían a las leyes de la gravedad. El modelo newtoniano se aplicó al cuerpo, y comenzó a constituirse un nuevo saber sobre el hombre. En el corazón de esta mecánica, que reúne el cielo y la tierra en una sola constelación, emerge la compleja figura de Descartes, al mismo tiempo revolucionario y heredero del pensamiento de los antiguos. Él penetra en los dominios de la subjetividad. El universo de la reflexión cambia; "el hombre deja de ser tema y pasa a ser problema"[2].

¿Qué queda después del terremoto? Destruida la garantía de la exterioridad, sólo resta la certeza de la interioridad. "En las cenizas de Dios y de las verdades establecidas, no queda más que el escepticismo y la ausencia de cualquier garantía"[3]. Montaigne, ese hombre que nunca envejece, mentor de los siglos futuros, inaugura la reflexión introspectiva[4]. Descartes hizo de la duda de Montaigne el punto de partida de su propio pensamiento. Sobre los cimientos de la duda, él erige la certeza incierta del *cogito* hecho razón.

La revolución cartesiana inspiró un reparto entre razón y sinrazón. Según Foucault, ése fue el preciso "momento en que la razón produjo la locura"[5]. El loco hace finalmente su aparición bajo la visión aguda de la racionalidad cartesiana. Para Foucault, antes el loco no existía: transitaba por una indefinida región marginalizada de la sociedad, una frontera compartida con el lumpen, el vagabundo, el borracho, el delincuente, el sifilítico y los últimos leprosos, a punto de desaparecer misteriosamente del mapa de Europa. La locura, en su especificidad, es un producto del siglo XVII. No tenía estatuto como tal antes de Descartes de la misma manera que el neurótico actual es un fruto del planetario freudiano[*1, 6].

Fue en este universo donde la oposición razón-sinrazón se volvió irreductible. Se estaba de un lado o del otro. En la encrucijada surge el psicótico moderno. Emerge como objeto del saber y no sólo como diferencia. Lo que Descartes lleva al discurso filosófico va a constituir una realidad que trasciende ese discurso, el cual quedará como uno de los registros de esa realidad. Descartes, entonces, siguiendo la impecable lógica de Foucault, era un loco que creía ser Descartes.

En la encrucijada, lo que distingue al hombre del animal es la racionalidad: el demente es identificado como animal. De allí que las prácticas psiquiátricas domen a las fieras. "La locura, más allá de la sinrazón –o precisamente por ella– es furor"[7].

El loco, como sujeto civil, es efecto de la convergencia de dos series –la serie asilar y la serie médica– en el sentido de que el hospicio, en la terminología foucaultiana, es la gran fábrica para la manufactura de psicóticos, y los psiquiatras sus diligentes operarios.

La producción compacta de insania implica un conjunto de prácticas de dominación, destiladas en la elaboración de un saber. Para Foucault –nuestro mentor en estos asuntos– ese saber psiquiátrico, esa "medicalización de lo insólito", según la feliz frase de Renato Mezan,[8] nunca es cuestionado. La medicina trataba de presentar al loco como potencialmente peligroso, y al psiquiatra como guardián de la sociedad. El diagnóstico no era diferencial sino absoluto[9]. Custodiar y no curar. El interrogatorio –a diferencia de la anamnesis psicoanalítica– era el punto de articulación entre el poder y el saber psiquiátricos. Su objetivo: obtener una confirmación, o sea el reconocimiento por parte del paciente de su propia locura. En la imposibilidad de localizarla en el cuerpo del individuo, la psiquiatría buscaba ese sustrato en la familia, en forma de predisposiciones heredo-degenerativas, que se revelarían a través de recuerdos infantiles[10]. El interrogatorio era la manera de llegar a esas memorias, y de tal modo nos aproximamos a la era freudiana.

La prehistoria del psicoanálisis comienza con una serie de precursores del siglo XIX. Ya vimos a algunos, como Von Hartmann, Herbart, Carus, etc. Por el lado de la psiquiatría, tenemos, en primer lugar, la figura de Pierre Moreau de Tours, clínico francés considerado el Claude Bernard de la psiquiatría. Como ya dijimos, él inició una serie de experimentos con hachís, consumiendo la droga alucinógena, igual que nuestro contemporáneo Timothy Leary. Objetivo: producir experimentalmente los síntomas de la locura en sí mismo, adquiriendo de esa manera un saber en carne propia sobre la naturaleza ínti-

*1. Tomando ese tren foucaultiano, podemos conjeturar que la bruja nace al pie de la hoguera.

ma de la sinrazón*2. Pero Moreau de Tours va aún más lejos. No es necesario un artificio para saber cómo es la locura. Todos enloquecemos en nuestros sueños. "El sueño es la locura del individuo dormido, y los locos son soñadores despiertos". Con esto se anticipa a Jorge Luis Borges.

Continuando con la galería de antepasados de la saga freudiana, esta vez por el lado de Charcot, tenemos la figura fascinante de ese Gran Brujo que fue Franz Mesmer, austríaco, doctorado en medicina por la Universidad de Viena, creador de la teoría del magnetismo animal. Según él, las enfermedades nerviosas provenían de un desequilibrio en la distribución de un "fluido universal" que corre por los organismos animal y humano. Ese fluido tenía parentesco con el imán; se creía que emanaba del brillo de los ojos, y que bastaba llevar a los enfermos a un estado de sonambulismo para restablecer el equilibrio de la circulación magnética*3.

Mesmer consideraba el sonambulismo artificial como un tipo de sueño inducido. El mesmerismo difería de la técnica de la "fascinación", empleada por Donato, en la cual el poder del hipnotizador se aplicaba en estado de vigilia. El magnetismo animal evolucionó históricamente a partir de la antigua práctica del exorcismo: había que desenmascarar el mal. La posesión finalmente desapareció, sustituida, en el reino de las histerias, por la manifestación de la personalidad múltiple[11]. Anna O. fue el paradigma de la posesión moderna.

El diván de Mesmer era la *baquet*. "En una sala silenciosa, bañada por una luz filtrada y suave, se colocaba un gran tonel de madera de cedro, de aproximadamente dos metros de diámetro y medio metro de altura ... En el fondo del tonel, lleno de agua, reposaban botellas sobre una mezcla de vidrio molido y limaduras de hierro. Por los orificios de la tapa del tonel salían varas de hierro; una de sus extremidades estaba sumergida en el líquido, y la otra, móvil y afilada, se aplicaba a los cuerpos de los enfermos. Los pacientes, sentados en torno del tonel, eran ligados entre sí por una cuerda. Pero la acción sólo se volvía magnética cuando Mesmer en persona entraba en el grupo ... Entonces tenía lugar la práctica de la «gran corriente»: la corriente del magnetizador, encontrándose con la corriente que provenía de la

---

*2. Es de interés consignar que Charcot, en 1857, también consumió hachís con la misma disposición experimental (Elisabeth Roudinesco, *História da psicanálise na França. A batalha dos cem anos*, 1986, I, Río de Janeiro, Zahar, pág. 31).

*3. "La propiedad del cuerpo animal, sensible a la influencia de los cuerpos celestes y a la acción recíproca del medio ambiente, posee características semejantes al imán, que me llevaron a hablar de «magnetismo animal»" (Definición de Mesmer, citada por R. Darnton, *La fin des Lumières, le mesmerisme et la révolution*, 1984, París, Perrin).

cuba, provocaba en la cadena humana un verdadero remolino: ojos muy abiertos, cuellos erguidos, cabezas colgantes y el público sobresaltado reía, lloraba, gritaba, entraba en trance y sentía dolores secretos ..."[12].

Mesmer tuvo un éxito "escandaloso" en Viena y debió abandonar su ciudad natal. Expulsado, pidió asilo a Luis XVI. A este rey, tímido y trágico, le interesaban las ciencias naturales y adoptó al magnetizador, otorgándole un castillo. El mesmerismo pronto conquista a los nobles; la famosa cuba se convierte en centro de muchas de sus reuniones sociales. Según Roudinesco, "los elegantes se apasionaban por la alquimia de los sueños"[13]. El magnetismo y la *baquet* se convirtieron en juegos de salón, mientras numerosos charlatanes difundían la "fiebre mesmérica" por las plazas y los mercados. Este frenesí erótico proliferó en siete años de convulsiones públicas, alarmando a los poderes del Estado. Se creó entonces una comisión real para investigar la validez de esta práctica, que terminó condenada como pecado de depravación. Mesmer, viejo y pobre, se exilió en Suiza. Pero había dejado sus huellas, y tenía numerosos adeptos. Así nació el neomesmerismo[14]. Las técnicas del "fluidismo" se vuelven más sofisticadas con el marqués Chastenet de Puységur (1751-1825), que explora el "sonambulismo magnético", o sea el sueño hipnótico. El sonambulismo magnético modifica la técnica terapéutica: prescinde de la crisis convulsiva (cuyo carácter lascivo había escandalizado al tribunal del Rey) y establece una relación verbal con el paciente, cosa que Mesmer prohibía.

En Manchester, un cirujano escocés, James Braid (1795-1860), presencia el espectáculo realizado por magnetizadores franceses y se convence de la realidad de los fenómenos observados, tal como Brentano, Breuer y el propio Freud lo harán cuarenta años más tarde. El escocés comienza a investigar el asunto y despierta una vez más el interés de la ciencia por lo que él denominará "hipnotismo"[15]. Braid plantea por primera vez el problema de la naturaleza "íntima" de la hipnosis, cuestión que Chertok formula en los siguientes términos: "el estado hipnótico ¿contiene algo específico, o sólo se trata de los elementos introducidos por el hipnotizador?"[16] Se identifican como peculiaridades específicas del fenómeno la hipermnesia, la hiperemotividad y la regresión inducida a edades pasadas. El valor terapéutico de estas potencialidades del hipnotismo fue explorado por la Escuela de Nancy. Allí se encuentran las simientes del método catártico de Breuer.

De esa manera, el mesmerismo va transformándose en hipnosis. "No es necesario –constata Puységur– que yo toque a todo el mundo; una mirada, un gesto, un acto de voluntad es suficiente"[17]. Esa tendencia se perpetúa en Jean Philippe Deleuze (1753-1835), quien se aparta aún más de la "taumaturgia mesmeriana"[18]: "Cuando magnetizo ... mediante la voluntad envío el fluido hacia mis manos, y mediante esa misma voluntad le imprimo una dirección, este fluido comunica su movimiento al paciente. Nada me impide lanzarlo, pero puedo encontrar un obstáculo en el individuo sobre el cual actúo[*4]; entonces experimento una mayor o menor resistencia, como cuando empleo mi fuerza para levantar un fardo muy pesado"[19].

Deleuze habla también por primera vez de la relación, el *rapport* entre magnetizador y magnetizado: "Cuando se quiere magnetizar es necesario, en primer lugar, establecer la relación mediante el contacto, y ésta es la razón de que el fluido que parte de mí actúe sobre la persona que magnetizo, siendo necesario que los dos fluidos se junten para que tengan el mismo tono de movimiento"[20]. El mismo "período", diría Fliess. Freud utilizará el término francés *rapport* en distintos lugares; por ejemplo, en su *Contribución a la historia del movimiento psicoanalítico*, donde, en 1914, en relación con el caso de Anna O., comenta: "Breuer disponía, para el restablecimiento de su paciente, de un *rapport* sumamente intenso, una relación en la cual podemos ver el prototipo de lo que llamamos «transferencia»"[21].

En el siglo XIX, "siglo racional que adora lo oculto"[22], aparecieron numerosas sectas espiritualistas que veían en el "trance hipnótico" la posibilidad de comunicarse con los vivos y los muertos. Desde los tiempos de Mesmer proliferaron ligas masónicas que creían en el "fluido celeste universal". En ellas nace el arte de la escritura automática o psicografía, que Janet retomará más tarde. Ludwig Börne, en la misma vena, publicó su breve ensayo *El arte de convertirse en un escritor original en tres días*. En 1920, Freud, como vimos, recuerda haberlo leído en su juventud, y le atribuye un papel original en la creación de la técnica psicoanalítica de las asociaciones libres[23].

Una figura importante, aunque olvidada, en esa evolución del mesmerismo rumbo a la hipnosis, es el Abate de Faría (1756-1819), que critica la moda espiritualista para concentrarse en el aspecto psicológico del fenómeno. Afirma que el sonambulismo artificial depende de factores esencialmente psíquicos como la concentración, la confianza y la convicción. Se trata entonces de un "sonambulismo lúcido"[24]. "No puedo concebir que la especie humana haya llegado a la extravagancia de buscar la causa de este hecho en una voluntad externa, en cubas, en el calor animal y en mil ridículas extravagancias por el estilo"[25]. Él recomienda al sujeto que se siente cómodamente, cierre los ojos e intente concentrarse en el sueño que vendrá. Luego le ordena: "¡Duerma!" La mera sugestión verbal también sirve para despertarlo. En caso de fracasar, se emplea la técnica de hacer que el sujeto fije la mirada en su propia mano abierta, que luego debe aproximar lenta-

---

*4. Setenta años más tarde, partiendo de la misma comprobación, expresada casi en los mismos términos, Freud propondrá una teorización de esa "fuerza" contraria y describirá el mecanismo de la "resistencia".

mente a sus ojos. El Abate fue el primero en emplear la "sugestión poshipnótica".

Eugène Azam (1822-1899) difunde las teorías de Braid en el continente, y en 1859 presenta el caso de Félida, la primera histérica estudiada sistemáticamente. La "divina" Félida, como Anna O., padece un "desdoblamiento de la personalidad".

Conviene recordar que el hipnotismo no fue un producto del siglo XVIII ni del siglo XIX. Desde la época de los egipcios nace, es olvidado y vuelve a ser descubierto, como un yoyó que se pone y pasa de moda. Tomó múltiples formas, se apeló a muchos fluidos, pero la fórmula básica fue siempre la misma. Por otra parte, el propio hipnotizador, con su capa de mago, no tenía una idea muy clara de lo que estaba haciendo[*5].

Como la hechicera, el hipnotizador fue popularizado por la literatura romántica del siglo XIX. Aquí reina la figura del gran héroe de *El Conde de Montecristo*, de Alejandro Dumas. Enclaustrado en el castillo de If, ese sabio poliglota, alquimista, filósofo y matemático, transmitió su saber monumental al joven marinero Edmond Dantès, preparándolo para realizar "una de las mayores venganzas jamás narradas"[26]. *El Conde de Montecristo* testimonia la fascinación de ese siglo obsesionado por el modo iniciático de transmisión del saber, del cual los psicoanalistas somos herederos[27].

Los hipnotizadores del siglo pasado tenían sus asociaciones, sus revistas y su ética profesional. Una mujer casada sólo podía ser magnetizada en presencia del marido. Para ser hipnotizador había que seguir cursos especiales, leer a Mesmer y Puységur, Deleuze y Aubin Gauthier[28]. La semejanza con el psicoanálisis es todavía mayor si pensamos que se planteó incluso la cuestión del magnetizador lego, porque las sociedades médicas entendían que sólo ellas estaban calificadas para formar hipnotizadores.

Como la hipnosis, la histeria también es conocida desde los tiempos de Plinio el Viejo. La palabra "histeria", inventada por Hipócrates, denota un origen uterino. Hoy en día puede ser definida como la enfermedad sin ningún síntoma típico[29]. Mal misterioso como matriz voladora. En la Edad Media, las manifestaciones histéricas eran cosas del diablo. Ya en esa época, sin embargo, la opinión médica cuestionaba la tradición demonológica. Sólo en el siglo XVI pasa a ser considerada una enfermedad del cerebro que puede producirse en ambos sexos. A partir de Briquet, en 1849, con su *Traité de l'hysterie*, es estudiada de manera sistemática. Briquet la define "como una neurosis del cerebro, cuyo principal trastorno concierne a la expresión de las emociones y pasiones"[30]. En los 430 casos estudiados, él

---

*5. En realidad, hasta hoy en día no se sabe muy bien lo que es la hipnosis, comenzando por ese hueso duro de roer que es la sugestión.

encuentra la proporción de un paciente masculino por cada 25 mujeres. Briquet estima que el mal es endémico en las clases bajas, más común en el campo que en la ciudad, en el Norte que en el Sur, en las prostitutas de París que en el convento de Amiens. ¿La causa? Emociones violentas, penas insolubles, conflictos familiares, amor frustrado, en personas predispuestas. Él subraya el factor hereditario; encuentra que el 25 por ciento de las histéricas tenían a su vez hijas histéricas.

Para los psiquiatras, especialmente los franceses, la histeria estaba ligada por un lado con las enfermedades magnéticas y, por el otro, con la hipnosis. El sonambulismo histérico espontáneo podía ser inducido pero también curado por ese sonambulismo artificial. En la histeria aparecían con frecuencia síntomas como el letargo, la catalepsia, la personalidad múltiple.

Briquet descartaba la etiología sexual "uterina" de las neurosis. Tanto en él como en Charles Lepois[31], casi un siglo más tarde, persiste el vínculo entre el cerebro y el útero, pero desplazado: el cerebro desempeñaba el papel de distribuidor de un mal cuyo origen sería visceral. Ése fue el punto de partida de Charcot, en la tradición de Pinel. Él corta la conexión útero-cerebro: no existen efluvios "mágicos". La histeria es una enfermedad nerviosa de origen orgánico. Nada más. Para defender las nuevas fronteras nosográficas, refutando al mismo tiempo las acusaciones de simulación, fue necesario descartar taxativamente la antigua etiología sexual. Esta "torsión" charcotiana descarta la "cosa genital" como noxa, creando un nuevo lugar: un "espacio psíquico". Desde ese lugar Freud, en un segundo tiempo, puede reintroducir una "etiología sexual de la histeria", desvinculándola de la anatomofisiología imperante del saber médico[32].

En la primera mitad del siglo XIX, antes de la hegemonía de la histeria, otros cuadros (como el sonambulismo espontáneo, el letargo, la catalepsia, la personalidad múltiple, el éxtasis maníaco y la visión extática) dominaban la sintomatología clínica cuando Charcot inauguró el pabellón VII de la Salpêtrière. Todas éstas se contaban entre las llamadas "enfermedades magnéticas"; sus síntomas eran "extravagantes", pero muy diferentes entre sí. El sonambulismo, por ejemplo, es lo opuesto del letargo, pero todos estos cuadros tienen una gran afinidad con la histeria.

El efecto hipnótico, ya instalado en el arsenal terapéutico, constituye, según la sagaz versión foucaultiana, otro instrumento del poder psiquiátrico: el médico pasa a disponer enteramente del cuerpo del paciente. Ese dominio permite tanto la supresión (temporaria) de síntomas como la domesticación más sutil del comportamiento. Dicha domesticación pigmaliónica, reforzada por la neurología, va a transformarse en el gran imperio de Charcot.

¡París, *here we come*!
"En el último día de agosto de 1885, Freud dejó el Hospital Gene-

ral de Viena para siempre, después de haber vivido y trabajado en él durante tres años y un mes. Fin de su experiencia médica generalista"[33].

Fue bueno practicar el arte de la espera. Surgió una oportunidad que no implicaba la miseria en Viena ni arrancar dientes en Moravia, sino, *voilà!*, ganar una beca y visitar a Charcot en París, durante un semestre. Un conejo inesperado salió de la galera. Pero no nos apresuremos.

El triste estudiante pobre y apasionado no tenía recursos para trasladarse a París. En 1885, en vísperas de obtener el cargo de *Privatdozent*, Freud solicita una beca de estudios a la Universidad. La Casa del Saber proporcionaba apenas un magro estipendio y una licencia no menos magra de 6 meses. La voluntad de viajar, empero, era imperiosa, ya quemadas las naves en la última conversación con Meynert. Conseguir la beca no fue fácil. Fleischl, que conocía la situación, informó que la *demarche* "le había sido estrepitosamente desfavorable, y la victoria de la sesión de hoy puede ser exclusivamente atribuida al hecho de que Brücke hizo una apasionada defensa suya"[34]. Así y todo, pasaron meses antes de que la Tesorería entregara los fondos. Todo sugiere que una defensa tan calurosa debió responder a un ataque no menos vehemente, y que la "mala nota" de Freud ante el jurado sólo podía ser la incipiente y nefasta fama incubada por la cocaína.

Finalmente partió para París, haciendo una escala sentimental en el castillo de la novia en Wandsbek. Una de las partes más sabrosas de la correspondencia amorosa será la reservada a su estada en París, la Capital del Amor.

El 13 de octubre de 1885 llega a la Gare du Nord, vía Bruselas, un joven esbelto y delgado de 29 años, de cabellos y ojos negros. Se lo ve perdido en esa multitud, una hormiga más bajo el colosal domo de cristal y hierro[35]. Llegar a París significaba la realización de un sueño. Sueño incierto en esa fría mañana de otoño. Como cuadraba a una hormiga pobre, terminó en el Barrio Latino[*6].

¿Cuál era el horizonte intelectual de este becario vienés que contemplaba la flamante Torre Eiffel con unos pocos francos en el bolsillo? París era una promesa, una prueba en su camino. Años después, en el tercer sueño de la Serie Romana, en relación con lograr lo imposible, Freud asocia: "También París fue durante muchos años la meta de mi nostalgia, y la felicidad con que pisé por primera vez el pavimento de París fue tomada como testimonio de que habría de cumplir también otros deseos"[36].

---

*6. Durante las primeras semanas vivió en el Hôtel de la Paix, 5, Impasse Royer-Collard, un callejón sin salida en la calle Gay-Loussac, a dos minutos del Panthéon. Luego pasó a vivir en el Hôtel de Brésil, rue de Goff.

París, entonces, fue su primera Roma. Freud aún continuaba sus investigaciones en anatomía cerebral pero, después del episodio de la cocaína, estaba dispuesto a conquistar el mundo. Y ese mundo pasaba por el insólito lado de los "trastornos funcionales", nombre que en aquellos tiempos recibían las neurosis. En ese fin de siglo, la psiquiatría estaba poco desarrollada en Viena. Con Meynert las relaciones ya no eran buenas; ni el propio Nothnagel tenía mucho que ofrecerle. Su ambición aspiraba a más que lo que podía brindarle Viena. "A la distancia –escribió 40 años después– brillaba el gran nombre de Charcot"[37], que acababa de ser nombrado titular de la primera Cátedra de Enfermedades Mentales de Occidente.

La Salpêtrière. Roudinesco pinta un escenario en el que "las epilépticas contaban pesadillas a viva voz, historias de miembros mutilados, de mujeres devoradas por una especie de crustáceo con cabeza de pájaro ... Todo parecía surgir de las tinieblas de la Edad Media"[38]. Las histéricas, continúa la impagable Roudinesco, cuidaban de sus compañeras, "simulando maravillosamente todos los morbos, poseídas por la manía especular de mimetizar los sufrimientos de los otros ... como los acróbatas y los bufones de otras cortes, empapadas, aullantes y andrajosas, enseñando la locura del mundo y la miseria del pueblo"[39].

Cuando Charcot entra en la Salpêtrière, este inmenso hospital, llamado la Ciudad de los Locos, tenía de cinco a ocho mil pacientes. La Salpêtrière, como su nombre lo indica*[7], lo mismo que el Instituto de Brücke, era un antiguo arsenal, construido bajo el reinado de Luis XIV y destinado a la fabricación de pólvora. A la sazón era el mayor hospital de Europa. Charcot lo recorre, sala por sala, y hace la siguiente observación: "Los tipos clínicos que se ofrecen a la observación permiten considerar las enfermedades de una forma, por así decir, definitiva, ya que los vacíos [nosográficos] que ocasionalmente se forman, pronto serán llenados. Estamos en presencia de una suerte de Museo Patológico Vivo, con sus considerables recursos"[40]. Una especie de Tabla Periódica de Mendeleiev psiquiátrica.

Freud estaba frente a un "tesoro" de "desviaciones" humanas, prácticamente inagotable. Como visitante, se contagió con el fermento intelectual que animaba a Charcot en su Galería de Locos, al identificar y diagnosticar todos los trastornos mentales posibles. En aquellos días era un arte raro discriminar una enfermedad mental de otra y diferenciar los "trastornos funcionales" de los males físicos, dado que "las autoridades mayores de Viena estaban acostumbradas a diagnosticar la neurastenia como un tumor cerebral", exagera Roudinesco[41].

Los primeros tiempos de Freud en París no fueron fáciles. Pasa-

*7. *Salpêtre*: nitrato de potasio.

ba horas en los bares de la Rive Gauche, desde donde escribía a su novia. Por la correspondencia con Martha (única fuente de informaciones de ese período), se puede inferir que sufrió una aguda crisis de adaptación en octubre y diciembre de 1885. Chertok considera que por un momento pensó seriamente en abandonar París[42]. Huir del colosal museo erótico de la miseria humana. Así, en una carta a Martha declara que, "más allá de alguna utilidad subjetiva y científica, espero tan poco de mi estada aquí que es imposible que me desilusione"[43]. Yo no descarto que esa "crisis" sea en parte un "fingimiento epistolar", una forma de atemperar los inevitables celos de Martha[*8]. Martha Bernays, ciudadana de Hamburgo, se siente desde luego amenazada por París. Él, creo, la consuela: "Hace hoy una semana que te vi por última vez, y todos los días pienso que voy a verte nuevamente. ¿Habría sido mejor que yo hubiera ido a Berlín? Podría pasar todos los domingos contigo, saliendo los sábados por la noche"[44]. Considero que éstas son "palabras vanas de amor": una forma de decir cuánto la ama. La prueba es que dos días más tarde, después de su primera entrevista con Charcot, cambia de humor y escribe: "... mi estada aquí va a valer la pena, ya lo puedo ver claramente"[45].

Un problema, con todo, era la soledad. "No tengo a nadie con quien hablar". Se sentía aislado, farfullando con acento teutón, un idioma, el francés, en el que "cada susurro significa una docena de cosas diferentes"[46]. Es preciso recordar el chauvinismo endémico de los parisienses. Pero, a la xenofobia gala, él opone la suya: después de asistir a una representación de Carmen, esa "ópera proletaria", encuentra que "la turba da rienda suelta a los impulsos que nosotros controlamos. Nos privamos para mantener nuestra integridad, nuestra capacidad de apreciación, nuestras fuerzas ... Hay una psicología del hombre común que difiere considerablemente de la nuestra"[47].

Freud camina y camina por las calles de un París recién pavimentado, *trotinant* la ciudad de arriba abajo, tal vez pensando en su amigo Berganza, de los tiempos del entusiasmo, cuando el mundo se llamaba Sevilla. Las primeras impresiones de las calles, a la vuelta de la Rue du chat qui pêche, las iglesias, el teatro, las "librerías ambulantes", los museos, los jardines públicos a lo largo del Sena, tan poco azul como el Danubio. "El paseo que hice hace tres días ... me llevó por el Quai D'Orsay, donde están los Ministerios, pasando por el Dôme des Invalides, hasta la Avenue des Champs Elysées, la parte más bella de París, como diría John; aquí no hay tiendas y las perso-

---

[*8]. Algo análogo sucede en la película cuando Martha se despide de Montgomery Clift-Freud, en la escena de la estación. Un novio suelto en París no puede correr el riesgo de pintarle la Ciudad Luz con colores excesivamente luminosos a su enamorada recluida en un sombrío castillo del norte de Europa.

nas sólo van de a caballo y en carruaje. Las mujeres elegantes caminan con un aire que da a entender que niegan la existencia en este mundo de cualquier persona que no sea ellas o sus maridos ...'9 Un lado de la avenida está formado por un parque extenso en el que los niños más lindos hacen girar sus trompos, andan en calesita, asisten a un espectáculo de payasos, o pasean en carritos tirados por cabras ... Más adelante se llega a la Place de la Concorde, en el centro de la cual se levanta el obelisco de Luxor. Imagínate, un obelisco auténtico, cubierto de hermosas inscripciones de cabezas de pájaros, hombrecitos sentados y otros jeroglíficos ..."48.

En su lucha solitaria contra las tentaciones sexuales, Freud emplea su tiempo libre en largos paseos que casi siempre terminan en las torres de Notre Dame. Allí sube los 300 peldaños entre besos imaginarios, gárgolas y monstruos. "¿En qué soñaba en ese pináculo del mundo cristiano?", se pregunta Helen Walker Puner*10 "¿Con el heroísmo, las conquistas, la fama o el amor?" Sabemos que, años después, en el sueño Mingitorios al aire libre, él se identifica con Gargantúa, el superhéroe, orinando desde ese "pináculo del mundo cristiano", montado en las torres de la catedral, inundando a los parisienses.

El encanto del gigantesco Louvre. Freud se demora en las antigüedades, en la "multitud de estatuas, lápidas, inscripciones y ruinas griegas y romanas. Vi algunas cosas fantásticamente bellas, dioses antiguos que representan innumerables épocas, también la famosa Venus de Milo, sin brazos". En el piso superior: "Reyes asirios, altos como robles, sujetando leones como si fueran perritos, animales-hombres alados con cabellos bellamente rizados, inscripciones cuneiformes tan nítidas como si hubiesen sido hechas ayer; bajorrelieves pintados en Egipto con colores vivos, verdaderos colosos, esfinges auténticas, *un mundo como de sueño*"49.

La experiencia fue "más histórica que estética"50; interpreto que se trató de una "experiencia de vida", o sea un viaje en el que la imaginación voló a la Mesopotamia. En el museo hubo, eso sí, un choque cultural: la ventana arqueológica se abrió de par en par, dando nacimiento a su futuro interés por la estatuaria antigua de la Cuenca del Mediterráneo. París también abrió las ventanas eróticas, pero éste es un asunto delicado. De acuerdo con Chertok, especialista en el París de Charcot, Freud tuvo, "por lo que se sabe, pocas aventuras sexuales o ninguna"51.

Pero del período parisiense, sólo tenemos las cartas a Martha, y

---

*9. Pero es posible que Freud haya tomado por arrogancia lo que era alienación: por lo menos en este siglo, nadie mira a nadie en el *Metro* de París.

*10. ¡Casi siempre inoportuna! No consulté su libro: *Freud, his Life and his Mind*, 1949, Nueva York, pág. 257.

Freud no era un fanático de la "verdad epistolar". Me parece una ingenuidad de Jones citar la siguiente carta como prueba de castidad: "Anoche John vino a verme ... y me divirtió que tratara de sondearme para saber si yo tenía una amante aquí"[52]. Convengamos en que John no es un sobrino cualquiera. Se trata de su viejo compañero, cómplice de juegos sexuales infantiles en los campos amarillos en flor. Aunque este John sea "inglés de la cabeza a los pies"[53], estamos en una charla privada entre hombres. Esa pregunta sobre mujeres sólo se hace –pienso yo– cuando hay intimidad y resonancia.

Freud, en 1885, tenía poquísimo dinero. Paupérrimo, compra una pluma más fina para "escribir más en una página y economizar papel y correo"[54]. Hasta los fósforos tuvo que racionarse. Sólo iba al teatro para ver a la maravillosa Sarah Bernhardt, la gran vedette bisexual, interpretando *L'Aiglon* en el Boulevard, o las comedias de Molière, que le parecían brillantes y que usó como "lecciones de francés". ¿No será que *Le malade imaginaire* le dio un prenuncio de ese "médico del imaginario" por venir? En otra oportunidad vio *Las bodas de Fígaro*, episodio que luego será recordado en el complejo sueño del Conde Thun.

Charcot era clínico de clínicos. "En una ocasión –Freud recuerda– estábamos en un pequeño grupo, todos estudiantes extranjeros, venidos de una fisiología germánica académica, y abusábamos de su paciencia con nuestras dudas acerca de sus innovaciones clínicas"[55]. Uno del grupo alzó la voz, diciendo "Eso no puede ser cierto, contradice la ley de Young-Helmholtz". El Maestro no contestó directamente, pero "dijo algo que me impresionó mucho: «*La theorie, c'est bien, más ça n'empeche pas d'exister*»"[56].

Freud describe a Charcot en los siguientes términos: "M. Charcot entró a las diez; es un hombre alto, de 58 años, galera en la cabeza, ojos negros y curiosamente suaves (uno de los cuales no tiene expresión y parece extrañamente desviado hacia adentro)[*11], con una larga melena sujeta detrás de las orejas, bien rasurado, con facciones muy expresivas y labios carnosos: en suma, parece un sacerdote mundano, de quien se espera mucha sabiduría ..."[57].

En las primeras semanas Freud trabajó en el laboratorio anatomopatológico de la Salpêtrière, en el estudio microscópico de cerebros infantiles. También frecuentó la morgue de París, donde asistió a las autopsias forenses de Brouardel. Ahí tomó contacto con las atrocidades cometidas con los niños, hecho enfatizado por Masson, para mostrar que Freud estaba al tanto de las tendencias infanticidas de la época[58].

El punto de mutación, sin duda, fue el encuentro con el Maestro. Su presencia poderosa lo alejó del microscopio y de la morgue, cata-

---

*11. Véase el sueño Cierre los ojos, SE, IV, pág. 318.

pultándolo en una dirección en la cual, según algunos indicios visibles, ya venía encaminándose: la psicología. El estilo científico y el encanto personal de Charcot lo sedujeron casi más que el contenido de sus conferencias. Las "fascinantes" conferencias eran una pequeña obra de arte de construcción y composición: "el momento en que él aparecía más maravilloso ... era después de haberse esforzado, presentando brillantemente su raciocinio con la mayor franqueza sobre sus dudas y vacilaciones ..."[59]. Ése fue, precisamente, uno de los puntos fuertes de la retórica del futuro Freud freudiano. Con la misma vena, escribe: "Después de algunas conferencias salgo como si hubiera estado en Notre Dame, con una nueva percepción de la perfección"[60]. Esta monumental metáfora recuerda otra, "la destrucción de un templo sagrado"[61], empleada al hablar de Fleischl. Charcot estaba en su Panteón.

La "experiencia" de la histeria está íntimamente ligada a una "clínica de la mirada"[62], en la que Charcot –ese "visual", como lo denominó Freud– era el paradigma. Tanto el maestro como sus discípulos Janet y Binet fueron también virtuosos de la "Clínica de la Anamnesis"[*12], o sea, de la palabra inductora del médico, que privilegia la escucha, futura matriz de la intervención psicoanalítica.

En el célebre cuadro de Brouillet, titulado *Una lección clínica en la Salpetrière*, vemos a Charcot presentando un caso de gran histeria ante la platea compuesta por médicos famosos y escritores de renombre, como el binomio Binet-Daudet. Detrás de ellos, Babinski, su discípulo favorito. El Maestro sostiene a una mujer desvanecida, pronta a caer en una camilla. La voluptuosa dama tiene los ojos extraviados y la mano izquierda retorcida en una postura que los médicos denominan "puño de tocólogo". Su corsé blanco deja entrever senos mórbidos. Su nombre: Blanche. Charcot la admiraba. Se la llamó la Reina de la Salpêtrière, y se prestaba para la demostración de los tres estadios de la histeria[63].

El Maestro se valía de la pintura como método proyectivo de demostración. "El estudio del cuadro de Rubens *San Ignacio curando a las posesas* le brindaba la oportunidad de describir, con multiplicidad de detalles, las fases del gran ataque histérico: la *fase epileptoide*, con sus movimientos tónicos, en la cual la enferma se encoge como una bola; la *fase de clownismo*, con sus contorsiones, su postura en gran arco y sus gritos de odio; la *fase pasional*, acompañada por actitudes de súplica y de parálisis extáticas, y finalmente el *período terminal* ... Él agregó una *variedad demoníaca*, en la cual la Inquisición descubría las señales de la presencia de Satanás en el útero de las mujeres"[64].

*12. La "anamnesis" sería el intento de usar el interrogatorio, no para extraer confesiones, y sí como instrumento terapéutico.

Freud adhiere con entusiasmo al modelo fisiológico charcotiano de la histeria. Momento de fecundación: "Si la simiente algún día va a dar frutos, no lo sé; lo que sí sé con certeza es que ningún otro ser humano jamás actuó sobre mí de esa manera"[65].

¿Cuál era el modelo de la histeria en ese momento áureo de la psiquiatría francesa? Partamos de la base de que la existencia demostrada de una lesión anatómica era un factor de gran importancia para la medicina del siglo pasado. La anatomía patológica comenzaba a ser vista como el único medio de inclusión de la medicina en el campo de las ciencias exactas. Se esperaba del médico que sus investigaciones clínicas fuesen validadas por hallazgos anatomopatológicos. Las enfermedades se dividían en dos grupos: las que presentaban una sintomatología fija y regular, con lesiones orgánicas, y las otras –las neurosis– "que eran perturbaciones sin lesión, y en las cuales la sintomatología no manifestaba la regularidad deseada"[66]. Charcot comparte la creencia en la eficacia de la anatomía patológica. Además de neurólogo, él era profesor de anatomía patológica de la Universidad de París. De hecho, en un primer momento pensó que las manifestaciones histéricas tenían un correlato orgánico. Después modificó su punto de vista, concluyendo que la histeria, "como tantas otras esfinges", era un mal que escapaba a los más penetrantes estudios anatómicos[67]. Pero, a pesar de la ausencia de referencia orgánica, la enfermedad presentaba a sus ojos una sintomatología bien definida, que obedecía a reglas precisas. Observación importante, pues permite descartar la hipótesis de simulación, el gran cuco de la psiquiatría del siglo XIX[68].

Esas reglas precisas procedían de la conciliación de dos verdades aparentemente contradictorias: "una pasteuriana, para la cual la histeria era una afección nerviosa transmisible por vía hereditaria, y otra neurológica [para la cual se trataba] de una enfermedad nerviosa completa, autónoma, funcional, aunque sin trazas de lesión"[69]. Al separar la histeria de las afecciones anatomopatológicas, Charcot la introduce en el campo de las perturbaciones fisiológicas del sistema nervioso y, en función de eso, busca nuevas formas de intervención clínica. Aquí entra la hipnosis, que le interesa por su proximidad fenomenológica a las manifestaciones histéricas. La hipnosis, semblante de la histeria. La hipnosis, histeria provocada que sirve de "replicante" por la sintonía fina de sus manifestaciones.

El Mago de la Salpêtrière, con golpes de varita y consignas imperativas, hace aparecer y desaparecer, ante un auditorio estupefacto, anestesias, cegueras y parálisis. Freud, en 1886, lo confirma: "Mediante el estudio científicamente realizado del hipnotismo ... Charcot logra edificar una especie de teoría de la sintomatología histérica"[70].

Como la bruja por el Santo Oficio, o el loco por el asilo, la crisis histérica pasa a ser fabricada con gran regularidad en las presentaciones clínicas de la Salpêtrière. El objetivo de la hipnosis era controlar la situación. A través de la sugestión hipnótica el médico obtiene un conjunto de síntomas bien definidos: la histeria, nos recuerda Foucault[71], se convierte en un producto del deseo del médico. Intentando superar esa *impasse*, Charcot va a elaborar la teoría del trauma. Según él, en el sistema nervioso puede actuar una predisposición hereditaria que genera un estado hipnótico, o sea una alteración de la conciencia que hace a la persona sugestionable[72]. El trauma aparece como un inductor permanente, que puede manifestarse en una parálisis, una ceguera o cualquier otro síntoma. El estado hipnótico sería un inductor de ese tipo, sólo que temporario. Ahora bien, en la medida en que el trauma del que se trata no es de orden físico, resurge la importancia de la anamnesis como herramienta clínica. El paciente pasa a relatar su historia personal a fin de que el médico pueda localizar el momento traumático responsable del mal. La histeria casada con la historia.

Lo que Charcot no esperaba era que en esa anamnesis la lujuria del sexo entrase como tema hegemónico. A partir de allí estaba "sellado el pacto entre histeria y sexualidad, pacto recusado tácticamente por Charcot y que se convertirá en punto de partida en la investigación freudiana"[73].

La teoría del trauma, con su apertura al dominio de la palabra, va a tener una profunda repercusión sobre los escritos iniciales de Freud y, paradójicamente, luego se constituirá en escollo en un segundo tiempo de la elaboración de su propio edificio conceptual. Mientras la idea de trauma persiste, la sexualidad infantil y el Edipo no pueden entrar en escena, ya que la noxa se considera proveniente del exterior[74]. La concepción inicial fue explicitada en el artículo que Freud escribió en 1888 para la *Enciclopedia Villaret*. Él recomienda dos tipos de tratamiento básicos: el primero consiste en la internación, en el alejamiento del paciente de su medio familiar. Objetivo inmediato: cambiar el ambiente y proporcionar condiciones para la hidroterapia y la gimnasia. El segundo tipo de tratamiento consiste en la remoción de las causas psíquicas de los síntomas mediante el método catártico de Breuer, que es descrito como una forma de hacer que el paciente, bajo el efecto de la hipnosis, se remonte a la prehistoria psíquica de su enfermedad, para localizar el acontecimiento traumático que disparó el disturbio. Sería, entonces, una anamnesis hipnótica guiada[75].

En las sesiones donde las histéricas eran examinadas por Charcot, Freud presenció todas las manifestaciones de la "gran crisis", también llamada por Babinski "gran hipnosis", caracterizada por parálisis, anestesias y convulsiones[76]. Como surge de su "Informe sobre mis estudios en París y Berlín"[77], él quedó particularmente impresionado por la fase alucinatoria del ataque histérico, y en nota de pie de página de su traducción de las *Leçons du mardi* señaló que "el núcleo del ataque histérico ... es un *recuerdo* y la visión alucinatoria de ese recuerdo es importante en la producción de la enfermedad"[78]. También asistió a varias sesiones en las que se demostró el potencial de la hipnosis como instrumento experimental. "Ahora, por primera vez, el inconsciente, en el fenómeno de la hipnosis, pasa a ser algo actual, tangible y pasible de experimentación"[79].

Hablando del psicodrama sexual histérico, Chertok cree que la crisis de Freud en París, donde pensó incluso en la alternativa de escapar, se debió al choque sexual que fue el primer contacto con la lascivia de las histéricas[*13]. Sartre, por su parte, en el guión de la película, le saca máximo partido teatral a escenas en las que las mujeres alcanzan violentos paroxismos orgásticos. Ernest Jones piensa en esa misma línea cuando dice: "presenciar el espectáculo provocado por la palpación de los puntos histerógenos debe de haber provocado una violenta atracción y rechazo en Freud"[80]. De modo que los dos piensan que ese *show* detonó algo así como un "pánico heterosexual". Quién sabe, tal vez, quizá.

Quince días después de ese improbable conato de fuga, cuando Charcot lo autoriza a traducir sus *Lecciones de neurología*, él recupera su aplomo y de inmediato sueña con la fama y la gloria, fantaseando casarse con la hija del maestro, la robusta y corpulenta Jeanne. Esto nos lleva a uno de los platos fuertes de la estada de Freud en París, la velada social en casa del Maestro:

"Richetti, que hasta entonces venía usando ropas desaliñadas, fue persuadido por su esposa de que se comprara pantalones y un sombrero nuevos; su sastre le dijo que para una fiesta no era necesario ir de levita; por lo tanto, fue el único invitado que no estaba vestido para la ocasión. Mi apariencia era impecable, pero yo cambiaría la infeliz corbata blanca por una de las bonitas corbatas negras de Hamburgo. También compré una camisa nueva y guantes blancos, puesto que el par lavable ya estaba gastado. Me hice recortar la barba, dejándola medio hirsuta, a la moda francesa; en total gasté 14 francos para esa noche ... Tomamos un carruaje cuyo costo dividimos. R. estaba terriblemente nervioso, y yo muy calmo con la ayuda de una pequeña dosis de cocaína. Fuimos los primeros convidados en llegar después de la cena y pasamos el tiempo admirando los maravillosos salones[*14, 81].

La carta continúa con una detallada descripción del gabinete de Charcot:

El gabinete es tan amplio como toda nuestra futura casa, una sala digna del mágico palacio donde él vive. Tiene dos partes, la mayor

---

*13. Leon Chertok, "Freud in Paris: a crucial stage", *Int. J. Psychoanal.*, 1970.

*14. Richetti era un médico austríaco que ejercía con éxito en Venecia. Él y su mujer eran amigos de Freud, que los encontró en París. Por otra parte, ¿tenía Freud un *dealer* en la Ciudad Luz?

dedicada a la ciencia, la otra al bienestar. Al entrar se ve el jardín a través de una triple ventana: los cristales simples están separados por vitrales. Al fondo de las paredes laterales, dos grandes bibliotecas llegan hasta el techo, cada una con su escalera para alcanzar los estantes superiores. A la izquierda de la puerta se encuentra una enorme mesa cubierta de periódicos y libros variados; frente a la ventana hay mesitas con papeles y clasificadores. A la derecha de la puerta hay un gran ventanal, con vitrales, ante el cual está el escritorio de Charcot, bastante sencillo, lleno de manuscritos y más libros; cerca hay una poltrona y otras sillas. Las paredes están cubiertas con gobelinos y cuadros ...[82]

El escenario está montado:

Pero estarás ansiosa por saber cómo me desempeñé en tan ilustre compañía. Muy bien; me aproximé a Lépine, cuya obra conocía, y luego hablé con Strauss y Giles de la Tourette[*15]. Acepté una taza de café ofrecida por la señora Charcot, después tomé cerveza, fumé como una chimenea y me sentí a mis anchas, porque el ambiente era muy informal y nos prestaron mucha atención a nosotros, los extranjeros ... En un determinado momento me convertí en el centro. R[ichetti] conversaba cortésmente con la Señorita y la Señora Charcot, y ésta de pronto quedó entusiasmadísima e informó: *"Qu'il parle toutes les langues"*. *"Et vous Monsieur?"*–preguntó la Sra. Charcot, dirigiéndose a mí. "Alemán, inglés, un poco de español", respondí. "Y francés muy mal". ... Charcot agregó: *"Il est trop modeste. Il ne lui manque que de habituer un peu l'oreille"*. Entonces admití que muchas veces sólo comprendía medio minuto después, y comparé esta deficiencia con la tabes, lo que cayó muy bien[83].

"Tabes", ingeniosa salida del *Witz* freudiano. Con habilidad consigue usar el canal del que dispone para hablar con Charcot: la jerga médica. Por otra parte, Eyguesier tiene razón cuando dice que la cocaína ocupó un lugar destacado[84]. El propio Freud le rinde homenaje: "Éstas fueron mis hazañas (mejor dicho, las hazañas de la cocaína), que me dejaron muy satisfecho"[85]. En esa reunión, la droga mágica destrabó su lengua. Entre los invitados estaban, además de Strauss, Lépine y de la Tourette, Brouardel, el médico legista, Brock, renombrado astrónomo, y un joven hijo de Daudet. En la reunión siguiente, Freud conoció a Alphonse Daudet en persona: "Un semblante magnífico. Figura pequeña, de cabeza estrecha con una abundante cabelle-

---

*15. Discípulo de Charcot que dio su nombre a una de las psicosis más extrañas e inofensivas, caracterizada por accesos de coprolalia.

ra negra y ondulada, larga barba, rasgos finos, voz resonante, y muy vivaz en sus movimientos"[86]. Jeanne Charcot tocó el piano a la hora del armagnac.

Jeanne tenía veinte años y hablaba alemán correctamente. Baja y corpulenta, tenía un parecido casi ridículo con su padre. "Ahora bien, si yo no estuviera de novio y fuese aventurero, me tentaría aprovechar la situación, ya que nada es más peligroso que una joven con los rasgos del hombre que admiramos. Entonces me convertiría en objeto de burla ... mejor dejar las cosas como están, a fin de cuentas"[87]. La inefable Roudinesco no podía dejar de comentar que, "a fin de cuentas", fue mejor así. No quiero ni pensar lo que habría sido de Sigmund Freud si hubiera cedido a sus tentaciones mundanas. "En una mañana de primavera –fantasea Roudinesco– se habría casado con la hija del maestro Charcot, una joven gordita, fea y muy rica. El explorador del inconsciente se habría transformado en el yerno del inventor del concepto de neurosis histérica..."[88]. ¿Sería perverso de mi parte conjeturar que Roudinesco está pensando en Jacques Alain Miller?[*16]

Ésas son las "fantasías *Schnorrer*[*17] típicas de Freud en la época. *Schnorrer* se puede traducir como "mendicante" (Ernest Jones) o "parásito" (Santiago Dubcovsky)[89]. Hay algo de "aprovechador" en un *Schnorrer*. Se trata, en el caso de Freud, de "fantasías oportunistas". Tenemos un buen ejemplo en su relación con los Richetti. El matrimonio era muy afecto a Freud y no tenía hijos, lo que despertó la fantasía de beneficiarse como heredero. Otra fantasía de este tipo consistía en imaginar la siguiente escena: los caballos de un carruaje corren desbocados; Sigmund, valientemente y con suma habilidad, domina los animales y evita el desastre. Entonces un magnífico personaje desciende del carruaje, y le dirige estas palabras: "Ha salvado mi vida. ¿Qué puedo hacer para recompensarlo?"[90]

Tengo una teoría –freudiana por cierto– según la cual el lado fuerte del hombre es su lado débil. El saber común dice que en casa de herrero cuchillo de palo, lo que intenta explicar que nuestra fuerza esconde nuestra flaqueza. Freud es un hombre espléndido que alberga una cierta "inescrupulosidad ambiciosa". Él mismo reflexiona sobre el asunto: "Pero lo llamativo en todo esto es que difícilmente exista algo que rechace más que el pensamiento de ser el protegido de alguien ... Mi carácter se adapta poco al papel de criatura protegida"[91]. Sería un error interpretar estas frases como simple negación.

---

*16. Jeanne estaba enamorada de Léon Daudet, hijo de Alphonse Daudet; pero él prefería a la nieta de Victor Hugo (Elisabeth Roudinesco, *História da psicanálise na França. A batalha dos cem anos*, 1986, vol. I, Zahar, pág. 32).

*17. Freud usa el término varias veces en su correspondencia con Fliess.

Es algo que cala mucho más hondo: se trata del *daimon* de Freud. Por otra parte, él tiene el hábito (una forma de coraje) de hablar de las cosas que nosotros callamos, de nuestros fantaseos. Es muy simple, todos queremos casarnos con la hija del patrón para después triunfar en Hollywood y compartir la cama con Madonna. Aquí terminan las andanzas de un judío en la corte del Rey Charcot.

NOTAS

1. Bertrand Russell, *História da filosofia ocidental*, 1982, Brasilia, Editora Universidade de Brasilia, III, pág. 57.

2. J. D. García Bacca, *Antropología filosófica contemporánea*, 1982, Barcelona, Anthropos, Capítulo II.

3. Koyré, *Considerações sobre Descartes*, Lisboa.

4. Sergio Cardoso, "O homem, um homem: du humanismo renacentista a Michel de Montaigne", *Perturbador mundo novo*, 1994, San Pablo, Escuta.

5. L. A. Garcia-Roza, *Freud e o inconsciente*, 1988, Río de Janeiro, Zahar, pág. 26.

6. E. Rodrigué, "Psicanálise como arte marcial".

7. L. A. Garcia-Roza, *op. cit.*, pág. 28.

8. Renato Mezan, *Freud, pensador da cultura*, 1985, Brasiliense, pág. 103.

9. Foucault, *História da locura*, San Pablo, Perspectiva, 1993.

10. L. A. Garcia-Roza, *op. cit.*, pág. 29.

11. Henri F. Ellenberger, *The Discovery of the Unconscious*, 1970, Basic Books, Nueva York, pág. 111.

12. Zeferino Rocha, *Freud: aproximações*, 1993, Pernambuco, UFPE, págs. 177-8.

13. Elisabeth Roudinesco, *História da psicanálise na França. A batalha dos cem anos*, 1986, II, Río de Janeiro, Zahar, pág. 88.

14. Jaqueline Carroy, "Peut-on faire de l'histoire de l'hipnose?", *Revue Internationale de l'Histoire de la Psychanalyse*, 1993, VI, pág. 215.

15. J. Braid, *Neurohypnology or the Rationale of Nervous Sleep Considered in Relation with Animal Magnetism*, 1843.

16. L. Chertok, *L'Hypnose*, 1963, pág. 78.

17. Citado en *Histoire da hypnose en France*, 1967.

18. Alain de Mijolla, "Los orígenes de la práctica psicoanalítica", *Historia del psicoanálisis*, Buenos Aires, Granica, pág. 28.

19. Jean Philippe Deleuze, *Histoire critique du magnétisme animal*, 1819.

20. Ibíd.

21. SE, XIV, pág. 12.

22. Alfred de Vigny, *Journal d'un poéte*.

23. SE, XVIII, pág. 265.

24. Jaqueline Carroy, "Peut-on faire de l'histoire de l'hipnose?", *Revue Internationale de l'Histoire de la Psychanalyse*, 1993, VI, pág. 215.

25. Abate de Faría: *De la cause du sommeil lucide, ou l'étude de la natu-re de l'homme*, Paris, 1906, citado por Alain de Mijolla, *op. cit.*, pág. 35.

26. Elisabeth Roudinesco, *op. cit.*, I, pág. 51.

27. Ibíd.

28. Auben Gauthier, *Traité pratique du magnétisme e du somnamboulis-me*, París, 1845, págs. 309-54.

29. Ph. Julien, *L'apport freudien - Éléments pour une encyclopédie de la psychanalise*, Pierre Kaufmann y colaboradores, 1993, París, Bordas, pág. 162.

30. P. Briquet, *Traité clinique et therapéutique de l' histérie*, París, 1859.

31. M. Foucault, *Histoire de la folie*, París, 1972.

32. Elisabeth Roudinesco, *op. cit.*, I, pág. 44.

33. Ernest Jones, *A vida e a obra de Sigmund Freud,* Río de Janeiro, Imago, 1989, I, pág. 87.

34. Carta de Fleischl-Marxow a Freud, probablemente de junio de 1885.

35. Santiago Dubcovsky, *La triple vida sexual de Freud*, 1983, Buenos Aires, La Antorcha, pág. 116.

36. SE, IV, pág. 195.

37. SE, XX, pág. 11.

38. Elisabeth Roudinesco, *op. cit.*, pág. 17.

39. Ibíd.

40. J. M. Charcot, *Leçons du mardi à la Salpêtrière*, vol I.

41. Elisabeth Roudinesco, *op. cit.*, II, pág. 88.

42. L. Chertok, "Freud in Paris: a crucial stage", *Int. J. Psycho-anal.,* Vol 51, Parte 4, pág. 516.

43. Carta de Freud a Martha del 19 de octubre de 1885, *Sigmund Freud. Correspondência de amor*, 1981, Imago, Río de Janeiro, pág. 207.

44. Ibíd.

45. Carta de Freud a Martha del 21 de octubre de 1885, ibíd., pág. 210.

46. Carta de Freud a Minna Bernays, ibíd., pág. 223.

47. Carta de Freud a Martha del 5 de diciembre de 1885, citada en Er-nest Jones, *op. cit.*, I, págs. 198-9.

48. Carta de Freud a Martha del 19 de octubre de 1885, *Sigmund Freud. Correspondência de amor*, pág. 206.

49. Ibíd., págs. 206-7.

50. Ibíd., pág. 207.

51. L. Chertok, ibíd., pág. 516.

52. Carta de Freud a Martha del 26 de noviembre de 1885, *Sigmund Freud. Correspondência de amor*, pág. 221.

53. Carta de Freud a Silberstein del 9 de setiembre de 1875, *Lettres de jeunesse*, 1990, París, Gallimard, págs. 170-1.

54. Carta de Freud a Martha del 15 de octubre de 1885, citada por Er-nest Jones, *op. cit.*, I, pág. 193.

55. SE, III, pág. 12.

56. Ibíd.

57. Carta de Freud a Martha del 20 de octubre de 1885, *Sigmund Freud. Correspondência de amor*, págs. 208-9.

58. Jeffrey Moussaieff Masson, *El asalto a la verdad*, 1985, Barcelona, Seix Barral, págs. 38-49.

59. SE, III, pág. 18.

60. Carta de Freud a Martha del 24 de noviembre de 1885, *Sigmund Freud. Correspondência de amor*, pág. 219.

61. Carta de Freud a Martha del 27 de junio de 1882, citada por Ernest Jones, *op. cit.*, I.

62. A. Quinet, "A histeria e o olhar", *Falo*, 1987.

63. Elisabeth Roudinesco, *op. cit.*, I, pág. 57.

64. Ibíd., pág. 40.

65. Carta de Freud a Martha del 24 de noviembre de 1885, *Sigmund Freud. Correspondência de amor*, pág. 219.

66. L. A. García-Roza, *op. cit.*, pág. 32.

67. K. K. Levin, *Freud: a primeira psicologia das neuroses*, 1980, Río de Janeiro, Zahar, pág. 48.

68. L. A. Garcia-Roza, *op. cit.*, pág. 32.

69. Elisabeth Roudinesco, *op. cit.*, I, pág. 21.

70. SE, I, pág. 10.

71. M. Foucault, *op. cit.*

72. K. K. Levin, *op. cit.*, pág. 50.

73. L. A. Garcia-Roza, *op. cit.*, pág. 34.

74. O. Mannoni, *Freud e a psicanalise*, 1976, págs. 35-36.

75. SE, I, págs. 41-57.

76. Citado por Alain de Mijolla, *op. cit.*, pág. 32.

77. SE, I, pág. 137.

78. Ibíd.

79. SE, XIX, pág. 192.

80. Ernest Jones, *op. cit.*, I, pág. 193.

81. Carta de Freud a Martha del 20 de enero de 1886, *Sigmund Freud. Correspondência de amor*, págs. 232-4.

82. Ibíd.

83. Ibíd.

84. P. Eyguesier, *Comment Freud devint drogman*, Navarin, París, 1983, pág. 44.

85. Carta de Freud a Martha del 20 de enero de 1886, *Sigmund Freud. Correspondência de amor*, págs. 232-4.

86. Ibíd.

87. Ibíd., pág. 235.

88. Elisabeth Roudinesco, *op. cit.*, I.

89. Santiago Dubcovsky, *op. cit.*, pág. 57.

90. SE, VI, págs. 149-50.

91. Carta de Freud a Martha del 2 de febrero de 1885, *Sigmund Freud. Correspondência de amor*.

CAPÍTULO 11

LUNA DE MIEL EN LÜBECK

El casamiento no fue un acto premeditado. "Siempre juzgué útil meditar los pros y los contras al tomar una decisión de poca monta. Pero en cuestiones esenciales, tales como escoger compañera y profesión, la determinación es inconsciente: sale de alguna parte de nuestro interior. Todas las decisiones trascendentales de nuestras vidas deberían regirse por las necesidades interiores, profundas, de nuestra naturaleza"[1]. "Necesidad interior": Freud está hablando de la ética deseante.

En la primavera de 1886, las perspectivas parecían tan inciertas como siempre. Había que hacer algo. De modo que el domingo de Pascua la edición matutina del *Neue Freie Press* traía en sus noticias locales un pequeño párrafo que decía: "Herr Dr. Sigmund Freud, Docente de Enfermedades Nerviosas en la Universidad, volvió de su viaje de estudios en París y Berlín, y atiende las consultas en el Rathhausstrasse Nº 7 entre la 1 y las 2 y media". Breuer y Nothnagel le envían pacientes, algunos de los cuales pagan, y aunque continúa con sus investigaciones en el nuevo laboratorio de anatomía de Meynert, su principal preocupación es ganarse la vida. La "Batalla de Viena", como escribe a Martha, continuaba[2]. Cuando todo estaba pronto para la victoria final, otra mala noticia llega por correo: Freud es convocado prematuramente para un mes de maniobras en el ejército. Eso implicaba gastos en equipamiento y también el lucro cesante de más de un mes. Él no estaba dispuesto a permitir que el nuevo hecho obstaculizara sus planes. *Frau* Bernays, por su lado, y como ya vimos, se horrorizó por la demora y le envió la fulminante carta "Querido Sigi" que hemos citado.

Restaba el problema de la vivienda. Los departamentos que visitó estaban fuera de su alcance. Finalmente, Freud se enteró de que era fácil conseguir un departamento en la recientemente construida *Kaiserliches Stiftungshauss*, conocida como *Suenhnhauss*, "Casa de la expiación", que el Emperador había erigido en el local del tristemente célebre *Ringtheater*, en cuyo incendio murieron más de quinientas personas. Pocos querían ocupar un edificio marcado por su nefasto pasado. Freud le preguntó a Martha si ella compartía la superstición imperante. La novia usó el flamante servicio telegráfico para dar su acuerdo. Se hizo la reserva. El departamento tenía cuatro cuartos. La dirección: Mariatheresienstrasse, Nº 5. La hija mayor de Freud,

Mathilde, nació en esa casa en octubre de 1887; fue el primer vástago que llegó al mundo en la Casa de Expiación, razón por la cual el Emperador envió un bonito jarrón y una amable carta de felicitaciones por la nueva vida que se iniciaba en un local donde habían perecido tantos[3].

Las maniobras militares duraron un mes. El batallón de Freud fue enviado a Olmütz, pequeña ciudad en Moravia no muy alejada de Freiberg. Servicio duro para un civil de ciudad, sólo acostumbrado a los paseos por la Ringstrasse. Mucho más pesado que el servicio militar realizado seis años antes. Después de iniciar el día a las tres y media con el toque de diana, marchaba sin cesar hasta un almuerzo tardío, hora de iniciar las consultas médicas. Martha, maternalmente solícita, recomienda: "No marches muy rápido"[4]. En carta a Breuer, Freud abre su atribulado corazón:

Aquí estoy, atado a este horrible agujero –no puedo pensar en ninguna otra manera de describirlo ... Lo único notable de esta ciudad es que ella no tiene idea de lo remota que es[5].

Pero la campaña tiene su lado lúdico:

Jugamos a la guerra todo el tiempo, una vez hasta simulamos el sitio a una fortaleza, y estoy desempeñando el papel de oficial médico, distribuyendo impresos que muestran heridas hediondas. En cuanto mi batallón emprende un asalto, me tumbo con mis hombres sobre un terreno pedregoso. Los cartuchos son de fogueo y los comandos, falsos. Ayer el general pasó cabalgando y dijo: "¡Soldados! ¿Qué sucedería si esa munición fuese verdadera? ¡Nadie estaría vivo!"[6]

Pobre Freud, ametrallado en una guerra imaginaria. Él da su opinión sobre este grupo "artificial" llamado ejército:

Un oficial es una criatura miserable. Envidia a sus iguales, abusa de sus subordinados y tiembla ante sus superiores; cuanto más alto está, más miedo tiene. Me desagrada profundamente tener mi valor escrito en una etiqueta, como si yo fuese la muestra de algún producto.

A continuación Freud le confiesa a Breuer, por primera vez, esa cosa íntima que es su neurastenia.

Pero sería ingrato no admitir que la vida militar, con su inevitable "deber", es muy buena para la neurastenia. Ella desapareció en la primera semana. Toda esta historia está por acabar, sólo faltan diez días ... y habré olvidado estas cuatro semanas locas[7].

Freud volvió a Viena para colgar el uniforme, y partió a Wandsbek al día siguiente. Verificó que el sueldo había sido la mitad de lo previsto, de modo que tuvo que escribir a Minna Bernays pidiendo dinero prestado para el viaje. Consiguió a duras penas comprar el regalo de casamiento: un bello reloj de oro. "Pretendía comprar un collar de coral para su cuñada, pero como el embajador portugués no le pagó sus honorarios, tuvo que desistir de ese presente"[8].

Hasta el último momento, la religión fue el "punto máximo de tensión"[9] en la pareja. Martha pertenecía a una familia religiosa de Hamburgo. Su abuelo había sido amigo de Felix Mendelssohn y gran rabino de la sinagoga mayor de Aussenalster. Los Bernays seguían las reglas de una ortodoxia severa, mientras que Freud era un ateo "comecuras", decidido a alejar a su novia de todo ese disparate celestial[10]. Aunque el casamiento civil, en el cual insistió Freud, era suficiente en Alemania, la ley austríaca exigía una ceremonia religiosa. El casamiento civil tuvo lugar el 13 de setiembre de 1886, en la alcaldía de Wandsbek. "Sesenta y cinco años más tarde la novia todavía recordaba vívidamente el comentario que había hecho el funcionario acerca de la forma decidida en que ella estampó su nuevo nombre en el registro, sin la menor vacilación"[11]. Freud pasó los dos días previos en la casa del tío Elias Philipp, ejercitándose en las oraciones hebraicas que debería memorizar para el casamiento religioso. El novio, conjetura Jones, probablemente tuvo que morderse los labios debajo del baldaquín ritual de sus antepasados[12].

La ceremonia fue realizada en la casa de Emmeline Bernays. Dada la simplicidad del ritual, el traje de rigor fue sustituido por levita y chistera[13]. La pareja, después de la ceremonia, partió para Lübeck, localidad del Báltico renombrada por sus vastas playas en la marea baja. Lübeck ocupará un papel importante en el segundo sueño de la serie romana, interpretado por Grinstein como una forma de alcanzar la Tierra Prometida[14]. El flamante matrimonio redactó una carta conjunta para Emmeline Bernays, alternándose en los párrafos, de una manera que anticipa los "cadáveres exquisitos" de los surrealistas[*1]. Jones nos cuenta que la parte de Freud terminaba así: "Dado en nuestra actual residencia de Lübeck, en el primer día de lo que esperamos revele ser una Guerra de los Treinta Años entre Sigmund y Martha"[15].

¿Por qué guerra? A primera vista, suena a la típica salida de un marido machista, de los que dicen "mi peor es nada", una salida que está a leguas de las perlas del amor cortés. La cosa resulta históricamente interesante. En primer lugar, se trata de una obvia alusión al problema religioso, exacerbado por el casamiento. La Guerra de los

---

*1. "Cadáver exquisito", texto grupal en que cada participante escribe la frase que se le ocurre.

Treinta Años, esa matanza particularmente cruel del siglo XVII, pasó a ser el paradigma de la guerra religiosa que desgarró a Europa. En ella el desastrado Cristián IV fue llevado a capitular en ... ¡Lübeck! Queda abierta la cuestión de si Freud capitula o la lucha continúa en las playas de Lübeck, playas sobre las que el poeta Pope cantó que en "sus eternas sonrisas, su vacío traicionaba"[16].

Pocos días después partieron para Travemünde, cerca de Lübeck, también en el Báltico, donde pasaron la mayor parte de la luna de miel. En ese verano de 1886, la temperatura en todo el norte de Europa fue una de las más cálidas del siglo.

Luego, de regreso a casa, pasaron por Brünn para agradecer a la tía Lea, que con su regalo de 300 dólares hizo posible el casamiento. Finalmente, el 1º de octubre de 1886, llegan a Viena, donde "la esposa fue calurosamente recibida por los amigos de Freud y luego se sintió enteramente a gusto", según nos informa Jones, que agrega: "La esposa tenía entonces exactamente 25 años y el marido 30. Pareja bien parecida. Freud era buen mozo, delgado pero vigoroso, con una cabeza bien conformada, rasgos regulares y ojos negros brillantes. Medía un metro setenta de altura y pesaba poco más de 64 quilos.

Jones pinta un casamiento color de rosa: "Freud por fin había alcanzado el puerto de la felicidad ansiada. Se conocen pocos casamientos más exitosos. Martha resultó ser una excelente esposa y madre. Era una admirable administradora —el tipo raro de mujer que consigue conservar indefinidamente a las empleadas— pero nunca fue una *Hausfrau* que diera más importancia a las cosas que a las personas. El bienestar y las conveniencias de su marido siempre ocuparon un lugar destacado. En los primeros años, él solía discutir sus asuntos con ella por la noche, pero más tarde no era posible esperar que acompañase el vuelo de la imaginación de su marido"[17].

Luego los hijos comenzaron a llegar. Después de un año, tuvieron noticias para la familia. El 16 de octubre de 1887, Freud escribe a *Frau* Bernays y a Minna en Wandsbek:

Estoy terriblemente cansado y todavía tengo que escribir muchas cartas, pero ésta tiene prioridad. Ustedes ya saben por el telegrama que tenemos una hijita, Mathilde. Pesa 3 quilos y cuatrocientos gramos[18].

Acota:

Martha se sintió en seguida muy bien, comió un plato de sopa, quedó inmensamente satisfecha cuando le mostraron el bebé y en medio de la devastación física y moral causada por tal acontecimiento, ambos nos sentimos muy felices. Vivo con ella hace 13 meses y nunca cesé de felicitarme por haber tenido la osadía de pedirla en matrimonio aun antes de conocerla; desde entonces doy valor a la preciosidad que gané, pero nunca la vi tan majestuosa en su simplicidad y bondad como en esa ocasión crítica que, a fin de cuentas, no permite fingimientos. Estoy muy feliz ...[19]

El 6 de diciembre de 1889 nace Jean Martin, así llamado en homenaje a Charcot. El 19 de febrero de 1891 nace Oliver, así llamado en homenaje a Cromwell, antiguo héroe de Freud.

Mucha agua corrió Danubio abajo. Freud le escribe a su nuevo amigo Fliess: "¿Qué ha hecho usted además de la reseña de mi trabajo? En mi caso, "más" significa un segundo varoncito, Oliver, que ahora tiene tres meses"[20].

Al cuarto hijo lo llamaron Ernst, en homenaje a Brücke; pasó casi inadvertido: su nacimiento, el 6 de abril de 1892, no es mencionado en la correspondencia con Fliess. Sólo hace su debut epistolar cuatro años más tarde, por una amigdalitis que comparte con su hermano Martin[21]. Sophie, la bella Sophie, nacida en 1893, aparece tres años después, pero hace una entrada triunfal cuando se casa Rosie, la hermana de Freud. Él escribió: " ... lo más adorable del casamiento ... fue nuestra *Sopherl*, con los cabellos enrulados y una guirnalda de nomeolvides en la cabeza"[22].

Mucha agua, de hecho, corrió Danubio abajo. La majestuosa Princesa Martha se convirtió en *Frau* Freud, señora hamburguesa de acento cerrado y útero abierto. El casamiento marca un antes y un después. Antes, tenemos un novio apasionado, paladín celoso del amor que sólo se sublima en sí mismo; después, un marido ejemplar, de gentil compañía, sexualmente tibio. Fromm observa, con razón, que en las cartas a Fliess, ese espejo confidencial de Freud, las relaciones maritales "nunca son presentadas como fuente importante de felicidad. Martha es rara vez mencionada, salvo en frases convencionales"[23]. Ella aparece como un dato ginecológico para confirmar las tablas de los biorritmos de Fliess, en cuanto a los períodos menstruales. Esto contrasta con el detallismo de Freud cuando escribe sobre ideas, pacientes, cigarros, éxitos y reveses. Sus cartas, tan reveladoras, hablan con frecuencia del vacío, del tono gris de la vida cotidiana de un hombre cuyo demonio lo arrastra a las profundidades de la soledad. Freud trabajaba de ocho a una, almorzaba, daba un paseo, volvía a su consultorio entre las tres y las nueve o diez, para luego atender su correspondencia y sus textos hasta bien avanzada la noche. Las comidas no parecen haber sido particularmente sociables. Un buen ejemplo era su costumbre "de llevar la última antigüedad comprada, habitualmente una estatuilla, y colocarla delante de él como acompañante durante la comida". Acompañante silencioso para un hombre taciturno[24].

Concuerdo con Erich Fromm en que "la expresión más clara de la naturaleza problemática de la relación conyugal tal vez se encuentra en el sueño de la Monografía Botánica[25]:

Yo había escrito una monografía sobre una cierta planta. El libro

210

está delante de mí, estoy pegando una lámina doblada. En cada ejemplar está preso un espécimen disecado de la planta, como si fuese un herbario[26].

Freud asocia: "Esa mañana había visto un libro nuevo en la vidriera de una librería, titulado *El Genus Ciclamen*. Los ciclámenes, pensé, son las flores favoritas de mi mujer, y me reproché por acordarme tan pocas veces de llevarle las flores de su gusto"[27]. Otra cadena asociativa lo lleva al tema de la ambición: "De pronto recordé que yo había escrito alguna cosa semejante a una *monografía sobre una planta*, una disertación sobre la coca, que había llamado la atención de Carl Koller sobre las propiedades anestésicas de la cocaína"[28]. La cocaína se vincula con la ambición y ya vimos que él luego culpará a Martha por haber arañado la fama sin llegar más lejos. El sentido del sueño es perfectamente claro para Fromm. El *espécimen seco* de la planta expresa el conflicto central. "Una flor es símbolo de amor y alegría, especialmente cuando es la flor favorita de su mujer ... Pero la planta de coca representa el interés científico y su ambición. ¿Qué sucedió con las flores del amor? Él las prensó para colocarlas en un herbario. Convirtió el amor en tema científico, quedando seco y estéril en su vida conyugal"[29].

El amor, sin duda, se marchitó. El amor, canta Vinicius, es eterno mientras dura. Pero no coincido con la interpretación de Fromm. No creo que él haya sido desviado por el herbario de la ciencia. El término "interés científico" no da plenamente cuenta de la encrucijada: la apuesta del Conquistador Freud era mucho más alta, en la búsqueda del secreto del alma. Por otra parte, su amor, rizomático, se destiló en la alucinante amistad con Fliess.

Sí, la pasión se marchitó. Lo que, por otra parte, no es de extrañar. Casi todos presuponen una ley entrópica en el alambique marital. El fuego del amor se consume como un petardo, peor todavía, como un buscapié. Recuerden la famosa carta de la "cocaína en el cuerpo": "Ay de ti, mi princesa, cuando yo llegue. Voy a besarte hasta que quedes bien ruborizada ..."[30] La cocaína en el cuerpo era pasión, era transgresión, eran mil bolas de fuego asediando el castillo de Wandsbek.

El sueño de la Monografía Botánica fue soñado en marzo de 1898, en el momento más decisivo del descubridor que descubre y se descubre. En sus asociaciones, Freud llega finalmente a una escena originaria: "Un día, mi padre como parte de una broma, nos entregó a mí y a mi hermana mayor ... un libro con láminas en colores (descripción de un viaje a Persia). En el plano pedagógico [la diversión paterna] es difícil de justificar. Yo tenía entonces cinco años, mi hermana menos de tres, y tengo la imagen de nosotros dos, criaturas, en el colmo de la alegría, arrancando una por una las hojas del libro (como si fuera una alcachofa). Éste es el único recuerdo plástico que me queda de ese período de mi vida. Después, cuando estudiante, desarrollé una predilección manifiesta por coleccionar ... una pasión favorita, como la que en los pensamientos del sueño ya aparece en relación con el ciclamen y la alcachofa. Me volví un *ratón de biblioteca* (*Bücherwurm*). Desde que tengo uso de razón, siempre reviví esta primera pasión de mi vida, con esta impresión de niño o, mejor dicho, reconozco que esta escena infantil es un «recuerdo encubridor» de mi bibliofilia ulterior"[31].

De recuerdos encubridores se trata. El recuerdo del vandalismo del libro-alcachofa remite, obviamente, al primer recuerdo encubridor: el ataque sexual con John a Pauline, cuando le arrancaron las flores amarillas. Tras la desconsideración con Martha se esconden fantasías sádicas contra la mujer. Freud comienza a deshojar su pasado. Coincido con Anzieu en que "el sueño de la Monografía Botánica retoma el movimiento interrumpido, desde la aparición del complejo de Edipo, de la rememoración de su propia sexualidad infantil"[32].

En el año del descubrimiento del Edipo, en la Pascua, Sigmund y su hermano Alexander partieron de la Estación Sur de Viena rumbo a Gorizia, donde caminaron a plena luz del sol entre casas blanqueadas a la cal, bajo árboles cubiertos de pimpollos albos, y sorbieron naranjas y frutas secas. Estaban cerca de Izonzo, ese río ambarino que baja de los Alpes Julianos, rumbo al mar Adriático. La campiña italiana, observa Freud, es muy diferente de la austríaca, más intensa, más sudada y alegre. Los días son luminosos, festivos. Así llegan a Aquilea, antigua ciudad romana con su basílica del siglo XII. En el museo encuentran una colección de estatuas priápicas. "Una Venus que aparta, indignada, la mirada del hijo recién nacido, cuando le muestran su pene". Más allá encuentran un "Príapo viejo cuyos genitales están cubiertos por un Sileno y que, a partir de entonces, puede entregarse a la bebida", y también "un animal alado con un pene pequeñito en el lugar natural, mientras que las propias alas terminan en penes"[33].

Freud —escribiendo a su amigo Fliess— concluye: "Príapo significa la erección permanente, una realización de deseo que representa lo inverso de la impotencia psicológica"[34].

Volvamos al comienzo de esa década. El amor burgués se consolida a fines de 1891, después de la llegada de Oliver al mundo. En el otoño de ese año los Freud se mudan a Berggase 19, departamento que será el cuartel general por 47 años. Ahí la familia creció y las finanzas mejoraron. Unos años antes, nos cuenta Jones, las consultas en Mariatheresienstrasse sólo ocupaban el mediodía, y durante algún tiempo Freud se refería a los pacientes como "negros", aludiendo a una caricatura del diario *Fliegende Blätter* en la que se veía a un león murmurando: "Mediodía, y ningún negro"[35]. Que Freud explique esta salida racista.

El apetito del león estaba saciado en Berggase 19. Fueron años atareados. La década de 1890 tal vez represente el momento más intenso de su vida, dentro y fuera del consultorio. Freud se moderniza. En octubre de 1895 usa su teléfono recién instalado, al programar una gran fiesta para celebrar los ocho años de su hija Mathilde[36].

Freud, dicho sea de paso, fue un padre dedicado, virtud que escasea entre los hombres famosos:

> Hoy apuntó el primer dientecito de Annerl sin ningún malestar; Mathilde está incomparablemente mejor desde que fue retirada de la escuela; Oliver, en una excursión reciente en la primavera, preguntó, con mucha seriedad, por qué el cucú está siempre cantando su propio nombre[37].

Y:

> Mi tropa la pasa muy bien aquí, en circunstancias bastante favorables. Mi mujer, es claro, está bastante inmovilizada, pero, aparte de eso, se encuentra bien dispuesta. Recientemente, mi hijo Oliver demostró hábilmente su característica de concentrarse en el futuro inmediato. Una tía entusiasmada le preguntó: "Oli, ¿qué es lo que quieres ser?" Y él respondió: "Un chico de cinco años, tía, en febrero"[38].

Aquí tenemos un buen cuadro del hogar en Berggasse 19. Martha está "inmovilizada", los hijos hacen el espectáculo. Ellos, nos cuenta Ernest Jones, llegaron a ser adultos sanos y robustos, pero de pequeños contrajeron todas las enfermedades infantiles imaginables. Esto era una fuente de constante ansiedad, pues conviene recordar que en la época no había tratamiento serológico para males como la escarlatina, la viruela y el sarampión. Tal vez la difteria era la enfermedad más peligrosa antes del descubrimiento por Roux del suero antidiftérico en 1894[39].

¿Cómo vivía Freud? Berggasse N° 19 era un departamento espacioso pero no suficiente para albergar bien a la creciente prole. Poco después, entonces, alquilaron otro departamento en la planta baja del mismo edificio. Allí estaban el consultorio, la sala de espera y el gabinete de lectura de Freud. Lugar tranquilo, daba a un pequeño jardín en los fondos. El Profesor, como luego será llamado, pasaba en ese lugar la mayor parte de su tiempo. *Frau* Fliess conmemoró la ocasión enviando una muestra de sus trabajos manuales[40].

Producto típico de una familia judía, a Freud le interesaba la suya. La pobreza de los años 80 había pasado, aunque todavía tenía que sustentar a sus padres y hermanas. Alexander ayudaba –probablemente la "mafia" de Manchester también– pero aun así, él tuvo que pedirle un préstamo a Fliess.

Hubo, eso sí, un salto cuantitativo en las finanzas, en un momento que no está bien definido. Un abismo separa al Freud de 1883, para dar una fecha, que pasa hambre en la calle, de los tiempos que describe su hijo Martin, en el libro *Sigmund Freud: mi padre*, donde nos informa que la familia tenía, a principios de siglo, "una cocinera que sólo cocinaba ... una mucama que sólo servía la mesa y recibía a los pacientes ... una gobernanta para los hijos mayores y una niñera para los menores, además de una empleada que venía diariamente para todo servicio"[41].

Aun así, había que hacer malabarismo para estirar los florines. Ernest Jones da detalles de la "economía doméstica" del consultorio. Vemos entonces que "en mayo de 1896 su sala de espera quedó vacía por primera vez, y durante semanas no tuvo ningún paciente nuevo. En noviembre las cosas todavía eran preocupantes, pero en diciembre trabajó 10 horas diarias, ganando la apreciable suma de 40 dólares". En una semana ganó 250 dólares, trabajando setenta horas, y observó: "Uno no gana eso por nada. Llegar a rico debe ser muy duro"[42].

Esos altibajos no contribuían a su tranquilidad espiritual. Según la famosa "carta de retractación" del 21 de setiembre de 1897, una de las consecuencias perturbadoras de su "primer error" era que no se sentía seguro de estar en condiciones de curar las neurosis; o sea, la actividad con la que se ganaba la vida[43]. "En el mes siguiente su presentimiento se hizo realidad. Tenía apenas dos pacientes gratuitos, además de él mismo: «lo que hace tres, pero no rinde nada»"[44]. Durante un año las cosas continuaron mal y tuvo que permanecer en Viena porque no podía faltar a un único día de trabajo. En setiembre, en contraste, trabajaba arduamente de nuevo, con once horas de psicoanálisis por día. "Diez a once psicoterapias por día. Naturalmente, quedo sin habla y medio sordo por la noche"[45].

"En mayo del mismo año el trabajo había caído a dos horas y media por día, y en octubre estimó que sus ingresos de los últimos seis meses no habían alcanzado para cubrir los gastos. Buscó entonces otra fuente de recursos e intentó emplearse en un sanatorio durante los meses de verano, pero no lo logró"[46].

Es difícil imaginar tamaña volatilidad en la clientela. También cuesta creer en el ritmo vertiginoso de "ciertos días" de su vida cotidiana. "Después de hacer dos visitas profesionales, empezaba a las nueve y, luego de un intervalo de unos 90 minutos a mediodía, terminaba a las nueve de la noche. A continuación venía la redacción de *La interpretación de los sueños*, la correspondencia y el autoanálisis"[47].

NOTAS

1. T. Reik, *Listening with the Third Ear*, pág. 7.
2. Carta a Martha del 5 de mayo de 1886.
3. Martin Freud, *Sigmund Freud, mi padre*, Hormé, Buenos Aires, pág. 27.

4. Ernest Jones, *A vida e a obra de Sigmund Freud*, 1989, Río de Janeiro, Imago, I, pág. 201.

5. Correspondência en poder de Martin Freud, citada por Jones, ibíd., págs. 201-2.

6. Ibíd.

7. Ibíd.

8. Ernest Jones, *op. cit.*, pág. 167.

9. Peter Gay, *Freud, uma vida para o nosso tempo*, 1989, San Pablo, Companhia das Letras, pág. 51.

10. Ibíd., págs. 51-2.

11. Ernest Jones, *op. cit.*, I, pág. 160.

12. Ibíd.

13. Ibíd., I, pág. 159.

14. Alexander Grinstein, *Los sueños de Sigmund Freud*, 1981, Siglo XXI, pág. 63.

15. Carta citada por Jones en, *op. cit.*, I, pág. 160.

16. A. Pope, *Epitaph Intended to Sir Isaac Newton*.

17. Ernest Jones, *op. cit.*, I, pág. 161.

18. Carta de Freud a Emmeline y Minna Bernays del 16 de octubre de 1887, *Briefe*, pág. 232.

19. Carta de Freud a Emmeline y Minna Bernays del 16 de octubre de 1887, *Sigmund Freud. Correspondência de amor*, 1981, Imago, Río de Janeiro, pág. 267.

20. Carta de Freud a Fliess del 2 de mayo de 1891, *Correspondência Sigmund Freud-Wilhelm Fliess*, 1986, comp. por J. M. Masson, Imago, Río de Janeiro, pág. 28.

21. Carta de Freud a Fliess del 23 de febrero de 1896, ibíd., pág. 174.

22. Carta de Freud a Fliess del 17 de mayo de 1896, ibíd., pág. 188.

23. Erich Fromm, *La misión de Sigmund Freud*, pág. 35.

24. Ernest Jones, *op. cit.*, *II*, pág. 379.

25. SE, IV, págs. 169-76.

26. SE, IV, pág. 169.

27. Ibíd.

28. SE. IV, pág. 170.

29. Erich Fromm, *op. cit.*, pág. 38.

30. Carta de Freud a Martha del 2 de junio de 1884, no incluida en la *Correspondência* (Ernest Jones, *op. cit.*, pág. 95).

31. SE, IV, págs. 172-3.

32. Didier Anzieu, *A auto-análise de Freud e a descoberta da psicanálise*, 1989, Artes Médicas, Porto Alegre, pág. 192.

33. Carta de Freud a Fliess del 14 de abril de 1898, *Correspondência Sigmund Freud-Wilhelm Fliess*, pág. 309.

34. Ibíd.

35. Ernest Jones, *op. cit.*, I, pág. 161.

36. Carta de Freud a Fliess del 18 de octubre de 1895, *Correspondência Sigmund Freud-Wilhelm Fliess*, pág. 146.

37. Carta de Freud a Fliess del 26 de abril de 1896, ibíd., pág. 185.

38. Carta de Freud a Fliess del 16 de agosto de 1895, ibíd., pág. 137.

39. Ernest Jones, *op. cit.*, I, pág. 331.

40. Ibíd.

41. Véase el capítulo III de Martin Freud, *op. cit.*, págs. 33-46.

42. Ernest Jones, *op. cit.*, I, pág. 339.

43. Carta de Freud a Fliess del 21 de setiembre de 1887, *Correspondência Sigmund Freud-Wilhelm Fliess*, pág. 265.

44. Ernest Jones, *op. cit.*, I, pág. 340.

45. Carta de Freud a Fliess del 9 de octubre de 1898, *Correspondência Sigmund Freud-Wilhelm Fliess*, pág. 331.

46. Ernest Jones, *op. cit.*, I, pág. 340.

47. Ibíd.

CAPÍTULO 12

"¿CUÁL ES LA NOVEDAD?"

¿Cuál era entonces el horizonte científico, a la vuelta de París? Freud tenía razón al decir que "el Psicoanálisis se desarrolló a partir de una base estrictamente restringida"[1]. La base de esa base era la psicopatología. Conocer bien la literatura no constituía una gran hazaña, ya que ese campo aún permanecía bien limitado. Salvo Moebiüs y Lowenfeld, pocos especialistas podían aportar algo original. Las únicas fuentes de estímulo eran Breuer, Charcot y Bernheim, en ese orden. Tal vez Janet. En su prefacio al libro de Charcot, *Leçons du mardi*, Freud señala las diferencias teóricas de las escuelas y su propia toma de posición: "Una característica puede ser explicada por la evolución histórica de la medicina clínica alemana: la tendencia a la comprensión fisiológica de los estados patológicos. Las observaciones clínicas de los franceses ciertamente ganan en independencia por relegar los puntos de vista fisiológicos a una posición subalterna"[2].

En el inicio tenemos una ducha de agua fría. Freud volvía a Viena trayendo a Charcot. Dio varias conferencias (una de ellas en la Sociedad de Psiquiatría) proporcionando un relato informal del viaje, disertando sobre el hipnotismo y su relación con la histeria. Hablar de hipnotismo, aventura Jones, "no podía haber mejorado su posición junto a Meynert, para quien el hipnotismo era anatema"[3].

Finalmente, el 15 de octubre de 1886 pronuncia su esperada conferencia titulada "Histeria masculina", en una de las célebres reuniones de los viernes de la Sociedad Imperial de Medicina. Presenta entonces las investigaciones de los últimos tiempos de Charcot sobre el tema, que agrupan los síntomas histéricos en cuatro estadios, acabando con la idea de la simulación. Expone las conclusiones de la Salpêtrière en cuanto a que no hay conexión entre histeria y útero, y que la histeria puede darse tanto en el hombre como en la mujer. Ejemplifica este último tema con un caso de histeria masculina, estudiado por Charcot y que él mismo observó[4].

Jones narra que Freud "quedó profundamente afectado por la mala recepción de la que había sido objeto"; Bamberger (el presidente de la reunión) dijo que, a pesar de su admiración por Charcot, "no podía encontrar nada nuevo para los médicos vieneses en lo que acababa de escuchar". Por otra parte, "Meynert, de manera bastante altiva, desafió a Freud a que probara sus palabras presentando un caso de histeria masculina con los síntomas típicos descritos por Charcot"[5].

Este evento es uno de los episodios tomados por Ellenberger y Sulloway para demoler el mito del héroe en Freud[6, 7]. Ellenberger entra en los detalles del caso, describiendo a la Sociedad Imperial de Médicos (*Kaiserliche Geselschaft der Arzte*), que era una de las más reputadas asociaciones médicas de Europa. Una larga lista de médicos famosos habían usado ese podio para anunciar adelantos científicos importantes. Ahí fue donde Nitze y Leiter exhibieron su citoscopio, Semmelweiss desenmascaró la infección hospitalaria y Koller y Königstein, dos años antes, anunciaron el uso de la cocaína en cirugía ocular[8].

La afirmación de Bamberger de que "no había escuchado nada nuevo" quedó retumbando fantasmagóricamente en el mito del héroe freudiano. Para el mito, Sigmund Freud era el joven emisario que traía las nuevas verdades que circulaban en la Salpêtrière –como la existencia de la histeria masculina–, siendo rechazado y vilipendiado por un bando de fósiles vieneses. Pero, según Ellenberger, no fue así. En realidad, de hecho, las cosas nunca son así. Las minutas de esa reunión dejan en claro que nadie cuestionó la existencia de la histeria en el hombre como entidad nosológica. Tres de los cuatro oradores (Rosenthal, Leidesdorf y el propio Bamberger[*1]) afirmaron explícitamente la realidad de ese cuadro. Meynert, por su lado, acababa de presentar un caso de histeria clásica masculina[9].

Ellenberger enumera tres hechos sobre la conferencia del joven Freud en Viena:

> Primero, Freud no se había amoldado a las tradiciones de la Sociedad, las cuales requerían que el conferenciante introdujera algo nuevo (ése sería el sentido de la observación de Bamberger)[10].

De modo que habría sido mejor que Freud hubiera presentado un caso propio, en lugar de referirse a la casuística charcotiana. Esto lleva al segundo punto:

> Freud se apoyó exclusivamente en la autoridad de Charcot en una controversia en la que no parecía captar las sutilezas de sus implicaciones[11].

Para Ellenberger el tercer punto pesa más:

> Es muy posible que fuese irritante para esos neurólogos oír que Charcot había descubierto que la histeria no es fingimiento ni una enfermedad de índole genital, hechos éstos que los vieneses

---

*1. Heinrich von Bamberger fue uno de los profesores de la comisión que otorgó la beca de París.

218

conocían desde mucho antes, de modo que Freud pudo haber parecido despreciativo por juzgarlos ignorantes[12].

Vemos entonces que, frente al mito del genio incomprendido en su tierra, surge el anti-mito de Ellenberger, que pone, en boca de Bamberger, el insulto máximo que Freud podía recibir: "¿Cuál es la novedad?" Me parece válida la crítica de este autor, y también válido lo que él dice de la histeria masculina, pero hago una lectura diferente. Aquí apuesto más al mito que a la realidad en bruto: hubo algo de rito de iniciación en esa noche de la Sociedad Imperial. El joven que hablaba tan alto de un Santo de otras tierras merecía ser humillado. Tenemos un Freud entusiasmado, mesmerizado, se podría decir, por Charcot. De vuelta de París, venía de pasar su luna de miel en las dunas doradas de Lübeck. La Sociedad Imperial de Medicina, en el corazón científico de Viena, era el *locus* ideal para transmitir su nuevo saber, mejor dicho, para presentar una nueva verdad sólo vislumbrada. El hecho de que el podio fuese el mismo donde Koller se había consagrado dos años antes, sin dudas realzaba el lugar y la ocasión. Era *su* gran *soirée* para lanzar su cruzada: esa noche se presentaba decisiva en la "Batalla de Viena": "El martes di una conferencia en el Club de Fisiología sobre el hipnotismo; fue muy aplaudida. Anuncié la misma conferencia de aquí a 15 días en el Club de Psiquiatría y en el curso de las próximas tres semanas daré otra sobre mis experiencias en París en la Sociedad Médica [Imperial]. De modo que la batalla de Viena marcha a toda máquina..."[13]

La recepción más bien tibia de Bamberger, que cuestiona la novedad, y el desafío de Meynert de que presentara un caso de histeria masculina *a la* Charcot, representaban un balde de agua fría para la planeada *blitzkrieg* del recién llegado, que dos días antes de su conferencia le escribió a Koller: "Tienes razón al suponer que París significa para mí un nuevo comienzo en la vida. Encontré allí un maestro, Charcot, exactamente como lo había imaginado..."[14]

Con o sin mito, fue duro. Primero el fiasco de la cocaína, luego el semifiasco de la hipnosis, para darse contra la pared una vez más.

Freud no percibió "la naturaleza singular de su hallazgo ... Pero el silencio con que mis comunicaciones fueron recibidas, el vacío que se formó a mi alrededor, las insinuaciones que me rodearon, hicieron que poco a poco comprendiera que no se puede esperar que las concepciones sobre el papel desempeñado por la sexualidad en la etiología de las neurosis tengan la misma receptividad que otras comunicaciones. Comprendí a partir de entonces que yo me contaba entre quienes habían «perturbado el sueño del mundo», como dice Hebbel, y que no podía contar con objetividad y tolerancia"[15].

Los genios perturban el sueño del mundo. El mito del héroe científico, cuyas raíces se remontan a la cicuta socrática, pasando por la hoguera que casi chamusca a Galileo y que carbonizó a Giordano Bruno, sigue un camino bien definido. En este ciclo particular, el héroe sale de la pobreza, supera el prejuicio racial, se templa en su esplénido aislamiento, para librar la batalla final con las Fuerzas Establecidas. Con o sin mito, Freud, en este momento tan particular de su carrera, comienza a hablar su lengua y a hablar alto; el psicoanálisis empieza a tener su voz, su música, por lo menos, mientras la letra no está todavía definida. Coincido con Flem cuando dice que, "desde su origen, el psicoanálisis se presenta como una narración en proceso de escritura, una novela iniciática escrita en la primera persona del singular"[16]. Se crea un mundo, y Freud será al mismo tiempo su inventor y su legislador.

Retomemos el problema de la histeria masculina. Jones resume en un párrafo oscuro lo que en realidad fue el *quid* de la cuestión en esa noche: "Por fin, [Freud] mencionó la sugerencia de Charcot de que algunos casos de traumatismos vertebrales causados por accidentes ferroviarios podían ser histéricos, punto de vista norteamericano que estaba siendo cuestionado en Alemania"[17].

Sulloway[18] concuerda con Ellenberger en que esa reunión resulta poco inteligible, si no se define lo que la histeria masculina "abarcaba" en esa época.

Sucede que en toda Europa, con la tentacular expansión de las redes ferroviarias (y sus primeros desastres), junto con la difusión de las compañías de seguros, nació una nueva enfermedad, denominada *railway spine* (espina del tren), y los peritos en litigios comenzaron a discriminar entre choque nervioso y choque traumático. Los neurólogos alemanes describieron casos de trastornos funcionales que resultaban en una neurosis traumática diferente de la histeria. Charcot negaba la existencia de las neurosis funcionales traumáticas fuera del campo de las histerias. "La expresión «histeria masculina» se aplicaba a dos cuadros diferentes: la histeria masculina clásica, cuya existencia nadie cuestionaba, y la histeria masculina de Charcot[19], que sí era objeto de violento debate en la época"[20]. A esa sutileza diagnóstica se refería el desafío de Meynert, y no a la existencia de la histeria en el "sexo fuerte". En *La interpretación de los sueños* Freud cuenta que Meynert, en *articulum mortis*, le confesó que él mismo era un caso clásico de histeria masculina[21]. La historia tiene más sentido si pensamos que el viejo Meynert estaba más cerca de lo que se piensa de su "amado-rival".[22] Tienen que haber existido lazos fuertes para que una relación termine con una confesión en el lecho de muerte. Freud se identificó con su maestro y dio pruebas de canibalismo totémico, como lo demuestra el siguiente pasaje de una carta a Fliess: "La semana pasada se me concedió un raro placer: la oportunidad de elegir de la biblioteca de Meynert lo que me conviniese, en cierto modo como un salvaje que bebe la savia del cráneo del enemigo"[23]. Interesante *preview* de *Tótem y tabú*.

Freud aceptó el desafío y presentó el caso de una histeria masculina un mes más tarde, en una reunión dirigida esta vez por su amigo y tocayo Exner. Se trataba de un paciente atendido en colaboración con otro amigo, el oftalmólogo Königstein. El nuevo trabajo fue recibido con tibios aplausos en una noche colmada de exposiciones. De modo que esta segunda reunión no consiguió borrar el gusto amargo de la primera. De hecho, Freud se peleó con Meynert antes del fin de ese año 1886, tan lleno en contrastes.

La disputa de escuelas, la vieja rivalidad franco-germana, fue el telón de fondo de la reunión del 15 de octubre de 1886, punto que Ellenberger pasa por alto. Charcot lo ayudó a emanciparse de la neurología. Freud, por otra parte, estaba mal informado sobre el campo de la psicología académica contemporánea. Quizás ésa sea la razón por la cual los psicólogos profesionales encontraban (y todavía encuentran) extraña buena parte de la terminología psicoanalítica. Freud, por no tener una formación específica, podía ser descuidado e impreciso en el uso de la jerga psicológica. "Percepción" e "idea", por ejemplo, a veces se confunden.

Volviendo a Meynert, él representa a la psicología alemana, o sea a la parte más esclarecida de una psicología que se sabe próxima a la extinción. Jones tiene razón al suponer que hubo una fuerte pugna generacional[24]. Parece ser, además, que el Meynert de la tercera edad no era un hombre fácil. Ésa es la impresión que da la nieta en la biografía de su abuelo[25]. Hombre sensible, buen poeta amatorio, pero cerrado frente a los pares y distante de los alumnos (más próximo a los *Steinhegens*). Hombre un tanto pomposo, con una visión testarudamente organicista de los trastornos nerviosos. Wagner-Jauregg, contemporáneo de Freud, opinaba que "por lo general, era Meynert quien tenía la culpa"[26].

Parecía sentirse traicionado por Freud cuando dijo: "Considero su adhesión a las terapias por la sugestión tanto más extraordinaria cuanto que, al viajar [a París], él era un hombre perfectamente formado en fisiología"[27]. Para Meynert, Freud "era uno de los nuestros".

Al fiasco en la Sociedad Imperial de Medicina se sumó una segunda conferencia, esta vez ante los venerables miembros de la Sociedad Psiquiátrica de Viena. Habló sobre la etiología sexual de la histeria, refiriéndose a excavaciones arqueológicas, accidentes ferroviarios, niños seducidos y las fuentes del Nilo[28]. Krafft-Ebing, que acababa de escribir su *best-seller* titulado *Psychopatieren Sexualis*, hace el siguiente comentario: "¡Parece un cuento de hadas científico!"[29] Freud, por su parte, le escribe a Fliess: "Tuve una recepción gélida de esos imbéciles"[30].

Jones se refiere a esa reunión como otra prueba del momento de máxima aversión del *establishment* vienés frente a Freud[31].

Sartre, en su guión, le saca el máximo provecho a esta escena de vetusto repudio psiquiátrico. Es posible que en este punto, una vez más, se haya exagerado la vehemencia de los opositores. Freud no fue tan infamado como dice la biografía y como Sartre psicodramatiza. Ellenberger, nuevamente, revisó las minutas de la Sociedad Médica y señala que el público presente, aunque escéptico, "no asumió actitudes de censura injuriosa u ofensiva"[32].

Considero que la herencia herbartiana, y además Breuer, constituyen la "base restringida del psicoanálisis"[33] de la que nos habla Freud. Él no inventó el psicoanálisis de la nada. La idea del inconsciente y de la sexualidad infantil, así como la noción del origen funcional de las neurosis, estaban todas en el manzano del saber, maduras, prontas para ser cosechadas.

Como ya dijimos, no debe engañarnos la apariencia de continuidad, reconocida por el propio Freud, cuando declara que pasó "de la histología del sistema nervioso a la neuropatología y, en seguida, bajo nuevas influencias, al estudio de las neurosis"[34]. Aunque ese camino corresponde a una realidad panorámica sobrevolada, el recorrido, en detalle, resulta más laberíntico y accidentado. En ese recorrido fue concebido el psicoanálisis. Pero nació en mil lugares: uno de ellos, como lo señala Paul-Laurent Assoun, fue "el baño clínico tomado en la Salpêtrière, que hace bruscamente abstracto el modelo neuropatológico: abstracto pero no caduco"[35]. Esos ecos del pasado son sin duda valiosos. No es probable que Freud realizara una lectura sistemática de Herbart. Es más bien posible que Freud conociese a Herbart vía Meynert, y a éste, a su vez, vía Griesinger, cuyos textos tenía en alta consideración. Meynert, discípulo de Herbart, describe dos vectores de energía, en términos de "ataque" y "defensa". Elabora el "principio de displacer" herbartiano y, como Freud, habla de "suma de excitaciones". La mente recibe estímulos de dos fuentes, el mundo externo y el cuerpo, y ambos son tratados de la misma manera por la psique. De allí que para Meynert todo en el cuerpo pertenece al mundo exterior, excepto las propias células cerebrales.

El proceso fundamental de esa máquina cerebral es el reflejo. El "yo secundario" aparece como instancia controladora –Meynert usa la palabra "inhibitoria" allí donde Freud hablará de "represión". "El «yo primario» es inconsciente y está allí desde el período inicial de la vida, lo que recuerda el postulado de que el inconsciente es infantil"[36].

NOTAS

1. GW, XII, pág. 405.

2. Charcot, *Poliklinische Vorträge*, 1982.

3. Ernest Jones, *A vida e a obra de Sigmund Freud*, 1989, Río de Janeiro, Imago, I, pág. 236.

4. Ibíd., I, pág. 237.

5. Ibíd., I, pág. 239.

6. Henri F. Ellenberger, *The Discovery of the Unconscious*, 1970, Basic Books, Nueva York.

7. Frank J. Sulloway, *Freud, biologiste de l'esprit*, 1981, París, Fayard.

8. Henri F. Ellenberger, *op. cit.*, pág. 438.

9. Ibíd.

10. Ibíd., pág. 441.

11. Ibíd.

12. Ibíd.

13. Carta de Freud a Martha del 13 de mayo de 1886, *Sigmund Freud. Correspondência de amor*, 1981, Imago, Río de Janeiro, pág. 260.

14. Carta de Freud a Koller del 13 de octubre de 1886, *Sigmund Freud. Correspondência de amor*, pág. 263.

15. SE, XIV, págs. 21-2.

16. Lydia Flem, *A vida cotidiana de Freud e seus pacientes*, 1986, Río de Janeiro, L&PM., pág. 16.

17. Ernest Jones, *op. cit.*, I, pág. 237.

18. Frank J. Sulloway, *op. cit.*, pág. 34.

19. J.-M. Charcot, "Histeria y neurastenia en el hombre", en *Las Histerias*, comp. por Sauri, págs. 125-30.

20. Henri F. Ellenberger, *op. cit.*, pág. 439.

21. SE, V, pág. 438.

22. Frank J. Sulloway, *op. cit.*, págs. 40-1.

23. Carta de Freud a Fliess del 13 de julio de 1992, *Correspondência Sigmund Freud-Wilhelm Fliess*, 1986, comp. por J. M. Masson, Imago, Río de Janeiro, pág. 32.

24. Ernest Jones, *op. cit.*, I, pág. 286.

25. Dora Stocker-Meynert, *Theodor Meynert und seine Zeit*, 1930.

26. Julien Wagner-Jauregg, *Lebensenirinnenungen*, 1950.

27. Frank J. Sulloway, *op. cit.*, pág. 40n.

28. SE, III, págs. 191-224.

29. Carta de Freud a Fliess del 26 de abril de 1896, *Correspondência Sigmund Freud-Wilhelm Fliess*, pág. 185.

30. Ibíd.

31. Ernest Jones, *op. cit.*, I, pág. 267.

32. Henri F. Ellenberger, *op. cit.*

33. GW, XII, pág. 405.

34. SE, XX, pág. 11.

35. P.-L. Assoun, *Introdução a epistemologia freudiana*, 1981, Río de Janeiro, Imago, pág. 133.

36. Ernest Jones, *op. cit.*, I, pág. 376.

CAPÍTULO 13

EL APARATO DEL LENGUAJE

Tal vez se pueda hablar de un Freud joven pavloviano y de un Freud maduro freudiano o de un Freud neurólogo y un Freud psicólogo. Hubo un tiempo, empero, en que ambos confluían. En abril de 1886, cuando asume la dirección en el servicio de neurología de la clínica de Kasawitz, se abre el período áureo neurológico, del que datan los brillantes artículos sobre la hemianopsia y la hemiplejía infantil, y que culminó, cinco años más tarde, con la publicación del libro sobre las afasias. En ese lapso, la histeria quedó relegada. Entre la charla fundante con Breuer sobre el caso de Anna O. y el viaje a la Salpêtrière, el interés se esfuma, ya que siguieron cinco años de silencio. Hay que esperar hasta 1895 para que aparezcan los *Estudios sobre la histeria*[1]. Ahora bien, en esa época, Freud estaba inmerso en sus trabajos sobre la anatomía del cerebro. "En el momento mismo en que se convence definitivamente de la insuficiencia de la explicación anatómica de la histeria –observa P.-L. Assoun– continúa buscando en la investigación de la anatomía cerebral la clave de la próxima investigación"[2]. Ésa era la piedra en el camino del joven Freud: la verificación histológica de una intuición que no podía ser verificada.

En 1891, Freud publica su libro inaugural, meses antes de iniciar su primera psicoterapia por el método catártico. Título: *La concepción de las afasias*. Fue dedicado a Breuer. Por un momento pensó en Fleischl, que estaba en su lecho de muerte. Pero era "un gesto apropiado homenajear a quien había sido generoso en los períodos más difíciles y que le había dado la clave de su obra futura"[3]. Además, los dos estaban escribiendo conjuntamente *Sobre el mecanismo psíquico de los fenómenos histéricos: comunicación preliminar*[4].

La concepción de las afasias es el más importante de los textos neurofisiológicos de Freud. Hay quien dice que este trabajo le abrió el camino a Kurt Goldstein, punto de partida de nuestro conocimiento actual sobre la ciencia del cerebro[5]. Entre todos los textos de transición, éste tiene el mérito de ser el que por primera vez trata la actividad mental. Se puede decir que es la obra freudiana inicial, no sólo por la lucidez, por el estilo y por la argumentación persuasiva, sino también porque introduce una forma radicalmente nueva de encarar lo psicológico. Este ensayo es el mirador panorámico del inconsciente. La primera vuelta del futuro caracol teórico.

Freud tiene 35 años y acaba de mudarse a Berggasse 19. A esta altura de su formación, pisa fuerte en el territorio de la hemiplejía cerebral infantil. Confiado, le comunica a Fliess sus sentimientos aguerridos: "Dentro de pocas semanas tendré el placer de enviarle un pequeño libro sobre las afasias. En él soy muy impúdico, y me trabo en lucha con su amigo Wernicke[*1], con Lichtheim y con Grashley, y llego hasta a arañar al poderosísimo Meynert"[6].

El ensayo hace mucho más que arañar a los poderosos, ya que cuestiona toda la neurología localizacionista en boga. Lleva el apropiado subtítulo de "Un estudio crítico", por consistir, en esencia, en una revisión radical de la doctrina wernickeana, entonces universalmente aceptada.

Hagamos historia. El estudio de las afasias se inicia en 1861, cuando Broca descubre un área del lóbulo frontal del cerebro cuya lesión causa "afasia motora", con grandes perturbaciones en la función del habla. Wernicke, trece años más tarde, descubre un área similar en el lóbulo temporal, cuyo daño provoca "afasia sensorial", o sea incapacidad para comprender el lenguaje. A partir de entonces, los neurólogos descubren una serie asombrosa de variedades mixtas. Esas variedades, que hicieron las delicias de los lingüistas veinte años más tarde, son afasias parciales (incapacidad para hablar espontáneamente o repetir las palabras emitidas por otro, incapacidad para repetir letras y no palabras, y así sucesivamente). Wernicke y Lichtheim delinearon elaborados esquemas de supuestas conexiones entre los centros, y postularon todo un mapa localizador de lesiones. Muy pronto estos diagramas se volvieron excesivamente complejos, un universo babélico donde la regla creaba la excepción. Finalmente, como bien dijo Jones, "esa situación tolemaica pedía un Kepler que la simplificara"[7]. Freud fue ese organizador del planetario cerebral. La noción estanca de las localizaciones cerebrales quedó impugnada. Despojó a los "centros" de Wernicke y de Broca de su carácter mítico de agentes auto-actuantes, adelantando que su importancia era anatómica (derivada de la proximidad de las áreas del cerebro) y no fisiológica (derivada de la entrada de las fibras provenientes de los núcleos acústicos). Continúa avanzando —aquí viene el arañazo a Meynert— y cuestiona el dogma de su Profesor de Psiquiatría de que las ideas y recuerdos deben ser descritos como vinculados a diversas células cerebrales.

El análisis detallado de los casos publicados mostraba contradicciones internas, lo que llevó a Freud a presentar una explicación funcional alternativa. Partiendo de las dos grandes afasias, la motora y la sensorial, sugirió que todas las subvariedades deberían ser explicadas como grados variables de desorden funcional a partir de un área comprometida[8].

[*1]. Fliess estudió con Wernicke en la Universidad de Berlín; de allí lo de "su amigo".

¿Qué se entiende por funcional en este ensayo? La interacción del sistema nervioso central. Frente a una lesión, comenta Garcia-Roza, "el aparato reaccionaría como un todo, de manera solidaria, presentando un debilitamiento en su función, sin demostrar una deficiencia en sus partes aisladas"[9]. Esto refutaba la tesis de Wernicke de que los diversos trastornos del lenguaje, observados en la clínica, podían vincularse con lesiones cerebrales localizadas.

A la hipótesis wernickeana, Freud opone un aparato que funciona en términos de proceso. Parte de la noción de la "desevolución" del neuropatólogo Hughlings Jackson. Según esta teoría, los niveles más complejos y refinados de la habilidad lingüística se pierden primero, mientras que los más primitivos se conservan un tiempo mayor, y son los últimos afectados. Aparece aquí por primera vez postulado un mecanismo de "retrogresión", proceso involutivo que sigue un camino inverso al evolutivo. Para Hughlings Jackson el espíritu humano presentaba una serie jerarquizada de niveles de funcionamiento: las funciones voluntarias "superiores" cubrían y dominaban las funciones inferiores[10]. Freud señala: "En la evaluación del aparato del lenguaje en condiciones patológicas, adoptamos como principal guía la doctrina de Hughlings Jackson de que todos los modos de reacción representan instancias de la retrogresión funcional de un aparato altamente organizado, y corresponden a los estados previos de su desarrollo"[11]. En esa línea, la *nominación de objetos* es la parte más delicada de nuestra evolución lingüística y, por tanto, la que sufre en primer lugar.

Ya en las páginas iniciales Freud introduce el término *Spracheapparat* —"aparato del lenguaje"— como si se tratara de algo corriente para los ojos y oídos de la época. Este dispositivo, en la opinión de Steingel, "es el hermano mayor del «aparato psíquico»"[12]. Puede ser descrito como una organización jerárquica de funciones con un sustrato orgánico. Freud tomó este término de Meynert, que acababa de hablar de un *Selemapparat*, "aparato del alma". A pesar de la novedad, Charcot, condiscípulo de Broca, ya veinte años antes se había aproximado a esta noción al establecer una afinidad entre las teorías del lenguaje y las de la imagen. Apoyándose en los estudios de Ribot, consideraba que la palabra tiene cuatro elementos: la imagen auditiva, la imagen visual, la imagen motora de articulación y la imagen motora gráfica[13]. Freud privilegia la imagen acústica; Charcot, la visual.

El propio Meynert también es criticado por su especulación de que el cerebro contiene una "proyección de las diversas partes del cuerpo". Freud apuntó a los errores de anatomía histológica en que esa teoría se sustentaba. Las fibras que entran en los núcleos de la médula son más numerosas que las que pasan de la médula al córtex, de modo que no puede haber continuidad entre la periferia y el cerebro. Hay sólo una "proyección" de la periferia en la materia gris de la médula espinal, acompañada de una "representación" cerebral, basada en agrupamientos más funcionales que topográficos. Lo que anuncia cinco años antes las ideas del *Proyecto*. Aquí, en la discusión con Meynert, Freud desarrolla su reflexión fundamental sobre el significado de la "afasia agnósica", concepción suya de un trastorno funcional del lenguaje que compromete el vínculo asociativo entre la *Dingvorstellung* (representación de cosa) y la *Wortstellung* (representación de palabra). En el aparato del lenguaje la representación de cosa permanece abierta a nuevas impresiones, mientras que la de palabra se mantiene cerrada. "La percepción del objeto –como recuerda Aksterman– queda por lo tanto siempre abierta a nuevas impresiones"[14]. Resulta que de la asociación de esas dos representaciones (cosa/palabra) surge la "conciencia" (*Bewustsein*), y su disociación produce "inconsciencia" (*Unbewustsein*).

Se plantea, entonces, el problema de lo normal y de lo patológico, ya que en los actos fallidos del sujeto normal pueden aparecer alteraciones linguísticas. El *discurso del afásico* pasa a ser considerado una genuina parapraxis. *Efectos del sujeto*, dirá Nassif, ochenta años más tarde[15]. A fin de cuentas, el lenguaje es algo que se adquiere y el *aparato del lenguaje* es algo que se construye, "pieza por pieza", como paradigma del proceso de aprendizaje. Son éstos los momentos en los que el habla comienza a hablarse. De esa manera, la problemática del discurso afásico nos pone en la senda del discurso histérico. De allí que Eduardo Sande afirme: "En varios aspectos, el texto de las afasias es la más avanzada tópica freudiana, principalmente en lo que dice con respecto a este aparato, las asociaciones de objeto y la representación-palabra"[16].

En el capítulo quinto de *Afasias*, Freud hace el siguiente resumen de su posición: "Rechazamos por lo tanto las hipótesis según las cuales el aparato del lenguaje está constituido por distintos centros, separados por regiones corticales carentes de función ... Sólo nos resta concebir la *región cortical del lenguaje como un área continua del córtex*, en el interior de la cual se efectúan, con una complejidad que desafía la comprensión, las asociaciones y las transferencias sobre las que reposan las funciones del lenguaje".

Nace la idea de un territorio del lenguaje, un "área continua del córtex", matriz de la concepción de un campo de asociaciones y de transferencias[17]. Este dispositivo difiere considerablemente del modelo wernickeano. La representación no está contenida en la célula nerviosa, ni es pensada con independencia de las asociaciones. La representación puede verse como la *diferencia* entre dos series de asociaciones. El "territorio del lenguaje" es definido como un lugar unitario e indivisible, hecho de diferencias.

Freud tomó de Brentano el concepto de *representación*. Brentano, en la línea de Herbart, colocaba la sensación en la base de la actividad psíquica: "Los fenómenos psíquicos son representaciones o reposan en representaciones". Utiliza el término *Vorstellung* (representación) para designar el acto de representar –pero no hay *acto* de representar sin que haya también un *objeto* representado. No hay percepción sin objeto percibido y viceversa[18].

Las *Vorstellungen* son los ladrillos del "aparato del alma" en Meynert, como también lo serán en Freud. Brentano, en su memorable polémica con Wundt, rechaza la analogía del eco entre la fisiología y la psicología, ya que el fenómeno psicológico no es un mero epifenómeno fisiológico. Considera que el "acto psicológico" es *intencional* y no automático. "Esa presencia intencional pertenece exclusivamente a los fenómenos psíquicos"[19]. Dicha calidad intencional aparece en el *Proyecto* como una propiedad de las neuronas omega.

Cuando Breuer, en su capítulo teórico de los *Estudios*, afirma que toda conciencia es conciencia de un objeto postula la necesidad de un correlato objetal para el acto de conciencia, aun cuando el objeto sea un puro objeto de fantasía, como los unicornios de la vida[20]. Toda representación presupone a su objeto. El sentido de una representación, sin embargo, no está dado por el objeto y sí por la relación con otras representaciones[*2].

Freud distingue tres tipos de afasias: la *afasia verbal*, la *afasia asimbólica* y la *afasia agnósica*; esta última es una perturbación extrínseca al lenguaje, pero que produce un efecto afásico.

En la *afasia verbal*, que podría llamarse *simbólica*, la perturbación afecta los elementos de la representación-palabra; se trata de una perturbación del complejo formado *dentro* de la palabra por las imágenes acústica, motora, escrita y leída. En la *afasia asimbólica*, la perturbación impide la asociación entre el complejo de la representación-palabra y la representación-objeto. En la *afasia agnósica* lo que está comprometido es la relación de la representación de objeto con la *cosa*, su naturaleza de *signo*. Se trata de una perturbación del reconocimiento del objeto. La producción de signos queda fuera del aparato de lenguaje.

La concepción de las afasias describe perturbaciones neurológicas; su universo es el territorio de la corteza cerebral, de modo que el "discurso afásico", con sus "efectos de sujeto", es concebido como consecuencia del mal funcionamiento del aparato, como un conjunto de trastornos que hay que corregir o atenuar[21]. "Más tarde, lo que en ese aparato aparece como falla será precisamente lo que va a tener las más importantes consecuencias para el futuro teórico del aparato del lenguaje".[22] El "discurso afásico" no alcanzó el estatuto del "discurso histérico", aunque hoy en día es evidente que lo anticipa.

Por parapraxia "debemos entender una perturbación del lenguaje en la cual una palabra adecuada es sustituida por otra menos adecuada pero que mantiene una cierta relación con la palabra exacta"[23].

---

*2. Tema que luego será elaborado por Lacan cuando habla de la red de significantes, y por Deleuze en su teoría de los rizomas.

Podemos reemplazar *Berlín* por *Postdam* o intercambiar palabras con un sonido semejante, como *Butter* y *Mutter*, o incluso realizar fusiones del tipo *Vutter*, en lugar de *Mutter* o *Vater*. Esto ocurre en personas normales. Cabe decir que lo que Freud escribió sobre las "parapraxias" bien podría servir de prefacio a su *Psicopatología de la vida cotidiana*:

> Las parapraxias, ideas y errores en el uso de las palabras por pacientes afásicos no difieren del uso incorrecto ni de la distorsión de las palabras que las personas saludables pueden observar en sí mismas en estado de fatiga, atención dividida, o bajo la influencia de afectos perturbadores... [24]

De ahí que este ensayo sea la mórula, el primer prototipo del psicoanálisis. "Freud no tuvo suerte con este libro[*3] —comenta Ernest Jones— a pesar de que muchas de sus conclusiones fueron finalmente aceptadas. La época todavía no estaba madura para él"[25]. Tal vez se pueda pensar que la época nunca está madura para nadie; mejor aún, que el genio, como héroe de la cultura, hace madurar el mundo a golpes. Estimo que, en la tarea de "arañar al poderosísimo Meynert", Freud no percibió que la bayoneta entraba más a fondo.

Freud queda perplejo: "Hay algo curioso e incongruente entre el aprecio en que se tiene el propio trabajo intelectual y el valor que los otros le atribuyen. Tomemos el caso de ese libro sobre las diplejías, que compaginé con toda prisa, con un mínimo de interés y esfuerzo. Pues bien, los críticos vertieron los mejores elogios sobre él; los franceses, en especial, lo elevan por las alturas. Hoy mismo he encontrado un libro de Raymond, el sucesor de Charcot, que simplemente copió esa obra en una sección adecuada, eso sí, con un agradecimiento respetuoso. Y de las cosas realmente buenas, como *Afasias* o [el artículo sobre] las «ideas obsesivas», no puedo esperar más que un respetable fracaso"[26].

Freud se mostraba profundamente fascinado por la psicopatología clínica (por la neurología clínica, todo lo contrario). La psicopatología como clave para establecer una teoría general de las neurosis: allí estaba el *quid* de la cuestión. Mientras que otros encaraban las neurosis como desvíos de lo normal, él pronto tuvo la intuición de que por allí pasaba el camino de acceso a las capas más profundas de la mente. El psicoanálisis, que Bleuler posteriormente llamó de "psicología profunda", estaba destinado a intentar esa ambiciosa tarea.

El propio Freud es muy explícito en los *Estudios sobre la histeria*: "Al realizar este trabajo, es claro, debemos mantenernos libres del

---

*3. Se tiraron 850 ejemplares, de los cuales se vendieron 257 al cabo de nueve años. El resto fue transformado en pasta de papel.

prejuicio teórico de que lidiamos con los cerebros anormales de *dégénérés* y *déséquilibrés* capaces, gracias a un estigma, de echar por tierra las leyes psicológicas comunes que rigen la ligación de las ideas, y en quienes una idea fortuita puede volverse exageradamente intensa sin ningún motivo. La experiencia demuestra que lo contrario se aplica a la histeria. Una vez que descubramos los motivos ocultos, que muchas veces permanecerán inconscientes, y los tomemos en cuenta, veremos que nada de enigmático persiste en las ligaciones del pensamiento histérico ..."27

En *La interpretación de los sueños* Freud presentará otro argumento convincente contra la teoría degenerativa, basándose en la gran semejanza entre los sueños y las neurosis: "Vemos que el mecanismo psíquico empleado por las neurosis no es creado por medio de la existencia inicial de un trastorno mórbido que afecta la mente, sino que ya está presente en la estructura normal del aparato mental. Los dos sistemas psíquicos, la censura que transita entre ellos, el modo como una actividad inhibe y se superpone a la otra, la conexión de ambas con la conciencia: todo eso pertenece a la estructura normal de nuestro aparato mental y los sueños nos muestran uno de los medios que llevan al conocimiento de dicha estructura"28.

Sueños y sexo. Ésas eran las palancas.

De los doce trabajos aparecidos entre 1893 y 1898, tres fueron básicos para el desarrollo de la psicopatología. Son los artículos "Las neuropsicosis de defensa"29, "La etiología de la histeria"30 y "Nuevas observaciones sobre las neuropsicosis de defensa". En el primero de ellos, publicado un año antes de los *Estudios sobre la histeria*, Freud presenta tres formas de histeria: de defensa, hipnoide y de retención. Siempre le dio más importancia a la primera, que luego desplazó completamente a las otras. Aun así, la "huella mnémica" del trauma permanece aislada del resto de la mente y puede de hecho formar el núcleo de un sistema hipnoide secundario. Ernest Jones opina que la noción de "conversión" deriva de la investigación realizada por Freud siete años antes sobre la naturaleza de las parálisis histéricas. En esa oportunidad expuso sus razones para rechazar la teoría de la histeria de Janet, que atribuía la enfermedad a una debilidad mental congénita, y aprobó la afirmativa de Strümpell de que "en la histeria la perturbación reside en la esfera psicofísica, donde el cuerpo y la mente se encuentran en conexión entre sí"31.

A esta altura del pensamiento teórico, tenemos el cuerpo y su representación: el afecto somático y su conversión. Birman sintetiza el asunto: "El registro de la representación se va delineando como el campo teórico donde se insertan las psiconeurosis, de modo que el concepto de defensa frente a lo sexual, en el contexto de la representación, va pasando al primer plano de la teorización freudiana"32.

En un campo tenemos las neurosis actuales; en el otro, las psiconeurosis. Freud tiende un puente entre unas y otras: cada neurosis actual tiene su correlato psiconeurótico. Cuando se acuñó la expresión "neurosis actual", el psicoanálisis todavía no había sido inventado. Así, la neurosis de angustia sería la neurosis actual de la histeria, mientras que la neurastenia correspondería a la neurosis obsesiva[33]. En este sentido, "la neurosis actual es la condición necesaria para la precipitación de las psiconeurosis, pero no es condición suficiente; para eso es preciso que haya una *transposición* de la estasis libidinal del cuerpo somático al registro del cuerpo representado"[34].

Los otros dos artículos muestran un considerable avance. En "Nuevas observaciones sobre las neuropsicosis de defensa"[35], la "defensa" comienza a ser llamada "represión". En la práctica los dos términos son usados alternativamente; sólo años después Freud discrimina las otras defensas. Pero las consideraciones sobre la neurosis obsesiva son las más innovadoras. Freud comienza con una fórmula simple: "Las ideas obsesivas son invariablemente autocensuras que resurgen de la represión con una forma transmutada y que siempre se relaciona con algún acto sexual que fue realizado con placer en la infancia"[36]. La idea obsesiva y el afecto concomitante son formaciones de conciliación (compromiso), tomadas tanto del material de las representaciones reprimidas como de las representaciones represoras.

Aquí encontramos mencionado por primera vez un mecanismo psíquico básico de toda la teoría psicoanalítica: la noción de "formación de compromiso" y de "retorno de lo reprimido"[37]. La formación de compromiso es un concepto puente entre la clínica y la metapsicología. El chiste, el lapsus y el síntoma son formaciones de compromiso[38]. El síntoma histérico no es ya un producto de la escisión de la conciencia, sino que resulta del retorno de lo reprimido mediante el mecanismo breueriano de la "conversión". En estos artículos está firmemente arraigada la presencia del inconsciente como pivote clínico. Tenemos ahora una concepción dinámica (conflicto) y una concepción económica (montos de afecto), aunque todavía no está postulada la dimensión tópica ni la existencia del inconsciente como sistema. En esa época Freud distingue dos tipos de neurosis obsesivas. En la primera, la autocensura, desplazada de su representación original, se liga a otra representación asociada, que ya no es una representación sexual[39]. En el segundo tipo, el acento cae sobre el afecto de la autocensura que se transforma en otro afecto, en la mayoría de los casos en ansiedad, vergüenza o "angustia hipocondríaca"[40]. Este segundo tipo de neurosis obsesiva prenuncia el análisis más detallado que Freud realizará en el historial del Hombre de las Ratas[41].

El artículo concluye con una esclarecedora comparación de los mecanismos de la paranoia y los de la neurosis obsesiva[42]. Ésta fue la primera incursión en el campo de las psicosis. Las neurosis obsesivas, del primero y del segundo tipo, pueden desarrollar síntomas de *defensa secundaria*[43]; constituyen medidas protectoras que, cuando tienen éxito, adquieren el sentido de la compulsión que florece en los rituales. Al final del artículo se presenta el caso de paranoia en una mujer casada de 32 años. Freud emplea el término de "proyección" para describir el mecanismo psicológico más característico de la paranoia y explica que la afección no presenta defensas secundarias como la neurosis obsesiva. La razón es que el yo ya no puede protegerse, sino que tiene que modificarse por la aceptación de los síntomas causados por el retorno de lo reprimido, los que constituyen los delirios. El delirio, entonces, sería una defensa secundaria fracasada.

NOTAS

1. SE, II, págs. 19-305.
2. P.-L. Assoun, *Introdução a epistemologia freudiana*, 1981, Río de Janeiro, Imago, pág. 134.
3. Ernest Jones, *A vida e a obra de Sigmund Freud*, 1989, Río de Janeiro, Imago, I, págs. 220-1.
4. SE, II, págs. 1-19.
5. P.Cranefield, "Some problems in writing the history of psychoanalysis", *Psychiatry and its History - Methodological Problems in Research*, comp. por G. Moria e J. Brand, 1970.
6. Carta de Freud a Fliess del 2 de mayo de 1891, *Correspondência Sigmund Freud-Wilhelm Fliess*, 1986, comp. por J. M. Masson, Imago, Río de Janeiro, pág. 28.
7. Ernest Jones, *op. cit.*, I, pág. 221.
8. K. K. Levin, *Freud a primeira psicologia das neuroses*, pág. 78.
9. L. A. Garcia-Roza, *Introdução à metapsicologia freudiana, I*, 1991, Zahar, Río de Janeiro, 1992, pág. 25.
10. J. Hughlings Jackson, "Evolution and Dissolution of the Nervous System", 1884, en *Selected Writings of Hughlings Jackson*, II, 1931, págs. 155-204.
11. S. Freud, *On Aphasia*, Londres, 1951, pág. 87.
12. E. Stengel, "A re-evaluation of Freud's book «On Aphasia». Its significance for psychoanalysis", *Int. J. Psychoanal*, 1954.
13. Elisabeth Roudinesco, *História da psicanálise na França. A batalha dos cem anos*, 1986, I, Río de Janeiro, Zahar, pág. 31.
14. A. Eksterman, "A metapsicologia de Freud", en *Neurose de transferencia: uma síntese*, 1985, pág. 125.
15. J. Nassif, *Freud l'inconscient*, 1977, pág. 338.
16. Eduardo Sande, "*A Metapsicologia não concluida-perdida de Freud*", texto presentado en el Espacio Moebius en setiembre de 1992, Salvador, Bahía, pág. 4.
17. L. A. García-Roza, *op. cit.*, pág. 37.
18. Ibíd., pág. 57.
19. F. Brentano, *Psychologie du point de vue empirique*, 1944, París, Aubier, pág. 102.
20. F. Brentano, "Des objects vrais et des objects fictices", Apéndice de 1911, en ibíd.
21. J. Nassif, *op. cit.*, pág. 419.

22. L. A. Garcia-Roza, *op. cit.*, pág. 66.
23. *Aphasies*, págs. 71-2.
24. *On Aphasia*, pág. 13.
25. Ernest Jones, *op. cit.*, I, pág. 223.
26. Carta de Freud a Fliess del 21 de mayo de 1894, *Correspondência Sigmund Freud-Wilhelm Fliess*, pág. 74.
27. SE, II, págs. 293-294.
28. GW, III, pág. 613; SE, V; véase el Apartado F, "Conscious and Unconscious Reality", págs. 610-21.
29. SE, III, págs. 43-70.
30. SE, III, págs. 191-223.
31. Ernest Jones, *op. cit.*, I, pág. 282.
32. J. Birman, *Ensaios de teoria psicoanalítica*, 1993, Río de Janeiro, Zahar, pág. 125.
33. SE, III, págs. 35-38.
34. J. Birman, *op. cit.*, pág. 125.
35. SE, III, págs. 162-87.
36. SE, III, pág. 169.
37. SE, III, pág. 161.
38. Participación de Horstein en el trabajo de Laplanche "El inconsciente y la clínica psicoanalítica", *Trabajo del psicoanálisis*, 1991, pág. 227.
39. SE, III, pág. 170.
40. SE, III. pág. 171.
41. Véase en particular la relación entre los sentimientos de culpa y las "alteraciones del yo", ya descripta por primera vez en el "Manuscrito K" (*Correspondência Sigmund Freud-Wilhelm Fliess*, pág. 163).
42. SE, III, págs. 183-5.
43. SE, III, págs. 172-3.

CAPÍTULO 14

LA CURA POR LA PALABRA

Kraepelin pinta el siguiente retrato de la histérica:

Ella es esbelta y pálida. Parece algo melancólica, con la mirada baja. Sus dedos, primorosamente cuidados, se enredan en un lindo pañuelo. Habla en voz baja, hastiada. Al cabo de un tiempo, sus párpados se cierran espasmódicamente, inclina la cabeza y parece haber caído en un sueño profundo. Sus brazos cuelgan inertes, paralizados[1].

En una noche sofocante de ese verano caluroso de 1883, Freud le escribe a su amada en Wandsbek:

Hoy fue el día más caluroso, más torturante de toda la temporada, realmente quedé agotado. Necesitaba algo que me levantase el ánimo, y por lo tanto fui a casa de Breuer, de donde acabo de llegar. Lo primero que él hizo fue empujarme a una bañera de la que salí rejuvenecido. Mientras aceptaba esa hospitalidad acuática, pensé que si mi pequeña Martha estuviese aquí, diría: "Esto es exactamente lo que nosotros necesitamos". Claro, mi niña, y no importa cuántos años pasen, pero vamos a tenerla; el único milagro con el que estoy contando es que continúes amándome tanto tiempo[2].

Los Breuer vivían en Brandstätte N° 8, en el centro de la ciudad. Breuer, desde su apartamento, ubicado dos pisos más arriba que el de Samuel Hammerschlag, podía ver la espiral de la catedral de San Esteban, con su enorme campanario, punto turístico de la ciudad. La acomodada familia Breuer, entre otros lujos, tenía, como vimos, una bañera, artefacto anhelado por Martha, y ausente tanto en la casa de ella como en la de Freud[*1].

*1. Los Freud y los Bernays se bañaban una vez, a veces dos, por semana, en los baños públicos de la ciudad. En los tiempos del pequeño Sigismund, "cada dos semanas dos fuertes cargadores llevaban a la cocina una gran bañera de madera, junto con varios barriles de agua caliente y fría; todo era retirado al día siguiente".

La tórrida noche comenzaba bien:

Cenamos en el piso de arriba, en mangas de camisa (ahora te estoy escribiendo con ropas aún más escasas), y entonces comenzó una larga charla médica sobre "insania moral", enfermedades nerviosas y casos extraños[3].

Momento antológico, en la cima de la amistad. Baño fresco, cena tardía entre hombres –pollo asado, tal vez ensalada de papas, un vino blanco frío– en el gabinete del dueño de casa, rodeados de libros, el humo azul de buenos cigarros. En el umbral del psicoanálisis, en la canícula vienesa, el dueño de la casa comienza a relatar un fascinante caso de histeria. En diciembre de 1880, mientras el joven Freud se aburría en el servicio militar, Breuer comenzó a tratar a una joven llamada Anna O., la primera y quizá la más famosa de las grandes histéricas del planetario psicoanalítico. Su tratamiento duró desde diciembre de 1880 hasta junio de 1882; es el caso más completo de los presentados en los *Estudios*[4].

Bertha Pappenheim*2, alias Anna O., tenía 21 años cuando enfermó su padre, en el largo verano de 1880. Joven agraciada e inteligente, talentosa hija menor, era la favorita del progenitor, Siegmund Pappenheim, adinerado dueño de una tienda tradicional de Viena. De su madre, Recha Goldschmidt, tenemos dos versiones divergentes: Jones habla de ella como *"somewhat of a dragon"*[5], *3.

Selma Fliess, que fue dama de compañía de Recha durante muchos años, habla de la "maravillosa –y muy venerada por mí– madre de Bertha"[6]. Breuer, por su lado, en una única referencia, piensa que "la alegría [de Anna] nunca fue del gusto de su madre"[7]. Hirschmüller, con su cautela habitual, opina que "las relaciones entre madre e hija, en la época, no eran de las mejores"[8]. Finalmente, Peter Gay narra el caso como si Siegmund Pappenheim hubiera sido viudo[9]. De todos modos, para Anna, la cosa era con el padre. Cuando Siegmund aún no tenía 56 años, cayó víctima de una peripleuresía masiva de origen tuberculoso, con formación de un grave absceso subpleural[10].

En la noche del 17 de junio de 1880, de vacaciones con la familia en Ischl, mientras aguardaban la llegada del cirujano para drenar el absceso, Bertha –Anna O.–, junto a la cama del enfermo, tiene su primer ataque, alucinando una enorme serpiente negra que avanza so-

*2. Conocemos por Jones el verdadero nombre de Anna O. También sabemos que la familia Pappenheim se indignó por la revelación. Es curioso que la cúpula psicoanalítica, que guarda ciertas cartas bajo siete llaves, sea tan indiscreta en otros sentidos.

*3. La Reina Victoria era llamada "dragón" por ser una mujer formidable y autoritaria, *a lo* Margaret Thatcher.

bre el lecho paterno. Aterrorizada, intenta impedir el ataque del ofidio, pero siente el brazo paralizado. Sólo atina a rezar en inglés. "El silbato del tren que traía al cirujano puso fin al maleficio"[11].

El episodio alucinatorio fue olvidado y nunca conocido por la familia. Breuer nos cuenta en su "Documento de Kreuzlingen" que Anna, "frente a una vida monótona, totalmente dedicada a la familia", acostumbraba refugiarse en cavilaciones, víctima de "ausencias" y de un estado de angustia en el escenario de su "teatro particular" (un verdadero *home theater*)[12]. Durante esas ausencias, que "poco a poco se multiplicaron, aparecían alucinaciones que ella ignoraba en estado de vigilia, pero que se iban sucediendo con creciente frecuencia"[13]. También comenzó a tener grandes dificultades para ingerir alimentos. Breuer caracterizó este período, que duró cinco meses, como de "incubación latente"[14]. "Larvada" tal vez sería una mejor expresión.

La primera consulta tuvo lugar al final de esta fase, cuando los Pappenheim volvieron a Viena después de haberse demorado en Ischl. Breuer no era psiquiatra; fue consultado como clínico. Motivo de la consulta: una molesta tos nerviosa, que llegaba a provocar agotamiento físico.

¿Por qué Breuer? Todo indica que era el médico de la familia, ya que los Pappenheim y los Breuer eran oriundos de la distante Presbourg y frecuentaban el pequeño círculo judío de la alta burguesía de Viena. Esos lazos explicarían, en parte[*4], su extraordinario interés por el caso. Comenzó a atenderla regularmente y fue presenciando el desarrollo de una serie avasalladora de síntomas: estrabismo convergente, ambliopía, dolores en la región occipital derecha, paresia severa de los músculos escalenos del cuello (al punto de que sólo podía mover la cabeza con la ayuda de las manos). El compromiso muscular crecía día a día, produciendo contracturas y anestesia del brazo y pierna derechos, y luego del miembro inferior izquierdo[15]. Hasta ese momento, Breuer –sorprendentemente a mi juicio– sólo consideraba las manifestaciones somáticas de la enfermedad. Con el correr del tiempo, comenzó a prestarle más atención a la vertiente psíquica del cuadro, sorprendido tal vez por los "súbitos cambios de humor de la paciente ... alucinaciones ... excitaciones"[16]. En ciertos momentos Anna arrojaba los objetos de su cuarto contra las paredes, en un colosal ataque histérico. En las alucinaciones, los dedos de la mano se transformaban en serpientes y las uñas en calaveras. Una afasia grave y mutismo completaban el cuadro. En esta segunda etapa, la sintomatología polimorfa comienza a reducirse gradualmente a un patrón único. De noche, con la caída del sol, la paciente entraba en un

---

*4. La otra parte corre por cuenta de la curiosidad científica de Breuer, alimentada, como luego veremos, por una posible llamada contratransferencial.

estado de somnolencia fuera de lo normal, que Breuer llamaba "hipnosis vesperal", y Anna O., *"cloud"* (nube)[17].

Aparecen entonces dos estados de conciencia: uno, absolutamente normal; el otro, propio de un energúmeno rabioso. En el medio, en la frontera, flota la "nube". Estamos ante un caso típico de doble personalidad, mal relativamente raro, incluso en esa época en que la histeria se erguía, exuberante.

El primer acierto terapéutico del médico del Toque de Oro fue vincular el mutismo de Anna con la problemática paterna. Breuer la incita a hablar del padre, intervención que da resultado: el mutismo cede selectivamente. Anna habla, pero sólo en inglés[*5]. En segundo lugar, apoyándose en la hipnosis vesperal espontánea, Breuer inaugura lo que se convertiría en su método catártico. Parte de la observación de que ciertas palabras significativas, emitidas durante la vigilia, podían introducirse en la hipnosis espontánea como un grano de arena en el ombligo de una ostra. La paciente, girando en torno de esos significantes, comenzaba a urdir una historia, primero en jerga afásica, y luego "a la manera del *Libro de imágenes* de Andersen"[18]. Al final del "cuento de hadas" de ese día, Anna despertaba tranquila y serena.

Mejoró considerablemente y tuvo el alta el 1° de abril. Cinco días después, muere el padre. Todo el progreso obtenido se fue con el atúd. La paciente permanecía ausente, inmersa en una indiferencia autística en la que sólo la figura de Breuer aparecía encarnada: "Yo era la única persona que ella reconocía ... y mientras yo estaba presente ella mantenía un contacto animado con las cosas, salvo en las bruscas interrupciones causadas por sus «nubes» alucionatorias"[19].

En la nueva crisis, el alemán materno desaparece. Tiene dificultad para reconocer a las personas. Esa tarea ya no era automática; se "veía forzada a realizar un *«recognizing work»* ("trabajo de reconocimiento"), que funcionaba de la siguiente manera: "Esta persona tiene la nariz así y asá, el cabello así y asá, de modo que debe ser Fulano de Tal"[20, *6].

La crisis se agravó aún más cuando Krafft-Ebing fue llamado en consulta[21]. La presencia de ese extraño –que no creía en "fábulas científicas"– la aterrorizó. Anna simplemente no lo veía, no lo enfocaba. "Fue una auténtica «alucinación negativa»", comenta Breuer[22]. El barbudo profesor de sexología, frente a esa joven que lo atravesaba con una mirada ciega, le sopló el humo de su cigarro en la cara. Los

*5. Bertha, además del alemán, su lengua materna, hablaba inglés, italiano, ídish y un poco de hebreo.

*6. No es de extrañar que un psiquiatra como Charles Goshem, evaluando el material clínico, haya considerado que la paciente era esquizofrénica (Cf. Charles Goshen, "The original case material of psychoanalysis", *American Journal of Psychiatry*, 1952, CVIII, págs. 829-34).

resultados fueron calamitosos. Ella hizo un escándalo, golpeando en el pecho de Breuer y cayendo desmayada[23]. Para empeorar las cosas, Breuer tenía que partir de viaje esa misma noche. A su vuelta, el cuadro había empeorado: "La paciente no comió nada durante el período, y sus «ausencias» alucionatorias se presentaban plagadas de figuras terroríficas, cobras y esqueletos"[24].

Por existir riesgo de suicidio, se pensó en internarla. Anna O., en realidad, pasó a vivir en un régimen de hospital de día, en una villa junto a la clínica de Inzersdorf, "donde se beneficiaba de la supervisión del *staff* de la clínica"[25]. Breuer continuaba siendo su médico.

Poco a poco, Anna fue recuperándose en Inzersdorf; estaba bien, sobre todo en los días que Breuer la visitaba. Su condición, una vez más, mejoró ... hasta las vacaciones de Breuer. Cuando éste volvió, cinco semanas después, de nuevo encontró a la paciente en el mundo de las cobras. El tratamiento se intensifica. Cambia la naturaleza de las historias contadas en las "nubes", que abandonan el estilo feérico y pasan a abordar "el contenido de las alucinaciones y las cosas que la contrariaron en el transcurso del día"[26]. Estos relatos se alineaban con la historia conocida de la paciente, lo que fue decisivo para la elaboración del método catártico: la narración de las circunstancias originarias de la aparición de los síntomas provocaba su desaparición. El ejemplo más notable fue un paroxismo de hidrofobia. Aunque deshidratada y muerta de sed, en el rigor del verano, Anna no podía beber ni una gota; el problema se solucionó en el momento catártico en que recordó que había visto a su detestable dama de compañía dejar que un perro bebiese de su vaso. Con la exteriorización del asco reprimido, la hidrofobia desapareció[27]. En esos "diálogos experimentales" comienza lo que Anna denominó "cura por la palabra", o también "limpieza de chimenea"; Breuer le dio a este método el nombre erudito de "catarsis" o "purgante del alma". Día a día ella hablaba de un trastorno tras otro, y de esa manera la chimenea se iba destapando. Lo esencial de esta limpieza anímica era la emoción expulsada.

Una lectura ingenua del historial de Anna O. puede dar la idea engañosa de que la cura se desarrolló de un modo relativamente gradual y benigno, sembrada de intuiciones sensacionales. No fue así. Basta leer los "Documentos de Kreuzlingen" para cambiar de óptica[*7]. El progreso fue lento y discontinuo, como a través de un campo minado. En más de una oportunidad Breuer desespera y piensa en tirar la toalla[28].

En 1882 Anna entra en la última fase de su enfermedad, caracterizada por la disociación temporal. Este período no está cubierto por los "Documentos de Kreuzlingen". La principal tarea terapéutica era la reproducción de los síntomas del *período de incubación*. Se realiza-

*7. Notas del caso tomadas en el Hospital Bellevue.

ban por lo general dos sesiones diarias, dada la gran cantidad de material producido. Junto a la "hipnosis vesperal espontánea", por primera vez se emplea el procedimiento hipnótico también por la mañana[29].

Dedicar varias horas diarias durante más de un año –sobre todo en esa época– significaba, por lo menos, cualidades raras de paciencia, curiosidad y comprensión[30]. Breuer era un genuino investigador del alma. Los síntomas fueron conjurados, uno tras otro, junto con la descarga de los afectos concomitantes. Aquí encontramos el paradigma de la cura catártica: "En el último día ... [Anna] reproduce la terrorífica alucinación arriba descrita y que constituye la raíz de toda su enfermedad. Inmersa en la escena original, sólo puede pensar y rezar en inglés; después de la catarsis, comienza a hablar alemán fluidamente ... Desde entonces goza de perfecta salud"[31].

Breuer remata la historia diciendo: "El síndrome desapareció para siempre a partir de su descripción"[32]. Caso curado y acabado. En la mejor tradición de Andersen, la Princesa Anna O. descendió de su *cloud*, de la mano de su salvador, para vivir feliz en la Tierra.

A esta altura del relato, Jones "trabaja" la historia, contando un desenlace diferente. El *happy end* se convierte en la pesadilla de un caso fracasado, o casi. Sabemos que Mathilde, la mujer de Breuer, desconfiaba de esa histérica aparatosa y llena de artilugios que tanto tiempo le tomaba a su marido. El biógrafo oficial opina que esos celos eran justificados: "Parece ser que Breuer incubó lo que hoy en día se denominaría una fuerte contratransferencia en relación con su interesante paciente"[33]. Mathilde, entonces "pasa a tener oscuros celos. No los demostró abiertamente, pero se volvió infeliz y malhumorada"[34]. Breuer, sensible a la tormenta conyugal, decidió poner fin al tratamiento. Anna O., que estaba entonces bastante recuperada, queda anonadada con la noticia. Ya vimos cómo reaccionaba ante las vacaciones del terapeuta, y esa vez el corte era definitivo. La misma noche de la despedida Breuer fue llamado de nuevo a la casa de la paciente, encontrándola en un estado de gran excitación, aparentemente peor que nunca. Esa joven que "parecía ser una criatura asexual se encontraba retorciéndose con los dolores de un parto histérico (pseudociesis), culminación dramática de una gravidez fantasmática que venía desarrollándose en respuesta al intenso trabajo catártico"[35].

Breuer, profundamente chocado, "procuró calmarla, hipnotizándola, y después volvió a su casa sudando frío", exagera Jones. Al día siguiente, él y su mujer partieron hacia Venecia, para una segunda luna de miel, de la que resultó la concepción de una hija. El biógrafo oficial agrega que "la niña que nació en esas extrañas circunstancias (llamada Dora [!!] Breuer) se suicidaría en Nueva York, casi 60 años después"[36]. Dicha Dora de triste fin, según Lacan, revela que el deseo de embarazarse era de Breuer. Consecuentemente, él habla de la "transferencia muy marcada de Breuer", porque, "es claro, Breuer ama a su paciente". El viaje a Venecia fue "la típica salida burguesa para insuflar nueva vida al matrimonio"[37].

Las piezas de ese drama de transferencias, chimeneas, hidrofobias y celos[38] encajan entre sí y articulan un maravilloso "anticuento" de hadas. Lástima que esta historia sea una frondosa fantasía jonesiana. Estamos frente a uno de los más frondosos mitos psicoanalíticos. Jones fue el agente mitopoyético que urdió la tela, y Ellenberger y Pollock los aguafiestas que pincharon el globo. Jones, en las palabras de Roudinesco, "fabricó la historia de la contratransferencia de Breuer"[39]. La saga de la hija concebida en Venecia y suicidada en Nueva York no concuerda con los datos. La minuciosa investigación de Pollock muestra que las fechas son incongruentes[40]. Dora nació en marzo de 1882, tres meses *antes* de que el padre terminara el tratamiento de Anna. Además, no se suicidó en Nueva York: murió en 1938, víctima de la Gestapo. Para completar el equívoco, los Breuer no fueron a Italia sino a Gmundem am Transee[*8].

Digamos que Jones fraguó la historia. Los mitos se forjan, pero no se falsifican. Son construcciones y no representaciones. De lo contrario Marco Polo no merecería el título de Padre de la China. Los mitos, como los recuerdos encubridores, no adulteran con su no-verdad[*9]. Al contrario, se trata de ficciones que dejan vislumbrar verdades históricas. Como ha dicho Ulloa, el relato es más creíble que el propio narrador. Borges lo sabe. Entre todos los mitos freudianos, éste es el que transmite la verdad más inocente: Breuer se separó de Freud por causa del sexo. Cabe decir que Anna O. fue su punto lúcido y su punto ciego. Ella, con su propio nombre, Bertha, despertó el infierno edípico de Breuer, evocando en él los anhelos latentes por su propia madre, también llamada Bertha, que había fallecido en la edad de los orígenes. Este caso, entonces, pasó a ser el paradigma de neurosis de contratransferencia, aunque la "fuga a Venecia" no pase de ser un mito, mito que puede ser considerado un producto cultural de la última fase de consolidación del psicoanálisis. Ahora bien, su beneficio secundario es que desvaloriza a Breuer para enaltecer a Freud.

En otras palabras, todo mito es un certero acto fallido de la historia. Lacan va aún más lejos, y afirma que el mito es lo que mejor encarna la verdad[41, *10].

---

*8. Henri F. Ellengerber: "The story of «Anna O.», A critical review with new data", *J. of History of Behavioral Sciences*, 1972, págs. 267-79.

*9. Otro tanto aconteció con el mito de "llevar la peste a Estados Unidos", que, como luego veremos, contó Lacan.

*10. Concordamos con Lacan en que el mito intenta dar forma épica a una secuencia de vida. Por otro lado, no se puede disociar verdad de ficción, argumento válido siempre que se considere que hecho y fantasía no pueden compartir libremente el mismo jardín. Por ello disiento de Helene Deutsch cuando considera indiferente que el "Diario de una adolescente" de Hug-Hellmuth sea una falsificación, puesto que "es bueno". Retomaremos este importante tema.

Por otro lado, en esa historia de chimeneas cabe el antipático dicho de que "donde hay humo ...". Mathilde Breuer, en efecto, tuvo celos de Bertha Pappenheim. Martha y Mathilde eran íntimas. Los celos de su amiga se contagiaron a Martha, quien temió que en su casa pudiera suceder lo mismo. Freud, alertado, la tranquiliza: "Para que eso ocurra, es preciso ser *un* Breuer" (el énfasis en "un" es mío)[42]. Ser un Breuer es lo opuesto a ser un Conquistador. El mensaje es claro: los hombres de fibra no huyen frente al peligro. El Maestro Secreto de la Histeria no es uno de ellos.

Jones fue el artífice de la "historia de la fuga a Venecia", pero Freud arrojó leña al fuego. A lo largo de los años fue dejando caer toda una serie de insinuaciones, empezando por los *Estudios*, donde da a entender que Breuer no consideró el caso desde el punto de vista de una neurosis sexual[43]. Después, en 1914, en la *Contribución a la historia del movimiento psicoanalítico*, plantea la cuestión de la transferencia erótica de Anna O., diciendo: "Tengo razones para sospechar que, cuando todos los síntomas fueron superados, Breuer debe de haber descubierto otras indicaciones de la motivación sexual de esa transferencia, pero no supo reconocer la naturaleza universal de este fenómeno inesperado ... interrumpiendo su investigación en ese punto"[44].

Freud avanza en la misma dirección en su *Presentación autobiográfica*, cuando señala: "Una vez completado el trabajo catártico, la joven desarrolló un estado de «amor de transferencia», que [Breuer] no asoció con la enfermedad, de modo que él se alejó aterrado"[45]. Estar "aterrado" es más fuerte que simplemente "interrumpir". El paso siguiente fue dado en la carta a Stefan Zweig de 1932, donde Freud introduce el tema del embarazo histérico: "Pude imaginar más tarde lo que realmente sucedió con la paciente, cuando súbitamente recordé algo que una vez Breuer me dijo en otras circunstancias, antes de que comenzáramos a colaborar. En la noche del día en que todos los síntomas de la paciente habían sido suprimidos, él fue nuevamente llamado para verla y la encontró confusa, contorsionándose con dolores abdominales. Interrogada sobre lo que tenía, respondió: «¡Ahora viene el hijo que yo tuve con el Dr. B!»[46]

Y agrega: "En ese momento él tuvo en sus manos la llave que hubiera abierto las «puertas que conducen a las Madres»[*11], pero la dejó caer"[47]. Assoun, parafraseando a Freud, señala que Breuer no transformó su "hallazgo en descubrimiento"[48].

En líneas generales, Breuer, por su propia naturaleza, se caracterizó por una actitud científica cauta y recelosa frente a una teoría de gran porte universalista; Freud, en contraste, es más audaz. Él sale a buscar una fórmula "patofisiológica" única[49]. Es la historia de la gallina y el halcón. En una de las raras cartas escritas a Fliess, en el

*11. Alusión a una frase del *Fausto* de Goethe (Segunda Parte).

verano de 1895, Breuer afirmó: "El intelecto de Freud está operando con toda su fuerza. Yo me siento ... como una gallina que pretende seguir a un halcón"[50]. Adviértase que éste es el máximo elogio posible. Hirschmüller dice que en cierta oportunidad Breuer lamentó estar dominado por el Demonio "Pero" [51]. Él nunca dudó de la genialidad de Freud. En una carta a Forel, le escribió: "Yo tuve el único mérito de haber reconocido la importancia de la histeria, tan poco considerada desde el punto de vista médico y científico ... y de haber perseverado en mis investigaciones, sin haber permitido que los prejuicios interfiriesen en el examen directo de los datos..."[52]. Lo que es mucho, si lo pensamos bien.

No me caben dudas de que un ángel justiciero debería conceder a Breuer una mejor imagen en el panteón psicoanalítico. Él mismo, al hablar de su fantasma "Pero" y al homologarse con una gallina, contribuyó a hacerse la fama de respetable burgués bonachón, medroso, sin cojones teóricos, que deja caer la llave maestra a la hora de la definición. Sucesivas generaciones de analistas forjaron la imagen de "un" Breuer que, tímida y un poco bobamente, acompaña las intuiciones histéricas de Anna O. La watsonicia de Breuer realza el brillo sherlockiano de Freud.

Por otra parte, el *happy end* que Breuer da al caso es mentiroso, aunque la palabra pueda parecer demasiado fuerte. Los "Documentos de Kreuzlingen" presentan un epílogo muy diferente del descrito en los *Estudios*. A partir de marzo de 1882 –o sea, después del "alta"– Anna comenzó a padecer una neuralgia "tenaz y torturante" del trigémino[53], junto con "fuertes ataques que comenzaban con temblores coreicos para terminar en graves convulsiones atetoides"[54]. Dada la intensidad del dolor se le administró morfina, lo que luego degeneró en morfinomanía. Por todos estos síntomas, Anna O. fue internada en el Hospital Bellevue el 12 de julio de 1882, poco más de un mes después que Breuer cerrara su historial.

En esa época, Bellevue era considerado un hospital psiquiátrico modelo. Fundado por Ludwig Binswanger cuando Freud tenía un año, pasó a ser dirigido por su hijo Robert en 1880. Éste, hablando de la filosofía psiquiátrica del padre, pinta una institución que anticipa las comunidades terapéuticas de la segunda mitad del siglo XX. Según Robert, el padre "daba cursos de lenguas antiguas y trabajaba con pacientes en el taller de carpintería y en la huerta". Trataba de "hacer de la institución una gran familia que dirigía como un verdadero patriarca"[55, *12].

---

*12. Austen Riggs, fundador de la comunidad terapéutica que lleva su nombre, en Stockbridge, Massachusetts, se inspiró en el Hospital Bellevue (E. Rodrigué, *Biografía de una comunidad terapéutica*, 1965, Buenos Aires, Eudeba).

Personajes famosos pasaron por su puerta: Nijinski, Husserl, Martin Buber, Karl Jaspers, para mencionar los más destacados[56]. Conocemos la evolución de Anna O. en Bellevue gracias al informe del Dr. Laupus[57]. "Durante las primeras semanas el cuadro clínico mejoró sensiblemente. Fue posible disminuir la dosis de morfina, llegando a suprimirla"[58]. El síntoma más incapacitante era la neuralgia que tomaba la forma de un tic doloroso. Para dicho fin se emplearon "sanguijuelas en los puntos de emergencia de la zona infraorbitaria, electricidad continua y farádica, seguida de tratamiento de arsénico durante varias semanas. Sin ningún resultado"[59]. Hubo que volver a emplear la morfina. Necesitaba dosis diarias de 70 a 100 miligramos cuando dejó el hospital, por iniciativa materna. Es de notar que, poco antes de salir del Bellevue, Bertha Pappenheim expresó el deseo de visitar la tumba de su padre y, al mismo tiempo, manifestó su intención de seguir estudios de asistente social, punto de partida de un giro radical en su vida, y bocado de cardenal para la teoría kleiniana de la reparación.

Bertha Pappenheim, además de inteligente, era también muy atractiva. Dos décadas después de ser tratada por Breuer, se diplomó como la primera asistente social de Alemania, convirtiéndose en una de las figuras prominentes del movimiento feminista mundial de fin de siglo. En estos últimos tiempos, Bertha se convirtió en un ídolo de las "eco-feministas", particularmente después del *best-seller* de Lucy Freeman, *The story of Anna O.*[60]. Fundó asimismo un orfanato en Francfort, y organizó una liga de mujeres judías y una casa de madres solteras. Como homenaje póstumo se emitió un sello conmemorativo con su efigie[61]. Es una ironía del destino que una mujer que hizo tantas cosas importantes en la vida sea más conocida por las cobras y lagartos de sus delirios.

Estamos en el imperio de la catarsis. Como señala Jones, "Binet había observado que la terapia sugestiva era más eficaz cuando la atención del sujeto estaba dirigida hacia el momento en que el síntoma apareció por primera vez, pero, como vimos, nadie antes de Breuer relacionó ese retroceso asociativo con la abreacción propia del procedimiento catártico"[62]. La mejora sintomática, en todo caso, era notable aunque pasajera, y sólo se mantenía por algunas horas. Breuer da entonces el siguiente paso, instruyendo al paciente para que focalice la escena precisa en que aparecieron los síntomas, pero junto con las emociones concomitantes. Gracias a esta innovación consigue que la supresión de los síntomas sea más duradera.

La catarsis (purgación, en griego) es una abreacción en acto, o sea la descarga de una emoción sofocada. Pero el concepto de catarsis es más que eso, implica un posicionamiento frente a las pasiones. Aristóteles tomó el término de la medicina de su tiempo, para edificar su filosofía estética. La manifestación trágica en escena tenía el efecto de purgar las pasiones. Anna O., en esa purificación ritual por la palabra, "expectoraba las mucosidades de sus síntomas"[63].

Sin duda, el mérito por el empleo de la cura catártica fue de Breuer, pero hay que decir que el mundo es pequeño: un tío de la esposa de Freud, el helenista Jacob Bernays, entra en la jugada. Juan Dalma[64] llama la atención sobre el hecho que Jacob Bernays se había dedicado al estudio del concepto aristotélico de catarsis dramática, resumiendo sus ideas en un notable ensayo[65]. Según Dalma, la catarsis era un tema de moda en los círculos vieneses y parisienses. Hirschmüller[66] corrobora el hecho, señalando que la tesis de Bernays fue objeto de un intenso debate, y que en un lapso de cinco años habían aparecido cerca de 300 publicaciones relacionadas con ella. Todo hace pensar que Breuer y Freud conocían el trabajo de Bernays[67].

El método de Breuer era bastante análogo al utilizado por Janet, por ejemplo en el caso de Lucie. Esta paciente, en estado segundo, revela bajo hipnosis la escena central persecutoria[68]. El francés consideraba que su método era semejante al de Breuer, y reivindicaba la prioridad[69]. Son abordajes parecidos: en ambos casos se produce una supresión sucesiva de los síntomas, desde los más recientes hasta los más antiguos. Existe, eso sí, una diferencia significativa, bien explicitada por Hirschmüller: "Para Janet, la búsqueda del síntoma inicial sólo era importante por solicitar la representación patogénica. La eficacia del método catártico, por el contrario, se sustenta en el hecho de que los elementos psíquicos escindidos entran en contacto con afectos al hacerse conscientes, lo que permite la abreacción"[70]. Las palabras hacen la diferencia.

"Uno de los motivos que hicieron de Anna O. una paciente tan ejemplar –explica Peter Gay– es que ella realizaba gran parte del trabajo imaginativo"[71]. El discurso histérico inauguró la escucha analítica. Breuer alegó un cuarto de siglo después que su tratamiento "contenía el germen del conjunto del psicoanálisis"[72].

NOTAS

1. E. Kraepelin, "Locura histérica", *Las Histerias*, comp. de Jorge Saurí, pág. 147.
2. Carta de Freud a Martha del 13 de julio de 1883, *Sigmund Freud. Correspondência de amor*, 1981, Imago, Río de Janeiro, pág. 59.
3. Ibíd.
4. SE, I, págs. 1-313.
5. Ernest Jones, *A vida e a obra de Sigmund Freud*, 1989, Río de Janeiro, Imago, I, pág. 233.
6. Carta de Selma Fliess a Dora Edinger del 19 de junio de 1936, Fundación Edinger, Archivos Municipales de Francfort, citada por Hirschmüller, *op. cit.*, pág. 139.
7. "Documento 26 de Kreuzlingen", Historia del caso de Anna O. para su tratamiento en el Hospital Bellevue, citada por Albrecht Hirschmüller, ibíd., pág. 360.

8. Albrecht Hirschmüller, ibíd., pág. 139.

9. Peter Gay, *Freud, uma vida para o nosso tempo*, 1989, San Pablo, Companhia das Letras, págs. 75-6.

10. "Documento 26 de Kreuzlingen", Albrecht Hirschmüller, *op. cit.*, pág. 361.

11. Ibíd.

12. Ibíd., pág. 372.

13. Ibíd., pág. 361

14. SE, II, pág. 22.

15. Ibíd. pág. 363.

16. Ibíd., pág. 364.

17. SE, II, pág. 26.

18. SE, II, pág. 29

19. SE, II, pág. 26

20. Ibíd.

21. Erna Lesky, *Die wiener Medizinische Schule im 19. Jahrhundert*, 1965, Colonia, Graz, pág. 381, citada por Hirschmüller, *op. cit.*, pág. 143.

22. SE, II, pág. 27.

23. Ibíd., pág. 367.

24. SE, II, pág. 27.

25. Albrecht Hirschmüller, *op. cit.*, pág. 143.

26. Ibíd., pág. 370.

27. SE., II, pág. 34

28. Albrecht Hirschmüller, *op. cit.*, pág. 145.

29. SE, II, pág. 36.

30. Ernest Jones, *op. cit.*, I, pág. 232.

31. SE, II, págs. 40-1.

32. SE, II, págs. 40-1.

33. Ernest Jones, *op. cit.*, I, pág. 232.

34. Ibíd.

35. Ibíd, pág. 232.

36. Ibíd.

37. Jacques Lacan, *Le transfert - Séminaire, livre VIII*, 1991, París, Seuil, pág. 17.

38. Amine Azar y Antoine Sarkis, *Freud, les femmes, l'amour*, 1993, París, Z'Editions, pág. 33.

39. Elisabeth Roudinesco, *História da psicanálise na França. A batalha dos cem anos*, 1986, I, Río de Janeiro, Jorge Zahar, I, pág. 26.

40. George Pollock, "The possible significance of childhood object-loss in the Josef Breuer-Bertha Pappenheim (Anna O.) - Sigmund Freud relationship", *J. Pshychoanal. Ass.*, 1968, XVI, págs. 711-39.

41. Jacques Lacan, *L'envers de la psychanalyse - Le Séminaire, livre XVII*, París, 1991, Seuil, pág. 127.

42. Carta inédita de Freud a Martha del 11 de noviembre de 1883, Ernest Jones, *op. cit.*, I, pág. 232

43. SE, II, pág. 210.

44. SE, XIV, pág. 12.

45. SE, XX, pág. 26.

46 Carta de Freud a Stefan Zweig del 2 de junio de 1932, *Sigmund Freud. Correspondência de amor*, pág. 474.

47. Ibíd.

48. P.-L. Assoun, "Los grandes descubrimientos del psicoanálisis", *Historia del psicoanálisis*, comp. por R. Jacard, I, 1982, Barcelona, Granica I, pág. 151.

49. John Sullivan, "From Breuer to Freud", 1959, *Psychoanal. Rev.*, XLVI, págs. 69-90.

50. Carta de Breuer a Fliess del 5 de junio de 1895, citada por Ernest Jones, *op. cit.*, I, pág. 248.

51. Albrecht Hirschmüller, *Physiologie und Psychoanalyse in Leben und Werke Josef Breuer*, 1978, Berna, Hans Huber, pág. 256.

52. Carta de Breuer a Forel del 21 de noviembre de 1907, citada en Cranefield, "Breuer's Evaluation", págs. 319-20.

53. "Documento 34 de Kreuzlingen", Albrecht, Hirschmüller, *op. cit.*, pág. 385.

54. Ibíd., pág. 378.

55. Robert Binswanger, manuscrito sin fecha de 1890, Archivos del Bellevue, citado por Albrecht Hirschmüller, *op. cit.*, pág. 154-5.

56. "Documento 26 de Kreuzlingen", Albrecht Hirschmüller, *op. cit.*, pág. 372.

57. Notas tomadas en el Hospital Bellevue.

58. Albrecht Hirschmüller, ibíd., pág. 156.

59. "Documento 26 de Kreuzlingen", Albrecht Hirschmüller, ibíd., págs. 373-4.

60. Lucy Feeman, *The story of Anna O.*, 1972. Nueva York.

61. Ibíd., I, pág. 233.

62. Ernest Jones, *op. cit.*, I, pág. 279.

63. J. Bernays, *Zwei Abhandlungen über die Aristotelische Theorie des Drama* (Elementos de un escrito perdido de Aristóteles sobre la teoría de Drama del teatro), 1880.

66. A. Hirschmüller, *Phisiologie und Psychoanalyse in Leben und Werk Josef Breuers*, 1978, pág. 207n.

67. Frank J. Sulloway, *Freud, biologiste de l'esprit*, 1981, París, Fayard, pág. 50.

68. Pierre Janet, "Les actes inconscients et le dédoublement de la personalité pendant le sonambuolisme provoqué", *Revue Philosophique de France*. 1886, XXII, págs. 536-40.

69. Henri Jean Barraud, *Freud et Janet. Étude comparé*, 1971, Toulouse, Privat, pág. 23.

70. Albrecht Hirschmüller, *op. cit.*, pág. 249.

71. Peter Gay, *op. cit.*, pág. 75.

72. Carta de Breuer a Augusto Forel del 21 de noviembre de 1907, citada en Cranefield, "Joseph Breuer evaluation of his own contribution to psychoanalysis", en *Int. J. Psycho-Anal*, XXXIX, 1958, pág. 320.

CAPÍTULO 15

BREUER, MAESTRO SECRETO DE LA HISTERIA

Para hacerse una idea de la importancia del paso dado por Breuer conviene considerar el estatuto de la terapia de la histeria en 1880, en Viena y el resto del mundo, salvo París. Las mil curas existentes eran tan proteiformes como inoperantes. Se basaban en dietas, aguas minerales y en tratamientos medicamentosos "antihistéricos": valeriana, antiespasmódicos, narcóticos (bromuros, opio, morfina, cloroformo, hidrato de cloral), antipiréticos, estimulantes (estricnina, alcanfor y arsénico), preparados ferruginosos, digitalina y atropina. Estaban además la electroterapia, la hidroterapia, la balnearioterapia (también denominada climatoterapia), la metaloterapia, la magnetoterapia y la mecanoterapia (gimnasia, deportes y masajes)[1].

La hipnosis, por su parte, de moda a comienzos del siglo XIX, había caído en total descrédito. El propio Breuer, en 1868, disuadió a Moriz Benedikt de intentarla con una paciencia de Oppolzer[2].

¿Entonces, por qué cambió de opinión?

Es muy posible que Brentano haya sido el pivote de ese cambio. El filósofo, además de confiar en su amigo como médico, mantenía con él una estrecha correspondencia, en la que se discutían temas tales como el panteísmo de Fechner[*1]. En 1880 Brentano se interesó por el fenómeno y visitó en Leipzig al famoso mago Heidenhain, quien le presentó una serie de experiencias sobre hipnotismo.

Retomemos la histórica noche de la hospitalidad acuática, en la que se habló de Anna O. y de "insania moral". Esa expresión, "insania moral", merece una digresión nosográfica[*2]. Fue un rótulo importante, acuñado por el psiquiatra inglés James Cowles Prichard[3] en la primera mitad del siglo XIX. La insania moral anticipa las neurosis de nuestro siglo. La originalidad de este nuevo espacio nosológico consiste en que demarca aquello que no es; Richard Hunter e Ida Macalpine definen insania moral de la siguiente manera: "En esos tiem-

---

*1. Brentano, en una carta del 12 de febrero de 1903, elogia la agradable prec᷉᷉ión del estilo de Breuer "que contrasta con todo lo que se encuentra de ordinario en los tratados filosóficos alemanes" (citado por Albrecht Hirschmüller, *Josef Breuer*, 1991, París, PUF, pág. 65).

*2. Expresión empleada repetidas veces por Freud, particularmente en su correspondencia con Fliess.

pos fue un considerable progreso, casi revolucionario, distinguir de la insania propiamente dicha los casos en que faltaba el par delirio y alucinación, que siempre habían sido considerados las marcas de la locura"[4].

El concepto se aproxima al "bovarismo" de la psiquiatría francesa. El bovarismo incluye toda una gama de "ilusiones sistemáticas" sin delirios; es una estación intermediaria entre lo normal y lo paranoico[5]. Pero los avances nosológicos, como todos los adelantos clasificatorios, son armas de doble filo. Si la antipsiquiatría hubiese nacido en el siglo pasado, la "insania moral" sin duda habría sido uno de sus blancos favoritos, precisamente por tratarse de un diagnóstico basado en el signo negativo. En el paquete entra un gran abanico de fenómenos. Cualquier cosa hecha a contramano del sentido común (la elección de una profesión excéntrica, el amor a primera vista, un gesto obsceno, hasta un *hobby* extravagante) podía ser considerada signo de insania moral, por no atenerse a la norma.

El implacable Jeffrey Moussaieff Masson[6], en su cruzada antiterapéutica, investigó precisamente en el Bellevue (que, como vimos, fue en su momento la vidriera psiquiátrica de Europa) para cuestionar el concepto de insania moral. Resucitó entonces algunos historiales, entre ellos el de la Condesa Ilona E., paciente en Bellevue entre 1893 y 1899. La madre de Ilona explicó a los médicos que su hija "leía novelas de Zola, había tenido una relación amorosa con su tutor y aspiraba a ganarse la vida dando lecciones de piano"[7]. El médico que la atendía hizo el siguiente pronóstico: "La falla ética más llamativa es la ausencia total de amor a su madre. Otra indicación de perfidia moral es su completa irreligiosidad y su falta de fe en la autoridad ... Se desprende claramente de estas reflexiones, obtenidas después de cinco meses de observación de la Condesa, que ella padece un caso leve de «insania moral». Está totalmente contraindicado permitirle una vida independiente"[8].

¡No quiero ni pensar lo que habría sucedido si el caso hubiera sido "grave"!

Conviene detenernos en un episodio trágico, que sólo salió a la luz en 1966[9], cuyo protagonista fue el conocido escritor Hermann Hesse. En 1892, el padre de Hesse creía que su hijo tenía una vida secreta, "llena de pensamientos antinaturales poco saludables y de fantasías febriles". Decidió, entonces, internarlo, a los quince años de edad, en el Asilo Stetten de Epilépticos y Débiles Mentales. Cuando el adolescente comprendió dónde estaba, quedó aterrorizado. A juicio del director del asilo, la manera de fruncir las cejas del joven Hesse era un signo patognomónico de insania moral, además de que leía a Turgueniev, una influencia notoriamente maléfica. Desde el asilo, Hermann Hesse le escribió a su padre una carta que tiene mucho de grito:

Y ahora le pregunto, sólo como ser humano, porque me permito, a pesar de su opinión y de mis 15 años, tener una opinión: ¿tiene sentido mandar a una persona joven perfectamente normal y saludable, no obstante una pequeña debilidad de los nervios, al Asilo para Epilépticos y Débiles Mentales y, de esa manera, privarla, violentamente de su creencia en el amor, en la justicia y, por lo tanto, en Dios? ... Ahora que estoy aparentemente curado, me siento en mi interior más enfermo que nunca ... Si usted pudiese ver en mi interior, vería un agujero negro, donde la única luz es un resplandor infernal y ardiente ... Querría huir, pero ¿adónde? ... Por favor, no me hable más de Jesús ... Aquí está escrito Jesucristo y Amor en todas partes, aunque todo esté lleno de odio e iniquidad[10].

La mayoría de estos pacientes eran mujeres. En cuanto a los hombres, se trataba de personas jóvenes, talentosas y rebeldes, como en el caso de Hesse. El propio Freud podría haber sido considerado "víctima" de insania moral. Hablando de las críticas que recibe de Breuer, le escribe a Fliess: "No consigo hacer nada valioso a los ojos [de Breuer] y he desistido de intentarlo. Él piensa que yo debería preguntarme todos los días si estoy sufriendo de insania moral o paranoia científica"[*3].

Cuando Freud decide finalmente abandonar la hipnosis, comienza a lidiar con un nuevo "juego de fuerzas" en el interior del psiquismo humano[11]. Porque si las histéricas podían recordar las causas traumáticas de sus síntomas, a pesar de las protestas iniciales de inocente ignorancia, cabía inferir que

Yo tenía que superar una resistencia, y la situación me condujo de inmediato a la teoría de que *por medio de mi trabajo psíquico, debía superar una fuerza psíquica en los pacientes que se oponía a que las representaciones patogénicas se volviesen conscientes (fuesen recordadas)* [el énfasis es de Freud].[12]

Estamos frente a la piedra fundamental del psicoanálisis. La noción dinámica de conflicto. "A ese proceso le di el nombre de *represión*: era una novedad, nada semejante había sido señalado antes en la vida mental"[13]. Lo nuevo era la naturaleza dinámica, conflictiva, complementaria, de las fuerzas en juego. Esta idea matriz de defensa fue "sin duda la razón del desacuerdo entre Breuer y Freud sobre la importancia de los estados hipnoides en la formación del síntoma histérico"[14].

1886. A partir de la crucial cena acuática de 1883, el vínculo se

*3. Carta de Freud a Fliess del 1º de marzo de 1896, *Correspondência Sigmund Freud-Wilhelm Fliess*, comp. por J. M. Masson, Imago, Río de Janeiro, pág. 176.

había consolidado. Freud le escribe a Martha: "Yo estaba tan emocionado que le revelé nuestro noviazgo. Él me dijo que había descubierto en mí, bajo mi aparente timidez, a un sujeto valiente, sin miedo. Yo siempre pensé que era así, pero nunca osé decírselo a nadie. Me parece que he heredado de mis antepasados todo el espíritu rebelde y toda la pasión con que ellos defendieron el Templo y con que yo podría sacrificar mi vida por una gran causa"[15, *4].

Breuer escuchaba las "voces del inconsciente" de su joven discípulo. Hasta en la primavera de 1889, Sigmund encabeza una carta en los siguientes términos: "Queridísimo Amigo y el más amado de los Hombres"[16].

Esa amistad había alcanzado su punto culminante en 1887. Breuer era el padre-amigo, guía y patrocinador de Freud, solícito con la carrera del joven protegido[*5]. Un gesto de gratitud de Freud consistió en dar a su primera hija el nombre de la mujer de Breuer, la atrayente, maternal y solidaria Mathilde[17].

En el inicio de los años 90, Freud intenta convencer a Breuer de que no abandonen la senda abierta por el caso de Anna O., pero encuentra una fuerte oposición. Jones narra que "Freud por fin se aseguró la colaboración de Breuer, quedando entendido que el tema de la sexualidad permanecería en segundo plano"[18]. En carta a Fliess, él escribe: "Te escribo porque Breuer me manifestó su disposición a que publiquemos juntos nuestra teoría pormenorizada de la abreacción, así como otros chistes [*Witze*] sobre la histeria"[19].

Seis meses después aparece "Sobre el mecanismo psíquico de fenómenos histéricos - Comunicación Preliminar" –una especie de carta de intención–, publicada en dos partes. ¿Por qué fue tan difícil convencer a Breuer? Jones, como vimos, atribuye el problema a la cosa sexual, pero es posible que también hayan entrado en juego otros factores. Uno de ellos, según Hirschmüller, pudo ser el hecho de que Anna O. no estaba curada. Otro, la falta de casos: Lucy y Elizabeth fueron tratadas en el intervalo de dos años y medio entre la "Comunicación Preliminar" y el libro propiamente dicho. Junto a las reticencias de Breuer encontramos el apremio de Freud, uno de cuyos motivos podía ser la aparición, en 1889, del libro de Janet *Automatismo psicológico*. Urgía presentar el nuevo método catártico, para reclamar la prioridad.

Conocemos dos borradores preliminares de la "Comunicación". El primero es un esbozo esquemático que Freud envió a Breuer en junio

---

*4. Es interesante el hecho de que Freud sólo confesó su noviazgo casi seis años después de iniciarlo.

*5. Además de Freud, Breuer ayudó a otros jóvenes de talento, como Hugo Wolf (Frank Walker, *Hugo Wolf, a Biography*, 1951, Londres, págs. 132-3).

de 1892, en el mes de la muerte de Brücke. El segundo, escrito por ambos, en diciembre del mismo año, es más completo[20]. Ese año de 1892 fue totalmente dedicado a la histeria, comenzando con la traducción del segundo libro de Charcot, que ya trae, en las notas al pie de página, las primeras chispas conceptuales freudianas[21].

En la "Comunicación Preliminar"[22], ellos parten del punto al que había llegado Charcot: la incidencia de un trauma mental en la etiología de la histeria, con la puntualización de que no es el trauma en sí el disparador, sino su *recuerdo*. De ahí la famosa frase "el histérico sufre de reminiscencias"[23].

La "Comunicación Preliminar", como su título lo indica, procura describir simplemente los mecanismos de los síntomas histéricos y no las causas de la enfermedad. La parte escrita por Freud contiene sus ideas principales en torno de su "teoría de la memoria". El recuerdo, que es el contenido del ataque histérico, no es en sí mismo causal, sino que "representa" el retorno del hecho deflagrador: el trauma psíquico. Este trauma charcotiano es definido como una suma de excitaciones en el sistema nervioso. En una nota al pie de página de la traducción del libro de Charcot, Freud comenta: "Tal vez el ataque histérico deba encararse como un intento de completar la reacción al trauma"[24]. O sea, como una tentativa de asimilación.

Dos largos años después de la "Comunicación Preliminar" aparecen los memorables *Estudios sobre la histeria*[25], de los cuales Jones dice que se suele considerar que ellos marcan "el nacimiento del psicoanálisis"[26]. Por la correspondencia con Fliess nos enteramos de que gran parte del libro fue escrito en 1894, año en que las relaciones entre ambos autores se deterioraron rápidamente. El libro comienza con la reimpresión, sin modificaciones, de la "Comunicación Preliminar", e incluye cinco extensos casos clínicos y algunos fragmentos, un ensayo teórico de Breuer y un capítulo final sobre psicoterapia de Freud.

¿Cuál fue el punto de partida? Freud lo expresa del siguiente modo: "Breuer había descubierto en su primera paciente (de psicoterapia) que el intento de revelar la causa determinante de un síntoma era, al mismo tiempo, una maniobra terapéutica. Nuestro procedimiento consistía en tomar cada síntoma particular e investigar las circunstancias en que apareció por primera vez..."[27].

Esto implicaba una inversión programática. Breuer, centrándose en la nueva noción de "idea patogénica"[28], invirtió el trabajo de Charcot. El maestro de la Salpêtrière había demostrado que induciendo ciertas ideas era posible causar síntomas histéricos; Breuer probó que los síntomas histéricos desaparecían al exhumar del inconsciente las ideas causales. Hay entonces ideas patológicas e ideas patogénicas. De esa dialéctica nace el psicoanálisis.

Dos líneas de pensamiento estaban presentes. Por un lado, una teoría general de la mente, que partía de los sueños; por el otro, una investigación sobre la interacción mente-cuerpo. El doble interés por la actividad sexual y los trastornos afásicos deriva del hecho de que tanto la sexualidad como el habla tienen componentes físicos y mentales. Son acontecimientos psicosomáticos. El síntoma afásico y el síntoma histérico son las claves para resolver el enigma del hombre.

Ya en 1893, en el artículo sobre las parálisis histéricas[29], tenemos la formulación de que éstas se diferencian radicalmente de las parálisis orgánicas por no seguir la distribución lógica anatómica, sino el concepto mental "brazo". Única explicación posible: el concepto "brazo" es disociado del resto de la conciencia, lo que, en la terminología del "aparato del lenguaje" remite a la noción de "afinidad asociativa".

En los *Estudios sobre la histeria* los autores insisten en que el simple recuerdo sin abreacción *afectiva* es de poco valor terapéutico. En la cura entran en juego dos elementos: la red de asociaciones mentales y los dispositivos de descarga (rabia, llanto, gritos, etc.). Los mecanismos abreactivos normales son desactivados cuando una situación social hace imposible la expresión de la emoción. En ese caso los recuerdos forman un conjunto penoso que el sujeto *reprime*. Ésta es la primera vez que el término aparece empleado. Tampoco hay expresión de afectos en la condición que Breuer denominó "estado hipnoide", caracterizado por intensos fantaseos (similares a los "estados hipnóticos" de Charcot) y por "pensamientos sexuales"[30].

Los *Estudios* pueden ser leídos de varios modos. Presentan, en primer lugar, un interés histórico, en el buen sentido del término. Sulloway recuerda que la histeria "es un tipo de enfermedad que muchos neurólogos hoy en día raramente ven ... Releer estas observaciones significa sumergirse en un mundo perdido de conductas increíbles, siempre bizarras"[31, *6]. En segundo lugar, como dice el prefacio de Freud a la segunda edición, se trata de un manual de psicoterapia, de un itinerario técnico. En el desarrollo de los casos clínicos presentados, asistimos a una maduración de la técnica, que va desde la sugestión hasta el abandono de la hipnosis, desde la "cura por la palabra" hasta el umbral de la "asociación libre". En tercer lugar, tenemos una cuestión de estilo. Freud emite el comentario clásico: "Yo no siempre he sido psicoterapeuta. Como otros neuropatólogos, me formé en el uso preciso del diagnóstico y en el test eléctrico, y aún hoy me sorprende comprobar que las observaciones que redacto pueden

*6. El *DSM IIIR (Diagnostical and Statistical Manual of Mental Disorders)* ha descartado el nombre, para retener sólo el rótulo "síntoma de conversión", ya que los síntomas clásicos han desaparecido (Ph. Julien, *L'apport freudien – Éléments pour une encyclopédie de la psychanalise*, Pierre Kaufmann y colaboradores, 1993, París, Bordas, pág. 162).

ser leídas como una novela y que, por así decir, les falta el sello de seriedad propia de la ciencia. De allí que tenga que consolarme diciendo que es la naturaleza del tema lo que lleva a este resultado, más que una preferencia personal"[32].

En la apertura del capítulo teórico de los *Estudios sobre la histeria*, Breuer es categórico: "En lo que sigue, haré escasa mención del cerebro y ninguna absolutamente de las moléculas. Los procesos psíquicos serán abordados en el lenguaje de la psicología; y, en rigor, no podría ser de otra manera. Si en vez de «idea» pasáramos a hablar de «excitación de la corteza cerebral», esta segunda expresión sólo tendría sentido en la medida en que bajo ese disfraz reconociéramos a un viejo amigo y tácitamente restaurásemos la «idea»... Por ello espero que se me perdone que recurra casi exclusivamente a términos psicológicos"[33].

Esta introducción sugiere que él estaba más inclinado a un abordaje psicológico de la psicopatología que el propio Freud. Strachey lo señala en sus *Notas del Editor*[34]. Subraya que Freud, en 1895, "se encontraba a medio camino en el proceso de pasar, después de su *Proyecto*, de las explicaciones fisiológicas a las explicaciones psicológicas. Allí las neurosis actuales recibían una explicación química; las psiconeurosis, psicológicas, en términos de "represión". Strachey reconoce que Freud "llegó poco a poco al punto de vista expresado por Breuer, de que los procesos psíquicos sólo pueden ser tratados en el lenguaje de la psicología"[35]. Fue el propio Strachey quien llamó la atención sobre una "notable paradoja"[36]: Breuer amenaza, más aún, se justifica por usar una jerga psicológica, "pero, en verdad, su capítulo teórico trata básicamente sobre las «excitaciones intracerebrales», trazando paralelos entre el sistema nervioso y las instalaciones eléctricas"[37]. O sea que Breuer, que pretende psicologizar, "neurologiza" su lenguaje. La paradoja es doble: Freud, por su lado, que se esfuerza por explicar los fenómenos mentales en términos fisiológicos, comprueba que sus casos clínicos toman la forma de novelas psicológicas[38]. Strachey tiene mucha razón. Tras la paradoja navega un equívoco. Para Sulloway, el equívoco se explica "porque [ellos] no estaban de acuerdo sobre la cuestión de la etiología sexual"[39]. Freud toma el modelo fisicalista al pie de la letra. Interpreta entonces "la influencia perniciosa de la sexualidad en términos tanto orgánicos como psicológicos (capítulos 3 y 4)". Era esta concepción dualista la que atribuía a la sexualidad un papel etiológico especial, químicamente tangible y eventualmente tóxico. Pero éste no era el caso con Breuer. Él continuaba admitiendo, "con mayor eclecticismo psicológico, los efectos etiológicos negativos de *todos* los afectos (sexualidad, trauma, angustia, cólera, rencor, etc.). No debe sorprendernos, entonces, que cuestionase la teoría puramente tóxica de Freud sobre las consecuencias neuróticas que acarrea el *coitus interruptus* y la eyaculación precoz, prefiriendo una definición más psicodinámica del problema"[40]. O sea que el lobo Freud se ponía la piel psicológica y la oveja Breuer la pelambre neurológica, pero, contrariamenta a lo que dice Jones, en esa época la concepción breueriana del sexo era más "psicoanalítica" que la de Freud.

Jones menciona que el libro no fue bien recibido por el mundo médico, y acota que "una reseña bastante hostil hecha por Strümpell, el famoso neurólogo alemán, parece haber desanimado a los autores. En efecto, Adolf von Strümpell cuestionó la terminología híbrida que manejaba Breuer, al hablar, por ejemplo, de "excitación tónica intracerebral". Strümpell concluye diciendo que todo se "podría haber dicho de un modo mucho más simple, natural e inteligible"[41]. Ellenberger, una vez más, objeta a Jones, señalando que el libro tuvo una buena acogida. Bleuler, en su reseña, manifestó algunas reservas, pero considerándolo "uno de los más importantes [textos] publicados en los últimos años"[42]. El comentario de Havelock Ellis fue entusiasta: "Se ha abierto una puerta", escribió[43].

La mejor forma de acompañar los *Estudios* es hacer uso del recurso novelesco. Comencemos, entonces, por un maravilloso cuento corto de "análisis salvaje", maravilloso pero al fin y al cabo silvestre[*7]: el caso Katharina. En toda la obra de Freud no hay nada semejante al encuentro alpino con Katharina, el más sintético de sus historiales clínicos.

En una mañana de sol, en la alta montaña, Freud emprende la escalada al monte Rax, uno de los altos picos de los Alpes austríacos, con fama de tener las edelweiss más blancas. Se detiene en la ladera, para descansar. Después continúa ascendiendo hasta la posada de Baumgartnerhauss. La belleza del paisaje invita a la contemplación. Su meditación, en la veranda de la posada, es interrumpida por la sobrina del propietario, con una tímida pregunta:

– ¿El señor es médico?[44]

La joven había observado, en el registro de huéspedes, el título de médico junto a la firma de Freud. Eso la lleva a hablar sobre su "enfermedad de los nervios". Es pálida y acaba de cumplir 18 años. Su sintomatología: falta de aire y la visión de un rostro temible, divisado en una alucinación que la persigue. Todo había comenzado dos años antes, cuando unos alpinistas pidieron algo para comer. Como la tía había salido, Katharina y su hermano menor fueron a buscar a Francisca, la cocinera. En la cocina no había nadie. Tampoco estaba el tío en la posada. Los niños, entonces, fueron al dormitorio del hombre. La puerta estaba cerrada. Por la ventana, Katharina lo vio en la cama, cubriendo a Francisca. Tuvo un shock. Quedó medio tonta, sin aire, y la cabeza latiendo. Sus síntomas se agravaron y tuvo que guardar cama. Terminó por contarle a la tía lo que había ocurrido. Gran alboroto. Violentas discusiones. Finalmente la tía decidió mu-

*7. Peter Swales.

darse a una cabaña próxima, dejando al marido con Francisca, que quedó embarazada.

Prosiguiendo el relato, Katharina evoca experiencias más antiguas. A los 14 años, en plena noche, en otra posada, el hombre se había metido en la cama de ella y la había manoseado. Con la lengua más suelta, la joven cuenta otros episodios en los que había tenido que defenderse del torpe abordaje sexual del tío borracho. Ella ya venía sospechando que algo ocurría entre el tío y Francisca.

A esta altura del relato, Katharina deja súbitamente de hablar, pareciendo aliviada, casi transformada. Cuando Freud le pregunta qué parte del cuerpo del tío ella había sentido en esa segunda noche en la posada, ella sonríe avergonzada. Freud realiza su intervención: el temible rostro fálico de las alucinaciones era el rostro del tío. Mejor dicho: era el tío excitado, pero también el tío furioso que la culpaba por haberlo delatado.

Pasemos a consideraciones diagnósticas. El malestar de Katharina resultaba de dos factores: neurosis de ansiedad e histeria. La histeria era "adquirida"[45]; la joven no demostraba tener una "condición neuropática" anterior a la enfermedad. No había "mácula hereditaria"; en ese sentido Freud se distancia de la idea de Charcot, expuesta en las *Leçons du Mardi*, de que la herencia era la verdadera causa de la histeria.

Este encuentro alpino se produjo en 1893, meses antes del segundo "congreso" con Fliess: el tiempo del complejo de Edipo y la etiología sexual de las neurosis aún no había llegado (lo hizo en 1897). En el inicio de la década del 90, Freud ya sostenía que las neurosis actuales –neurosis de ansiedad e histeria de angustia– eran causadas por la insuficiencia o ausencia de actividad sexual; ésta era su teoría toxicológica.

Los arqueros Glenn (1980)[46] y K. K. Levin (1973)[47] han enfatizado los factores edípicos de este caso: el deseo mutuo entre tío y sobrina, los celos reprimidos que en ella suscitaba su rival Francisca, y el castigo por la doble traición del tío infiel y la rival. El recurso sobredeterminado de la venganza sirve para protegerla de futuras tentaciones incestuosas. Por todo esto, en la opinión de Patrick Mahony, "Katharina puede considerarse una histérica clásica con un desarrollo preedípico de la personalidad"[48]. Erikson, en su visión culturalista, concuerda y añade: "Histeria clásica en una campesina en transición a la vida urbana"[49].

En realidad, Katharina no era una simple campesina. Conocía la vida de la ciudad, había residido durante años en Viena. Sabía tocar un instrumento musical y fue invitada a participar en diversos eventos locales. Eso explica el hecho de que, en una sola "sesión", ella hubiese hablado de cosas íntimas con relativa soltura. Pienso que pudo haber sido una Lolita. Investigaciones recientes han permitido llenar lagunas y saber más sobre el destino de Katharina. Aparentemente no volvió a tener ahogos y quedó libre de síntomas. Se casó en 1895 y tuvo seis hijos. Freud, por su parte, no salió totalmente de su vida, ya que fue llamado para ver a una de sus hijas, que tenía fiebre y dolores abdominales, e incluso en 1920, después de tanto tiempo, atendió a otro de sus hijos.

El caso de Katharina, tal vez más que ningún otro, ilustra la prosa de Freud. Mahony[50] habla de dos estilos, ambos mencionados por el propio Freud en una carta a Breuer de la época en que preparaban los *Estudios*: "La principal cuestión es sin duda si debemos describir el asunto de manera histórica, iniciándola con los casos clínicos; o si, por lo contrario, empezaremos con la exposición dogmática de las teorías elaboradas como explicación"[51]. Él usa ambos estilos en sus escritos. El objetivo declarado del discurso histórico es convencer, persuadir. El relato –pues de narrativa se trata– debe decir lo que ocurrió, pero también reconstituirlo en *compañía* del lector, que así participa en el desenlace de la *aventura dramática*. Forma interactiva de escribir. Es posible que el estilo histórico –ya presente en la Academia Española– haya tenido otra fuente de inspiración de las *Leçons du Mardi* de Charcot. Véase lo que Freud tiene que decir al respecto en una nota al pie de página de su traducción: "Estas conferencias poseen un encanto peculiar por el hecho de ser todas ... improvisadas. El profesor no conoce al paciente que le es presentado. A continuación piensa en voz alta frente a su audiencia, y de tal modo permite que el público participe en la andadura de sus investigaciones y conjeturas"[52]. El discurso del propio Freud se ve atravesado por reflexiones que se dirige a sí mismo y por otras que comparte con el lector. El siguiente fragmento ilustra bien este dispositivo retórico. Ante la pregunta a Katharina sobre sus síntomas, ella habla del ahogo y la presión en los ojos. Freud continúa:

– ¿Nota alguna otra cosa en la cabeza?
– Sí, me late como si fuera a explotar.
– ¿Y no se siente un poco asustada cuando eso sucede?
– Siempre pienso que voy a morir. En general soy valiente y ando sola... pero desde el día en que eso sucedió no me animo a ir a ninguna parte; todo el tiempo me parece que alguien me está acechando y que me va a agarrar de repente.

Por lo tanto, éstas eran de hecho crisis de angustia, introducidas por las señales de un "aura" histérica o, más correctamente, se trataba de ataques histéricos cuyo contenido era la angustia[53].

Freud aquí hace una pausa para la reflexión: "Pero, ¿no sería probable que hubiese también otro contenido?"

– Cuando tiene una de esas crisis, ¿piensa en alguna cosa? ¿Es siempre lo mismo? ¿Ve algo?
– Sí. Siempre veo una cara horrorosa que me mira de una manera terrible...

– ¿Reconoce el rostro? Quiero decir, ¿es un rostro que ya vio en alguna ocasión?
– No.
– ¿Sabe de dónde vienen sus crisis?
– No.
– ¿Cuándo las tuvo por primera vez?
– Hace dos años, cuando todavía vivía en la otra montaña con mi tía[54].

Nueva pausa:

¿Debería intentar un análisis? No podía aventurarme a trasplantar la hipnosis a esas alturas, pero tal vez tendría éxito con una simple conversación[55].

En contraste, en el discurso dogmático, el lector se encuentra frente a una exposición lógica, redonda y acabada. El estilo dogmático, como la espada del matador, remata el argumento en el momento preciso. Así será en los dos últimos capítulos de *El porvenir de una ilusión*. No es por casualidad que este tipo de discurso sea el preferido de un maestro de la retórica como Calvino.

Freud, al final de su vida, en *Nuevas conferencias de introducción al psicoanálisis* nos habla más sobre sus métodos de exposición: "Cabe comenzar por lo que todo lector sabe (o piensa que sabe) y considera como evidente de por sí ... A partir de allí es posible presentar nuevos datos, de los cuales él *no* tiene conocimiento, y prepararlo para la necesidad de superar su juicio anterior, buscar nuevos puntos de vista y considerar nuevas hipótesis. Así podrá participar en la elaboración de una teoría original sobre el asunto y lidiar con sus objeciones durante el desarollo del propio trabajo conjunto"[56].

Freud utilizó este método "persuasivo" sobre todo en sus conferencias. Lo encontramos en las *Cinco conferencias*, pronunciadas en la Clark University en 1909, y en las *Conferencias de introducción al psicoanálisis*, leídas ante una audiencia vienesa entre 1915 y 1917. Él crea una relación transferencial con el lector[57].

Lamento que mi escaso alemán no me permita sumarme a quienes se deleitan con la prosa freudiana. Tomemos a Simmel, que tiene un paladar aguzado: "Él [Freud] no se repetía, y nunca cedía a la belleza de las palabras por su gusto por la retórica. La simplicidad de su fraseología hacía toda la belleza"[58]. Eissler observa: "Pienso que sería conveniente concentrarnos en la lengua freudiana para dar una explicación psicológica del genio de Freud. Sus capacidades de observación, la exactitud de su juicio y su poder de deducción –aunque indispensables para la magnitud de su obra– no ocupan, a mi ver, más que un papel secundario en relación con su genio científico"[59].

Su estilo atraviesa a veces un paisaje onírico, y Freud le comenta a su amigo Fliess: "La Psicología continúa de manera extraña; está casi concluida, compuesta como en un sueño"[60]. En marcado contraste con esa característica un tanto mesmerizante, su estilo, como lo observa Joan Rivière, "es directo y franco –consiste en enunciados desprovistos de adornos–, lo que demuestra que Freud tenía conciencia del lector y del auditorio, como si se dirigiera directamente a ellos de una manera accesible"[61]. Simplificación que clarifica. En comparación con Freud, sus discípulos no tienen estilo, con la excepción de Lacan[*8], Marion Milner, Winnicott, Erikson y, quizá, Masud Khan.

Retomemos esta "historia clínica de vacaciones", tratando de adivinar la "inclinación" de Freud. Partamos de una larga carta a Fliess:

> Pasaba los días 18 y 19 en una complicada excursión al Monte Rax y sus cercanías, en la nueva posada de la cabaña, cuando entró en el aposento alguien con el rostro encarnado por causa de la elevada temperatura. Al principio pensé que se trataba de una aparición ...[62].

A esta altura, el lector, que acaba de saborear la terapia alpina, piensa –ése fue mi caso– que se trataba de Katharina. Pero no:

> ... Al principio pensé que se trataba de una aparición, pero después reconocí que el bulto era mi mujer. Martha siempre afirmó que a ella le resultaba imposible escalar y que no apreciaba la permanencia en la montaña. Pero ahora que me había seguido, soportaba bien el esfuerzo y se mostraba encantada con la vista y con el lugar. Manifestó el deseo de permanecer conmigo varios días aquí, en la cumbre, donde el alojamiento es excelente, y *me sentí obligado* a proporcionarle ese placer ... [el énfasis en "me sentí obligado" es mío][63].

Llama la atención ese "me sentí obligado". La perspectiva no le encanta, el "bulto" no es tan deseado. La carta continúa en el mismo tono:

> No creo que le pueda negar ese deseo. Puedes imaginarte lo que hay detrás: la gratitud, la sensación de volver a la vida de una mujer que ahora está libre de la expectativa de tener un hijo cada año, puesto que por el momento *estamos viviendo en abstinen-*

---

*8. Mahony opina que el estilo lacaniano es "deliberadamente ambiguo y polisémico, y busca, en lo posible, captar el inconsciente del lector. De modo que constituye una especie de «happening» en el cual el inconsciente está permanentemente presente" (Patrick J. Mahony, *Freud, l'écrivain*, 1990, París, Les Belles Letres, pág. 28).

cia. Pero esa idea no se armonizaba de manera alguna con mi intención de visitarte en Csorba... " [el énfasis es mío][64].

Al final de la carta, remata:

Por lo demás, la etiología de las neurosis me persigue a todas partes, como la canción de Malborough sigue al viajero inglés. Recientemente atendí a la sobrina del dueño de la hostería en Rax; fue un caso hermoso[65].

La cosa se complica: Katharina (etiología de las neurosis) y Martha (esposa celosa) lo persiguen como la canción de Malborough. Las dos mujeres confluyen en la sensualidad enrarecida de los picos nevados. Esta carta, por su referencia a la abstinencia sexual, es considerada una de las primeras indicaciones de desinterés sexual en Freud. Y tal vez lo sea, pero hay una complicación: Fliess, el destinatario de la misiva. Toda su primera parte es una larga justificación por no acudir a la cita en Csorba. Primero dice que no la había invitado, "ella me había seguido", y que él se vio "obligado a proporcionarle ese placer". Pobre Martha, ella tiene un crío tras otro. Lo mueve la gratitud. "No creo que le pueda negar ese deseo". Freud es un pozo de justificaciones. Pues bien, en mi flecha, yo colocaría la declaración de abstinencia como una manera de apaciguar los celos de su amigo: "No te preocupes, no me acuesto con ella". Algo semejante sucederá, años después, en una carta a Emma Jung, donde Freud dice que su vida sexual se había detenido, como una manera de solidarizarse con los problemas maritales de *Frau* Jung. Otro punto por destacar, un hecho obvio y natural que los biógrafos no subrayan: Martha está sumamente celosa de Fliess, sigue a su marido cuesta arriba en esa maldita montaña e insiste en permanecer a su lado, con el ojo avizor. Pero bajemos al valle y retomemos las historias clínicas.

Freud, en toda su obra, establece una restricción teórica de los poderes de la razón, pero para él la razón es todo lo que tenemos. Sus historias clínicas son rigurosamente intelectuales en su tarea de "extraer el metal puro de los valiosos pensamientos inconscientes, de la materia prima de las asociaciones del paciente" (caso Dora). El caso de Lucy R. es un buen ejemplo.

Con Lucy R., Freud abandona la hipnosis y las "órdenes de cura". Busca simplemente el "recuerdo", el retorno de la imagen patógena. Para esa convocatoria hace presión con la mano en la cabeza de la paciente, y le dice: "Usted va a recordar bajo la presión de mis manos. Cuando esta presión cese, verá algo ante usted o una idea pasará por su cabeza"[66]. Recurso importado de Nancy, de la época en que él llevó allí a una paciente en consulta –probablemente Cäcilie–. En esa ocasión, Bernheim le confió que en muchos casos la amnesia entre la hipnosis y el estado normal no era total y que había logrado recuperar los recuerdos presionando con la mano en la frente y dando una orden imperativa[67]. Para Bernheim, la hipnosis era esencialmente un fenómeno de sugestión; Freud estaba pronto para dar el paso siguiente.

Lucy R., joven gobernanta inglesa al servicio de un rico empresario viudo, sufría de depresión y síntomas recurrentes tales como catarro nasal y torturantes sensaciones olfativas. Objetivo del tratamiento: conducir a Lucy R. a tomar conciencia de que estaba enamorada de su patrón, y de que eso no la llevaba a ningún lugar. Lo descubrió antes de lo que Freud esperaba. Después de un tratamiento de sólo nueve semanas,

> La paciente llegó un día transfigurada. Sonreía y llevaba la cabeza erguida. Por un momento pensé que había juzgado mal la situación y que el amor de Lucy R. había sido correspondido[68].

Lucy R. explicó:

> – No ha sucedido nada extraordinario. Pero usted no me conoce; siempre me vio enferma y deprimida, mientras que mi carácter habitual es diferente, alegre y animado. Ayer, al despertar, ya no estaba deprimida y, desde entonces, estoy sintiéndome bien.
> – ¿Y qué piensa ahora de sus perspectivas en la casa...? –inquirió Freud.
> – Me doy cuenta de que mi situación no cambiará; pero eso no me hace más infeliz[69].

Freud, en su perplejidad, pregunta:

> – ¿Y aún está enamorada de su patrón?
> – Sí, lo amo, pero eso no hace ninguna diferencia. Al final de cuentas, en mi interior, yo puedo pensar y sentir lo que quiero[*9].

O sea: Lucy R. reconoció la realidad. Contrariamente al método de Breuer, aplicado a Anna O., la cura no venía tanto del lado de la expresión libre de las emociones cuanto del reconocimiento de la adversidad. Desde el inicio, el término freudiano "análisis" implicaba un compromiso racionalista con la verdad que lo distinguía de los procedimientos catárticos. Así y todo, el caso de Lucy R. es el menos expresivo de la colección.

[*9]. En el Manuscrito N, donde aparecen, en forma condensada, sus ideas iniciales sobre la melancolía, Freud habla del deseo de muerte de las empleadas que se enamoran del patrón, y narra el sueño de la criada Lisel con él y Martha (Véase *Correspondência Sigmund Freud-Wilhelm Fliess*, 1986, pág. 251).

La técnica de la presión persuasiva aparece mejor ilustrada en uno de los casos menos conocidos de Freud: el de la Sra. P. J., consignado en el Manuscrito J. Es muy probable que ella sólo haya concurrido dos o tres veces a Berggase 19, antes de escapar. Se trataba de una cantante recién casada con un viajante de comercio que tuvo que dejarla, por negocios, pocas semanas después de la boda. Cierto día, sentada frente al piano, nostálgica, cantando una aria de *Carmen*, la paciente sufrió un severo ataque de angustia, con opresión precordial y miedo de enloquecer. Freud la incita a cantar el aria de Bizet —se trataba de la secuencia erótica, llamada *seguidilla*, del primer acto. Luego le pregunta:

– ¿En qué momento cree que surgió el ataque?

La paciente considera que fue al terminar el aria. Entonces, haciendo presión sobre su cabeza, Freud le pregunta qué pensamientos encuentra en su mente. Nada, la mente en blanco. Más presión, y ella "produce" *marido y nostalgia*. Freud infiere que había experimentado "una sensación en la parte inferior del cuerpo, con cólicos y una necesidad urgente de orinar". Ella confirma esa ubicación. Freud concluye: "Se trataba realmente de un *orgasmo*"[70]. No esclarece cómo llegó a esa interpretación, pero debe haber sido un análisis postural. La música volverá a ser usada con Mahler, quince años más tarde.

En la mañana del 1º de mayo de 1889, cuando esta fecha aún no era el Día del Trabajador y se estaban dando los toques finales a la Torre Eiffel, Freud toma un elegante carruaje tirado por dos caballos, un *fiacre*, como cuadra a todo médico que se respete. Su economía estaba más para carruajes de sólo un caballo, los más proletarios *Einspaenner*, pero *noblesse médicale oblige*.

Se dirige a la casa de una "Señora Importante", una aristócrata de origen alemán, que había viajado especialmente a Viena para tratarse con Josef Breuer, quien hizo la derivación. Una viudez repentina, de más de una década, provocó una depresión acompañada de dolores y síntomas diversos, como un extraño chasquido de la lengua que interrumpe su conversación en los momentos menos pensados. Ese chasquido podría ser identificado con el grito seco que emite la gallareta macho durante la danza nupcial.

El nombre de la paciente: Fanny Sulzer-Wart. Su seudónimo clínico: *Emmy von N.*; su apellido de casada: Mozer. Emmy von N. había tenido un casamiento breve con un rico industrial que la doblaba en edad[71].

Para esa entrevista Freud tenía una novedad en la manga: pensaba usar, por primera vez, el método catártico de Josef Breuer[*10].

---

*10. Este dato no es totalmente seguro. Strachey, en nota al pie de página, estima que pudo ser la Sra. Cäcilie M. quien tuvo ese honor (SE, II, pág. 19n).

Emmy von N. aguardaba al médico reclinada en el diván, la cabeza apoyada en una almohada de cuero – ella no podía adivinar que esa postura, ese diván, inaugurarían un nuevo dispositivo terapéutico destinado a ser símbolo de cosas por venir. La escena estaba casi totalmente montada. Faltaba la asociación libre para el paciente y la escucha pasiva del terapeuta. Freud, entonces, comienza a hacerle preguntas, a masajearle la frente, insistiendo en el interrogatorio, con esa calidad hipnótica de la voz que luego, en el mismo año, perfeccionará con los maesttros hipnotizadores de Nancy.

Es muy posible que Emmy von N. emitiera su chasquido nupcial; lo cierto es que dijo:

–No es necesario que me pregunte todo el tiempo sobre esto y aquello. ¡Déjeme contarle lo que tengo que decir!

–Está bien –responde Freud, presionado por esa mujer obviamente independiente. La primera paciente sometida al método catártico era, sin lugar a duda, una aristócrata. Después de esa primera visita, él vuelve con prisa a su casa y escribe las observaciones suscitadas por este tratamiento, que promete ser apasionante. Como apunta Lydia Flem, "El psicoanálisis aún no ha nacido, pero la invitación para concebirlo bien podría remontarse a aquel 1º de mayo de 1889"[72], [*11]. La personalidad de la paciente le inspira tanto interés que pasará a verla todos los días, a veces dos veces por día – el mismo ritmo de la "cura por la palabra" de Breuer, nueve años antes.

Día tras día, durante siete semanas, Freud va a visitarla dando la vuelta en 49 días a un mundo terrorífico de zoofobias y parestesias. Los pies de las sillas se transforman en víboras. Un monstruo con cabeza de buitre picotea todo el cuerpo de la mujer. Lagartos, ratas y gusanos le saltan encima[73]. De poco sirven los intentos terapéuticos, sea en la vigilia, sea bajo sonambulismo hipnótico, para aminorar su pánico. En los momentos agudos de la enfermedad el cuadro de Emmy von N. recuerda el *éxtasis maníaco* descrito por Pritchard[74], caracterizado por brotes de incoherencia y confusión alucinatoria. Freud, fascinado, comenta: "Todo ocurre como si examináramos archivos perfectamente ordenados ... pero lo que hace el trabajo analítico tan difícil es que el orden cronológico de aparición de los incidentes se encuentra invertido. A medida que penetramos más profundamente en la conciencia, el reconocimiento de los recuerdos se vuelve más difícil, y avanzamos en zigzag como el caballo en el tablero de ajedrez". Habla de la "grieta estrecha de la conciencia" por la que tienen que pasar un conjunto tumultuoso de recuerdos patógenos como "un camello por el ojo de una aguja".

Para explicar esta sintomatología en la que prima una agita-

---

*11. Según nuestro cálculo, contando a partir del sueño de Irma, la gravidez duró seis años y meses.

ción psicomotora, Freud recurre a Darwin y el "principio de sobreexcitación" que lleva a los perros a menear el rabo en presencia del amo[75]. Freud lucha cuerpo a cuerpo para eliminar un síntoma anoréxico pertinaz. Apela a un ultimátum, suspendiendo la relación hipnótica:

> Renuncié a hipnotizarla, le anuncié que le daba 24 horas para reflexionar y para convencerse de que los dolores gástricos provenían exclusivamente de sus temores; pasados ocho días, le pregunté si continuaba pensando que podía caer enferma del estómago durante una semana por haber ingerido agua mineral y una merienda frugal[76].

El ultimátum resultó eficaz: "La encontré dócil y sumisa", observa Freud. Pero tiene el cuidado de anotar la fórmula de la rendición:

> Cuando la interrogué sobre el origen de sus dolores gástricos, ella, incapaz de disimular, me respondió: "Creo que provienen de mis aprensiones, pero únicamente porque usted lo dice"[77].

La intervención, en efecto, fue una orden. En esos tiempos aún no circulaba la transferencia, que abre un espacio para la interpretación, ni la contratransferencia como espejo cognitivo. Pero él está aprendiendo el arte de escuchar. Ordena, pero ya no interroga. De nada vale acribillar con preguntas, lo cual sólo provoca chasquidos y, a veces, tics convulsivos. Sólo eso. No obstante, esta nueva manera de escuchar supera el método empleado por Breuer. Hay un diálogo intersubjetivo. En la innovación introducida por Freud con Emmy, la diferencia consiste en la sugestión directa sobre las ideas patógenas. Este caso y el de Katharina constituyen una "presentación genética", en la que se conserva el orden cronológico de los acontecimientos, según la mejor tradición del género policial[78].

En el mismo año, otra paciente está en el umbral del diván. El historial de la ya mencionada Sra. Cäcilie M. tiene un triple interés: por la naturaleza misma del trastorno, por el hecho de que a esta paciente Freud y Breuer la trataron juntos, y porque este caso "llevó directamente a la publicación de nuestra «Comunicación Preliminar»"[79]. Sartre exploró ese interés coyuntural asignando a Cäcilie un papel estelar en su guión[*12].

El caso de Cäcilie, como vimos, no fue presentado en forma integral, en razón de los lazos de parentesco existentes. Breuer, en una carta a Forel, confirma la importancia de la experiencia: los terapeu-

---

*12. Aunque la Cäcilie de la película tiene algunos de los síntomas de Anna O.

tas quedaron impresionados por la regresión inducida en la paciente[80]. Lástima que no realicen "un relato clínico pormenorizado"[81], ya que Freud la conoció "de manera mucho más completa que a cualquiera de las otras pacientes mencionadas en estos estudios"[82]. Aunque Freud y Breuer la atendieron juntos –no se sabe bien con qué régimen– todo hace pensar que Cäcilie, más que Emmy von N., fue la Anna O. de Freud: su "prima donna"[83]. En efecto, dos años después de la publicación de los *Estudios*, él le cuenta a Fliess: "Si conocieses a Z v. K [Sra. Cäcilie] no dudarías ni por un segundo de que esa mujer podría haber sido mi maestra"[84]. Además, lo mismo que Anna O., la Sra. Cäcilie fue "tema de consulta" en la Salpêtrière. En 1888 Charcot le escribe a Freud: "El análisis delicado y completo que usted ha realizado de los fenómenos psicofisiológicos de la paciente, tan variados y complejos, muestra suficientemente su apego por esa persona interesante, tal como nosotros nos apegamos durante su estada en París"[85].

Anna O. y Cäcilie tienen mucho en común. Ambas son ricas, están dotadas de una inteligencia fuera de lo común, con excelente memoria y talentos artísticos versátiles. Cäcilie –en realidad la Baronesa Anna von Lieben, según las investigaciones de P. Swales– pertenecía a una tradicional e influyente familia judía, ligada a los Pappenheim. Une a estas dos pacientes el polimorfismo sintomático. Cäcilie también padece una neuralgia facial extremadamente violenta reemplazada varias veces al año por severas jaquecas o, tal vez, ataques de gota. Ha estado libre de síntomas durante un año, con algún episodio de letargo leve. Luego hubo una "abundancia sorprendente de ataques histéricos que la paciente puede ubicar con precisión en el pasado"[86]. En un primer momento se producía un "estado de ánimo patológico que ella sistemáticamente interpretaba mal y atribuía a algún acontecimiento banal de las últimas horas". O sea que interpretaba erróneamente el presente en los términos de un pasado delirante. "A continuación aparecían los síntomas histéricos, acompañados por una creciente turbación de la conciencia, alucinaciones, dolores, espasmos y largos discursos declamatorios"[87]. "Esos síntomas eran seguidos por la emergencia, en forma alucinatoria, de una experiencia pasada que hacía posible explicar su estado de espíritu inicial, y había determinado los síntomas de su ataque actual"[88]. De modo que Cäcilie poseía las "dos" personalidades en el mismo estado de conciencia, escindidas, por así decir, en el tiempo. Freud tiene dudas diagnósticas: "Pitres[89] debe de haber pensado en algo semejante al presentar su descripción del *délire ecmnésique*"[90]. En realidad, el cuadro, en la medida en que prevalecía la paramnesia, recordaba el "delirio sensitivo" de Kretschmer. "En esa fase del trabajo –observa Freud– llegamos finalmente a la reproducción de su neuralgia facial". Cäcilie relata que tuvo una riña verbal con su marido; "de repente se lleva la mano al rostro, lanzando un gran grito, y exclama: «Fue como una cachetada en la cara»". De modo que la paciente había creado "una expresión somática para una idea, emocionalmente matizada por la simbolización"[91]. Al "sentir" la cachetada en el rostro, ella "no se está tomando libertades con las palabras, sino simplemente reviviendo ... las sensaciones a las que la expresión verbal debe su justificación". Freud comenta que "todas estas sensaciones e inervaciones pertenecen al campo de la «Expresión de las Emociones» y, como Darwin nos enseñó, consisten en acciones que originariamente tenían significado y servían a un propósito"[92]. La neuralgia de Cäcilie, de la misma manera que la parálisis del brazo derecho de Anna O., son metáforas filogenéticas. Por otra parte, este trastorno recuerda la *afasia asimbólica*, descrita en su tratado sobre las afasias como una perturbación de la relación entre palabra y objeto. Hanna Segal, por su parte, hablaría de "ecuación simbólica" en la que el símbolo funciona como objeto[*13].

También en este caso Freud comprobó que tenía que ser más paciente, más pasivo, menos directivo. No era cuestión de insistir en los síntomas apremiantes. Poco a poco dejó que la propia sujeto eligiese el "tema del día". A fines de 1892, ya había abandonado totalmente la hipnosis; el diván fue el único remanente de esa técnica. Las reglas de la asociación libre aún no estaban claramente formuladas. Sin hipnosis, comenzó a valerse del capital racional de sus pacientes. Mientras que el pase hipnótico "disimula" el síntoma, el psicoanálisis intenta desenmascararlo. El primero es cosmético; el segundo, quirúrgico[93].

La última paciente de los *Estudios*, caso en transición, anticipa a Dora. Elizabeth von R. es la menos "hipnoide" de todas. Esta joven de 24 años se quejaba de dolores musculares y de dificultades para caminar: lo hacía con la parte superior del cuerpo inclinada hacia adelante, a la manera de Groucho Marx. De diagnóstico difícil, Elizabeth fue rotulada de histérica por la "indefinición de todas sus descripciones de la naturaleza de sus dolores"[94]. Sería un ejemplo típico de insania moral.

"Me embarqué en uno de los casos más arduos que jamás tuve, y las dificultades para presentarlo no pueden compararse con las dificultades experimentadas en su momento"[95]. Freud sospecha que ella conoce la razón de ser de su mal; éste "era un secreto y no un cuerpo extraño"[96], de modo que prescinde de la hipnosis. Así entramos en la era del psicoanálisis. Freud comenta que éste fue "el primer análisis integral emprendido por mí, [con el que] llegué a un proceso que más tarde transformé en un método regular y deliberadamente empleado"[97].

¿Cuál era el secreto de Elizabeth? Ella estaba enamorada de un

*13. H. Segal, "Notas a respeito da formação de símbolos", *A obra de Hanna Segal*, 1983, Río de Janeiro, Imago, pág. 77.

joven y se culpaba de que una vez, después de haber salido con él, había encontrado a su adorado padre en estado grave. Nadie conocía esos sentimientos.

Elizabeth, a los tropezones, fue mejorando. Hubo innumerables problemas familiares, pero la terapia llegó a un final feliz:

> En la primavera de 1894 supe que ella iba a un baile para el cual yo podría obtener una invitación, y no dejé escapar la oportunidad de ver a mi ex paciente pasar girando en una danza animada[98].

"Nuestros pacientes sufren de reminiscencias". Freud atribuyó la desdicha peculiar del ser humano al desarrollo discontinuo de la memoria, que no es instintiva como en las abejas, pero que es casi tan inaccesible al razonamiento como el régimen de la colmena. La memoria es un dispositivo protector para los animales; para nosotros, humanos, la memoria se levanta como un castillo, que es también una prisión.

El progreso inicial de Freud respecto de Breuer consistió en llevar la tarea rememorativa *más allá* del momento y del síntoma, atravesando la historia de vida del sujeto. Para Breuer, como vimos, bastaba con focalizar la escena de la que se trataba, "representada" en los síntomas a través de "residuos". Freud dio un paso más: rastrear los síntomas hasta los laberintos más remotos. Como él dijo después en *Conferencias de introducción al psicoanálisis*, "...el análisis de cada síntoma histérico conduce a toda una cadena de impresiones pasadas que se remontan hasta los primeros años de vida, de modo que la amnesia histérica puede ser considerada una continuación de la amnesia infantil, que a todos nos oculta las impresiones más remotas de nuestra vida psíquica"[99].

Freud define la neurosis como una fijación anacrónica. Al llevar la tarea rememorativa más allá de la aparición de los síntomas, encuentra una falla mnémica universal. La memoria adquiere profundidad para albergar el inconsciente, y así pasa a ser el registro clave de la condición humana. Cualquiera puede recuperar los recuerdos perdidos. El "olvido deja de estar en función directa del tiempo". Freud, como Bergson, apuesta a la existencia continua del pasado, siempre recuperable. Se vincula con los poetas románticos, para quienes la totalidad de la experiencia sobrevive en un "subconsciente" mental, especialmente en el período de la infancia. Coleridge, el afortunado poeta de *Kubla Kan*, creía que "todos los pensamientos son inmortales"; la confianza de Freud en los poderes ilimitados de la memoria no era menor que la del poeta inglés. Pero, a diferencia de Coleridge, para Freud el "pasado" tiene una connotación negativa; los neuróticos, como dijo en su Primera Conferencia, " ... no pueden liberarse de su pasado". Tener un pasado reprimido significa adolecer de él. Razón por la cual el trabajo psicoanalítico difiere radicalmente del trabajo arqueológico: el arqueólogo busca tesoros, el analista remueve lastres. La memoria es escoria.

Tal vez sea más sintomático que premonitorio el hecho de que Freud conociera a Fliess un mes después del nacimiento de Mathilde. En ese mismo año aparece el libro *La concepción de las afasias*, dedicado a Breuer. Desilusión: "La recepción de Breuer –le comenta a su cuñada Minna– fue por demás extraña; no me agradeció; estaba muy turbado e hizo todo tipo de comentarios incomprensiblemente negativos; no retuvo nada de bueno; sólo al final, para ser agradable, me hizo el elogio de que estaba bien escrito"[100].

Ya en 1883, cuando ambos preparaban su "Comunicación Preliminar", Freud había comenzado a impacientarse porque Breuer era "un obstáculo a mi progreso profesional en Viena"[101]. Strachey se pregunta cuáles serían las divergencias científicas esenciales entre ellos. La más conocida podría ser descrita como "estados hipnoides *versus* neurosis de defensa".

Resulta evidente que, en la colaboración de los *Estudios*, el punto débil era la coexistencia de dos teorías explicativas: Breuer optaba por los "estados hipnoides"; Freud, por la "represión". Ese bicefalismo no creó una brecha desde el principio, pero, como Strachey lo observa en sus *Notas del Editor*, las diferencias teóricas ya eran explícitas en el prólogo a la primera edición[102, *14]. Cada uno tiene su "caballo de batalla", aunque por el momento prevalece el acuerdo. Freud confía "en la complementariedad de las dos teorías. En tal caso, el clivaje hipnoide de la conciencia podía ser considerado producto de una tentativa primaria de represión (con la excepción de Anna O.)"[103].

En este texto, ambos autores afirman que la "existencia de estados hipnoides constituye el fundamento y la condición de la histeria"[104]. Pero Freud siempre tuvo dudas. En el capítulo sobre psicoterapia señala que un acto represor precede a cualquiera de esos estados[105]. Un año después repudia definitivamente el concepto. En 1900 se referirá a "esa infeliz idea que me fue impuesta" y, en el año siguiente, a una "idea infeliz y engañosa"[106]. Peor aún; en el caso Dora leemos: "Desearía aprovechar esta oportunidad para afirmar que la hipótesis de los «estados hipnoides» –que muchos críticos tienden a encarar como la parte central de nuestro trabajo– proviene enteramente de Breuer. Considero superfluo y engañoso el empleo de esa expresión, por considerar que interrumpe la continuidad del proble-

---

*14. "Si en algunas ocasiones se expresan opiniones divergentes y hasta contradictorias, eso no debe ser considerado prueba de cualquier vacilación en nuestros puntos de vista. Resulta de las divergencias naturales entre las opiniones de los dos observadores que están de acuerdo en cuanto a los hechos y a su lectura básica, aunque no siempre concuerdan en sus interpretaciones y conjeturas" (SE, II, pág. xxix).

ma en cuanto a la naturaleza del proceso de la formación de los síntomas histéricos"[107].

Injusticia de Freud: el "estado hipnoide" está en la base de la noción de "regresión", desarrollada por el propio Breuer, al presentar una clara descripción de la naturaleza regresiva de las alucionaciones[108]. Breuer habla de ciertas ideas –"ideas patógenas"– que se caracterizan por ser "inadmisibles para la conciencia", a pesar de tener un afecto intenso o, mejor dicho, precisamente por ello. Esa contribución en modo alguno puede ser considerada "superflua y engañosa". Será retomada por Lacan en el caso Aimée, cuando se refiere a "estados oniroides"[109]. Al repudiar los estados hipnoides, Freud monta una arquitectura monolítica del yo que perdurará en sus escritos hasta prácticamente el final de su obra, cuando finalmente, en una inconclusa tercera tópica, introduce la *escisión* del yo[110].

Las relaciones entre Freud y Breuer constituyen una materia excelente para estudiar la ambivalencia. Hubo momentos en que Breuer aceptaba las teorías sexuales freudianas. "No hace mucho tiempo –comenta Freud– Breuer pronunció un gran discurso sobre mí ante la Asociación Médica de Viena, y se presentó como un adepto *convertido* a la etiología sexual de las neurosis. Cuando le agradecí en privado, estropeó mi placer diciéndome: «¡Pero yo no creo en eso!»"[111]. También está la historia de la paciente del "asombroso éxito analítico". Cuando ella le describió "su extraordinaria mejoría a Breuer, éste batió palmas varias veces y exclamó: «Entonces, al final, ¡él está en lo cierto!»"[112] Ambos hombres dieron una serie de marchas y contramarchas teóricas en lo relacionado con la sexualidad y los estados hipnoides.

Pero la divergencia fundamental cala más hondo: Freud intenta convencer a Breuer de que la sexualidad entra como componente irreductible frente a la propuesta breueriana de psicologizar lo psíquico. La formulación de que los pacientes enferman cuando no pueden aceptar ciertos aspectos del pasado es más freudiana; la teorización breueriana afirmaba la escisión del yo. Para Breuer, el paradigma de esta condición era la "auto-hipnosis vesperal" de Anna O. Una tormenta metapsicológica se agita sobre las páginas de los *Estudios*.

Breuer generaliza la temática de la histeria a partir de un cuadro poco común: la *doble personalidad*, también llamada *estado segundo* o *sonambulismo artificial*. Buñuel popularizó este mal en *Belle du jour*. Janet habla de "sonambulismo natural"[113]. A partir de este cuadro, estudiado por los franceses, se puede evaluar el trayecto teórico breueriano, desde los "Documentos de Kreuzlingen" hasta los *Estudios*, publicados cuatro años más tarde. En ese lapso el "estado hipnoide" se erotiza, caracterizándose como un momento de "intensa divagación ligada a pensamientos sexuales"[114].

En realidad, para Breuer, más que de un estado se trata de un "elemento hipnoide": una predisposición del yo a clivarse que, a diferencia de lo que piensa Janet, no implica degeneración ni tara hereditaria[115].

Freud, psicoterapeuta más experimentado, sospechaba la "existencia de una interacción de fuerzas y la intervención de intenciones y propósitos, como sucede en la vida normal"[116]. O sea que la "nube" hipnoide no estaba tan circunscripta. En el punto esencial, eso sí, ambos autores concordaban plenamente: el objetivo era rescatar los recuerdos bajo efecto de la hipnosis; de esa manera las ideas patógenas dejaban de ser operantes. Ellos suponían que el trastorno original era un afecto sofocado, no consciente. Prestando atención a la historia de los síntomas, el terapeuta podía eliminar el "trastorno emocional" (como era denominado en la época), al evocar vívidamente su recuerdo.

Las diferencias científicas apenas no bastan para explicar la amargura con que Freud escribió sobre Breuer en la correspondencia con Fliess[*15]. Jones intenta justificar esta actitud poco grata, señalando que, en esos años, él se encontraba "en su período más revolucionario, tanto intelectual como emocionalmente. El boicot imperante le provocó una reacción de desafío. Y cuando más necesitaba de un compañero con quien compartir esa rebeldía, el único par intelectual posible, se topó con alguien que no hacía más que minar su ardor, retirándose de la lucha"[117].

También tenemos que ver el factor de los temperamentos en juego. El "Demonio Pero" versus el "Demonio Fáustico". Una cosa es cierta: Anna O., a fin de cuentas, contribuyó más al alejamiento que a una aproximación. La colaboración en los *Estudios* fue nefasta. Freud, en su acometida contra todos los molinos eróticos del mundo, se malquistó con el generoso mentor que había presidido los inicios de su carrera.

Conviene recordar que Anna O. fue la primera histérica de Breuer, pero no la única, como se pensaba. En junio de 1882, o sea coincidiendo con el alta de Bertha Pappenheim, internó en el Bellevue a Clara B., hija de un colega, cuya sintomatología era semejante a la de Anna O., pero con alteraciones anímicas de carácter depresivo. Otro caso: Emma L., con diagnóstico de "melancolía agitada", tratada en enero de 1884, e Ida G., pariente de Brentano, que tuvo un grave ataque histérico la noche de bodas[118]. Están asimismo los casos en que Freud y Breuer trabajaron juntos. Además de Cäcilie, hubo otra colaboración importante. En junio de 1893, según consta en los archivos de Bellevue[119], fueron coterapeutas de Nina R. Ambos opinaban que la neurastenia de la paciente tenía un origen masturbatorio[120].

*15. Botones de muestra: "Breuer es un obstáculo a mi progreso profesional en Viena" (29 de setiembre de 1893); "No estuve con Breuer, ni me tropecé con él en mi clínica; evité un encuentro innecesario en la casa de un paciente que, de vez en cuando, nos consulta a ambos" (16 de abril de 1896).

Hubo un intenso y fructífero intercambio en el nivel de la práctica diaria, que permite comprender mejor hasta qué punto resultó dura la vivencia de "espléndido aislamiento" cuando esa colaboración se interrumpió. A partir de 1894 Breuer deja de estar en contacto con la producción teórica de Freud. Éste, en carta de Fliess, se lamenta: "Como el contacto científico con Breuer cesó, tengo que depender exclusivamente de mí mismo, razón por la cual el progreso es tan lento"[121]. Conviene recordar que, en el campo de la clínica, como vimos en el sueño de Irma, Breuer "supervisaba" los casos que enviaba a su discípulo. Conocemos por Brentano de las cualidades pedagógicas de Breuer, y también la sed de conocimiento de Freud.

Aquí se puede datar el comienzo del período del "espléndido aislamiento". Década que fascina a los biógrafos. Este período, como vimos, estará atravesado por el autoanálisis, por la redacción de *La interpretación de los sueños* y por la correspondencia con Fliess. Son tiempos intimistas, que brindan un panorama pormenorizado de Freud en la crisis de la mediana edad. Lo que aparece es un mosaico contrastante. Cuesta pensar que estamos lidiando con la vida de sólo una persona. Da envidia percibir la cantidad "espantosa" (para usar un término de la Academia Española) de producción intelectual y el correlato de sufrimiento que acompaña a este momento creativo.

Hasta 1907 Breuer continuó creyendo que el abandono por Freud del elemento hipnoide no había sido ventajoso para el psicoanálisis[122]. Roudinesco observa que "Breuer mostró una cierta repugnancia al hablar de Anna O., y enfatizó que el elemento sexual era poco acentuado"[123]. En el prefacio de la segunda edición de los *Estudios*, Breuer insiste en que hace mucho que ha dejado de ocuparse de ese "asunto", minimizando su participación. En el prefacio correspondiente de Freud, él, por el contrario, afirma: "El lector atento encontrará en germen, en este libro, todo lo que fue posteriormente agregado a la teoría catártica: el papel del factor psicosexual, el del infantilismo, la significación de los sueños y el simbolismo inconsciente. El mejor consejo que puedo darle a quien se interese por el pasaje de la catarsis al psicoanálisis es que comience con los *Estudios sobre la histeria* y recorra de tal modo el camino que yo mismo recorrí"[124].

Hubo, al final, mucho rencor. En la *Psicopatología de la vida cotidiana*, Freud escribe: "Nuestra amistad íntima se convirtió más tarde en un total alejamiento ... Adopté la costumbre de evitar su casa y el barrio donde vivía, como si fuese territorio enemigo"[125]. Territorio prohibido, territorio fóbico. En esa línea, Roazen narra un curioso recuerdo de Hannah, nuera de Breuer,[16] quien cuenta que cierta vez, paseando con su suegro, vio que Freud avanzaba hacia ellos. El viejo Breuer abrió instintivamente los brazos, pero Freud pasó de largo,

---

*16. Carta de Hannah Breuer a Ernest Jones del 21 de abril de 1954, ci-

fingiendo no haberlo visto. Para mí no se trata de la pérdida de una idealización. Está allí esa "púa" previa de "yo-no-soy-un-Breuer", que data de los primeros años de la relación y habla claro de un cierto desdén. Breuer recuerda a Engels, porque los dos brindaron ayuda económica y fueron intelectuales de talento eclipsados por el genio de sus socios. La diferencia está en la edad: Engels era 20 años más joven que Marx; Breuer, 14 más viejo que Freud.

Freud sólo conseguirá evaluar a Breuer con ojos más ponderados después de que su autoanálisis comenzara a surtir efecto, cuando su amistad con Fliess empezó a declinar y algunas de sus tempestades emocionales habían amainado.

¿Por qué? Allí, en el "subconsciente", como diría Janet[*17], estaban los préstamos de Breuer. Esa deuda podía mitigarse, aunque dejara marcas, mientras la relación era cordial, pero se convirtió en una carga insoportable durante la década del 90, cuando la amistad se agrió. Y, bajo la antigua Ley de la Culpa, la deuda corroyó la gratitud y marchitó la amistad. No debemos subestimar la dependencia de Freud respecto de este hombre que fue su "Maestro Secreto de la Histeria". Él consultaba a Breuer en las encrucijadas. Narra Jones que "cuando Freud pensó en adoptar la «confesión» protestante para poder casarse sin tener que pasar por las intrincadas ceremonias judías que tanto odiaba, Breuer simplemente murmuró: «Muy complicado»"[126]. Eficiente consejo.

Contrariando a Roazen, tengo la impresión de que entre los dos hombres no existían grandes diferencias de tipo intelectual que puedan explicar la ruptura que se produjo posteriormente[127]. Pero, sean cuales fueren las causas de la pelea, el hecho es que la amistad inicial se transformó en intensa aversión. En una carta a Fliess de 1895, Freud escribe: "Breuer es como el rey David: se alegra cuando alguien muere"[128]. Frase feroz que contrasta con la carta enviada a Martha diez años antes: "Una vez más, Breuer procedió de una manera espléndida en el caso Fleischl. Decir buenas cosas de él no basta para presentar un retrato adecuado de su carácter; se debe acentuar la ausencia de tantas otras cosas malas"[129].

Por encima de la disputa, la figura de Robert Breuer fue siempre un puente entre los dos hombres. Robert era el primogénito de Breuer, sólo tres años más joven que Freud. Descrito como tímido y taciturno, también fue asistente de Nothnagel. Robert, digno hijo de

---

tada por Roazen (*Freud y sus discípulos*, 1974, Buenos Aires, Alianza, pág. 96). Hirschmüller da una versión ligeramente distinta: el encuentro se produjo en la calle Berggasse y Breuer, no instintiva sino deliberadamente, fue al encuentro de Freud, siendo desairado (Comunicación de Tilde Polanski, abril de 1972) (Albrecht Hirschmüller, *op. cit.*, pág. 267).

*17. O. Martin Freud (??).

su padre, es recordado "como un terapeuta inventivo, de talentos múltiples"[130]. Freud, en 1895, le escribe a Fliess que Robert Breuer "es mi único seguidor en Viena"[131].

Pero no todas fueron espinas. En 1898, en su artículo "La sexualidad en la etiología de las neurosis"[132], Freud declara que debe sus "resultados al nuevo método del psicoanálisis: el procedimiento exploratorio de Josef Breuer ..."[133]. Nunca dejó de reconocer el mérito de Breuer como "padre del psicoanálisis". En 1904, por ejemplo, escribiendo sobre sí mismo en tercera persona, asevera que "como resultado de una sugerencia personal de Breuer, Freud resucitó ese procedimiento (usado con Anna O.) y lo aplicó a un número considerable de personas"[134]. Incluso en una época avanzada, en su primera conferencia en la Universidad de Clark, en los Estados Unidos, llegó al extremo de afirmar que "el mérito por haber creado el psicoanálisis ... no es mío"[135]: era de Breuer.

Finalmente, en 1925, en el momento de la muerte de Breuer, Freud redactó una sentida nota necrológica: "El 20 de junio de 1925 murió en Viena, a los 84 años de edad, Josef Breuer, creador del método catártico, cuyo nombre, por dicha razón, quedará indisolublemente ligado a los comienzos del psicoanálisis"[136].

Breuer, por su lado, en 1909 le regala a Freud los manuscritos de la "Comunicación Preliminar", que había conservado. Pero la ambivalencia tiene larga vida: en 1912, para celebrar los 70 años de Breuer, Sigmund Exner organizó una colecta de dinero, con el que se constituyó la Fundación Breuer, destinada a promover el desarrollo científico. Las más conocidas personalidades de Viena contribuyeron, pero el nombre de Sigmund Freud no figura en la lista.

Por último, creo que no se tomó suficientemente en cuenta la actitud hostil de Fliess para con Breuer. En 1901, Freud le escribe a su amigo: "En cuanto a Breuer, tienes toda la razón con respecto a este hermano, pero no comparto tu desdén por la amistad entre los hombres, probablemente porque en el fondo lo aprecio mucho. En mi vida, como bien sabes, la mujer nunca reemplazó al compañero, al amigo. Si la inclinación*[18] masculina de Breuer no fuese tan bizarra, tan tímida, tan contradictoria ... él proporcionaría un bello ejemplo de las realizaciones en que es posible sublimar la corriente androfílica de los hombres"[137]. Como veremos con la enfermedad cardíaca de Freud, siempre existió un enmarañado triángulo "androfílico" entre ellos.

*18. "Inclinación", término clave en la Academia Española.

NOTAS

1. Albrecht Hirschmüler, *Josef Breuer*, 1991, París, PUF, pág. 124.
2. Moriz Benedikt, *Elektrotherapie*, 1868, Viena, pág. 417.
3. J. C. Prichard, *Treatise on Insanity*, Gilbert and Piper, 1835, citado por J. M. Masson, *Against Therapy*, 1988.
4. I. Macalpine y R. Hunter, *Three Hundred Years of Psychiatry*, 1963, Londres University Press, pág. 838.
5. Jules de Gaultier, *Le Bovarysme*, 1903, París, Mercure de France.
6. J. Moussaieff Masson, *Against Therapy. Emotional Therapy and the Myth of Psychological Healing*, 1988, Nueva York, Atheneum, pág. 39.
7. Ibíd, pág. 39.
8. Ibíd., pág. 39.
9. Herman Hesse, *Kindheit und Jugend vor neuenzehnhundert Briefe und Lebenszeugnisse 1877-1895*, comp. por su mujer, Ninon Hesse.
10. Hesse, ibíd, pág. 262.
11. SE, XX, pág. 29.
12. SE, II, pág. 268.
13. SE, XX, pág. 30.
14. Frank J. Sulloway, *Freud, biologiste de l'esprit*, 1981, París, Fayard., pág. 68.
15. Carta de Freud a Martha del 2 de febrero de 1866, *Sigmund Freud. Correspondência de amor*, 1981, Imago, Río de Janeiro, pág. 240.
16. Carta de Freud a Breuer del 3 de mayo de 1889, ibíd., pág. 269.
17. Carta de Freud a Emmeline y Minna Bernays, 16 de octubre de 1887, ibíd., pág. 266.
18. Ernest Jones, *A vida e a obra de Sigmund Freud*, 1989, Río de Janeiro, Imago, I, págs. 255-6.
19. Carta de Freud a Fliess del 28 de junio de 1892, *Correspondência Sigmund Freud-Wilhelm Fliess*, 1986, comp. por J. M. Masson, Imago, Río de Janeiro, pág. 31.
20. SE, I, págs. 147-55.
21. SE, I, págs. 133-43.
22. SE, II, págs. 1-18.
23. SE, II, pág. 7.
24. J. M. Charcot, *Poliklinische Vorträge*, 1892, pág. 107n.
25. SE, II, págs. 1-321
26. Ernest Jones, *op. cit.*, I, pág. 257.
27. SE, III, págs. 33-4.
28. Fritz Wittels, *Sigmund Freud: his Personality, his Teaching and his School*, 1924, Londres, Allen & Unwin, pág. 38.
29. SE, I, págs. 160-74.
30. SE, II, págs. 11-3.
31. Frank J. Sulloway, *op. cit.*, pág. 53.
32. SE, II, págs. 160-1.
33. SE, II, pág. 185.
34. SE, II, pág. xxiv.
35. Ibíd.
36. SE, II, pág. xxiv.
37. SE, II, pág. 29.

38. Ibíd.
39. Frank J. Sulloway, *op. cit.*, pág. 489.
40. Sulloway, ibíd., pág. 489.
41. Strümpell, A., *Deutsche Zeitschrift Nervenhellskunde*, 1896, VIII, págs. 139-161.
42. E. Bleuler, reseña del libro *Estudios sobre la histeria* aparecida en *Münchener medizinische Wochenschrift*, 1896, XLIII, págs. 524-25.
43. Havelock Ellis, "Hysteria in relation to sexual emotions", *The Alienist and Neurologist*, 1898, XIX, págs. 599-615.
44. SE, II, pág. 125.
45. SE, II, pág. 133.
46. Jules Glenn, "Freud's adolescent patientes: Katharina, Dora & the «homossexual woman»", en *Freud and his Patients*, comp. por Mark Kanzer y Jules Glenn, 1980, Nueva York, Jason Aronson, págs. 37-9.
47. K. K. Levin, "Dora Revisited", em *Psychoanal. Rv*, 1973, CX, págs. 519-32.
48. P. Mahony, *Sobre una definição do discurso de Freud*, Río de Janeiro, 1990, pág. 69.
49. E. H. Erikson, "Reality and Actuality", *J. of the American Psychohanalytical Association*, X, 1962, págs. 451-73.
50. P. Mahony, *op. cit.*, pág. 69.
51. Carta de Freud a Breuer del 29 de junio de 1892, SE, I, pág. 147.
52. SE, I, pág. 133.
53. SE, II, pág. 129.
54. SE, II, pág. 126.
55. Ibíd.
56. SE, XXIII, pág. 281.
57. Patrick Mahony, *op. cit.*
58. E. Simmel, "Sigmund Freud, the man and his work", *Psychoanal. Quarterly*, 1940, vol. IX, pág. 166.
59. K. R. Eissler, *Talent and Genius: the Ficticius Case of Tausk against Freud*, 1971, Nueva York, Quadrangle Books, pág. 277.
60. Carta de Freud a Fliess del 20 de junio de 1898, *Correspondência Sigmund Freud-Wilhelm Fliess*, pág. 319.
61. Joan Rivière, "A character trait of Freud's", *Psychoanalysis e Contemporary Thought*, comp. por J. Sutherland, 1958, págs. 145-6.
62. Carta de Freud a Fliess del 20 de agosto de 1893, *Correspondência Sigmund Freud-Wilhelm Fliess*, pág. 53.
63. Ibíd.
64. Ibíd.
65. Ibíd.
66. SE, II, pág. 110.
67. SE, II, págs. 114-5.
68. SE, II, pág. 121.
69. Ibíd.
70. Carta de Freud a Fliess con el Manuscrito J, sin fecha, fines de 1895, *Correspondência Sigmund Freud-Wilhelm Fliess*, pág. 157.
71. Ibíd., pág. 18-19.
72. Lydia Flem, *A vida cotidiana de Freud e seus pacientes*, 1986, Río de Janeiro, L&PM, pág. 19.
73. SE, II, pág. 55.

74. J. C. Pritchard, *op. cit.*, págs. 454-458.
75. SE, II, pág. 91.
76. SE, II, págs. 81-2.
77. Ibíd.
78. SE, II, pág. 75n.
79. SE, II, pág. 178.
80. Erwin H. Ackercknecht, "Josef Breuer über seinen Ainteil an der Psychoanalyse", *Gesnerus*, XIV, 1957, pág. 171.
81. SE.
82. Ibíd.
83. Carta de Freud a Fliess del 12 de junio de 1892, *Correspondência Sigmund Freud-Wilhelm Fliess*, pág. 32n.
84. Carta de Freud a Fliess del 8 de febrero de 1897, ibíd., pág. 230
85. Carta de Freud a Fliess del 4 de febrero de 1888, ibíd., pág. 20n.
86. Ibíd.
87. Ibíd.
88. Ibíd.
89. A. Pitres, *Leçons cliniques sur l'hystérie et l'hypnotisme*, 1891, París.
90. SE, II, pág. 177.
91. SE, II, pág. 178.
92. SE, II, pág. 81.
93. SE, XVI, pág. 450.
94. SE, II, pág. 136.
95. SE, II, pág. 138.
96. SE, II, pág. 139.
97. SE, II, pág. 139.
98. SE, II, pág. 160.
99. SE, XV, pág. 76.
100. Carta de Freud a Minna Bernays del 13 de junio de 1891, *Sigmund Freud. Correspondência de amor*, pág. 273.
101. Carta de Freud a Fliess del 29 de setiembre de 1893, *Correspondência Sigmund Freud-Wilhelm Fliess*, pág. 56.
102. SE, II, pág. xii.
103. Frank J. Sulloway, *op. cit.*, pág. 69.
104. SE, II, pág. 16.
105. SE, II, pág. 185.
106. Carta de Freud a Fliess del 25 de abril de 1900, *Correspondência Sigmund Freud-Wilhelm Fliess*, pág. 412.
107. SE, VII, pág. 29n.
108. SE, II, pág. 213.
109. Jacques Lacan, "Estructura de las psicosis paranoicas", 1931, *La semaine des hopitaux de Paris*.
110. Eduardo Sande, "La Metapsicología no concluida-perdida de Freud", texto presentado en el Espacio Moebius en setiembre de 1992, Salvador, Bahía.
111. Carta de Freud a Fliess del 8 de noviembre de 1895, *Correspondência Sigmund Freud-Wilhelm Fliess*, pág. 415.
113. Pierre Janet, "Les actes inconscients et le dédoublement de la personalité pendant le sonamboulisme provoqué", *Revue Philosophique de France*. 1886, XXII, págs. 428-35.
114. SE, II, pág. 210.

115. SE, II, pág. 230.
116. SE, XX, pág. 23.
117. Ernest Jones, *op. cit.*, pág. 260.
118. Albrecht Hirschmüller, *op. cit.*, págs. 192-95.
119. Ibíd., pág. 200.
120. Ibíd., pág. 239n.
121. Carta de Freud a Fliess del 22 de junio de 1894, *Correspondência Sigmund Freud-Wilhelm Fliess*, pág. 86.
122. Erwin H. Ackercknecht, ibíd., pág. 170.
123. Elisabeth Roudinesco, *História da psicanálise na França. A batalha dos cem anos*, 1986, I, Río de Janeiro, Zahar, pág. 26.
124. SE, II, pág. xxxi.
125. SE, VI, págs. 137-8.
126. Ernest Jones, *op. cit.*, I, pág. 177.
127. Paul Roazen, *op. cit.*, pág. 96.
128. Carta de Freud a Fliess del 13 de setiembre de 1895, *Correspondência Sigmund Freud-Wilhelm Fliess*, pág. 120.
129. Carta de Freud a Martha del 6 de junio de 1885, *Correspondência Sigmund Freud-Wilhelm Fliess*, pág. 146.
130. Albrecht Hirschmüller, *op. cit.*, pág. 53.
131. Carta de Freud a Fliess del 16 de octubre de 1895, *Correspondência Sigmund Freud-Wilhelm Fliess*, pág. 146.
132. SE, III, págs. 141-157.
133. SE, III, pág. 261.
134. SE, VII, pág. 249.
135. SE, XI, pág. 9.
136. SE, XIX, pág. 279.
137. Carta de Freud a Fliess del 7 de agosto de 1901, *Correspondência Sigmund Freud-Wilhelm Fliess*, pág. 448.

CAPÍTULO 16

EL CORAZÓN PARTIDO

Montaigne y La Boëtie, paradigma de la amistad. Montaigne revela en sus *Ensayos*:

> Si me forzaran a decir por qué lo amo, creo que la única respuesta es: "Porque era él, porque era yo". Hay, más allá de mi raciocinio y más allá de todo lo que pueda decir, alguna fuerza inexplicable del destino que promovió nuestra unión ... Una amistad así sólo se tiene como modelo a sí misma, y sólo puede ser comparada consigo misma[1].

Coincido con Masud Kahn cuando dice que la amistad de Freud y Fliess fue "extraordinaria en sus consecuencias, pues facilitó el nacimiento del psicoanálisis". No en vano Anna Freud, Marie Bonaparte y Kris titularon *The Origins of Psycho-analysis* la compilación de la correspondencia entre ellos[2]. Geoffrey M. Masson[3], maestro iracundo de archivos, no exagera cuando afirma que "las cartas de Freud a Wilhelm Fliess constituyen, aisladamente, el más importante acervo de documentos de la historia del psicoanálisis"[4]. La *Correspondencia Freud-Fliess*, con sus misivas y borradores, es el paratexto que dialoga con el texto freudiano. Ambos integran un posible hipertexto totalizante[5].

La *Correspondencia* es un tesoro. Se trata del destilado de una amistad. Anna Freud opina que "mi padre nunca tuvo otra relación semejante con un amigo"[6]. Lacan la llama "conversación fundamental"[7]. Jamás el padre de una ciencia confió, tan abiertamente y con tantos detalles, la turbulencia que había detrás de su búsqueda. Estamos frente a un hombre escandalosamente íntimo, de una intimidad espontánea, diferente de los relámpagos calculados que encontramos en sus textos autobiográficos. Entramos en la cocina alquímica de su creación. Las cartas cubren el período de 1887 a 1904, desde los 31 hasta los 48 años de Freud, lapso en el que dio a luz los *Estudios sobre la histeria, La interpretación de los sueños,* la *Psicopatología de la vida cotidiana* y el famoso "caso Dora".

La amistad rivalizó con el amor. Dos años menor, Fliess estaba más adelantado en la vida y en la profesión. Sin duda Freud veía en él una imagen realizada de sí mismo. Su *alter ego*. Observen la gran fotografía de los dos amigos. Como lo señala Mannoni, "Aunque los rasgos sean diferentes, el parecido impresiona al punto de hacer sonreír"[8]. Además, no se nos escapa el juego de los significantes: detrás de Fliess está Fleischl y, todavía más atrás, Fluss, con todas las antiguas connotaciones ictiousáuricas...

Advertimos otro juego de significantes: Jacob Freud y Jacob Fliess. El padre de Fliess también era comerciante (en cereales); hombre considerado honesto pero con poco talento para manejar el dinero. Quebró en Berlín en 1877 y se suicidó tirándose debajo de un tren. Dato sugerente, Fliess nunca reveló el hecho a Freud, quien creía que Jacob Fliess había muerto de erisipela[9, 10]. Wilhelm tenía 20 años en la época, y todo hace pensar que este duelo fue mal elaborado. En esos tiempos aciagos, Wilhelm, hijo único, tuvo que mantener a su madre y pagar las deudas del padre. Parece ser que la carga de Wilhelm fue más pesada que la de Sigmund. La diferencia está en que Fliess tuvo éxito al abrir su consultorio. Según su nieta, Pauline, Du-Bois-Raymond fue el Breuer de Fliess.

Apasionado por Darwin, Fliess comienza a plantear una visión alternativa de la biología en ensayos publicados en la década de 1880. Maestro en especulaciones espectaculares, magnificadas en un juego narcisista de ecos y espejos, era ese tipo de persona "dogmáticamente brillante" que tanto asustaba a Unamuno. Pero a nosotros, hijos de Freud, nos cuesta tratarlo con ecuanimidad, sin ningún preconcepto.

En 1886, Wilhelm, con su consultorio ya establecido, se permite tomarse un año sabático. Visita Nápoles, Capri y Roma, permaneciendo seis meses en la Universidad de Pisa. Va a París, al Instituto Pasteur y a la Salpêtrière de Charcot, y también a Londres. Luego, como broche, permanece tres meses en Viena, donde, por consejo de Breuer, asiste a las clases de Freud sobre la anatomía del sistema nervioso.

Se conocieron en una *soirée* en casa de Breuer[*1,*2].

¿Cómo era Fliess físicamente?

Sartre, en el guión de la película *Freud*, lo describe como "un hombre alto, de 34 años, vestido con mucha elegancia, bello rostro demoníaco: barba y cabellos negros, grandes ojos brillantes y autoritarios, boca pequeña con un rictus de desprecio; ese rictus se debe más a la estructura del rostro que a la expresión gestual"[11]. O sea que sería un caso de crueldad constitucional.

*1. Swales, por su parte, considera que el encuentro fue en la casa del laringólogo Eduard Ronsburg (Peter Swales, *Freud, Fliess et parricide*).

*2. Un dato desatentido por los biógrafos es la asistencia de Breuer a las clases de Freud. Éste, en carta a Fliess, en 1893, comenta: "Estoy en buenos términos con Breuer, pero lo veo poco. Se matriculó en mis clases del sábado" (carta de Freud a Fliess del 27 de noviembre de 1893, *Correspondência Sigmund Freud-Wilhelm Fliess*, pág. 61).

Perfil fascinante. Surge de la correspondencia que éste fue un caso de fascinación instantánea. En el párrafo inicial de su primera carta, Freud escribe:

Esta carta, debo reconocerlo, está motivada por asuntos profesionales, pero me cabe introducirla con la confesión de que alimento esperanzas de dar continuidad a nuestra relación, ya que usted ha dejado en mí una impresión profunda, que podría llevarme a decir, sin rodeos, en qué categoría humana yo lo sitúo[12].

Esa carta, como observa Peter Gay: "Era, al mismo tiempo, más formal y más emocional que el estilo usual de Freud"[13].

Sí, él quedó profundamente impresionado. Sartre, maestro del momento dramático, monta la escena como sigue:

Ellos conversan ante el vano de una ventana: pocas veces Fliess mira de frente a Freud: se diría que contempla el edificio del otro lado de la calle. Pero, cuando quiere afirmar o convencer, encara a su interlocutor más para fascinar que para observar. En esos momentos, el brillo de sus grandes ojos parece casi insoportable[14].

Freud está nervioso, agitado, siempre sombrío ... siente que Fliess lo subyuga e intimida:

FREUD, *con amabilidad casi servil, pero la severidad que muestra para consigo mismo es enteramente sincera, con raíces profundas*: No llego a comprender que un hombre de su valor, un especialista de Berlín, haya interrumpido su trabajo para asistir a mis clases. Usted sabe que no soy profesor. Soy apenas un encargado de cursos.
FLIESS, *amable aunque distante*: Si vengo a usted es porque su reputación llegó a mí[15].

Conviene aclarar que Freud no fue la única persona subyugada por Fliess. El rinólogo había realizado una carrera meteórica en la competitiva Berlín y, a los 35 años, pasó a ser médico de moda. Tenía una devota confianza en sí mismo, y eso contribuía a que el número de sus "curas" fuese considerable, lo que ratificaba, con la plusvalía del suceso, la convicción de que sus hipótesis eran correctas. Incluso una paciente que, como luego veremos, sufrió consecuencias graves debido a un "error" quirúrgico de Fliess, mantuvo siempre su lealtad incondicional a él. Es particularmente impresionante que, como veremos, Karl Abraham –el Santo Tomás del psicoanálisis– haya caído bajo el influjo del encanto de Fliess durante la fase final de su enfermedad, en 1925.

Ya que hablamos de espejos, conviene contrastar a este Fliess seductor con la descripción que Alix Strachey da de él treinta años más tarde: "Es encantador y *old-fashioned*, casi un enano con un voluminoso vientre, pero no obeso. Con barba, parece un vienés. Dellisch afirma que es judío"[16]. Resulta interesante esa referencia a la baja estatura, que contrasta con la visión de Sartre. Porge nos informa que Fliess había padecido en la infancia una enfermedad que frenó su crecimiento[17]. Es curioso que ese hecho no fuese registrado, tal vez porque la idealización de Freud lo agigantaba.

Freud y Fliess, otra sociedad secreta de dos miembros. Los tiempos de la Academia Española están de vuelta. Cipión es ahora un psicólogo; Berganza, un biólogo. Los unen los números, el amor por Darwin y la especulación filogenética; pero, por encima de todo, los une la sexualidad, que ambos ubican en el corazón de sus descubrimientos. Diversas circunstancias ligaban a estas almas gemelas: el hecho de ser casi de la misma edad y de haber estudiado con ese maestro de maestros que fue Charcot, la cocaína, la furia de una enorme ambición[18]. Por otra parte, en el dominio de la psicopatología, ambos soportaban narices purulentas, jaquecas y una disposición hipocondríaca[*3].

Además de ser parecidos, se complementan: de allí gran parte de la atracción. Los dos juntos podrían conquistar el mundo:

> Si existen dos personas, una de las cuales es capaz de decir lo que es la vida, mientras que la otra es (casi) capaz de decir lo que es la mente, y si, además, las dos se quieren mucho ...[19]

Esto los lleva a una "solidaridad biológica secreta" que hace que ambos sientan el bisturí del cirujano en el cuerpo "al mismo tiempo y, precisamente, en el mismo día; gemimos y gruñimos por causa del dolor"[20]. Esa sintonía carnal simbiótica tal vez explique la siguiente efusión:

> Es muy irracional de mi parte ... pero lo relato como un fenómeno: estoy visiblemente disgustado contigo por el hecho de que estás mal[21].

Siameses geniales y marginales. El aislamiento "teórico" del binomio era grande, lo cual llevó a Freud a decir, en la primavera de 1894, para delicia de Lacan: "Tú eres el único Otro"[22]. En ese punto, Freud y Montaigne se parecen.

Fliess era por cierto un rinólogo muy particular. Pensaba que su

---

*3. "Es una pena que ambos suframos de tantas enfermedades cuando hay tanto en nuestra frente" (carta de Freud a Fliess del 13 de marzo de 1895, *Correspondência Sigmund Freud-Wilhelm Fliess*, pág. 120).

especialidad se centraba en el órgano mediador de las pasiones: la nariz, a la que veía como ombligo neurovascular y "órgano sexual cefálico"[23]. Fliess comenzó a interesarse por el "reflejo nasal" al descubrir que muchos síntomas desaparecían después de aplicar tópicos de cocaína en la mucosa nasal. A partir de esa verificación, identificó una nueva entidad clínica: la *neurosis nasal refleja*, que debía ser considerada un "complejo de varios síntomas, tal como el complejo de Meunière"[24]. Estos síntomas podían ser cefaleas, neuralgias (particularmente la gástrica) y un trastorno funcional de los órganos digestivos, respiratorios y cardíacos. Los órganos sexuales resultaban particularmente afectados (amenorrea, disentería, etc.). "El número de síntomas es elevado y no obstante debe su existencia a un solo lugar: la nariz"[25].

Era característico de este complejo sintomatológico que todos esos trastornos desaparecían cuando se anestesiaba con cocaína el área nasal responsable. La neurosis refleja nasal tenía una etiología doble: podía surgir de *alteraciones orgánicas* (infección local) o ser causada por *factores vasomotores funcionales*.

El rinólogo vivía en otra ciudad, de modo que la relación no sufría las fricciones de la vida cotidiana. Sus encuentros –ellos los llamaban "congresos"– se realizaban en lugares seleccionados, y constituían eventos privilegiados de cinco estrellas[26].

Fliess apostaba a la periodicidad de los ciclos vitales, en torno de los cuales se lanzó a especulaciones de alto riesgo. En su monografía de 1896, concluye: "Los datos nos llevan a enfatizar otro factor: junto con el proceso menstrual de 28 días existe otro grupo de fenómenos periódicos de 23 días, que rigen a personas de todas las edades y de ambos sexos"[27]. De allí a la noción de "bisexualidad" hay sólo un paso: los dos ciclos están presentes en ambos sexos, "... lo que es congruente con nuestra constitución bisexual"[28].

Este tema de la bisexualidad, pilar fundamental de la teoría fliessiana (junto con la noción de periodicidad), luego será el escenario del "plagio a Fliess". El propio Freud en la *Psicopatología de la vida cotidiana* hablará de la tentación por apropiarse de lo que Fliess llama "sexuación doble" (*Zeigesblechtigkeit*).

¿Cuál es el valor clínico de los escritos de Fliess? Según Kris[29], en la literatura especializada alemana se encuentran numerosas referencias a su trabajo sobre los trastornos nasales. Hay una reseña de G. Hoffer que concluye: "No existe ningún motivo para atribuir una prioridad especial a los trastornos nasales en comparación con otras causas irritativas en otras áreas del cuerpo"[30].

Para Max Schur, el más médico de los biógrafos, Fliess estaba en lo cierto al presuponer una afinidad estructural entre el *corpus cavernosum* del pene y el *corpus cavernosum* de la nariz, y también en cuanto a que la menstruación es acompañada por hemorragias nasales[31]. Además sabemos por la acupuntura que el tratamiento de ciertos "puntos gatillo" con anestesia local puede aliviar el dolor neuralgiforme en una vasta área de la distribución nerviosa. Tenemos una nariz erógena. Los japoneses no lo ignoran.

La colaboración científica se inició a fines de 1892 y en los primeros meses del 93, período que Fliess pasó en Viena. Planeaban realizar un estudio conjunto sobre la neurastenia y la neurosis de angustia. Los Manuscritos A y B forman parte del proyecto. Proyecto ambicioso, que querían basar en "cien casos de neurosis de angustia". Para la neurastenia, Freud esperaba "compilar un número equivalente de casos masculinos y femeninos... Una contrapartida necesaria sería una segunda serie de cien casos de no-neuróticos"[32].

Muchos pacientes. Esa casuística era difícil de obtener fuera del ámbito universitario: de allí la necesidad de unir los archivos clínicos. Fliess, que tenía un consultorio floreciente, disponía de un millar de fichas, cifra mucho más musculosa que la correspondiente a *Theresiengarden* [33]. Parece ser que Fliess consideraba seriamente la posibilidad de abrir un "policlínico terapéutico" y "reclutar" discípulos[34]. Freud, por su parte, comienza a "coleccionar" neuróticos, en particular pacientes "en los que la angustia surge de una causa sexual"[35].

Dada la envergadura del proyecto, resulta claro que la intención es convencer por la fuerza de los números. El montaje del aparato estadístico es de Fliess. Él se sumerge en una selva de casos, mientras que Freud va más allá de la nosografía, y apuesta al estudio paradigmático de media docena de histéricas. Ésa era la principal diferencia metodológica existente, y fue, tal vez, la razón por la cual la colaboración no prosperó[36].

A fines de siglo, el vasto espectro de las neurastenias incluía las fobias y las manifestaciones obsesivas, en un confuso cuadro psicopatológico. Dentro de esa constelación, Freud realiza la "invención nosográfica" de la *neurosis de angustia*[37] y la neurosis obsesiva. Fliess, por su parte, en su primer libro, concluye que "Gran parte de las pretendidas neurastenias no son otra cosa que [casos de] neurosis nasal refleja"[38].

Freud suscribe la "innovación" de su amigo, citando, entre las "seudoneurastenias" la "neurosis refleja nasal de origen orgánico"[39].

Con la intención de clarificar la babilonia nosológica de las neurastenias, los dos amigos partían del maestro común, Charcot. Fliess tomó de la Salpêtrière la idea de que existe una jerarquía de formas clínicas, entre las cuales se pueden reconocer la "forma típica" y las "formas frustradas"[40]. Freud, por su lado, en el Manuscrito B, habla de formas "puras" y formas "mixtas"[41].

Freud siempre tuvo más detractores que partidarios. Se movía en una atmósfera médica hostil, al borde del ridículo. En medio de tamaño silencio, Fliess era exactamente el amigo íntimo que precisaba: buen escucha, confidente, seguro, catalizador de especulaciones. Fliess no se escandalizaba por nada. Era un corresponsal fiel, siempre dispuesto a aplaudir: en ese sentido, lo opuesto a Breuer. Las dudas crónicas de Breuer representaban una ducha fría para el ánimo de un conquistador pronto a dar el salto de gato. Freud se sentía tanto más herido cuanto que –según Kris– siempre había dado el máximo crédito al descubrimiento breueriano[42]. Además la erudición de Fliess era omnívora. Tenía una buena comprensión de las teorizaciones de Freud y le proporcionaba apoyo e ideas. Freud, por su lado, lector dedicado y atento de los manuscritos de su amigo, le escribió:

> Tú me enseñaste que hay un germen de verdad en cada creencia popular absurda[43].

Parece ser que Fliess también lo alertó para que tomara en serio los chistes[44], [45]. A él le pertenecen, además de la noción de bisexualidad, los conceptos de *período de latencia* y *sublimación*. Fliess aportó la materia prima en la elaboración de esa criatura del deseo que es el bebé perverso polimorfo. Al principio, como sabemos, Freud creía en la inocencia infantil.

Jones y Kris consideran que la amistad con Fliess surgió de las cenizas de la relación con Breuer. Puede ser. Pero la primera carta a Fliess fue escrita en 1887, mucho antes del distanciamiento, antes que hubiese comenzado a aplicar el método catártico. Sobre este punto subsiste una duda: ¿por qué Freud suscribía las ideas delirantes de Fliess, particularmente su numerología? Cuesta concluir que el rinólogo era su Otro de manera tan exclusiva y pertinaz. Hoy en día, los biógrafos consideran a Wilhelm Fliess un numerólogo excéntrico. Aunque, créase o no, los "biorritmos" de Fliess todavía dan que hablar. En la Copa del Mundo de Italia, en 1990, los periódicos deportivos romanos traían elaborados cálculos de los biorritmos de los once jugadores de la "*squadra azurra*".

Por un lado, está el beneficio de la duda. La idea de los ciclos sexuales masculinos no era extraña, en vista del ritmo menstrual femenino. Havelock Ellis, el torturado investigador del sexo, dedicó un largo capítulo a los fenómenos de la periodicidad sexual, concluyendo que "esas tentativas de probar la existencia de un nuevo ciclo fisiológico merecen un estudio cuidadoso y mayores investigaciones"[46].

Los biorritmos fueron casi un hobby para Freud, pero nunca más que eso. Él contribuyó solícito con datos para la colección de números probatorios: los intervalos de sus jaquecas, por ejemplo, los ritmos de las enfermedades de sus hijos y la tabla de las reglas de Martha. Cartas llenas de cifras, cálculos, estadísticas, a veces extravagantes, mediante las cuales intenta integrar la periodicidad fliessiana a su propia teoría del funcionamiento del aparato psíquico:

> Obtuve de Martha un buen período premenstrual. En cuanto a mí, anoto las jaquecas, las secreciones nasales y los accesos de miedo a la muerte, como el de hoy, aunque la causa cardíaca de la muerte de Tilgner probablemente sea más responsable que la

fecha. Me ayudaste mucho a recuperar la moderación en materia de tabaco; también me siento más osado desde nuestra *entrevue*."[47]

Freud, el gran racionalista, estaba atrapado en la red de la superstición numerológica. Un clásico ejemplo es el de los "2467 errores". Le escribió a Fliess que *La interpretación de los sueños* contenía ese número enorme de errores[48]. Pero la cifra, lanzada al azar, no podía haber sido azarosa. El 2467, entonces, pasó por la criba numerológica y por un "trabajo detectivesco"[49] que aparecerá debidamente pormenorizado, como veremos, en la *Psicopatología de la vida cotidiana*[50].

Es verdad que antes del casamiento, desesperado por encontrar vivienda, cuando tuvo que instalarse en un lugar de mala estrella, Freud supo superar la superstición. Pero ciertos números le causaban ansiedad. Durante años cobijó la idea obsesiva de que estaba predestinado a morir a los 51 años, y después a los 61 o 62. Hasta el número de teléfono que recibió en 1899 –14362– le pareció una confirmación: publicó *La interpretación de los sueños* a los 43 años, y pensaba que el 62 final era un seguro anuncio de su fin. Cierta vez analizó la superstición como encubrimiento de sentimientos hostiles, y sus propias supersticiones como un deseo reprimido de inmortalidad. El autoanálisis, de hecho, no lo liberó totalmente de esa punta de irracionalidad, considerada un "misticismo específicamente judío", residuo que lo hacía vulnerable a las más audaces especulaciones de Fliess.

Max Schur, tal vez por haber sido el médico de cabecera de Freud, fue el biógrafo que mejor comprendió el papel de Fliess en la hora de la enfermedad cardíaca[51]. Schur destaca el lado médico de la *Correspondencia*, faceta no considerada por Kris (que cubre el lado científico de la relación) y minimizada por Jones (que encara la enfermedad cardíaca como mero detalle somático). Para Schur, el problema cardíaco fue serio. Aparece a fines de 1893, en el mismo semestre en que, no por casualidad, inventa la expresión "neurosis de angustia", en el Manuscrito B[52]. Por el tenor de la carta se infiere que el tema ya había sido tratado, probablemente en el "congreso" de Berthersgarden. Dicha carta comienza con una dudosa negación:

No pretendo en absoluto ignorar mis problemas cardíacos. Por el momento ellos van mucho mejor, no por cualquier mérito mío, pues estoy fumando mucho, debido a todas las dificultades, que han sido muy numerosas últimamente.

Profetiza:

Creo que luego [los problemas cardíacos] volverán a dar señales de vida ...[53]

Freud promete abstinencia y, al mismo tiempo, declara sentirse mejor, *a pesar* de fumar intensamente. En su malicia de enfermo, minimiza olímpicamente la relación entre síntoma cardíaco y cigarros. Alude, por primera vez, a una nube en la relación con Breuer: "Hoy ya estoy cansado de escribir; tuve una desinteligencia con Breuer, que ocasionó la redacción de muchas cartas[*4]. Él acabó por comportarse de modo tan generoso, que todo quedó apaciguado"[54].

El tema del tabaco continúa en la carta siguiente. En ella aparece una variante clásica de lo que Melman denomina el "discurso de los toxicómanos"[55]: "¿Acaso consideras una gran dádiva vivir muchos años en un estado miserable?"[56]

La profecía de que los síntomas cardíacos volverían con redoblada fuerza se vio confirmada en abril del año siguiente. La víspera de la carta del 19 de abril de 1894, Freud sufrió un "ataque cardíaco", descrito del siguiente modo:

Sobrevino entonces, repentinamente, un agudo sufrimiento cardíaco, mayor que cualquiera que pude haber tenido cuando fumaba. La más violenta arritmia, tensión constante, presión, ardor en la región cardíaca, puntadas agudas descendiendo por el brazo izquierdo y una cierta disnea ...[57]

Los ataques se prolongan "durante los dos tercios del día":

... la disnea ... lleva a sospechar una causa orgánica, junto con un sentimiento de depresión, que asumió la forma de visiones de muerte ...[58]

Después de este cuadro alarmante, la carta continúa, y Freud da pruebas de no ser un paciente fácil:

Es penoso para un médico que pasa todas las horas del día luchando por conseguir una comprensión de las neurosis no saber si él está sufriendo una depresión razonable o una depresión hipocondríaca. En una situación como ésta, se necesita ayuda[*5]. De modo que anoche fui a ver a Breuer, y le dije que, en mi opinión, las perturbaciones cardíacas no eran debidas al envenenamiento por nicotina, sino que yo tenía una miocarditis crónica que no podía tolerar el uso del humo. Me recordó que la arritmia se produjo bastante repentinamente en 1889, después de un ataque de

---

[*4]. Aquí conviene recordar que la mayoría de las cartas a Breuer están bajo siete llaves y que recién serán exhibidas en el próximo siglo.

[*5]. Este tema de la "depresión razonable" es retomado 35 años más tarde cuando habla de la angustia como señal en *Inhibición, síntoma y angustia*.

gripe. Tuve, con todo, la satisfacción de que me dijese que creía en una o la otra de esas hipótesis y que yo debía someterme a un examen médico ... Ahora sospecho de ti, porque ésta es la primera vez, con respecto a mi trastorno, que te vi caer en contradicción. La última vez declaraste que era de origen nasal y que a la percusión no se encontraban los indicios de una corazón nicotínico; ahora muestras gran preocupación ... me prohíbes fumar[59].

Max Schur[60] realiza el estudio morfológico de esta carta para concluir que "la frase en que describe sus síntomas contiene palabras distorsionadas o, por lo menos, completamente fuera de lo común, que sugieren neologismos ... "[61] Da varios ejemplos. Además de los neologismos, varias frases no tienen sentido[62].

¿Estado hipnoide?

Pasado el estado de choque, Freud se siente "tremendamente solo ..." Entra en el túnel de la privación nicotínica. "Hace siete semanas que no fumo". Estaba pésimo, "con síntomas cardíacos acompañados de depresión blanda, además del terrible sufrimiento de la abstinencia ... Al cabo de siete semanas, contrariamente a lo que te prometí, comencé nuevamente a fumar". Se justifica:

1) Durante este período examiné pacientes de mi edad en estado prácticamente idéntico, que nunca habían fumado (dos mujeres) o que habían dejado de fumar ... Así quedé privado de motivación... : una persona sólo consigue desistir de algo cuando está firmemente convencida de que eso es la causa de su enfermedad.*6

2) Desde los primeros cigarros quedé en condiciones de trabajar y pasé a ser dueño de mi estado de ánimo; antes, la vida se mostraba insoportable. Tampoco observé ningún agravamiento de los síntomas después del primer cigarro[63].

Esta carta es un paradigma de *"conversa fiada"*, como dicen los brasileños. Discúlpeme, Profesor, pero cuesta creer que usted haya realmente encontrado esos casos. Se trata de la desesperación de un hombre hundido en las tinieblas de la abstinencia. De ahí que cuando Jones afirma que "es necesaria una predisposición especial para incubar una dependencia a la droga y Freud, felizmente, no tenía esta predisposición"[64], no convence, parece un chiste.

Fliess, por su parte, como buen médico, respondió con una exigencia todavía más drástica de que cortara la nicotina. Freud contesta con la famosa carta del "néctar":

---

*6. Prefiero la fórmula de Bateson: la abstinencia sólo sirve cuando se convierte en vicio.

Querido amigo:

Tus elogios son néctar y ambrosía para mí, pues sé perfectamente cómo eres parco con ellos –no, para ser más correcto, cómo tomas en serio lo que dices–. Desde entonces he producido poco, preocupado como estoy por la abstinencia ...
Mi estado de salud ... es el siguiente: desde tu carta, hace dos semanas, abstinencia, que duró 8 días; el jueves siguiente, en un momento de desolación indescriptible, un cigarro ... el jueves siguiente, otro cigarro ... Se estableció espontáneamente un patrón: un cigarro por semana, para conmemorar tu carta...[65]

Estas cartas son productos de un paciente privado de la droga, aterrorizado por sus síntomas cardíacos, que se aferra a lo que tiene. El discurso del adicto, como las "palabras vanas de amor" son, repito, *"conversa fiada"*. De allí que esa referencia a "ambrosía y néctar" que los biógrafos apuntan como señal de sumisión homosexual, para mí, dado el contexto, representa una manifestación del síndrome de abstinencia. Él quiere su cigarro semanal y está dispuesto a conceder cualquier "ambrosía" por el privilegio.
El juego de seducción no funcionó. Fliess, que no era tonto, insistió en una exigencia aún mayor en cuanto al tabaco. Freud respondió con una carta sin fecha –hecho poco frecuente–, aceptando de mala gana otro período limitado de privación, "que espero dure hasta que nos encontremos en agosto"[66].
La crisis cardíaca remitió pocos meses después[67]. Algunos síntomas ocasionales aparecieron durante el importante año de 1895, pero en su correspondencia a partir del encuentro con Fliess en agosto de 1894 se refleja una actitud optimista. Freud pasa por un momento en el que se puede "encontrar placer en el espectáculo de la vida"[68].
Sí, la crisis pasó. Max Schur intenta reconstruir la naturaleza precisa de la enfermedad, "consciente de la dificultad de llegar a un diagnóstico diferencial casi 75 años después de los hechos"[69]. Pero cuenta con la descripción detallada de los síntomas, tal como aparecen en la *Correspondencia*, junto a las referencias, "bastante insuficientes", que él recogió cuando pasó a ser médico personal de Freud (1928-1939). A eso se suma la historia cardíaca posterior. Digamos, de paso, que su corazón se mantuvo fuerte hasta el final.

Recapitulemos la ficha clínica: la primera arritmia tuvo lugar después de un estado febril en 1889. En ese momento, Freud casi no registró el hecho. Durante el verano de 1891, a los 35 años de edad, subió al *Dachstein* (casi 3500 metros de altura), lo que exigía un buen estado físico[70]. Se puede inferir que la crisis cardíaca duró desde fines del año 93 hasta julio de 1894. Freud, como vimos, durante varias semanas padeció casi diariamente de síntomas que culminaron en el registro de la carta del 19 de abril: arritmia grave, taquicardia, dolor anginoso y disnea discreta. Schur deduce que durante los ataques más agudos sufrió de taquicardia paroxística, probablemente con fibrilación auricular[71]. Diagnóstico reservado, palabras mayores.

Veamos primero los diagnósticos barajados en la época. Freud, médico, estaba entre dos médicos, cada uno con su propio diagnóstico formado. Breuer, clínico excelente, con su famoso "Toque de Oro", en Viena, llegó a la conclusión de que su colega padecía de una miocarditis. Fliess, en Berlín, apostaba a la toxicidad de la nicotina. El propio paciente oscilaba en un subibaja obsesivo. La elección no era fácil desde el punto de vista de la "realización de deseos": concordar con Fliess implicaba ampararse en un diagnóstico más bien benigno, pero exigía la rigurosa privación del cigarro. La aceptación del diagnóstico de Breuer (enfermedad orgánica) implicaba un pronóstico más sombrío. Privación *versus* gravedad. Corazón nicotínico o corazón lesionado. ¿En quién confiar, en la miocarditis breueriana o en el tabaquismo fliessiano? Del lado de Breuer, la abstinencia completa parecía menos esencial: "si se está sufriendo una enfermedad incurable, ¿por qué no aprovechar la vida mientras dure?"[72]

¿Cuáles son las otras posibilidades diagnósticas?

Schur nos da una clase de cardiología de los años 50, hoy en día superada. Parte del hecho de que "el diagnóstico de «miocarditis crónica» es extremadamente vago"[73].

El síndrome de taquicardia paroxística, con o sin fibrilación auricular, era bien conocido. Puede aparecer sin ninguna indicación palpable de lesión orgánica"[74]. Su sintomatología, con todo, no es idéntica a la descrita por Freud. El dolor anginoso y la disnea pueden ser explicados por una "insuficiencia coronaria", provocada por los ataques más duraderos. Es poco común que ese tipo de dolor se instale de entrada. Para Max Schur, "una aguda miocarditis posinfecciosa de origen inespecífico es otra posibilidad (muy remota) que hay que considerar"[75].

¿Qué hacer, para ser fastidiosamente inclusivos, con el bendito "reflejo vasonasal" de Fliess? Ciertas perturbaciones circulatorias pueden ser precipitadas por estímulos sensoriales. El cuadro más común presenta sudoración profusa, desmayos, e incluso arritmias. Estos síntomas "reflejos" se dan en los casos agudos y pasajeros. La teoría se basaba en dos elementos concomitantes: el reflejo nasal y la infección local. Aquí cabe la pregunta: ¿será posible que la transferencia de Freud haya llegado al extremo camaleónico de que se fabricara una "enfermedad cardíaca nasal" para agradar a su "doctor"?

Pasando al campo de la "conversión", definida como un intento de transponer un conflicto psíquico a una resolución somática, tendríamos que considerar la posibilidad formulada por Ernest Jones:

Mirando hacia atrás, se llega a la conclusión de que todas estas perturbaciones eran, en esencia, aspectos de su psiconeurosis, tal vez tenuemente localizada por efecto de la nicotina. Por cier-

288

to, no había miocarditis ... Los acontecimientos que siguieron habrían de demostrar que Freud tenía un corazón excepcionalmente sano y que también podía tolerar cantidades considerables de nicotina[76].

Jones no aclara cómo se manifiesta esa "psiconeurosis"; además, es imprecisa su aseveración de que "parece no haber tenido los síntomas de «conversión» que él más tarde sin duda habría clasificado como histeria de angustia"[77]. No sabemos si se trató de una "neurosis orgánica" tal como la define Jellife[78], o de una somatización de conflictos en la línea de la afección psicosomática. Además, como señala Schur, tampoco sabemos si Freud, durante los meses de su cardiopatía, estuvo o no expuesto a tensiones más fuertes que las habituales[79].

Ello, por otra parte, no sería concluyente, como lo atestiguan los infartos de jubilados que compran su primera caña de pescar y mueren a la orilla del río.

Entonces ¿cuál, entre los diagnósticos que hemos considerado, es el más probable? Max Schur, el *Liebartz* de Freud, opina "que el estado de Freud se debiera *exclusivamente* al tabaquismo no es muy probable. Los síntomas de la intoxicación nicotínica aguda, en ausencia de alteraciones orgánicas, desaparecen al cabo de pocos días o pocas semanas, cuando el paciente deja de fumar"[80]. La historia posterior muestra que el vicio, fiel acompañante por el resto de su vida, no generó reacciones cardiovasculares severas. La taquicardia paroxística "idiopática" también puede ser descartada, ya que tales ataques se producen en intervalos variados a lo largo de la vida. Freud vivió 45 años más y nunca tuvo otro ataque de taquicardia paroxística con eretismo cardíaco o fibrilación auricular[*7].

La cardiología ha hecho progresos espectaculares en este siglo. En 1894 aún no existían el electrocardiograma ni los Rayos X. El diagnóstico de miocarditis era extremadamente vago. Por otra parte, el infarto, o sea, la trombosis coronaria, todavía no había sido identificado como entidad específica[81].

Ricardo Neves, médico actualizado y promisorio analista de orientación groddeckiana, opina que "la lesión anatómica duradera, como un pequeño infarto, es improbable; es posible una alteración del ritmo, real o sólo manifestada subjetivamente. Una inflamación autoinmune transitoria del miocardio, desencadenada o no por virus, es improbable pero posible". ¿Quién lo sabrá con certeza? "Los virus y las bacterias, como dirían Groddeck y Ferenczi, están allí para servir al deseo de enfermar".

Por otra parte, no se puede descartar la hipótesis de un infarto.

*7. Pero Schur no menciona una serie de problemas cardíacos padecidos a partir de 1927, uno de ellos calificado de infarto.

El hecho de que Freud respondiera bien a repetidas series de digitalina, que tomó a intervalos durante más de un año, habla de la existencia de una *lesión orgánica* con deficiencia ventricular izquierda temporaria. Podemos imaginar la obstrucción de una pequeña arteria, sin mayor compromiso de la red coronaria. En ese caso el paciente puede seguir libre de síntomas y mantener un funcionamiento normal del corazón. Ésta es la tesis de Max Schur. Yo, por mi parte, planteo la Hipótesis del Corazón Partido.

Aunque estoy de acuerdo con Max Schur en que no hay que minimizar el factor orgánico, conviene indagar cuál era el conflicto vector en la época. Sospecho que Freud soportaba el estrangulamiento mortal de una transferencia doble, con Fliess y Breuer. ¿Hasta qué punto la enfermedad pudo haber sido el colosal *acting out*, con "reflejo vasonasal" y todo, de un corazón dividido entre dos amores, esclavo de dos Señores?

La "Batalla de las Transferencias" fue desgarradora. Fliess asumió gradualmente el papel hegemónico de médico de cabecera que trata una enfermedad grave, alguien en quien se puede confiar, el frustrador estricto, "árbitro" de la vida y la muerte. Todo esto contribuyó al eclipse definitivo de Breuer, como también a la evolución tormentosa de la amistad con Fliess.

En la época, como vimos, Freud desarrolló una "violenta antipatía" por Breuer. Pero, observa Jones, "¿cómo puede alguien, con la conciencia tranquila, volverse contra una persona que durante quince años hizo tanto para ayudarlo y apoyarlo?"[82] En el inicio de su vida, el pequeño Freud no podía odiar a su padre, y tapaba su hostilidad con amor. Ahora la misma solución era la única posible, pero la realidad externa la impedía, salvo mediante el artificio de "descomponer a la persona paterna en dos, una buena y otra mala. Así, el odio iba dirigido a Breuer y el amor a Fliess", y el corazón quedó partido por el medio.

NOTAS

1. Montaigne, *Les Essais*, citado por Masud Khan, "Montaigne, Rousseau e Freud", *Psicanálise: teoria, técnica e casos clínicos*, 1984, Río de Janeiro, Francisco Alves, pág. 128.

2. Ibíd.

3. *Correspondência Sigmund Freud-Wilhelm Fliess*, 1986, comp. por J. M. Masson, Imago, Río de Janeiro.

4. Ibíd, pág. 1.

5. R. Loureau, *El diario de la investigación*, 1987, México, Fondo de Cultura.

6. Elisabeth Young-Bruehl, *Anna Freud, a Biography*, 1988, Londres, Summit Books, pág. 278.

7. J. Lacan, *Le moi dans la théorie de Freud et dans la technique de la psychanalyse - Séminaire II* , 1957, París, Seuil, pág. 150.

8. O. Mannoni, *Freud, el descubrimiento del inconsciente*, 1968, Buenos Aires, Galerna, pág. 46.

9. Entrevista de Pauline, nieta de Fliess, con Kurt Eissler, del 26 de setiembre de 1964, citada por Erik Porge, *Vol d'idées*, 1994, L'Espace Analytique, París, pág. 26.

10. Carta de Freud a Ferenczi del 10 de enero de 1910, *Sigmund Freud-Sandor Ferenczi. Correspondance*, 1992, Calman-Levy, París, págs. 133-4.

11. J.-P. Sartre, *Freud, além da alma*, 1986, Río de Janeiro, Nova Fronteira, pág. 181.

12. Carta de Freud a Fliess del 24 de noviembre de 1887, *Correspondência Sigmund Freud-Wilhelm Fliess*, pág. 15.

13. Peter Gay, *Freud, uma vida para o nosso tempo*, 1989, San Pablo, Companhia das Letras, pág. 67.

14. J.-P. Sartre, *op. cit.*, pág. 183.

15. Ibíd., pág. 189.

16. Carta de Alix a James Strachey del 26 de marzo de 1925, *Bloomsbury-Freud, The letters of James and Alix Strachey*, comp. por P. Meisel y W.Kendrick, 1990, Londres, Norton, pág. 242.

17. Erik Porge, *op. cit.*, pág. 26.

18. Carta de Freud a Fliess del 2 de abril de 1896, *Correspondência Sigmund Freud-Wilhelm Fliess*, pág. 181.

19. Carta de Freud a Fliess del 22 de diciembre de 1897, ibíd., pág. 288.

20. Carta de Freud a Fliess del 6 de noviembre de 1898, ibíd., pág. 334.

21. Carta de Freud a Fliess del 30 de noviembre de 1898, ibíd., pág. 336.

22. Carta de Freud a Fliess del 21 de mayo de 1894, ibíd., pág. 73.

23. Carta de Freud a Fliess del 29 de setiembre de 1886, ibíd., pág. 131.

24. E. Kris, *The Origins of Psycho-analysis*, 1954, Londres, Imago, págs. 23-4.

25. Ibíd.

26. Max Schur, *Freud, vida e agonia*, 1981, Imago, Río de Janeiro, I, págs. 86-7.

27. W.Fliess, *Die Besiehungen Zwischen Nase und weiblichen Geschlechtsorgan: im ihrer biologischen Bedeutung dargestellt*, 1897.

28. Ibíd.

29. Kris, *op. cit.*, pág. 5.

30. G. Hofer, *Die Krankheiten der Luftwege und del Mundhöhle*, citado por Kris, ibíd., pág. 5.

31. Max Schur, *op. cit.*, I, pág. 83.

32. Manuscrito B, 8 de febrero de 1893, *Correspondência Sigmund Freud-Wilhelm Fliess*, pág. 44.

33. Fliess, *Neue Beiträge zur Klinik und Therapie der nasalen Reflexneurose*, 1893, pág. 3.

34. Carta de Freud a Fliess del 30 de mayo de 1893, *Correspondência Sigmund Freud-Wilhelm Fliess*, pág. 50.

35. Manuscrito E, ibíd., pág. 79.

36. M. Schröter, "Un dialogue scientifique entre Freud e Fliess: le projet d'étude sur la neurasthénie (1993)", en RIHP, 1989, pág. 112.

37. SE, III, pág. 146.

38. Fliess, *Neue Beiträge zur Klinik und Therapie der nasalen Reflex-neurose*, pág. 79.

39. SE, III, pág. 315.

40. Fliess, ibíd., pág. 73.

41. Manuscrito B, *Correspondência Sigmund Freud-Wilhelm Fliess*, pág. 41.

42. Kris, *op. cit.*, págs. 12-3.

43. Carta de Freud a Fliess del 30 de junio de 1896, *Correspondência Sigmund Freud-Wilhelm Fliess*, pág. 194.

44. Frank J. Sulloway, *Freud, biologiste de l'esprit*, 1981, París, Fayard, págs. 135-8.

45. Henri F. Ellenberger, *The discovery of the Unconscious*, 1970, Basic Books, Nueva York, págs. 444-9.

46. H. Ellis, *Man and Woman: a Study on Secondary Sexual Characteristics*, Londres, 1894, pág. 202.

47. Carta de Freud a Fliess del 16 de abril de 1896, *Correspondência Sigmund Freud-Wilhelm Fliess*, pág. 182.

48. Carta de Freud a Fliess del 27 de agosto de 1899, ibíd., pág. 369.

49. Peter Gay, *op. cit.*, pág. 129.

50. SE, VI.

51. Max Schur, *op. cit*, I, págs. 49-77.

52. Manuscrito B, la etiología de las neurosis, *Correspondência Sigmund Freud-Wilhelm Fliess*, pág. 39.

53. Carta de Freud a Fliess del 18 de octubre de 1893, ibíd., pág. 59.

54. Ibíd.

55. Charles Melman, *Alcoholismo, delincuencia, toxicomanía, uma otra forma de gozar*, 1992, San Pablo, Escuta.

56. Carta de Freud a Fliess del 27 de noviembre de 1893, *Correspondência Sigmund Freud-Wilhelm Fliess*, págs. 60-1.

57. Carta de Freud a Fliess del 19 de abril de 1894, ibíd., pág. 67.

58. Ibíd.

59. Ibíd.

60. Max Schur, *op. cit.*, I, págs. 53-5.

61. Ibíd., I, pág. 55.

62. Ibíd.

63. Carta de Freud a Fliess del 22 de junio de 1894, *Correspondência Sigmund Freud-Wilhelm Fliess*, pág. 84.

64. Ernest Jones, *A vida e a obra de Sigmund Freud*, 1989, Río de Janeiro, Imago, I, pág. 92.

65. Carta de Freud a Fliess del 14 de julio de 1894, *Correspondência Sigmund Freud-Wilhelm Fliess*, pág. 87.

66. Carta de Freud a Fliess, sin fecha, ibíd., págs. 86-7.

67. Max Schur, *op. cit.*, I, pág. 67.

68. Carta de Freud a Fliess del 18 de agosto de 1894, *Correspondência Sigmund Freud-Wilhelm Fliess*, pág. 89.

69. Max Schur, *op. cit.*, I, pág. 68.

70. Ibíd., I, pág. 69.

71. Ibíd., I, pág. 69.

72. Ibíd., I, pág. 70.

73. Ibíd.

74. Ibíd.

75. Ibíd., I, pág. 71.
76. Ernest Jones, *op. cit.*, I, pág. 314.
77. Ibíd.
78. S. E. Jeliffe, "Psychopathology and organic disease", *Archives Neurology & Psychiatry*, 1922, VIII, págs. 639-51.
79. Max Schur, *op. cit.*, I, pág. 74.
80. Ibíd., I, pág. 72.
81. Ibíd., I, pág. 70.
82. Ernest Jones, *op. cit.*, I, pág. 315.

CAPÍTULO 17

LA MUERTE DEL PADRE

Mannoni, en un texto clásico, observa que "conviene distinguir y hasta oponer el saber adquirido por Freud junto a figuras como Charcot y Breuer del saber generado por el deseo inconsciente ... en el curso de su «autoanálisis»"[1]. Ese "análisis originario" sitúa el saber teórico en una cuna transferencial.

Precisemos la época. En 1896 las finanzas mejoran y Freud comienza a tomarse las grandes vacaciones que serán típicas de los años venideros. Descubre Florencia y queda deslumbrado por la "magia alucinante" de la tierra de Dante. Fuera de la muralla de la ciudad, en la Torre del Gallo, se apasiona por el museo Galileo y persuade a su propietario, el Conde Galetti, de que le alquile un cuarto. Queda "cuatro días rodeado por tesoros inestimables y con una vista gloriosa de Florencia"[2].

Lugar propicio para iniciar ese viaje subjetivo a sus raíces. En el inicio, la aventura autoanalítica no tenía nombre, ni entraba en la correspondencia con Fliess. Su aparición fue insidiosa. Hubo, eso sí, una intención deliberada y una "creciente intuición de su necesidad"[3].

Si queremos rastrear los orígenes remotos "de ese concierto para la mano izquierda", como lo denomina Mannoni[4], podemos encontrarlos en la prolífica Sevilla de Cipión, donde ya resulta claro que escribir era una forma de pensar.

El propio-análisis, como lo denomina Ulloa, tuvo dos momentos. En una primera fase, la reflexión era ocasional y fragmentaria. Podemos condecorar esa fase con la célebre placa de mármol del sueño de la Inyección de Irma. Jones data su inicio sistemático en julio de 1897, cuando "encargaba la lápida de su padre"[5]. No sabemos en qué se basa Jones para dicha observación. La primera referencia en sus cartas es de agosto de 1897, un mes antes de abandonar la teoría de la seducción[6].

A mediados de junio Freud recibió la noticia de que su padre estaba enfermo. Jacob tuvo problemas de salud en el Spa de Baden, donde quedó internado durante dos semanas. El hijo supo pronto que rondaba la muerte. En carta a Fliess del 15 de julio, da su pronóstico: "La situación es la siguiente: el viejo está con parálisis de la vejiga y del recto ... y, al mismo tiempo, mentalmente hiperalerta y eufórico. Creo, realmente, que éstos son sus últimos días, aunque no sé cuánto tiempo le resta"[7].

A la parálisis vesical se sumó una obstrucción intestinal, seguida de incontinencia de materia fecal. Frente a un cuadro que culmina en un derrame cerebral fatal, cabe suponer la existencia de signos acentuados de deterioro psíquico[8]. Una semana más tarde, Freud acota: "Cuando murió, su vida estaba acabada desde mucho antes[*1], pero, en mi fuero íntimo, todo el pasado fue reavivado por este acontecimiento"[9].

Krüll opina que las "reacciones de Freud fueron contradictorias"[10]. Al principio, en esa misma carta del 15 de julio, renuncia a su esperado encuentro con Fliess: "... no me atrevo a alejarme y mucho menos por dos días, en nombre de un placer al que me gustaría entregarme por completo. Encontrarme contigo en Berlín, oírte hablar durante algunas horas sobre la nueva magia y, de repente, tener que volver precipitadamente, de día o de noche, por causa de noticias que podrían ser una falsa alarma, es algo que realmente quiero evitar"[11]. Poco tiempo después, sin embargo, se toma sus vacaciones de verano, vacaciones prolongadas en las que, según Jones, fue más lejos y por más tiempo que nunca[12]. Dos meses de *dolce far niente* –critica Krüll– mientras su padre estaba en su "lecho de muerte".

De vuelta, Freud le escribe a Fliess: "Mi padre parece estar en *articulum mortis*. A veces se muestra confuso y se encamina directamente hacia una neumonía y hacia una fecha fatídica"[13].

Kallamon Jacob Freud muere antes de que termine el mes, el 26 de octubre de 1896. Freud, en estilo medido, anuncia el óbito a Fliess:

Ayer enterramos al viejo, que falleció en la madrugada del 23 de octubre. Se defendió con bravura hasta el fin, como el hombre enteramente fuera de lo común que era. Al final parece haber sufrido hemorragias meníngeas, [tenía] ataques de somnolencia con una fiebre inexplicable, hiperstesia y espasmos, de los cuales despertaba sin fiebre. El último ataque fue seguido por un edema pulmonar y una muerte serena. Me siento desarraigado[14].

A continuación agrega:

La próxima vez escribiré más y con mayores detalles; a propósito, la escoba de la cocaína fue enteramente dejada de lado[15].

Primero renuncia al encuentro con su amigo, luego renuncia a la cocaína. La carta siguiente, del 8 de noviembre, permite percibir la magnitud de esta muerte:

*1. Sobre la base de ese dato, Mijolla estima que M..., en el sueño de Goethe y el Paralítico, representa, detrás de la figura de Fliess, la del caduco y demente Jacob, en la hora de la muerte (Alain de Mijolla, *Les visiteurs du moi*, 1979, París, Les Belles Lettres, pág. 112). Por mi parte, creo que esa figura también representa a Breuer. Sería el mismo M. del sueño de Irma.

Por uno de los oscuros caminos que están detrás de la conciencia oficial, la muerte de mi viejo me afectó profundamente. Yo lo valoraba mucho, lo comprendía a fondo y, con su mezcla peculiar de profunda sabiduría y fantástica despreocupación, él tuvo un efecto significativo en mi vida[16].

En esa misma carta, Freud cuenta un "pequeño sueño agradable", aparentemente sin advertir, como lo señala Marthe Robert[17], su considerable importancia:

Yo estaba en un lugar donde leía en una placa:

> SE PIDE
> QUE CIERRE LOS OJOS.

Reconocí de inmediato el local como la peluquería a la que voy todos los días. El día del funeral tuve que esperar mi turno y por eso llegué un poco tarde al velatorio*2. Mi familia estaba descontenta conmigo porque encargué un funeral sencillo. Estaban también un poco ofendidos por mi atraso. La frase en la placa tiene un doble sentido: cada cual debe cumplir con su deber para con los muertos (un pedido de disculpas, como si yo no hubiese realizado el gesto y necesitara clemencia), y el deber real en sí mismo. El sueño, por lo tanto, proviene de la tendencia al autorreproche que acostumbra instalarse entre los que permanecen vivos[18].

Este sueño expresa la culpabilidad filial por la muerte del padre. Culpa todavía más evidente si, adoptando la óptica de Marthe Robert, conjeturamos que en ese "funeral sencillo" se había suprimido total o parcialmente la ceremonia religiosa[19]. Además, como recuerda Krüll, cabe preguntarse por qué Freud, cliente asiduo de la peluquería, no le pidió al barbero, sin duda alguien a quien conocía bien, que tuviera en cuenta la situación. ¿Evitación fóbica?*3, [20] La historia se repite. Esta muerte recuerda la de Schlomo, en la que su hijo Jacob no asistió al entierro en Tysmenitz. Entonces, la culpa de Sigmund, heredero destinado a expiar la falta del padre, se potenciaba con esa deuda anterior pendiente con el abuelo.

*2. Es posible que "tener-que-enterrar-a-los-padres" haya sido una de las grandes "escenas temidas" de Freud. Tampoco asistirá al entierro de su madre; envió a su hija Anna en su lugar.
*3. Este "no querer ver" fóbico también se puso de manifiesto cuando extrajeron la gasa de la herida de Emma: "... me sobrevino un mareo... "

Es interesante que este sueño reaparezca transformado en la *Traumdeutung*, en el capítulo VI, sección III, donde se lo presenta como ejemplo de representación:

La noche que precedió al entierro de mi padre, vi en el sueño una placa iluminada, una especie de letrero semejante al "Prohibido Fumar" de las salas de espera de las estaciones. Se podía leer:

Se ruega cerrar los ojos

O bien:

Se ruega cerrar un ojo'

Lo que paso a escribir:

$$\text{Se ruega cerrar } \frac{\text{los}}{\text{un}} \text{ ojo (s)}$$

Freud asocia:

Cada una de estas fórmulas tiene un sentido particular y dirige la interpretación por un camino diferente. Yo había escogido el ceremonial más simple, sabiendo lo que mi padre pensaba acerca del tema; algunos parientes lo objetaron, aduciendo lo que diría la gente. De allí la expresión "cerrar un ojo" (o sea, ser indulgente). Aquí es fácil de comprender la confusión introducida por la "o". El trabajo del sueño no consiguió encontrar una palabra única, pero ambigua, que representara ambos pensamientos, de modo que, en el contenido mismo, las dos ideas aparecen separadas[21].

Esta inscripción, semejante al Prohibido fumar, tiene –según Anzieu– el mismo significado que la Trimetilamina en el sueño de Irma[22]. De hecho, los dos sueños están emparentados y son sumamente ricos en asociaciones. El cartel, "algo que recuerda al «Prohibido Fumar» de las salas de espera de las estaciones", es desde luego una alusión directa a la prohibición de fumar impuesta por Fliess en abril de 1894. Prohibido fumar si no quiere estropearse el corazón y morir joven. La sala de espera también es una alusión a su fobia ferroviaria y fue en una estación, después del "congreso" de Berthesgarden, donde él decidió dejar de fumar[*4].

---

*4. E. Buxbaum fue la primera en llamar la atención sobre las alusiones de este sueño a los dos principales síntomas neuróticos de Freud ("Freud's

Hay que tener presente, hablando de ojos y de culpa, la operación del glaucoma del padre, realizada por Königstein con la ayuda de Koller. En esa oportunidad fue Koller quien diagnosticó la enfermedad de Jacob, y no el hijo[*5].

"Cerrar los ojos" del muerto es el ritual final de respeto; el último deber filial. "Cerrar un ojo" equivale en alemán a "hacer la vista gorda", además de las implicaciones cómplices de "guiñar un ojo". El sueño reúne en una fórmula las dos expresiones, de aspecto matemático, semejantes si se las considera al pie de la letra, pero opuestas por su sentido. El cartel es "un chiste macabro, el primero de los juegos verbales frecuentes en los sueños del futuro autor de *El chiste y su relación con lo inconsciente*"[23]. "Venerar" y, al mismo tiempo, "barrar" al padre[24].

Por otra parte, "cerrar un ojo" significa hacer las cosas a medias. El hijo cumplió de manera incompleta sus deberes sagrados para con el padre muerto: "simplificó" las exequias y llegó tarde a la casa mortuoria. El sentimiento dominante de este "pequeño sueño agradable" naufraga en una amarga culpa.

"Cerrar los ojos", en el mundo sobredeterminado de los sueños, significa la prohibición de ver[*6]; pero, como observa Anzieu, "desde el punto de vista de la técnica psicoanalítica, «cerrar los ojos» era una de las indicaciones que Freud daba a sus pacientes, en el inicio de la cura"[25]. Cerrar los ojos para ver mejor el alma.

Syra Tahin Lopes ha elaborado la noción de *resto del sueño*, efecto posterior, póstumo diríamos, del trabajo onírico. "El resto del sueño es un acto o pensamiento que prolonga el sueño, apareciendo en la cotidianidad ..."[26] Esa continuación del soñar en la vigilia, como el devaneo de Freud al despertar después del sueño de la Monografía Botánica" es un proceso inconsciente, ligado al deseo onírico. O sea que el *resto del sueño* "se sirve de elementos del contenido manifiesto para expresar, o mejor, para prolongar el deseo inconsciente"[27]. En ese sentido, cabe formular que el "segundo sueño", con el cartel optativo, representa una elaboración ulterior del deseo onírico que va más allá de una elaboración secundaria. Este mecanismo actúa en un segundo tiempo del trabajo onírico, operando sobre el producto de la elaboración de los mecanismos de condensación, desplazamiento y represen-

---

dream interpretations in the light of his letters to Fliess", *Bull. Meninger Clin.*, N° 6, 56-72. Citado por Anzieu, *A auto-análise de Freud e a descoberta da psicoanalise,* pág. 80n).

*5. Ese tema aparece en las asociaciones del sueño de la Monografía Botánica.

*6. Recuérdese que, en el momento crítico de la génesis del "Libro de los sueños", él confía a Fliess que su autoanálisis continuaba "tanteando en una total oscuridad" (carta de Freud a Fliess del 4 de enero de 1898, *Correspondência Sigmund Freud-Wilheim Fliess*, pág. 294).

tación, que realizan un ordenamiento final en el montaje del sueño. El resto del sueño representaría una nueva desorganización, un nuevo contenido.

Porque cabe la pregunta: ¿cuál de las dos versiones revela más? Marthe Robert no tiene dudas: "la versión publicada [en el libro de los sueños] no dice más, sino mucho menos que el texto destinado a Fliess[*7], el cual, no obstante, ya presenta una versión edulcorada"[28]. Para ella, entonces, la segunda versión sería una elaboración, por así decir, "terciaria" del sueño, destinada a disfrazar todavía más los sentimientos de culpa. Creo que no tiene sentido esa comparación, pues cada versión, en la diferencia, refracta más un decir del deseo que nunca se completa. O sea que el sueño continúa. La segunda versión habla de la intensidad del trabajo de duelo que está pronto a eclosionar en las revelaciones del autoanálisis.

La placa de mármol, el cartel iluminado, la lápida del padre, son los mojones bidimensionales del viaje introspectivo. Práctica que se incorpora como pieza fundamental en el trabajo de duelo. Este trabajo, con su enigma libidinal, movilizó las tendencias depresivas de Freud. La serie impresionante de sueños que se suceden hablan de su sentimiento de culpa, materia prima del autoanálisis de esos tiempos. Como señala Anzieu, Freud tenía "que rendirse a la evidencia: el obstáculo no era solamente epistemológico –residía en él"[29].

NOTAS

1. O. Mannoni, "L'analyse originelle", en *Clefs pour l'imaginaire*, 1969, pág. 63.

2. Ernest Jones, *A vida e a obra de Sigmund Freud*, 1989, Río de Janeiro, Imago, I, pág. 336.

3. Ibíd pág. 323.

4. O. Mannoni, *Ficciones freudianas*, 1976, Madrid, Fundamentos, pág. 74.

5. Ernest Jones, *op. cit.*, pág. 336.

6. Carta de Freud a Fliess del 14 de agosto de 1887, *Correspondência Sigmund Freud-Wilhelm Fliess*, 1986, comp. por J. M. Masson, Imago, Río de Janeiro, pág. 264.

7. Carta de Freud a Fliess del 15 de julio 1896, ibíd, pág. 195.

8. A. Mijolla, *Les visiteurs du moi*, Las Belles Lettres, París, 1979, pág. 112.

9. Carta de Freud a Fliess del 2 de noviembre de 1896, *Correspondência Sigmund Freud-Wilhelm Fliess*, pág. 203.

*7. Este sueño, dicho sea de paso, es el primero que Freud revela a Fliess en su correspondencia.

10. Mariane Krüll, *Sigmund, fils de Jacob*, 1979, París, Gallimard, pág. 67.

11. Ibíd., pág. 195.

12. Ernest Jones, *op. cit.*, I, pág. 335.

13. Carta de Freud a Fliess del 29 de setiembre de 1886, *Correspondência Sigmund Freud-Wilhelm Fliess*, pág. 131.

14. Carta de Freud a Fliess del 16 de octubre de 1896, ibíd., pág. 202.

15. Carta de Freud a Fliess del 16 de octubre de 1896, ibíd., pág. 202.

16. Carta de Freud a Fliess del 2 de octubre de 1896, , ibíd., pág. 203.

17. Marthe Robert, *D'Oedipe a Moïse*, 1974, París, Calman-Levy, pág. 154.

18. Carta de Freud a Fliess del 2 de octubre de 1896, *Correspondência Sigmund Freud-Wilhelm Fliess*, pág. 203.

19. Marthe Robert, *op. cit.*, pág. 157.

20. Mariane Krüll, *op. cit.*, pág. 69.

21. SE, IV, pág. 318.

22. Didier Anzieu, *A auto-análise de Freud e a descoberta da psicanálise*, 1989, Artes Médicas, Porto Alegre, pág. 80.

23. Ibíd, pág. 80.

24. Beatriz Taber, "Se ruega honrar, barrar al padre".

25. Didier Anzieu, *op. cit.*, pág. 81.

26. S. T. Lopes y E. Rodrigué: *Un sonho de final de análise*, 1984, pág. 66.

27. Ibíd., pág. 68.

28. Marthe Robert, *op. cit.*, pág. 157.

29. Didier Anzieu, *op. cit.*, pág. 138.

CAPÍTULO 18

EL *PROYECTO*, UN TORSO RENEGADO

El año 1897 fue productivo, particularmente en la primavera. Los tres últimos Manuscritos (L., M. y N.) que le envió a Fliess fueron febrilmente redactados en menos de un mes (2, 25 y 31 de mayo)[*1]. Anzieu se admira: "Nunca conoció Freud semejante fecundidad"[1]. La nube del duelo por el padre ya ha vertido sus aguas y el cielo clarea. Estos borradores hierven de ideas futuras para la joven ciencia, recién bautizada[*2]. Las nociones de "fijación" y de "novela familiar" surgen a la luz del sol.

La propia teoría de la libido, casi estancada desde 1894, entra en la espiral creativa, y Freud observa que "los síntomas, como los sueños, son realizaciones de deseos", que el "mecanismo de la ficción es idéntico a los de las fantasías histéricas", y que "la aparición de la angustia está ligada a esas fantasías reprimidas"[2, *3].

Dichas fantasías son sexuales e infantiles. Refutan la versión convencional de la inocencia de los niños, versión ésta de la que había partido el propio Freud. La hipótesis de la seducción infantil por parte de los adultos se basaba en la creencia de que el niño era pasivo y asexuado ante el asalto sexual que lo estimulaba precozmente, es decir a destiempo.

¿Qué constituye un trauma sexual? ¿Cómo sintetizar esa concepción que implosionó con el autoanálisis? Laplanche[3] reconoce la sumatoria de cuatro factores en la constitución del trauma. Primero: la situación de *desamparo (Hilflossigkeit)* del recién nacido. Una inmadurez psicosexual bien detallada en *La etiología de la histeria*, donde

---

*1. Este huracán afectivo recuerda los tiempos del amor a Martha. El equivalente al *Proyecto* sería el manuscrito (desgraciadamente perdido) titulado *Abecé filosófico* que Freud escribió para ilustrar a su novia (Ernest Jones, *A vida e a obra de Sigmund Freud*, 1989, Río de Janeiro, Imago, I, pág. 190).

*2. Había que inventar la palabra "psicoanálisis" para ponerle nombre al autoanálisis.

*3. En el curso del libro traduciremos la voz alemana *"Phantasie"* como "fantasía", excepto en algunos casos en que utilizaremos "fantasma", por analogía con la traducción francesa del término. J. Laplanche alega que en francés es preferible *"fantasme"* porque *"fantaisie"* tiene una connotación casi peyorativa, que sugiere algo inconveniente, capricho, excentricidad, algo poco serio.

Freud habla de la "impotencia sexual de los niños"[4]. Segundo: el *partenaire* tiene que ser obligatoriamente un *adulto*. Un adulto *perverso* en el doble sentido que luego encontraremos en los *Tres ensayos*: desviado en cuanto al objeto (paidofilia) y desviado en cuanto a la meta. Un adulto perverso y, en la mayoría de los casos, incestuoso[5]. Freud llegó a llamarlo el "padre de la histérica". Este carácter "patológico", como veremos, bloqueó la reflexión freudiana.

El tercer factor es la *pasividad* del niño con respecto al adulto. Éste toma la iniciativa de la palabra seductora o de la violencia libidinal. Freud distingue dos situaciones: la seducción pasiva (generadora de histeria) y la seducción activa (generadora de neurosis obsesiva). En este segundo caso se trata de una participación activa experimentada con placer. Freud señala que "ha encontrado en todos [sus] casos de compulsión un *sustrato de síntomas histéricos*", refiriéndose con ello a una "escena de pasividad sexual previa a la acción generadora de placer"[6]. El cuarto factor en la teoría de la seducción, el *aspecto temporal*, quedó como una adquisición permanente del psicoanálisis. Se trata de la noción de posterioridad o retroacción (*après-coup*) del trauma en dos tiempos. El primero es llamado por Freud escena del "espanto" (*Schreck*), o trauma originario[*4].

Esta escena, mientras permanece latente, es inocua, pero se vuelve patógena en un segundo momento que entra en resonancia asociativa con el primero. Tiempo de espanto, tiempo de represión. Lo que se reprime es el recuerdo de la primera escena[*5].

Estamos en la encrucijada: el Freud brückeano –con la ayuda de Charcot y Breuer, más la cocaína y el autoanálisis, en la transferencia imaginaria con Fliess– está pronto para transformarse en un Freud freudiano.

Continuemos con Fliess. Al principio había gratitud y amor de transferencia: "Me siento espantosamente bien, como nunca, desde el inicio de todo el asunto. No tengo más pus, solamente una gran cantidad de secreciones mucosas. Jamás dudé de tus pequeñas operaciones y debo a ellas mi bienestar"[7]. Su reconocimiento se vuelve cada vez más "exuberante". El apego toma una "coloración pasional". Aquí Anzieu se permite una dosis de ironía: "Fliess, diríamos ahora con Melanie Klein, es para él el pecho bueno"[8]. Por lo tanto: "Cuando vuelvo a ver tu letra, tengo momentos de gran alegría (*freude*) que me

---

*4. "Histeria del terror" la denomina Freud en el Manuscrito K.

*5. Después de Freud, Ferenczi fue quien más trabajó con la teoría de la seducción. En su ensayo "La confusión de las lenguas" habla de dos "lenguajes": el de la ternura (que sería el del niño) y el de la pasión (propio del adulto). Pero tanto Freud como Ferenczi estiman que la seducción siempre cae en lo patológico. Para Laplanche, en su revisión de la teoría de la seducción, lo que está en juego es "la constitución del inconsciente en general y de lo reprimido en particular".

permiten olvidar un poco mi soledad y carencia"[9]. O sea, te amo tanto que tu felicidad compensa mi calvario.

Esta relación es una piedra de toque para los biógrafos de la saga psicoanalítica. En la senda tradicional, Jones, Kris, Schur, Clark, Peter Gay, intentando comprender la adoración casi femenina del padre del psicoanálisis, postulan un colosal equívoco transferencial. ¿Las causas?: un genio necesita de su interlocutor, aunque éste sea, como dice Jones, "intelectualmente inferior" y delirante. Sucede, empero, que Fliess no era ni bobo, ni loco, ni una oreja pasiva. No quiero decir que las teorías de Fliess sean ciertas (si se pudiera decir que alguna teoría es cierta), pero no eran disparatadas en la época. Freud no fue un debiloide "transferenciado" por creer en ellas[10]. La teoría naso-genital de Mackenzie-Fliess se basaba en los postulados de Haeckel, en los que los "quimiotropismos eróticos [nasales] eran en la filogénesis la primera fuente de toda atracción sexual en la naturaleza"[11]. La teoría de la periodicidad se sustentaba en los hallazgos de Darwin sobre el ciclo lunar y el ciclo de las mareas. Además de eso, Fliess, en ese año de 1897, aportó los conceptos de "fijación" y "zonas erógenas", además de la bisexualidad.

Los amigos se encontraron dos veces en 1896, en la Pascua en Dresde, y al final del verano en Salzburgo. Eventos que son fuente de renovación; Freud los anhela intensamente: "Mi humor es bien sombrío. No puedo sino decir una cosa, que celebro nuestro encuentro como si fuese a mitigar mi hambre y mi sed"[12]. Estos "congresos" no tenían lugar en Viena ni en Berlín; no porque buscaran territorios neutrales, sino para alejarse de las esposas. La elección de ciudad, las fechas, la duración, el orden del día, el cálculo de los "períodos" favorables para realizar los encuentros, eran objeto de insinuaciones, discusiones, contradicciones, expectativas, que recuerdan los tiempos de la Academia Española:

Llevaré al congreso:
1. Artículos de tocador.
2. Toallas.
3. Saludos cordiales de todos los Freud.
4. Una expectativa tremenda de volver a verlo.
5. El análisis de los sueños.
6. La etiología de las neurosis de defensa.
7. Una conjetura psicológica.

Son por lo tanto siete cosas*[6]. De ti espero por lo menos dos:

*6. *Sieben Sachen* (siete cosas) es una expresión alemana que también significa "todo lo que es necesario para un determinado fin".

1. Pruebas de un período de 23 días en los procesos sexuales.
2. Prueba de la necesidad de un período que no supere los tres meses en las cuestiones de amistad.
Más una tercera:
3. Un método prontamente comprensible que reforme la sociedad, con respecto a los nervios y miembros[*7], por la esterilización de las relaciones sexuales ...[13]

Aquí, con todo, cabe un aparte. Confieso que ese amor entre hombres, revelación central de la *Correspondencia*, me incomoda. No (o no tanto) por ser homosexual, sino por el carácter casi ridículo de la adoración de Freud. La que lo lleva a decir: "¡No llevaré más que dos oídos atentos y el lóbulo temporal [bien] lubricado para recibir [tus palabras]!"[14]

Es curioso que Ernest Jones, autor de *La concepción de la Madona por el oído*[15], no mencione esta fantasía palpable de ser embarazado por la palabra fliessiana. En el artículo sobre la Madona, el galés habla del valor simbólico del *mensajero* en relación con la homosexualidad masculina: la necesidad de un representante, de un mensajero, como paragolpes entre el yo y el objeto. Fliess cumple entonces el papel de puente entre Freud y el mundo en la era glacial del espléndido aislamiento. De allí que: "Atendiendo a tu pedido, comencé a aislarme de todo" ... "No vi más a Breuer ni lo encontré en casa de mis clientes. Evité cualquier encuentro inútil..."[16]

Digo entonces que me incomoda en Freud un cierto anhelo de *entrega* pasiva, acrítica, con una radicalización de la "función femenina". Por otra parte, da la impresión de que el Fliess adivinado en su silencio epistolar entra en el escenario transferencial como dueño de la situación.

Maurice Blanchot, en su ensayo sobre la amistad, habla de la importancia de la sobriedad en la relación entre amigos. Esa discreción aquí falta[17]. Estamos en los tiempos de la bisexualidad. Fliess le acaba de pasar la idea en el último "congreso", en Pascua. Freud concluye que el lado femenino es el reprimido: "lo que los hombres reprimen es el elemento de pederastia"[18]. Fliess, y luego Jung, opinan que el componente reprimido es el no dominante.

La relación con Fliess continúa en pleamar. "¡Qué bueno sería que estuvieras más cerca, para poder hablar ... con mayor facilidad!"[19] Y en la próxima carta: "Me parece estar en un capullo. ¡Dios sabe qué animal saldrá de él!"[20] Todo se detiene después del Manus-

---

*7. Freud transforma la expresión idiomática *Reform um Haupt und Gliederen* (reformar la cabeza y los miembros) en *Reform an Nerven und Gliederen* (reformar los nervios y los miembros). La implicación es que, si Fliess consigue un método de control de la natalidad, habrá menos enfermedades nerviosas (tomado de las excelentes notas de J. M. Masson, pág. 178).

crito N, donde se discute la paranoia: "No sé si todavía se me ocurrirá alguna cosa digna de ser comunicada; no quiero trabajar en nada, hice a un lado hasta [el libro sobre] el sueño"[21]. Esta vez no se queja ni se recrimina; simplemente no tiene voluntad de trabajar. Pero sueña, y mucho, una secuencia reveladora que incluye el sueño de Hella, donde descubre el lazo erótico con Mathilde, su hija mayor. El autoanálisis, todavía intermitente, se nutre de esa proliferación onírica. El capullo está por ser rasgado.

Ésa es la prehistoria del *Proyecto*.

El *Proyecto* es el casamiento improbable de un sapo con una mariposa. Ensayo marcado por su propia historia, que le reservó el papel de gran *revenat* del psicoanálisis. Nos llega como un borrador incompleto que entra en la lid teórica medio siglo después de ser escrito. Texto, entonces, literalmente "fuera de línea", como dice Eduardo Vidal. Sulloway tiene razón al afirmar que "No hay ningún otro texto, en la historia del psicoanálisis, que haya provocado un *corpus* de discusión semejante"[22]. Su importancia es tal vez exagerada por unos, que encuentran en él la fuente de toda la teoría psicoanalítica, y minimizada por otros, que lo consideran un mero material prepsicoanalítico*8. Jones lo clasifica como un desplante o, mejor todavía, como la última tentación fisicalista. Ésta sería la *tercera tentación de Freud*.

El ángel tentador habría sido más Herbart que Brücke. "Podemos encarar –afirma Jones– la febril redacción del *Proyecto de una psicología para neurólogos* como un postrero y desesperado esfuerzo para apegarse a la seguridad de la anatomía cerebral"[23]. Al mismo tiempo, este ensayo psico-biologista por excelencia nos muestra a un Freud que nunca, antes o después, se permitió semejante orgía de pensamiento especulativo, ni siquiera en *Más allá del principio de placer*. El *Proyecto* fue su gran licencia metafísica[24]. En esa época, parece leer en dos registros paralelos: la teoría anátomo-patológica del cerebro y la clínica. El *Proyecto*[25], esa criatura que Freud llamó "engendro", es el fruto de tal hibridación: mitad sapo, mitad mariposa.

¿Qué significó la elaboración de este trabajo? Para Strachey, el sistema teórico allí esbozado no tiene sexo, lo que lo lleva a considerarlo un "torso renegado por su creador"[26]. Está divorciado de la clínica. En una primera lectura, nadie diría que fue escrito después de los *Estudios*. Ese carácter ambiguo de fósil premonitorio parece haber sido compartido por el propio Freud, que, en las cartas a Fliess, lo presenta a veces como su más ambicioso trabajo teórico, y otras le retira todo valor. Su estado de ánimo alterna entre "orgullo y felicidad" y "vergüenza y aflicción"[27].

*8. Paul Cranefield, por ejemplo, habla de su "efecto provisional y nefasto" (P. Cranefield, "Some problems in writing the history of psychoanalysis", *Psychiatry and its History - Methodological Problems in Research*, comp. de G. Moria y J. Brand, 1970, pág. 54).

"Todo espléndido", comienza una animadísima carta de octubre de 1895:

> En una noche laboriosa de la semana pasada, cuando estaba sufriendo ese grado de dolor que brinda las condiciones óptimas para mis actividades mentales, las barreras súbitamente se levantaron, los velos cayeron y todo se volvió transparente, desde los detalles de las neurosis hasta los determinantes de la consciencia[28].

Todo encaja:

> Los tres sistemas de neuronas; los estados libres y ligados de $Q\eta$; los procesos primarios y secundarios; la tendencia principal y la tendencia de compromiso del sistema nervioso; las dos reglas biológicas de la atención y la defensa; las características de cualidad, realidad y pensamiento; el estado del grupo psicosexual; la determinación sexual de la represión; y, por fin, los factores que determinan la conciencia como función de la percepción, todo quedó correcto y continúa correcto hasta hoy[29].

Pero con el correr de ese otoño de 1895 el entusiasmo va menguando, hasta que, a fines de noviembre, Freud confiesa a su amigo: "Ya no entiendo el estado mental en que maquiné la Psicología; no consigo concebir cómo pude infligírtelo con ella. Creo que fuiste demasiado comprensivo[*9]; para mí, parece haber sido una especie de aberración"[30].

En el *Proyecto* podemos reconocer, por otra parte, la intención clara de fecundar las investigaciones de Charcot siguiendo "una especie de economía de la fuerza nerviosa"[31]. No olvidemos que Charcot carecía de una psicología para dar cuenta de sus descubrimientos. En ese campo, Freud no innovó el pensamiento de su tiempo. Su propia neurología estaba marcada por esa falencia, que lo llevaba a buscar en la anatomía cerebral los datos de una psicología científica. La psicología normal quedaba fuera de la apuesta teórica[32]. Su inclusión es la propuesta del *Proyecto*. Como lo señala Mannoni: "Se trata, esencialmente, de expresar la teoría psicológica de forma tal que pueda leerse como un lenguaje neurológico, el lenguaje hipotético de una neurología todavía no constituida"[33]. En ese sentido, este texto anticipa el trabajo de Pavlov, razón por la cual los reflexólogos lo consideran el último –o tal vez el único– trabajo científico freudiano de algún valor. Pavlov, es bueno tenerlo en cuenta, sólo encontró el "reflejo condicionado"[*10] en 1903 (al estudiar fístulas de glándulas salivales

---

*9. Lo que implica, creo, que en cartas previas Fliess había sido crítico.
*10. Pavlov primero lo denominó "reflejo psíquico".

en perros) y no publicó un relato preliminar de sus descubrimientos hasta 1923.

El esquema del *Proyecto* anuncia la cibernética y la informática. Podría ser lectura obligatoria de los estudiantes de ese fascinante campo que es la Inteligencia Artificial, en la medida en que aquí se trata de la función del "error" en el pensamiento. El ámbito ocupado por la ficción neurológica en este ensayo será posteriormente el suelo de la metapsicología; la explicación neurológica cederá el lugar a un desciframiento de sentido. Aquí las intuiciones están en germen, y muchas nociones futuras, consideradas adquisiciones definitivas, aparecen enunciadas por primera vez en esta galería de grandes titulares psicológicos futuros.

Una intención contundente que anima el *Proyecto* aparece ya en el primero párrafo:

> La finalidad de este proyecto es estructurar una psicología que sea una ciencia natural: o sea, representar los procesos psíquicos como estados cuantitativamente determinados de partículas materiales específicas, dando así a esos procesos un carácter concreto inequívoco[34].

Profesión newtoniana de fe cientificista. Un positivismo radical después de producir dos ensayos matizados como *Sobre la afasia* y los *Estudios sobre la histeria*. ¿Un paso atrás en su camino o un curioso *après-coup* de un *après-coup*? Garcia-Roza habla de las "apariencias" del *Proyecto*. "No es en modo alguno seguro que la filiación teórica de Freud nos remita más a un Herbart que, por ejemplo, a la tradición aristotélica de un Brentano"[35]. Garcia-Roza señala, convincentemente, que sus textos anteriores (*Afasia* y *Estudios*) fueron escritos en un lenguaje "mucho más filosófico que cientificista"[36]. También se puede argüir que una teoría fisicalista puede haber cautivado a Freud por su efecto estético, por su majestuosa simplicidad, que recuerda lo que sucederá con la teoría de la seducción. Herbart es más euclidiano que Brentano.

Aquí tal vez convenga considerar la "Polémica de Herbart". Fue la psicóloga polaca Luise von Karpinska[37] la primera en establecer la semejanza entre las ideas de Freud y las promulgadas por Herbart setenta años antes. Para Herbart, los procesos mentales inconscientes son dominados por un conflicto constante descrito en términos de un inconsciente de intensidad variable —noción semejante a la psicoanalítica de "conflicto de afectos". Herbart afirma que los procesos mentales pueden encuadrarse en leyes científicas: "El orden regular de la mente humana es totalmente semejante al del cielo estrellado". También sostiene que la psicología antecede a la fisiología; pensar de otro modo sería invertir el orden natural, "un error frecuentemente cometido tanto en épocas antiguas como en las más recientes"[38]. Por otra parte, Herbart como Freud es radicalmente dualista. "Los procesos mentales se caracterizan por un esfuerzo para alcanzar el equilibrio (el principio de constancia de Freud)"[39].

Herbart intenta un abordaje matemático de lo psicológico. En su *Compendio de psicología* y en la *Psicología como ciencia experimental* propone una disciplina totalmente basada en la experiencia y, al mismo tiempo, cuantitativa. Así, toda idea (*Vorstellung*) es regulada por un *principio de autorrepresentación*. Cada movimiento de ideas está configurado entre dos puntos fijos: su estado de completa inhibición y su estado de completa libertad, existiendo "un esfuerzo constante por parte de todas las ideas para retornar a su estado de libertad total"[40].

Cada idea, por lo tanto, está dotada de una cierta *intensidad* que le permite o no atravesar el umbral de la conciencia. Si pasa el umbral, es *apercibida*; en caso contrario permanece en estado de tendencia, luchando para hacerse consciente. Esta noción será retomada en *Tótem y tabú*, con la concepción del "tabú-conciencia"[41].

Herbart anticipa de hecho una serie de temas que serán trabajados por Freud. Es el caso del *conflicto intrapsíquico*, que opone una idea reprimida a otra que es consciente. Otro tanto sucede con la "resonancia fisiológica", que es semejante a la "facilitación somática", caracterizada por una caída de la resistencia en el tráfico neuronal.

Hay que decir que esas correspondencias no hacen de Herbart un "anticipador" del pensamiento freudiano, ya que Freud articula sus conceptos en una teoría integrada de un modo que es exclusivamente suyo; él inventa "otra cosa".

Las ideas más promisorias del *Proyecto* aparecerán en el capítulo VII del "Libro de los Sueños", y allí podemos ver lo que Freud buscaba: un dispositivo que funcionase como una máquina, pero como una máquina ficticia, un modelo para armar, como diría Cortázar, sin relación con la trama neurológica. Dicho artefacto era necesario para el cálculo metapsicológico. La empresa, empero, era prematura para la época.

No pensado para ser publicado, el *Proyecto* es, como Sulloway nos lo recuerda, un súper-borrador, nada más que eso. La cuarta parte, hasta ahora perdida, quedó inconclusa[42]. Ésa sería la cabeza —o el falo— que el torso precisaba, una elaboración de la *psicopatología de la represión*. El 8 de octubre de 1895 Freud envía los dos primeros cuadernos a Fliess, con el comentario de que el tercer cuaderno contiene realmente la clave del sistema[43]: "Y ahora, en cuanto a los dos cuadernos de notas, los garabateé por entero en una sola sentada ... y en ellos encontrarás poco de nuevo. Conservo un tercer cuaderno, que trata de la psicopatología de la represión y sólo investiga el tema hasta cierto punto ... Lo que sigue siendo incoherente no es el mecanismo —puedo ser paciente en cuanto a eso— sino la elucidación de la represión, cuyo conocimiento clínico hizo grandes progresos en otros aspectos[*11] ... Pero no tuve éxito con la elucidación mecánica; al contrario, me inclino a prestar oídos a la voz silenciosa que me dice que mis explicaciones no son suficientes"[44].

Sulloway se pregunta: esa "voz silenciosa" ¿qué parte silenció?[45]. Lo que parece más probable es el abandono de una explicación mecánico-fisiológica de la represión patológica. El principio de inercia neuronal, las barreras de contacto, la facilitación, la *Besetzung*, por sí solos, no daban cuenta del fenómeno[*12]. Faltaba el aún no formulado retorno de lo reprimido.

El *Proyecto* tiene cerca de 100 páginas. Escrito en dos semanas, en el otoño de 1895, de vuelta del "congreso" de Berlín. Freud lo inicia en el tren, con entusiasmo febril. El "torso" no tiene título, aunque su autor había hablado de un ensayo que se llamaría "Psicología para neurólogos". El nombre *Proyecto de una psicología* le fue dado por los editores de *Origins of psycho-analysis*.

Las dos ideas principales en juego aparecen en el segundo párrafo de la introducción:

1. Lo que distingue la actividad del reposo es de orden cuantitativo: la cantidad *(Q)* se encuentra sometida a las leyes generales del movimiento. 2. Las partículas materiales de las que se trata son las neuronas *(N)*"[46].

Una cantidad, entonces, circula por una red. Concuerdo con Garcia-Roza en que ninguna de las dos ideas, en sí mismas, traen alguna novedad[47]. Ya en 1824 Cabanis pensaba en energía que circulaba por los nervios. Waldeyer, a su vez, cuatro años antes del *Proyecto*, "había identificado la neurona como el soporte material y la unidad fundamental del sistema nervioso"[48]. La originalidad reside en la articulación realizada por Freud.

Comencemos por *N*. Cabe decir que, como unidad del sistema nervioso, la *neurona* ocupa en el *Proyecto* el lugar de la *Vorstellung* en *Afasias*. Todas las neuronas son morfológicamente iguales. La diferencia que Freud va a establecer entre ellas no es de naturaleza sino estructural[49]. Este aparato, dotado de tres sistemas de neuronas, tiene la capacidad de transmitir y transformar *cantidades* de energía. El modelo se presenta isomórfico con el sistema nervioso cerebral,

*11. Es muy posible, como observa Sulloway, que el tercer cuaderno tuviera la finalidad de tender un puente entre la estructura teórica montada y la clínica. Sería como si en los *Estudios sobre la histeria* faltase el último capítulo, ya escrito, de Freud.

*12. El nudo del problema estaba en la explicación biológica de la inversión de los afectos. Ese asunto, en realidad, nunca fue explicado, y retornó en 1914, bajo la forma del "enigma del duelo" (SE, XIV, págs. 237-43 y 303-9).

aunque se trata de una fábula neurológica, si pensamos desde el punto de vista de la histología de la época.

El texto se divide en tres partes: la primera es el "Esquema general", donde se desarrollan los principales conceptos teóricos; la segunda trata de la psicopatología de la histeria; la tercera intenta introducir los procesos psíquicos normales[50]. Estamos frente a una ambiciosa tentativa teórica de explicar el funcionamiento normal del alma. Para dicho fin, Freud parte de un mundo en el que circulan *cantidades*. Esas cantidades generan la recién formulada "excitación tónica intracerebral" de Breuer[51].

¿Cuáles son las reglas psicobiológicas en juego en esas cantidades? La ley fundamental del *Proyecto* tiene que ver con el principio de *inercia neuronal*, o sea, la tendencia natural de las neuronas a liberarse de toda cantidad psíquica, de todo $Q\eta$, por medio de una respuesta refleja. A esta descarga normal Freud le da el nombre de *experiencia de satisfacción*, o sea que la caída de tensión crea la satisfacción de la necesidad. El placer es la propia sensación de descarga. La noción de un aparato psíquico neuronal, inspirado en el *Seelenapparat* de Meynert, aparece por primera vez, como vimos, en el libro sobre las afasias, donde se habla de la organización jerárquica del "aparato del lenguaje". Esta *función primaria* de descarga se encuentra en la base del dispositivo. En oposición, y como factor que hace más complejos los fenómenos, tenemos la *función secundaria*, que regula los mecanismos de fuga del organismo ante cantidades excesivas y, en consecuencia, traumáticas.

La *fuga ante el estímulo*, cuyo modelo sería la pata de la rana en un baño de ácido, sólo sirve para las fuentes de excitación externas. No hay cómo huir del estímulo interno y, por lo tanto, el aparato neuronal se hace más complicado. Los estímulos endógenos básicos son las grandes necesidades vitales: hambre, respiración, sexualidad.

La *acción específica* es lo necesario para reducir la tensión interna. La patada de la rana, internalizada. El paradigma es la respuesta instintiva de los animales. Las acciones específicas están en la base de las "estructuras dispersivas", en la medida en que el organismo está continuamente intercambiando energía. Estas acciones incluyen la intervención externa adecuada que suscitan las respuestas corporales. El bebé hambriento llora para obtener, por una intervención externa –el pecho de la madre–, la descarga de una excitación de origen interno –el hambre. En ese ejemplo, Freud especula que "la imagen mnémica deseada es la del pecho materno y sus pezones vistos de frente, pues espera reencontrar un objeto del mismo tipo [que aquel] que le trajo la primera satisfacción"[52].

En esta *acción específica* primordial no es exactamente el seno de la madre, o sea el objeto externo, sino el encuentro de ese pecho con la disposición "succionante" del bebé. Winnicott[53] hablará aquí de la "ilusión primaria" en la que el pecho alucinado "reviste" el pezón de la madre con los colores de un deseo anterior a cualquier deseo. Esta acción puede interpretarse como un esbozo de teoría de los instintos y, según Laplanche y Pontalis, se "podría establecer una aproximación entre la teoría freudiana de la acción específica y el análisis del proceso instintivo realizado por los etólogos"[*13]. La *Spezefische Aktion* es acto puro, reacción motora, engrama, *imprinting*.

Freud concibe un estado de *desamparo original* en el punto cero de la vida. El ser humano, al contrario de los otros animales, nace inmaduro, en una condición de total dependencia respecto de la persona responsable de cuidarlo. El bebé es incapaz de ejecutar sin ayuda la acción específica que pone fin a la tensión provocada por la acumulación de $Q\eta$.

En la medida en que el principio inercial vacía el aparato, éste, en el nivel cero, no dispondría de energía para las *acciones específicas* destinadas a satisfacer las exigencias vitales. En el lugar de Q cero, el sistema neuronal procura mantener un nivel de Q lo más bajo posible, pero operacional. Se trata, entonces, de la *ley de la constancia*, que aquí aparece como un principio secundario. Sólo en *Más allá del principio de placer* (1920) Freud elevará este principio a la categoría de ley fundamental.

El *Proyecto* introduce la "barrera de contacto" dos años antes de que Sherrington formulara la noción de "sinapsis"[54]. Tenemos una red de distribución de energía. Las neuronas pueden estar más o menos cargadas de Q. En este contexto hace su primera aparición el término *Besetzung*. *Besetzung*, literalmente "investidura", es traducido por Strachey como "catexis".

Vimos que las "neuronas tienden a liberarse de la Cantidad (Q)". Hay dos tipos de cantidad: la externa y la interna. La externa –libre– equivale a la estimulación sensorial (Q); la interna –ligada– es psíquica ($Q\eta$). Esa descarga regulada por el principio de inercia representa la acción primordial del sistema. A ella se suma la función de conservar vías de salida que permitan mantenerse alejado de las fuentes de excitación. Por lo tanto, además de la función de descarga, hay también una "fuga ante el estímulo"[55].

La hipótesis de barreras de contacto supone la existencia de dos clases de neuronas: las neuronas *permeables* y las *impermeables* (o "libres" y "ligadas", en la terminología breueriana). Las primeras no oponen resistencia al libre pasaje de Q; las segundas modulan el pasaje de la cantidad. Las neuronas impermeables –o "resistentes"– quedan "marcadas", "ligadas" después del pasaje de Q, constituyendo así una *memoria*[56]. El sistema de neuronas F es una red simple de transmisión, algo semejante a los hilos que conducen energía eléctri-

---

*13. "Acción específica" es una expresión actualmente en uso entre los etólogos (Cf. J. Laplanche y J.-B. Pontalis, *Diccionario de psicoanálisis*, 1981, Barcelona, Labor, pág. 3).

ca o, mejor, a fibras ópticas totalmente permeables. Este sistema da cuenta de la percepción. El sistema Ψ está formado por neuronas marcadas, resistentes, capaces de almacenar informaciones. El sistema genera una *memoria neuronal*. Q deja su huella.

Dicha huella neuronal es lo que Freud, tomando el término de Exner, denominó *Bahnung*, que se puede traducir por *facilitación* o, mejor aún, por "abrir camino". La facilitación, como dice el poeta, sería un camino que se hace al andar, pero que se le impone al segundo caminante. En una ventana, en día de lluvia, la gota se abre camino, *facilitando* el itinerario de la gota siguiente. *Bahnung* no es una facilitación pura y simple. Se trata de una cadena en la cual las huellas están diferenciadas. "La memoria está constituida por las diferencias de facilitación entre las neuronas Ψ[57].

La cantidad (Q), entonces, es la energía que circula por la red neuronal, capaz de desplazamiento y descarga, regida por el principio de inercia, futuro principio de placer. Las neuronas Φ, por estar ligadas a cantidades externas muy intensas, tienen pocas posibilidades de presentar resistencia en las barreras de contacto. El mundo exterior es un torbellino de impactos. Las neuronas Ψ, recorridas por $Q\eta$ de intensidades más débiles, establecen resistencias en las barreras de contacto[58]. El sistema Φ recuerda a un circuito eléctrico; el sistema Ψ, a un circuito electrónico.

Ambos sistemas son ciegos, incapaces de "darse cuenta" del estado de las cosas. Para dicho fin se introduce un tercer sistema: las neuronas ω (*omega*). Este circuito está en la base de la conciencia, pero no del yo. Aquí la cosa se complica:

> Reunimos ánimo suficiente para presumir que hay un tercer sistema de neuronas [el sistema ω] que es excitado con la percepción, pero no como una reproducción, y cuyos estados de excitación producen las diversas cualidades, o sea, las *sensaciones conscientes*[59].

Hasta ahora teníamos cantidades (Q). Ahora nos enfrentamos con la dimensión de la cualidad. Cualidad es conciencia. Conciencia es cualidad. ω hace posible esas funciones esenciales que son la ilusión y el error.

¿Cómo imaginar el aparato responsable de la transformación de las cantidades externas?[*14] Para que las cantidades adquieran cualidad, la carga energética tiene que ser todavía menor que en el sistema Ψ. Además de eso, la conciencia puede funcionar aún con el sistema Ψ desligado. El sistema ω, en la jerarquía neuronal, se mantiene

---

*14. Para el aparato psíquico, los estímulos endógenos también son externos. Sólo la red de neuronas es interna.

aparte pero con dos relaciones necesarias: es alimentado por Φ y le proporciona a Ψ las informaciones que van a constituir la prueba de realidad del aparato[60]. ω estaría en el ombligo de la red.

Recapitulando, el aparato psíquico está construido por tres sistemas de neuronas. Las Φ cargan percepción; las Ψ, memoria, y las ω, conciencia. La percepción fluye por neuronas permeables, o sea, que nada retienen; la memoria requiere una captación, una marca, una cierta resistencia neuronal. El tercer sistema inaugura el complejo ámbito de la cualidad, propio de la conciencia. Desde el punto de vista anatómico, el sistema Φ correspondería a la materia gris de la médula espinal, y el sistema Ψ correspondería a la materia gris del cerebro; el primero tiene contacto directo con el mundo externo, y el segundo carece de ligaciones periféricas[61]. El sistema ω, en contraste, no tendría referente anatómico. Pero la conciencia, en la medida en que labora con esa cualidad que son los sentimientos, estaría "localizada" en el corazón. Este aparato ilustra cómo la subjetividad se construye en la interfaz del organismo con su ambiente. En las palabras de Lacan, "este aparato es, esencialmente, una topología de la subjetividad"[62].

El aparato psíquico del *Proyecto* es fundamentalmente un *aparato de memoria*. El "yo oficial", como Freud lo denomina en la carta del 6 de enero de 1896[63], sería la red neuronal Ψ. La función principal del sistema ω es transmitir al sistema Ψ signos de realidad o signos de cualidad (*Realitätszeichen* o *Cualitätszeichen*). Estos signos, proporcionados por las transformaciones en ω, permiten a las neuronas Φ distinguir la percepción del recuerdo. Esa función de la conciencia sobre el yo es denominada *atención psíquica*[64]. Podríamos pensar en términos de sintonía fina.

Para explicar el funcionamiento de ω, Freud apela al *período*. Noción fliessiana "no totalmente clara", se lamenta Strachey[65]. Por período se entiende la característica *temporal* del pasaje de $Q\eta$: "Las neuronas ω son incapaces de recibir $Q\eta$, pero en compensación se apropian del *período* de excitación. Esta afección por el período, con un mínimo de presencia de $Q\eta$, modula el fundamento de la conciencia"[66].

Garcia-Roza interpreta este pasaje afirmando que la respuesta de ω está en función no de una cierta cantidad, sino de un *período*, con lo cual interviene el factor tiempo. Esta temporalidad no es reducible a cantidad; se trata de tiempo puro, de una temporalidad discontinua o periódica, pura cualidad"[67]. El período nos lleva al dominio de la música. De allí que sea interesante la tesis de Suzanne K. Langer, quien dice que los sentimientos tienen una estructura musical. La música y el sentimiento están construidos con la precisión simbólica del diapasón.

En esa problemática de las diferencias, de los tiempos, de los períodos, Freud y Bergson, por caminos diferentes, levantan tiendas en la misma cantera filosófica. Lo psíquico se constituye por la memoria. Esta condición de permanencia recuerda la teoría de Bergson sobre la conservación integral del pasado. Para ambos el pasado se conserva íntegramente. El olvido es activo y no pasivo: "olvidamos por eficiencia y no por deficiencia"[68]. Finalmente, ellos comparten la idea del carácter selectivo de la memoria, que conciben como un continuo flujo de material mnémico.

Para Bergson la ciencia es incapaz de pensar la memoria. El método científico-deductivo es bueno para cantidades para el mundo de la extensión, la espacialización de las cosas. La ciencia, o sea la inteligencia, tiene éxito con la materia –que es su objeto propio– pero fracasa ante el espíritu, con su dimensión temporal. Para Bergson, el tiempo es la sustancia propia de la subjetividad –no entendido como tiempo cronológico (que en verdad es espacio y no tiempo) sino como *duración*, o sea como pura cualidad. La duración no es una sucesión de instantes, pues en tal caso no habría sino el presente, sino una prolongación del pasado que "ve" el futuro. Lo psíquico es duración, porque se trata de un tiempo que es esencia de la vida. En la duración pura el "pasado está grávido de un presente absolutamente nuevo"[69]. Lo psíquico es *cualidad* y *libertad*, lo opuesto a cantidad y determinismo[70]. El pasado no es un presente que pasó, sino que avanza y aumenta sin cesar, conservándose íntegramente[71]. Una flecha: ¿período no es posterioridad?

Una diferencia importante entre Freud y Bergson reside en esa relación entre *materia* y *memoria*, entre cerebro y recuerdo. En el *Proyecto*, con su red neuronal, el soporte cerebral de los procesos psíquicos está sobrentendido. En Bergson la materia gris y la subjetividad forman dos series divergentes: materia y memoria, "La vida asciende, la materia cae"[72].

El aparato así configurado presenta la siguiente dificultad: el sistema Φ es responsable de la percepción, "pero Freud nos dice que el principio de placer también se ejerce precisamente sobre la percepción, que el proceso primario apunta a una identidad de percepción. Para él todo es igual. Siendo así, ¿cómo distinguir cuándo esa identidad perceptiva se logra de manera alucinatoria o de manera real? El bebé no sabe ni puede distinguir el pecho real del pecho alucinado; se produce entonces una frustración, ya que él reacciona al objeto alucinado como si fuese real. Estamos ante lo que Lacan, hablando del *infans*, señala como la *paradoja del principio de realidad*"[73]. Exactamente en ese lugar entra en acción el yo neuronal del *Proyecto*, encargado de impedir el displacer. Para dicho fin, una parte del sistema Ψ se diferencia y pasa a desempeñar la *función de inhibición* del deseo, cuando se trata de un objeto alucinado. Ese sistema es llamado "*yo*". El yo, por lo tanto, es una formación del sistema Ψ y no del sistema ω. Repito: el yo es el sistema Ψ; la conciencia es sistema ω. El primero es definido de la siguiente manera: "[El yo] es la totalidad de las catexias Ψ, existentes en determinado momento, en las cuales cabe diferenciar una porción permanente de otra variable"[74]. Su objetivo fundamental es dificultar el pasaje de Q; en otras palabras: inhibir el deseo cuando se trata del pecho alucinado. Este *yo neuronal* no tiene nada que ver con el yo de la segunda tópica. Es una formación particular en el interior del sistema Ψ. No se trata del yo entendido como sujeto, cabalgando barrado en la vida, sino de un dispositivo de control[75].

La función de inhibición desempeñada por el *yo neuronal* va a llevar a Freud a una de las contribuciones más importantes del *Proyecto*: la distinción entre *proceso primario y proceso secundario*. El proceso primario es pura descarga; el secundario, en la demora, progresa desde la percepción hasta la inteligencia, permitiendo la elección entre diversas vías de descarga. Como lo señala Anzieu: "Se advierte que Freud reconoce la importancia de la producción teórica de Breuer: la energía libre caracteriza el proceso primario, y la energía ligada, el proceso secundario"[76]. El proceso secundario resulta de una transformación del primario. Son dos etapas en la diferenciación del aparato psíquico. El sueño es el territorio del proceso primario; la vigilia, la atención, el raciocinio y el lenguaje, dominio del proceso secundario.

En el *Proyecto* se esboza una teoría onírica. Freud acaba de soñar con Irma; por lo tanto, *los sueños son realizaciones de deseo*. Además *las ideas oníricas son de carácter alucinatorio*. "Se cierran los ojos y se alucina; se abren y se piensa con palabras"[77]. Este carácter alucinatorio anticipa la noción de *regresión*. Aquí se retoman las ideas de los *Estudios*, pero ahora se reconoce sólo la "histeria de defensa". Simplificando, a la manera de Azar y Sarkis, podemos decir que la parte dedicada a la psicoterapia de la histeria "reposa sobre dos pilares: el símbolo y el *après coup*"[78]. El proceso de simbolización es descrito de la siguiente manera: "*B* tiene ciertos puntos de contacto con *A*. Se produce un acontecimiento que consiste en $A+B$. *A* representa una circunstancia accesoria, mientras que *B* posee lo necesario para producir un efecto duradero. Cuando resurge un recuerdo de ese hecho todo sucede como si *A* hubiese tomado el lugar de *B*. *A*, entonces, sustituye a *B*, y asume la función de símbolo"[79]. Freud verifica empíricamente que este proceso de defensa ante la representación *B* sólo ocurre cuando *B* está teñido de sexo, lo que ilustra con un fragmento de análisis de una paciente llamada Emma, que no puede ser otra que Emma Eckstein, por la naturaleza del caso y porque el *Proyecto* no estaba pensado para ser publicado, de modo que el "seudónimo clínico" no era necesario.

En una recapitulación final, podemos decir que el dispositivo está montado. Sucede que el "Engendro" siente, percibe, alucina, recuerda, pero no habla[*15].

[*15]. Aunque tal vez "escriba".

Después del *Proyecto*, llegaron días aciagos. Freud habla de ese "verano triste" de 1897, en el que su "repugnancia a escribir llega a ser casi patológica"*[16]. Necesita de ese estimulante "cariocinético" que es el encuentro con Fliess: "Preciso un nuevo impulso venido de ti; ya hace tiempo que siento que me falta. Nuremberg [donde fue descubierta la bisexualidad] me hizo avanzar dos meses"[80]. El otro impulsor, la cocaína, ya había sido cortado con la muerte de su padre. Pasan meses signados por un cortejo de ideas obsesivas, tendencias depresivas y el sabor amargo de la incompetencia intelectual. Freud se diagnostica: "Sufrí una especie de neurosis".

Cuadro alarmante: "Entre mis pacientes, quien más me preocupa soy yo"[81]. Habla así "de ese" paciente: "Mi pequeña histeria, aunque muy acentuada ... , se solucionó un poco más. El resto todavía está muy paralizado. El [auto]análisis es más difícil que cualquier otro"[82].

"Por más desagradable que pueda ser para los adoradores de ídolos ... –dice ese adorador de ídolos que fue Jones– hay muchos indicios de que durante diez años aproximadamente, que abarcaron *grosso modo* la década del 90, él sufrió de una psiconeurosis considerable"[83].

Así llegamos a octubre de 1897, fecha del primer aniversario de la muerte del padre. Freud tiene 41 años, y atraviesa la *crisis de la mediana edad de la vida*[84], cuando descubre el complejo de Edipo. Ésa es la "bestia" que emerge del capullo plurivitelino: el hijo parricida. Su neurosis, que toma la forma de neurastenia durante el noviazgo, y que en 1894 se "somatiza" en el corazón, ahora presenta la impronta melancólica de una inhibición intelectual total: "Jamás había sido atacado por una parálisis intelectual parecida. Escribir la menor línea es un suplicio"[85].

Fliess entra en el ataque: "Algo proveniente de las más recónditas profundidades de mi propia neurosis se ha rebelado contra cualquier progreso en la comprensión de las neurosis y, de algún modo, estás comprometido. Eso porque mi parálisis para escribir parece destinada a inhibir nuestra relación"[86].

En la misma carta Freud comenta "un sueño interesante sobre deambular entre extraños, total o parcialmente desnudo, y con sentimientos de vergüenza y angustia"[87]. Desnudo con las "ropas imaginarias del rey". Cree haberse recuperado gracias a los períodos caros a su amigo: "Nuevamente emerjo de las nubes y estoy muy curioso. Al mismo tiempo, mi ciclo, que estaba en baja, reapareció. (Día 17, menstruación femenina en forma más desarrollada, con secreciones nasales, a veces sanguinolentas, antes y después)". Freud está menstruando, diría el niño del cuento *El Rey está desnudo*"[88].

*[16]. Carta de Freud a Fliess del 18 de junio de 1897, *Correspondência Sigmund Freud-Wilhelm Fliess*, 1986, comp. de J. M. Masson, Imago, Río de Janeiro, pág. 253.

Pasado el temporal, convalecencia en vacaciones: "En Aussie –escribe Freud a Fliess el 22 de junio de 1897–, conozco un bosque maravilloso, repleto de helechos y hongos, y será preciso que me inicies en los secretos del mundo de los animales inferiores y en el mundo de los niños. Quedaré boquiabierto ante lo que tendrás que decir"[89].

Los hongos, está bien, son la pasión de Freud; pero ¿quiénes son esos animales inferiores y de qué mundo de los niños se trata? Freud se refiere a las "zonas erógenas abandonadas" de los *infans*, que su amigo acababa de formular. Son las zonas de represión orgánica del olfato, punto de partida de sus especulaciones ulteriores sobre las consecuencias de la postura erecta.

De vuelta de Aussie y de encargar la lápida para la tumba de su padre, el autoanálisis se instala como eje dominante, y se produce la penosa demolición de la teoría de la seducción precoz. Así, en el momento decisivo de su introspección, él confía a su amigo el gran secreto que se venía "insinuando lentamente" en los últimos meses. Lo revela brutalmente en la primera frase: "No creo más en mi *neurótica* [teoría de la seducción]"[90]. Esa pirueta teórica exigía una explicación; él comienza a enunciar las razones de su incredulidad actual en términos "históricos". A mi juicio, es posible que haya presentado esas razones en orden inverso a la importancia teórica:

El continuo fracaso en mis tentativas de llevar un único análisis[*17] a una conclusión real; la desbandada de personas que, por algún tiempo, habían estado aferradísimas [al análisis]; la falta de los éxitos absolutos con que yo había contado y las posibilidades de explicarme de otra forma los éxitos parciales...[91]

Ésas eran las razones prácticas, personales, del desmoronamiento de la Neurótica. Luego viene una reflexión, ligada a la sobredeterminación, matizada de sentido común:

Después, la sorpresa de que, en la totalidad de los casos, los padres, sin excluir el mío, tendrían que ser acusados de perversos; el hecho de la inesperada frecuencia de la histeria, con predominio precisamente de las mismas condiciones en cada caso, nos hace pensar en lo poco probable de esas perversiones tan generalizadas contra los niños. La [incidencia] de la perversión debería ser inconmensurablemente más frecuente que la histeria, porque, a fin de cuentas, la enfermedad sólo ocurre cuando hay una suma de acontecimientos y un factor constitucional que debilite las defensas[92].

*17. En *Origins* ..., según Masson, no se trata de "un único análisis" sino de "mi análisis".

La tercera razón contiene el germen de cosas por venir:

> ... en tercer [lugar], el conocimiento seguro de que no hay indicaciones de realidad en el inconsciente, de modo que no se puede distinguir entre la verdad y la ficción investidas de afecto (por consiguiente, restaría la solución de que la fantasía sexual se liga invariablemente al tema de los padres).

Finalmente, tenemos un motivo psicopatológico:

> Cuarto, la consideración de que, en la psicosis más profunda, el recuerdo inconsciente [de la seducción] no surge, de modo que el secreto de las experiencias de la infancia no se revela ni siquiera en el más profundo delirio[93].

La implosión de la teoría del "acoso paterno" fue demorada; vacilante, conoció marchas y contramarchas, y las marchas a veces son contramarchas. Freud, en el primer momento, queda a la deriva, y dice: "Ahora no tengo la menor idea de dónde me sitúo, pues no tuve éxito en alcanzar una comprensión teórica de la represión ni de su interrelación de fuerzas"[94].

Freud está sin norte, desmantelado, pero no abatido: "Si yo estuviese deprimido, confuso y exhausto, esas dudas[*18] tendrían que ser interpretadas como señales de flaqueza. Ya que me encuentro en el estado opuesto, debo reconocerlas como el resultado de un trabajo intelectual honesto y vigoroso, y debo enorgullecerme, después de haber ido tan hondo, de ser todavía capaz de tal crítica"[95]. Encima de todo, el *impasse* le trae una especie de "exaltación intelectual"[96]: "Ante ti y yo mismo, tengo más un sentimiento de victoria que de derrota (lo que no es seguro, desde luego)"[97].

¿Por qué no es seguro? ¿Si una persona reconoce su error, no es eso acaso una victoria? La carta transmite una especie de euforia patibular, porque es a fin de cuentas la mensajera de una defunción: su "neurótica" está muerta y enterrada. Hay un clima de conversión espiritual, ya que "la expectativa de fama eterna era bellísima", pero "ahora puedo volver a sentirme sosegado y modesto"[98].

A esta altura Freud recuerda la historia de "¡Rebecca, tira el vestido!; tú no estás más de novia"[99]. Para Max Schur, "El sentido de esa «historieta» judía es obvio: «Tú ya fuiste una novia orgullosa, pero te metiste en apuros y el casamiento está cancelado. Tira tu vestido de novia»". Masson cita este fragmento, y agrega: "otra interpretación, que creo correcta, fue sugerida por Anna Freud, a saber: que Freud, con su teoría de las neurosis, se sentía feliz como una novia. Ahora

---

*18. Obsérvese que se trata de dudas y no de conclusiones.

esos días habían llegado a su fin y él tenía que volver a su condición anterior ..."[100] No le veo ninguna gracia a estas "banalizaciones" de la "historieta". Sugiero la siguiente interpretación: Freud, al acabar con la Neurótica, exculpa al padre, pero no quiere que se case con la inolvidable Rebecca –aunque Rebecca sea él.

La caída de la teoría de la seducción lo llevó a concluir que esos relatos de abuso paterno eran fantasías, producto de deseos incestuosos infantiles, y no acontecimientos reales. En 1897, la lógica del mundo interno fue concebida como una realidad imperiosa, válida y vigente, aunque anímica, después de lo cual quedaba definido lo que conocemos como la meta de la cura psicoanalítica: la finalidad terapéutica era revelar las fantasías infantiles ocultas tras las fachadas neuróticas.

Freud, con la caída de la "Neurótica", comienza por destrozar, dislocar, barrar la vieja teoría, para reprimir y reelaborar los fragmentos remanentes. Retorno creativo de lo reprimido. Cada uno de los ladrillos de la teoría de la seducción sufre entonces una torsión y un destino diferentes. De todos ellos, el elemento que más "progresó" fue la noción de *après-coup*, la posterioridad retroactiva[*19].

El abandono de la teoría de la seducción recuerda la renuncia a la hipnosis y el fiasco del filtro mágico cocaínico. Pero el espíritu creativo renace de las cenizas. Es admirable que Freud reconozca su error, dando un giro radical en su itinerario teórico, y continúe su camino. Pero la duda sobre la validez de la teoría de la seducción continúa en el aire. Tres meses después de la "carta de retractación", Freud escribe a Fliess:

Mi confianza en la etiología paterna[*20] aumentó considerablemente. Eckstein trató deliberadamente a su paciente como para no darle el menor indicio de lo que iría a emerger del inconsciente, y en ese proceso obtuvo, entre otras cosas, escenas idénticas con el padre[101].

Cabe la pregunta de cómo se posicionaba Fliess frente a la crisis de su amigo.

En ese sentido, para la historia es una pena que Freud hiciera su viaje relámpago de 24 horas después de anunciar su renuncia a la teoría de la seducción, ya que no tenemos su réplica escrita a la respuesta de Fliess. Llama la atención, eso sí, la ausencia de cualquier

*19. Debemos la dimensión actual de este concepto a la lectura de Freud por Lacan.

*20. "Etiología paterna": expresión idéntica a la empleada en carta del 28 de abril de 1897, al hablar del padre que "mojaba" a la hija con su esperma (*Correspondência Sigmund Freud-Wilhelm Fliess*, pág. 238).

alusión indirecta en Freud que revele el tenor (apoyo, gusto, disgusto) de la respuesta de Fliess ante el colapso de la Neurótica. ¿Creía él que Freud estaba en lo cierto al abandonar la "teoría paterna" o, por lo contrario, pensaba que las dudas de su amigo eran sólo nubes pasajeras?

La carta del 21 de setiembre sólo nos da un pequeño indicio. Recapitulemos. Después de decir "no creo más en mi *neurótica*", Freud agrega que Fliess "consideró digno de crédito lo que pude contarle"[102]. A mi juicio, esto permite inferir que Fliess creía en la teoría pero no la suscribía plenamente. No era un bien compartido, como la noción de bisexualidad, recién adoptada.

Lo que sabemos sugiere que Fliess iba al frente en el tema de la sexualidad infantil. Sulloway escribe: "Los descubrimientos de Wilhelm Fliess en materia de la sexualidad infantil me llevan a la segunda cuestión relativa a la deuda de Freud con él. Si la concepción de Fliess sobre el desarrollo espontáneo de la sexualidad infantil era un bien común a ambos, ¿por qué, entonces, Freud llegó a montar la teoría antitética de la seducción en las neurosis?"[103] Veamos las diferencias. Freud, por su tradición charcotiana, privilegiaba el trauma de la criatura inocente; Fliess creía en la sexualidad infantil "espontánea". "Curiosamente –observa Masson–, los dos hombres nunca estuvieron más próximos en sus ideas que en la hora de la ruptura"[104].

Ambos se cruzan sin reconocerse. Una vez más, la sexualidad trae el equívoco, reiterando la divergencia de Freud con Breuer. En aquella ocasión la ruptura ya se había instalado en las páginas de los *Estudios*. Conviene recordar que la sexualidad breueriana era más "psicológica" que la freudiana.

En la carta que siguió a la caída de la Neurótica, dos semanas más tarde, Freud hace la primera alusión al descubrimiento fundante del complejo de Edipo: "En los últimos cuatro días, mi autoanálisis, que considero indispensable para el esclarecimiento de todo el problema, continuó en los sueños y me proporcionó las más valiosas elucidaciones e indicios... Poner esto en el papel me es más difícil que cualquier otra cosa; también me llevaría a demasiadas divagaciones. Sólo puedo esclarecer que mi viejo no desempeña ningún papel activo en mi caso, pero que sin duda inferí algo sobre él, a partir de mí mismo ..."[105] Sucede, entonces, que después de la implosión de la teoría de la seducción, hubo una gran recuperación teórica. Freud emprendió un reagrupamiento de fuerzas, rumbo al descubrimiento de que detrás de la *ficción* de la histérica se encontraba la fantasía inconsciente y la sexualidad infantil polimorfa. Además de eso, algunos elementos esenciales del "Freud de la seducción" se encuentran traspuestos, como vimos, a las elaboraciones ulteriores de la teoría psicoanalítica.

En primer lugar: "La idea de que la represión sólo puede comprenderse haciendo intervenir varios tiempos; la fase ulterior confiere, con posterioridad, su sentido traumático a la primera. "Esta concepción encontrará su pleno desarrollo en *De la historia de una neurosis infantil*.

En segundo lugar: "La idea que en ese segundo tiempo [del proceso de represión] el yo sufre una agresión, un aflujo de excitación *endógena*; en la teoría de la seducción lo que resulta traumatizante es el recuerdo y no el acontecimiento en sí mismo". De allí que Laplanche concluya que el recuerdo casi tiene el valor de realidad psíquica[106], [*21].

En tercer lugar, todo hace pensar que Freud jamás consideró al fantasma como simple eflorescencia de la vida sexual espontánea del niño. Pensaba que el fantasma o fantasía inconsciente debía tener un fundamento último en el "terreno de la realidad"[*22].

Recordando este estado de ánimo, resulta interesante observar que exactamente una semana después de la carta, el ateo Freud ingresa en la *B'nai B'rith*. Concuerdo con Bernard Nitzchke en que ese acto de filiación tiene su importancia, sobre todo si pensamos que la carta del 21 de setiembre lava a Jacob Freud de toda sospecha pedofílica[107]. La entrada en la *B'nai B'rith* marca, entonces, un retorno de Freud a la grey judía. No tanto al judaísmo como cosmovisión, sino a una simple "judaización" como identidad esencial que no se cuestiona.

Se produce un flujo de recuerdos infantiles recuperados. Aparece la madre desnuda en el tren, los escarceos sexuales con la niñera prehistórica, los sentimientos de culpa por la muerte del indeseable hermano Julius, las andanzas vandálicas con su sobrino John. Él concluye diciendo: "No consigo darte ni siquiera una idea de la belleza intelectual de este trabajo"[108].

En 1914, bajo el rugir de los cañones, Freud describió como sigue su situación en ese crucial mes de octubre: "Cuando la etiología se vino abajo, víctima de su propia improbabilidad ... el resultado fue al principio un desalentado espanto. El psicoanálisis se había remontado, a través de trayectos seguros, hasta esos traumas sexuales, pero éstos no eran verdaderos. La realidad cedió debajo de mis pies. En esa ocasión hubiese desistido de todo de buen grado, exactamente como lo hizo mi apreciado predecesor Breuer cuando realizó su incómodo descubrimiento. Tal vez yo haya perseverado sólo porque no tenía opción y entonces no podía comenzar ninguna otra cosa" (repárese en la palabra "predecesor")[109].

---

*21. Para una exposición actualizada de las ideas de Laplanche sobre el tema, véase el "Reportaje a Jean Laplanche", *Asociación Argentina de Psicoterapia para Graduados*, XVIII, 1992, Buenos Aires, págs. 37-57.

*22. Porque la fantasía, reducida a sí misma, como lo señala Lacan, "se disuelve fácilmente en el humo de lo imaginario". El propio Lacan, en su momento, introducirá la dimensión de lo simbólico para dar cuenta "de ese fundamento último" que estructura lo imaginario.

El sueño de la carta a Fliess del 3 de octubre de 1897 arroja una nueva luz y muestra, al mismo tiempo, lo tortuoso que era el laberinto: "El sueño de hoy trajo lo siguiente, bajo los más extraños disfraces: ella [la niñera] era mi maestra en asuntos sexuales y se quejaba de que yo fuera inepto e incapaz de hacer cualquier cosa. (La impotencia neurótica siempre aparece de esa manera. El miedo a no ser capaz de hacer nada en la escuela obtiene de ese modo su sustrato sexual.) Al mismo tiempo yo veía el cráneo de un pequeño animal y, en el sueño, pensé en «puerco», pero en el [auto]análisis lo asocié con tu deseo de hace dos años de que yo encontrase en el Lido, como Goethe, un cráneo que me pudiera esclarecer. No lo encontré. Por tanto [fui] un «cabeza dura» [literalmente, un cabeza de carnero]"[110].

Esta "cabeza de carnero" es un buen ejemplo de condensación. Sabemos que a Goethe se le ocurrió su teoría de las vértebras craneanas al recoger en la playa del Lido los restos de un cráneo de cordero. La "cabeza de carnero" puede ser al mismo tiempo señal de impotencia y clave arqueológica para desenterrar antiguos recuerdos. En ese momento Freud busca un testimonio del pasado que ratifique sus hallazgos oníricos, y visita a su madre, quien confirma la historia de la niñera "encajonada"[111]. En la misma carta retoma el camino de Edipo Rey:

Descubrí, también en mi propio caso, [el fenómeno de] amor a mamá y los celos respecto de papá, y a partir de ahora lo considero un acontecimiento universal del inicio de la infancia ... De ser así, podemos entender el poder de atracción de Edipo Rey, a despecho de todas las objeciones que la razón aduce contra el presupuesto del destino[112].

De Goethe a Edipo y a Hamlet:

Me pasó fugazmente por la cabeza la idea de que lo mismo estaría en la base de Hamlet ... ¿Cómo es que Hamlet, histérico, justifica sus palabras: "Y así la conciencia nos hace a todos cobardes"? ¿Cómo explicar su vacilación en vengar al padre a través del asesinato del tío...? ¿Cómo [explicarlo] sino por la tortura que sufre por el oscuro recuerdo de que él mismo había pensado en practicar esa acción contra el padre, por amor a la madre...?[113]

El sueño habla de su "impotencia actual como terapeuta":

Tal vez de allí proviene mi inclinación a creer en la incurabilidad de la histeria. Además, [la niñera] me lavaba en un agua rojiza en la que ella se había bañado antes. (La interpretación no es difícil[*23]; no encuentro nada semejante en la cadena de mis recuer-

---

*23. No es imposible pero tampoco fácil pensar que la niñera bañaba a

dos, de modo que lo encaro como un auténtico descubrimiento del pasado distante.) Y ella me hacía hurtar *zehners*[*24] y dárselos... El sueño podría resumirse como "mal trato". Así como la vieja recibía dinero de mí por el mal trato que me dispensaba, hoy recibo dinero por el maltrato que doy a mis pacientes[114].

Desesperación y esperanza van de la mano. Las alternativas son claras en ese ser-o-no-ser: ser un Hamlet o ser un Edipo. Esta desesperación esperanzada es la marca registrada de la creatividad de Freud. A partir de ese momento él buscará en la literatura, en los mitos, el lugar donde los hombres intentan realizar los sueños irrealizables.

Cuando el edificio de la Neurótica se desploma, Freud queda casi enterrado bajo el polvo del fracaso. Fue en ese momento, según Ernest Jones, cuando alcanzó su estatura plena o, según Masson, cuando inició su renuncia más imperdonable. Partiendo de la "carta de retractación", Masson señala que dicha carta "simboliza el comienzo de una reconciliación interna con sus colegas y con la totalidad de la psiquiatría decimonónica. Según él, es como si Freud les hubiera dicho a sus colegas de la Sociedad de Psiquiatría de Viena: «Ustedes, a fin de cuentas, tenían razón; lo que yo tomaba por cierto no era más que un cuento de hadas científico»"[115]. Freud habría retrocedido por cobardía. Pero yo me pregunto: ¿qué era más ofensivo al espíritu decimonónico: que muchos padres fueran perversos o que existiera una sexualidad infantil, una concupiscencia espontánea en el *infans*? Creo que el bebé perverso es mucho más urticante, cosa que la historia de la publicación de los *Tres ensayos de teoría sexual*, dicho sea de paso, confirma.

El posicionamiento oscilante de Freud frente a la teoría de la seducción dio lugar a cierta ambigüedad, punto de partida de controversias futuras, y nutrió una tesis revisionista que culminaría en el libro de Masson *El asalto a la verdad* (La renuncia de Freud a la teoría de la seducción)[*25]. Este libro escandaloso[*26] tiene el mérito de llamar la atención sobre ese momento de equívoco en la ruta del psicoanálisis. Resulta extraño que un archivista culto y sofisticado presente un caso poco consistente y monotemático, sin conocer "ni la primera

---

Freud en agua coloreada con sangre menstrual. En este punto, Marie Balmary piensa que se trata de una sobredeterminación que incluye el agua bendita de la iglesia a la que la mujer llevaba al pequeño Sigismund. (M. Balmary, *L'homme aux statues*, 1979, citada por Anzieu, *A auto-análise de Freud e a descoberta da psicanálise*, 1989, Artes Médicas, Porto Alegre, pág. 145).

*24. Moneda de poco valor.

*25. Cf. M. Balmary, *L'homme aux statues* (1979) y J. Malcolm, *Tempête aux archives Freud* (1986).

*26. El *New York Times* lo llamó "El Watergate de la psique".

palabra de la *teoría* freudiana de la seducción", según el juicio exagerado de Laplanche[116].

Laplanche, en el papel de abogado del diablo, concluye que la *Neurótica* presentaba "una gran fuerza y puntos débiles"[117]. "Su fuerza reside en que es una teoría íntimamente ligada a los datos de la clínica"[118]. Porque esos casos no eran inventados; algunos habían sido narrados desde la veracidad robotizada de los sujetos en trance hipnótico. También hay fuerza en la simplicidad y la capacidad explicativa del modelo, ampliamente susceptible de extensión y ampliación, como todo modelo "ambientalista".

Por otra parte, ante esta seducción perversa tan ubicua, Freud, como observamos, se vio llevado a preguntarse cuál era la probabilidad estadística de que hubiera tantos padres tarados sueltos por la ciudad. Tenemos aquí un argumento simplista pero casi inexpugnable. Aunque existe, otra vez en la voz del abogado del diablo, un contraargumento esgrimible: el hecho que la histeria sea hoy en día un fenómeno raro se debería a que los padres actuales son menos perversos que nuestros bisabuelos (lo que es probablemente cierto).

El problema, en última instancia, consistía en decidir a quién había que creerle. ¿Quién seduce a quién? ¿El padre tarado o la histérica mentirosa?*[27] Freud adopta la segunda hipótesis. Es probable que el descubrimiento de la sexualidad infantil, junto a los hallazgos de Fliess, más la producción de su autoanálisis, hayan sido los factores decisivos. Tal vez el sueño de Hella –de fines de mayo de 1897– representó un punto de inflexión; en él, Freud indentificó, tras su sobrina Hella, a su hija mayor Mathilde como objeto de sus deseos incestuosos. Desde esa óptica podemos decir que el motivo de la "carta de retractación" era exculpar a Kallamon Jacob Freud. Antes, Freud sospechaba de que su padre era culpable, no con relación a él, sino con sus hermanos.

La historia de la seducción tiene un epílogo abierto por el terrible Masson. De aquí en más caminaremos por un campo minado de dudas y enredos. Entra en escena Robert Fliess, compañero de camada de Anna Freud y analista de reconocida trayectoria. En el primer volumen de la serie *Erogeneity and Libido*, publicado en 1956, él retoma la primitiva teoría freudiana de la seducción. Cree que los neuróticos agudos han sido traumatizados en la primera infancia por un padre psicótico y que, en el proceso, fueron golpeados, humillados y dañados. Robert Fliess concluye que un hijo de ese tipo de padre "pasa a ser víctima de una sexualidad perversa que no respeta la barrera del incesto. El niño es seducido de las maneras más estrambóticas"[119].

Ahora bien, en una nota de pie de página (estas observaciones

---

*27. ¿Parricidio o filicidio?, se preguntará Arnaldo Rascovsky (*El psiquismo fetal*, 1960, Buenos Aires, Paidós).

siempre son las más picantes) aparece un mensaje enigmático: "La aparición de la biografía de Freud [de Jones] me lleva a agregar una observación que, en caso contrario, omitiría. La iniciativa, de hecho, ya no es mía. En el primer volumen de la biografía, Jones hace una descripción de mi padre que le permite al lector psiquiatra realizar su diagnóstico. Algunos lectores, para no reconocer la *incidencia arriba mencionada* en sus propias familias, tal vez se sientan tentados a calificar de proyección lo observado. Les aclaro que, siguiendo el consejo que Freud da al analista de que retome periódicamente su propio análisis, he clarificado el retrato de mi padre en dos análisis serios, hechos con pericia, el último de ellos, tarde en la vida, con Ruth Mack Brunswick. Además, mantuve una extensa conversación con Freud sobre su antiguo amigo"[120].

Nota al pie extraña y sugestiva. Robert Fliess dice que todo psiquiatra puede realizar su diagnóstico a partir del retrato pintado por Ernest Jones, aunque no queda claro si los distintos diagnósticos serían coincidentes. Yo, personalmente, no extraigo ningún diagnóstico, y me da la impresión de que los autores, a partir de Ernest Jones, hablan superficialmente de las "excentricidades" de Fliess, con menciones al pasar, aquí y allá, de "delirios". No queda claro si Robert Fliess critica a Jones por sus revelaciones. Él dice que, después de esas revelaciones, tiene que hablar. Pero, hablar ¿de qué? Si entendí bien, está diciendo que fue necesario mucho análisis y mucha elaboración para superar *su* propio trauma paterno.

Qué enfermedad es ésa, se pregunta Masson, iniciando su propia pesquisa. Descarta la paranoia, que sería el diagnóstico inferible a partir de las pistas que da Jones, pues dicha conclusión es improcedente en relación con lo que Robert Fliess dice en ese capítulo. Según Masson, Robert se refiere a la "modalidad particular que a él le interesaba: la psicosis ambulatoria"[121]. En la vida social, el psicótico ambulatorio es una persona normal que incluso puede ser un gran científico. "Nadie −continúa Masson−, con la posible excepción de los familiares más próximos, sospecharía que esa persona padece una psicosis que invade la vida sexual. Robert prosigue diciendo que es tentador calificar de proyección lo que él observó, o sea, que se trataría de una fantasía, de una invención. Cuando afirma que ha «clarificado el retrato» de su padre quiere decir que la imagen que finalmente logró recomponer era la de un hombre que abusaba de los niños y que los abordaba sexualmente"[122].

Masson concluye que "Robert Fliess creía que su padre lo había seducido sexualmente en la infancia"[123]. Siendo así, las cosas se complican trágica, irónicamente. Freud confía su tesis de la sexualidad infantil a la persona menos preparada para escucharlo. Entonces, sentencia Masson, "nos encontramos frente a una de las parejas más desafortunadas de la historia de los descubrimientos intelectuales ... Freud era como un detective obstinado que sigue los rastros de un gran crimen y hace partícipe de sus conjeturas, aproximaciones y, por último, de su descubrimiento final a su mejor amigo que, de hecho, bien puede haber sido el asesino"[124]. Esto recuerda la historia del vampiro a cargo de un banco de sangre. Tal vez, quién sabe, quizá.

Sucede que, en un futuro no muy distante, la figura seductora cambiará de sexo y de intención. El villano padre perverso deja su lugar a la madre "preedípica". Freud jamás abandonó la teoría de la seducción. Lo que descarta, y no completamente, es el intento de llegar a la escena originaria, ya que hay una seducción a la cual ningún ser humano escapa: la seducción de los cuidados maternos[125]. Freud escribe: "La relación de un niño con el responsable de cuidarlo le proporciona una fuente inagotable de excitación sexual y de satisfacción de sus zonas erógenas. Eso es especialmente verdadero porque la persona que lo cuida ... es por lo general su madre; [ella] lo mira con sentimientos que se originan de su propia vida sexual: lo acaricia, lo besa, lo mece, tratándolo como sustituto de un objeto sexual completo"[126].

Tenemos, desde siempre, una "fuente sin fin de excitación sexual". Cuando se asume el polimorfismo sexual, ya no se necesita explicar la aparición de un síntoma de conversión atribuyéndolo a un suceso real traumático. La seducción paterna deja de ser necesaria. Basta con creer que los demonios de la sexualidad habitan la infancia. Todo lo que se orquesta en torno de las zonas erógenas "tiene el exacto valor de un *trauma*"[127]. El mundo infantil es traumático por su propia naturaleza pulsional. El trauma se ha interiorizado; no se refiere ya a un suceso externo, sino que designa un acontecer psíquico cargado de afecto, centrado en una región erótica del cuerpo: lo que el psicoanálisis denomina *fantasma*[128].

La seducción canalizada por los cuidados maternos está en el comienzo de las cosas, tras la cortina de humo imaginaria de las fantasías sexuales. Así, en las *Nuevas conferencias de introducción al psicoanálisis*, leemos: "Aquí la fantasía toca el terreno de la realidad efectiva, pues fue efectivamente la madre quien, en la realización de los cuidados corporales, provocó necesariamente, y tal vez incluso despertó por primera vez, sensaciones de placer en el órgano genital"[129]. La madre seduce "necesariamente", no puede evitarlo. Que las madres me disculpen pero, como en el escorpión del cuento, el "pecado" está inscrito allí, en la propia naturaleza maternal, como una fatalidad edípica. Laplanche señala que Freud "omite analizar lo que constituye esta universalidad y esta inevitabilidad" de la seducción[130]. Omite también extender la seducción precoz al conjunto de la erogeneidad del cuerpo y, en particular, de los orificios anal y bucal. Omite, finalmente, poner en juego el inconsciente de la madre. Freud no reubica esta seducción precoz en el conjunto teórico de su obra. Yocasta andaba y todavía anda suelta.

NOTAS

1. Didier Anzieu, *A auto-análise de Freud e a descoberta da psicanálise*, 1989, Artes Médicas, Porto Alegre, pág. 135.
2. Manuscrito N, *Correspondência Sigmund Freud-Wilhelm Fliess*, 1986, comp. de J. M. Masson, Imago, Río de Janeiro, pág. 252.
3. Jean Laplanche, *Nuevos fundamentos para el psicoanálisis, la seducción originaria*, 1987, Buenos Aires, Amorrortu. Véase "La teoría freudiana de la seducción restringida", págs. 109-119.
4. SE, III, pág. 199.
5. Jean Laplanche, *op. cit.*, pág. 111.
6. SE, III, pág. 169.
7. Carta de Freud a Fliess del 29 de noviembre de 1895, *Correspondência Sigmund Freud-Wilhelm Fliess*, pág. 153.
8. Didier Anzieu, *op. cit.*, pág. 67.
9. Carta de Freud a Fliess del 8 de diciembre de 1895, *Correspondência Sigmund Freud-Wilhelm Fliess*, pág. 155.
10. Frank J. Sulloway, *Freud, biologiste de l'esprit*, 1981, París, Fayard, pág. 139.
11. E. Haeckel, *Antropogenie oder Entwicklunggeschichte des Menschen*, vol I, págs. 556-7.
12. Carta de Freud a Fliess del 30 de junio de 1896, *Correspondência Sigmund Freud-Wilhelm Fliess*, pág. 194.
13. Carta de Freud a Fliess del 7 de marzo de 1896, ibíd., pág. 178.
14. Carta de Freud a Fliess del 30 de junio de 1896, ibíd., pág. 194.
15. Ernest Jones, *Essays in Applied Psychoanalysis*, 1923, Londres, Hogarth, pág. 76.
16. Carta de Freud a Fliess del 16 de abril de 1896, *Correspondência Sigmund Freud-Wilhelm Fliess*, pág. 182.
17. Maurice Blanchot, "A amizade", *Pulsional*, 1993, San Pablo, VI, págs. 7-11.
18. Manuscrito M, *Correspondência Sigmund Freud-Wilhelm Fliess*, pág. 247.
19. Carta de Freud a Fliess del 31 de mayo de 1897, ibíd., pág. 250.
20. Carta de Freud a Fliess del 22 de junio de 1897, ibíd., pág. 255.
21. Carta de Freud a Fliess del 8 de febrero de 1897, ibíd., pág. 230.
22. Frank J. Sulloway, *op. cit.*, pág. 110.
23. E. Jones, *A vida e a obra de Sigmund Freud*, 1989, Río de Janeiro, Imago, I, pág. 383.
24. E. Jones, ibíd.
25. SE, I, págs. 295-399.
26. SE, I, pág. 293.
27. *Anf.*, pág. 136.
28. Carta de Freud a Fliess del 20 de octubre de 1895, *Correspondência Sigmund Freud-Wilhelm Fliess*, pág. 147.
29. Ibíd.
30. Carta de Freud a Fliess del 29 de noviembre de 1895, ibíd., pág. 153.
31. SE, I, pág. 334.
32. O. Mannoni, *El descubrimiento del inconsciente*, 1970, pág. 48.
33. Ibíd.

34. SE, I, pág. 295.

35. L. A. Garcia-Roza, *Introdução a metapsicologia freudiana - I*, 1991, Zahar, Río de Janeiro, pág. 77.

36. Ibíd.

37. Karpinska, "Ueber die psychologischen Grundlagen der Freudismus", *Intern. Zeitschrift für Psychoanalyse*, 1914, pág. 305.

38. E. G. Boring, "Herbart main influence", cap III de *A History of Experimental Psychology*, 1950.

39. Ernest Jones, *A vida e a obra de Sigmund Freud*, I, pág. 372.

40. E. G. Boring, *Historia de la psicología experimental*, 1979, México.

41. SE, XIII, pág. 67.

42. Ernest Jones, *A vida e a obra de Sigmund Freud*, I, pág. 381.

43. Frank J. Sulloway, *op. cit.*, pág. 117.

44. Carta de Freud a Fliess del 8 de octubre de 1895, *Correspondência Sigmund Freud-Wilhelm Fliess*, pág. 142.

45. F. Sulloway, *op. cit.*, pág. 118.

46. SE, I, pág. 296.

47. L. A. Garcia-Roza, *op. cit.*, pág. 79.

48. Citado por L. A. Garcia-Roza, ibíd., pág. 79.

49. Carta de Freud a Fliess del 20 de octubre de 1895, *Correspondência Sigmund Freud-Wilhelm Fliess*, pág. 147.

50. L. A. Garcia-Roza, *Freud e o inconsciente*, 1988, Río de Janeiro, Zahar, pág. 46.

51. SE, II, pág. 201.

52. SE, I, pág. 317.

53. Donald W. Winnicott, "Transitional objects and transitional phenomena", *International Journal of Psycho-Analysis*, 1953, XXVI, pág. 89-97.

54. SE, I, pág. 296.

55. SE, I, pág. 381.

56. Garcia-Roza, *Freud e o inconsciente*, pág. 50.

57. SE.

58. SE.

59. SE, I, pág. 309.

60. L. A. Garcia-Roza, *Introdução a metapsicologia freudiana - I*, 1991, Zahar, Río de Janeiro, pág. 106.

61. Ibíd., pág. 96.

62. Jacques Lacan, *L'éthique de la psychanalyse - Le Séminaire, livre VII*, 1986, París, Seuil, pág. 51.

63. Carta de Freud a Fliess del 6 de enero de 1896, *Correspondência Sigmund Freud-Wilhelm Fliess*, pág. 209.

64. SE, I, págs. 360-1.

65. SE, I, pág. 307.

66. SE, I, pág. 314.

67. L. A. Garcia-Roza, *Introdução a metapsicologia freudiana - I*, pág. 110.

68. L. A. Garcia-Roza, "Impressão, traço e texto", *Manuscrito*, pág. 2.

69. Bertrand Russell, *História da filosofía occidental*, 1982, Brasilia, Universidade de Brasília, púg. 347.

70. Cf. el capítulo 5 de Henri Bergson, *L'évolution créatrice*, 1907 (versión castellana: *La evolución creadora*, 1912, 2 volúmenes, Barcelona, Colmena).

71. L. A. Garcia-Roza, "Impressão, traço e texto", *Manuscrito*, págs. 3-4.

72. Bertrand Russell, *op. cit.*, III, pág. 343.
73. Garcia-Roza, *O mal radical en Freud*, pág. 97.
74. SE, I, pág. 323.
75. L. A. Garcia-Roza, *Freud e o inconsciente*, pág. 56.
76. Didier Anzieu, *op. cit.*, pág. 64.
77. SE, I, pág. 339.
78. Amine Azar y Antoine Sarkis, *Freud, les femmes, l'amour*, 1993, París, Z'Editions, pág. 64.
79. SE, I, pág. 349.
80. Ibíd.
81. Carta de Freud a Fliess del 14 de agosto de 1897, *Correspondência Sigmund Freud-Wilhelm Fliess*, pág. 262.
82. Ibíd.
83. Ernest Jones, *A vida e a obra de Sigmund Freud*, I, pág. 308.
84. Elliott Jacques, "La mort et la crise au milieu de la vie", en *Psychanalyse du génie createur*, 1974.
85. Carta de Freud a Fliess del 22 de junio de 1897, *Correspondência Sigmund Freud-Wilhelm Fliess*, pág. 255.
86. Carta de Freud a Fliess del 7 de julio de 1897, ibíd., pág. 256.
87. Ibíd.
88. Carta de Freud a Fliess del 20 de julio de 1897, ibíd., pág. 257.
89. Carta de Freud a Fliess del 22 de julio de 1897, ibíd., pág. 255.
90. Carta de Freud a Fliess del 21 de setiembre de 1897, ibíd., págs. 265-6.
91. Ibíd.
92. Ibíd.
93. Ibíd.
94. Ibíd., pág. 268.
95. Carta de Freud a Fliess del 21 de setiembre de 1897, ibíd., pág. 266.
96. M. Robert, *La revolución psicoanalítica*, 1978, Fondo Nacional de Cultura, México, pág. 130.
97. Carta de Freud a Fliess del 21 de setiembre de 1897, *Correspondência Sigmund Freud-Wilhelm Fliess*, pág. 266.
98. Ibíd., pág. 266.
99. Ibíd., pág. 267.
100. Ibíd., págs. 267-8 n.
101. Carta de Freud a Fliess del 12 de diciembre de 1897, ibíd., pág. 287.
102. Carta de Freud a Fliess del 21 de setiembre de 1887, ibíd., pág. 265.
103. Frank J. Sulloway, *op. cit.*, pág. 191.
104. Jeffrey Moussaieff Masson, *El asalto a la verdad*, 1985, Barcelona, Seix Barral, pág. 148.
105. Carta de Freud a Fliess del 3 de octubre de 1897, *Correspondência Sigmund Freud-Wilhelm Fliess*, pág. 269.
106. Jean Laplanche, *op. cit.*, pág. 121.
107. Jacques Le Rider, "La première version d'«Actuelles sur la guerre et la mort»", *Revue Internationale d'Histoire de la Psychanalyse*, 1992, V, págs. 608-9.
108. Ibíd.
109. SE, XIV, pág. 17.
110. Carta de Freud a Fliess, portada del 4 de octubre de 1897, *Correspondência Sigmund Freud-Wilhelm Fliess*, pág. 270.
111. Carta de Freud a Fliess del 15 de octubre de 1897, ibíd., pág. 273.

112. Ibíd.
113. Ibíd.
114. Carta del 3 de octubre de 1897, ibíd., pág. 270.
115. Jeffrey Moussaieff Masson, *op. cit.*, pág. 35.
116. Jean Laplanche, *op. cit.*, pág. 124.
117. Ibíd., pág. 117.
118. Ibíd.
119. Robert Fliess, *Erogeneity and Libido, Some Adenda to the Theory of the Psychosexual Development of the Human*, 1956, Nueva York, Inter. University Press, pág. 17.
120. Ibíd., pág. xviii n.
121. Jeffrey Moussaieff Masson, *op. cit.*, pág. 146.
122. Ibíd., pág. 146.
123. Ibíd., pág. 144.
124. Ibíd., pág. 147.
125. Jean Laplanche, *op. cit.*, pág. 95.
126. SE, VII, págs. 229-230.
127. J. D. Nassio, *L'histérie ou l'enfant magnifique de la Psychanalise*, 1991. París, Rivages, pág. 51.
128. Ibíd., pág. 51.
129. SE, XXII, pág. 107.
130. Jean Laplanche, *op. cit.*, pág. 125.

CAPÍTULO 19

LA INMOLACIÓN DE EMMA ECKSTEIN

En el triste verano de 1897, con la excepción de una escalada al resbaladizo Schemering junto a su hermano Alexandre, predomina en Freud la exasperación de sus dificultades personales. Se debate en medio de ideas obsesivas, con coloración depresiva y sentimientos de fracaso. El 14 de agosto se sobresalta y comenta: "Entre mis pacientes, quien más me preocupa soy yo"[1].

A nosotros, hijos de Freud, también nos preocupa esta neurosis de porte más que mediano. Anzieu hace acrobacias para disimular tanta patología. Apela al siguiente argumento: "Estas dificultades –dice– pueden ser calificadas de neuróticas, en la medida en que el hombre llamado normal siempre las soporta pero ellas nunca revelan una estructura psicopatológica"[2]. No comprendo bien lo que Anzieu quiso decir con que "nunca revelan una estructura psicopatológica". Porque tenerla, la tienen.

Freud sufría. El autoanálisis agita la fábrica misma de sus sueños. El trabajo de duelo, factor que no podemos subestimar, movilizó sus tendencias depresivas. Además navega en plena crisis de la mediana edad (41 años) y todavía no ha logrado, como vimos, ninguna cura psicoanalítica. Tal vez aquí comience ese intrigante concepto pronóstico de "análisis interminable". Tampoco consigue una teoría consolidada y naufraga en un mar de dudas sobre su idoneidad profesional, como lo atestigua el sueño de la Cabeza de Carnero.

Por cierto, es bien sabido que el acto de crear no es inocuo. Con frecuencia se produce lo que Ellenberger denomina "enfermedad creadora" que, como dice el epígrafe de *La interpretación de los sueños*, moviliza las regiones infernales. Cada uno de los grandes hallazgos que irán marcando hitos en su autoanálisis se ve precedido de un período de parálisis. Como lo señala Anzieu, la última revelación de esta serie sólo será presentada al terminar la redacción de *La interpretación de los sueños*, cuando descubre la navaja de la castración[3].

Cierta noche, la semana pasada, cuando estaba trabajando arduamente, atormentado por ese gran dolor que parece ser el mejor estado para que mi cerebro funcione, las barreras súbitamente se levantaron, el velo se corrió, y tuve una clara visión, desde los detalles de las neurosis hasta las condiciones que hacen posible la conciencia. Todo parecía encadenarse, todo el conjunto fun-

331

cionaba bien y tuve la impresión de que la Cosa era entonces realmente una máquina[4].

Ahora bien, ese bloqueo bajo siete velos está íntimamente relacionado con Fliess: "La imposibilidad de escribir que me afecta parece tener como fin perjudicar nuestras relaciones. De esto no poseo ninguna prueba; se trata de impresiones bastante oscuras".

Ernest Jones abre "El período Fliess" de su biografía de la siguiente manera: "Llegamos aquí a la única experiencia realmente extraordinaria en la vida de Freud. Las circunstancias de su infancia, aunque sin duda psicológicamente importantes, fueron en sí mismas poco comunes ... pero no extraordinarias. Para un hombre maduro, bien casado y con seis hijos, nutrir una amistad apasionada por alguien intelectualmente inferior, subordinando sus opiniones a las de ese otro hombre, es también poco común, aunque no enteramente extraño. Pero liberarse de ese yugo por un camino jamás recorrido por ningún ser humano, explorando, en una acción heroica, su propia mente inconsciente, es algo extraordinario en el más alto grado"[5].

Sí, todo eso es extraño y también lo es el comentario de Jones. Para él los tres tiempos del drama están bien delimitados: tenemos, primero, el apasionamiento; segundo, la dependencia y, tercero, la cura mediante el autoanálisis. Yo encajaría las piezas de otro modo: pasión/dependencia/autoanálisis, son el trípode de la cura. Los tres factores articulan un dispositivo mutativo que permite concluir que Fliess fue, al mismo tiempo, el síntoma y el analista de Freud.

El propio Freud dice: "El verdadero autoanálisis es imposible"[6]. Después explica: "Puedo analizarme sólo por medio de aquello de lo que tomo conocimiento y que viene de afuera", y añade entre paréntesis, a la manera de Rimbaud: "(Como si yo fuese otro)"[7]. "Como si yo fuese otro": allí se dibuja la dialéctica simbólica de la transferencia. El autoanálisis es imposible ... sin Fliess. Fue Mannoni, trabajando la noción de Supuesto Saber de Lacan, quien colocó a Fliess en el lugar de analista de Freud. Fliess tiene el oído indiscreto del analista. El oído de este rinólogo fue necesario para el "análisis originario". La redacción de *La interpretación de los sueños* coincidió con los dos primeros años de autoanálisis intensivo. En ese período, la *Traumdeutung* era el texto, la *Correspondencia* con Fliess el paratexto, y el autoanálisis el dispositivo que dinamizaba el todo.

Jones, en el capítulo XIV, dedicado al autoanálisis, escribe "(1897-   )" para resaltar que esa jornada no tuvo fin. Sabemos que continuaba en 1902, cuando Freud rompió con Fliess. Para ser precisos, él retomó el autoanálisis más o menos esporádicamente, pero el "verdadero autoanálisis" tuvo lugar entre 1897 y 1902[*1].

1. La persona que trabajó más sistemáticamente en su autoanálisis fue

Para Laplanche y Pontalis, el autoanálisis es la "investigación de uno mismo por uno mismo, conducida en forma más o menos sistemática y recurriendo a ciertos procesos del método psicoanalítico: asociación libre, análisis de los sueños, interpretación de comportamientos, etc."[8]. Esta definición enumera los ingredientes sin explicar el enigma "transferencial" del dispositivo autoanalítico. Una vez más, ¿el autoanálisis es posible?

Soltera, en el punto de inflexión de los 30 años, Emma Eckstein presentaba un cuadro de larga data en el que era difícil determinar las causas orgánicas y psicológicas de sus síntomas: imposibilidad casi total de andar desde la pubertad, problemas digestivos y dismenorrea, atribuida a una actividad masturbatoria contumaz. Su caso pasó a ser la piedra de toque con la que Freud y Fliess confrontan sus respectivas posiciones. Para el rinólogo, las hemorragias confirman su teoría de los períodos, la excitación sexual periódica que produce hemorragias nasales o menstruales. Las reglas, es bueno recordarlo, fueron el punto de partida de la numerología fliessiana. Freud acepta al principio esta interpretación periódica, aunque sin obtener de la paciente las fechas confirmatorias. Con el correr del tiempo, opta por el "origen histérico" de las hemorragias[9].

Hasta entonces Fliess, en estos casos, se contentaba con cauterizar el cornete en los "puntos genitales" de la nariz y aplicar cocaína. Pero el tratamiento no-quirúrgico sería ineficaz si persistía la masturbación, con su cortejo de gastralgias y dismenorreas. Fliess convence a Freud de la conveniencia de practicar una operación nunca intentada antes: la ablación del cornete medio izquierdo de la nariz, en su tercio frontal. Resultado: la paciente casi muere de una hemorragia nasal y queda con el rostro desfigurado.

Fue un "descuido" quirúrgico:

Queridísimo Wilhelm:

Acabo de recibir tu carta y paso a responderte de inmediato. Afortunadamente comienzo a ver por fin las cosas claras en lo que concierne a la Srta. Eckstein y estoy en condiciones de proporcionarte un relato que, probablemente, te provocará tanto horror como a mí, pero espero que lo superes tan pronto como yo[10].

La mala noticia era una muy mala noticia. Parece ser que, des-

<hr>

Ferenczi. Tomaba su contratransferencia como materia prima para la reflexión. Ya en 1910 le escribe a Freud: "Tengo conciencia de que sólo por la disposición para un autoanálisis permanente, que permita esclarecer los conflictos interiores sin auxilio exterior, se alcanza una *cura* definitiva del ser humano".

pués de la intervención, Emma no mejoraba. Persistía una tumefacción local, la hemorragia no cedía y de la herida emanaba un olor fétido de irrigación obstruida. Freud le pidió al médico que realizara un drenaje, pero el cuadro no se modificó. Dos días más tarde lo despertaron en la madrugada: había recomenzado una abundante hemorragia, acompañada de mucho dolor. Él y el Dr. Rosanes visitaron a la paciente, y la carta pasa a narrar el desastre quirúrgico:

Persistía una hemorragia moderada de la nariz y la boca, y el olor fétido era muy fuerte. Rosanes limpió la zona en torno de la abertura, retirando algunos coágulos y luego algo parecido a un hilo. Siguió tirando y, antes que pudiésemos pensarlo dos veces, extrajo de la cavidad por lo menos medio metro de gasa. Un segundo después surgió un chorro de sangre. La paciente palideció, con los ojos desencajados y sin pulso.

¡Medio metro de gasa! Freud se espanta:

En el momento en que salió el cuerpo extraño y vi todo claro... me invadió un mareo*[2]. Mientras taponaban la hemorragia, corrí a la habitación contigua y bebí una jarra de agua. La buena *Frau Doktor* (probablemente la Dra. Therese Schlesinger, hermana de Emma) me dio luego una copa de coñac y recuperé mi ánimo[11].

Y aclara:

No fue la sangre lo que me abatió: pensé que habíamos cometido una injusticia con ella. Emma no era anormal en absoluto, sino que un pedazo de gasa con yodoformo se desgarró mientras la operabas y había permanecido allí durante catorce días, impidiendo la cicatrización ...[12]

El caso Emma Eckstein, como la libra de carne en el *Mercader de Venecia*, pesó en las relaciones entre los dos hombres. Freud se apresura a asumir la culpa por la nefasta iniciativa: "No sé si debo atribuir a este caso deprimente el hecho del estado de mi corazón ... Volví a tomar estrofantina [especie de digitalina] para tener un pulso menos débil... El humor y la energía están muy *a bas*"[13]. Una nube cubre la relación. Por un lado, Freud censura veladamente a Fliess, pero la queja es neutralizada por el elogio: "Para mí sigues siendo el médico, el tipo de hombre en cuyas manos se puede depositar con confianza la vida de cualquier persona de la familia". Anzieu interviene melodramáticamente: "Emma, virgen sacrificada y ensangrentada

---

2. Éste fue el primer desmayo de Freud.

en el altar del amor homosexual casto entre Freud y Fliess ...” Sea como fuere, el trío Freud-Emma-Fliess recuerda el triángulo infantil Freud-Pauline-John, en la escena vandálica en los campos de dientes de león[14].

La confianza en su amigo queda debilitada, aunque la de Emma en Freud y en Fliess, por increíble que parezca, persiste intacta[15]. Sí, la nefasta cirugía marca el comienzo de la separación de los amigos. La intención del leal Schur, responsable de sacar las cartas del caso Emma a la luz del día, no fue, conscientemente, desmerecer a Freud, sino mostrar la fascinante fuerza de la transferencia. Porque Janet Malcolm tiene razón al comentar que, si bien la censura de estas cartas no se justifica desde el punto de vista, digamos, erudito, es fácil comprender la omisión si nos ponemos en la piel de Anna Freud y pensamos en términos de caridad filial. Esas cartas revelan una falla caracterológica en Freud que lo lleva a decir, después del episodio de la gasa, “¡Pensar que este accidente sucedió contigo!”, con lo cual el énfasis pasa de la tragedia en sí al destinatario iatrogénico[16].

Una carta clave, por mostrar la ambivalencia en estado naciente, tiene la fecha del 29 de agosto de 1894:

Queridísimo amigo:

Bien, esto es demasiado, ¿será que vas a transformarte completamente en pus para mí? Al diablo con una cirugía tras otra; ¡acaba con eso de una vez por todas! [...] ¿Dime, qué puedo hacer a todo esto? Quisiera ser un “doctor”, como dicen, un médico y un gran curador para entender en esos asuntos y no dejarte en manos extrañas en esas circunstancias. Infelizmente no soy doctor, como bien sabes. Tengo que confiar en ti en cuanto a eso, como en todo lo demás; necesito tener la esperanza de que sepas tratarte y tengas tanto éxito en tu *propio caso* como con los otros casos (inclusive el mío)[17].

Antes que nada, existe una cierta exageración maternal, que disimula reactivamente una rabia amorosa contenida. Freud se sentía culpable porque, nuevamente, como cuando Martha lo siguió al monte Rax, el matrimonio Freud salió de vacaciones mientras Fliess se operaba. En efecto:

No estoy ni un poco ansioso por ir a Lovrano, pero Martha, que tan raramente desea alguna cosa, esta vez insiste en el viaje y en hacerlo de esa manera[18].

De allí la presencia de sentimientos de culpa mal disimulados, y una nueva exageración:

Las personas de carácter no deberían morir; para nuestro descanso, necesitamos de muchos como tú. Cuánto te debo: consuelo, comprensión, estímulo en mi soledad, sentido dado a la vida gracias a ti y, para terminar, la propia salud que nadie más podía darme. Gracias a tu ejemplo adquirí intelectualmente la fuerza de tener confianza en mi juicio y, aun cuando estoy aislado, pero no de ti, enfrentar, como tú, con gran humildad, todas las dificultades que el futuro quiera traer[19].

De pronto hace su entrada el cáncer:

[El trabajo] es una especie de tejido neoplásico que se infiltra en lo humano y finalmente lo sustituye ... En mi caso el trabajo y las actividades lucrativas coinciden; me transformé completamente en un carcinoma. Al neoplasma en su estadio de desenvolvimiento más reciente le gusta beber vino. Hoy se espera que yo vaya al teatro, pero eso es ridículo, como una tentativa de hacer un injerto en un carcinoma. Nada prende en él, la duración de mi vida será la del neoplasma[20].

Siniestro pasaje desde el *après coup* de su historia. Pinta vívidamente el "sínthoma" creador del cual habla Lacan. Hay un hervidero de ideas nuevas, esparcidas en cuadernos, cartas, borradores, trozos de papel, remitidos a Fliess. Era un crisol compartido, y Freud alentó a Fliess a que publicara su informe preliminar sobre la neurosis nasal refleja, leyó el manuscrito, sugirió alteraciones y propuso incluso la publicación de un ensayo en común.

El aislamiento, como vimos, es un *leitmotiv* en la correspondencia, sobre todo en los primeros años. Así, en la carta del 25 de abril de 1894 Freud habla de una "calma chicha" científica y social[21] que lo cercaba; en la carta del 21 de mayo dice: "Estoy bastante solo aquí en la elucidación de las neurosis. Me consideran como una especie de monomaníaco ..."[22]; en la carta del 22 de junio, la misma que menciona la preparación de los *Estudios*, agrega: "Básicamente, durante el día entero, sólo pienso en las neurosis ..."[23]

Un sueño marca el comienzo del fin de la transferencia con Fliess. Al volver de la campaña priápica, cuatro semanas después del sueño de la Monografía Botánica, Freud tuvo el siguiente, que comienza con una advertencia, ya que "se trata de un sueño absurdo que juega con números":

El señor M..., de mi conocimiento, fue criticado en un artículo por Goethe... con una violencia injustificada, según nuestra opinión. El señor M... está naturalmente aniquilado por este ataque. Se queja amargamente a los comensales; su veneración por Goethe, sin embargo, no ha sido afectada por esta experiencia personal. Yo procuro entonces esclarecer un poco las relaciones cronológicas, que me parecen inverosímiles. Goethe murió en 1832. Como su ataque contra el señor M... tiene que haberse realizado antes, el señor M... debía entonces ser muy joven. Me pareció verosímil que tuviese dieciocho años. No sé bien en qué año estamos, y mi cálculo zozobra en la oscuridad. El ataque, dicho sea de paso, se encuentra en el bien conocido artículo sobre la "Naturaleza", de Goethe[24].

Freud enfatiza que el proceso formal que preside la elaboración del sueño se fundamenta en el mecanismo de inversión. "Es absurdo pensar que Goethe pudiera vilipendiar al joven, mientras que cabe imaginar que un joven ataque a Goethe, que es un inmortal"[25].
Freud aquí se refiere a una crítica a Fliess, publicada por alguien muy joven: en el sueño es muy joven el criticado.
Por eso este sueño puede ser interpretado como un liberador de pulsiones cuando la transferencia con Fliess comienza a declinar. El supuesto saber fliessiano puede ser criticado. Si empleamos los sueños de Freud, a la manera de Anzieu, como una secuencia de titulares que presentan los adelantos en el autoanálisis, cabe decir que el sueño de la Monografía Botánica se explaya sobre el problema autoerótico de la cocaína, mientras que el sueño de la Crítica a Goethe hace referencia a las consecuencias de haber "trabajado" su transferencia con el rinólogo. No en vano 1898 es el año en que el proyectado texto sobre los sueños comienza a perfilarse en forma de libro, bajo la "erección permanente" de su imaginación. Por otra parte, Freud bien puede ser el joven que critica Goethe, el cual, con su apócrifa Oda a la Naturaleza, lo llevó a tomar el rumbo que tomó ...

La ruptura se produjo en Achensee, en el verano de 1900. No sabemos exactamente qué ocurrió. La versión ulterior publicada por Fliess dice que Freud lo atacó violenta e inesperadamente, "lo que parece muy improbable", estima Jones. Según Porge, Fliess llegó incluso a temer por su vida[26]. Otra versión narra que Fliess respondió airadamente a algunas críticas a las leyes periódicas, afirmando que Freud leía sus propios pensamientos en sus pacientes. Freud proyectaría su ideario personal en el planetario universal de la cultura.
¿Cuál fue el motivo?
Es posible, señala Jones, que haya sido precipitada "por una de las raras visitas de su hermano Emmanuel... a Viena en la Pascua, algunos meses antes; su afección invariablemente límpida por Emmanuel debe de haber sido contrastada con la cada vez más ambivalente actitud en relación con Fliess"[27]. Jones no explica de dónde viene esa idea, pero, siendo así, resulta de interés que la mencionada visita de Emmanuel esté consignada en la memorable carta de la placa de mármol, o sea cuando él emplaza su propia placa en el lugar de la que le había destinado a Fliess por su futura invención anticonceptiva.

Fliess, en su libro *Por mi propia causa*, en la disputa por el "robo de ideas" con Weininger y Swoboda e, indirectamente, con Freud, escribe lo siguiente:

> Con Freud tuve frecuentes reuniones científicas en Berlín. Viena, Salzburgo, Dresde, Nuremberg, Breslau, Innsbruck. La última fue en 1900, en el lago de Achensee. Esa vez Freud se comportó conmigo con una vehemencia que era inexplicable ... Después de una larga discusión, pude darme cuenta de que la animosidad personal contra mí provenía de la envidia[28].

La violenta disputa de Achensee fue el final irremediable de esa relación. Fin de los "Congresos"; nunca más se encontraron. Freud, por su parte, no podía creer que una amistad tan valiosa hubiera realmente acabado. Durante más de dos años continuó empeñado en reparar la fractura, aunque reconociendo que el antiguo intercambio "científico" ya no podría resucitarse. Llegó incluso a proponer que escribieran juntos un libro sobre la bisexualidad, tema favorito de Fliess. Él se encargaría de la parte clínica, y Fliess de la anatómica y biológica. Pero éste fue inflexible. Sospechaba que ésa era una trampa de su ex amigo para quedarse con una parte del botín. La correspondencia restante sigue siendo superficialmente cordial, casi afectuosa, aunque trata de banalidades. La última carta es un billete de condolencias de diciembre de 1902, por la hija de Ida Fliess, que había muerto en el parto: "Entre todos los tipos terribles de calamidades, ésa es, a fin de cuentas, la prueba menos severa de todas"[29]. La muerte infeliz de una criatura, comenta Anzieu, coincide con la muerte de una amistad[30].

El *affaire* del plagio de Freud, Weininger y Swoboda, imputado por Fliess, puede considerarse un epílogo infausto como fin de esa amistad. Este asunto, complicado y tortuoso, tal vez se comprenda mejor partiendo de un pasaje de la *Psicopatología de la vida cotidiana*:

> Cierto día, en el verano de 1901, hice la siguiente observación a un amigo con quien, en la época, acostumbraba tener un intercambio activo de ideas científicas: "Esos problemas de las neurosis sólo podrán solucionarse si nos basamos total y completamente en el presupuesto de la bisexualidad original del individuo". A lo que él respondió: "Eso fue lo que yo te dije en Breslau hace dos años y medio, cuando dimos aquel paseo por la noche. Pero en ese momento te negaste a oír hablar del asunto". Es doloroso que se nos pida de esa manera que renunciemos a nuestra originalidad[31].

En un primer momento Freud no recuerda esa conversación, pero

> ... en el transcurso de la semana todo el incidente volvió a mi

memoria; había sido exactamente como mi amigo intentó hacérmelo recordar [32].

Pfenning y Fliess tomarán este pasaje como prueba de una "intención de apropiación indebida por parte de Freud". El tortuoso desarrollo del caso, visto en cámara lenta, envuelve varios pasos.

Primer paso. En 1900, Hermann Swoboda, en el diván de Freud, es interpretado en función de la "disposición bisexual de cada ser humano". Es más que probable que Freud le haya expuesto las ideas de Fliess con cierto detalle. Ese mismo día, Swoboda habla del asunto con su amigo Otto Weininger.

Segundo paso. Otto Weininger publica en 1901 su *best-seller Sexo y carácter*, libro que rápidamente adquirió el estatuto de objeto de culto. Este joven judío de 23 años, convertido al cristianismo, que detestaba a los judíos y las mujeres por igual, se suicidó en Viena pocos meses después, de un tiro en la cabeza, en la casa de Beethoven. Weininger había mostrado a Freud el manuscrito de su libro, pensando en conseguir editor. A Freud no le gustó el libro, en particular el capítulo sobre la histeria.

Tercer paso. En enero de 1904 Swoboda le envía a Fliess su libro *Los períodos del organismo humano y su significación biológica y psicológica*. Fliess aprecia la obra, y le envía al autor una carta amistosa: "Mi más cordial agradecimiento por el envío de este libro cautivante que brinda un esclarecimiento original del problema de los períodos"[33]. Además, en esa carta habla de Freud, comentando que "tuvo una disputa con el Profesor Freud, que niega la influencia de la periodicidad sobre los fenómenos psíquicos". O sea que, para Porge, al principio Fliess toma a Swoboda como posible aliado[34].

Cuarto paso. Debido en gran parte al éxito de *Sexo y carácter*, los nombres de Weininger, Swoboda y Fliess comenzaron a ser relacionados por el público. Aparecen una serie de artículos en el *Neuer Wiener Tageblatt*. El tema está de moda; ellos son los Tres Mosqueteros de la Bisexualidad.

Quinto paso. Fliess, en 1904, finalmente lee a Weininger y se aterra al encontrar sus ideas sobre la periodicidad y la bisexualidad plagiadas a cielo abierto. Consternación.

En esa coyuntura recibió Fliess la carta de Freud del 26 de abril de 1904, en la cual, después de invitarlo a participar en una revista que planea lanzar con Adler y Stekel, acota:

Tienes que haber recibido un trabajo del Dr. Swoboda, del cual soy, en más de un aspecto, el inspirador intelectual, aunque no desearía ser el autor[35].

Más que una gota de agua, eso fue una espoleta: Swoboda era un discípulo de Freud. A partir de ese momento se forma un nuevo triángulo, esa vez persecutorio: Freud-Swoboda-Weininger. Se inicia entonces una viva polémica sobre prioridades y en 1906, A. R. Pfenning, "un periodista amigo de Fliess", según Jones, pero en realidad el director de la Biblioteca Real de Berlín, redacta un panfleto insultante contra Weininger, Swoboda y Freud, titulado "Wilhelm Fliess y sus imitadores". Pfenning sentencia: "No nos compete abrir juicio sobre cómo usó el profesor Freud su amistad con Fliess. Sólo queremos señalar que el profesor, después de negar que Swoboda fuese discípulo suyo, se encerró en meticuloso silencio sobre el asunto principal [su conocimiento de la obra de Weininger antes de su publicación], en una actitud que sólo puede ser calificada de cínica"[36]. Finalmente Fliess publica extractos de la correspondencia de 1904.

Frente a esa acusación de indiscreción, Freud da rodeos. Admite que había comentado la bisexualidad con Swoboda durante el tratamiento; ese tipo de cosas, escribe, es corriente en todos los análisis. Swoboda le habría pasado la información a Weininger, en la época, preocupado con el problema de la sexualidad. "El extinto Weininger era un ladrón con una llave que encontró por ahí." Fliess no se calma. Un amigo íntimo le dijo que Weininger le había mostrado el manuscrito de *Sexo y carácter* a Freud, sin que éste le advirtiera que estaba por cometer un robo intelectual. La fea historia se arrastra.

Estamos en una historia de delirios, con y sin comillas. Los célebres delirios de Fliess, a veces son "delirios". Depende del contexto. Jones, Schur, Robert, Gay, por una lado, hablan de un delirio paranoide en relación con este tema del "robo de ideas". Todos ellos, más Roazen, Wittels y Anzieu, dejan entrever aquí y allá, la presencia de chispas "delirantes" en las nociones de periodicidad y en la numerología fliessiana en general. El propio Freud se opondría totalmente a esta insinuación. Él, de hecho, sólo percibió el delirio en las márgenes del lago Achensee. Pero habla claramente del delirio sin comillas. En una carta a Jung es explícito: "Mi ex amigo Fliess desarrolló una paranoia horrible después de librarse de su afecto por mí, que era sin duda considerable"[37].

Ahora bien, ¿fue un delirio o un "delirio"? Hay un pasaje en el prefacio de la segunda edición de *Por mi causa* que recuerda la florida paranoia de Schreber:

No me preocupa que mi obra sea leída ahora o sólo en el futuro. No me incomoda aguardar un siglo allí donde Dios aguardó seis mil años... Robé el tesoro sagrado de los egipcios. Me someto a mi cólera sagrada [38] [*3].

3. Porge nos alerta que la cita de los secretos egipcios es de Kepler y que "mi cólera" puede ser un acto fallido (Erik Porge, *Vol d'idées*, 1994, L'Espace Analytique, París, pág. 118).

No sé si Fliess resbaló o estuvo cerca. Sea como fuere, ese pasaje tiene a su vez un sabor freudiano, sobre todo si sabemos, gracias a Porge, que la frase sobre los egipcios es de Kepler, lo que recuerda ese pasaje, un poco megalomaníaco, del propio Freud, en el que se compara con Copérnico y Darwin, aunque la comparación sea válida[39]. Esto nos remite, en línea directa, a la siguiente pregunta de Mannoni: "¿Por dónde pasa esa línea sutil que separa el delirio de Fliess del saber de Freud?"[40] [*4]

NOTAS

1. Carta de Freud a Fliess del 14 de agosto de 1897, *Correspondência Sigmund Freud-Wilhelm Fliess*, 1986, comp. de J. M. Masson, Imago, Río de Janeiro, pág. 262.
2. Didier Anzieu, *A auto-análise de Freud e a descoberta da psicanálise*, 1989, Artes Médicas, Porto Alegre, pág. 137.
3. Ibíd.
4. Carta de Freud a Fliess del 20 de octubre de 1895, *Correspondência Sigmund Freud-Wilhelm Fliess*, pág. 147.
5. Ernest Jones, *A vida e a obra de Sigmund Freud*, 1989, Río de Janeiro, Imago, I, pág. 292.
6. Carta de Freud a Fliess del 14 de noviembre de 1897, *Correspondência Sigmund Freud-Wilhelm Fliess*, pág. 282.
7. Ibíd., pág. 280.
8. J. Laplanche y J.-B. Pontalis, *Diccionario de psicoanálisis*, 1981, Barcelona, Labor, pág. 39.
9. Didier Anzieu, *op. cit.*, págs. 73-4.
10. Carta de Freud a Fliess del 8 de marzo de 1895, *Correspondência Sigmund Freud-Wilhelm Fliess*, pág. 117.
11. Ibíd.
12. Ibíd.
13. Carta de Freud a Fliess del 11 de abril de 1895, ibíd., pág. 125.
14. Mariane Krüll, *Sigmund, fils de Jacob*, 1979, París, Gallimard, pág. 185.
15. Este tema es tratado en detalle por Max Schur en "Some additional «Day Residues» of the «Specimen dream of psychoanalysis»", en *Psychoanalysis – A General Psychology*, 1966, comp. por R. M. Loewenstein, L. M. Newman, M. Schur y A. J. Solnit, págs. 45-85.

4. Fliess luchará hasta su muerte –en 1925– para hacer reconocer su teoría de los biorritmos. No dejará tampoco de interesarse por el psicoanálisis, y su hijo Robert, nacido en el mismo mes que Anna Freud, llegará a ser un conocido psicoanalista. Vemos entonces que los hijos de Breuer y Fliess, ambos llamados Robert, permanecerán cerca de Freud, lo que tal vez hable de la buena voluntad de los padres para con el ex amigo.

16. Janet Malcolm, *In the Freud Archives*, 1984, Nueva York, Knoff, pág. 48.

17. Carta de Freud a Fliess del 29 de agosto de 1894, *Correspondência Sigmund Freud-Wilhelm Fliess*, pág. 95.

18. Ibíd.

19. Carta de Freud a Fliess del 1º de enero de 1896, ibíd., pág. 159.

20. Carta de Freud a Fliess del 19 de febrero de 1899, ibíd., pág. 345-6.

21. Carta de Freud a Fliess del 25 de abril de 1894, ibíd., pág. 69.

22. Carta de Freud a Fliess del 21 de mayo de 1894, ibíd., pág. 74.

23. Carta de Freud a Fliess del 22 de junio de 1894, ibíd., pág. 86.

24. SE, V, pág. 439.

25. SE, V, pág. 440.

26. Erik Porge, *Vol d'idées*, 1994, L'Espace Analytique, París, pág. 135.

27. Ernest Jones, *op. cit.*, I, pág. 316.

28. Wilhelm Fliess, *In eigener Sage. Gegen Otto Weininger und Hermann Swoboda*, 1906, Berlín, Emil Goldschmidt.

29. Carta de Freud a Fliess del 7 de diciembre de 1902, *Correspondência Sigmund Freud-Wilhelm Fliess*, pág. 459.

30. Didier Anzieu, *op. cit.*, pág. 408.

31. SE, VI, págs. 143-4.

32. Ibíd.

33. Erik Porge, *op. cit.*, pág. 77.

34. Ibíd., pág. 78.

35. Carta de Freud a Fliess del 26 de abril de 1904, *Correspondência Sigmund Freud-Wilhelm Fliess*, pág. 402.

36. A. R. Pfenning, *Wilhelm Freud und seine Nachentdecker, O. Weininger und H. Swoboda*, 1906, citado por Vincent Brome, *Freud and his early circle: the struggles of psychoanalysis*, 1967, Londres, Heinemann, pág. 12.

37. Carta de Freud a Jung del 17 de febrero de 1908, *Freud-Jung, Correspondência Completa*, 1976, Río de Janeiro, Imago, pág. 165.

38. Wilhelm Fliess, *op. cit.*

39. Erik Porge, *op. cit.*, pág. 118.

40. Octave Mannoni, "L'analyse originelle", *Clefs pour l'imaginaire ou l'autre scène*, 1969, Paris, Seuil, pág. 117.

CAPÍTULO 20

EL LIBRO DE LOS SUEÑOS

A mediados de junio de 1899, Freud envía a su amigo una carta reveladora. Comienza con una referencia a esa transgresión que fue su trabajo "Sobre los recuerdos encubridores":

> Los "Recuerdos Encubridores" están en Jena, con Ziehen; el vino llegó y está descansando, conforme a tus instrucciones, pero el [libro del] sueño está tomando forma, de repente, sin motivo especial, sólo que esta vez confío en él. Decidí que no puedo usar ningún disfraz ... pues no soy lo suficientemente rico como para reservarme mi mejor hallazgo y, probablemente, el único duradero. En este dilema, me comporté como el rabino de la historia del gallo y de la gallina[1].

Ser o no ser. Jugar limpio, mostrar la cara, cueste lo que costare. La historia del gallo y de la gallina es ejemplar:

> El matrimonio, que era dueño de un gallo y una gallina, resolvió celebrar los días santos asando un ave, pero marido y mujer no conseguían decidirse sobre a cuál de los dos matar y, en la duda, acudieron al rabino: "Rebbe, ¿qué debemos hacer? Sólo tenemos un gallo y una gallina. Si matamos el gallo, la gallina va a morir de pena, y si matamos la gallina, el gallo va a morir de pena. No obstante queremos comer un ave en el día santo; entonces, ¿qué vamos a hacer?" El rabino dice: "Maten el gallo".

El matrimonio no se conforma:

> "Pero en ese caso, la gallina va a morir de pena."

El *Rebbe* responde:

> "Sí, es verdad; entonces maten la gallina."
> "Pero, rabino, el gallo va a morir de pena."

El rabino concluye:

> "Y bien, ¡que muera de pena!"[2]

Esto es más que la fórmula charcotiana según la cual, para hacer una tortilla *"il faut casser des oeufs"*. Apuesta radical: privilegia el deseo por sobre cualquier remordimiento. Si eso es lo que quieres, búscalo. La apuesta es alta; el riesgo, grande. Uno no puede darse el lujo de ser cobarde y dejar que su obra muera. Por otra parte, por primera y tal vez única vez, Freud reconoce su culpa por el disfraz de "Sobre los recuerdos encubridores". En su libro *La interpretación de los sueños*, él hará lo que hay que hacer:

> Esta vez abriré camino a la fuerza hasta el fin. Ninguno de mis otros trabajos fue tan completamente mío, mi propio montón de estiércol, mi arbusto y, como culminación, una nueva *especies mihi*[3].

¿Cuál era el panorama *psi* al final del siglo pasado? Cuando el joven y desconocido Bleuler sustituye a Forel en el célebre sanatorio Burghölzli, en 1898, la histeria y el hipnotismo estaban en baja, y con ellos se evaporaba la fama de Charcot. La palabra del día era "psicoterapia". Löwenfeld[4] le dedica un extenso capítulo a la relación médico-paciente, y distingue varios tipos de terapias mentales: gimnástica, sugestiva, emotiva y el método de Breuer-Freud.

Janet publicó su *best-seller* psicológico *Neurosis e ideas fijas*[5] en 1898. Este libro presenta los casos clínicos más famosos (Marcelle, Justine y Achilles, el poseído por el demonio). En la enciclopedia de Albert Robin, este autor aparece, con justa razón, como el mayor terapeuta de Europa[6]. Otro libro importante de fines de siglo fue el de Albert Moll, *Investigaciones sobre la libido sexual*[7], donde se postula la evolución ontogenética del instinto sexual, una evolución semejante a la postulada por Freud respecto de la pérdida del olfato en el hombre como consecuencia de la posición erecta.

La "novela psicológica" estaba de moda y el caso Dreyfus, gracias a Zola, se leía como una novela. Antes de 1900, ningún conflicto importante conturbaba el continente europeo. Todas las luchas se libraban en la periferia: la resistencia de los Bóers, la Guerra Chino-Japonesa, la "invasión" de Cuba, así como la revuelta de los jóvenes y crueles Coroneles Turcos.

El año 1900 fue particularmente sangriento. La rebelión en Sudáfrica no amainaba, en Pekín las embajadas europeas continuaban sitiadas por los Boxers y se comenzaba a hablar del "peligro amarillo". Ese mismo año del nuevo siglo, muere Nietzsche y Plank crea la física cuántica. En la encrucijada, *La interpretación de los sueños* es un verdadero pivote teórico, histórico y biográfico. Freud escribirá en 1932:

> [La *Traumdeutung*] ocupa un lugar particular en la historia del psicoanálisis, marca un hito principal: allí el análisis dio un paso decisivo, que lo llevó de ser un procedimiento psicoterapéutico a

convertirse en una psicología de las profundidades. Desde entonces la teoría del sueño continuó siendo lo que hay de más característico y más singular en la joven ciencia, algo que no tiene contrapartida en el resto de nuestro saber, una porción de tierra nueva, conquistada a la creencia popular y el misticismo[8].

La psicología de las profundidades vislumbra la dimensión abisal del alma. Aquí tenemos el eje teórico y programático, en relación al cual se configura todo el resto. El título, aun más en su alemán lacónico –*Traumdeutung*– suena provocativo, como un sortilegio wagneriano.

Pero *La interpretación de los sueños* no se limita a los sueños. Fascina como autobiografía por ser casi escandalosamente sincera y –¡oh paradoja!– férreamente hermética. Freud ratifica el aforismo "Schnorrer" de Oscar Wilde: "Si quiere ser discreto, dígalo todo".

Peter Gay comienza su biografía señalando una anomalía editorial: este libro, publicado el 4 de noviembre de 1899, lleva en la portada la fecha de 1900. Un caso de posterioridad bibliográfica. Pero el simbolismo es obvio. El "Libro de los Sueños" era "producto de una mente moldeada en el siglo XIX que se volvió propiedad –amada, vilipendiada, pero inseparable– del siglo XX"[9].

Aun en la primera edición, el texto presenta las ideas psicoanalíticas fundamentales: el complejo de Edipo, el trabajo de la represión, la lucha entre deseo y defensa y un rico material clínico. Además de una manera cervantina, aparecen vívidos esbozos del mundo médico vienés. "Contemplamos la sociedad austríaca, atravesada por el antisemitismo, mientras los intelectuales degustaban *strudels* en los cafés con paredes revestidas de madera oscura"[10]. Y, como broche final de esa *opera prima*, tenemos el monumental capítulo VII, con su potencia teórica y su seca lucidez.

Como dice Roudinesco, "Este libro es una novela moderna que combina el diario íntimo, el relato psicológico y la autobiografía. Se asemeja a la empresa proustiana como busca del tiempo perdido, a la epopeya joyceana en términos estéticos y a la dramaturgia brechtiana por la técnica del distanciamiento"[11].

¡Y, olé!

De hecho, conviene recordar que, luego de la aparición del *Proyecto*, Freud entra en un período de máxima turbulencia: el *Período del Capullo*. El clima febril del *Proyecto* se repite: "En estos últimos días tuve toda suerte de buenas ideas para presentarte, pero ellas vuelven a desaparecer. Es preciso esperar la próxima ola que las traerá de nuevo"[12]. La obra puede morir en la playa. Pero luego todo comienza a encajar mágicamente. Se da un gran paso con el reconocimiento de que el recuerdo del "amor a la madre y los celos por el padre" era mucho más que un rasgo personal de Freud. Así universaliza una gran intuición[13]. "La pasión por la madre..." aparece por primera vez en la correspondencia con Fliess, en el otoño de 1897. Ahora, en

La interpretación de los sueños, él la refina sin hablar todavía del Edipo como complejo: "Edipo, hijo de Layo, rey de Tebas, y de Yocasta, fue abandonado de criatura, porque el oráculo le había advertido a Layo que ese niño sería el asesino de su padre"[14]. De esa manera, el parricida oracular entra en el capítulo IV, que trata de los sueños típicos. Aquí cabe consignar, siguiendo a Laplanche y Pontalis, que Freud "en ningún trabajo presentó una exposición sistemática del complejo de Edipo. Esa falta de lugar específico se produce con la ubicuidad de las ideas básicas de una ciencia"[15].

Freud se había interesado por los sueños desde que tenía memoria de sí mismo. Abundan las referencias oníricas en las fraguas de la Academia Española. Dos semanas después de haberse convertido en su novio, Freud le escribe a Martha: "Tengo sueños descontrolados. Nunca sueño con cosas que me preocuparon durante el día, a lo sumo con temas que fueron tocados una vez en su transcurso*[1] y después desaparecieron"[16]. Un año más tarde, mencionó un sueño feliz que "de acuerdo con mi cuaderno de sueños, que confeccioné a partir de mi experiencia, indica viaje"*[2, 17]. Ese cuaderno desapareció en el holocausto de la primera hoguera de notas y manuscritos. Una pena.

La primera indicación de su interés por los sueños en los textos publicados aparece en una larga nota al pie de página en el caso de Emmy von N. En ella Freud comenta: "Durante varias semanas, me vi obligado a cambiar mi cama habitual por una más dura (servicio militar), en la cual tenía sueños más numerosos o más vívidos ... [ya que] no conseguía un sueño normal profundo. En los quince primeros minutos después de despertar recordaba todos los sueños que había tenido durante la noche, y me tomé el trabajo de escribirlos y tratar de resolverlos. Logré remontar todos estos sueños a dos factores: (1) la necesidad de elaborar alguna idea que yo apenas había abordado apresuradamente durante el día ... y (2) la compulsión de reunir todas las ideas que pudiesen estar presentes en el mismo estado de conciencia. El carácter sin sentido y contradictorio de los sueños podía estar relacionado con la gravitación descontrolada de este último factor"[18]. Como se ve, el modelo sistemático de *La interpretación de los sueños* todavía está distante, aunque despunta la noción de condensación. Su descripción de la "asociación por contigüidad" demuestra que él no había salido del estadio de la antigua y estática psicología asociacionista. Pero su estilo intimista ya estaba presente.

Hubo dos razones para que Freud se interesara por el material

---

*1. Como acota Ernest Jones, esos temas pasaron a ser los *restos diurnos* en el contenido manifiesto del sueño.
*2. Otras observaciones suyas eran más convencionales; por ejemplo, "las pesadillas que sólo nos torturan cuando estamos indigestados".

onírico. Una era el simple hecho de que los sueños aparecían cada vez con mayor frecuencia en el relato de los pacientes. En segundo lugar, tenemos su experiencia psiquiátrica de los estados alucinatorios, en los que el aspecto de realización de deseos está con frecuencia presente. Esto fue descrito por Meynert en relación con la condición que él denominaba "amencia"[19].

Además tenemos las "exposiciones mierdológicas", escritas poco después de que enviara a Fliess el Manuscrito L, donde habla de la realización de deseos y de la arquitectura de la histeria. Las "exposiciones mierdológicas", desgraciadamente perdidas en la segunda hoguera, son, por su intención, una prolongación directa del espíritu del *Proyecto*:

> Hoy te envío la N° 2 de las exposiciones *drecklogische* ["mierdológicas", sería la traducción literal], una publicación interesantísima editada por mí mismo para un único lector. La N° 1, que me estoy reservando, contiene sueños desvariados que difícilmente serán de tu interés. Desearía que me devolvieses estos textos; ellos forman parte de mi autoanálisis, que todavía continúa tanteando en la más total oscuridad[20].

Una vez más, el estiércol de Freud. En medio de las tinieblas, hubo un *Gran Sueño* soñado. Porque hubo un gran sueño, que conjura el "sentimiento de vergüenza del autor"[21]. Freud se topa con lo indecible; indecible en el sentido de lo que no se puede revelar, ni siquiera –nos recuerda Krüll– a Fliess[22].

El Gran Sueño, el Sueño Perdido, hubiese sido la nave capitana de *La interpretación de los sueños*. Por ser censurado, el sueño de Irma ocupó su lugar. Entonces, ¿cuál es este sueño que sucumbió bajo la tijera de Fliess? En la carta del 9 de junio de 1898 leemos: "Muchas gracias, también, por tu crítica. Sé que emprendiste una tarea ingrata. Soy lo suficientemente razonable para reconocer que necesito de tu ayuda crítica, porque, en esta situación, yo mismo perdí el sentimiento de vergüenza que se exige de un autor. Por lo tanto, el sueño está condenado"[23]. Freud "derrama una lágrima", por no tener "esperanza de encontrar [otro sueño] mejor que lo sustituya"[24]. Se refiere a cuatro ingredientes del gran sueño perdido: 1) "Mi angustia"; 2) Martha; 3) sentimientos de pobreza; 4) sentirme apátrida.

El *Gran Sueño* vuelve a ser mencionado en una carta del mismo mes: "Todavía no dejé de llorar el sueño perdido. Sin conformarme, tuve recientemente un sueño sustituto, en el cual una casa construida con bloques se desmoronaba (habíamos construido una casa *staatliches*, y que, por causa de esa conexión, no podía ser usada). Schur informa que *staatliches* significa majestuoso, imponente, y *staatlich*, correspondiente al Estado. Infiere, entonces, que el Gran Sueño tenía que ver con sentimientos apátridas. Pero, ¿por qué?

Creo que es posible aproximarse más a este sueño partiendo de la

347

carta del 9 de febrero de 1898: "Corre el rumor de que pronto se me va a otorgar el título de profesor, en el jubileo del emperador, el 2 de diciembre. No creo en eso, pero tuve un sueño delicioso al respecto, el cual, lamentablemente, no puede ser publicado, pues su segundo sentido se desplaza entre mi niñera (madre) y mi mujer y, en rigor, no se puede someter públicamente a la propia esposa a esa especie de recriminación [como recompensa] por todos sus trabajos y arduos esfuerzos"[25].

El estilo de la *Traumdeutung* está al servicio del mensaje: los ejemplos son ilustrativos y la anticipación de las objeciones desarma a la crítica. El tono coloquial, así como las menciones literarias, alivian el peso de la lectura. Se cita a Sófocles y Shakespeare, Goethe y Heine, Mozart y Offenbach, junto a canciones populares y chistes judíos. Es un viaje con guía por su autoanálisis, conducido con la mano experta de un maestro del estilo "idiótico", que ya encontramos en las cartas de la Academia Española:

> El conjunto es presentado como la fantasía de un paseo. En el comienzo, el negro bosque de autores (que no alcanzan a ver los árboles), irremediablemente perdidos en sendas erradas. A continuación, un estrecho pasaje oculto por donde conduzco al lector –mi sueño-modelo con sus peculiaridades, detalles, indiscreciones...– y, entonces, de súbito, el altiplano y la pregunta: ¿en qué dirección quiere ir ahora?[26]

El parto fue difícil. Según Bertrand Russell, para engendrar una obra de gran porte se necesitan, por lo menos, cuatro años. Freud informa: "*La interpretación de los sueños* fue completada en sus puntos esenciales a principios de 1896, pero sólo fue redactada en el verano de 1899". Años después, en su *Presentación autobiográfica*, Freud comenta: "*La interpretación de los sueños* así como mi «Fragmento de análisis de un caso de histeria» fueron retenidos por mí, si no durante los 9 años recomendados por Horacio, de cualquier modo por 4 o 5 años, antes de que los publicase. De hecho, comenta Peter Gay, "el enigmático epígrafe de la *Eneida* de Virgilio revela que Freud estaba nervioso y, al mismo tiempo, dispuesto a encolerizarse. Su interpretación personal del *flectere si nequeo Superos, Acheronta movebo* (si no puedo doblegar los poderes superiores, moveré las regiones infernales) era clara: ese verso resume su tesis fundamental de que los deseos, rechazados «por las autoridades superiores mentales», recurren al submundo mental –al inconsciente– para asegurar sus propósitos". Pero el tono truculento de esas palabras, proferidas por una Juno enfurecida... sugiere algo más. Condice con su ánimo desafiante"[27].

Al leer las pruebas en setiembre de 1899, él anticipa que habrá una gritería escandalizada: "¡Ahí es cuando realmente voy a oír el clamor!"[28]

Pero no fue así.

El *Libro egipcio de los sueños*[29] resultó un rotundo fracaso editorial: en 6 años apenas se vendieron 351 ejemplares. Rara vez un libro tan importante tuvo tan poco eco inicial. Jones afirma que "las reseñas fueron casi tan demoledoras como lo hubiera sido el completo silencio"[30]. El psicólogo Wilhelm Stern proclamó el peligro de "que mentes acríticas sintiesen placer en participar en ese juego con ideas y terminasen en completo misticismo y caótica arbitrariedad"[31].

Aquí existe una exageración debida, una vez más, a la tendencia mistificante –a la hagiografía– que continúa el *mito del héroe*. El mito que da esplendor al aislamiento. En la hora de la verdad, la obra tuvo una crítica negativa, pero no tan hostil como pretenden Jones o el propio Freud, en su *Autobiografía*. Este punto es explorado, con fruición, por ese archienemigo del psicoanálisis que fue Eysenck[32]. Según él, la crítica de Stern decía lo siguiente: "Lo que me parece más válido es el empeño del autor de no limitarse al tema de la explicación de los sueños ... sino aludir a los múltiples hilos, tan poco conocidos, que llevan al mundo más nuclear de los afectos, y que tal vez hagan comprensible la formación y selección del material de la imaginación. En otros aspectos el libro contiene muchos detalles estimulantes de alto valor, finas observaciones y puntos de vista teóricos válidos; pero, por encima de todo, tenemos material extremadamente rico de sueños muy bien relatados, que tendrán la bienvenida de quien desee trabajar en ese campo"[33]. En verdad, prefiero "esa" crítica de Stern al silencio[*3].

Cierta vez Ernest Jones le preguntó cuáles eran sus obras preferidas, y Freud fue a la biblioteca y retiró de los estantes *La interpretación de los sueños* y los *Tres ensayos de teoría sexual*, diciendo: "Creo que éste pronto va a ser olvidado, por tener aceptación general, pero éste [la *Traumdeutung*] durará mucho más". Después remató: "Parece ser que es mi destino descubrir sólo lo obvio: que los niños tienen sensaciones sexuales, lo que cualquier gobernanta sabe, y que los sueños nocturnos son una realización de deseos, tal como los ensueños diurnos"[34].

El *Libro egipcio de los sueños* comienza con un *show* de confianza en sí mismo:

> En las páginas que se siguen voy a presentar pruebas de que existe una técnica psicológica que permite interpretar los sueños y que, con la aplicación de este método, cada sueño se revela como una estructura psíquica dotada de sentido, que se puede insertar en un punto determinado en las actividades mentales de la vigilia[35].

[*3]. Un tipo diferente de ataque provino de otro sector. El motivo: las indiscreciones del libro. Betty Paneth, "amiga dilecta", acababa de enviudar de Joseph Paneth y "se sintió ofendida por la mención de su marido en el sueño *Non Vixit*".

El libro se abre con una reseña histórica, vasta aunque engañosa. Freud, que confeccionó la más exhaustiva y pertinente bibliografía sobre las parálisis cerebrales, ahora, frente al acervo onirológico, parece aficionado y desprolijo. Sabemos, por sus confidencias a Fliess, que este capítulo fue un "terrible castigo" que lo dejó "completamente embotado"[36]. Es un texto conservador. Mahony tiene razón cuando señala que esta reseña histórica fue una concesión a los modelos tradicionales de presentación del género científico[37]. "La caminata por el bosque negro de autores" le sirvió a Freud para denunciar la abrumadora pobreza de las teorías existentes. Cada tesis es compatible con la tesis contraria. En la reseña, los oniromantes de la Antigüedad son tratados con más cariño. Artemidoro de Dalcis y su *Oneirocrítica* ocupan un lugar destacado[38]. Algunos autores, como el historiador de la magia Alfred Maury, se salvan, en la apreciación de Freud, por realizar experiencias brillantes con sus propios sueños.

Maury[39] efectuó el siguiente experimento en sí mismo: mientras él dormía, un asistente estimulaba o perturbaba su sueño con un estímulo exterior –un ruido, un perfume–, para observar después lo que el sueño había hecho con esa intervención. Citemos a Freud:

Él [Maury] fue estimulado con el olor de agua de Colonia –estaba en El Cairo, en la tienda de Johann María Farina–. Se sucedieron absurdas aventuras que él no podía reproducir[40].

El marqués Hervey de Saint-Denis[41], profesor de chino, precursor del movimiento surrealista, publicó anónimamente un libro titulado *Les réves et les moyens de les diriger,* enteramente dedicado a sus propios sueños, anotados por él desde los trece años de edad en veintidós cuadernos. El fin perseguido por el autor era alcanzar el completo "dominio onírico". La leyenda cuenta que podía dirigir sus sueños en el sentido deseado[42].

El método del marqués fue usado por el novelista escocés R. L. Stevenson, que utilizaba a los personajes de sus sueños como "escritores-fantasma"; ellos colaboraron en la redacción de sus obras, y a ellos se les debe el argumento del Dr. Jekyll y Mr. Hyde[43].

La revisión histórica distingue dos corrientes tradicionales de interpretación: el método *simbólico* y el método del *desciframiento*[44]. El sueño bíblico de las vacas flacas, que José interpreta para el faraón, es el ejemplo clásico de la vía simbólica. Este método es limitado e impreciso, imposible de generalizar.

El segundo método peca por la arbitrariedad del código, ya que "trata al sueño como un tipo de «criptografía» en el que cada signo puede ser traducido por otro, de acuerdo con una clave fija"[45]. A este método, sin embargo, el psicoanálisis va a aproximarse más. La interpretación freudiana también fragmenta los sueños en sus elementos constitutivos:

Nuestro primer paso en el empleo de ese método nos enseña que lo que debemos tomar como objeto de muestra atención no es el sueño como un todo, sino fragmentos de su contenido ... El método de interpretación de los sueños que yo practico difiere ... del método popular, histórico y legendario de interpretación por medio del simbolismo, y se aproxima al segundo método, al del "desciframiento"[46].

Freud emplea la interpretación *en détail* y no *en masse*; de esa manera considera al sueño en su carácter múltiple, como un conglomerado de formaciones psíquicas. El sueño es reducido operativamente a sus elementos, que son unidades fónicas y unidades semánticas. Decir que cada elemento del sueño opera como un significante implica que el sentido del sueño está oculto. "El contenido manifiesto es una transcripción de los pensamientos oníricos latentes cuya sintaxis es dada por el inconsciente. Lo importante es comprender que el inconsciente no es una *cosa* en el interior de la cual los pensamientos latentes son transformados y deformados; tampoco es algo comparable a las «profundidades abisales» de cuyas entrañas emergerá un material misterioso e inaccesible al pensamiento consciente"[47].

Al esbozo de teoría onírica del *Proyecto*[*4], Freud agrega ahora: "Debo afirmar que los sueños tienen realmente un sentido, y que un método de interpretarlos es posible"[48]. Sucede, sin embargo, que ese sentido no es inmediatamente accesible. El deseo aparece disfrazado. Lo que recordamos fue deformado. Hay un registro doble: junto al sueño recordado tenemos un registro oculto, inconsciente, que pretendemos alcanzar por la interpretación. Al material del primero, Freud lo denomina *contenido manifiesto del sueño*, y al del segundo, *ideas o pensamientos oníricos latentes*[49]. Descifrar un sueño consiste en recorrer el camino que nos lleva desde el contenido manifiesto hasta los pensamientos latentes. Ése es el camino de la *interpretación*. El trabajo que transforma los pensamientos latentes en contenido manifiesto constituye la *elaboración onírica*. La elaboración es el opuesto simétrico a la interpretación. Una va, la otra vuelve.

Los mecanismos fundamentales de esta elaboración son cuatro: condensación, desplazamiento, representación[*5] y elaboración secundaria (ésta en realidad corresponde a un segundo tiempo de la elaboración onírica).

La *condensación* opera una reducción: el contenido manifiesto es menor que el latente[*6]. Procede de tres maneras: primero, por omi-

*4. Elementos de esa teoría: realización de deseo, cualidad de presentación alucinatoria, "compulsión asociativa" disparatada y parálisis motora.

*5. *Darstellbarkeit*, también traducido como "figuración".

*6. Lo inverso nunca se da: el contenido manifiesto nunca puede ser mayor que el latente, ni siquiera en los tartamudos.

sión; segundo, por fragmentación de los pensamientos latentes; tercero, combinando varios conglomerados de elementos en un único elemento del contenido manifiesto. El mecanismo de condensación no es exclusivo del sueño: se lo puede detectar en la formación de los síntomas neuróticos, en los lapsus, la poesía y –sobre todo– en los chistes. El *desplazamiento* opera de dos maneras: la primera, por la sustitución de un elemento latente por otro más alusivo; en la segunda, el acento pasa a otros elementos insignificantes, carentes de importancia. Freud cuenta la siguiente anécdota para ejemplificar el punto[*7]

> En una aldea, un herrero había cometido un crimen capital. El tribunal decidió que debía ser castigado; pero, como el herrero era el único en la aldea, e indispensable, y como, por otro lado, había tres sastres, uno *de ellos* fue ahorcado en su lugar[50].

El tercer mecanismo, llamado *representación* o *cuidado de la representabilidad*, monta los pensamientos latentes en imágenes[51]. Viene a ser una variedad de desplazamiento:

> Hay otro tipo de desplazamiento ... que consiste en un cambio de expresiones verbales entre los pensamientos ... Este segundo procedimiento no sólo tiene un gran interés teórico, sino que nos ayuda a comprender la apariencia de absurdo de que el sueño se reviste. El desplazamiento, en efecto, es casi siempre de la siguiente especie: una expresión abstracta y descolorida de los pensamientos del sueño da lugar a una expresión plástica y concreta"[52].

La condición que permite el pasaje del pensamiento a la imagen es una operación sobre el verbo, "una vez que el pensamiento del sueño, inutilizable en la forma abstracta, ha sido transformado en lenguaje pictórico ..."[53]

[*7]. La obra de Lacan, con su *teoría del significante*, que parte de la base de que "el inconsciente está estructurado como un lenguaje", introduce las figuras de la metáfora y la metonimia, tomadas de la lingüística. "El sueño –escribe Lacan– es un enigma en imágenes, y las imágenes del sueño sólo deben ser consideradas por su valor significante" (*La instancia de la letra*, en *Écrits*, pág. 240). La imagen no es ella misma portadora de su significado. Significante y significado son dos órdenes distintos, constituyen dos reglas de articulación paralela. Hay un deslizamiento incesante del significado bajo el significante y es la red de significantes la que va a constituir la significación del sueño. Este deslizamiento origina el efecto de distorsión del trabajo del sueño. Lacan asimila la *condensación* y el *desplazamiento* a la *metáfora* y la *metonimia*.

Finalmente tenemos la *elaboración secundaria*, que actúa en un segundo tiempo sobre el producto de la elaboración de los otros mecanismos. Es un ordenamiento final en el montaje del sueño[54]. Sería equivalente al trabajo con la moviola en el cinematógrafo. Hoy en día, pensando en términos de realidad virtual, diríamos que la sonoplastia y los efectos especiales de los sueños son los artificios de la *elaboración secundaria*. Sueño y cine son tan parecidos que intercambiarlos casi no cuenta como acto fallido. De hecho, nuestros sueños inventaron el cine que inventa nuestros sueños[*8].

Hay todavía otra manera en que los sueños transmiten su secreto: los símbolos. En las primeras ediciones de *La interpretación de los sueños*, Freud les atribuyó un papel subsidiario. Sólo más tarde, por sugerencia de Stekel, Rank y Silberer, añadió a la *Traumdeutung* una sección bastante larga sobre ellos. En esas últimas versiones, el simbolismo se vuelve demasiado generalizado para ser convincente. Todo objeto tridimensional, cóncavo o convexo, puede ser un símbolo sexual. Otro tanto sucede con la única forma gramatical (además del sustantivo) que conoce el inconsciente: el verbo en infinitivo. Todos los procesos que se dirigen a su realización (correr, volar, subir escaleras) simbolizan la culminación del coito. Hay que decir que el carácter puramente mecánico de la interpretación de los símbolos nunca dejó a Freud totalmente tranquilo.

El sueño condensa las ideas con una "economía fanática"[55].

Así la palabra "Autodidasker" resultó ser una condensación de "autor", "autodidacta" y "Lasker", nombre de un político liberal judío, al cual Freud asoció el nombre del socialista Lasalle. Pero finalmente encontró otro nombre escondido en "Autodidasker", como anagrama aproximado de "Lasker": el nombre de su hermano Alexandre, conocido en la familia como Alex. La ingeniosidad de la condensación puede ser asombrosa.

Esa gran economía no tiene la finalidad única de burlar la censura: la condensación y el desplazamiento son propiedades del pensar inconsciente. Ambos mecanismos tienen su fundamento en la hipótesis económica. El aparato psíquico es esencialmente *condensador*, cuando no huye. Porque hay dos modos de burlar al perseguidor en el juego de las escondidas: quedarse detrás del árbol o escapar. La condensación es quedarse tras el árbol; huir es el desplazamiento. El trabajo de desplazamiento es el lugar por excelencia de la censura. Como este mecanismo permite que las pasiones escapen a la resistencia movilizada por la censura, el soñante debe asociar con la mayor libertad posible, y el psicoanalista, por su parte, tiene que emplear todo su ingenio interpretativo flotante. "La comprensión de la representabilidad también desempeña su papel. Las categorías dadas como ciertas

*8. Hace cincuenta años se soñaba mucho más en blanco y negro.

en la vigilia no caben en el sueño. Éste desconoce la causalidad, la contradicción, la identidad y los pensamientos son presentados como figuras, las ideas abstractas a través de imágenes concretas: la idea de que alguien es superfluo puede ser transmitida por un flujo de agua que desborda de una tina"[56]. El sueño no tiene ninguna forma directa de expresar la negación, y lo hace representando a personas, acontecimientos y sentimientos a través de sus opuestos.

Por *sobredeterminación* Freud entiende que en la formación del sueño y del síntoma entra más de un determinante. El sentido de un sueño nunca se agota en una única interpretación. Un mismo elemento manifiesto puede remitirnos a distintas series de pensamientos latentes. La pluralidad de determinantes hace imposible agotar el sentido de un sueño (o de un síntoma) en una única explicación, o en varias. La sobredeterminación es el efecto del trabajo de la condensación: "... los efectos de la condensación pueden ser extraordinarios. Es posible reunir en un contenido manifiesto dos series de ideas latentes totalmente disímiles, de modo que se puede obtener una interpretación aparentemente satisfactoria de un sueño, sin advertir la posibilidad de una interpretación de segundo grado"[57]. El número de determinaciones es inagotable, pero limitado. El mínimo, según Lacan, es de dos: "Para admitir un síntoma, sea o no neurótico, en la psicopatología psicoanalítica, Freud exige el mínimo de sobredeterminación que constituye el doble sentido ..."[58] Pero el inconsciente es, por su propia naturaleza, un doble sentido. La sobredeterminación, no obstante, no implica independencia. Las diferentes cadenas asociativas coinciden en más de un "punto nodal"[59].

La sobredeterminación nos lleva a la cuestión de la *sobreinterpretación*. Todo sueño "acepta" más de una vertiente interpretativa. Freud escribe: "... el mismo sueño puede también tener otra interpretación, una «sobreinterpretación» ..."[60] Y el proceso puede proseguir indefinidamente. El soñar no conoce principio ni fin, no hay una verdad inmutable y esencial que revelar. No hay sentido original, todo sentido ya es una interpretación[*9].

Pero, más allá de toda interpretación, "hay en todo sueño por lo menos un punto insondable: un ombligo, por así decir, que es su lugar de contacto con lo desconocido"[61]. Ese punto queda en la oscuridad, no puede ser descifrado y no puede agregar nada al conocimiento del contenido onírico[62]. La aproximación a ese ombligo del sueño nos lleva al punto de ruptura de la propia interpretación.

*9. Recomiendo la lectura de "Elementos de una teoría de la interpretación", de Anzieu, donde él dice: "Estos dos factores –la transferencia y la interpretación– son producciones del aparato psíquico". Transferencia significa aquí proceso primario; interpretación, proceso secundario (*Imago, Revista de psicoanálisis, psiquiatría y psicología*, 1979, Buenos Aires, pág. 101).

El capítulo VII de *La interpretación de los sueños* es el "heredero del *Proyecto*"[63]; heredero en el sentido de que en él se retoma el punto de vista metapsicológico que el *Proyecto* anuncia. Ese capítulo inaugura el edificio de la Primera Tópica. El aparato psíquico es definido según el modelo del arco reflejo, pero de un arco que transporta su historia, en la medida en que los recuerdos se inscriben, en forma de huellas mnémicas, originando modificaciones permanentes, organizadas en una estructura que aprende a lidiar con estímulos. Las neuronas Ψ adquieren un nuevo ropaje.

La sección inicial del capítulo VII se llama "El olvido de los sueños". Conocemos la importancia que tiene el olvido en la teoría; tanto es así que se ha definido al sujeto humano como "sujeto del olvido". La historia se va haciendo estructura: el hecho mismo de la represión crea una red de recuerdos, siendo el sujeto excéntrico a su propia conciencia. El olvido, lejos de ser un factor negativo, tiene una condición positiva: lo olvidado configura una estructura. Olvidamos para recordar. En ese punto la teoría de la memoria de Freud modifica la de Bergson, en la cual nada es olvidado.

El tema siguiente del capítulo VII considera el papel de la regresión, y Freud define cómo el pasado se procesa en el presente. El sueño es el fenómeno regresivo prototípico, de la misma manera que cabe decir que la interpretación es un fenómeno progresivo. Más adelante, en la Sección C, Freud aborda un punto central de su teoría al definir el deseo como un movimiento, como intento de recrear una experiencia –alucinatoria– de satisfacción anterior. Se establece una conexión precisa entre sueño y síntoma. Originariamente, esta sección fue incluida en *La interpretación de los sueños*, pero, como veremos, la parte teórica quedó retenida para fundamentar el "Fragmento de análisis" (el caso Dora)[64]. Aquí Freud habla solamente de la realización de deseos en los sueños de angustia. En la arquitectura del capítulo VII tenemos un hecho metodológico que merece ser realzado: el modo de trabajar de Freud. Ernest Jones comenta: "Su gran fuerza y, al mismo tiempo, su sorprendente debilidad, residía en el extraordinario respeto que le inspiraba *el hecho aislado*... El hecho aislado lo fascinaba, no podía expulsarlo de su espíritu sino después de haberlo explicado... Cada vez que observaba un hecho simple pero significativo sentía y sabía que había en él algo de general o de universal, y la idea de tratar el punto de modo estadístico le era totalmente extraña"[65].

Como señala Michel Leiris, "Al llevar lo particular hasta el límite, con frecuencia se toca lo general; ... llevando la subjetividad a su colmo, alcanzamos la objetividad"[66].

El aparato psíquico está formado por sistemas: el inconsciente, el preconsciente y el consciente. Este aparato presenta una orientación progresivo-regresiva, y lo marca el conflicto entre estas instancias, lo que hace que la concepción tópica sea inseparable de la concepción dinámica.

En la Sección B –"La regresión"– Freud presenta, por primera vez, su tópica completa del aparato psíquico. Existen analogías con el aparato óptico, con el esquema del arco reflejo e incluso con la estructura anatómica del sistema nervioso, pero no caben dudas de que esos "lugares" o "localidades" son psíquicos. "Evitaré cuidadosamente la tentación de determinar [anatómicamente] la localización psíquica"[67]. Freud añade:

> Estrictamente hablando, no hay necesidad de postular la hipótesis de que los sistemas psíquicos se presenten en un orden *espacial*. Bastaría con establecer un orden fijo por el hecho de que, en un determinado proceso psíquico, la excitación pasa a través de los sistemas en una secuencia *temporal* determinada[68].

Freud habla de la atemporalidad del inconsciente, lo que se ha prestado a malentendidos. Él quiso decir dos cosas: primero, que lo inconsciente no se debilita por el paso del tiempo y, segundo, que el deseo es indestructible. De esa manera no se entra en la falacia de la unidimensionalidad del tiempo[69]. La atemporalidad es presentada como un universal que cualifica lo inconsciente[70]. Esto es: la atemporalidad del inconsciente lo espacializa[71]. El inconsciente es eterno, según la frase feliz de Althusser[72].

El aparato psíquico, entonces, está formado por instancias que permiten un flujo orientado en un determinado sentido. La actividad psíquica se inicia con los estímulos y termina en una descarga motora. "Lo primero que llama nuestra atención en este aparato es su direccionalidad. Toda nuestra actividad psíquica comienza por estímulos (internos o externos) y termina en inervaciones"[73]. La primera representación del aparato psíquico sería, por lo tanto, un conjunto formado por dos sistemas: uno que recibe los estímulos, localizado en el extremo sensorial (Sistema perceptivo – Pcpt), y otro localizado en extremo motor, que da acceso a la actividad motora (Sistema motor – Mtr). La representación esquemática de ese aparato es la siguiente (fig 1):

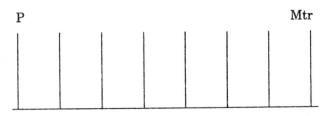

P   Mtr

Fig. 1

Pero este esquema es demasiado simple y no da cuenta de todos los fenómenos que Freud pretende explicar, pues las percepciones deben dejar una marca en el aparato psíquico. Esas marcas son descritas como "huellas mnémicas y a las funciones relacionadas con ellas les damos el nombre de «Memoria»"[74].

Dichas huellas son modificaciones permanentes del sistema. Como el mismo sistema no podría retener modificaciones y continuar siempre abierto a la percepción, o sea, como no podría desempeñar simultáneamente las funciones de percepción y memoria, se imponía una distinción –ya presentada en el *Proyecto*– entre la parte responsable de la recepción de estímulos (P) y la parte responsable del almacenamiento de las huellas mnémicas (M). El esquema inicial, entonces, es modificado como sigue (fig.2):

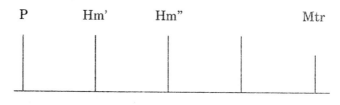

Fig. 2

Así el sistema *P*, situado al frente del aparato psíquico, recibe los estímulos perceptivos pero no los registra ni los asocia: tiene que estar permanentemente abierto –*permeable*, como ya se vio en el *Proyecto*–, lo que sería imposible si desempeñara también las funciones de almacenamiento y de asociación. Estas funciones quedan reservadas a los sistemas mnémicos que transforman los estímulos recibidos en huellas permanentes.

Pero es preciso todavía introducir otra complicación en el esquema, para dar cuenta de la *elaboración onírica*. La elaboración onírica funciona como una barrera colocada en el extremo motor del aparato, debido a su relación con la conciencia. Esta instancia *Cns-Pcs* es responsable de "nuestras acciones conscientes, voluntarias"[75]. El esquema final del aparato queda de la siguiente manera (fig 3):

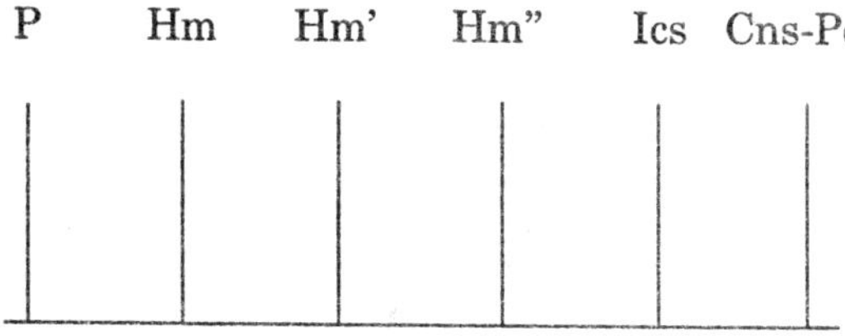

P   Hm   Hm'   Hm"   Ics   Cns-Pcs

Figura 3

Éste es el preciso momento en que el término "inconsciente" deja de ser empleado como adjetivo para sustantivarse *(das Unbewuste)* y designar un sistema del aparato psíquico. El reemplazo de la noción descriptiva de inconsciente por el concepto de inconsciente sistémico marca uno de los momentos fundamentales de la teorización freudiana[76]. En el *Ics* Freud localiza el deseo "formador" de sueños[77]. El deseo inconsciente se liga a pensamientos oníricos y busca una forma de acceso a la consciencia[78], gracias al debilitamiento de la censura durante el dormir. Mientras que en la vigilia el proceso de excitación se desarrolla en sentido progresivo, en el sueño (y la alucinación) la excitación regresa, invirtiendo el camino, en dirección al extremo sensorial del aparato.

La noción de regresión no es nueva; había sido empleada por Breuer[*10]. La regresión no se produce sólo en los sueños y en las alucinaciones, también durante la vigilia; hay fenómenos psíquicos normales en los cuales se observa un movimiento regresivo del flujo psíquico: la memoria, en primer lugar.

Visto como un fenómeno regresivo, el sueño es el resultado de la atracción ejercida por las huellas mnémicas de las experiencias infantiles. El "imán" es un hecho real vivido en la infancia, cuya huella es reinvestida. La "escena primaria" es una escena real, la fantasía sólo desempeña un papel secundario. En rigor, Freud jamás consideró la fantasía como "una simple florescencia de la vida sexual espontánea del niño". Sostenía que el fantasma o recuerdo debía tener un fundamento último en el "terreno de la realidad"[*11]. En 1905 escribió: "Fui más allá de esa teoría, pero no la abandoné; vale decir que no la considero incorrecta, sino incompleta"[79].

La regresión, para Freud, es el mecanismo que opera como túnel del tiempo. En el sueño no se produce sólo una regresión a la infancia del individuo, sino a la propia infancia de la humanidad:

> Detrás de la infancia del individuo vemos el cuadro de una infancia filogenética ... y podemos esperar que el análisis de los sueños proporcione un conocimiento de la herencia arcaica del hombre, de aquello que le es específicamente innato[80].

En ese punto el sueño se encuentra con el mito; ambos son expresiones transculturales del deseo[81].

Pero, ¿qué es el *deseo* para Freud?

El deseo es distinto de la *necesidad* y de la *demanda*. La "demanda" es una necesidad formulada y se dirige al otro. El deseo se da en el nivel de la representación. Es un producto fantasmático que, contrariamente a la pulsión, que puede ser satisfecha, sólo puede ser realizado. Ese hijo de la fantasía, que constituye la materia prima del

---

*10. En los *Estudios*, Breuer habla de una "excitación retrógrada del aparato perceptivo en la alucinación", idea retomada por Freud en el *Proyecto*.
*11. Recuérdese que, en este texto, "fantasía = fantasma".

sueño, no sólo es portador de un sentido, sino también de un valor: el valor del sentido. Tenemos que distinguir el *deseo del sueño* del *deseo de dormir*. "Los sueños son producciones que eliminan, por el método de la satisfacción alucinatoria, estímulos psíquicos perturbadores del dormir"[82]. Mientras que el deseo de dormir pertenece al *Pcs-Cns*, el deseo del sueño pertenece al *Ics* y es necesariamente infantil.

La necesidad, nacida de un estado de tensión interna, encuentra su satisfacción, como vimos, en la acción especifica que le procura su objeto adecuado; el deseo está directamente ligado a las huellas mnémicas y encuentra su realización en la reproducción alucinatoria.

Deseo es espejismo. El objeto de la necesidad es un objeto real –la leche, en el caso del bebé–. El objeto sexual, en cambio, no es un objeto real perdido, sino un objeto fantasmático que no puede ser encontrado en la realidad. Como lo señala Luis Hornstein, "el niño (como un viejo marxista) no quiere el producto, en este caso la leche, sino el medio de producción (la madre); por eso, en el campo de la sexualidad, el objeto que se busca no es la leche sino la glándula mamaria materna"[83]. En este ejemplo lácteo, la leche es la necesidad; el seno alucinado, el deseo, y el berrido imperativo, la demanda.

El deseo del sueño tiene por lo menos tres orígenes posibles: 1) Restos diurnos despertados durante el día y que no fueron satisfechos. Estos deseos son propios del *Pcs-Cs*. 2) Restos diurnos "reprimidos o suprimidos durante el día". En este caso son deseos pertenecientes al *Pcs-Cs* transferidos al *Ics*. 3) Deseos que nada tienen que ver con la vida diurna sino que pertenecen al *Ics* y nunca emergen durante el día. A esos tres orígenes, Freud añade una cuarta fuente de deseos oníricos: los impulsos provenientes de estímulos nocturnos (hambre, sed, sexo, etc.)[84].

No todo estímulo es capaz de producir un sueño. Lo que quedó insatisfecho durante el día puede a lo sumo inducir un sueño, pero no producirlo por sí solo. Los deseos inconscientes son los únicos que tienen esa capacidad. Para que un deseo preconsciente realice un sueño es preciso que se apoye en el inconsciente. "Mi suposición –escribe Freud– es que un deseo consciente sólo puede transformarse en inductor onírico si logra despertar un deseo inconsciente que lo refuerce"[85].

Una de las características fundamentales del deseo inconsciente es su indestructibilidad. En el nivel del sistema inconsciente, como vimos, el pasado se conserva íntegramente.

Freud considera una objeción obvia a la teoría de la realización de deseos: ¿cómo explicar la pesadilla, el sueño intolerable? La angustia se debe a una elaboración onírica insuficiente. La pesadilla, simplificando, es un sueño fracasado[86].

A esta altura cabe la pregunta que se hace Garcia-Roza: ¿a quién debe proporcionar placer el sueño? La respuesta inmediata es: al soñante. Ocurre, sin embargo, que todo soñante anhela, repudia y censura sus deseos. ¿A qué sujeto debe agradar el sueño? ¿Al que desea o al que censura? El mismo acontecimiento puede provocar placer en el nivel del sistema inconsciente y ansiedad en el nivel del sistema preconsciente[87]. Hay, por tanto, dos deseos que deben ser satisfechos: el del *Ics* y el del *Cns-Prc*, y ellos nunca están de acuerdo[88].

El "Libro de los sueños" proporciona el tercer modelo de aparato psíquico: el primero fue el *aparato del lenguaje* en *Afasias*; luego tenemos el modelo neuronal del *Proyecto*; el tercero sería la estructura presentada en el capítulo VII, modelo que articula los dos anteriores y que se aplicaría inclusive al carácter. Freud concluye: "Lo que describimos como nuestro carácter se basa en las marcas mnémicas de nuestras impresiones, incluso de las impresiones que más nos afectan, las de nuestra primera infancia, que son precisamente aquellas que, en cuanto tales, nunca se hicieron conscientes"[89]. O sea que el carácter es, en primer lugar, una forma de memoria[90]. Historia escrita en el cuerpo.

Rieff explica: "En 1900, en *La interpretación de los sueños*, Freud ya afirmaba que los sueños tienen una función expresiva y simbólica aun cuando aparezcan en una circunstancia fisiológica. Sin advertir claramente su propia audacia, él había invertido el viejo concepto filosófico sobre el inconsciente, al sostener que, lejos de ser una ficción conveniente, como pensaban los materialistas, era una parte de la realidad tan cabalmente experimentada como la conciencia. En la concepción materialista, la mente es un agente del cuerpo; en la de Freud, el cuerpo existe como un síntoma de las demandas mentales"[91, *12]. La conciencia –el sistema ω del *Proyecto*– es una especie de órgano sensorial para captar la cualidad psíquica[*13]. Por otro lado, la conciencia es "un acontecimiento esporádico"[92]. ¿Periódico?

En un claro del bosque de la *Traumdeutung* tenemos a un Freud embarcado en el estudio de una esfera determinada de fenómenos: los procesos inconscientes. Pero el objeto del psicoanálisis no es otro que la cosa en sí. Freud no cesó de establecer una identificación obstinada entre el inconsciente y la cosa en sí. Afirma en todo momento que la naturaleza íntima del inconsciente "nos es tan desconocida como la realidad del mundo exterior". Continuando el razonamiento de los epistemólogos, podemos decir que el psicoanálisis es una ciencia de la naturaleza, y tiene por objeto el inconsciente; el inconsciente es la cosa en sí, o sea, lo incognoscible. El psicoanálisis, entonces, sería el saber de lo incognoscible. De ese modo penetramos en la paradoja final de la epistemología freudiana: es mejor no saber que se sabe, sabiéndolo.

*12. ¿El cuerpo como un sueño de la mente?
*13. Esta idea es retomada por Bion en *Learning from experience*, al hablar de un "aparato para pensar" (W. R. Bion, *Learning from experience*, 1962, Londres, Heinemann).

NOTAS

1. Carta de Freud a Fliess del 28 de mayo de 1899, *Correspondência Sigmund Freud-Wilhelm Fliess*, 1986, comp. por J. M. Masson, Imago, Río de Janeiro, pág. 354.

2. Ibíd.

3. Ibíd.

4. L. Löwenfeld, *Lehrbuch der gesanten Psychotherapie mit einer enleitenden, Darstellung der Hauptthatsachen der Medizinischen Psychologie*, Wiesbaden, 1897.

5. P. Janet, *Névroses e idées fixes*, París, Felix Alcan, 1988. El *best-seller* fue en realidad un tomo resumido con el título de *Neurosis*.

6. A. Robin, *Traité de Thérapeutique*, París, 1898.

7. A. Moll, *Untersuchen Über die Libido sexualis*, Berlín, 1898.

8. SE, XXII, pág. 7.

9. Peter Gay, *Freud, uma vida para o nosso tempo*, 1989, San Pablo, Companhia das Letras, pág. 21.

10. Dubcovsky, *La triple vida sexual de Freud*, Buenos Aires, La Antorcha, 1883, pág. 117.

11. E. Roudinesco, *História da psicanálise na França. A batalla dos cem anos*, I, Río de Janeiro, Jorge Zahar, 1986, pág. 88.

12. Carta de Freud a Fliess del 18 de junio de 1897, *Correspondência Sigmund Freud-Wilhelm Fliess*, pág. 253.

13. Carta de Freud a Fliess del 31 de mayo de 1897, ibíd., pág. 250.

14. SE, IV, pág. 261.

15. J. Laplanche y J.-B. Pontalis, *Diccionario de psicoanálisis*, 1981, Barcelona, Labor, pág. 606.

16. Carta de Freud a Martha del 30 de junio de 1882, citada por Ernest Jones, *A vida e a obra de Sigmund Freud*, 1989, Río de Janeiro, Imago, I, pág. 353.

17. GW, II, pág. 252.

18. SE, II, pág. 69.

19. SE, IV, pág. 194.

20. Carta de Freud a Fliess del 4 de enero de 1898, *Correspondência Sigmund Freud-Wilhelm Fliess*, pág. 292.

21. Carta de Freud a Fliess del 9 de junio de 1898, ibíd., pág. 316.

22. Mariane Krüll, *Sigmund, fils de Jacob*, 1979, París, Gallimard, pág. 99.

23. Carta de Freud a Fliess del 9 de junio de 1898, *Correspondência Sigmund Freud-Wilhelm Fliess*, pág. 316.

24. Ibíd.

25. Carta de Freud a Fliess del 9 de febrero de 1898, ibíd., pág. 300.

26. Carta de Freud a Fliess del 6 de agosto de 1899, ibíd., pág. 366.

27. Peter Gay, *op. cit.*, pág. 110.

28. Carta de Freud a Fliess del 6 de setiembre de 1890, *Correspondência Sigmund Freud-Wilhelm Fliess*, pág. 370.

29. Carta de Freud a Fliess del 27 de agosto de 1899, ibíd., pág. 368.

30. Ernest Jones, *op. cit.*, pág. 362.

31. W. Stern, *Monatsschrift für Psychiatrie und Neurologie*, 1901, pág. 237. Citado por Jones, *op. cit.*, pág. 362.

32. H. J. Eysenck, *Decadencia y caída del imperio freudiano*, 1988, pág. 35.

33. Citado por Hans Eysenck, *Decadencia y caída del imperio freudiano*, Barcelona, Nueva Arte Thor, 1988, pág. 35.

34. Ernest Jones, *op. cit.*, I, pág. 352.

35. SE, IV, pág. 101.

36. Carta de Freud a Fliess del 5 de diciembre de 1898, *Correspondência Sigmund Freud-Wilhelm Fliess*, pág. 336.

37. Patrick J. Mahony, *Freud, l'écrivain*, 1990, París, Les Belles Lettres, pág. 197.

38. SE, IV, pág. 4.

39. L. F. A. Maury, *Le sommeil et les rêves*, París, 1878. Citado en la Bibliografía de Freud.

40. SE, IV, pág. 25.

41. Hervey de Saint-Denys, *Les rêves et les moyens de les diriger*, 1867.

42. Algo semejante recomienda el Don Juan de Castaneda: adquirir la visualización controlada de las manos durante el sueño.

43. Citado por D.Anzieu, *Auto-análise, de Freud e a descoberta da psicanálise*, Porto Alegre, Artes Médicas, 1989, pág. 37.

44. SE, IV, pág. 96.

45. SE, IV, pág. 98.

46. SE, IV, págs. 103-4.

47. L. A. Garcia-Roza, *Freud e o inconsciente*, 1988, Río de Janeiro, Zahar, pág. 65.

48. SE.

49. SE, IV, pág. 135.

50. SE.

51. SE, IV, págs. 277-8.

52. SE, V, págs. 239-40.

53. Ibíd.

54. SE, IV, págs. 337-8.

55. Peter Gay, *op. cit.*, pág. 119.

56. Ibíd., pág. 120.

57. SE, XV, págs. 228-33.

58. Lacan, "Fonction et champ de la parole en psychoanalyse", en *La Psychoanalyse*, 1956, I, pág. 114.

59. SE, V, pág. 599.

60. SE.

61. SE.

62. SE.

63. P. Ricoeur, *Freud, ensaio sobre a interpretação*, 1977, Río de Janeiro, pág. 83.

64. SE, VII, págs. 3-123.

65. Ernest Jones, *op. cit.*, I, pág. 358.

66. M. Leiris, citado en René Loureau, *Le journal de la investigation*, 1989, pág. 95.

67. SE, V, pág. 536.

68. SE, V, pág. 537.

69. Erik Porge, artículo "Tiempos", *L'apport freudien - Éléments pour une encyclopédie de la psychanalyse*, Pierre Kaufmann y colaboradores, 1993, París, Bordas, pág. 425.

70. Michèle Porte, "Atemporalité, Histoire et Sémiophysique", *Revue Internationale de l'Histoire de la Psychanalyse*, VI, pág. 177.

71. René Thom, *Esquisse d'une semiophysique*, 1966, París, Interditions.
72. L. Althusser, "L'idéologie et les appareils idéologiques de l'État", *La Pensée*, 1970.
73. SE, V, pág. 537.
74. SE, V, pág. 538.
75. SE, V, pág. 540.
76. Luiz Alfredo Garcia-Roza, *op. cit.*, págs. 80-1.
77. SE, V, pág. 541.
78. SE, V, pág. 541.
79. SE.
80. SE.
81. Luiz Alfredo Garcia-Roza, *op. cit.*, pág. 83.
82. SE.
83. L.Hornstein, *Introducción al psicoanálisis*, pág. 68.
84. SE, V, pág. 554.
85. SE, V, pág. 555.
86. SE.
87. Luiz Alfredo Garcia-Roza, *op. cit.*, pág. 86.
88. SE, V, pág. 569.
89. SE., V, pág. 599.
90. Diana S. Rabinovich, *El carácter en la obra freudiana: algunas conclusiones clínicas*, 1991, Buenos Aires, Manantial.
91. P. Rieff, *Freud, la mente de un moralista*, pág. 31.
92. Gerard Pommier, *A neurose infantil da psicanálise*, 1992, Río de Janeiro, Zahar, pág. 132.

CAPÍTULO 21

EL GRAN RIVAL

Las vidas paralelas de Freud y su archirrival francés, Pierre Janet, merecen ser cotejadas. Paralelismo existencial más que cultural. Janet nació en 1859, cuando Sigismund iba a cumplir tres años. Amalia Nathanson y la grácil Fanny Hummel, la madre de Pierre, tienen muchas cosas en común: por empezar, ambas se casaron jóvenes con hombres que las doblaban en edad. Fanny no tenía 21 años cuando contrajo matrimonio con Pierre Janet padre, cargando con sus malhumorados 45 años. Ellas fueron, para usar el término de Winnicott, madres razonablemente buenas, y Pierre disfrutó de mucha ternura con una madre descrita como "dulce, sabia y sensible"[1].

Sigmund y Pierre fueron primogénitos que nacieron en ciudades tranquilas de provincia, para mudarse pronto a una metrópoli. Excelentes alumnos en el secundario, ambos fueron discípulos de Charcot. Aquí terminan las semejanzas. La próspera familia de Pierre tenía una tradición ligada a los libros, la música y la filosofía. El clan Janet, emparentado con los Watteau, engendró un sorprendente número de psicólogos, entre primos y tíos.

Poco se sabe del joven Pierre. Él no tuvo las dudas vocacionales de Sigmund. Cuando, en noviembre de 1885, Freud entraba en la Salpêtrière, Janet acababa de asegurarse una posición como joven agregado de filosofía en la ciudad de El Havre. Sabemos por su autobiografía que ya mostraba gran interés por la investigación psiquiátrica, y que pasaba buena parte de su tiempo libre como voluntario en el asilo de esa ciudad[2]. Por otra parte, tal vez llegó a la psicología médica como respuesta a una necesidad personal: en 1885 murió su madre, a los 49 años, y Pierre, que ya había atravesado una depresión a los 15 años, dijo más tarde que ése fue el período más difícil de su vida[3].

En El Havre donde comenzó a investigar el fenómeno del telehipnotismo con la bella Léonie, una de las más notables médiums de todos los tiempos. En una serie de experimentos se constató que Léonie obedecía con perfección las órdenes dadas a distancia[4]. Janet descubrió "que su bella Léonie había sido «magnetizada» en el pasado y que sus exploraciones actuales eran la repetición de ejercicios anteriores descritos por oscuros hipnotizadores cuyas obras habían caído en el olvido"[5]. Janet escribió un artículo que daba cuenta de estos experimentos y fue leído por su tío psicólogo Paul Janet. El trabajo tuvo gran repercusión[6]. Richet, premio Nobel de Medicina, y Myers, de la Royal Society, parapsicólogos de París y Londres, respectivamente, se trasladaron a El Havre para realizar una segunda rueda de experimentos. Charcot se interesó en Janet y también por causa de Léonie[7]. Léonie era una especie de Anna O. parapsicológica.

Las experiencias psiquiátricas y psicológicas en El Havre fueron decisivas para el viaje vocacional de este filósofo que, a la tardía edad de treinta años, después de casado, comienza sus estudios de medicina. En ese año de 1889, en ocasión del Primer Congreso Internacional de Hipnotismo, probablemente se cruzó con Sigmund Freud en un corredor del Palais de Moutonblais.

Janet fue el último gran discípulo de Charcot. Ingresó en la Salpêtrière seis años después del breve paso de su rival vienés. Su carrera en la Ciudad de los Locos fue meteórica, a la cabeza del laboratorio de psicología experimental[8]. Esta rica colaboración se vio truncada en 1893, con la prematura muerte del Maestro de la Salpêtrière.

Janet se había interesado por ciertas manifestaciones "espontáneas" ligadas al espiritismo aun antes de conocer a Léonie. Los fenómenos espiritistas estaban de moda en Francia en la segunda mitad del siglo XIX. Víctor Hugo participaba de sesiones en las que Shakespeare, Esquilo y otros prohombres transmitían, a través del médium, versos en impecable inglés o quizá griego. De hecho, se había podido verificar que "sensitivos" poco cultos escribían textos muy superiores a lo que cabía esperar de sus cabezas iletradas. Este fenómeno llamó la atención de Janet, que utilizó la escritura automática combinándola con la hipnosis[9]. La escritura automática puede ser definida como una actividad en la cual el sujeto tiene conciencia de que escribe, pero no sabe lo que escribe[*1]. En la misma línea, para el Congreso Internacional de Psicología Experimental de 1892, Janet desarrolló la técnica del *habla automática* bajo hipnosis, como medio terapéutico para llegar a las "ideas fijas"[10]. O sea que el francés inventó el habla automática en 1892, cuando su rival vienés estaba a punto de crear una variante del método: la asociación libre. Ya vimos que Janet, que conocía el trabajo de Breuer y Freud, afirmaba que su método de *disociación psicológica* anticipaba el *método catártico* de Breuer[11].

Según Elizabeth Roudinesco la "sordera del talento literario de Janet sólo es igualada por la insipidez de su estilo"[12]. Creo que en esto Elizabeth no es justa. La prueba está en que varios de sus casos, además de Léonie, sobrevivieron a la prueba del tiempo. Continuando el contrapunto con Freud, el *Schreber* janetiano sería *Aquiles*, único caso moderno de posesión por el demonio.

---

*1. Este recurso, como luego veremos, fue retomado por Breton y los surrealistas que, en la época, expresaron su reconocimiento a Janet.

Aquiles, a los 33 años, llegó a la Salpêtrière en estado de agitación furiosa, autoflagelándose y vociferando blasfemias. Estaban presentes todas las manifestaciones, incluso los estigmas, de la posesión diabólica[13]. Aquiles había cambiado de humor después de un viaje de negocios, volviéndose taciturno e intratable. La posesión propiamente dicha comenzó con un formidable ataque de risa gargantuesca: dos horas retorciéndose entre carcajadas. Luego se tiró a un pozo con los pies atados, a modo de ordalía, para saber si estaba poseso o no. En presencia del médico no quería hablar ni se prestaba a la hipnosis. La terapia no iba a ningún lado. Así pasaron varios meses, hasta que Janet, en un momento diabólico de inspiración, encontró la forma de comunicarse, invocando al propio demonio, solicitando su colaboración para hipnotizar al paciente. Dicho y hecho. Con la colaboración del Príncipe de las Tinieblas supo que Aquiles había sido infiel a su mujer durante el viaje y, sintiéndose culpable, comenzó a soñar con el diablo.

El delirio del paciente era más que una extrapolación de sus sueños, como sucede con los delirios alcohólicos crónicos: "Se trataba de la combinación, o sea de la reacción ante dos tipos de ideas que dividían su pobre mente; encontramos una mutua interacción del sueño con las resistencias de la persona normal... La enfermedad del paciente no se encuentra en la idea del demonio. Este pensamiento es secundario, es la interpretación que le proporcionan sus creencias supersticiosas. Su verdadera enfermedad no era la creencia supersticiosa. Su verdadera enfermedad era el remordimiento"[14].

La cura hipnótica tuvo un éxito total, y cuando Janet publicó su trabajo en 1884 –cuatro años más tarde– Aquiles todavía estaba libre de delirios. En este caso, la posesión demoníaca tendría el mismo sentido reconstitutivo que el delirio schreberiano.

En el reverso de Aquiles, tenemos a Madeleine, admitida en la Salpêtrière por un delirio místico con éxtasis en 1896[15]. Madeleine fascina a Janet, que la estudia durante más de 25 años. En torno de este caso se organiza buena parte de la producción de su libro sobre la angustia, la histeria y el fenómeno religioso, obra titulada *De la angustia al éxtasis*.

Del mismo modo que para Freud la neurosis era el negativo de la perversión[16], para Janet el fenómeno de la posesión demoníaca era lo opuesto de la oración[17]. En ambas el sujeto desempeña dos papeles, pero mientras que en la oración la segunda personalidad es buena o santa, en la posesión es maligna y escapa al control de dicho sujeto[18]. Madeleine, entonces, cambia de cara, y es alternativamente una pecadora empedernida o la propia María Santísima.

En su interés por el misticismo Janet fue influido por su gran amigo Henri Bergson, compañero suyo desde los tiempos de la École Normal Superieur nacido en el mismo año que él. Bergson, a su vez, sufrió la influencia de Janet. Ambos experimentaron con el hipnotismo, y Bergson siguió de cerca las vicisitudes del caso Léonie[19]. La influencia de Bergson sobre Janet fue grande: la noción de "atención a la vida" de Bergson se asemeja a la "función de lo real" janetiana[20]. Bergson creía en la *función fabuladora del inconsciente* de Janet, aunque no llamara al inconsciente por su nombre.

Gracias a la lectura realizada por Deleuze de la metafísica bergsoniana, somos testigos de un "retorno a Bergson", en la medida en que él recuperó la "precisión filosófica" del método intuitivo[21]. Siendo así, es muy posible que en el futuro también sea reflotado Janet, ya que ambos recorren el mismo camino y pueden ser considerados pioneros de la filosofía de las diferencias.

Sucede que, como por un pase de magia, Janet fue borrado del mapa. Este olvido cruel intriga a Ellenberger: "Es como si una «mano» misteriosa hubiese borrado la memoria de Janet"[22]. Ellenberger señala que "a lo largo de su carrera, Janet encontró tres grandes resistencias y conquistó enemigos implacables"[23] de otros tantos frentes: los psiquiatras; la Iglesia, por su religiosidad radical, y los psicoanalistas. Este argumento, con todo, no convence. ¿Acaso Freud, su referencial natural, no vivía en un mundo aún más "resistente"? Hubo, no cabe duda, una guerra entre ambos hombres, una lucha por la "supervivencia de las ideas" que terminó con la victoria total de Viena. Hay que tener en cuenta que, en la enciclopedia de Robin, en 1892, Janet aparece con justa razón como el mayor terapeuta de Europa; esto es, del mundo[24].

No cabe duda de que Janet fue eclipsado por la gigantesca sombra de Freud. Los grandes hombres, como los árboles frondosos, son asesinos por naturaleza: ningún rival crece bajo su sombra[*2]. Algo semejante ocurrió entre Lamarck y Darwin. El fenómeno aparece dramáticamente ilustrado cuando se piensa que Freud tiene en la Salpêtrière una placa que recuerda su breve paso durante el invierno de 1885, y ninguna placa hace referencia al trabajo de más de treinta años de Janet en el mismo lugar. Lo que no deja de ser un oprobio galo.

En esa línea, Shakow y Rappaport observan que numerosos investigadores, entre ellos Janet, "aceptaron inicialmente las ideas freudianas, pero luego cambiaron de actitud debido a la agresividad de los discípulos de Freud"[25]. En cierta forma, esto continúa sucediendo. Roudinesco, por ejemplo, escribe: "A partir del estudio de Léonie, Janet construyó su método de análisis psicológico en una perspectiva completamente opuesta a la de Freud. En vez de dirigirse progresivamente hacia el descubrimiento del inconsciente, la asociación libre o el análisis de la transferencia, él se impuso desde el principio reglas metodológicas rígidas, que no tendrían cambios"[26]. Ello es

*2. Del mismo modo, Adler, que tuvo gran éxito en los años 20, también acabó en el olvido y, según mis informes, sólo hay un par de analistas adlerianos en Tel Aviv.

una gran exageración, si pensamos que en esa época Janet comenzaba a experimentar con el habla automática.

Freud temía al francés: "Recientemente abrí un libro publicado por Janet, *Hysterie et idées fixes*, con el corazón en la boca, y lo dejé de lado con el pulso tranquilo. Él no tiene ni una mínima idea de la clave"[27].

La obra de Janet estuvo muy cerca de la de Freud. Una de las razones por las que Freud prefería el término "inconsciente" a "subconsciente" era que Pierre Janet había usado el último. Hubo acusaciones de plagio en ambas direcciones. Parece ser que en 1911 Janet hizo un real esfuerzo por leer psicoanálisis, cosa que le resultó prácticamente imposible[*3]. En la década de 1920 decía directamente que Freud plagiaba sus ideas, limitándose a modificar la terminología. "Se ha dicho —escribe Freud— que viajé a París para familiarizarme con las teorías de Pierre Janet y que después hui con el botín" [28, *4].

Por otra parte, las ideas de Pierre Janet, si fueran conocidas y consideradas, tendrían buena aceptación en la escuela norteamericana de la *Autonomía del Yo*, comandada por Hartmann, Kris y Lowenstein, que no ha prestado suficiente atención a lo que podría denominarse la "patología de lo normal".

Un hecho que pudo haber contribuido mucho a que se olvidara al francés es que éste no aglutinó discípulos. Alrededor de él no se formó nada parecido a una "Causa". La hija de Janet, Hélène, casada con Eduard Pichon, lo describe como un hombre tímido, sumamente reservado, con una visión un tanto psicasténica del mundo[29].

NOTAS

1. Henri F. Ellenberger, *The discovery of the unconscious*, 1970, Basic Books, Nueva York, pág. 333.

2. Pierre Janet, "Psychological Autobiography", *A History of Psychiatry in Autobiography*, comp. por Carl Murchison, 1930, Worcestar, Clark University Press, págs. 123-33.

3. Pierre Janet, "Entrevista concedida a Fréderic Lefèvre el 27 de marzo de 1928", París, Flammarion, 1933, págs. 48-57.

4. Henri F. Ellenberger, *op. cit.*, pág. 338.

5. Elizabeth Roudinesco, *História da psicanálise na França. A batalha dos cem anos*, 1986, I, Río de Janeiro, Zahar, pág. 247.

6. J. Ochorowicz, *De la suggestion mentale*, 1887, París, Doin, pág. 118.

*3. Una excepción: la lectura de Putnam.

*4. Lo que resulta cronológicamente absurdo si tenemos en cuenta que Janet entró en la Salpêtrière después del paso de Freud.

7. Henri F. Ellenberger, *op. cit.*, pág. 338.

8. Leston Havens. "Pierre Janet", *The Journal of Nervous and Mental Diseases*, pág. 257.

9. Elisabeth Roudinesco, *op. cit.*, II, pág. 39.

10. Pierre Janet, "Études sur quelques cas d'amnésie antérograde dans la maladie de désagrégration psychologique", *International Congress of Experimental Psychology*, 1892, Londres.

11. Henri Jean Barraud, *Freud et Janet. Étude comparé*, 1971, Toulouse, Privat, pág. 23.

12. Elisabeth Roudinesco, *op. cit.*, II, pág. 43.

13. Pierre Janet, "Un cas de possession et exorcisme moderne", *Bulletin de L'Université de Lyon*, 1894, VIII, págs. 41-57.

14. Ibíd.

15. Henri F. Ellenberger, *op. cit.*, pág. 342.

16. SE, VII, pág. 170.

17. Pierre Janet, "La psychologie de la croyance et le mysticisme", *Revue de Métephysique et de Morale*, 1936, XLIII, pág. 327.

18. Henri F. Ellenberger, *op. cit.*, pág. 398.

19. Jean Guitton, *La vocation de Bergson*, 1960, París, Gallimard.

20. Henri F. Ellenberger, *op. cit.*, pág. 354.

21. Gilles Deleuze, *Le bergsonisme*, 1966, París, PUF.

22. Henri F. Ellenberger, *op. cit.*, pág. 409.

23. Ibíd., pág. 407.

24. A. Robin, *Traité de thérapeutique*, París, 1898.

25. David Shakow y David Rappaport, *Freud's Influence in American Psychology*, 1964, pág. 107.

26. Elisabeth Roudinesco, *op. cit.*, pág. 247.

27. Carta de Freud a Fliess del 10 de marzo de 1898, *Correspondência Sigmund Freud-Wilhelm Fliess*, 1986, comp. por J. M. Masson, Imago, Río de Janeiro, pág. 303.

28. *Presentación autobiográfica*, pág. 13.

29. Jean Guitton, *op. cit.*

CAPÍTULO 22

EL LIBRO DE LOS ERRORES

¿Cómo era la rutina de trabajo del Freud urbano? Se levantaba a las siete y atendía a sus pacientes desde las ocho hasta el mediodía. A veces, por la mañana bien temprano, en la alta primavera, caminaba con su paso corto, engañadoramente rápido, tomando la faraónica Ringstrasse. El almuerzo era servido puntualmente a la una. La familia se reunía en torno de la mesa: Freud salía de su gabinete, Martha se sentaba a la cabecera y la mucama, materializándose, traía la fuente con la sopa. La coliflor estaba prohibida. El Profesor detestaba su olor. Prefería la liebre al pollo. Era frugal. Freud, nos dice Jones, generalmente almorzaba en silencio[1], más ausente que taciturno. Cuando comenzó su pasión de coleccionista, acostumbraba llevar a la mesa la última antigüedad comprada, y ponía la estatuilla delante de él, como compañía durante la comida, igual que los niños que llevan avioncitos a la bañera. Luego, un paseo para estimular la digestión. Las consultas, ahora que su clientela había aumentado, comenzaban a las tres y se extendían hasta las nueve de la noche, hora de la cena. Después de los postres, un rápido juego de cartas con Minna o un paseo, que frecuentemente terminaba en un café, donde podía leer los periódicos o, en el verano, sorber un helado. Dedicaba el resto útil de la noche a leer, escribir y redactar su correspondencia. Una jornada de 18 horas como mínimo.

Los domingos eran días diferentes, sin el diván ni las horas de cincuenta minutos. Por la mañana iba a ver a su madre. Varias de sus hermanas podían estar visitando a la formidable Amalia. Sigmund y Alexandre nunca faltaban, de modo que siempre había una nutrida platea dominical. Freud era un hombre de familia. En esas visitas, como es de suponer, oía más de lo que hablaba[2]. Cuando había algún problema serio, por lo general económico, prefería ponderarlo con más calma, con el hermano menor. Por la tarde, Martha recibía a sus visitas –Anna Lichtheim (la candidata a Irma), Bertha Hammerschlag, *Frau* Königstein y los Rosanes– y, como en los viejos tiempos, si había alguien especial, Freud permanecía algunos minutos en la sala de estar.

En las noches de los domingos, su madre y todas sus hermanas lo visitaban para cenar en familia, pero después de la comida Freud se retiraba. Si alguna de las mujeres quería hablar con él, tenía que buscarlo en su consultorio. A partir de 1908, la noche del domingo fue el momento predilecto para mantener largas conversaciones, sobre todo con psicoanalistas extranjeros. Parece que fue generoso con sus noches; trasnochaba. Jones rememora: "Varias veces estuve con él hasta las tres de la madrugada ... le resultaba difícil interrumpir conversaciones interesantes"[3].

Freud era metódico. Según Wittels, dirigía sus apetitos, sus "emociones volcánicas", para ponerlas al servicio de un propósito único: su misión[4]. Todo en su vida pasó a quedar regimentado, desde el bigote hasta el sexo. Incluso las variaciones que animaban su vida cotidiana (las partidas de tarot, los paseos por la ciudad, las vacaciones de verano) respondían a una rutina[5]. Como dijo su sobrino Ernst Waldinger, él vivía "por el reloj"[6]. Fue puntual toda su vida. Aun en su lecho de muerte, en setiembre de 1939, se acordaba de darle cuerda al reloj[7]. Tal vez necesitaba toda esa rutina para canalizar su turbulencia creativa[8].

Jones contabiliza triunfos, y declara: "La época ahora abordada corresponde a un Freud maduro. Había superado sus inhibiciones y corregido sus engaños anteriores. Perfeccionaba los instrumentos de investigación que había inventado y estaba en condiciones de utilizarlos para la exploración detallada del nuevo mundo del conocimiento..."[9] Los biógrafos en general coinciden en que éste fue el período más feliz de su vida adulta.

Como todo mago de ley sabe, los deseos tienen el hábito de cumplirse. En el inicio del nuevo siglo se materializó otro gran deseo de Freud: Roma

Según Lydia Flem, "Roma fue una larga jornada por los caminos de los sueños, una cruzada consigo mismo, un *via crucis* en la travesía transferencial, un asedio a esa ciudad eternamente incestuosa y, finalmente, un viaje mítico en el interior del vientre materno"[10]. En su peregrinación erige como puentes los cuatro sueños de la Serie Romana, cruza los pantanos del autoanálisis y escribe su *Traumdeutung*[11].

Los cuatro sueños romanos fueron soñados entre diciembre de 1896 y enero de 1897. Relativamente cortos, forman una serie, en la medida en que el anhelo común es llegar a la Ciudad Eterna. En los dos primeros, la Tierra Prometida es divisada desde lejos, como el espejismo de un oasis.

Primer sueño:

Sueño que desde la ventana del tren tengo una vista del Tíber y el Puente Sant'Angelo: después el tren se pone en movimiento y súbitamente me doy cuenta de que no puse los pies en la ciudad[12].

Freud sólo aporta un resto diurno: "La visión del sueño está copiada de un grabado que había observado al pasar en la sala de una paciente[13].

El segundo sueño, probablemente de la misma semana, continúa con el tema de la urbe inalcanzable:

Alguien me conduce a una colina para mostrarme una Roma medio disimulada por la neblina y todavía tan distante que me espanto por la nitidez de la visión. El contenido de este sueño es más rico que lo que aquí expongo. Es fácil reconocer el motivo: "ver de lejos la Tierra Prometida". La ciudad que he visto antes envuelta de ese modo en la niebla es Lübeck; la colina está copiada de Gleichenberg[14].

Grinstein[15] y Anzieu[16] nos recuerdan que Lübeck fue el balneario de la luna de miel, de modo que la Tierra Prometida puede ser vista como la "tierra-de-la-prometida". Anzieu deduce que Lübeck fue el lugar "donde Freud poseyó por primera vez el objeto de su deseo"[17].

Por otra parte, Lübeck, como Roma, tiene el poder de la ubicuidad. Eva Rosenblum[18] recuerda una carta de Martha a Freud, citada por Jones, donde ella, de paseo con una amiga en ese balneario del Báltico, tuvo una fantasía de morir ahogada[19]. Anzieu comenta "la desabrida respuesta de Sigmund, que comienza con las palabras «Sich da, Lübeck!»" [¡Fíjate, Lübeck!]"[20]. Anzieu lanza entonces una sofisticada flecha: "Roma, «disimulada», o sea, ahogada en la niebla, representa una sustitución metonímica de «Martha ahogada en el mar de Lübeck». El pensamiento latente sería: Martha podría haber muerto antes de que yo la poseyera"[21].

Tal vez, quién sabe, quizá.

Una cosa es cierta: los caminos a Roma pasan por Lübeck. Incidentalmente, esta fantasía de suicidio es el único registro que tenemos de alguna inquietud patológica en Frau Freud.

Gleichenberg es otro balneario austríaco, en Estiria, lugar que para Freud sin duda se vincula con la triste figura de Ignaz Shömberg, en la fase terminal de su enfermedad. O sea: Gleichenberg refuerza la tesis de Anzieu: Ignaz sería otro que no vio su anhelo nupcial satisfecho. Este doble deseo de muerte de Freud, como luego veremos, refuerza la tesis de que él amó a ambas hermanas.

En el tercer sueño, Freud ya está en Roma:

En un tercer sueño finalmente estoy en Roma, como el sueño me dice. Pero veo, para mi decepción, una escena que nada tiene que ver con un paisaje urbano: un pequeño río con aguas oscuras, que presenta en uno de los lados rocas negras y, en el otro, grandes flores blancas. Veo a un Sr. Zucker –que conozco superficialmente– y decido preguntarle el camino a la ciudad[22].

Esta vez las asociaciones abundan: las flores blancas en aguas negras le recuerdan los maravillosos nenúfares de Ravena, ciudad que visitó con su hermano Alexandre en 1896, rumbo a un "congreso" con Fliess. Las rocas son iguales a las de Tepl, cerca de Karlsbad —otro balneario— que a su vez se asocia con una historia *Schnorrer*, historia ésta que aparece varias veces en la correspondencia con Fliess[23] y detalladamente en *La interpretación de los sueños*: "Un judío pobre sube a un expreso para Karlsbad sin boleto, y cada vez que es descubierto el guarda le da una zurra. En una estación de su *via dolorosa* un conocido lo ve y le pregunta adónde va. «A Karlsbad», responde, «con tal que mi constitución aguante»"[24].

En segundo lugar, el señor Zucker —el señor Azúcar— es una figura central del sueño. Freud asocia: "El hecho de preguntar el camino es, también, una alusión directa a Roma. El nombre Zucker, por su parte, apunta nuevamente a Karlsbad, donde enviamos a todos los afectados de diabetes, enfermedad *constitucional*. En la época de este sueño le había propuesto a mi amigo berlinés que nos encontráramos en Praga para la Pascua. Debíamos, entre otras cosas, hablar de asuntos referentes al azúcar y la diabetes"[25].

No se sabe cuándo propuso Fliess la reunión en Praga. Parece ser que Freud ya la había sugerido en enero de 1897, cuando escribió: "En nuestro próximo congreso, espero que haya cosas importantes para conversar. Creo que para Pascua, tal vez en Praga"[26].

El señor Azúcar, entonces, es Fliess, del mismo modo que, en el sueño de Irma, él es el señor Trimetilamina[27].

A juicio de Flem[28], Freud le pide autorización a Fliess para entrar en Roma:

¿Qué tal diez días en Roma, para Pascua (nosotros dos, es claro), si todo marcha bien, si puedo afrontar los gastos y no salgo linchado o boicoteado por causa del libro egipcio de los sueños? ¡Una promesa de larga data! Trabar conocimiento con las leyes eternas de la vida en la Ciudad Eterna, por primera vez, no sería una mala combinación[29].

Anzieu interpreta el sueño desde la más pura tradición kleiniana: "El tercer sueño describe un viaje mítico al vientre pregenital de la madre, y este Sr. Azúcar que él encuentra, y al cual le pide que le muestre el camino ... podría ser el pene introyectado del padre, cuyas dulzuras hacen que la madre se derrita de placer"[30].

Pasemos ahora al último sueño de la serie romana:

Un cuarto sueño, poco después del último mencionado, me lleva nuevamente a Roma. *Veo una esquina de la calle delante de mí y me espanto por encontrar tantos letreros en alemán*[31].

Las primeras asociaciones del sueño muestran que continúa el tema del encuentro con Fliess: "En la víspera le había escrito a mi amigo, con una visión profética, que Praga no sería un lugar muy agradable para los viajeros alemanes. El sueño expresa, al mismo tiempo, el deseo de encontrarlo en Roma, en lugar de una ciudad de Bohemia, y el interés proveniente del tiempo de mis estudios, cuando deseaba que la lengua alemana fuese mejor recibida en Praga"[32]. Luego Freud hace la única referencia, que yo sepa, a su primera lengua: "Además de eso, yo debo de haber comprendido checo en los primeros años de mi infancia, pues nací en una pequeña localidad de población eslava, en Moravia. Una rima infantil, oída cuando tenía diecisiete años, se ha impreso tan fuertemente en mi memoria, que hasta hoy en día la puedo recitar, aunque no tengo idea de su significado"[33].

Como en el caso del sueño Cierre los Ojos, existe una segunda versión de este otro sueño, narrada a Fliess en carta del 3 de diciembre de 1897:

> Soñé que estaba en Roma, andando por las calles, sorprendido ante el gran número de placas de chapas y letreros de tiendas en alemán[34].

Acto seguido, le confiesa a su amigo: "Mi anhelo de Roma es profundamente neurótico. Está ligado a mi idolatría de colegial por Aníbal, el héroe semita, y, de hecho, este año yo tampoco llegué a Roma, del mismo modo que él no consiguió conquistarla, partiendo del lago Trasimeno"[35, *1]. Freud considera que esta carta del 3 de enero es *meschugene*, término ídish que significa "chiflado". Cabe preguntarse, entonces, ¿cuál era la "chifladura" de Freud en su marcha rumbo a Roma?

Se trata del sufrimiento de una neurosis transferencial. En ese sentido, Anzieu ha observado que Freud no le contó a Fliess ni una palabra de los tres primeros sueños "romanos"[36]. Pero el cuarto sueño abre las puertas al pasado. Relacionada con Aníbal viene la historia de Jacob Freud y el gorro en la alcantarilla; la rima checa aprendida a los 17 años aproxima la imagen de Gisela Fluss y, por último, la rivalidad con su primo John. En efecto, en la carta *meschugene* del 3 de enero de 1897, él escribe a Fliess: "Ahora todo me lleva a la primera parte de la vida, hasta los tres años"[37].

Finalmente, en setiembre de 1901 Freud toma el tren nocturno en Trento, con destino a Roma. Lo acompaña su hermano. A la mañana siguiente, a las siete y media, comienza su visita por San Pedro y el museo del Vaticano, donde admira las obras de Rafael, el pintor de

---

*1. En realidad Freud, como Aníbal, avanzó tres veces sobre Roma, sin superar el lago Trasimeno. Para triunfar en la empresa, él debía superar la identificación heroica con Aníbal, quien, después de una serie de brillantes acciones militares, fue derrotado y perdió un ojo en los pantanos de Etruria; entones renunció a la conquista de Roma y terminó suicidándose.

Roma. Freud le confía a Fliess que la Ciudad Eterna resultó "demoledora para mí ya que, como bien sabes, fue la realización de un deseo de larga data"[38].

Cuando volví de Roma, mi gusto por la vida y por el trabajo estaba bastante aguzado, mientras que el gusto por el martirio quedó un poco atenuado[39].

Vuelve cambiado de Roma, no cabe duda. Más deseante: ahora codicia el título de Profesor. Los deseos se cumplen en la hora precisa: esta vez el título fue finalmente obtenido mediante sobornos femeninos. El propio Freud da sabrosos detalles de la estrategia empleada en la carta a Fliess del 11 de marzo de 1902[40], [*2].

El nombramiento, perdido en un archivo entre telarañas, se arrastraba desde 1897, cuando había sido rechazada su candidatura. Durante la "amnistía" posterior se nombró a un buen número de candidatos antes excluidos por razones raciales, pero Freud no estaba entre ellos. "Entonces –son las palabras de su hijo Martin– mi padre decidió «hacer alguna cosa»"[41]. "Hacer alguna cosa" significa entrar en el mundo de "las cuñas".

Dos pacientes participaron en el "acomodo". Una de ellas, *Frau* Elise, era la esposa del *Hofrat* Gomperz, que luego también comparecerá en Berggase 19. "*Frau* Elise fue muy gentil, abrazó ardientemente la causa y recibió como respuesta [del ministro] una expresión de sorpresa: «¡Cuatro años! ¿Y quién es él?»". Lo que llevó a Freud a comentar: "El viejo zorro actuó como si yo fuese un desconocido"[42].

El primer paso estaba dado. Después se aplicó una segunda "fuerza". Otra paciente, Marie Ferstel, mujer del cónsul general, "se enteró del asunto y comenzó a mover los hilos por cuenta propia. No se quedó tranquila hasta conseguir que la presentaran al ministro en una fiesta [...], usó su encanto y le arrancó promesas"[43]. Pero ella conocía los enredos del *Tout* Viena. Las promesas se las lleva el viento. Entonces recurrió al soborno, valiéndose de una pintura que estaba en la pared de su sala, un Böcklin. Le dijo al hombre con desenfado:

"Según están las cosas, su Excelencia tendrá que contentarse con una pintura moderna", y añadió astutamente: –"Para la galería que pretende fundar"[44].

Pocas semanas después todo el papelerío estaba en orden, y "la paciente llegó radiante a la sesión, blandiendo una carta expresa del

*2. Última carta amistosa dirigida a Fliess.

ministro"[45]. Esa carta marca el comienzo de la aceptación pública, médica y social del flamante profesor. Freud escribe:

El *Wiener-Zeitung* todavía no publicó el nombramiento, pero la noticia... se difundió por la ciudad, saliendo de los centros oficiales. La aclamación pública fue inmensa. Las felicitaciones y flores están llegando con profusión, como si el papel de la sexualidad hubiese recibido el súbito reconocimiento de Su Majestad y la necesidad de la terapia psicoanalítica de la histeria hubiera sido aprobada por una mayoría de dos tercios[46].

Resulta difícil acompañarlo cuando, acto seguido, dice: "Por mi parte, de buen grado cambiaría por cada cinco felicitaciones un caso decente y adecuado para un tratamiento extenso". El éxito parece incomodarlo. Por otro lado, siente como si hubiese claudicado:

Descubrí que el Viejo Mundo está regido por la autoridad, tal como el Nuevo lo está por el dólar. Hice mi primera reverencia a la autoridad y espero ser recompensado[47].

Freud había aprendido mucho con el nuevo siglo. El júbilo con sordina de esta carta muestra dos cosas: primero, la importancia que *realmente* atribuía al titulo de Profesor, y segundo, ese diluvio de flores va en contra del mito del "espléndido aislamiento", pintado como ostracismo en una caverna. En 1902 Freud ya era un *household name* en Viena, su nombre estaba en la boca del pueblo. Tal vez se pueda decir que ese nombramiento marcó el final de los tiempos en que era objeto de burla.

Después de Roma, del status profesoral, de la salida del "espléndido aislamiento", Atenas.

Como dice Flem, Freiberg, Viena y Londres son las direcciones oficiales de Freud, pero Atenas, Roma y Jerusalén triangulan el periplo de una geografía onírica; son lugares más entrevistos que vistos, mezcla de espejismo y encrucijada. Atenas lo fulmina desde la Acrópolis. "Jerusalén es su continente negro, su punto ciego, su «mujer»"[48].

Los dos hermanos llegaron al Lloyd de Trieste, y esperaron que la compañía de viajes abriese. Hablaban poco, "inquietos e indecisos"[49]. Tal vez maldijeran el momento en que ese "amigo de negocios" del hermano menor, la noche anterior, los había convencido de que hicieran ese loco viaje a Grecia*[3]. Ni siquiera tenían pasaportes. Pa-

---

*3. Sabemos por Martin Freud que este hermano, Alexandre, era especialista en transporte; podemos suponer que ese amigo de negocios era un agente de turismo.

saron las horas siguientes vagando, perdidos por la ciudad, víctimas de una incomprensible y negra depresión. Trieste, ciudad del pasado del hermano mayor, con recuerdos de anguilas y bellas italianas disecadas. "Luego, llegado el momento –continúa ese mismo hermano– fuimos al mostrador y sacamos dos pasajes para Atenas como si fuese la cosa más natural, sin contemplar las posibles dificultades y sin discutir entre nosotros las razones de nuestra decisión"[50]. Todo hace pensar que esa decisión fue un pasaje al acto.

Finalmente, los dos hermanos parten hacia Atenas. Sigmund, el hermano mayor, a bordo del navío que los conduce al Pireo, se encuentra con un asistente del ilustre Schliemann, pero por timidez no se aproxima. Freud, este hombre de 48 años, oniromante del milenio, todavía no tiene la medida de su incipiente celebridad.

El episodio se produjo en la tarde del día siguiente. Frente a la Acrópolis, símbolo máximo de la cultura helénica, Sigmund tuvo una sensación de pasmo, "un especie de vértigo espiritual y visceral, de tiempo fuera del tiempo, de realidad desrealizada, mientras surgía una idea sorprendente: «¡Así que todo esto *existe*, tal como lo aprendimos en la escuela!»". Años después, intentó definir la naturaleza de esa sensación comparándola con la visión de una criatura imposible, "como si alguien, caminando por la orilla del lago Loch Ness, divisase al Monstruo encallado en la playa, lo que lo llevaría a decir: «¡Entonces *existe* la Serpiente Marina en la cual nunca creímos»!"[51] Freud, como Hanold en *Gradiva*, descubre que la Acrópolis no era un fantasma inventado por los libros, sino que existía realmente, geográficamente.

Aquí se impone la comparación con Roma. Tres años antes, cuando Freud baja a Roma, acompañado una vez más por su hermano Alexandre, le había escrito a Fliess que "Roma fue demoledora..." Pero continúa: "Sin embargo, aunque quedase total y enteramente absorto en la Antigüedad (podría haber adorado los restos grotescos y mutilados del Templo de Minerva, cerca del Foro de Minerva), verifiqué que no conseguía disfrutar libremente de la segunda Roma [la medioeval, cristiana]; la atmósfera me perturbaba"[52].

Freud denomina *Entfrendungsgefühl* al sentimiento perturbador en la Acrópolis: es un sentimiento de desrealización, que lo lleva a dudar de la realidad que tiene frente a sí, y a preguntarle al hermano si es verdad que se encuentran en la Acrópolis: "Y ahora, aquí estamos en Atenas y en la Acrópolis". Realmente hemos recorrido un buen trecho. "Se puede comparar este pequeño acontecimiento con otro mayor: Napoleón, durante su coronación como Emperador en la Iglesia de Notre Dame, se volvió hacia uno de sus hermanos... y observó: «¿Qué habría dicho *Monsieur notre père* de todo esto si pudiera estar aquí en el día de hoy?»"[53]

¿Qué habría dicho Kallamon Jacob Freud?

Esa digresión napoleónica lleva al sentimiento contrario: Boabdil, Rey de los Moros, recibe la noticia de la caída de su ciudad, Granada, y, en su lamento, el poema cuenta:

Cartas le fueron venidas
que la Alhambra era ganada:
las cartas echó en el fuego
y al mensajero matara[54].

O sea que Boabdil niega la existencia de la capitulación.

El episodio se produjo en 1904. Mucha agua pasó bajo el Puente Mayor del Danubio antes de que confiara sus sentimientos en una carta a Romain Rolland, 32 años más tarde. Rolland, el interlocutor tardío de esta historia, tiene 70 años, la misma edad que Alexandre. Diez años menos que Freud. Según Peter Homans, como luego veremos, el novelista francés fue la última ilusión-desilusión de Freud, en su tentativa de fundirse con la cultura europea y cristiana[55]. En su autoanálisis epistolar, él habla del sentimiento de culpa por haber triunfado sobre el padre. Retoma el trauma de esa noche de su infancia en que había orinado en el cuarto de sus padres y el patriarca Jacob dijo que era un *pichner* que no llegaría a nada: y ahora la Acrópolis, ¡la Alhambra de sus sueños! "Es como si la esencia del éxito consistiera en llegar más lejos que el padre... El tema de Atenas y de la Acrópolis, en sí mismo, ya contenía la comprobación de la superioridad del hijo. Nuestro padre se había dedicado a los negocios, no tenía estudios secundarios y Atenas no podría haber significado mucho para él. De modo que lo que interfería nuestra fruición en el viaje a Atenas era un sentimiento de *piedad*"[56].

Piedad es la palabra justa, una palabra pocas veces usada por Freud. Piedad kleiniana por el triunfo sobre el padre. La apreciación de la belleza de Grecia separa a Freud de su padre. "Grecia simboliza la razón y la imaginación, la adolescencia de la humanidad ... Todo esto aleja a Sigmund de Jacob, un modesto judío para quien tanto la cultura clásica como su recuperación en las letras germánicas carecían de todo interés. Más aún, es por haber sabido apropiarse de esta cultura ... por lo que su hijo lo supera en el camino del éxito, y logra una fama mundial"[57].

¿Qué habrá contemplado Freud en la Acrópolis? ¿Cuál era el objeto de su pasmo? Creo que el objeto de su pasmo era él mismo o, mejor dicho, su genialidad. Pues esa criatura fantástica llamada *La interpretación de los sueños* existía, acababa de ser parida.

La carta a Romain Rolland también sorprende por lo que no dice. No atribuye ninguna importancia a la presencia de su hermano menor, que, si pensamos en el escenario de esta historia, no es un "extra" cualquiera, ya que su nombre es Alexandre. Parece que Freud decide que él no juega ningún papel en esta saga griega. Él sólo dice que ellos no hablaron ni una palabra sobre el viaje. Freud comenta: "Ese día, en la Acrópolis, yo podría haberle dicho a mi hermano ..."[58] Podría haberle dicho, pero no lo dijo[59].

También es extraño, como señala Winter, que Freud, en lo alto de la Acrópolis, no haya pensado en Jerusalén. Es curioso que en el día en que habla de la superioridad de los hijos sobre los padres, no haga referencia a la tradición bíblica[60]. Jerusalén, la ciudad a la que él nunca irá. En ese sentido, conviene recordar que, en la carta del 6 de febrero de 1899, cuando la marmita de *La interpretación de los sueños* estaba en plena ebullición, le escribió a Fliess las líneas siguientes, que lindan con la blasfemia: "El legajo secreto está cada vez más grueso y anhela literalmente ser abierto en Pascua. ¿Cuándo será posible ir a Roma en Pascua?" Más adelante agrega, como para enfatizar el lado sacrílego de la idea: "¡La Pascua en Roma!", en contrapunto herético con "El año que viene en Jerusalén".

Remontando la historia en otra dirección, el "asombro en la Acrópolis" es tratado por Freud por primera vez en una carta muy sugerente, dirigida a Jung, del 16 de abril de 1909, que merece ser citada *in extenso*:

Y ahora ejerceré el privilegio de mis años para volverme locuaz y contarle otra cosa que sucedió entre el cielo y la tierra, y que no se puede comprender. Hace unos pocos años descubrí en mí mismo la convicción de que mi muerte ocurriría entre los 61 y los 62 años, edades éstas que, en ese momento, me parecían muy distantes en el futuro. (Hoy faltan sólo 8 años)[61].

Esta carta fue escrita cerca de tres semanas antes de que cumpliera 54 años, y 15 años después de su ataque cardíaco de 1894. El texto continúa:

Fui con mi hermano a Grecia y se produjo un hecho absolutamente misterioso: los números 60 y 61, en conjunción con 1 o 2, comenzaron a surgir en todas las circunstancias, en la denominación de incontables objetos, especialmente en relación con los medios de transporte, cada uno de los cuales yo anotaba concienzudamente. Esto me deprimía, y tenía la esperanza de un respiro cuando llegásemos al hotel de Atenas, ya que nos destinaron cuartos en el primer piso. Aquí, pensé, no podría haber un número 61. Y estaba en lo cierto; pero me dieron el 31 (que con licencia fatalista podría ser considerado la mitad de 61 o 62), y ese número más joven, más ágil, resultó ser un perseguidor aún más persistente que el primero. Desde la época de nuestro viaje de regreso, el 31 se apega fielmente a mí, a menudo con un 2 en la vecindad. Como mi mente también incluye áreas que no son del todo supersticiosas, intenté en su momento analizar esa creencia, y aquí está mi conclusión. Fue en 1899 cuando apareció [esa creencia]. En esa época hubo dos acontecimientos. En primer lugar, escribí *La interpretación de los sueños...* y, en segundo lugar, recibí un nuevo número de teléfono que todavía hoy conservo: 14362. Es fácil encontrar un factor común a esos dos hechos. En 1899, cuando escribí *La interpretación de los sueños*, tenía 43 años. Cabía suponer que los otros números significasen el fin de mi vida, de allí 61 o 62. Usted deberá admitir que, después de esa sustitución, esto ya no suena tan absurdo. Además actuaba la influencia oculta de W. Fliess; la superstición se manifestó en el año en que él me atacó[62].

La fascinación de los números, por otro lado, es muy anterior a Fliess, y se remonta por lo menos a los tiempos de la Academia Española. Allí aparece una *Teoría de los Números* que merece nuestra atención:

> ... me ocupé seriamente en el intento de construir un sistema de números, debido a mi observación de que todo lo que ocurre en el mundo real tiene su equivalente, yo diría su correlato, en el mundo de los números. Los números nacen, mueren, se casan y se matan, como los hombres. La ciudad de los números tiene su nobleza, su ejército, sus árboles genealógicos. ¡Poseen una mitología, e incluso dioses![63]

De allí, por ejemplo, que el 31 sea "joven" y "ágil".

Por otra parte, el miedo de la muerte se había sumado a la "piedad filial" y la "culpa del sobreviviente" en la sensación de extrañeza en la Acrópolis. Vimos desfilar a Boabdil y a Napoleón; Alejandro estaba representado en el nombre de su hermano y, en tierras griegas, no faltaba el fantasma de Edipo, el parricida ...

Freud no fue un gran supersticioso, pero sí un supersticioso contumaz, del tipo que "entiende" de números, teme a los espejos rotos y consulta la página del horóscopo. Llama la atención que registrara minuciosamente cada número. Podemos imaginar esos números persecutorios titilando como chispas en las calles de Trieste.

Tal vez convenga revisar la tesis de Bakan[64] sobre la relación entre cábala y psicoanálisis. El poder mágico de los números cabalísticos, reforzados por la numerología fliessiana, desempeñó un papel no despreciable en la relación de Freud con esos misterios que estaban entre el cielo y la tierra. Mezan, Robert, el propio Jones, tuvieron que aceptar que el agnosticismo de Freud estaba atravesado por creencias supersticiosas. En rigor, el asombro en la Acrópolis habla del goce aterrado de Freud, un sentimiento oceánico drásticamente reprimido, si es que eso es posible.

Diez años antes de la carta a Romain Rolland, Freud había presentado una versión sutilmente distinta en *El porvenir de una ilusión*: "Era un hombre ya maduro cuando estuve por primera vez en la colina de la Acrópolis en Atenas, de pie entre las ruinas del templo, mirando el mar azul. Un sentimiento de asombro mezclado con alegría"[65].

Esa combinación de asombro con alegría sugiere una experiencia mística. ¿Una experiencia religiosa contrariada? Romain Rolland diría que sí.

Fue en la tarea de escribir *La interpretación de los sueños* donde Freud reparó en la significación de ciertos errores banales que cometemos diariamente. A partir del verano de 1889, comenzó a consignar, en sus boletines a Fliess, casos curiosos de lo que pasó a denominar su "psicopatología cotidiana". El primer ejemplo gira en torno del olvido del nombre de Julius Mosen[66]. En la reconstrucción de ese olvido, Freud puede "observar (1) que había reprimido el nombre Mosen debido a ciertas asociaciones; (2) que el material infantil desempeñaba un papel en ese olvido y (3) que en el esfuerzo de recordar, los nombres sustitutivos surgían como aproximaciones al nombre reprimido[67]. Luego siguieron otros ejemplos, principalmente la dificultad para recuperar el nombre "Signorelli".

Cierta vez, durante el verano de 1898, Freud partió con Martha para el Adriático y la costa Dálmata, pasando por la bélica Bosnia-Herzegovina, que ya entonces estaba creando problemas. Era la segunda vez que el matrimonio Freud viajaba al Sur[*4]. Martha no pudo seguir el ritmo de su marido y quedó atrás, exhausta y con problemas gástricos. El caminante caminador no se detuvo, y olvidó un nombre propio: "Signorelli". Este lapso, esta formación del inconsciente, abre la *Psicopatología de la vida cotidiana*[68].

Veamos las circunstancias del olvido. Cuando Martha queda atrás, Freud emprende una excursión por Herzegovina, en territorio otomano, en compañía del abogado berlinés Freyhauss. Charlan sobre las costumbres de los turcos que habitan la región. Freud destaca la confianza que tienen en los médicos y su resignación frente a la muerte. Cuando se anuncia a los familiares que el estado del enfermo es desesperado, ellos responden: "Señor [*Herr*], no hablemos más de eso. Sabemos que si fuese posible salvar al enfermo, usted lo haría"[69]. Freud recuerda otra historia, que no cuenta a su compañero por considerarla escabrosa: los turcos asignan un valor excepcional a los placeres sexuales: "El señor [*Herr*] sabe bien que cuando *aquello* no da más, la vida ya no tiene ningún sentido". La conversación pasa luego a la pintura. Freud habla del "Juicio Final" en Orvieto, "lo más notable que jamás vi", que había admirado el año anterior. Pero, súbitamente, le resulta imposible recordar el nombre del pintor. Pasaron por su cabeza Botticelli y Boltraffio –según le confía a Fliess– "pero con la certeza de que eran erróneos"[70]. Frente al olvido, Freud, en vez de obstinarse en la búsqueda del nombre perdido, inaugura una postura psicoanalítica: deja a su espíritu asociar libremente, a la manera del "habla automática" de Janet. La palabra olvidada, "Signorelli", vuelve y "luego el nombre de pila, Luca, prueba que no se trataba de un olvido verdadero sino de una represión"[*5].

---

*4. El año anterior los esposos habían realizado un "magnífico" viaje por Venecia y Pisa, siguiendo la ruta de Aníbal.

*5. No he encontrado en ningún otro lugar esa distinción entre olvido

Freyhauss, su compañero de viaje, tampoco había podido recordar el nombre del pintor. Aquí Freud llama la atención sobre ese olvido compartido, que todos hemos experimentado en ciertas situaciones. El olvido es contagioso[71]. Lacan encontró en el "olvido de a dos" una clara manifestación de su noción de intersubjetividad[72].

Tal vez, en ese campo imantado intersubjetivo, el nombre del compañero de viaje no haya sido totalmente inocuo. Se llamaba Freyhauss, palabra con ecos de Freiberg ...

El análisis de ese olvido se desarrolla exactamente como el de un sueño. La segunda mitad del nombre olvidado, *elli*, había subsistido intacta. El corte afectaba a *Signor*. "Signor" significa *Herr* en alemán, inicio de la anécdota turca, reprimida, que habla de sexualidad y muerte. Ésta no es más que una primera razón; el olvido debe ser sobredeterminado. Esa segunda razón está en la cadena *Bo* en *Botticelli*, *Bo*snia, *Bo*ltraffio; recuerda a *Herr*, por *Bo*snia-Herzegovina. Eso explica el primer nombre de la sustitución:

Signorelli — Herr-elli — Botticelli.

Aún queda *Boltraffio*. *Traffio* recuerda Trafoi. Trafoi es una aldea del Tirol donde Freud recibió la noticia de que "un paciente que me había dado mucho trabajo dio fin a su vida por causa de un trastorno sexual incurable"[73]. El tema era "muerte y sexo": con los turcos, con el paciente suicida, y también, acotamos, con su propia sexualidad ya claudicante. Por otra parte, este olvido, como luego veremos, tiene aún más sentido si sabemos que Freud había pasado esa noche en Trafoi con Minna.

El diligente Anzieu tuvo la envidiable curiosidad de estudiar de cerca el fresco del que se trata, y nos ofrece una descripción vívida: "Signorelli es uno de los primeros grandes maestros de la escuela florentina que dibujó el cuerpo humano con un real conocimiento de la anatomía. Sus desnudos musculosos y enérgicos tienen realismo, y hacen de él un precursor de Miguel Ángel. El tema de su ciclo de frescos «El Juicio Final» debe de haber evocado en Freud temas que, bajo la influencia de la niñera, lo habían tocado precozmente: la muerte como castigo, los tormentos del infierno. ¿Cuál es la relación con la sexualidad? Los cuerpos vigorosos y admirables; los hombres desnudos exhibiendo todos los detalles de sus órganos genitales; las mujeres desnudas... una acariciando los senos de la otra; una alucinante serie de suplicios ... mujeres desnudas arrojadas al suelo por diablos verdosos o violáceos ... un diablo con alas de vampiro abiertas y una sonrisa obscena ...[74]

El poder de sugestión de estas escenas debe de haber impresio-

"verdadero" y represión (carta de Freud a Fliess del 22 de setiembre de 1898, *Correspondência Sigmund Freud-Wilhelm Fliess*, 1986, comp. por J. M. Masson, Imago, Río de Janeiro, págs. 327-8).

nado a Freud. Didier Anzieu agrega que en la parte inferior del fresco "Anticristo", Signorelli, a modo de firma, pinta su autorretrato. Aquí Anzieu lanza una flecha certera: "Sin duda Freud se identificó con él. *Sigmund* y *Signorelli*[75]. Un autorretrato en el autoanálisis, que completa la autohistoria de la que nos habla Sophie de Mijolla-Melhor[76].

Signorelli es la Irma de los actos fallidos; se convierte en modelo de lapso autoanalizado. Organiza la *Psicología de la vida cotidiana*. Puesto que estos fenómenos suceden siempre y con todo el mundo, Freud consideró importante su valor didáctico para sensibilizar a los escépticos sobre la omnipresencia de los procesos mentales inconscientes. A veces, como en las *Conferencias de introducción al psicoanálisis*[77], los actos fallidos tienen prioridad sobre los sueños[*6].

¿Cuál es el mensaje central del libro? Resumiendo al máximo: "no existe ningún disparate que sea disparatado"[78]. Hay un determinismo, un derrotero invisible: la Tierra es redonda aunque no lo parezca. Este libro presenta un campo en el que cada uno puede verificar directamente la pertinencia del modelo construido a partir de los sueños y de la histeria[79].

La *Psicopatología de la vida cotidiana*[80] está estructurada como *La interpretación de los sueños*. Expone una serie de ejemplos clasificados e interpretados, y un capítulo teórico cierra el desarrollo. En este caso la teoría es más fácil, pues los ejemplos hablan por sí solos. Por ello, en sus clases de los sábados por la tarde en el Hospital de Clínicas, para exponer la doctrina a un público profano, él siempre comienza citando lapsus[81]. Eran más convincentes.

Freud da fin al manuscrito en enero de 1901. En el fondo, cosa extraña, este libro, el más popular de todos, fue un hijo rechazado. Cuando estaba leyendo las pruebas, al hacedor no le gustó el producto final, y vaticinó que a nadie le gustaría. Sucede que "El libro de los errores" estaba profundamente vinculado con su relación claudicante con Fliess. "La *Vida cotidiana* —le dice a Fliess— está repleta de referencias a ti; algunas expresas, para las cuales tú me proporcionaste material, otras ocultas, cuyo origen está en ti. El epígrafe también es un regalo tuyo"[*7]. El libro es "testimonio del papel que desempeñaste para mí hasta ahora"[82].

La palabra *Fehlleistung* en alemán quiere decir más que *acto fallido*, ya que no sólo incluye "actos", sin también intenciones. La lengua alemana, mediante el prefijo "ver", destaca lo que estos errores tienen en común:

<hr>

[*6]. Así como Jung, Ferenczi, Rank y Federn entraron en el psicoanálisis a través de *La interpretación de los sueños*, Brill se convirtió gracias a un acto fallido (Frank J. Sulloway, *Freud, biologiste de l'esprit*, 1981, París, Fayard, pág. 337).

[*7]. "Ahora llenan el aire tantas figuras fantasmáticas que nadie conoce la mejor manera de escapar." *Fausto*, Segunda Parte, Acto 5º, 5ª Escena.

Vergesen: olvido
Versprechen: *lapsus linguae*
Verlesen: error de lectura
Verschreiben: error de escritura
Vergreifen: error en la acción
Verlieren: extraviar objetos.

Antes de Freud, los fenómenos marginales de la vida cotidiana no se habían agrupado bajo un mismo rótulo conceptual. Ni siquiera existía una "teoría de los lapsus". Ellos eran hijos del azar, productos de la fatiga del aparato del lenguaje, "psicolitos" a la deriva, aunque los novelistas y dramaturgos hiciesen buen uso de ellos para dejar entrever los pensamientos secretos de sus héroes. La clase de los "errores sintomáticos" surgió en virtud de la teoría freudiana. De allí que los editores de la *Standard Edition* necesitaran acuñar un neologismo en inglés, *"parapraxis"*[83], para dar cuenta de la situación.

Aquí entramos en los vericuetos del libre albedrío, como si la vida fuese una antología de errores. ¿Dónde termina la libertad de la libertad? Lo que está en juego es el determinismo. No cualquier determinismo: el determinismo psíquico.

Ahora, según la nueva teoría, cuando uno se equivoca en una palabra, no es uno quien habla. Uno es hablado. El sujeto, al mismo tiempo, es y no es la persona de la que se trata. *Lapsus* en latín significa "resbalón", "desliz". En ese sentido, se puede decir que en psicoanálisis se trata de *premeditar* el malentendido[84].

A partir de este momento, todo lo que sucede en la mente tiene, si no una "causa", por lo menos "antecedentes significativos" en la cadena de los significantes que jalonan nuestra vida. Eso no implica necesariamente que se pueda dar una explicación para "cada signo", o sea que "cada signo pueda ser sustituido, mediante una clave prefijada, por otra significación conocida"[85]. En la medida en que los elementos del sueño están "sobredeterminados" −como todo síntoma− Freud elude la tarea, prácticamente imposible, de encontrar una causa definida para cada uno de estos elementos. Pero el modelo de un determinismo estricto impregna el producto. Es muy fácil que un modelo se convierta en ley. Por un tiempo se alentó la esperanza de llegar a una explicación determinista en el reino de la microfísica, en escala similar a la que Freud intentó en psicología. Sucede que el hecho de *observar* cambia la naturaleza misma del campo observado, de la misma manera que, abusando de la analogía, la neurosis se vuelve neurosis de transferencia al pasar por el diván. En la medida en que la precisión perfecta es *esencialmente* imposible, el determinismo conoce su límite, dictado, como luego veremos, por las misteriosas antileyes del azar.

¿Es plausible explicar por lo menos ciertos acaeceres psíquicos, no por un motivo, sino por una falta de motivo? Freud se aproxima a esta idea cuando supone que algunos contenidos pueden hacerse conscientes debido a un *fracaso de la represión**8. O sea que no todo acaecer psíquico tiene una causa "irracional"; también puede haber un fracaso de lo irracional. No todo disparate es exacto.

Estamos frente a un libro dramático. El escenario de nuestra vida cotidiana, iluminada por la interpretación psicoanalítica, se puebla de decorados con simbolizaciones múltiples. Como dice Rieff, "la concepción psicoanalítica hace poetas a todos los hombres, simbolistas incurables que encuentran secretos desconocidos detrás de cada palabra"[86].

Gran, pequeño libro; pequeño gran libro: es difícil decidir. Una crítica posible es que se presenta como una apología de lo obvio. Pero fue él mismo el que generó el carácter de *fait accompli* de eso obvio.

Ellenberger comprueba que Goethe, Schopenhauer y el infaltable Von Hartmann ya se habían interesado por los lapsus y habían descrito los actos fallidos como manifestaciones del inconsciente[87]. Hans Gross, padre de la psicología forense, había recopilado una serie de lapsus incriminatorios en asuntos policiales, citando el caso de un infeliz impostor que reemplazaba a un testigo y firmó con su propio nombre la declaración falsa[88]. Sin embargo, nada de esto iba más allá de un erudito "créase o no".

La *Psicopatología de la vida cotidiana* es una caja de sorpresas, una antología de lapsus, un juego a las escondidas, un coto de caza para futuros arqueros atrevidos. Fue allí donde Peter Swales, como luego veremos, investigó el aborto de Minna ...

El texto está casi totalmente exento de lenguaje técnico, y lleno de ejemplos y anécdotas, tomados de la experiencia del autor y de terceros; Freud reserva sus interpretaciones teóricas sobre el determinismo, que es el plato fuerte, para servirlas bien condimentadas en el capítulo final.

En realidad, el lapsus oficia de puente entre este texto y el ensayo sobre el chiste. Los lapsus hacen los mejores chistes espontáneos, como en el caso del paciente que deja "escapar" con consternación el lapsus de "psicoteraputa" en el momento justo. Según Anzieu, se trata del momento "en que la ruptura semántica entre psicoterapeuta y puta es máxima"[89]. En esa franja del espectro de lo risible, un sonoro pedo es paradigmático, de acuerdo con la segunda ley de Bergson sobre la risa.

En el verano de 1899, mientras revisaba *La interpretación de los sueños*, Freud, como vimos, le comentó a Fliess que, por más que corrigiera el manuscrito, siempre quedarían "2467 errores"[90]. El número parece totalmente arbitrario: significaba sólo *"ein grosse Number"*.

---

*8. Véase *La interpretación de los sueños*, págs. 245-56, donde se trata de los efectos de las sensaciones corporales sobre el dormir y el sueño.

Pero, al final, ¿por qué 2467? El camino del desciframiento apareció descrito en *Psicopatología de la vida cotidiana*: Freud leyó que se jubilaba un general al que había conocido durante el servicio militar. En esa oportunidad, el general –coronel a la sazón– solicitó sus servicios diciéndole: "Tiene que curarme en ocho días: estoy encargado de una misión cuyos resultados aguarda el Emperador"[91]. Freud, sin duda impresionado, "decidió seguir la trayectoria de ese hombre que hoy (1899) llega a su fin..."[92]. Su pesquisa lo llevó a calcular cuándo podría jubilarse él; los 24 años que tenía cuando conoció al general, y los 43 actuales, mediante una yuxtaposición y una suma, permitían llegar, con el mejor espíritu numerológico, a la cifra 2467. ¡Nos podemos imaginar a Fliess batiendo palmas![93]

Los cálculos numerológicos de Freud llevan la interpretación analítica hasta los límites de la credibilidad. Para Rieff, este "paradigma del método que a veces Freud aplicó a los sueños, los actos fallidos y los chistes" padece de un mal encaminado esfuerzo de refinamiento lógico"[94].

Los números tenían valor de grandeza. Freud era hijo de una tradición numerológica. Desde el tiempo de los grandes Profetas, pasando por el brillante judaísmo polaco y portugués del siglo XV, siempre hubo una tradición mística judía relacionada con los números. La Cábala considera que la Torá es el propio Dios. Hay que comprender el verdadero sentido de la Palabra: ella es Dios *hecho letra*. La letra hebraica también es cifra, lo que permite a la mística de la Cábala decodificar los misterios divinos en la combinatoria de los números. Y Fliess, como vimos, fue el Gran Maestro Secreto de los Números.

Más tarde, este amor numerológico se enfrió. Jones cuenta que cierta vez le preguntó a Freud qué hacía Fliess cuando un ataque de apendicitis se producía en un día no previsto. "Freud me miró algo burlonamente y dijo: «Eso no incomodaría a Fliess. Era un matemático eximio, y multiplicando 23 y 28 por la diferencia entre los dos y sumando o sustrayendo los resultados, o por medio de cálculos aritméticos todavía más complicados, él siempre llegaría al número que desease»"[95]. La matemática es destino.

Después de tres capítulos que tratan de olvidos de frases, palabras e intenciones, llegamos al capítulo sobre "los recuerdos encubridores", donde se presenta detalladamente el caso de la "niñera encajonada"[96]. El capítulo V se inicia con un bonito ejemplo: "Un día –narra Freud– no pude recordar de qué país es Montecarlo la ciudad principal. Los nombres sustitutivos eran: *Piedemonte, Albania, Montevideo. Albania* fue reemplazado en mi mente por *Montenegro* y luego me di cuenta de que la sílaba «Mont» (pronunciada «Mon») se encontraba en todos los nombres sustitutivos, excepto el último. De esa manera no me fue difícil, partiendo del nombre del Príncipe Alberto [Príncipe en ejercicio] encontrar el nombre perdido, *Mónaco*. En las *Conferencias de introducción al psicoanálisis*[97], Freud da un paso más, planteando el contrapunto entre *Albania* (blanco) y *Montenegro*.

Veamos un caso que tiene el sabor de la época. Una paciente de Ferenczi no podía recordar el "nombre del psiquiatra Jung [*Jung*= joven en alemán]"[98]. Pasaban por su cabeza los nombres siguientes: Kl–. Wilde, Nietzsche, Hauptmann.

Ferenczi comenta: "Yo no le dije el nombre y la invité a asociar libremente con cada nombre mencionado".

"Comenzando con Kl– , ella asoció inmediatamente con *Frau* Kl–, diciendo que era una persona afectada, pero que se conservaba bien a pesar de la edad. «No está envejeciendo». Con respecto a Nietzsche y Wilde, la paciente asoció «insania». Luego acotó, impaciente: «Ustedes, los freudianos, buscan causas de insania hasta que ustedes mismos enloquecen». Luego: «No soporto a Nietzsche ni a Wilde. No los comprendo. Oí decir que ambos son homosexuales; Wilde tenía asuntos con gente *joven*»"[99].

Los actos fallidos eran ampliamente discutidos en las veladas de los miércoles[100]. Los discípulos recogieron numerosos especímenes. Sobre todo: Stekel y Silberer. Ferenczi, como vimos, llevó su "Jung". Herbert Silberer intentó organizar en forma jerárquica los *lapsus linguae*[101]. O sea que ciertos actos fallidos son más actos fallidos que otros. En ese sentido, consigno tres tipos de lapsus. Por un lado tenemos el colmo del acto fallido, como el de aquel paciente –digamos que se llame Ramón– que, rechazando una interpretación, exclama: "Pero no, Ramón", en lugar de pronunciar el nombre del analista. En el otro extremo aparece el acto fallido más banal e inexpresivo de todos: "película" en lugar de "sueño". Otro tipo interesante de acto fallido, bastante común, que merece un premio especial, se presenta cuando el sujeto enuncia el nombre correcto como si fuese errado y, por la vacilación, el analista infiere correctamente que alude a otra persona que tiene el mismo nombre[102].

Otras veces el nombre errado es el nombre correcto. Veamos un ejemplo. En una carta a Jones, Freud "produce" el siguiente acto fallido, hablando de un texto de Constance Long: "El ensayo de Long no muestra ningún rastro de la infección suiza, tal vez fue escrito antes de que *usted* [en lugar de "ella"] hubiese oído hablar del evangelio de Jung"[103]. En la próxima carta, Freud explica ese acto fallido en los siguientes términos:

Mi interesante *"Verschreiben"* debe de haber suscitado su sospecha. Considere, empero, que no intenté ocultarlo; por lo contrario, llamé su atención. Días atrás cometí el mismo error con Rank ... Estaba quejándome de la irresponsabilidad de Reik y, según Rank y Sachs, dije "Rank" en lugar de Reik[104].

Lo cual –agrega Freud– sería una reprobación injusta en el caso de Rank, y exige una explicación alternativa:

Es un truco de mi inconsciente cambiar el nombre de una persona que no quiero por otra mejor (vea el sueño de la Inyección de Irma*9). Rank en lugar de Reik equivale al pensamiento: ¿por qué él no puede ser usted? Se trata de una *ternura velada*. Lo mismo sucede en su caso. Tal vez recuerde que, después del Congreso de Munich, yo no podía pronunciar el nombre "Jung" y tenía que sustituirlo por "Jones"[105] [el énfasis en "ternura velada" es mío].

Ahora bien, intente decirle a su analista que su lapsus es una "ternura velada" y verá lo que ocurre. La primera ley de todo acto fallido es que no puede ser justificado. De acuerdo con la segunda ley, la explicación sería lícita si Freud tuviese un amor homosexual reprimido por Jones –y no una ternura velada–, lo que me parece altamente improbable.

Freud apasionado por Jones: un buen chiste. Lo que nos lleva al próximo capítulo.

NOTAS

1. Ernest Jones, *A vida e a obra de Sigmund Freud*, 1989, Río de Janeiro, Imago, I, pág. 379.

2. Ibíd., II, pág. 381.

3. Ibíd.

4. Fritz Wittels, *Sigmund Freud: his Personality, his Teaching and his School*, 1924, Londres, Allen & Unwin, pág. 37.

5. Ernest Jones, *op. cit.*, pág. 156.

6. Ernst Waldinger, "My uncle Sigmund Freud", en *Books Abroad*, vol XV, págs. 78-89.

7. Max Schur, *Freud, vida e agonia*, 1981, Imago, Río de Janeiro, III, pág. 643.

8. Estelle Roith, *O enigma de Freud*, 1987, Imago, Río de Janeiro, pág. 19.

9. Ernest Jones, *op. cit.*, II, pág. 11.

10. Lydia Flem, *L'homme Freud*, Seuil, París, 1991, pág. 78.

11. Carta de Freud a Fliess del 2 de marzo de 1899, *Correspondência Sigmund Freud-Wilhelm Fliess*, 1986, comp. por J. M. Masson, Imago, Río de Janeiro, pág. 348.

12. SE, IV, pág. 194.

13. Ibíd.

14. Ibíd.

15. Alexander Grinstein, *Los sueños de Sigmund Freud*, 1981, Siglo XXI, México, pág. 63.

*9. ¿A quién se refiere? ¿A Breuer, a la propia Irma?

16. Didier Anzieu, *A auto-análise de Freud e a descoberta da psicanálise*, 1989, Artes Médicas, Porto Alegre, pág. 95.

17. Ibíd.

18. Eva Rosenblum, "Le premier parcours psychanalytique d'un homme relaté par Freud: rapport a son auto-analyse", *Études Psychotér.*, 1973, págs. 51-8.

19. Ernest Jones, *op. cit.*, I, pág. 140.

20. Anzieu, *op. cit.*, pág. 95.

21. Ibíd.

22. SE, IV, págs. 194-5.

23. Carta de Freud a Fliess del 3 de enero de 1897, *Correspondência Sigmund Freud-Wilhelm Fliess*, pág. 220.

24. SE, IV, pág. 195.

25. SE, IV, págs. 194-5.

26. Carta de Freud a Fliess del 3 de enero de 1897, *Correspondência Sigmund Freud-Wilhelm Fliess*, pág. 220.

27. Anzieu, *op. cit.*, pág. 103.

28. Lydia Flem, *op. cit.*, pág. 81.

29. Carta de Freud a Fliess del 27 de agosto de 1899, *Correspondência Sigmund Freud-Wilhelm Fliess*, pág. 369.

30. Anzieu, *op. cit.*, pág. 103.

31. SE, IV, págs. 195-6.

32. Ibíd.

33. Ibíd.

34. Carta de Freud a Fliess del 3 de enero de 1887, *Correspondência Sigmund Freud-Wilhelm Fliess*, pág. 220.

35. Ibíd.

36. Anzieu, *op. cit.*, pág. 106.

37. Ibíd., pág. 286.

38. Carta de Freud a Fliess del 19 de setiembre de 1901, *Correspondência Sigmund Freud-Wilhelm Fliess*, pág. 450.

39. Carta de Freud a Fliess del 11 de marzo de 1902, ibíd., pág. 457.

40. Ibíd.

41. Martin Freud, *Sigmund Freud: mi padre*, 1966, Buenos Aires, Hormé, pág. 74.

42. Carta de Freud a Fliess del 11 de marzo de 1902, *Correspondência Sigmund Freud-Wilhelm Fliess*, pág. 460.

43. Ibíd.

44. M. Freud, *op. cit.*, pág. 75.

45. Carta de Freud a Fliess del 11 de marzo de 1902, *Correspondência Sigmund Freud-Wilhelm Fliess*, pág. 458.

46. Ibíd., pág. 458.

47. Ibíd.

48. L. Flem, "Freud entre Athènes, Rome et Jérusalem", *Revue Française de Psychanalyse*, 1983, pág. 593.

49. SE, XXII, pág. 240.

50. Ibíd.

51. SE, XXII, pág. 241

52. Carta de Freud a Fliess del 19 de setiembre de 1901, *Correspondência Sigmund Freud-Wilhelm Fliess*, pág. 450

53. SE, XXII, pág. 247.

54. SE, XXIII, pág. 246.

55. Peter Homans, *"The ability to mourn, etc.", Revue Internationale d'Histoire de la Psychanalyse*, IV.

56. SE, XXII, pág. 248.

57. Renato Mezan, *Freud, pensador da cultura*, 1985, San Pablo, Brasiliense, pág. 95.

58. SE, XXII, pág. 244.

59. Jean Pierre Winter, "Moisés y el monoteísmo. Psicoanálisis del antisemitismo", en *¿El psicoanálisis es una historia judía?"*

60. Ibíd., pág. 101.

61. Carta de Freud a Jung del 16 de abril de 1909, *Freud-Jung, Correspondência Completa*, 1976, Río de Janeiro, Imago, págs. 269-70.

62. Ibíd., pág. 270.

63. Carta de Freud a Silberstein del 6 de agosto de 1873, *Lettres de jeunesse*, 1989, París, Gallimard, pág. 65-6.

64. Davis Bakan, *Freud et la mystique juive*, 1977, París, Payot.

65. SE, XXII, pág. 26.

66. Carta de Freud a Fliess del 26 de agosto de 1898, *Correspondência Sigmund Freud-Wilhelm Fliess*, pág. 325.

67. Ibíd.

68. El tema fue tratado en un corto artículo titulado "Sobre el mecanismo psíquico de la desmemoria" (SE, III, págs. 287-300).

69. SE, VI, pág. 3.

70. Carta de Freud a Fliess del 22 de setiembre de 1898, *Correspondência Sigmund Freud-Wilhelm Fliess*, págs. 327-8.

71. SE, VI, pág. 62.

72. E. Porge, *Se compter trois*, 1989, Toulouse, Erès, pág. 11.

73. SE, VI, pág. 3.

74. Didier Anzieu, *op. cit.*, pág. 260.

75. Ibíd.

76. Sophie de Mijolla-Melhor, "Construire son histoire", *Revue International de l'Histoire de la Psychanalyse*, 1993, VI, pág. 13.

77. SE, XV, págs. 15-82.

78. P. Rieff, *Freud, la mente de un moralista*, 1966, Buenos Aires, Paidós, pág. 121.

79. O. Mannoni, *Freud, el descubrimiento del inconsciente*, 1968, Buenos Aires, Galerna, pág. 70.

80. SE, VI, págs. 1-280.

81. O. Mannoni, *op. cit.*, pág. 71.

82. Carta de Freud a Fliess del 7 de agosto de 1891, *Correspondência Sigmund Freud-Wilhelm Fliess*, pág. 448.

83. SE, VI, xii n.

84. Catherine Clément, *Vidas e lendas de Jacques Lacan*, 1983, San Pablo, Moraes, pág. 26.

85. SE, IV, pág. 97.

86. P. Rieff, *op. cit.*, pág. 130.

87. Henri F. Ellenberger, *The discovery of the unconscious*, 1970, Basic Books, Nueva York, pág. 495.

88. Hans Gross, *Handbuch für Untersuchungsrichter*, Vermehrte Aufl., 1894, Graz Leuschner y Lubensky,

89. Didier Anzieu, *Le corps de l'oeuvre*, 1981, París, Gallimard, pág. 348.

90. Carta de Freud a Fliess del 27 de agosto de 1899, *Correspondência Sigmund Freud-Wilhelm Fliess*, pág. 369.

91. SE, VI, pág. 242.

92. Ibíd.

93. SE, VI, págs. 242-3.

94. P. Rieff, *op. cit.*, pág. 125.

95. Ernest Jones, *op. cit.*, I, págs. 295-6.

96. SE, VI, págs. 47-49.

97. SE, XV, págs. 111, 114.

98. SE, VI, págs. 26-7.

99. SE, VI, págs. 27.

100. "Reunión científica del 24 de abril de 1907", *Actas de la Sociedad Psicoanalítica de Viena*, org. por H. Nunberg y E. Federn, 1979, Buenos Aires, Nueva Visión, págs. 184-91

101. Herbert Silberer, *Der Zufal und die Koboldstreiche des Unbewussten*, 1921, Berna, Bircher, 1921.

102. Estos ejemplos fueron discutidos por mí en *Ondina, Supertramp*, 1989, Río de Janeiro, Imago.

103. Carta de Freud a Jones del 19 de marzo de 1914, *The Complete Correspondence of Sigmund Freud and Ernest Jones, 1908-1939*, 1993, Londres, Harvard University Press, pág. 269.

104. Carta de Freud a Jones del 25 de marzo de 1914, ibíd., pág. 272.

105. Ibíd.

CAPÍTULO 23

EL LIBRO DE LOS CHISTES

Freud presenta lo esencial de sus ideas psicoanalíticas fundamentales entre 1900 y 1906, en cinco textos: *La interpretación de los sueños* (1900), *Psicopatología de la vida cotidiana*, *El chiste y su relación con lo inconsciente* (1905), los *Tres ensayos de teoría sexual* (1906) y el "Fragmento de análisis de un caso de histeria" (caso *Dora*) (1906). Esta pentalogía constituye un paradigma teórico que le permitió transformar una teoría de las neurosis en una ciencia del psiquismo normal[1].

Para caracterizar el nuevo paradigma se puede hablar de un sistema que combina dos tiempos; en él las causas actuales interactúan con los determinantes infantiles, y participan mecanismos psíquicos universales tales como la condensación y el desplazamiento, la censura y la represión. La articulación global de estos factores da cuenta del comportamiento humano[2].

Strachey[3] cuenta que Fliess, mientras leía las pruebas de página de la *Traumdeutung*, se quejaba de que los sueños estuvieran llenos de *Witz*; les faltaba seriedad: eran demasiado chistosos. Freud le responde con una clase sobre la represión:

> Por cierto es verdad que el soñante es por demás ingenioso, pero eso no es culpa mía, ni merece reprobación. Todos los soñantes son insoportablemente sutiles y necesitan serlo porque están bajo presión y porque la vía directa les está vedada... La sutileza manifiesta en todos los procesos está íntimamente relacionada con la teoría del chiste y de lo cómico[4].

Strachey cree que este hecho puede haber sido un factor precipitante, pero que el interés de Freud por el *Witz* es mucho más antiguo, y data de los tiempos de Cipión[5].

En una carta a Fliess –*partenaire* de cuentos judíos– Freud narra el del "*Schnorrer*" que pide dinero al Barón para un viaje a Ostende; el médico le había recomendado baños de mar. El Barón responde que Ostende es una playa demasiado cara; un balneario más modesto sería lo mismo. El *Schnorrer* rechaza la propuesta con las siguientes palabras: "Señor Barón, nada es demasiado caro para mi salud"[6].

El humor vino en la estela de la *Traumdeutung*. Freud teoriza en la última parte del libro, y especula sobre la eficacia del "efecto" cómico. Parte de la "explicación fisiológica de la risa" de Darwin[7] y de las articulaciones de Theodor Lipps[8]. La teoría freudiana de la risa difiere de la de Bergson, quien considera que el principio de la risa está en la oposición entre lo vivo y lo automático (véase el teatro de marionetas). Para Freud la risa es el paradigma de la descarga psíquica[9]. Ya en la época de los *Estudios* había pensado en escribir con Breuer una comunicación sobre "la teoría de la abreacción que, como nuestros otros chistes, tiene mucho en común con la histeria"[10]. ¿De qué chistes se trata?

La broma fue tomada en serio. El síntoma "risa" exigió mucha reflexión; transcurrieron cinco años, después del libro de los sueños, antes de que apareciera el libro de los chistes[11].

El mayor desafío "metapsicológico" era el planteado por el chiste absurdo. ¿Conocen el siguiente?:

Dos judíos se encuentran en una estación ferroviaria de Galitzia:
– ¿Adónde vas? –pregunta uno.
– A Cracovia –contesta el otro.
– ¡Qué gran mentira! –responde el primero– Si dices que vas a Cracovia, tú quieres que yo piense que vas a Lemberg. Pero yo sé que vas a Cracovia. Entonces, ¿por qué mentirme?[12]

Caso sibilino de la economía de la doble negación.

Como señala Regina Sarmiento, "del sueño al chiste hay un pasaje importante de lo individual a lo social, del uno al tres"[13]. En el final del capítulo V, Freud dice: "El proceso del chiste en la primera persona produce placer por la suspensión de la inhibición y la disminución del gasto local. Pero no parece alcanzar su fin sino por intermedio de una tercera persona intercalada, y proporciona un alivio general a través de la descarga"[14].

El "trabajo del chiste", como el "trabajo analítico", necesita un interlocutor. De allí la pregunta: "¿Por qué no somos capaces de reírnos de nuestros chistes?"[15] En la agudeza necesitamos a un otro como puente con nosotros mismos. O sea que la producción de un chiste requiere un terceto: la persona que cuenta el chiste, la que es objeto del chiste y la que ríe. En cuanto a la cuestión del placer provocado por la risa resultante, Sarmiento nos recuerda que la "risa se produce fácilmente en la tercera persona y no en la primera. Freud desarrolla toda una teoría, según la cual el oyente del chiste evita un gasto psíquico, tiene la posibilidad de descargar energía y logra suprimir una inhibición o una represión. La risa en la primera persona sólo aparece después de este desvío, de este pasaje por el tercero, donde el otro devuelve al primero la posibilidad de obtener lo que busca: el placer"[16].

Si comparamos el chiste con el sueño, podemos decir que el sueño es un producto mental completamente asocial; nada hay en él para comunicar a nadie. El chiste, en cambio, es la más social de todas las funciones mentales que objetivan la producción de placer. Freud retomará el tema en *Psicología de las masas y análisis del yo* después de una escala técnica en la noción de narcisismo[17].

El chiste "establece el paradigma de la escucha analítica"[18]. Freud recuerda a Shakespeare[19]:

La fortuna de un chiste está en el oído
de quien lo escucha, nunca en la lengua
de quien lo hizo[20].

Freud parte de la base de que el *trabajo del chiste* es semejante al *trabajo del sueño*: una idea preconsciente es sometida a una revisión inconsciente. "La amplia coincidencia entre los medios que utiliza el humor y los medios oníricos no pueden considerarse un simple accidente"[21]. Pero, al contrario del sueño, el chiste no procura disfrazar tan radicalmente sus "alusiones" desplazadas, pues un exceso de disfraz quita toda la gracia. O sea que un sueño típico, exitosamente interpretado, recuerda un chiste mal contado[22]. La explicación se encuentra en la supresión momentánea del gasto de energía necesaria para mantener la represión, en razón de la atracción ejercida por la oferta de un *plus* de placer (*placer anticipado*)" [23].

Para escribir el libro, Freud consultó diversas antologías de humor, desde Rabelais hasta Twain, pasando por Heine y Lichtemberg. Partiendo de Lipps, que define el chiste como "algo cómico que es enteramente subjetivo", Freud habla de la *técnica*, el *propósito* y el *objetivo*. En el chiste, como en el juego de palabras, la técnica más común es la *condensación*, mecanismo ya conocido por el análisis de los sueños. En un chiste de mayor complejidad pueden emplearse varios medios técnicos: desplazamiento de una idea esencial en una idea trivial; relaciones inesperadas entre contenidos dispares; presentación indirecta por medio de la alusión, de la analogía y del *double entendre*. Desde el punto de vista de la *tendencia*, cabe una distinción entre los chistes inocentes, en los cuales sólo está en juego la técnica, y los tendenciosos. Freud divide los tendenciosos en *obscenos* y *hostiles*. En todos los casos, el denominador común es el "placer preliminar". Los chistes tendenciosos llevan a una fuente más profunda de placer, a partir de temas que están reprimidos. El mecanismo psicológico esencial de lo chistoso es la "economía en el gasto psíquico" mediante atajos que desafían las leyes de la lógica. Este placer preliminar recuerda que "El libro de los chistes" fue redactado al mismo tiempo que los *Tres ensayos*. Ambos manuscritos se encontraban en mesas vecinas, de modo que Freud, según su estado de ánimo, trabajaba a veces en uno, a veces en otro[24].

La última parte de *El chiste y su relación con lo inconsciente* trata de la naturaleza de lo *cómico*, desde sus formas ingenuas hasta las más sofisticadas. Al contrario de los chistes, lo cómico no tiene ligazón directa con el inconsciente. El humor es una defensa contra el displacer, y la energía liberada se convierte a su vez en fuente de placer. Hablando de humor, Freud retomará este tema dos décadas más tarde, en un corto artículo titulado "El humor"[25]. Ésa fue una de las pocas veces que habló del superyó de manera amigable. Así como el chiste es una contribución del inconsciente[26], el humor debe ser considerado "una contribución hecha a lo cómico a través de la agencia del superyó"[27].

En resumen: la agudeza, el chiste, ahorran un gasto en la inhibición: lo cómico en el pensamiento, el humor en el sentimiento. El chiste, lo cómico, el humor –dice Freud– "nos llevan de vuelta al estado de la infancia en que no teníamos conciencia de lo cómico, éramos incapaces de ser ingeniosos y no necesitábamos del humor para ser felices en la vida"[28].

"El libro de los chistes" habla del universo lúdico. Trata de las fuentes inconscientes del placer en los dichos ingeniosos. "El humor puede definirse como expresión disfrazada de un sentimiento profundo"[29]. Texto apurado que presenta un raciocinio cerrado, casi serio. Jones, en 1950, lo consideraba el libro menos conocido de Freud y, en el campo por él abarcado, el menos explorado por los analistas en general. Posteriormente fue descubierto por dos corrientes que no tienen nada que ver entre sí: el *middle group* inglés[30] y la escuela lacaniana[*1].

Existe una gramática común del inconsciente, en torno de cuya lógica se organiza el conjunto de los fenómenos significantes: recuerdos encubridores, lapsus, errores de lectura y de escritura, olvido de proyectos y torpezas –o sea el chiste y las tonterías de todos los días. En ese ámbito de lo común en el hombre común, el psicoanálisis no entra en la distinción de lo expresivo y lo intencional. Freud monta una serie continua, que va desde lo estrictamente expresivo (palabras sin sentido, elección arbitraria de números), pasando por actos al mismo tiempo intencionales y expresivos (el sueño, el juego, el arte), hasta lo casi puramente intencional (un acto de defensa propia). En principio descarta lo expresivo como fortuito y superficial. Él es utilitarista: el sueño sirve para proteger el dormir, y punto[31].

"Su tendencia a ver una máxima intencionalidad en cada acto psíquico supone una racionalidad demasiado racional tras la irracionalidad de la apariencia psíquica"[32] [*2]. De allí que no acepte que cier-

1. Para Lacan, el libro del *Witz* ocupa el tercer lugar en importancia entre los textos que hablan de las manifestaciones del inconsciente. Véase, por ejemplo, "L'instance de la lettre dans l'inconscient", *Écrits*, pág. 508n. También las implicaciones de la palabra "*merdre*", "Remarque sur le raport de Daniel Lagache", *Écrits*, pág. 660
2. Luego veremos que el "juego del carretel", el famoso *fort-da*, perfila una nueva teoría del juego.

tos sueños, ni siquiera los sueños infantiles, sean simplemente juego, espontaneidad[33]. No obstante, en un pasaje de *El chiste y su relación con lo inconsciente*, se sugiere la posibilidad de considerar algunos productos psíquicos como suficientemente motivados por la relajación y el juego espontáneo de la mente[34]. Cuando no usamos el aparato psíquico para obtener algún placer urgente, escribe Freud, dejamos que este aparato funcione por el mero gusto de hacerlo. Marion Milner cita a Merleau-Ponty, que cuenta una fábula sufí: el Maestro está riendo solo, y el discípulo le pregunta por qué está riendo solo. El Maestro responde: "Estoy riendo solo por el hecho de estar riéndome solo". El sabio placer del sin sentido.

La estética, entonces, busca el gozo que se hace a sí mismo, teniendo en sí mismo su propio fin[35]. "Tratamos de obtener placer de su propia actividad"[36]. Freud sospecha que ésta es "la condición general que preside toda ideación estética"[37]. Pero nadie lo siguió en esta senda abierta. Sea como fuere, "El libro de los chistes" constituye la principal contribución de Freud a la cuestión estética. Para Lacan, el chiste está en la encrucijada de la metáfora y la metonimia. Introduce el factor "sorpresa". El chiste sería una sorpresa metonímica que, de esa manera, presenta en un *"flash* la división del sujeto consigo mismo"[38]. De ahí su efecto iluminador.

"Traduttore, traditore"[39]. Este chiste, uno de los favoritos de Freud, podría ser, como observa el "traidor" Strachey, el epígrafe del libro[40]. Ninguna otra obra de Freud ofreció tantas dificultades para la traducción, ya que la mayoría de los ejemplos son juegos de palabras, intraducibles por naturaleza. Pero convengamos en que Strachey, a pesar de ser justamente criticado, termina siendo el menos traidor de los traidores.

NOTAS

1. Frank J. Sulloway, *Freud, biologiste de l'esprit*, 1981, París, Fayard, pág. 343.

2. Ibíd.

3. SE, VIII, pág. 3.

4. Carta de Freud a Fliess del 11 de setiembre de 1899, *Correspondência Sigmund Freud-Wilhelm Fliess*, 1986, comp. por J. M. Masson, Imago, Río de Janeiro, pág. 372.

5. SE, VIII, pág. 4.

6. Carta de Freud a Fliess del 22 de junio de 1897, *Correspondência Sigmund Freud-Wilhelm Fliess*, pág. 255.

7. SE, VIII, pág. 146n.

8. Theodor Lipps, *Beiträge zur Asthetik*, 1898.

9. P. H. Castel, "Comique", *L' apport freudien. Éléments pour une encyclopédie de la psychanalyse*, comp. por Pierre Kaufmann, París, Bordas, 1993, pág. 69.

10. Carta de Freud a Fliess del 28 de junio de 1892, *Correspondência Sigmund Freud-Wilhelm Fliess*, pág. 31.

11. Ernest Jones, *A vida e a obra de Sigmund Freud*, 1989, Río de Janeiro, Imago, II, pág. 336.

12. SE, VIII, pág. 63.

13. Regina Sarmiento, "El autoanálisis de Freud, correspondência y chistes: un lugar tercero", trabajo presentado en la II Jornada de Cachoeiras, 1991.

14. SE, VIII, pág. 155.

15. Ibíd.

16. Regina Sarmiento, op. cit.

17. SE, XVIII, pág. 126.

18. Ibíd.

19. *Love's Labours Lost*, V, 2, cit. en SE, VIII, pág. 144.

20. *A jest's / prosperiti lies in the ear / Of him that hears it, never in the tongue / Of him that makes it.*

21. SE, VIII, págs. 88-9.

22. SE, VIII, pág. 173.

23. SE, XX, pág. 66.

24. Ernest Jones, op. cit., II, pág. 27.

25. SE, XXI, págs. 159-65.

26. SE, VIII, pág. 168.

27. SE, XXI, pág. 165.

28. SE, VIII, pág. 236.

29. Philip Rieff, "O surgimento do homem psicológico", *Sigmund Freud & o gabinete do Dr. Lacan*, 1989, San Pablo, Brasiliense, pág. 97.

30. Marion Milner, "El papel de la ilusión en la formación de símbolos", en *Nuevas direcciones en psicoanálisis*, 1965, págs. 94-119. Véase también "On not being able to paint".

31. SE, V, págs. 578-80.

32. Rieff, *Freud, la mente de un moralista*, 1966, Buenos Aires, Paidós, pág. 135.

33. Ibíd.

34. SE, VIII, pág. 96.

35. Mony Elkaim e Isabelle Stengers, "Do casamento dos heterogêneos", San Pablo, *Pulsional*, 1994, LXIII, pág. 45.

36. Ibíd.

37. SE, VIII, pág. 96.

38. Lacan, "La position de l'inconscient", *Écrits*, pág. 84.

39. SE, VIII, pág. 34.

40. SE, VIII, pág. 6.

CAPÍTULO 24

DORA

El siglo XX se abrió cerrando el aislamiento espléndido y miserable. Salido del capullo, Freud tenía 46 años cuando brindó con champaña a la medianoche, celebrando el inicio del año 1900. Atalaya para evaluar el camino recorrido. Recurriendo a la proverbial pregunta: ¿quién soy yo?, él se define, en carta a Fliess, en el segundo mes del nuevo siglo, de la siguiente manera:

> Pues la verdad es que no soy, en modo alguno, un hombre de ciencia, ni un observador, ni un experimentador, ni un pensador. Soy, por temperamento, un *Conquistador*[1].

"Conquistador" está escrito en español. Palabra fuerte, con múltiples resonancias: la conquista de un nuevo continente, del corazón de una mujer o de la centuria que se inicia. Los conquistadores son audaces, intrépidos, temerarios, con fama de inescrupulosos. Sus obras son juzgadas por los resultados. Así, Freud acota: "Por lo general no se les reconoce mérito si no triunfan, si no descubren *realmente* algo: en caso contrario son descartados sin miramientos. Y esto no es totalmente injusto. En este momento la suerte me ha abandonado; ya no descubro nada que valga la pena".

Freud creía haber perdido el mapa del tesoro al entrar en el siglo en el que moriría el conquistador de carne y hueso. El 8 de enero de 1900 le escribe a Fliess:

> Lo más interesante, para nosotros, del nuevo siglo, tal vez sea el hecho de que contiene la fecha de nuestra muerte ...[2]

Hay una dosis de humor judío y narcisista en esa salida. ¿Acaso el Conquistador prevé que la nueva centuria será el siglo del psicoanálisis? Su siglo.

Hombre apuesto. Puede ser descrito como un profesor con encanto: hasta el bigote y la barba en punta eran sometidos a la atención diaria de su barbero, el responsable de la demora el día del funeral paterno. Una carta a Martha, de la década anterior, ilustra bien el punto. Todo comienza en la peluquería:

> En un santiamén me encontré vestido y sentado en el sillón del

barbero; literalmente suspiré aliviado cuando de nuevo vi mi jardín bien cuidado, con sus follajes podados.

La escena evoca sensualidad; el momento voluptuoso continúa:

Viendo el tiempo, que estaba maravilloso, paseé un poco por el patio, gozándolo. Me sentía cada vez mejor ... después ... un baño tibio ... a la tarde jugué al ajedrez en el bar de costumbre ...[3]

Hay *joie de vivre* en esta descripción. Llama la atención por mostrar un lado de la personalidad de Freud poco visitado por los biógrafos y, en realidad, también por él mismo. Si busco una palabra que defina a Freud, yo diría que es sombrío; una intensidad lóbrega acompaña su figura. Pero ese velo atormentado a veces se levanta y, detrás de la sombra gris, aparece un hombre sensual, conocedor de los placeres de la Tierra, más tierno, más infantil, pronto a degustar un buen vino entre las volutas azules del humo de un buen cigarro. Un Freud que emerge del "mundo de los niños", como en la famosa carta, ya citada, de los hongos: "En Aussee conozco un bosque maravilloso, repleto de helechos y hongos ..."[4]

Extraños personajes los hongos, esos vegetales fálicos con alma de erección. Hijos de la noche, hablan de los misterios de la concepción, y Freud, gran niño de 41 años, quería que su amigo Fliess lo iniciara en el enigma de la vida. Lado conmovedor de la sexualidad bisexual de Freud, "fruto de una voluntad de lo femenino"[5], como bien dice Lydia Flem. Lado lúdico que aparece en el ritual de la "caza" a los hongos. Anna Freud narra esta historia, impregnada de nostalgia, a Lou Andreas-Salomé: "Fingíamos entrar en el bosque sin el menor ruido, sin decir palabra, ... para no poner sobreaviso a los hongos. Nunca hablaríamos de esto con personas que no formasen parte de nuestro pequeño círculo"[6].

Martin, el hijo con *saudades*, cuenta el safari de los hongos en una de las mejores páginas de sus recuerdos. Encontrar un espantoso hongo moteado era el primer paso. Una criatura venenosa, con manchas escarlatas, tumefacto de veneno, que señalaba la presencia del *Steinpiltz*, literalmente el "hongo de piedra", que era lo que buscaban.

Cuando encontraba el lugar ideal, mi padre convocaba a su pequeña tropa, en la que cada joven soldado ocupaba su puesto, como en un pelotón de infantería bien entrenado, marchando a través del bosque. Fingíamos estar atacando a un animal tan veloz como bravío: había también un concurso para designar al mejor cazador. Mi padre siempre ganaba[7].

No se trata de "fingir", sino de otra cosa, más próxima a las frutillas maravillosas que habitaban los sueños de la pequeña Anna. Sigmund, el padre de la horda, parece imitar una escena de cazadores primitivos; se precipita sobre un bonito espécimen, y lo cubre con su sombrero tirolés. Atrapa la presa, lanzando una señal de victoria con un pequeño silbato de plata que saca del bolsillo del chaleco. Y delante de sus hijos, cómplices de su placer, el cazador levanta su sombrero y muestra la pequeña bola de color marrón a la que, según Martin, a veces llamaba "bebé".

"Hongos comestibles –resume Lydia Flem– y divinidades de piedra o terracota se asocian a los placeres freudianos"[8]. La parte lúdica que tanto lo admirará en las idas y vueltas del *fort-da* de su nieto, que se entrega a juegos de guerra, y que también esconde el bebé hongo en la barriga de su sombrero. El "hombre del placer" que aparece como rara estrella fugaz en una vida casi sin oasis. Pero a veces los placeres se combinan: "Recogemos hongos todos los días. En el primer día de lluvia iré a pie hasta mi querida Salzburgo, donde la última vez descubrí antiguos objetos egipcios. Ellos me ponen de buen humor y me hablan de tiempos y países lejanos"[9].

Hombre de pasatiempos absorbentes. El alpinismo era una de sus pasiones. Para el deportista Martin Freud, "no sería exacto decir que mi padre era un buen alpinista ... él revelaba los defectos propios de los novicios, en particular el optimismo"[10]. Jugaba un poco de ajedrez, pero abandonó el tablero por completo antes de los 50 años, pues el juego exigía mucha concentración y él prefería ahorrarla para otras actividades[*1]. Cuando estaba solo, a veces jugaba solitarios, además del sempiterno tarot de los sábados. Otro pasatiempo: su pasión por las antigüedades. Este anhelo arqueológico pesaba en su bolsillo. Siguió de cerca los descubrimientos de Schliemann en Troya, y de Sir Arthur Evans en Creta.

Vemos que en esos años del "espléndido aislamiento" el ostracismo fue científico y no social. Freud tenía un variado círculo de amistades, comenzando por los compañeros de tarot. Frecuentaba la Sociedad B'nai B'rith; participaba en sus reuniones sociales y culturales, que se realizaban quincenalmente.

Las vacaciones de verano, ansiosamente esperadas por toda la familia, eran un asunto serio. Freud se esmeraba en los preparativos desde la primavera. Les prestaba a los detalles la misma atención que antes había dispensado a los "congresos" con Fliess.

Llegado el verano, después de meses de agobiante trabajo, Sigmund con Martha, los seis hijos y la tía Minna y se instalaban en un hotel tranquilo de las montañas –en Bad Gastein o en Berchtesgarden, en Bavaria– para pasar allí semanas corridas, catando hongos,

---

[*1]. Eso recuerda a Bertrand Russell, que abandonó las matemáticas a los 37 años por motivos similares.

recogiendo frutillas silvestres, pescando o realizando largas caminatas. Al final del verano, en agosto o comienzos de setiembre, Freud viajaba con su hermano Alexandre, y más tarde, a partir de 1909, con Ferenczi, para explorar Italia.

Freud habló mucho de su soledad teórica. En una carta a Marie Bonaparte, por ejemplo, se compara con Einstein, y dice que éste "sacó partido del hecho de que había una larga lista de predecesores en los que podía apoyarse, comenzando por Newton". Él, en cambio, "tuvo que abrirse camino paso a paso, solo, por una selva enmarañada"[11]. Esa senda estrecha es narcisista, porque, como lo señala Paul-Laurent Assoun: "... todo lo que procede del exterior tiene que ser integrado obstinadamente en su propio capullo"[12]. De allí que Freud confiese en una tardía circular, dirigida a los miembros del Comité en 1927: "No me resulta fácil entrar en el pensamiento de los otros; por lo general tengo que aguardar para que se opere el encuentro con los meandros de mi propio camino"[13].

Para evaluar el avance logrado en este período, que podríamos llamar del "Freud joven", comencemos por el término "psicoanálisis", empleado, por primera vez en 1896, como ya vimos, pero que sólo en 1922 recibe su definición más completa. En "El psicoanálisis y la teoría de la libido", él escribe:

Psicoanálisis es el nombre:
1°) de un método de investigación de procesos mentales que de otra manera serían casi inaccesibles;
2°) de una técnica basada en esa investigación, para el tratamiento de los trastornos neuróticos;
3°) de una serie de concepciones psicológicas adquiridas de este modo, que se articulan entre sí para formar progresivamente una nueva disciplina científica[14].

La nueva disciplina abarca el triple dominio de la investigación del inconsciente, la clínica de las neurosis y la teoría psicológica global. Esto ya estaba claro en 1896*2.

Esos lugares son virtuales. No se trata de que existan tres tipos de descubrimientos, cada uno en su nivel. Por el contrario, el principal efecto del psicoanálisis es que vincula inextricablemente, en una eficiente máquina de pensar, el método de investigación del inconsciente con la intervención terapéutica y la sistematización conceptual. Por consiguiente, como lo señala Assoun[15], "Freud no nos pre-

*2. Lacan, desde su articulación de lo real con lo simbólico y lo imaginario, hablará de lo inconsciente como lo real, de la clínica como lo imaginario, y de la teoría como lo simbólico.

senta «partes» de la «cosa psicoanalítica», sino «momentos» lógicos de una empresa fundamental". Antes de entrar en la naturaleza específica de esa mecánica, conviene preguntar: ¿descubrimiento de qué?

Como lo señala Lancelot Whyte en su trabajo *L'inconscient avant Freud*, "en 1870-1880, la noción de inconsciente se había convertido en una trivialidad"[16]. No hay que olvidar que el libro de Von Hartmann, *Filosofía del inconsciente*[17], había sido un verdadero *best-seller* en la época. Otro tanto sucedía con la sexualidad. En los años 70 nació la sexología, en cuanto se reconoce el hecho sexual –en las manos de Havelock Ellis y Krafft-Ebing– como objeto específico. Incluso más: estos sexólogos convirtieron el sexo en noticia. Krafft-Ebing redactó una enciclopedia de las perversiones, destinada en principio a médicos y juristas, que resultó ser otro *best-seller* instantáneo. "Se puede decir que Krafft-Ebing domesticó a Eros, gracias a un «voyeurismo sutil»"[18].

Ese autor describe la necrofilia, la flagelación, la pederastia y la bestialidad con un léxico "aseptizado" por el sacrosanto latín. En esos años, Freud fue considerado obsceno, mientras que Krafft-Ebing era un erudito del sexo. "Asistimos hoy en día –observa Claveul– a una extraña inversión, que hace que quien fue tenido por obsceno sea considerado un autor muy serio, mientras que el venerable profesor de la enciclopedia pasó a formar parte de las bibliotecas de los voluptuosos"[19].

Havelock Ellis, por su parte, vivió torturado por el sexo. Homosexual tan asumido como era posible en los tiempos del *De Profundis* de Oscar Wilde, luchó con empeño contra los códigos morales victorianos vigentes. Recibió favorablemente la teoría sexual de Freud y la periodicidad de Fliess. Ellis, para la cruel Roudinesco, "se asemeja a las histéricas de fin de siglo; experimentaba en su cuerpo los estigmas de un sufrimiento que tenía por origen la sexualidad, y a partir de él hizo su texto"[20].

Freud entraba frecuentemente en conflicto con Krafft-Ebing, pero tenía por Ellis un evidente respeto; fue la única persona con la que se carteó durante el "espléndido aislamiento".

Repitamos: el psicoanálisis que entra en el siglo XX no es la filosofía del inconsciente, ni la teoría del hecho sexual. Habla, y muy claramente, de esos dos temas, pero inventando lo inédito. O sea que la intervención freudiana "complicó" la realidad; el límite entre consciente e inconsciente quedó cuestionado desde una nueva versión de lo sexual, generando una acusación de pansexualismo que pretendía desmerecer la apuesta.

Un genio tiene rasgos muy personales. Esto nos lleva a hablar de tres puntos preliminares de la *prehistoria* freudiana. En primer lugar, observamos un retardo relativo en la identificación del objeto propio de su investigación. En los comienzos, Freud, como Lao Tsé, todavía no sabe que sabe, ni sabe lo que quiere saber. Camina a tientas, en busca de su objeto, recorriendo un trayecto ligado al deseo virulento de asociar su nombre a un gran descubrimiento. La meta: devorar el mundo. Martha fue la primera confidente de su ambición omnívora: "No soy capaz de trabajar a menos que sea aguijoneado por grandes esperanzas"[21]. Y también: "Soy muy obstinado, muy audaz, y necesito grandes desafíos"[22]. Los tiempos de la coca lo demuestran con letras de fuego.

Un tercer punto está bien señalado por Assoun: "El descubrimiento se asocia a otra empresa: el impulso tiene que venir del exterior para que Freud pueda realizar la identidad de su propia búsqueda"[23]. O sea que necesita un precursor. Todo comienza con Breuer: "Él leyó para mí, en varias oportunidades, fragmentos del historial de su enferma, y yo tuve la impresión de que nunca se había dado un paso tan importante en la comprensión de las neurosis"[24]. El síntoma "habla": ése fue el invento freudiano. Necesitó de la *trouvaille* breueriana de la catarsis basada en la hipnosis. El síntoma tiene un sentido, carga con la reminiscencia de un hecho traumático. Por primera vez alguien piensa en la génesis psíquica del síntoma, génesis que explica el trastorno en términos de fuerzas y energía. A partir de ese momento, Freud busca una teoría general de las neurosis.

Repasemos el itinerario. En el comienzo de la década de 1890 tenemos un conquistador impaciente, a la caza de tesoros. Todavía no tiene el mapa de la isla. La isla se llama "Sexo". Sexo más susurrado que hablado. Breuer comenta que el "secreto de alcoba" siempre está presente en los casos de neurosis; Charcot declara que en esos casos "... siempre ... siempre está en juego la cosa genital"; el famoso ginecólogo Chrobak sugiere que la sexualidad es el único tratamiento para ese tipo de afecciones.

Si ellos lo sabían, ¿por qué nunca lo dijeron?

Los maestros hacen de cuenta que no saben. El propio Freud sitúa bien el asunto: "Me habían dicho —escribe en su *Presentación autobiográfica*— más de lo que ellos mismos sabían y más de lo que estaban dispuestos a sostener". Pero eso no cayó en oídos sordos: "Lo que yo recogí de sus labios durmió inactivo en mí hasta que, gracias a las investigaciones catárticas, resurgió como un conocimiento aparentemente original"[25]. De esa manera, lo que era "sabido" pasó a ser "conocido". Freud saca en limpio la etiología sexual del drama humano.

Más tarde, las histéricas, en la intimidad de la consulta, confirmaron con palabras y gestos lo que los maestros habían dicho en charlas secretas entre hombres[26]. Las clases de los martes en la Salpêtrière, como ya vimos, fueron una escala técnica en ese recorrido. El joven Freud se ve rodeado de evidencias: "Dejé el dominio de la histeria y comencé a explorar la vida sexual de las «neurasténicas» que se amontonaban en gran número en mi consultorio", recuerda la *Presentación autobiográfica*[27]. Todos los caminos lo llevan a la "escena primaria". Él, según la feliz frase de Paul-Laurent Assoun, "sufrió en sí mismo la escena primaria de la seducción de la palabra de la histérica". Más allá de la "verdad histórica" se encuentra la "verdad histérica", la fabulación mediante la cual se notifica la verdad paradójica del deseo. Nace la "fantasía inconsciente". La verdad fantásticamente inverosímil. Freud se vio "confrontado con el enigma moderno por excelencia, el límite de la palabra de la histérica"[28].

Coincido con Anzieu en que "Freud descubrió el psicoanálisis al mismo tiempo que se descubría –en el doble sentido de la palabra– y que se desvelaba así como se descubría"[29]. También se puede decir que tuvo que inventar el psicoanálisis para salir de su seria crisis existencial.

Años difíciles en los que el placer parecía perdido. Freud se queja de una abulia total, del trabajo mecánico, del cuerpo preso en la "tenaza" psicosomática. A esto se suma la muerte del padre en 1896. La sombra del objeto cae sobre el yo. Una sombra "proustiana", como dice Anzieu[30]. Comienzan a atormentarlo sombrías y precoces ideas de decrepitud. A los 44 años se calificó de "viejo israelita".

Durante la década anterior había atravesado la fiebre de los Alquimistas: un esfuerzo intelectual constante, que otros sólo conocen fugazmente. Bertrand Russell, también en el umbral del siglo, pasó un año frente a una alucinante página en blanco, consumiéndose en el inicio de su *Principia Mathemática*.

En el acto de crear, el carácter de Freud se consolida en su dualidad. Encarna dos personajes diferentes, casi contradictorios. "Por un lado, tenemos el hijo de Jacob Freud, el alumno de Samuel Hammerschlag, el amigo y colaborador de Breuer, el médico ateo que da conferencias en la B'nai B'rith, el hombre simple que se mantendrá ligado por el resto de su vida a los amigos de tarot. Por el otro, está el hijo espiritual de «padres» extranjeros que se van llamando Fleischl (el Olímpico), Brücke, Helmholtz, Meynert, Charcot; él, por cultura, es hijo de Goethe, de Schiller, de Virgilio, de Sófocles, de Shakespeare y, finalmente –aunque sea un comienzo fundante– se descubre su parentesco secreto con el hijo fatal del viejo rey Layo, que lo eleva no solamente a la gloria tan anhelada, sino también a un tipo maldito de realeza"[31].

La histeria, en la nosografía psicoanalítica de Abraham, es la más benigna de las neurosis, en cuanto su punto de fijación se encuentra en la fase fálica, la más evolucionada epigenéticamente. La escuela norteamericana supone que este trastorno, por su fijación tardía, es la neurosis más "superficial". Otros, como Fairbairn, Winnicott (y tal vez, aunque no explícitamente, Melanie Klein), lo consideran la neurosis más primitiva, no sólo por su valor fundante en la historia del psicoanálisis, sino como basamento de las estructuras obsesivas. Lacan va aún más lejos, y encuentra que el mal histérico, por su propiedad proteica de "comodín", puede ser considerado paradigma de las neurosis; el *discurso histérico* estaría en la base de toda la psicopatología. La verdad histérica, para decirlo con palabras de Valéry, es "indefinidamente actual".

La verdad histérica nos lleva a Dora, o al "triunfo de un fracaso"[32].

El "Caso Dora" tiene una historia editorial curiosa. Parece ser que el manuscrito fue originariamente rechazado por Brodmann, director del *Journal für Psychologie und Neurologie*[33]. Freud intentó entonces ubicar su artículo en el *Monattschrift für Psychiatrie und Neurologie*, donde lo aceptaron de inmediato, pero, inexplicablemente, él lo sacó de circulación. El ensayo quedó "encajonado" (como la niñera prehistórica) durante casi cuatro años. Algo semejante, por otros motivos, sucedió con el *Moisés*, al final de su vida. En una carta a Fliess, le explica: "Terminé ayer «Sueños e Histeria», y hoy ya estoy sintiendo la falta de narcóticos. Se trata de un fragmento del análisis de un caso de histeria, en el que las complicaciones se agrupan en torno de dos sueños, de modo que es la continuación de la *Traumdeutung*"[34].

Freud aclara luego la razón de la demora, una razón medio *Schnorrer*: "El ensayo ya fue aceptado por Ziehen, que no se da cuenta de que luego le infligiré también la *Psicopatología de la vida cotidiana*. Por cuánto tiempo Wernecke [y Ziehen] soportarán esos huevos de cuclillo*3 es un problema de ellos"[35].

Ésa fue una de las razones para que este huevo parásito tuviese un período de incubación tan prolongado. El hecho refleja la dependencia de un autor sin éxito de ventas respecto de editores poco complacientes. Su "Libro de los sueños" había sido un fracaso de librería: sólo se vendieron un par de cientos de ejemplares. Pero había otros motivos, además de las ventas magras: el peligro de ser criticado por indiscreción médica, en una Viena donde su nombre todavía continuaba siendo un chiste de mal gusto. Eran los tiempos en que Freud intentaba ser nombrado profesor gracias a la astucia de las mujeres. No obstante, por encima de todo, estaba el duelo por la pérdida de Fliess: "Retiré de publicación mi último trabajo porque, poco antes, perdí en ti a mi único público"[36].

El ensayo fue denominado "Fragmento de análisis de un caso de histeria"[37]. La palabra "fragmento" en el título era adecuada, ya que la terapia sólo duró once semanas. Tal vez hubiera sido preferible el plural, pues se trata de una serie de fragmentos, hábilmente hilvanados en torno de dos sueños. No en vano, Freud le confía a su amigo Fliess que "es lo más sutil que he escrito hasta ahora"[38].

Dora –en la vida real Ida Bauer– nació en 1882, o sea en la época en que Breuer le habló a Freud de Anna O. por primera vez. Llega al consultorio de Freud en octubre de 1900. Bonita, atractiva, aún no tenía 18 años. Se presenta como una *petite hysterique*. Sus síntomas no

---

*3. El simpático cuclillo es un pájaro *Schnorrer* que, en lugar de construir su nido, pone sus huevos en casa ajena, practicando parasitismo domiciliario.

son muchos, comparados con los de Anna O., o incluso con los de Emmy von R.: tos nerviosa, afonía, ronquera, más un síndrome generalizado en la zona de la garganta, con múltiples puntos histerógenos. Estas conversiones acompañan la tríada clásica de base de la "pequeña histeria": depresión, insociabilidad y *taedium vitae*. Los mismos síntomas ya estaban presentes dos años antes, cuando Freud realizó un primer intento de terapia, del cual tenemos pocos datos. Ahora, al cuadro anterior se sumaban desmayos, probablemente con convulsiones, pensamientos sombríos e ideas de muerte. Esos desmayos espasmódicos y una carta de suicidio habían llevado al padre a solicitar ayuda nuevamente.

Antes de presentar el caso, Freud le recuerda al lector que, en los *Estudios sobre la histeria*, ya había postulado una etiología traumática de las neurosis, y añade la copresencia de un "factor adicional cuyo estudio se desarrolló en publicaciones ulteriores, a saber: un trastorno en la esfera sexual"[39]. Está refiriéndose a su trabajo "La etiología de la histeria"[40], en el cual afirma que la enfermedad se origina en la seducción sexual a una edad precoz (prepuberal). Decir "un abismo" sería exagerar la nota, pero una buena distancia separa a Anna O. de Dora. Ya se había recorrido un significativo trayecto teórico, y también técnico, que iba desde la mano apoyada en la cabeza hasta la asociación libre en un marco transferencial.

Por otra parte, curiosamente, Freud no había progresado al mismo ritmo en la esfera diagnóstica, pues fueron dos criterios obsoletos los que lo llevaron a diagnosticar histeria: 1°) el hecho de que el padre de Dora era sifilítico (él aún creía que la sífilis determinaba una disposición neuropática, una suerte de "emanación sifilítica")[41], y 2°) la tos nerviosa que, sin duda, le recordaba la de Anna O.[42]

Freud pinta con talento la *mise en scène*; presenta a la familia de Dora engastada en la trama de la Viena de fin de siglo. Los Bauer parecen salidos de un cuento corto de Arthur Schnitzler o, más específicamente, de *La ronde*. El fragmento clínico abre una ventana indiscreta sobre la barroca vida erótica de la alta burguesía en la Capital del Vals.

Dos matrimonios entran en el *roman a clef*. Complicado "paso doble" de cuatro personajes. El padre de Dora mantiene una relación sólida y clandestina con *Frau* K. Hace tiempo que se conocen y sus lazos se hicieron más fuertes y solidarios durante una enfermedad del industrial, cuando ella actuó como una devota enfermera. En la época, Dora había cuidado a los hijos pequeños del matrimonio K.[43]

El padre de la paciente, Philip Bauer, es un rico empresario, una figura conocida en el incipiente mundo industrial austríaco. Hombre del *Wien by Nacht*, había consultado a Freud años antes por una infección sifilítica. Fue él quien llevó a Dora a Berggasse 19.

En contraste con este arquetipo de magnate, llama la atención el papel apagado de su esposa, descrita como una frígida nulidad obsesiva[44], totalmente al margen del juego de alta traición que se urde por encima de su cabeza. Freud la descarta, y habla de su "psicosis de ama de casa"[45].

Herr K., el villano de la historia, completa el cuarteto. Típico seductor vienés, hace tiempo que tiene a Dora en la mira. En efecto, el primer intento de seducción se produjo cuando ella tenía 14 años: abrazó a la joven y la besó como un galán de cine. Dora tuvo una "violenta reacción de asco y consiguió liberarse del abrazo"[46].

Octave Mannoni, en sus "lafontainescas" *Ficciones freudianas*, atribuye las siguientes palabras a Dora (en carta dirigida, después de casada, a *Frau* K.): "Mi padre, sifilítico; mi madre, pobre, una débil mental; tú eres adúltera y tu marido, un cornudo consciente. ¡Qué colección!"[47]

Relaciones peligrosas.

Dora conocía perfectamente la razón de su estado. En realidad, ella sólo quería hablar de eso. *Herr* K. había intentado seducirla por segunda vez, abordándola sexualmente en un paseo por la orilla de un lago. Eso había ocurrido el año anterior, cuando ella tenía 16 años. Ofendida, le propinó una cachetada. "¡Tan luego *Herr* K.!" La joven le tenía respeto y le gustaba como amigo de la familia, como tío, digamos. A juzgar por la indignada sorpresa, da la impresión de que Dora había olvidado el beso robado dos años antes. Lo cierto es que le cuenta todo a su madre. *Frau* Bauer, a su vez –como *Frau* Plotzl en *La ronde*– le narra el episodio al marido, quien pide explicaciones a *Herr* K. Éste, siguiendo la regla en tales casos, niega categóricamente y contraataca: Dora tiene la cabeza llena de sexo y vive excitándose con libros lúbricos[48]. Un caso típico de insania moral. El padre, en la encrucijada, opta por creerle a *Herr* K., y toma las acusaciones de su hija como fantaseos. "Estoy seguro –le dice a modo de confidencia a Freud– de que a este hecho se deben la depresión, la irritabilidad y las ideas depresivas de Dora. Ella me presiona para que rompa relaciones tanto con *Herr* K. como, en particular, con *Frau* K. Pero yo no puedo hacer eso, ya que, en primer lugar, creo que la historia de las insinuaciones inmorales [de K.] constituye una fantasía que entró en su cabeza; además, estoy ligado a *Frau* K. por lazos de honorable amistad ... Dora, que heredó mi tozudez, se obstina en su odio a los K."[49]

Lo que más enfurece a la joven es que su padre no le crea. ¿No es eso lo que toda adolescente quiere: la verdad? Se trata de un caso típico de "rencor de las histéricas"[50]. También la encolerizó que *Herr* K., en el episodio del lago, se hubiera quejado de que él "no obtenía nada de su mujer": frase ofensiva, ya que el hombre también la había empleado en un intento de seducir a la gobernanta, confidente y aliada de Dora, pero sólo gobernanta.

La relación de Dora con su aliada da una pista de lo que Freud denominó *ginecofilia* de la paciente*4. El amor de Dora a las mujeres.

---

*4. Esta palabra llama la atención, porque Freud habla de "amor a las

407

A varias mujeres. Primero está su tía paterna, peligroso objeto de identificación, una histérica grave que murió de "marasmo"[51]. Después tenemos una intensa amistad con su prima y, especialmente, con la gobernanta, figura satélite, en órbita en torno del cuarteto amoroso. Dora descubrió más tarde que esta mujer soltera, casi solterona, "que leía mucho y tenía ideas avanzadas", estaba enamorada de su padre. Finalmente tenemos a la propia Sra. K. "Cuando Dora hablaba de la Sra. K –comenta Freud– solía elogiar su «adorable cuerpo albo» en términos más apropiados para un amante que para una rival derrotada" (aunque no se sepa si tal derrota existió)[52]. Pero este amor por la Sra. K. y por la gobernanta luego se enfría y se convierte en odio: ella exige el despido de la gobernanta e intenta llevar a la Sra. K. al ostracismo. Luego veremos el papel de este amor ginecofílico en el fracaso terapéutico.

Freud, escuchando al industrial, repara en ciertas contradicciones. Comienza entonces a creer en la historia de Dora. "Ése fue el momento más solidario de la relación psicoanalítica"[53]. En otro tablero, en otro siglo, la teoría de la seducción entra nuevamente en juego. ¿A quién apostar en esta Neurótica II? ¿Existió realmente un trauma sexual, o fue una fantasía de la joven? Freud, una vez más, apuesta al trauma.

El empresario Bauer, conforme se reveló, había dicho una sola verdad en su historia de "inverdades": su frígida mujer no era buena en la cama. No habló del romance con Frau K. Su hija, dicho sea de paso, hacía tiempo que sabía de esa relación clandestina. Desconfiada como era, y tenía que ser, la joven se sintió entregada cuando su padre no le creyó. Él la "empujaba a los brazos de Herr K."*[5], como precio de un adulterio crónico. Lo que era aún peor, con su silencio ella se convertía en cómplice. De allí la furia filial. Por mucho tiempo, escribe Freud, "Dora se volvió cómplice en este «affaire»", lo que, para Erikson, fue un "clásico ejemplo de fidelidad fatalmente pervertida"[54], en la cual todos los adultos la bombardeaban con mentiras y

mujeres" y no, simplemente, de homosexualidad femenina. Ginecofilia no significa lesbianismo. En carta a Ferenczi, Freud escribe: "Frecuentemente las cosas se presentan de la siguiente manera: una mujer rechazada por el hombre se vuelve naturalmente hacia la mujer, y en ella inviste los componentes ginecofílicos reprimidos ... (carta de Freud a Ferenczi del 25 de marzo de 1908, Sigmund Freud-Sandor Ferenczi, Correspondance, 1992, Calman-Levy, pág. 9). Esta problemática llevará a Lacan a preguntarse si existe realmente una homosexualidad femenina, simétrica de una homosexualidad masculina (véase, Julia Kristeva, "Dora Gynécophyle", Magazine Littéraire, 1990, pág. 38).

*5. Pero es interesante que Freud tuvo que atemperar esta conclusión obvia, ya que acota: "Los dos hombres, desde ya, nunca habían llegado a un acuerdo formal en el cual ella [Dora] fuera tratada como un objeto de trueque; su padre, en particular, se horrorizaría ante tal sugerencia" (SE, VII. pág. 34).

semiverdades. "Ella tenía razón –comenta Freud– al pensar que su padre no quería ir al fondo de la conducta de K., por temor a que eso perturbara su relación con *Frau* K." Mejor dejar las cosas como están. Tanto Glenn[55] como Erikson[56], psicoanalistas culturalistas, hablan de una trama conspirativa. Aquí entra la bisexualidad. Freud, en su carta de enero de 1901, llama la atención sobre este punto: la inclinación de Dora por hombres y mujeres. "Se trata de una histeria ... [en la que] la cuestión principal ... es el contraste entre una inclinación por los hombres y una inclinación por las mujeres"[57]. Sucede que la joven histérica está enamorada del tío transgresor, tema en el que Freud insiste, con poco éxito interpretativo.

Problema central en el análisis de adolescentes: ¿de dónde parte la demanda? En este caso está claro que Philip Bauer llevó su hija a Freud con el encargo de convencerla "de que no existía nada más que amistad en su relación con *Frau* K." El problema terapéutico era no caer en el papel ingrato de lacayo del padre, fuente segura de transferencia negativa.

En ese contexto, Freud encuentra un eslabón importante de la "discordia" al interpretar el asco de Dora como un ejemplo clásico de conversión histérica. La acción erótica de K., según Freud, "era, claramente, una situación que suscitaría en una jovencita inocente de 14 años un claro sentimiento de excitación sexual"[58].

Es muy posible que, en la evaluación de estos datos, él haya sido *maladroit* al interpretar el rechazo de Dora como una defensa neurótica. Lo que, si se piensa bien, era correcto, en la medida en que, en esta región, lo cierto es amigo de lo neurótico. Pero no se trataba sólo de eso, pues, si así fuera Freud estaría a su vez jugando el mismo juego del padre: empujarla a los brazos de K. Caeríamos en una variante de la propuesta machista: "Ella, en el fondo, muy en el fondo, quería..." Erikson habla respetuosamente de la incapacidad "empática" de Freud para entrar en el turbulento universo de una adolescente: "Freud se negó a reconocer que ella, como adolescente, necesitaba una orientación confiable en un mundo adulto de lobos con piel de oveja. Necesitaba a alguien capaz de comprender el choque ante la transformación de un «tío» en ardoroso pretendiente, de apreciar su indignación por ese abuso de confianza"[59]. Tal vez aquí entra la dificultad freudiana para comprender a la mujer.

Erikson se refiere en particular al papel de la "verdad" en la adolescencia. Pero la visión de lo verídico en Dora difería de la de Freud: ella buscaba la "verdad histórica", y él la "verdad psíquica". Este desencuentro fue un factor decisivo de lo que Langs denominó "desalianza" terapéutica[60].

Dora había nacido el 1º de noviembre de 1882, de modo que todavía no tenía 18 años en la época. Rogow, basándose en los trabajos de Tanner, sostiene que en 1900 la edad media de la menarca era de 16 años y 9 meses; tres años más tarde que hoy en día. O sea que Dora, teniendo en cuenta su edad, era una Lolita.

¿Qué es lo que Dora quería?

Interrogante que está en la base de la pregunta sombríamente formulada por Freud y luego pregonada por Lacan: "¿Qué quiere la mujer?" Sin duda una histérica puede hablar de eso. Aquí, empero, nos interesa más invertir la cuestión y preguntar: "¿Qué es lo que Dora no quería?" Ella no quería sólo una reivindicación (a pesar de la interpretación insistente de Freud): quería también denunciar y, de esa manera, encontrar su identidad sexual. En ese sentido, Dora está hecha de la sustancia de las feministas, con su sensibilidad para las diferencias. Freud estaba dispuesto a creer en su historia: sólo eso, pero eso no bastaba.

Masson considera "que una joven de 14 años, abordada sexualmente por un hombre que podría ser su padre, con dos hijos, casado con una mujer que está teniendo una relación con su propio padre..."[61], tiene todo el derecho "natural" de sentirse conturbada. Las circunstancias justificarían la reacción de Dora, sin tener que apelar al diagnóstico de histeria. ¿Acaso Freud esperaba que "ella cediera inmediatamente, de buen grado, sin ninguna vacilación, a ese atrevimiento sorprendente e inesperado?"[62] Lo que está en juego, tanto para Masson como para Erikson, es la psicología sexual "normal" de una adolescente.

Ahora bien, Freud no esperaba nada. Masson es un crítico agudo y un disciplinado hombre de archivos, pero (lo cual es curioso en un estudiante de sánscrito) conoce poco la "filigrana teórica", precisamente esa realidad psíquica que él, por así decir, no vislumbra. Tiene razón sólo en la medida en que la interpretación de Freud estaba destinada al fracaso. Ese tipo de intervención crea una *impasse*. Pero éste es un problema técnico, y no teórico. También es un problema ético. No me refiero al juicio moral que se refleja en la indignación de Masson por la actitud frente al asedio de K., sino a la ética en la dirección de la cura, o sea al *furor curandis* del analista.

Dora fue un fracaso terapéutico. En el fracaso, Freud aprende la lógica de la histérica. La interpretación del fantasma de la paciente era correcta. Lo que se llama el *timing* –o sea el lugar, el momento, la oportunidad– era erróneo. Toda buena interpretación necesita técnica, *timing* y montaje poético. Peter Gay comenta: "Las interpretaciones de Freud dan la impresión de que él veía en ella no tanto a una paciente que pedía ayuda, como a un desafío que debía superar"[63]. De acuerdo con su práctica en la época, Freud presionaba con sus interpretaciones. En la misma línea, Rieff encuentra que, "a lo largo de este análisis, la paciente formulaba objeciones y Freud, crítico, las contradecía, rematando sus intervenciones con un franco desafío: «¿Y ahora, sus recuerdos tienen algo que decir?»"[64] Un combate intelectual. Este caso muestra, más que cualquier otro, a un Freud polémico, hablador e inusitadamente activo. Se lo advierte en el análisis del primero de los sueños reveladores de Dora.

Una casa en llamas. Mi padre, de pie junto a la cama, me despierta. Me visto rápidamente. Mi madre quiere salvar su cajita de joyas, pero mi padre dice: "Me niego a quemarme junto a mis dos hijos por causa de tu caja de joyas". Bajamos con prisa las escaleras, y despierto cuando estaba fuera de la casa[65].

Freud se centró en la "cajita de joyas". Entre sus asociaciones, Dora recordó que *Herr* K. le había regalado una cajita de ésas – un regalo caro. El analista interviene: la palabra *Schmukkästchen* (cajita de joyas) también designa los órganos genitales femeninos. A lo que ella respondió: "Sabía que iba a decir eso".

"O sea que *usted* sabía" –replica Freud, y se lanza a una interpretación maratónica:

El significado del sueño queda todavía más claro. Se dice a sí misma: "El hombre está persiguiéndome, quiere entrar en mi cuarto, mi «caja de joyas» está en peligro y, si sucede algo malo, será por culpa de mi padre". Por eso adoptó en el sueño una situación que expresaba lo opuesto, un peligro del cual su padre la salva. En esa región del sueño todo es convertido en su contrario; luego va a saber por qué. El secreto ciertamente reside en su madre. ¿Cómo entra aquí su madre? Ella es, como usted sabe, su antigua rival por las atenciones de su padre[66].

La dosis interpretativa proselitista continúa; ocupa más de una página del historial:

Así –concluye Freud–, usted está dispuesta a dar como presente lo que la mujer de él le niega. Aquí tiene un pensamiento que es reprimido con tanta fuerza que exige la conversión de todos los elementos en sus opuestos. Como ya le dije antes, el sueño confirma una vez más que está evocando el viejo amor a su padre, para que la proteja de su amor por *Herr* K. Pero, ¿qué es lo que prueban todos estos esfuerzos? No sólo que tiene miedo de *Herr* K.; usted se teme aun más a sí misma, a la tentación de entregarse[67].

"Dora –concluye Freud– no quiso coincidir conmigo en esta parte de la interpretación"[68].

Esa postura analítica, montada en la creencia de que el objeto de amor era K., le impidió a Freud advertir la importancia del amor de Dora por la Señora K. ¿A quién –se interroga Lacan– ama ella: a sí misma, al ideal del yo encarnado por *Frau* K., o a *Herr* K.?

Para Freud, la inhibición sexual histérica no significa simplemente un retraimiento pasivo, sino un movimiento activo de repulsa. Una repulsa tan característica que lo lleva a decir: "Clasifico sin vacilar como histérica a toda persona en la cual una excitación sexual provoca asco"[69].

El gozo del asco. Él estaba en lo cierto al formular que el fantasma de Dora pasaba "por ese enigma contradictorio presentado por la histeria, en la que coexisten el par de opuestos constituido por la necesidad sexual excesiva y el rechazo exagerado de la sexualidad"[70]. A eso se suma otro factor; aquí se plantea un punto que será elaborado posteriormente: la articulación de lo somático con lo psíquico. ¿Cuál es la participación del cuerpo en la formación del síntoma?[71] En ese lugar, Freud habla de la *complacencia somática*[*6], o sea de la "complicidad" de un determinado órgano en el producto final. "'Todo síntoma histérico entraña la participación de *ambos* lados"[72], o sea, el mal llamado "encuentro psicosomático".

La paciente, al discutir la relación de su padre con la Sra. K., había insistido en que era erótica, pero también en que él era impotente. Esa aparente contradicción queda resuelta: ella conocía la existencia de otras formas de satisfacción sexual. Es bueno consignar de entrada que Freud, frente a la actitud desafiante de Dora, se sintió llevado a ser más explícito con ella que con sus pacientes anteriores. "Llamo gato al gato", escribe, y explica que ella imagina a la señora K. practicando la *felatio* con el Sr. Bauer. La paciente lo confirmó tácitamente, tosiendo. A esta altura del relato sorprende que Freud considerara este ensayo como "lo más sutil que ha escrito hasta ese momento"[73]. En realidad, él parecía una aplanadora.

En la tarea de supervisar a Freud, el torrente de interpretaciones alarma. También impresiona su negativa a considerar las dudas de Dora como algo más que una mera resistencia. "Ésa fue la contribución de Freud —escribe Peter Gay— al fracaso final"[74].

El fracaso final sobrevino después del segundo sueño, que Freud interpretará como confirmatorio de su hipótesis de que Dora estaba enamorada del Sr. K. Parte del significado de este sueño no exige interpretación, en la medida en que se trata, como dice Freud, de un "sueño de venganza":

Caminaba por una ciudad que no conocía. Veía calles y pasajes que no me eran familiares. Después encontré la casa donde vivía, fui a mi cuarto y descubrí una carta que mi madre había dejado allí, en la que decía que, como yo había abandonado el hogar, sin el conocimiento de mis padres, ella no había querido darme la noticia de que mi padre estaba enfermo. "Ahora murió y puedes volver si quieres". Entonces me dirigí a la estación y pregunté unas

---

*6. La expresión "complacencia somática" fue empleada por Freud entre 1905 y 1910. Aparece en "La perturbación psicógena de la visión según el psicoanálisis" (SE, XI, págs. 209-18).

cien veces "¿dónde estaba la estación?" Siempre recibía la misma respuesta: "Cinco minutos". Después vi frente a mí un denso bosque y le hice la misma pregunta a un hombre. Él respondió: "Dos horas y media más". Se ofreció a acompañarme. Yo lo rechacé y seguí caminando sola. Veía la estación, pero no podía alcanzarla. Al mismo tiempo tenía ese tipo de angustia que se siente en los sueños cuando uno queda imposibilitado de avanzar. Luego estaba en casa. Debí de haber viajado, pero sin advertirlo. Fui a la portería y pregunté cuáles eran las novedades. El encargado abrió la puerta y respondió que mi madre y los otros ya estaban en el cementerio.

Era un sueño de fin de análisis. Ella continúa sola en esta versión kafkiana del tratamiento, en la que los "cinco minutos" no son lacanianos y simbolizan los clásicos cincuenta. En el inicio de la sesión siguiente, Dora, casi sonriente, anuncia que ésa será la última. Era el 31 de diciembre de 1900. Lindo regalo de año nuevo en siglo nuevo. Freud, en una vana apelación final, presenta una vez más su reconstrucción básica del caso. Comenta: "Ella había escuchado sin protestar, como de costumbre. Parecía conmovida, se despidió de la manera más amistosa, con calurosos votos por el fin de año – y no la vi más"[75]. El sueño, entonces, forma parte de la despedida de Dora. Esos cinco minutos que se repiten "más de cien veces", por otra parte, hablan de la voracidad de la joven.

Peter Gay, en uno de sus mejores capítulos, traza una interesante comparación de la perplejidad que Freud sintió en ese momento, con el choque anterior, cuando la teoría de la seducción se hizo insostenible[76]. En una revisión crítica de su papel como analista, Freud reconoció su error[77]. En verdad, "No había prestado atención a las primeras señales de transferencia". El destino vincular del dueto paciente-analista todavía era visto como circunstancia más que como ley. La transferencia en tanto atribución de cualidades a la figura del analista, brecha por la cual el pasado se actualiza, era un fenómeno sólo vislumbrado.
Al final, Freud cierra su autocrítica diciendo: "No conseguí dominar la transferencia". No se trata, como señala Assoun, de una falla técnica, sino de una carencia simbólica[78]. La transferencia no había entrado en el estatuto de lo simbólico.
En 1900, Freud no había lidiado todavía con las complejidades anímicas de una adolescente, bajo la vigencia de la inversión libidinal, que hace que el amor se convierta fácilmente en odio. Pero el fracaso fue importante por constituirse en un *turning-point* en la clínica psicoanalítica. De allí en más la transferencia ya no fue sólo resistencia, sino que como la resistencia en las artes marciales, se convirtió en "un auxiliar muy poderoso, cuando puede ser descubierta y traducida para el paciente"[79].

El sueño de la Cajita de Joyas también podría ser llamado el sueño de la Casa en Llamas[80]. Ese incendio se presenta como una buena metáfora, indicadora de las pasiones en juego. Recuerda lo que Nasio tiene que decir sobre la "histerización del mundo de la histérica". Ella erotiza el mundo. "Histerizar es transformar el cuerpo del otro en una antorcha ardiente"[81]. Dora asocia que, al despertar del sueño, sintió olor a humo. Varias veces se había quejado del olor de los cigarros del Profesor. La casa en llamas, entonces, bien puede ser el consultorio de Freud, donde la transferencia prende fuego. Conviene recordar que su analista tiene la misma edad que *Herr* K. La conexión erótica puede ser interpretada como una amenaza: "Te dejo si tú no me besas"[82]. La posibilidad de esta fantasía fue considerada por el propio Freud; él juzgó que "no había suficientes pruebas", dadas las "características de la transferencia", expresión un tanto enigmática que tal vez se comprenda como que la verdadera fuerza de esa fantasía estaba en los objetos originales.

Al final, ambos salieron maltrechos de un encuentro en el que implosionó la transferencia. "Quien, como yo, despierta los demonios más malignos con que se puede lidiar –evaluó Freud–, demonios no totalmente domesticados que habitan en lo íntimo del ser humano, debe estar preparado para salir herido de esa contienda"[83]. Guillaumin concuerda en este punto, y el título de su trabajo lo dice todo: "La técnica de Freud en 1920, como efecto de *après-coup* tardío de un fracaso terapéutico, y defensa retardada contra el trabajo psíquico del duelo relativo a Dora"[84].

Podemos decir que Freud fue capaz de advertir la transferencia de la paciente con él, pero no consiguió reconocer su propia transferencia con ella, o sea, lo que ocho años más tarde[*7] denominó "contratransferencia"[85].

Pero sería ingenuo insinuar que Freud se enamoró de esa adolescente tardía, bonita y difícil, por más atractiva que fuese. Por el contrario, el sentimiento vincular dominante parece haber sido negativo. En ese contexto, es interesante la pista onírica recogida por Anzieu[86], en un estudio comparativo de los sueños, que liga a Irma con Dora. Anzieu recuerda que, en conexión con el comienzo de este análisis, Freud tuvo un sueño, llamado sueño de la Mesa de Hotel, cuya estructura presenta semejanzas con el sueño de Irma:

Una reunión, mesa o mesas de hotel ... Se come espinacas. La Sra... E. L. está sentada a mi lado, vuelta totalmente hacia mí, y apoya familiarmente la mano en mi rodilla. Yo retiro la mano, en un movimiento de defensa. Ella entonces me dice: "Usted siempre tuvo tan bellos ojos". Entonces veo vagamente algo como el dibujo de dos ojos o el contorno de un par de anteojos[87].

*7. En el Congreso de Salzburgo en 1908.

Anzieu traza un contrapunto. Lo que en el sueño de Irma era "un gran hall, numerosos convidados ... etc.", aquí es "una reunión, mesa o mesas de hotel". Luego, una escena de seducción. Freud llama a Irma a un "aparte", realizando en ella un análisis "otorrino-ginecológico"; en el otro sueño, está la mano seductora de E. L. Por último, el final: en el sueño de Irma, la fórmula impresa de la "Trimetilamina"; aquí, "veo algo como el dibujo de dos ojos"[88]. Yo añadiría el sueño Cierren los Ojos, ligado a la muerte del padre, donde aparece otro cartel[*8].

Dora, mujer crucial. Ella e Irma están en el núcleo duro del enigma. Se parecen. En su *Psicopatología*, Freud revela, en parte, el porqué del seudónimo. ¿Por qué Dora? Tenía que ser un nombre poco pretensioso, corriente, y que no llevara nadie de la familia de él. Freud piensa y piensa y no se le ocurre ningno. Finalmente recuerda a una tal "Dora" que era empleada de su hermana Rosie. Esa Dora en realidad también se llamaba Rosie, como la patrona, por lo cual se había cambiado el nombre. Freud, como el joven Hanold de la *Gradiva*, fue lejos para encontrar lo que estaba cerca.

Si bien Freud no captó la intimidad de la trama libidinal, este caso le enseñó a lidiar con la histeria. Él no cuestiona la lógica de Dora, pero duda de sus motivos. "La paciente usa ideas de esta clase, inatacables por el análisis, para enmascarar otras que desea que escapen a la crítica y a la conciencia"[89]. Ella reprochaba a su padre y a *Herr K*. para ocultar su propio autorreproche. Su "lógica escondía una pasión más profunda"[90].

La lógica de Dora está montada sobre la *identificación histérica*, o sea una asimilación en la base de un elemento común[*9]. Este proceso implica que el sujeto se identifica con el objeto sobre la base de un deseo común reprimido. La identificación con el padre aparece en todos sus síntomas de conversión, y los celos ocultan su interés por la rival. En verdad, la fascinación que ejerce sobre la paciente la señora K. habla del misterio de su propia feminidad.

Robert J. Langs, especialista en "fracasos" terapéuticos[91], habla de dos "deslices" mayores y uno menor en este caso. El primero fue el hecho de que Freud había tratado antes al padre de la paciente, en

---

*8. Swales complementa esta interpretación sugiriendo que la señora E. L. es Minna (Peter J. Swales, *Freud, Johann Weier, and the Status of Seduction. The Role of the Witch in the Conception of Fantasy*, 1982, Nueva York, pág. 10).

*9. La identificación, para Nasio, no es simple imitación, sino una apropiación basada en un elemento común que permanece en el inconsciente. Se procesa en el espacio psíquico de un único y mismo individuo, como un proceso específico en el campo del inconsciente. Podemos decir que el agente de la identificación es el objeto (Juan David Nasio, *Os sete conceitos fundamentais da psicanálise*, 1989, Río de Janeiro, Zahar).

una cura antiluética. Además conocía a *Herr* K. En realidad, para complicar todavía más las cosas, ya bastante endiabladas, el propio K. había enviado al padre de Dora a la consulta con Freud.

Un segundo "desliz", como factor de fracaso, fue el interés desusado por el material sexual. Freud lo dice explícitamente: "En este caso estaba ansioso por someter mis suposiciones [sobre la cuestión sexual] a una prueba rigurosa"[92]. En una carta a Fliess del 14 de octubre de 1900, habla de "una joven de dieciocho años, que se abrió suavemente con la colección existente de ganzúas"[93]. Melvin Sharfman señala que esta metáfora traduce una visión "sexualizada de esa terapia, en la medida en que ésta era concebida como una penetración"[94].

Un tercer "desliz", más insidioso e inconcluso, pues el tema es polémico, puede encontrarse en el viejo prejuicio de Freud acerca del estatuto de la mujer. Ya conocemos su posición con respecto a la emancipación femenina. Consideremos el siguiente pasaje:

[Dora] evitaba las relaciones sociales y se dedicaba –en el tiempo libre que le dejaba la fatiga y la falta de concentración– a asistir a *conferencias para mujeres y llevar a cabo estudios más serios*[95] [el énfasis es mío].

La cuestión es: ¿qué es lo que Freud quiso decir con "conferencias para mujeres" (*Verteras für Damen*)? En el inicio del siglo, esta joven que leía a Mantegazza también asistía a encuentros feministas. El prejuicio de Freud se filtra cuando cierra la frase refiriéndose a otros "estudios más serios".

El hermano de Dora, Otto Bauer, fue un teórico marxista de alto vuelo, que formó parte del liderazgo del Partido Socialista Austríaco desde 1918 hasta 1934. Los Bauer, entonces, eran una familia complicada pero talentosa. Hoy en día, casi un siglo después, tal vez podríamos equiparar a Ida Bauer con una adolescente *punk*, cuya postura de vanguardia tanto irrita a los adultos. Una joven inteligente con ese culto perverso por la "verdad histórica" de que habla Erikson.

Jones la descalifica: "Dora era una persona desagradable, que invariablemente ponía la venganza encima del amor. Fue un motivo de esa naturaleza el que la llevó a interrumpir prematuramente el tratamiento y a conservar sus síntomas histéricos, tanto físicos cuanto mentales..."[96]

Este ensayo es admirado hasta por sus detractores. Masson[97] exclama: "Cuando se ha leído, como yo leí, centenas de historias clínicas del siglo XIX, toparse con el caso Dora es como encontrar un oasis en el desierto[98]. El Caso Dora, en su fracaso, es el primer acto del "Análisis terminable e interminable", pero ¡qué médico extraordinario tuvo ella, capaz de contar su historia clínica de ese modo!

Julia Kristeva, que, desde los tiempos de la revista *Quel Tel*, se interesa por los guiones posibles, se pregunta cuál podría haber sido el futuro de Dora si Freud, en el momento oportuno, le hubiera brindado la interpretación mágica capaz de retenerla en el diván. Una posibilidad es que hubiese unido fuerzas con su hermano, al que admiraba, convirtiéndose en una militante socialista. Es posible. ¿O habría desembocado en una vida plena de madre burguesa y ama de casa no psicótica? Difícil. "¿Se habría vuelto una mujer contestataria, de moral libre, anarquista? ¿Una Dora-Gertrude Stein?"[99] *Chi lo sa.*

Quince años más tarde intentó volver a Freud: la afonía y la ronquera persistían. En 1922, Ida Bauer entra en el consultorio de Felix Deutsch y éste pronto se da cuenta de que está frente a Dora. La paciente se queja de zumbidos, escucha voces, es víctima de una constipación pertinaz. Desgraciada en el casamiento, frustrada y frígida, le tiene rencor a su malogrado marido y siente inquietud por su hijo[*10]. En la huella de su madre detesta a los hombres. Durante la guerra huye a los Estados Unidos, para morir en 1945, en Nueva York, de cáncer de colon.

NOTAS

1. Carta de Freud a Fliess del 1º de febrero de 1900, *Correspondência Sigmund Freud-Wilhelm Fliess*, 1986, comp. por J. M. Masson, Imago, Río de Janeiro, pág. 399.

2. Carta de Freud a Fliess del 8 de enero de 1900, ibíd., pág. 395.

3. Carta citada por Max Schur, *Freud, vida e agonia*, 1981, Imago, Río de Janeiro, vol. I, pág. 40. Esta carta no aparece en la *Correspondência*.

4. Carta de Freud a Fliess del 22 de junio de 1897, *Correspondência Sigmund Freud-Wilhelm Fliess*, pág. 255.

5. Lydia Flem, *A vida cotidiana de Freud e seus pacientes*, 1986, Río de Janeiro, L&PM, pág. 172.

6. Elisabeth Young-Bruehl, *Anna Freud, a Biography*, 1988, Summit Books, pág. 36.

7. Martin Freud, *Sigmund Freud: mi padre*, 1966, Buenos Aires, Hormé, pág. 59.

8. Lydia Flem, *op. cit.*, pág. 172.

9. Carta de Freud a Fliess del 6 de agosto de 1899, *Correspondência Sigmund Freud-Wilhelm Fliess*, pág. 367.

10. Martin Freud, *op. cit.*, pág. 85.

11. Carta de Freud a Marie Bonaparte del 11 de enero de 1927, citada por Ernest Jones: *A vida e a obra de Sigmund Freud*, 1989, Río de Janeiro, Imago.

*10. Felix Deutsch afirma que ella "no tenía nada de bueno que decir de su análisis" ("A Footnote to Freud's «Fragment of an analysis of a case of hysteria»", *Psychoanalytical Quarterly*, 1957, XXVI, págs. 159-67).

12. P. L. Assoun, "Los grandes descubrimientos del psicoanálisis", en *Historia del psicoanálisis*, comp. por Roland Jacard, 1982, Barcelona, Granica.

13. Carta circular a los analistas de Berlín del 25 de febrero de 1924, *A Psychoanalytic Dialogue: the Letters of Sigmund Freud and Karl Abraham, 1907-1926*, 1965, Nueva York, Basic Books, pág. 349.

14. SE, XVII, pág. 235.

15. P. L. Assoun, ibíd., pág. 144.

16. Lancelot Whyte, *L'inconscient avant Freud*, 1972, Londres, Tavistock Publications.

17. E. von Hartmann, *Philosophie des Unbewussten*, 1ra. ed. 1869, Leipzig.

18. Elisabeth Roudinesco, *História da psicanálise na França. A batalha dos cem anos*, 1986, I, Río de Janeiro, Zahar, pág. 42.

19. J. Clavreul, "Aspects cliniques des perversions", *Sexualité humaine*, 1970, París, Aubier-Montaigne.

20. E. Roudinesco, *op. cit.*, I, pág. 42.

21. Carta de Freud a Martha del 9 de junio de 1924, citada por Assoun, ibíd., pág. 149.

22. Carta de Freud a Martha del 19 de junio de 1924, *Sigmund Freud. Correspondência de amor*, 1981, Imago, Río de Janeiro, pág. 141.

23. P. L. Assoun, ibíd., pág. 150.

24. SE, XX, pág. 19.

25. SE, XX, pág. 24.

26. P. L. Assoun, ibíd., pág. 150.

27. SE, XX, pág. 24.

28. Ch. Melmam, "Symptome", *L' apport freudien. Éléments pour une encyclopédie de la psychanalyse*, comp. por Pierre Kaufmann, París, Bordas, 1993, pág. 422.

29. Didier Anzieu, *A auto-análise de Freud e a descoberta da psicanálise*, 1989, Artes Médicas, Porto Alegre, pág. 14.

30. Didier Anzieu, *Le corps de l'oeuvre*, 1981, París, Gallimard.

31. Marthe Robert, *D'Oedipe a Moïse*, 1974, París, Calman-Levy, pág. 141.

32. Peter Gay, *Freud, uma vida para o nosso tempo*, 1989, San Pablo, Companhia das Letras, pág. 153.

33. Carta de Freud a Ferenczi del 20 de enero de 1909, *Correspondence*, 1992, Calman-Levy, París, pág. 46

34. Carta de Freud a Ferenczi del 25 de enero de 1901, ibíd., pág. 434

35. Ibíd.

36. Carta de Freud a Fliess del 11 de marzo de 1902, *Correspondência Sigmund Freud-Wilhelm Fliess*, pág. 457.

37. SE, VII, págs. 3-114.

38. Carta de Freud a Fliess del 25 de enero de 1901, *Correspondência Sigmund Freud-Wilhelm Fliess*, pág. 434.

39. SE, VII, pág. 7. Véase en especial la nota de pie de pág. 27.

40. SE, III, págs. 191-223.

41. Carta de Freud a A. Gaucher del 10 de junio de 1925, pág. 91.

42. Amine Azar y Antoine Sarkis, *Freud, les femmes, l'amour*, 1993, París, Z'Editions, pág. 49.

43. Peter Gay, *op. cit.*, pág. 235.

44. Ernest Jones, *A vida e a obra de Sigmund Freud*, 1989, Río de Janeiro, Imago, II, pág. 261.

45. SE, VII, pág. 20.

46. SE, VII, pág. 28.
47. O. Mannoni, *Ficciones freudianas*, 1977, Madrid, Fundamentos, pág. 14.
48. En realidad se trataba de la *Fisiología del amor*, de Mantegazza, profesor italiano discípulo de Krafft-Ebing.
49. SE, VII, pág. 26.
50. Masud R. Khan, *Between theory and practice of Psychoanalysis*, Londres, Hogarth Press, 1983.
51. SE, VII, pág. 19.
52. SE, VII, pág. 61.
53. Peter Gay, *op. cit.*, pág. 235.
54. Erikson, ibíd., pág. 172.
55. Jules Glenn, "Freud's adolescent patients: Katharina, Dora & the «homosexual woman»", en *Freud and his Patients*, comp. por Mark Kanzer y Jules Glenn, 1980, Nueva York, Jason Aronson, págs. 23-47.
56. E. H. Erikson, "Psychological reality and historical actuality", en *Insight and Responsability*, 1964.
57. Carta de Freud a Fliess del 30 de enero de 1901, *Correspondência Sigmund Freud-Wilhelm Fliess*, pág. 435.
58. SE, VII, pág. 186.
59. Erikson, ibíd., pág. 172.
60. Robert J. Langs, "The Misalliance in Dora", en *Freud and his Patients*, págs. 58-71.
61. J. Moussaieff Masson, *Against Therapy, Emotional Therapy and the Myth of Psychological Healing*, 1988, Nueva York, Atheneum, pág. 53.
62. Ibíd., pág. 53.
63. Peter Gay, *op. cit.*, pág. 240.
64. P. Rieff, *Freud, la mente de un moralista*, 1966, Buenos Aires, Paidós, pág. 89.
65. SE, VII, pág. 64.
66. SE, VII, pág. 69.
67. Ibíd.
68. SE, VII, págs. 68-70.
69. SE , Cinco conferencias, véase Nasio.
70. SE, VII, pág. 209.
71. Franz Kaltembeck, "A complacência somática", *Psicossomática e psicanálise*, 1987, Río de Janeiro, Zahar, pág. 31.
72. SE, VII, pag. 40.
73. Carta de Freud a Fliess del 25 de enero de 1901, *Correspondência Sigmund Freud-Wilhelm Fliess*, pág. 434.
74. Peter Gay, *op. cit.*, pág. 238.
75. SE, VII, págs. 108-9.
76. Peter Gay, *op. cit.*, pág. 239.
77. SE, VII, pág. 118.
78. Paul-Laurent Assoun, *Freud e a mulher*, 1993, Río de Janeiro, Zahar, pág. 71.
79. SE VII, pág. 118.
80. M Kanzer, "Dora's Imaginery: the flight from a burning house", *Freud and his patients*, págs. 72-82.
81. J. D. Nasio, *L'histérie ou l'enfant magnifique de la psychanalyse*, 1991. París, Rivages, pág. 22.

82. Kanzer, ibíd., pág. 74.

83. SE, VII, pág. 109.

84. Jean Guillaumin, "A téchnique de Freud en 1920 comme effet d'après-coup tardif d'un échec thérapeutique, et defense differée contre le travail psychique du deuil relatif à Dora", *Psyché, études psychanalytiques sur la réalité psychique*, 1983, París, PUF.

85. Peter Gay, *op. cit.*, pág. 240.

86. Didier Anzieu, *A auto-análise de Freud e a descoberta da psicanálise*, pág. 387.

87. Ibíd., pág. 385.

88. Ibíd., pág. 388.

89. SE, VII, pág. 35.

90. P. Rieff, *op. cit.*, pág. 97.

91. R. J. Langs, ibíd., págs. 215-230.

92. SE, VII, pág. 114.

93. Carta de Freud a Fliess del 25 de enero de 1901, *Correspondência Sigmund Freud-Wilhelm Fliess*, pág. 428.

94. M. A. Sharfman, "Further reflections on Dora", *Freud and his patients*, págs. 49-50.

95. SE, VII, pág. 23.

96. Ernest Jones, *op. cit.*, II, pág. 261.

97. J. Moussaieff Masson, *op. cit.*, pág. 46.

98. Masson es injusto: el siglo XIX tuvo grandes historiales clínicos. Es cierto que los casos de Janet, aunque interesantes, están mal contados, si bien Irene recuerda a los personajes de Zola. Antes los casos de Pinel parecen extraídos de las novelas de Balzac, y la propia Anna O. lleva a pensar en la *Elektra* de Hoffmannstahl (Henri F. Ellenberger, *The Discovery of the Unconscious*, 1970, Basic Books, Nueva York, pág. 283).

99. J. Kristeva, "Dora gynécophyle", *Magazine Littéraire*, 1990, pág. 38.

CAPÍTULO 25

LA SOCIEDAD PSICOLÓGICA DE LOS MIÉRCOLES

De vuelta de su primer viaje a Roma, Freud planta la semilla del movimiento psicoanalítico:

> Un cierto número de médicos más jóvenes se ha agrupado en torno de mí con la intención expresa de aprender, practicar y difundir el psicoanálisis. El impulso fue dado por un colega que experimentó en sí mismo los efectos benéficos de la terapia analítica[1].

De esa manera es recordado el gesto fundador trece años más tarde. Una indicación sintomática: Freud omite el hecho de que ese colega se llamaba Wilhelm Stekel[2].

El movimiento gateaba cuando Stekel aparece en escena. Él fue la mano derecha de Freud. Estamos en los tiempos no balizados del psicoanálisis. El período menos documentado va desde el final de la correspondencia con Fliess hasta el inicio del intercambio epistolar con los primeros discípulos. Luego, a partir de 1906 se conservan las *Actas de las Reuniones de los Miércoles*. El hecho de que hubo una segunda hoguera, un segundo momento piromaníaco, en 1907, refuerza la laguna epistolar. En esos años, como dice O. Mannoni[3], el psicoanálisis, recién salido de la cáscara del espléndido aislamiento, aún no tenía plumas.

Stekel no fue el primero, pero él es quien mejor cuenta ese primer momento:

> Kahane era un médico brillante, sumamente dotado, que había renunciado a la carrera académica y trabajaba en una institución para el tratamiento de neuróticos con electricidad. Él mencionó un nombre desconocido para mí: Sigmund Freud, que daba clases semanales en la universidad. Me informó que Freud había citado mi trabajo *Coito en la infancia*, manifestando el deseo de conocerme. Yo no podía perder esa oportunidad[4, *1].

---

*1. El joven Stekel, en efecto, había escrito en 1895 un trabajo sobre el coito en la infancia, inspirado en la obra de Krafft-Ebing y en Moll. Freud lo menciona en "La etiología de la histeria", de 1896.

Junto a Kahane tenemos a Rudolf Reitler, que habría sido el primer discípulo oficial que practicó psicoanálisis, a menos que esa prioridad le haya correspondido a una mujer, Emma Eckstein.[*2] Reitler era un hombre refinado, con dotes artísticas. Poco se sabe de su vida.

Cuenta la leyenda que Stekel leyó la reseña crítica de Burckhardt sobre *La interpretación de los sueños* e inmediatamente escribió una defensa en el *Neues Wiener Tageblatt*, en su más florido estilo periodístico[5]. Esta historia es cronológicamente incorrecta: la respuesta a la crítica existió, pero fue escrita dos años después, cuando él ya había hecho su breve análisis con Freud[6].

En la época Stekel sufría de un incómodo problema neurótico "cuya naturaleza —observa Jones— no es preciso mencionar", aunque era de índole sexual[7]. Solicitó la ayuda de Freud y obtuvo una mejoría inmediata. El propio Stekel, en su autobiografía, dice que su psicoanálisis duró ocho sesiones[8], pero Jones sospecha que se extendió mucho más[9]. En 1903 se convirtió en el segundo discípulo que ejercía como psicoanalista. Tenía cierta intimidad con el Maestro: era el único que se refería a Freud por el apellido y no como *"Herr* Profesor".

Stekel era un escritor prolífico. Wittels, en su biografía, comenta que "las máquinas impresoras de Europa gemían bajo el peso de los artículos que Stekel escribía sobre Freud"[10]. Roazen lo considera un escritor de talento, cuyas descripciones clínicas tenían gran mérito. Su estilo, empero, era sensacionalista, y su interés por la sexualidad bordeaba lo pornográfico"[*3, 11].

En 1908 publicó su libro más importante, *Los estados de angustia neuróticos y su tratamiento*, con un prefacio de Freud. Siguiendo una sugerencia del Profesor, él acuñó la expresión *neurosis de angustia*, y se puede decir que Stekel fue el interlocutor privilegiado en la cuestión de las *neurosis actuales*.

En aquellos primeros años, como dice Stekel con su grandilocuencia habitual, "fui el apóstol de Freud, que era mi Cristo"[12].

¿Cuál de los apóstoles sería?

Como primer discípulo destacado, le correspondería el lugar de Simón, llamado el Zelote. El celo y el entusiasmo por la creación del círculo de los miércoles fueron suyos. De allí nació el hábito de reunirse semanalmente en la sala de espera del Profesor. A los encuen-

---

*2. "Eckstein trató deliberadamente a una paciente ..." (Carta de Freud a Fliess del 12 de diciembre de 1897, *Correspondência Sigmund Freud-Wilhelm Fliess*, 1986, comp. por J. M. Masson, Imago, Río de Janeiro, pág. 287).

*3. Concuerdo con Roazen en que sus historiales eran un poco pornográficos: recuerdo a una mujer que tenía una fijación uretral y se sentía fuertemente atraída por un hombre con incontinencia de esfínteres. Fueron felices. Pero no puedo ser ingrato: la lectura de *La mujer frígida* fue lo que me llevó a interesarme por el psicoanálisis. No todos los comienzos tienen que ser ejemplares.

tros se les dio la modesta denominación de "Sociedad Psicológica de los Miércoles".

Stekel, escribiendo sus memorias, diabético, en un hotel de Londres, poco antes de su muerte, recuerda:

Las primeras reuniones fueron fuente de inspiración. Elegíamos un tema al azar y todos participábamos vivamente en la discusión. En la primera noche discutimos las implicaciones psicológicas del fumar. Existía una perfecta orquestación entre los cinco ... Éramos pioneros en tierras extrañas y Freud era nuestro líder. Saltaban chispas de nuestras mentes y cada noche nos aguardaba una revelación[13].

Stekel pasó a la historia como el hombre que tenía un sexto sentido en el universo del simbolismo onírico. Él consiguió despertar el interés de Freud por el tema. En realidad, y haciendo historia, Freud ya había reconocido el factor simbólico en la "Comunicación preliminar"[14], pero el ulterior método interpretativo propuesto en la *Traumdeutung* iba contra cualquier referencia simbólica. El propio Freud, en reiteradas ocasiones, reconoció su deuda "por las contribuciones de Wilhelm Stekel"[15].

Alfred Adler tenía 32 años cuando en 1902 completó el cuarteto inicial de los acólitos. La leyenda cuenta que Adler envió una carta de protesta a la *Neue Frei Presse* por una crítica hostil a la *Traumdeutung*, y que Freud se lo agradeció en una esquela. En verdad, parece ser que la *Neue Frei Presse* nunca publicó dicha reseña, y no se sabe en qué circunstancias se conocieron los dos hombres[16].

Adler era un joven militante, ideólogo de izquierda. La doctrina socialista lo acompañó toda la vida. Esa militancia se refleja en su primera publicación, escrita a los 28 años, titulada *Libro de la salud en la profesión de sastre*. Como lo señala Selesnick, "sus conocimientos de historia, psicología y filosofía alemana, sus citas de la Biblia, Shakespeare y las tragedias griegas, junto con su elocuencia de orador, explican por qué ocupó siempre lugar destacado en los grupos a los que perteneció"[17].

Sabemos poco de los primeros años de su vida. Cuando él nació, Freud tenía 14 años. Enfermizo, padeció de raquitismo y asma en la primera infancia: "En uno de mis primeros recuerdos me veo sentado en un banco, totalmente fajado por causa del raquitismo deformante, con mi hermano mayor sentado frente a mí. Él [Sigmund] podía correr y saltar sin esfuerzo. Mi familia hizo todo lo posible para ayudarme ..."[18] Comenzó a caminar a los 4 años. "Para mí cualquier tipo de movimiento representaba tensión y esfuerzo"[19]. La interpretación es obvia; los biógrafos vinculan su pasado escrofuloso[*4] con la idea de la

*4. Adler explica: "En circunstancias favorables, ciertos defectos de una

"inferioridad de los órganos", concepto éste que ocupará un lugar central en su sistema psicológico[20, 21]. Puede ser. Aunque suena demasiado simplista.

Stekel y Adler tienen perfil de mellizos. Ambos (como Freud) tenían padres comeciantes (el de Adler era comerciante en granos) y consideraban sus infancias como una sombra infeliz. Adolescentes bohemios con mucha calle. Ambos estudiaron medicina en la Universidad de Viena y sintieron la atracción del psicoanálisis al mismo tiempo. Además, sus posiciones teóricas se parecen, aunque hay consenso en cuanto a que Adler era más creativo. Por ejemplo, Adler habla del "lenguaje de los órganos", y Stekel de la "jerga de los órganos"; el "hermafroditismo psíquico" de Adler es paralelo a la "bipolaridad sexual" stekeliana, y la "protesta masculina" adleriana tiene estrecha semejanza con la "guerra de los sexos" de Stekel. Finalmente, ellos concordaban en que la perversión es una neurosis y no, como decía Freud, el negativo de una neurosis[22].

La tradición sitúa injustamente a Stekel como el papagayo del pirata Adler. Personalmente considero que Stekel es el más interesante de los dos, y que dejó una marca mayor en la teoría psicoanalítica. El concepto de "bipolaridad" anticipa la noción de ambivalencia. Su libro *Neurosis de angustia*, además de ser un clásico, fue "el primer manual de psicoterapia"[23].

Un episodio, narrado por Jones, "quemó" la reputación de Stekel. Se trata de un ensayo sobre la importancia de los apellidos –del nombre del padre– en la elección de profesión. El ensayo presenta un considerable número de pacientes cuyos apellidos habían influido decisivamente en sus vidas. Cuando el Profesor, perplejo, le preguntó cómo había conseguido tantos casos, Stekel contestó con una sonrisa: "Son todos inventados". Freud se negó a permitir su publicación en el *Zentralblatt*, de modo que el artículo tuvo que aparecer en otra revista[24].

Me parece que esta historia está mal contada. Jones la incluye para hablar de la personalidad de Stekel, y omite decir que el incidente ocurrió en 1911, después del Congreso de Weimar, cuando las relaciones del discípulo con su Maestro habían llegado a su punto más bajo. La versión de Stekel, por otra parte, es la siguiente: "Debo mencionar un curioso episodio. Freud vetó un ensayo mío titulado "La obligación del nombre"[25], donde yo demostraba, con muchos ejemplos, que el nombre con mucha frecuencia determina la vida del portador. Freud anticipaba que la gente se burlaría de mí y no quiso publicar el artículo"[26].

Sospecho que Jones "inventó" los inventos de Stekel. Luego retomaremos el tema de la invención en psicoanálisis.

---

criatura generan una disposición para un mayor rendimiento" (*Minutes*, II, pág. 260. Véase también su estudio sobre "la inferioridad de los órganos").

Continuando con los mellizos, a partir de 1905 Adler escribe vertiginosamente, casi más que Stekel, sin duda como el miembro más activo del grupo. Tal vez se podría ver en él la figura del Judas que presentan los historiadores revisionistas, esto es, un apóstol politizado y radical. No debe extrañar que la primera biografía de este pionero se titule *Adler, apóstol de la libertad*[27]. La mujer de Adler, Raisa Timofeyevna Epstein, era también una militante que recibía a Trotsky y Joffe en su casa[28]. Como activista político, y por el don de su retórica, él comandaba la horda de hermanos en las noches de los miércoles.

Por temperamento, Freud y Adler eran polos opuestos. El primero, medido y ceremonioso; el segundo, impulsivo, con los acentos vehementes de un orador de barricada[29]. Adler, según la opinión de Carl Furtmuller, "tenía un perfil de «hombre común», de aspecto casi desaliñado"[30]. En las fotos, y particularmente en un notable dibujo de Horowicz, parece un dueño de burdel *à la* Toulouse-Lautrec. Por otra parte, tras esa retórica fogosa, su humor era más abierto y sociable que el del Profesor. Freud nació escritor, no necesitaba traducir su pensamiento para volcarlo al papel; "Adler era un conversador nato que se negaba a perder tiempo y atención en la tarea de escribir bien. Tenía instinto de animal político; el Profesor era peligrosamente "apolítico"[31].

Resulta difícil precisar cuándo fue perdiendo su encanto el idilio de los miércoles. Sabemos que en 1906 Adler comienza a hablar de las "bases orgánicas de las neurosis", y Rank consigna, en las *Minutas* de la reunión, que Freud le asigna una gran importancia a ese trabajo, por introducir el concepto de *compensación*, ligado a la idea de que "la represión se efectúa mediante la formación de una superestructura psíquica"[32]. En esa ocasión, Reitler es uno de los pocos que critica la exposición: entiende que Adler cae en una morfología lombrosiana. Cuando en 1907 aparece finalmente el libro sobre la inferioridad de los órganos, al principio se lo considera el complemento fisiológico de las teorías de Freud[33]. De modo que Adler ocupa por un tiempo el lugar de Fliess, al dar cuenta del lado biológico de la teoría analítica. Mas ya al año siguiente, en el Primer Congreso Psicoanalítico en Salzburgo, su trabajo "Sadismo en la vida y en la neurosis" comienza a ser visto como una desviación respecto de la ortodoxia del momento. A partir de 1910 sus contribuciones tomaron un rumbo propio, incompatible con las perspectivas freudianas. Aquí aparece una vez más el fantasma fliessiano, ya que el tema era la bisexualidad. En su ensayo "El hermafroditismo psíquico en la vida y en las neurosis"[34], Adler, como Fliess, declara que el neurótico sufre de la represión de su parte femenina, asociada a todo lo que es débil y problemático. Esta construcción sociobiológica explicaba las neurosis, el exhibicionismo y el fetichismo, ubicando la bisexualidad en el lugar del complejo de Edipo[35]. De ahí la ruta de colisión ...

El foco de la disputa fue la tesis adleriana de la protesta masculina, presentada en la reunión del miércoles 17 de febrero de 1910. Las objeciones formuladas por Freud aparecen en las *Minutas*:

> Resulta imposible compartir las ideas de Adler, en cuanto él somete todo el material psicológico a puntos de vista biológicos, y llega de esa manera a conclusiones que el material psicológico no justifica[36].

Y aquí Fliess entra en el baile:

> El ejemplo de Fliess, que propone una tipología biológica de las neurosis, fue la perdición de más de un observador. Fliess veía en el inconsciente los elementos del sexo opuesto[37].

Un año después, Freud tildaba a la teoría adleriana de "reaccionaria" y "retrógrada": una psicología superficial. Hubo un tiempo, sin embargo, en que él reconoció los talentos especiales de Adler y, demostrándole su confianza, lo eligió como analista de la esposa de su hermano Alexandre. Más importante aún, como luego veremos, es que Adler fue nombrado primer presidente de la Sociedad Psicoanalítica de Viena, en 1908. "Al final de cuentas, él es la única personalidad que tenemos"[38].

Tan tarde como en 1933, en sus *Nuevas conferencias de introducción al psicoanálisis*, Freud censuró al escritor Emil Ludwig por interpretar la personalidad del Emperador Guillermo II con la óptica adleriana de la "inferioridad de los órganos"[39]. La teoría adleriana era exactamente opuesta a la suya. Freud dice: "En el lugar de una psicología [Adler] nos ofrece, en gran parte, una biología; en lugar de una psicología del inconsciente, él nos ofrece una psicología del yo"[40].

Retrocedamos en el tiempo, a ese primer período de los miércoles. Poco a poco, nuevos participantes comenzaron a concurrir asiduamente. En 1906 ya eran más de diez. Entre los acólitos de primera hora, olvidados por la historia, tenemos a Hugo Heller, futuro editor de Freud, Alfred Meisl, Guido Brecher, J. K. Friedyung, R. Urbantschitsch, M. Steiner, A. von Winterstein y A. Muthmann.

Junto a estos discípulos anónimos, ya en 1904 aparece Paul Federn (1871-1950). Edoardo Weiss, ex paciente y viejo amigo, lo describe como "un hombre flaco, calvo, con una frondosa barba negra, expresivos ojos grises y maneras extremadamente gentiles"[41]. Ocupó el cargo de tesorero. Era un hombre útil en cualquier grupo, lo que Pichon Rivière llamaba "ciclista grupal", es decir, el que carga el piano a cuestas. Su participación activa y versátil en las discusiones se ve reflejada en las *Minutas* de la Sociedad. Siempre presente en las noches de los miércoles, en cierta ocasión el Profesor le escribió: "¡Es inaudito que haya faltado a la reunión de ayer!"

Hombre leal, su fuerte transferencia filial, mantenida a lo largo de una vida, pesó mucho en los tiempos de crisis que pronto convulsionarían al grupo. Federn, según Weiss, "a pesar de que Freud lo aceptaba más como colega que como alumno, tomó para sí el papel de discípulo. Se veía como el «Apóstol Pablo» de Freud"[42].

¿Paul Federn como Pablo? Puede ser, pero el Pablo de los Miércoles, porque, a partir de 1911, será Jones quien satisfaga todos los requisitos para ser el Gran Predicador. Fue de Federn la idea de homenajear al Profesor, a los 50 años, con la medalla de Edipo y la Esfinge[*5]. Esta medalla presentaba en una cara el perfil del Profesor y, en la otra, a Edipo descifrando el enigma de la Esfinge. Medalla que todo analista desea tener en su consultorio. La inscripción en griego, tomada del *Edipo Rey*, pretendía ser el elogio supremo para el padre del psicoanálisis: "Él resolvió el famoso enigma y fue un hombre muy poderoso". Jones registra que, al leer la inscripción, Freud "perturbado, palideció"[43]. Y reveló que, ..."Cuando estudiante en la Universidad de Viena, acostumbraba pasear por el gran patio con arcadas, examinando los bustos de antiguas luminarias desaparecidas. Tuvo entonces la fantasía, no sólo de ver allí su propio busto en el futuro, lo que no sería nada digno de nota en un estudiante ambicioso, sino que su busto tendría una inscripción *idéntica* a la que ahora veía en la medalla"[44]. Extraño caso de *sincronicidad*, explica Jung.

Fueron tiempos mágicos. Esta medalla me induce a lanzar una flecha que no sé bien adónde me lleva. El hecho que "Él resolvió el famoso enigma ..." me remite directamente a la noche de Bellevue, donde se le reveló el misterio de los sueños. Seis años pasaron desde la placa de mármol hasta la medalla de oro edípica. Tal vez mi flecha pase por el campo de lo sobrenatural. La placa de mármol y la medalla de la Esfinge cuentan una fábula de portentos que ponen a prueba la credulidad de los escépticos[*6]. Lo que Freud llamará "transferencia de pensamiento". El asombro aquí experimentado también recuerda ese momento de pasmo en la Acrópolis: en ambas ocasiones fue vislumbrado el imposible "fantasma de lo real".

Medio siglo, buen momento para una escala técnica. El 6 de mayo de 1906, como vimos, Freud completó cincuenta años. Tiempo de plenitud. Entre 1899 y mediados de 1905 había publicado tres textos fundamentales: *La interpretación de los sueños*, la *Psicopatología de la vida cotidiana* y *Tres ensayos de teoría sexual*. A ellos se suman *El*

---

*5. Tanto Paul Federn como Ernest Jones son devotos de la "Causa" y tienen el don del presente oportuno. Además de la medalla, fue Federn y no Jones (como dice la biografía oficial) quien colocó la placa conmemorativa en el lugar de nacimiento de Freud. Ambos, finalmente, comenzaron a desviarse de la ortodoxia en los años 20: Jones, en la cuestión de la sexualidad femenina; Federn, en su trabajo precursor de la psicología del yo que Hartmann llevó a Estados Unidos.

*6. El busto de Freud, con la misma frase, fue emplazado en 1955 en el viejo patio de la Universidad, por iniciativa de Jones.

chiste y su relación con lo inconsciente, y su célebre caso "Dora". Finalmente consiguió su nombramiento de Profesor Extraordinario, lo que le brindó el primer escenario oficial para lanzarse al proselitismo de la nueva visión del hombre.

En el portal de la sabiduría, Freud escribe una carta muy singular cuando concluye el año:

29 de diciembre de 1899
IX., Berggase, 19
¡Salve!

El hijo valiente que, bajo el comando del padre, surgió en el momento exacto.
Para ser su asistente y compañero de trabajo en la investigación del orden divino.
Pero salve también el padre que, poco antes, descubrió en sus cálculos
La clave para restringir el poder femenino
Y para lidiar con la carga de la sucesión legítima
Sin confiar en las apariencias sensoriales como lo hace la madre.
Él invoca los poderes más altos para revindicar su derecho, su conclusión, su creencia y su duda;
Y así, en el comienzo, mira cómo él se alza, vigoroso y robusto, a la altura de la exigencia del error, el padre,
En su desarrollo infinitamente maduro.
Que el cálculo resulte correcto y, como legado del trabajo, que sea transferido del padre al hijo, más allá de la separación de los siglos.
Conjugue en la mente lo que las vicisitudes de la vida rompen y separan[45].

Misiva inquietante, casi escrita en clave. Poesía con cuño bíblico, enviada en ocasión del nacimiento de Conrad, hijo menor de Fliess. Existe un texto semejante en la vida de Freud. Cuando Sigmund cumplió 35 años, Jacob le dedicó la biblia familiar, con la siguiente dedicatoria en hebreo:

Mi querido hijo,
Fue en el séptimo año de tu existencia cuando el espíritu de Dios comenzó a guiarte hacia el estudio. Yo diría que el espíritu de Dios te habló: "Lee Mi Libro, así tendrás abiertas las fuentes del conocimiento y del intelecto". Se trata del Libro de los Libros y el manantial que los hombres sabios abrieron, de donde los legisladores bebieron las aguas de su conocimiento. Tuviste en ese libro la visión del Todopoderoso, tú escuchaste con buena voluntad, tú actuaste intentando volar alto, con las alas del Espíritu Santo... Y ahora, en tu trigésimo quinto aniversario, retiro mi Biblia de

su descanso y te la entrego como señal de amor de tu anciano padre[46].

El siguiente gran apóstol salido del cenáculo de los miércoles fue Otto Rank. Figura clave en el movimiento psicoanalítico, merece una presentación detallada.

Otto Rank leyó *La interpretación de los sueños* en 1904 y tuvo una revelación iniciática: "Ahora lo veo todo claro; el proceso del mundo ya no constituye un enigma"[47]. Tenía veinte años. El tímido joven se aventuró a hablarle a Adler, médico de su familia, de su interés en conocer a Freud. Se concertó un encuentro. Otto, con sus anteojos de "fondo de botella" y su cara de "ratón de biblioteca", llevó consigo el manuscrito de *El artista*. Freud rememora: "Cierto día un joven que había estudiado en una escuela técnica me vino a ver con un manuscrito que demostraba una rara comprensión. Lo insté a completar el bachillerato, seguir un curso universitario y dedicarse a los aspectos no médicos de la investigación psicoanalítica. Nuestra sociedad ganó con él un secretario celoso, digno de toda confianza, y yo tuve en Otto Rank un fiel auxiliar y colaborador"[48]. Así hablaba Freud de Rank en su "contribución a la historia del movimiento psicoanalítico".

Otto había nacido en Viena en 1884. Su nombre era Otto Rosenberg. Adoptó el nombre Rank cuando terminaba el siglo. Eisenstein cuenta que la familia Rosenberg llevaba una vida miserable, de muchas penurias, debido a un padre brutal y borracho, incapaz de mantener a mujer e hijos[49]. Cuando Otto tenía 16 años, él y su hermano rompieron relaciones filiales. Rank escribió en su diario: "Finalmente rompimos con él y ni siquiera nos saludamos". Ni una palabra quebraba el hielo del hogar. "Un joven taciturno en el silencio de una casa sombría" (las palabras son de Anaïs Nin)[50]. Fue entonces cuando cambió de nombre, inspirándose en un personaje de Ibsen, y "conservando sólo la letra «R» de su pasado"[51]. Taft descubrió su diario íntimo, que muestra una adolescencia tormentosa. Fragmento del diario: "Le tengo verdadera aversión a cualquier contacto con la gente; esto es, a cualquier contacto físico. Con gran esfuerzo tiendo la mano y, si tengo que hacerlo, me pongo antes un par de guantes. Sería incapaz de besar a alguien"[52]. Bocado de cardenal para un psicoanalista.

Autodidacto, devorador de textos filosóficos, se nutría en Schopenhauer y Nietzsche; *Sexo y carácter*, de Weininger, era el libro responsable de su aproximación al psicoanálisis[*7].

Rank era el auxiliar ideal: creativo, solícito, culto, dedicado. El

*7. Llama la atención la cantidad de personas que, extrañamente, llegaron a Freud a través del misógino Weininger.

"ratón de biblioteca" había encontrado su "nicho" ecológico, con olor a tinta, rodeado de manuscritos, libros nuevos y dioses antiguos. Secretario supereficiente; gracias a él las *Minutas* de la Sociedad son pequeñas obras de arte, según la opinión de Nunberg, que las editó[*8].

Además de secretario de la Sociedad, Rank era secretario personal del Profesor; fichaba libros, clasificaba las antigüedades y agregaba material bibliográfico para la cuarta, quinta y sexta ediciones de *La interpretación de los sueños*[*9]. En ese período tuvo la eficiencia de una sombra solícita, capaz de adivinar la menor intención de ese Gran Otro que era su patrón. Tal vez por eso lo fascinaba tanto el tema de la sombra. En 1914 publicó *Der Dopelgänger*, o sea "El doble", ensayo que a partir de la sombra y de la imagen en el espejo, habla del doble con el que el hombre inventa una "escaramuza" narcisista, cuyo prototipo sería el propio Narciso en un extremo, y el retrato de Dorian Gray en el otro. Rank se extiende sobre el "doble" en la literatura –Goethe, Wilde, Stevenson, Dostoievsky con su novela *Dvoinick*– y en el ritual del hombre primitivo, como "una enérgica negación frente al poder de la muerte"[53, *10]. Por ese camino Dios es el primer "doble"[54]. Cabe observar que el ensayo sobre el doble es anterior al interés de Jung por la "sombra".

Rank fue pionero en el análisis aplicado. Posteriormente, también encabezó la lista de analistas legos que atendían a pacientes. Casi invisible como transeúnte institucional, la trayectoria de Otto Rank era muy diferente en el mundo informal de los miércoles. Allí estaba en el claro papel de "hijo adoptivo", de favorito (tal vez fuera el Apóstol Juan, aunque feo como un piojo). En la constitución pigmaliónica del lazo, Freud modeló a Otto. Con la ayuda del Profesor obtuvo el título de doctor en filosofía en 1912. Su talento era obvio. En poco tiempo –tiene que admitir Jones– adquirió una "erudición verdaderamente inmensa".[55]

Era lógico que los primeros discípulos tuvieran celos. Freud contribuyó con un ensayo al libro de Rank sobre *El mito del nacimiento del héroe* y, más aún, incorporó dos textos de su secretario a partir de

---

*8. Nunberg escribe: "Rank llevó a cabo su tarea con profunda comprensión de la materia y poniendo de manifiesto una gran habilidad. No tomaba notas taquigráficas ... pero compilaba lo central de cada ponencia" (*Actas de la Sociedad Psicoanalítica de Viena*, comp. por H. Nunberg y E. Federn, 1979, Buenos Aires, Nueva Visión , Tomo I, pág. 10).

*9. Circulaba la leyenda de que Rank conocía la *Traumdeutung* de memoria, incluso con las notas al pie (comunicación personal de David Rappaport).

*10. Lacan, que menciona a Rank varias veces en sus *Écrits*, sin duda se inspiró en este texto, casi tanto como en el artículo de Henry Wallon, en su ensayo sobre el espejo, que aborda el tema del "mimetismo" desarrollado por Rank.

la cuarta edición de *La interpretación de los sueños* (que fueron elimi-
nados cuando se produjo la disidencia final)[56].

Rank –después de la caída de Jung– estaba especialmente indicado para ser el sucesor, un sucesor formado a imagen y semejanza
del Maestro. Para Roazen, "La gratitud del discípulo para con su protector era grande. «Deferencia» sería un término demasiado suave y,
no obstante, «servilismo» omitiría el afán que caracterizaba su colaboración"[57].

Freud pensaba que el "pequeño Rank" era el único del grupo de
Viena que tenía "futuro científico"[58]. Los demás eran mediocres. En
ese punto, Jung y Abraham coinciden. Cuando en 1907 Abraham fue
invitado a su primera reunión de los miércoles, le comentó de manera
impiadosa a su amigo Max Eitingon: "No estoy muy impresionado con
los adeptos vieneses. *Él* [Freud] está mucho más adelante que los
otros. Sadger es un talmudista, interpreta y observa cada regla del
Maestro con un rigor de judío ortodoxo. Entre los médicos, el Dr. Federn es quien me dejó la mejor impresión. Stekel es superficial; Adler, unilateral; Wittels, trafica excesivamente con la fraseología; los
otros son insignificantes..."[59] O sea, una pandilla de lerdos y debiloi-
des. Abraham está siendo injusto. Al leer las contribuciones recogidas
en las *Minutas*[*11] encontramos un grupo ingenuamente intrépido, con
ideas interesantes, osadas, con altibajos, grandezas y mezquindades.
"En los trabajos psicoanalíticos ulteriores se pierde algo de esa fres-
cura", concluye Michel Schneider[60].

Eitingon, al recordar, años después, su primera visita a la Sociedad, dice que "había entre 20 y 35 miembros"[61]; en realidad, rectifica
Jones, sólo se encontraban diez personas presentes, aunque el total
de miembros fuera 32[62]. En 1908 el grupo compró una biblioteca. El
15 de abril del mismo año, la Sociedad de los Miércoles pasó a ser la
"Sociedad Psicoanalítica de Viena", nombre por el cual se la conoce
aún hoy. Da la impresión de que Sachs, Wittels, tal vez Urbantschitsch, Graf sin duda, considerarían esos años iniciales con la nostalgia de una infancia perdida.

De modo que todos los miércoles por la noche, a lo largo del año
académico, a las nueve en punto, unas doce personas se reunían en el
primer piso de Berggasse 19. Ya habían cenado, pero circulaban bom-
bones y cigarros. La mayoría eran judíos, muchos médicos, pero también había filósofos, músicos, historiadores, pedagogos y hasta algunos curiosos. Grupo animado. Se sentaban en torno de una larga
mesa oval. La puerta que daba al consultorio estaba abierta, y en el
fondo se veía una gran biblioteca de pared a pared. Alguien comenzaba con una exposición. Leer estaba prohibido. Si alguien lo hacía, el
Profesor le pasaba una nota: "¿La lectura del menú sirve para llenar
el estómago?"[63]

*11. *Actas de la Sociedad Psicoanalítica de Viena.*

El ritual era singular y un poco inquietante. Hasta 1908, todos los asistentes podían verse llamados a participar. A ese efecto había una urna con los nombres de los presentes. Los favorecidos por la suerte hablaban primero. Objetivo: evitar el monopolio de algunos. La regla constituía "una importante medida de autodisciplina"[64].

Ese ambiente recuerda el retiro en un monasterio, el cónclave de una sociedad secreta o el ágape en las catacumbas. Max Graf, tal vez más conocido como el padre de Juanito, "discípulo por encima de toda sospecha de disidencia"[65], describirá el clima de esas sesiones de la siguiente manera: "Había en ese cuarto la atmósfera de quien funda una religión. El propio Freud era el nuevo profeta, y los discípulos, todos inspirados y convictos, eran sus apóstoles... Pero después de un período inicial, idílico y de fe inconmovible, llegó la hora de fundar una Iglesia. Freud dedicó toda su energía a esa organización. Era estricto e inflexible en las exigencias que imponía a sus seguidores, y no permitía desvíos respecto de la ortodoxia imperante. Bien dispuesto en el ámbito familiar, era duro e inclemente en la presentación de sus ideas"[66].

No es fácil tener un Maestro. Los Maestros vuelan alto, como el halcón al que se refirió Breuer, y tienen garras afiladas. Freud no fue una excepción, y demostraba poca magnanimidad con la originalidad de sus discípulos. Aunque admirador de la inteligencia y del talento, no digería con facilidad las ideas ajenas. Reconocía este rasgo suyo: "Detesto las ideas de los otros, cuando ellas me son presentadas en un momento inoportuno". Pero las buenas ideas ajenas nunca llegan en el momento oportuno. Sucedió entonces que los mejores discípulos fueron alejándose. En esos tiempos, para Freud, *La psychanalyse c'est moi*[67].

Clark señala que el Profesor era una combinación de brillo intelectual y rigor ético. Cierta vez se debatió un caso de mala conducta profesional y los colegas presentes se apresuraron a disculpar al infractor. Freud cortó bruscamente el clima permisivo diciendo: "Una falta siempre es moralmente condenable, sean cuales fueren los orígenes psicológicos"[68].

Una disciplina espartana anuncia tiempos de guerra. En los miércoles se habla de un "Estado Mayor", de "compañeros de armas", de "Movimiento", de "Causa" y, luego, también de "traidores" y "desertores".

No cabe duda de que la personalidad carismática del Profesor brillaba como la perla de las perlas. Y no fue sólo Stekel quien entró en la exageración. Hanns Sachs habla de la siguiente manera de su Maestro y amigo: "Abrir la *Traumdeutung* fue el momento del destino para mí... Cuando terminé el libro, había encontrado lo único que hacía que la vida valiera la pena..."[69].

Wittels, por su parte, cuenta que los discípulos formaban un "cortejo" triunfal cuando Freud abandonaba la sala de conferencias, tratando deliberadamente de hacerse notar, celosos de todo lo que atraía la mirada del Profesor. Parece ser que memorizaban las obras de él rivalizando en los clichés repetidos mil veces, como poetas de tres peniques[70].

Este grupo marginal, neurótico, estaba jugando con fuego: con la sexualidad. Pienso que Stekel fue quemado en esa pira. La polémica giraba en torno de la masturbación. Eso nos lleva a un desvío por las tierras del pecado de Onán.

La Biblia cuenta que Onán fue castigado por Dios cuando, después de la muerte de su hermano, se negó a tomar por esposa a la viuda, su cuñada, y, en vez de consumar el acto, derramó su semen en la tierra.

Freud anota:

> Despuntó en mí la idea intuitiva de que la masturbación es el gran hábito, el "vicio primario", y de que sólo como sustitutos y sucedáneos de ella adquieren existencia los otros vicios —el alcohol, la morfina, el tabaco y cosas parecidas—. El papel desempeñado por ese vicio en la histeria es inmenso, y tal vez allí se encuentre, en todo o en parte, mi gran obstáculo todavía no superado. Y en ese punto surge la duda de si un vicio de esa especie es curable, o si el análisis y la terapia deben detenerse en este punto y contentarse con transformar la histeria en neurastenia[71]

¿Obstáculo teórico o personal? El hallazgo "intuitivo", en esos tiempos del autoanálisis, no descarta la idea de que esté hablando de su lucha privada con el onanismo. El tema fue muy discutido en las reuniones de los miércoles a partir de 1911. Entre 1911 y 1912 ocupó ocho noches, todas ellas agitadas. Las intervenciones parten de la enorme difusión de la práctica. Sadger, que fue el expositor principal en la primera reunión, apunta a una "constitución sexual del masturbador"[72], caracterizada por 1) sensibilidad agudizada del pene o del clítoris; 2) predisposición al erotismo anal o uretral; 3) predisposición al erotismo de la piel, las mucosas y los músculos; 4) predisposición a la homosexualidad. Otros factores constitucionales determinan la masturbación en otros puntos: la nariz, el canal auditivo externo, debajo de los párpados, "ad anum et mamillas"[73]. También hay un "tipo onanista", caracterizado por desconfianza, una aspiración mórbida por lo fáctico y lo verídico, pérdida de espontaneidad, propiedad en el habla y una compulsión a fijar fechas.

Se habla predominantemente del carácter nocivo y peligroso de la masturbación, como una actividad infamada*12. Su principal consecuencia es la "neurastenia sexual"[74], descrita por Freud. También se

---

*12. Ejemplo, Reik: "Es notable verificar que casi todos los onanistas son filósofos (!) propensos a la moral normativa y, en los últimos tiempos, adversarios de Freud".

culpa a la masturbación de provocar transformaciones anatómicas en el aparato genitourinario, impotencia y, particularmente, *ejaculatio praecox* y poluciones nocturnas. Los síntomas de la neurastenia también se presentan en las mujeres con una práctica masturbatoria excesiva.

Sorprende esta actitud represiva de la mayoría de los analistas en los albores del siglo. Existía consenso en cuanto a que la masturbación podía desencadenar una neurosis. Ella continuaba siendo el "vicio primario", el gran cuco del autoerotismo. La defensa radical que realiza Stekel es absolutamente minoritaria. "Precisamente entre los onanistas se encuentran los actos sexuales realmente heroicos. El hombre sólo experimenta placer cuando ha superado los obstáculos; por eso interviene el sentimiento de culpa entre el acto masturbatorio y su realización"[75].

Stekel rebate la tesis según la cual la masturbación genera neurastenia. Las mujeres no se vuelven frígidas por masturbarse. Él no coincide con Freud en que la sexualidad infantil sea intrínsecamente nociva. Para Stekel no se trata de determinar el carácter nocivo de la sexualidad infantil, sino de reflexionar sobre nuestra actitud frente a ella[76]. En el terreno minado de Onán, la reputación de Stekel quedó nuevamente comprometida. Según Jones, él había recurrido a Freud por padecer "una condición muy peligrosa"[77]. Freud escribe en una carta a Eitingon[78]:

Algún día, cuando yo ya no exista –y mi discreción me acompañará a la tumba– resultará manifiesto que la afirmación de Stekel sobre el carácter inofensivo de la masturbación desenfrenada reposa en una mentira.

Pausa; parece tentado, pero desiste: "Es una pena ... esto es suficiente."

Lo que no deja de ser casi más indiscreto. Stekel, el Bobo de la Corte, como tenía que ocurrir, es crucificado en el papel de onanista. Lo que es injusto, ya que fue el único con un enfoque razonable de esta cuestión. En este punto soy stekeliano. Imagino que existe una interesante maniobra tántrica masturbatoria.

En esos tiempos los síntomas eran lanzados como granadas para despedazar el carácter del enemigo. Se intercambiaban insultos graves, y la psicopatología "personal" se convertía en un arma letal en el salón lleno de humo donde se hablaba tanto del "puñetero" Stekel como del "erotismo anal" de Jung.

Los primeros discípulos hacen pensar en la Armada Brancaleone del cine italiano. Grupo errático, talentoso, desastrado y neurótico. "Arrogante y peleador", agrega Roazen[79]. Provenían de los más diversos rincones de la sociedad. Sus motivaciones eran diversas, pero la mayoría simplemente estaban preocupados por sus propias neurosis, casi siempre de gran porte. Tenemos una muestra en la reunión científica del 15 de enero de 1908, donde Urbantschitsch habla de "Mis años de desarrollo hasta el matrimonio". En esa presentación el relator se desnuda sin decoro, hablando de su homosexualidad en la adolescencia, de su "fijación" en la *felatio* y de sus fantasías de embarazarse. Su declaración, como era de esperar, fue recibida con una lluvia de interpretaciones[80]. Fue una masacre, facilitada por el hecho de que Urbantschitsch fuera el único católico y, además, monarquista y aristócrata[81]. Frente al clima "confesional", Peter Gay señala que "Freud observó secamente, en su comentario final, que Urbantschitsch le había ofrecido al grupo una especie de regalo. Este lo aceptó sin pestañear: la Sociedad Psicológica de los Miércoles se jactaba de ese tipo de autoexhibición científica"[82]. Con o sin pestañeo, el grupo estaba trazando los límites del psicoanálisis salvaje, ya que la práctica grupal de la asociación libre era una de las características de la secta de los miércoles.

Varios factores contribuyeron a la generación de tanta patología. No es de descartar el tejido propio del psicoanálisis, hecho de sexo y tabú en las huellas del Edipo. Sustancias inflamables. La llama de las sectas también depende de la calidad de sus miembros, y el fanatismo será tanto mayor cuanto más marginales sean sus miembros "y los psicoanalistas eran marginales respecto de la medicina ortodoxa"[83]. La práctica del análisis podía y solía salirse de los carriles, "proyectando una visión escatológica de la realidad"[84]. Pero no era la nueva práctica lo que los marginaba; ya lo había hecho su condición de judíos, con fama de malditos. No debe extrañar que un número sorprendente de ellos se suicidara: Federn, Stekel, Kahane[*13], Tausk, Honegger, Silberer, para mencionar a los más conocidos. Una tasa elevada: Kahane y Stekel, la mitad del cuarteto inicial[*14].

La ortodoxia, los amantes del Danubio Azul, reaccionan frente al atentado a las normas. ¿Qué es esa banda vociferante, que habla de la perversidad sexual de los niños? ¿Quiénes son esos judíos que amenazan las verdades instituidas? Aquí interviene un efecto bola de nieve: la hostilidad del medio refuerza la desconfianza de la secta. Pero, ¿no son así todos los grandes movimientos, los que cambian la faz de la Tierra? Toynbee habló del ciclo de la grandeza y decadencia de los grandes imperios, siempre socavados por los márgenes. La barbarie en el meollo de cada avance, desde el profiláctico incendio de Roma hasta el cuello de María Antonieta.

*13. Según Felix Deutsch, Kahane se cortó las venas por encontrarse en extrema indigencia (Paul Roazen, *Helene Deutsch - a Psychoanalyst Life*, 1985, Nueva York, New American Library, pág. 209).

*14. Por otra parte, no tengo nada contra el suicidio, especialmente en el caso de Federn, quien, sabiendo que su cáncer era incurable, se mató después de dejar sus papeles en orden.

Finalmente, no podemos descartar los "instintos" del fundador. No se trata del autoritarismo paternalista, no es éste el punto. Estamos frente a un Conquistador que acaba de inventar una nueva forma de religión laica, una nueva causa: la marca del siglo.

En esas reuniones, la discusión abarcaba un gran espectro de cuestiones. Se podía abordar cualquier tema: desde la telepatía hasta el Altísimo[85]. Allí se presentaban críticas de libros, especulaciones sobre lo que posteriormente sería el análisis aplicado, presentaciones clínicas y problemas teóricos. Los presentes consumían grandes cantidades de café vienés, con su pesada borra. El Profesor se encontraba mucho más "en su caldo" en esa tertulia nocturna que en la universidad.

Freud daba sus conferencias en la universidad todos los sábados a la tarde, de las cinco a las siete, en la vieja clínica psiquiátrica del Hospital General. Hablaba sin notas. Sus cabellos negros se encrespaban con elegancia, "y sus poderosos ojos oscuros dominaban la audiencia con una mezcla de amabilidad y penetración"[86]. "Su método expositivo –dice Fritz Wittels– era el de los humanistas alemanes, condimentado con una retórica informal, aprendida en París"[87]. Disertaba sin pomposidad médica. Conseguía cautivar a la platea durante dos horas. Tenía una buena impostación, la llamada voz de máscara, y como buen orador, jugaba con las emociones. Amenizaba la presentación de ideas difíciles apelando a ejemplos gráficos. Sachs cuenta que cierta vez mostró una tarjeta postal cómica en la que se veía a un bobo que intentaba apagar una lámpara eléctrica soplando como si fuese una vela para rematar el punto: "Cuando atacamos el síntoma directamente, actuamos como ese hombre. Es preciso buscar el interruptor"[88]. En otra oportunidad, cuando la clase se transformó en seminario, un oyente describió un experimento de asociación, agregando:

– Por ejemplo, el experimentador dice "Caballo" y el sujeto responde "Biblioteca".

Freud interviene en el mejor estilo sherlockiano:

– Si no estoy errado, el señor fue oficial de caballería y escribió un libro sobre la psicología del caballo.

El ex oficial asintió atónito y el Profesor aclaró:

– Usted, sin quererlo, ha proporcionado la mejor prueba de la determinación estricta de las asociaciones[89].

Tal vez, quién sabe, quizá.

Para Reich, otro orador nato, "sus palabras fluían con claridad, simplicidad y lógica"[90]. En aquella época, con sus hombros cargados de eruditos[91] y sus manos característicamente tomadas tras la espalda, él era una figura carismática, que abría un mundo nuevo. Su fama se expandía entre los estudiantes de medicina y de filosofía. Los curiosos completaban la platea. Uno de ellos fue la anarquista norteamericana Emma Goldmann, becada en Viena. Más tarde, Emma escribió: "Su simplicidad, seriedad y brillo se combinaban para dar la

436

sensación de que se salía de un sótano oscuro a la luz del sol. Por primera vez comprendí el significado de la represión sexual y sus efectos en el pensamiento y en los actos humanos"[92].

Después de la universidad, invariablemente iba a la casa de su amigo Leopold Königstein (el oftalmólogo del episodio de la cocaína), para su partida semanal de *tarot*[*15]. Todos los sábados por la noche jugaban con las cartas del tarot marsellés, en la rueda de la fortuna de un juego que a veces se prolongaba hasta el canto del gallo. Königstein había sido su iniciador, junto con nuestro también conocido Oscar Rei (el Otto del sueño de Irma). Ludwig Rosenstein completaba el cuarteto. Los amigos de siempre. En esa atmósfera sólo de hombres, sólo de médicos, cuatro colegas, todos judíos, en torno del tapete verde, con el humo azul de los cigarros, y bajo el signo de esa carta marcada que es "El Loco". Ellos, junto con Joham Zajic de Freiberg, serán sus amigos hasta el fin de su vida, hecho único en la historia de las amistades freudianas. En su catálogo de amigos, sólo los extraños al planetario psicoanalítico atravesarán las generaciones con él.

NOTAS

1. SE, XIV, pág. 25.
2. Peter Gay, *Freud, uma vida para o nosso tempo*, 1989, San Pablo, Companhia das Letras, pág. 170.
3. O. Mannoni, *Ficciones freudianas*, 1976, Madrid, Fundamentos.
4. W. Stekel, *Autobiography of Wilhelm Stekel: The Life-story of a Pioneer Psychoanalyst*, 1950, Nueva York, pág. 104.
5. Ibíd., pág. 105.
6. Frank J. Sulloway, *Freud, biologiste de l'esprit*, 1981, París, Fayard., pág. 335.
7. Ernest Jones, *A vida e a obra de Sigmund Freud*, 1989, Río de Janeiro, Imago, II, pág. 23.
8. W. Stekel, *op. cit.*, pág. 107.
9. Ernest Jones, *op. cit.*, II, pág. 23.
10. Fritz Wittels, *Sigmund Freud: his Personality, his Teaching and his School*, 1924, Londres, Allen & Unwin.
11. Paul Roazen, *Freud y sus discípulos*, 1974, Buenos Aires, Alianza, pág. 239.
12. W. Stekel, *op. cit.*, pág. 106.
13. Ibíd., pág. 116.

*15. En el Imperio Austro-Húngaro el juego del tarot era un pasatiempo muy apreciado. El mazo de este juego comprende, además de 56 cartas comunes, una serie de veinte triunfos, también llamados arcanos, junto a un triunfo especial, El Loco, con reglas que se asemejan en algo al *whist* inglés.

14. SE, II, pág. 5.

15. Párrafo agregado en 1925, SE, V, pág. 350.

16. Henri F. Ellenberger, *The Discovery of the Unconscious*, 1970, Basic Books, Nueva York, pág. 583.

17. Sheldon T. Selesnick, "Alfred Adler", *A história da psicanálise através de seus pioneiros*, Alexander, Eisenstein y Grotjahn, 1881, Río de Janeiro, Imago, I, pág. 96.

18. A. Adler, "Something about myself", *Childhood and Character*, VIII, 1930, págs. 6-8.

19. N. Dennis, "Alfred Adler and the style of life", *Encounter*, 35, 1970, pág. 7.

20. Ernest Jones, *op. cit.*, II, págs. 140-42.

21. Paul Roazen, *op. cit.*, pág. 204.

22. Henri F. Ellenberger, *op. cit.*, pág. 598.

23. Fritz Wittels, *op. cit.*

24. Ernest Jones, *op. cit.*, II, pág. 145.

25. W. Stekel, "Die Verpflichtung des Namens", 1911, *Zeitschrift für Psychotherapie und medizinische Psychologie*, III, págs. 110-114.

26. W. Stekel, *Autobiography of Wilhelm Stekel: the Life-story of a Pioneer Psychoanalyst*, pág. 131.

27. Phyllis Bottome, *Alfred Adler, Apostle of Freedom*, 1939, Nueva York, G. P. Putnam & Sons.

28. Ernest Jones, *op. cit.*, II, pág. 143.

29. Roazen, Paul, *op. cit.*, pág. 203.

30. C. Furtmuller, "Alfred Adler", en *Alfred Adler, Superiority and Social Interest*, comp. por Heinz y Riwena Ansbacher, 1964, pág. 346.

31. Ibíd.

32. Reunión científica del 7 de noviembre de 1906, *Actas de la Sociedad Psicoanalítica de Viena*, pág. 66.

33. A. Adler, *Studie Über Minderwertigkeit von Organem*, 1907, Berlín.

34. A. Adler, "Der Psychische Hermaphroditismus im Leben und in der Neurosen", 1910, *Forschritte der Medizin*.

35. Frank J. Sulloway, *op. cit.*, pág. 411.

36. Reunión científica del 17 de febrero de 1910, *Actas de la Sociedad Psicoanalítica de Viena*, II, pág. 67.

37. Ibíd.

38. Carta de Freud a Jung del 3 de agosto de 1908, *Freud-Jung, Correspondência Completa*, 1976, Río de Janeiro, Imago, pág. 216.

39. SE, XXII, pág. 66.

40. Reunión científica del 12 de mayo de 1911, *Actas de la Sociedad Psicoanalítica de Viena*, III.

41. E. Weiss, "Paul Federn", *A história da psicanálise através de seus pioneiros*, I, pág. 168.

42. Ibíd., pág. 172.

43. Ernest Jones, *op. cit.*, II, pág. 29.

44. Ibíd.

45. Carta de Freud a Fliess del 29 de diciembre de 1899, *Correspondência Sigmund Freud-Wilhelm Fliess*, págs. 394-5.

46. Ernest Jones, *op. cit.*, pág. 32-3.

47. Jessie Taft, *Otto Rank*, Nueva York, Julien Press, 1958, pág. 49.

48. SE, XIV, pág. 25.

49. Samuel Eisenstein, "O mito do nascimento do herói", *A história da psicanálise através de seus pioneiros*, pág. 49.

50. *The diary of Anaïs Nin*, I, pág. 334.

51. Paul Roazen, *op. cit.*, pág. 416.

52. Jak Jones, "Otto Rank, a forgotten heresy" en *Commentary*, XXX, Nº 3, 1960.

53. Samuel Eisenstein, ibíd., págs. 55-6.

54. Otto Rank, *Der Doppelgaenger*, Imago, III, 1914, Viena.

55. Ernest Jones, *op. cit.*, II, pág. 184.

56. Paul Roazen, *op. cit.*, pág. 418.

57. Ibíd., pág. 419.

58. Carta de Freud a Ferenczi del 12 de marzo de 1911, Sigmund Freud-Sandor Ferenczi, *Correspondance*, 1992, Calman-Levy, pág. 274.

59. Carta de Abraham a Eitingon del 1º de enero 1908, citada por Hilde Abraham en *Abraham*, pág. 73.

60. Michel Schneider: *Minutes de la société psychanalytique de Viena*, pág. viii.

61. Max. Eitingon, "Aus der Fruzheit der Psychoanalyse", discurso pronunciado en el aniversario 81º de Freud.

62. Ernest Jones, *op. cit.*, II, pág. 25.

63. Ronald Clark, *Freud, el hombre y su causa*, 1985, Planeta, Buenos Aires, pág. 217.

64. Michel Schneider, *op. cit.*, pág. iv.

65. Ibíd., pág. vi.

66. Max Graf, *Reminiscences of Professor Sigmund Freud. The Psychoanal. Quaterly*, 1942, II, pág. 47.

67. P. Gay, *Freud para historiadores*, 1989, pág. 58.

68. Ronald Clark, *op. cit.*, pág. 216.

69. H. Sachs, *Freud, Master and Friend*, 1946, Boston, Harvard Univ. Press, pág. 3.

70. Fritz Wittels, *op. cit.*

71. Carta de Freud a Fliess del 22 de diciembre de 1897, *Correspondência Sigmund Freud-Wilhelm Fliess*, 1986, comp. por J. M. Masson, Imago, Río de Janeiro, pág. 288.

72. *Minutas de la Sociedad Psicoanalítica de Viena*, I, pág. 312.

73. Ibíd, pág. 313.

74. Ibíd., III, pág. 326.

75. Ibíd., pág. 329.

76. Ibíd., pág. 63.

77. Ernest Jones, *Free Associations*, 1959, Basic Books, Nueva York, pág. 220.

78. Carta citada por Stephen Kern en "Freud and the discovery of childhood sexuality", 1973, *History of Childhood Quarterly*, I, págs. 117-41.

79. Roazen, *op. cit.*, pág. 205.

80. Reunión científica del 15 de enero de 1908, *Actas de la Sociedad Psicoanalítica de Viena*, I, págs. 289-93.

81. Johannes Reichmayr, "Rudolf von Urbanschitsch", Reich, *Revue Internationale d'Histoire de la Psychanalyse*, 1992, IV, pág. 651.

82. Peter Gay, pág. 172.

83. George Weisz, "Scientists and sectarians: the case of psychoanalysis". *J. of the History of the Behavioral Sciences*, 1975, XI, págs. 350-64.

84. Ibíd., pág. 356.
85. Paul Roazen, *op. cit.*, pág. 200.
86. Ronald Clark, *op. cit.*, pág. 117.
87. Fritz Wittels, *op. cit.*, pág. 89.
88. Hanns Sachs, *op. cit.*, pág. 44.
89. Ibíd.
90. Wilhelm Reich: *Reich habla de Freud*, 1970, Barcelona, Anagrama.
91. Wittels, *op. cit.*, pág. 129.
92. E. Goldman, *Living my Life*, I, pág. 173.

CAPÍTULO 26

EL PRÍNCIPE HEREDERO

Junto a la producción científica, había que realizar la tortuosa e ingrata tarea institucionalizadora, tarea iniciada en 1907 con una carta-circular, escrita por Freud en Roma, que Jones cita íntegramente:

Deseo informar a usted que propongo, en el inicio de este año de trabajo, disolver la pequeña Sociedad que acostumbra reunirse los miércoles en mi casa y, acto seguido, traerla nuevamente a la vida. Una pequeña notificación enviada antes del 1º de octubre a nuestro secretario, Otto Rank, bastará para asegurar la renovación de su participación; si hasta esa fecha no nos han llegado noticias suyas, presumiremos que la renovación no fue deseada. No necesito enfatizar cuán satisfechos quedaríamos con su reincorporación[1].

La carta-circular marca el fin de la *Sociedad de los Miércoles*. Por ese expediente de disolver el grupo para volver a formarlo, se procuraba resolver los conflictos que ya habían aparecido, permitiendo a los participantes retirarse "sin que el alejamiento fuese encarado como un acto poco amistoso"[2]. Freud, al final de la carta, propone a los amigos fundadores una nueva sociedad con la consigna de repetir ese proceso de disolución cada tres años[*1].

A Jones lo impresiona la delicadeza de la carta, con su manera comedida de aceptar separaciones. Es cierto, pero al mismo tiempo, hablando desde el otro polo de este "siglo de psicoanálisis", no se puede dejar de pensar en la larga serie de *Actas de Disolución* que siguieron –algunas de ellas precisamente en Roma– ni dejar de reflexionar, una vez más, sobre la difícil convivencia grupal del animal psicoanalítico.

¿Cuál era el motivo político de la circular? Las actas de disolución se basan en la creencia en el Ave Fénix; se perpetra la muerte

---

*1. "Esa manera elegante de aceptar las separaciones se repitió de hecho en 1910, pero no después" (Ernest Jones, *A vida e a obra de Sigmund Freud*, 1989, Río de Janeiro, Imago, II, pág. 26).

con la ilusión del renacimiento. Así fue con la disolución de la Internacional Socialista, realizada por Lenín en 1914; se decreta el óbito de la Segunda Internacional y se espera que surja de las cenizas el magnífico cachorro que sería la Tercera. En realidad, lo que murió, tanto en el psicoanálisis como tal vez en el comunismo, fue la infancia de un grupo neurótico, ingenuo e idealista. El acta de disolución marca el comienzo del fin de una época.

El tiro salió por la culata. La circular produjo un efecto inverso de lo esperado. No se produjo ninguna de las deserciones deseadas y, de los veintidós miembros del círculo de los miércoles, sólo cuatro no se reencontraron en la nueva sociedad. Kahane, uno de los fundadores, se retiró, pero aquellos con quien Freud ya estaba en conflicto –Adler y Stekel– continuaron participando. Iban a aparecer disensiones teóricas, aunque sólo se hicieron efectivas a partir de 1910.

La Sociedad, que tenía por finalidad defender la teoría del inconsciente, acabó enredada en las reivindicaciones de una asociación de profesionales. En el cambio se produjo una insidiosa transformación en el espíritu del grupo. Antes era de "guerrilleros", como los denominó Ferenczi. Un grupúsculo pronto a sacar la suerte de una urna y asociar libremente a altas horas de la noche. Después de Roma, con el nuevo reglamento, hablaba quien quisiera hacerlo. Los "tímidos y los *voyeurs* pueden hacer semblante"[3]. Esto en parte se debe al crecimiento natural de la sociedad. Rickmann, en su trabajo sobre la *múltiple-body psychology*[4], señala que, cuando pasan de los veinte miembros, los pequeños grupos, por el mero efecto del peso numérico, tienen que cambiar sus reglas, adoptando normas propias del estatuto de las asambleas. En ese momento, la Sociedad de los Miércoles necesitaba una lista de oradores y un secretario administrativo; se convirtió primero en una asociación "reglamentada", y después en un imperio[5]. La "horda psicoanalítica salvaje", como la llama Roustang, irá transformándose en una sociedad burocrática de analistas.

Hablando del Ave Fénix, la hoguera de 1908, la segunda hoguera freudiana, fue más sigilosa y, tal vez, intriga más que la de 1885. Por lo pronto, no conocemos su fecha exacta. Sulloway la ubica en 1907; Jones, por su parte, escribe: "En la primavera de 1908, cuando se hicieron arreglos en la casa, Freud destruyó toda su correspondencia anterior, pero, después de eso, preservó casi todo"[6]. Para Sulloway, que siempre se impacienta con la piromanía freudiana, esta quema tuvo por efecto mistificar aún más el mito del espléndido aislamiento. Freud, en su autobiografía, habla de diez años de aislamiento, al observar que, "durante más de una década, después [de la separación] de Breuer", no tuvo interlocutores[7]. Lo que es un tanto exagerado: en ese tiempo Fliess fue estrella de primera magnitud durante más de cinco años, y luego, como nos recuerda Sulloway, se aproximaron Gattel, Swoboda y Stekel[8]. Él ya mantenía correspondencia con Havelock Ellis y, a partir de 1904, inició el intercambio epistolar con Bleuler.

Una figura emerge de las cenizas de la segunda hoguera: Carl Gustav Jung, que entra marcando un nuevo ritmo. Por su carácter indiscutible de favorito, él tiene su lugar asegurado. Jung fue un compañero destacado en la epopeya freudiana. La vida de este Príncipe Heredero carismático y talentoso merece toda nuestra atención.

Carl Gustav Jung, descendiente del mítico Sigmund Jung, alquimista de Mainz,[*2] nace el 26 de julio de 1875 en Keswil, pequeño poblado en las márgenes del lago Constanza, en el Cantón de Thurgovia. En 1879 la familia se muda al presbiterio del castillo de Laufen, que domina las misteriosas y sombrías cascadas del Reno. A la sazón, Freud tenía 19 años, Janet 16 y Adler 5; él fue el "más joven de los grandes pioneros de la nueva psiquiatría dinámica", como lo denomina Ellenberger[9].

Carl Gustav, único hijo varón, nació en una complicada familia suiza de origen alemán. El padre, el reverendo Paul Jung, es considerado una nulidad por Vincent Brome, en su biografía de Jung[10]. Clérigo mediocre, acosado por dudas religiosas, marido insulso, era maltratado verbalmente por su mujer[*3]. Fue capellán del Hospital Mental de Friedmatt, en Basilea, hasta su muerte. El abuelo paterno, Carl Gustav Jung (1794-1864), en cambio, es recordado como prohombre de la ciudad de Basilea, médico de fama, Gran Maestro de la Orden de los Masones Suizos y Rector de la Universidad. Según la leyenda familiar, era nieto ilegítimo de Goethe. Carl no tuvo la oportunidad de conocer a su abuelo, ya que éste murió once años antes de su nacimiento; pero él, como diría de Mijolla[11], fue su gran "fantasma de identificación" en vida. Carl Gustav Jung *senior* tuvo un papel semejante al del abuelo de Freud, el rabino Schlomo Freud. Por otra parte, ese padre insulso, sombrío y atormentado tal vez ejerció una poderosa influencia identificatoria *malgré lui* ya que, como capellán de un asilo mental, articuló en vida la religión con la psiquiatría, desbrozando el camino para ese gran psicólogo espiritualista que fue su hijo.

La madre de Carl Gustav, Emilie Preiswerk, hija menor del profesor de hebreo de Paul Jung, tiene fama de haber sido la madre que nadie desea tener. Gorda, fea, autoritaria y arrogante, nunca podría haberse candidateado para el papel de Yocasta. Cierta vez, Carl Gustav dijo que ella tenía una doble personalidad: a veces era sensible,

---

*2. Antepasado de Carl Gustav, activo en la primera mitad del siglo XVIII, conocedor de Paracelso (C. G. Jung, *Memories, Dreams, Reflections*, comp. por Aniela Jaffé, 1989, Nueva York, Random House, pág. 233).

*3. Alberti Oeri, compañero de infancia de Jung, pinta un cuadro más positivo del padre, destacando sus cualidades de intelectual. Según él, Paul Jung tenía pasión por la "filología semítica" ("Algunos recuerdos de juventud", *C. G. Jung: entrevistas e encontros*, 1977, pág. 26).

capaz de alcanzar habilidades parapsicológicas; otras, se convertía en una mujer prosaica y vulgar. Cuando Jung aún no tenía cuatro años, Emilie fue hospitalizada varios meses por una "crisis nerviosa", probable fruto de las tormentas conyugales. El niño se sintió abandonado y, a partir de ese momento, "siempre desconfiará de la palabra «amor»"[12].

El matrimonio Jung tuvo tres hijos: el mayor, Paul, vivió sólo días en 1873; luego viene Carl Gustav y, por último, Johanna Gertrud, nacida en 1884, nueve años más tarde.

Poco se sabe de la infancia de Carl Gustav. Las lagunas biográficas son inmensas. Nos llega como un niño solitario y triste – lo opuesto al Sigismund de Freiberg. Enfermizo, poco amado por la madre y acosado "por los fantasmas de las cascadas del río Reno"[13]. Por otra parte, en contraste con la fea y sucia*4 Mónica Zajic de Sigismund, a Carl Gustav le tocó en suerte una gobernanta joven y bonita: "Aún recuerdo cómo me alzaba y cómo yo reclinaba mi cabeza en su hombro. Tenía cabellos negros y piel cetrina, era muy diferente de mi madre. Recuerdo la raíz de sus cabellos ... su oreja. ... El tipo de esta mujer se convirtió más tarde en uno de los aspectos de mi *anima*"*5... la quintaesencia de lo femenino[14].

Jung entró en la escuela con cuatro años, edad precoz en esos tiempos. Desentonaba con los hijos de pescadores de la escuelita rural. El complejo de sapo de otro pozo se agravó aún más cuando fue enviado a la escuela de Basilea, a los 11 años. Frágil y retraído, Carl era el hazmerreír de la clase. En su autobiografía cuenta la siguiente anécdota: estaba en la plaza de la iglesia, esperando a un compañero, "de repente un chico me dio una trompada que me hizo caer, golpearme la cabeza en la alcantarilla y desmayarme... En el momento del golpe se me cruzó una idea, con la velocidad del relámpago: «¡Ahora ya no tienes que ir a la escuela!»"[15] A partir de ese momento comenzó a tener desmayos repetidos y no pudo asistir a la escuela por un semestre. Se consultó a médicos y se sospechó epilepsia.

Esta alcantarilla junguiana fue tan importante como la freudiana. Extraña sincronicidad de alcantarillas en las que el destino cambia de dirección. Los desmayos continuaban. "Durante más de seis meses falté a las clases, y para mí fue un «regalo». En libertad, soñaba durante horas enteras en la orilla del lago o en el bosque, donde entonces dibujaba. A veces pintaba salvajes escenas de guerra, con viejos castillos atacados e incendiados ... ¡Maravilloso!"[16]

Esos castillos de fantasía se derrumbaron cierto día, cuando es-

---

*4. Sucia si confiamos en el recuerdo freudiano de que lo bañaba en rojizas aguas menstruales.

*5. *Anima*: personificación de la naturaleza femenina del inconsciente en el hombre.

cuchó, sin ser visto, la conversación de su padre con un amigo de la casa. El visitante preguntó por la salud de Carl Gustav y Paul Jung le dijo: "Es un asunto lamentable ... sospechan que sea epilepsia. Sería terrible ... perdí todo lo que tenía: ¿qué va a ser de mi hijo si no puede ganarse la vida?"[17]

"Fue como si me partiese un rayo", escribirá Jung en su diario. La aflicción del padre lo impresionó enormemente. Fue impulsora, como las palabras despectivas de Jacob Freud cuando Sigismund orinó en la alcoba conyugal. Carl Gustav cae en la dura realidad. El miedo a la pobreza se mezcla con el deseo de demostrarle al padre que está equivocado, que él sería alguien. Corre al gabinete paterno, toma la gramática latina y comienza a estudiar a todo vapor. Allí sufre su primer desmayo, y cae de la silla. Pero no desiste. Se levanta. Otro desmayo. Continúa estudiando y desmayándose, estudiando y desmayándose. Después de repetidas caídas, de súbito, se siente mejor que nunca. Al relatar este episodio en su autobiografía, Jung comenta: "Había aprendido lo que es una neurosis"[18].

¿Cuál era la neurosis infantil de Jung? Este niño solitario, absorto durante horas en guerras y castillos, este niño bizarro, para usar el término de Bion, parece padecer una forma "leve"[*6] de autismo infantil, tal como Margaret Mahler lo presenta, con "ausencias", acompañadas o no por alucinaciones negativas[19]. Dicho posible "arranque" autista explicaría la sorprendente "cura" posterior, común en estos casos.

Conjuración del sortilegio. "La neurosis fue mi nuevo secreto, un secreto vergonzoso, una derrota. Entretanto, ella me encaminaba al amor por la precisión y a una diligencia peculiar. Comencé a ser concienzudo conmigo mismo ... Me levantaba puntualmente a las cinco..."[20]. El cuadro cambió; ahora se trataba de una neurosis obsesiva.

Junto con este precoz conocimiento de la penuria neurótica, Jung toma contacto con el acto de voluntad, como poder originario del alma. De allí que, cuando a los 16 años cae en sus manos *El mundo como voluntad y como representación*, experimenta por Schopenhauer su primer gran entusiasmo intelectual, que lo proyecta a un nuevo mundo. Se produce la metamorfosis. Punto de mutación. Emerge entonces un joven inquieto y brillante. En su ruta vocacional, Jung, como Freud, sintió un gran interés por las ruinas arqueológicas, y hubiera seguido esa romántica carrera de existir la facultad correspondiente en la Universidad de Basilea. Su segunda opción era la zoología, elección que no lo llevaría más allá del puesto de asistente

*6. Es relativamente común que las personas de talento presenten rasgos autistas (tales como ensimismamiento y un cierto retardo intelectual) en los primeros años de vida. Éste habría sido el caso de Suzanne Langer, John Dewey y el propio Oppenheimer.

de jardín zoológico. ¿Pastor protestante? Ni pensarlo. La única profesión que quedaba, con un mínimo de *glamour*, era la medicina, en la huella de su famoso abuelo bastardo. Pero, lo mismo que Freud, él no tenía vocación hipocrática. La medicina le daba la oportunidad de estudiar ciencias – sólo eso.

También tenemos pocos detalles de Jung como estudiante. Su vida nos llega mucho menos documentada que la de Freud. Él no tuvo su Jones. La biografía más oficial, la de Bennet[21], se basa en una serie de entrevistas concedidas a edad avanzada. No conocemos, en particular, el porqué de tamaña animosidad respecto de ese sujeto pasivo e ineficaz que fue su padre.

Jung tenía 22 años cuando tomó contacto con el espiritismo de Allen Kardec, y se interesó en la investigación científica de los fantasmas, los espíritus, la telepatía y otras manifestaciones paranormales. Al respecto, recuerda: "Me asombraba la seguridad con que [las personas] afirmaban que cosas tales como los fantasmas o las mesas que se mueven eran imposibles ... Por mi parte, siempre consideré esas suposiciones sumamente atractivas. Añadían una nueva dimensión a la vida; el mundo adquiría mayor profundidad y perspectiva. El riesgo de la experiencia interior ... es extraño a la mayoría de los hombres"[22].

La curiosidad por lo oculto se puso de manifiesto casi al mismo tiempo que su contracara científica. Ambos intereses amenazaban entrar en conflicto. En el sector psiquiátrico se puede decir que Jung tuvo la fortuna de que Eugene Bleuler –el más dinámico psiquiatra de la época– lo aceptase como ayudante en el hospital mental Burghölzli de Zurich. Bleuler, el gran "Nombrador", ya tenía dos años en Burghölzli cuando llegó Jung, en 1900. Su hospital era la Meca de la psiquiatría moderna en el cambio de siglo. Ernest Jones, Karl Abraham, Brill, Eitingon y el ruso Nicolai Osipov pasaron por sus austeros pabellones, incluso después de la ruptura de Freud con Jung.

Bleuler merece una digresión. Psiquiatra nato con aspecto de galán despistado,[*7] era un excelente hipnotizador. Tal vez mal encuadrado históricamente, ya que pasó a ser recordado por su relación sandwich entre Freud y Jung. En realidad, además de sus estudios sobre la esquizofrenia, Bleuler tuvo el mérito de iniciar la "desmedicalización" de la práctica psiquiátrica. Ganó fama de ser un psiquiatra dedicado, perspicaz, inventivo; por ejemplo, él fue el padre de la laborterapia. Esos méritos lo llevaron a ocupar el lugar de su maestro, Forel. Bleuler era un año más joven que Freud[*8]. Los caminos de

---

*7. Era un hombre tan apuesto que merece el primer premio de belleza en la galaxia freudiana.
*8. Y murió el mismo año que Freud.

estos hombres se entrelazan en una misma ruta curricular; Bleuler también fue a escuchar a Charcot y es muy probable que los dos estuvieran en la Salpêtrière en el mismo año.

Solterón, Bleuler vivía en la institución. Caso típico de esos alienistas que pasan la vida encerrados con sus locos. Como director de la famosa *Montaña Mágica* psiquiátrica, trataba de comprender los delirios como creaciones *con sentido*. Jung asimiló esa postura y mucho más, en la atmósfera monástica del Burghölzli. Pensando en vidas paralelas, Bleuler sería el Breuer de Jung (hasta los nombres son casi homónimos)

Tanto Bleuler como Breuer se quedaron cortos en su apuesta existencial; ambos estuvieron cerca, pero perdieron el tren de la historia. En el caso de Bleuler, le ocurrió por tomar el psicoanálisis con la punta de los dedos, castrándolo. Ejemplo: él recorta "auto-erotismo" y lo convierte en "autismo", eliminando la pimienta sexual del término auto[erot]ismo.

La actitud ambivalente de Bleuler —que cuadra al inventor del término "ambivalencia"— irritaba a Freud, que le escribió a Pfister: "Tuve mucho trabajo con Bleuler. No puedo decir que quiero retenerlo a *cualquier precio*, ya que a fin de cuentas Jung está mucho más próximo a mí, pero yo sacrificaría cualquier cosa por Bleuler, siempre que él no perjudicase nuestra causa"[23].

Freud, "sacrificaría cualquier cosa"; sí, sacrificó la inocencia del movimiento, la ética de la fidelidad. Fin de la infancia, del gesto lúdico; comienzo de la institucionalización, con sus intrigas, sus artimañas, sus zancadillas, en el juego del poder. Pero volvamos a Jung.

Antes del encuentro con Freud, Jung fue a París para ver a Janet, en el invierno de 1902-3. La visita tenía su lógica. El caso de la bella Léonie aún era noticia en el mundo psiquiátrico. En ese invierno Janet reinaba como indiscutible número uno, posición que, inexplicablemente, iba a perder pronto. Jung se sentía atraído por las experiencias parapsicológicas del francés. La técnica del "habla automática", desarrollada en 1892, sin duda también le interesaba, por la "sincronicidad" con su test de la asociación de ideas. Otro tanto ocurría con la *función fabuladora del inconsciente*, descrita por el discípulo benemérito de Charcot. La teoría de Janet, basada en Bergson, ponía el énfasis en la *concentración* de nuestra "tensión psicológica". La tensión psicológica es un intento deliberado de dominio sobre nuestra "fuerza psicológica". La esquizofrenia, para Janet, representaba el máximo de dispersión. La neurosis, en esencia, era una pérdida de contacto con la realidad. Ése fue tal vez el momento en que Janet se aproximó más al inconsciente freudiano. En julio de 1893, Freud comentó el reconocimiento en letra de imprenta de su obra por parte de Janet[24].

Como lo señala Colin Wilson "... la psicología de Janet es fundamentalmente optimista y antimecanicista. Una mezcla de Binet con

Bergson[*9]. Cabe entonces preguntar por qué Jung no se entusiasmó más con la posición espiritualista del francés. Colin Wilson opina que Jung estaba saliendo del oscuro mundo del romanticismo alemán de Kardec, Schopenhauer y Nietzsche, y buscaba neutralizar ese aspecto fantasmático de su personalidad con experimentos precisos que cimentaran su propia «función de realidad»[25]. Jung necesitaba una teoría que sujetase su poderosa intuición. Ahora bien, si consideramos los prototipos de Jung –extraversión e introversión– vemos un marcado paralelo con las dos neurosis centrales de la clasificación de Janet: la histeria y la psicastenia[26, *10].

Sabemos muy poco del trimestre que Jung pasó en París, visita que ni siquiera comenta en su autobiografía. Estimo, sin menoscabar la posición de Colin Wilson, que Jung tenía un bagaje intelectual suficiente como para elegir la teoría más avanzada en su sofisticación teórica.

Carl Gustav Jung encaró *La interpretación de los sueños* en el año de su aparición. Hizo a un lado el libro por "no comprenderlo"[27]. En la época, Jung, junto a su tesis de doctorado sobre la psicología de las experiencias ocultas, estaba interesado en la técnica de asociación de palabras, creada por Sir Francis Galton y perfeccionada por Wundt. El experimentador pronunciaba una palabra, para luego cronometrar el tiempo de reacción. Objetivo: detectar los conflictos emocionales sofocados que después recibieron el nombre de "complejos". Ese test, en un segundo momento, fue el punto de partida de una nueva lectura del "Libro de los sueños": la reacción ante las palabras clave lo puso en la pista de la fenomenología de la represión. La represión explicaba el "tiempo de demora" en el test. Cuanto más interpretaba Jung las asociaciones de los pacientes, más fácilmente parecía encontrar significado en el discurso de los psicóticos que hasta entonces recorrían el carril del sin sentido.

Al principio, no le fue fácil a Jung reconocerle a Freud "el lugar que le correspondía en [su] vida y asumir una actitud justa frente a él"[28]. Freud era *persona non grata* en los corredores universitarios y ponerse de su lado constituía un pésimo precedente curricular. En sus memorias, Jung habla de un contrapunto de diablos y ángeles de la guarda:

Un día, estaba en el laboratorio ... cuando el Diablo murmuró en mi oído que yo tenía derecho a publicar mis experiencias sin

*9. Con un Bergson, como luego veremos, tal vez simplificado, si pensamos en un Bergson leído por Deleuze.

*10. No sólo Janet, sino también las observaciones de Binet entran en la tipología junguiana. Binet estudió durante tres años a sus hijas Armande y Marguerite. La primera era subjetivista; la segunda, objetivista (*L'étude experimentale de l'intelligence*, 1903).

mencionar a Freud. ¿No me había dedicado a tales experiencias mucho antes de comprender nada de su obra? Oí entonces la voz de mi segunda personalidad: "Es fraudulento actuar como si no conocieras a Freud. No se puede edificar la propia vida sobre una mentira". El caso quedó entonces resuelto. A partir de ese instante tomé abiertamente el partido de Freud y luché a su lado[29].

El ángel de la guarda triunfó sobre lo que Jung denominará la *sombra*[*11].

La correspondencia entre Jung y Freud, iniciada en la primavera de 1906, es muy reveladora. Ella muestra, desde la primera carta, caracteres en pugna, que se enfrentan en una pedana de alta esgrima. Como Roustang lo señala en el capítulo dedicado a Jung *Um destino tão funesto*, ellos hablan lenguas diferentes[30]. A lo largo de los siete años que va a durar el epistolario, cada uno repetirá incansablemente, con sutiles variantes, los mismos argumentos, tratando de seducir o, por lo menos, disminuir la importancia casuística del adversario. Como en un juego de Grandes Maestros. Es bueno destacar que la partida de ajedrez se instaló desde el inicio. Los gambitos de apertura merecen sintonía fina.

La correspondencia comienza con la publicación de los estudios de asociación de palabras. Jung le envía el libro a Freud, quien se lo agradece en la carta del 11 de abril de 1906, pero, como lo hace notar Renato Mezan, se trata de un extraño agradecimiento:

Muy agradecido por el envío de sus *Estudios de diagnóstico de la asociación*. Naturalmente, el capítulo final, "El psicoanálisis y los experimentos de asociación", fue el que más me agradó, puesto que en él usted demuestra, basándose en su propia experiencia, que todo lo que ya se puede decir sobre los campos aún inexplorados de nuestra disciplina es verdadero. Confío que usted pueda estar, muchas veces, en condición de apoyarme, pero también aceptaré de buen grado cualquier rectificación de su parte[31].

Tanto Mezan como Roustang, analizando esta carta, reparan en que Freud, "desde el principio, se ubica en el lugar del Maestro, y le reserva a Jung la tarea secundaria de confirmar, siempre que sea posible, sus descubrimientos. La expresión «nuestra disciplina» es, por

---

*11. "La sombra personifica lo que el individuo se niega a conocer o admitir y que, empero, siempre se le impone, directa o indirectamente, como los rasgos inferiores del carácter u otras tendencias incompatibles (C. G. Jung, "Bewussten, Unbewussten und Individuation", *Zentralblatt für Psychotherapie*, 1939, pág. 265 y sigs.).

lo menos, enigmática. Freud nunca fue psiquiatra y Jung ciertamente no era un psicoanalista"[32]. Resulta obvio el deseo del primero de encontrar un terreno común, suavizando las posibles diferencias.

El gambito de Freud no funcionó. Jung enmudece por seis meses, y sólo responde cuando recibe un libro de Freud (*Antología de artículos breves sobre la teoría de la neurosis*). Pone entonces las cartas sobre la mesa: "Lo que valoro por encima de todo, y ha sido de gran ayuda en el trabajo psicológico que aquí desarrollamos, es su concepción psicológica; aunque me encuentro muy lejos de comprender la terapia y la génesis de la histeria, por ser bastante insatisfactorio el material de que disponemos. Quiero decir que me parece que su terapia no depende sólo de los afectos liberados por la abreacción, sino también de ciertas relaciones (*rapports*) personales, y opino que la génesis de la histeria, aunque predominantemente sexual, no lo es exclusivamente. Encaro de igual modo su teoría de la sexualidad"[33].

Como vemos, Jung se sitúa de entrada en un lugar donde "nuestra disciplina" no se aplica. Evalúa la doctrina de Freud como una óptima contribución a la psiquiatría, útil si se la libera de la insistencia en los factores sexuales. Le interesa la "psicología" freudiana, pero la teoría sexual de las pulsiones le parece prescindible, o por lo menos no determinante. La duda sobre el "factor sexual", en el espíritu del suizo, aparece desde el principio, y no lenta y soterradamente como la pinta Jones[34].

Fin de la primera vuelta.

Después de cartearse durante casi un año, se produjo el encuentro que hizo época. En sus *Memorias*, cincuenta años después, el suizo recuerda vívidamente ese largo día de febrero de 1907:

Conversamos a partir de la una de la tarde, casi sin interrupción, durante trece horas. Freud era la primera personalidad verdaderamente importante con la cual me relacionaba. Nadie que yo conociera podía compararse con él. En su actitud no había nada de trivial[35].

1907 fue un año de luna de miel. En el verano, ambos procedieron a un intercambio ritual de fotografías, y luego Jung fundó en Zurich la *Sociedad Médica Freudiana*. Ése fue el año del entusiasmo. El júbilo es evidente en esta carta de Año Nuevo a Jung:

Los "capitostes" de la psiquiatría en realidad no cuentan mucho; el futuro nos pertenece, a nosotros, a nuestras ideas, y las nuevas generaciones se plegarán activamente a nuestra causa[36].

El artículo que mejor pone de manifiesto la entrada de Jung en el psicoanálisis es "El significado del padre en el destino del individuo", escrito en 1909, donde él afirma: "Podemos preguntarnos dónde reside el mágico poder del padre para mantener a los hijos ligados a él, con frecuencia durante toda la vida. El psicoanalista sabe que se trata sólo de sexualidad por ambos lados"[37]. Jung es más papista que el Papa cuando añade: "Si ahora examinamos todas las posibilidades de la constelación infantil, nos vemos obligados a concluir que, *en esencia, el destino de nuestra vida es idéntico al destino de nuestra sexualidad*".

Al mismo tiempo, Jung parece ir delante de Freud. En ese año le escribe:

Estoy tratando a una niña de 6 años, por mentiras y masturbación después de una supuesta seducción por el padre adoptivo. ¡Muy complicado![38]

Cuesta creerlo: este análisis es anterior al realizado por Freud, por interpósita persona, con Juanito. Más extraña aún es la forma como esa terapia se lleva a cabo:

La hipnosis es buena y profunda, pero con la mayor inocencia ella burla todas las sugestiones para que represente el trauma. Hay una cosa importante: tuvo espontáneamente, en la primera sesión, la alucinación de "una salchicha que la mujer dice que va a ponerse cada vez más gorda". Cuando le pregunté de dónde cambiaba la salchicha, ella respondió: "¡Allí, en el *Herr Doktor!*" ¿Qué más se podría desear de una transposición?[39], [*12]

En 1909, bajo el signo de Capricornio, nace Franz, el hijo tan esperado de Jung. Él cuenta que, en la noche anterior al parto, "cuando le pregunté a Agathli [hija de Jung] qué pensaría si la cigüeña le trajese un hermanito, ella dijo «lo mato» con la rapidez de un rayo, y no quiso conversar más sobre el asunto"[40].

Análisis infantil silvestre y salvaje: hipnosis, salchichas y cigüeñas, ésos son los comienzos del análisis de niños. Así nos enteramos de que Jung analizó a su hija. En el comienzo fue una observación, después cambió de carácter y pasó a ser análisis: "Estoy dispuesto a acabar con el análisis de Agathli ...", escribe Jung en julio de ese año[41]. Ella posteriormente aparecerá, con el nombre de Anna, en un artículo intitulado "Los conflictos del alma infantil", en el *Jahrbuch*, en 1910.

Es significativa la contribución de Jung al análisis de los sueños infantiles. Él critica dos pasajes de la *Traumdeutung*: la afirmación de que "Los sueños de los niños pequeños ... son muy poco interesantes, en contraste con los sueños de los adultos", y también el párrafo que comienza con las palabras: "Aunque tengamos en alta estima la felicidad de la infancia..."[42] Freud acepta la crítica y, en la edición

*12. Término empleado por Jung para designar la transferencia.

de 1911, agrega dos largas notas, donde relativiza la felicidad infantil[43] y reconoce que los sueños infantiles son más complejos[44].

Mirando hacia atrás, podemos decir que Freud necesitaba de la ayuda del gentil Jung para "desguetificar" la Causa. El grupo de Viena estaba compuesto casi enteramente por judíos, y Freud aspiraba a que el psicoanálisis fuera algo más que una cuestión judía. En el antiguo sueño de fundar un gran movimiento universal, los adeptos gentiles constituían la única manera de subvertir las normas cristianas vigentes. Para dicho fin, Jung fue "formalmente ungido como primogénito". Entró en la vida de Freud "como un ángel de luz, como un gigante rubio carismático"[45]. Parecía casi un milagro que un pulcro *pur-sang* suizo hubiera aparecido en su vida en el momento oportuno[46]. "Usted es aquel que, como Josué, siendo yo Moisés, tomará posesión de la Tierra Prometida de la psiquiatría, que yo sólo podré ver de lejos"[*13].

Como vimos, en el caso de Adler y Stekel, en la dialéctica de pigmeos y gigantes, Freud era proclive a la adulación. Peor aún: podía ser precipitadamente acrítico en los amores instantáneos a primera vista[47]. En el caso Jung, seamos justos, estaba ante un joven de extraordinario talento y personalidad. Martin, el hijo mayor de Freud, hace el siguiente relato de la presencia de Jung en un almuerzo de familia: "Jung no hizo ni un mínimo intento de iniciar una conversación de cortesía con mi madre o con nosotros, los niños. En esas ocasiones era Jung quien hablaba todo el tiempo, y papá escuchaba sin poder disimular una sonrisa de satisfacción. Poco era lo que podíamos entender, pero sé que, igual que a papá, nos resultaba fascinante su manera de exponer las cuestiones. Su característica más destacada era la vitalidad, la vivacidad, la capacidad de proyectar su personalidad y controlar a cualquier persona que lo escuchaba. La presencia de Jung se imponía. Él era muy alto y ancho de hombros"[48, *14].

Ningún discípulo, ni siquiera Ferenczi, arrancó esa "sonrisa de satisfacción" del Maestro. Fue el único que recibió una carta de él con un encabezamiento que decía: "Mi querido hijo y sucesor"[49].

Cabe preguntar: por qué Freud se aferraba a la ilusión de convertir a Jung. Tres motivos explican tamaña perseverancia. El primero

*13. Carta de Freud a Jung del 17 de enero de 1909, *Freud-Jung, Correspondência Completa*, 1976, Río de Janeiro, Imago, pág. 246.

*14. Otra versión de la presencia junguiana: "Noté inmediatamente que era alto, muy alto. Pero, extrañamente, mis ojos, que levanté para encontrar los de él, nada captaron de su rostro, excepto una expresión de fuerza e inteligencia que se difunde y ofusca; una inteligencia que avanza hacia mí como un enorme elefante" ("Victoria Ocampo visita a Jung", *Jung, entrevistas e encontros*, pág. 90).

parte de un viejo *shibolet* psicoanalítico: la creencia de que todo rechazo del pensamiento freudiano se debe a "resistencias interiores". En segundo lugar, hay que tener en cuenta un factor científico: Jung trabajaba con psicóticos, que Freud tenía poca ocasión de examinar. En estos años en que el psicoanálisis conquistaba nuevos territorios, desde la antropología hasta el chiste, pasando por la medicina psicosomática, se podía esperar que la nueva ciencia contribuyese decisivamente al tratamiento de las psicosis. Freud necesitaba del psiquiatra Jung.

Pero el factor decisivo era político. Con la adhesión del suizo, el "movimiento" ganaba un portavoz de primer orden, con entrada franca en el mundo de la psiquiatría académica y libre acceso a la red de revistas especializadas. En la asociación epistolar existe lo que Renato Mezan llama "perfume de complicidad": el papel de apóstol, a su vez, le servía a Jung como palanca para escalar el universo académico del Viejo y del Nuevo Mundo. Él estaba más que dispuesto a difundir el "bacilo freudiano". Las cartas abundan en referencias a estrategias para "convertir" a los infieles e "infectar" a los pusilánimes[50].

Jung, en 1911, publica la primera parte de *Wandlungen und Symbole der Libido* (Metamorfosis y símbolos de la libido)[51]. Allí cita numerosas fuentes para trazar un paralelo entre las fantasías de los antiguos y el pensamiento infantil. También se propone demostrar la "conexión entre la psicología del sueño y la psicología del mito"[52]. Abraham, Rank y Jones habían llegado a conclusiones semejantes. Al mismo tiempo, Jung formula una especulación singular: la mente posee "estratos históricos, que contienen productos mentales arcaicos"[53]. Su argumento es que, dada la semejanza de los símbolos a través de los tiempos, ellos tienen que ser "universales" y no pueden pertenecer a un solo individuo. En esa secuencia de ideas se detecta la germinación del concepto posterior de inconsciente colectivo. Freud es bien impresionado por el libro, y poco después de su aparición escribe: "Jung tuvo excelentes bases para afirmar que las fuerzas mitopoyéticas de la humanidad no se extinguieron, y que, aún hoy en día, dan origen a los mismos productos psicológicos que en las más remotas edades". No hay, por tanto, indicios de que Freud disintiese de las primeras formulaciones de Jung sobre el inconsciente colectivo*[15].

A fines de 1907, Jung comienza a hacer supervisar sus casos por correspondencia, y cuenta sus propios sueños. En el paso siguiente revela su secreto:

En verdad –y es preciso un gran esfuerzo para confesar esto– tengo por usted, como hombre y como estudioso, una admiración

---

*15. Concuerdo con Raúl Sciarreta (comunicación personal) en que la noción de inconsciente colectivo es la única contribución de Jung que Freud desaprovechó.

ilimitada, sin el menor rencor consciente. Por cierto no es aquí donde está el origen de mi complejo de autopreservación; pero sucede que la manera como yo lo venero tiene algo del carácter de un embelesamiento "religioso". Esto realmente no me aflige, aunque lo considere repulsivo y ridículo, debido a su innegable fondo erótico. Este sentimiento abominable proviene del hecho de haber sido víctima, en mi infancia, de un asalto sexual practicado por un hombre a quien adoraba[54].

Junto con esta confidencia, Jung entra en el torbellino de una transferencia epistolar erótica:

Ese sentimiento, del cual aún no me he liberado por completo, me molesta considerablemente. Otra de sus manifestaciones es que considero que el discernimiento psicológico hace absolutamente desagradables las relaciones con colegas que tienen una transferencia fuerte conmigo. *Tengo por lo tanto miedo a su confianza*, y también tengo miedo de que usted reaccione de igual modo cuando le hablo de mis sentimientos íntimos. Paso por consiguiente de largo frente a esas cosas ... pues por lo menos en mi opinión no hay relación íntima que después de algún tiempo escape a ser sentimental y banal, o exhibicionista, como se da con mi jefe, cuyas confidencias son ofensivas. Pienso que le debo esta explicación, aunque prefería no darla [el destacado es de Jung][55].

Él tiene que dar una explicación porque "las dos últimas cartas contienen referencias a mi pereza de escribir"[56]. Tomar distancia, entonces, no escribir, forma parte de su "complejo de autopreservación". Podemos interpretarlo como "pánico homosexual". En efecto, Jung entra en crisis, y escribe nuevamente, sin esperar la respuesta de Freud:

Estoy sufriendo todas las agonías de un paciente en análisis, permitiendo que me torturen los más diversos miedos concebibles sobre las posibles consecuencias de mi confesión[57].

La reacción de Freud, dice Mezan, es un "poema de ambigüedad"[58]: tarda dos semanas en responder, cosa rara en él, y, cuando lo hace, encabeza por primera vez escribiendo *Liebe Freund und Kollege* ("querido amigo y colega").

15 de noviembre de 1907
Viena, IX Berggasse 19

Querido amigo y colega,

Siempre encuentro que mi día comienza bien cuando el correo me trae una invitación para la reunión de la sociedad a la cual usted dio mi nombre... Lo que dice de sus progresos interiores es tranquilizador; una transferencia de base religiosa, a mi ver, sería funesta y sólo podría terminar en apostasía, gracias a la tendencia universal humana a atenerse a las sucesivas reimpresiones de los clichés que traemos en lo íntimo. Haré todo lo posible para demostrarle que no estoy hecho para ser objeto de adoración.

Respuesta elaborada en el viejo estilo "idiótico" de la Academia Española: afirma que "el día comenzó mejor" por recibir una carta que lo tranquiliza. Ahora bien, ¿por qué lo tranquiliza? Porque una "transferencia religiosa sería funesta". Jung había dicho lo contrario: "mi veneración por usted tiene algo de religioso". Explicitar que no está hecho para ser objeto de adoración suena, en los oídos de un discípulo en transferencia homosexual, como una ducha de agua fría. Pero, y aquí está la ambigüedad, él lo llama *liebe Freund*; Freud entra en el discurso histérico de Jung.

Luego Jung "hizo", como dicen los italianos, el Sueño de los Caballos, presentado en su libro sobre la demencia precoz. Este sueño, como el "recuerdo encubridor" de Freud, viene acompañado por una nota que dice: "la personalidad y las condiciones familiares de este señor me son bien conocidas". Él veía "caballos izados a una enorme altura con gruesas sogas". Uno de ellos llamó particularmente su atención: "un brioso caballo alazán estaba amarrado con correas de cuero y era subido como un paquete". La cuerda se rompe. El caballo cae. Debería haberse destrozado. Pero, súbitamente, se levanta y galopa. "Noté que el caballo arrastraba un pesado tronco y me maravillaba por el hecho de que, así y todo, corría velozmente. El caballo estaba descontrolado y podría fácilmente provocar una desgracia". Luego llega un jinete, en un pequeño caballo, y cabalga lentamente delante del caballo desbocado, que modera su marcha. "Yo temía que derribase al jinete, cuando llegó un carruaje que al interponerse redujo aún más la rapidez del animal. Pensé: «ahora todo está bien, el peligro pasó»"[59].

Jung interpreta correctamente el contenido sexual del caballo sin riendas[*16]. Freud concuerda, y agrega algunas particularidades que el soñante no había considerado. Jung, a su vez, responde en una carta de fin de año:

Usted acertó totalmente en cuanto a los puntos débiles de mi análisis del sueño. De hecho, conozco los datos y los pensamien-

---

[*16]. Sabemos que Jung había leído cuidadosamente el historial de Juanito. Aquí podemos pensar que Jung es el caballo grande que corcovea y Freud el caballo pequeño que modera. Pero Jung no podía conocer la fantasía *Schnorrer* de Freud, en la que imaginó dominar los caballos enloquecidos en París.

tos mucho mejor de lo que dije. Conozco íntimamente al soñante; soy yo[60].

De ese modo la supervisión se convierte en análisis. Jung, asociando a su vez, agrega el hecho de que está casado con una mujer rica[*17] y fue "rechazado la primera vez que le pedí la mano. Más tarde fui admitido y me casé. En todos los aspectos soy feliz con mi mujer (no por mero optimismo), aunque, naturalmente, eso no es suficiente para impedir tales sueños... La explicación racionalista es ... como dije, un simple refugio conveniente, una pantalla que oculta una voluntad sexual ilegítima, que nunca debería ver la luz del día"[61].

En la segunda vuelta de la correspondencia la amistad se estrecha, aunque el diálogo de sordos continúe. Freud reitera una vez más su placer por tener en Jung a un lector crítico pero bienintencionado; "me atrevo a esperar —escribe— que en los próximos años usted se aproxime a mí mucho más de lo que ahora juzga posible... Usted sabe mejor que nadie cuán profundamente se esconde el factor sexual". Más adelante, Freud agrega: "... me atrevo a esperar que todos los que sean capaces de superar sus resistencias interiores deseen contarse entre mis seguidores, expulsando de sus pensamientos los últimos vestigios de pusilanimidad"[62].

Jung, como Breuer, en la óptica de Freud, es pusilánime. Invita a su interlocutor a dejar de lado su titubeo e incluirse entre los adeptos de la "verdad en marcha"[63]. Jung, empero, joven y ambicioso psiquiatra, lanzado a una carrera meteórica, no siente necesidad alguna de embanderarse con una teoría fundada sobre una experiencia que el Diablo bien sabe que no es la suya.

Jung responde quince días después, y reafirma su posición crítica en cuanto a la teoría de la libido, aunque añade: "Estoy tratando ahora, utilizando su método, un caso de histeria. Caso difícil, una estudiante rusa de 20 años, enferma desde hace seis. (Este caso fue descrito en «La teoría freudiana de la histeria», presentado en el congreso de Amsterdam en 1907)"[64].

Atención: esta joven rusa será otra pieza fundamental en el tablero epistolar: se trata, como luego veremos, de Sabina Spielrein, una de las mártires del feminismo.

La partida prosigue, los grandes maestros mueven sus peones y, con el correr del tiempo, las jugadas se diversifican. Otro tema de discusión fue la naturaleza de la demencia precoz. Para Freud no existía como entidad clínica. Hemos visto que ya en 1895, en el Manuscrito H[65], Freud introdujo el concepto de proyección para dar cuenta de la paranoia. La esquizofrenia sería una paranoia mal comprendida.

*17. Jung se casó en 1903 con Emma Rauschenbach, hija de un rico industrial.

Jung, por su parte, percibe que tiene un material rebelde al psicoanálisis, ya que la transferencia no tiene dónde apoyarse y las interpretaciones, calcadas sobre el modelo clásico, no surten efecto alguno.
Freud atribuye los magros resultados a la inexperiencia psicoanalítica de su discípulo. En la carta del 17 de abril de 1907 –que recuerda
los "Manuscritos" enviados a Fliess– en la sección titulada "Algunas
observaciones teóricas sobre la paranoia", anticipa lo que dirá acerca
del "Caso Schreber", designando la retirada de la libido de los objetos
como mecanismo esencial de la esquizofrenia, junto a la regresión a
la etapa autoerótica[66].

A fines de 1906 aparece el polémico libro de Jung sobre la psicología de la *Dementia praecox*[67]. Se trata de un intento de demostrar
que esa forma de locura podía entenderse a la luz de la teoría freudiana de las neurosis. Jung, según su biógrafa Jolande Jacobi, "se es-
forzó en comprender el significado más profundo de los delirios y en
interpretar el material presentado en la esquizofrenia, que se caracterizaba por la riqueza de los símbolos. De esa manera se convirtió en
uno de los defensores del enfoque psicodinámico en el tratamiento de
las psicosis"[68].

Freud recibe el libro con ciertas reservas[69]. Jung se disculpa por
haber tratado "demasiado severamente" las tesis freudianas, y apunta las diferencias: "1) El material del que dispongo es completamente
diferente del suyo. Trabajo en condiciones extremadamente difíciles,
casi siempre con pacientes insanos y sin instrucción ... 2) mi educación, mi ambiente y mis premisas científicas son totalmente diferentes de los suyo   3) mi experiencia, comparada con la suya, es mínima; 4) sea en cantidad o en calidad de talento psicoanalítico, la
balanza se inclina claramente a su favor ..."[70]

Según Renato Mezan, esa referencia enigmática a "mi ambiente"
tiene que ver con los orígenes protestantes del suizo, "significa que un
cristiano no puede conceder a la sexualidad el mismo peso que un judío"[71]. Freud, con todo, hace de cuenta que todo va a las mil maravillas y elogia calurosamente el libro: "Considero que su ensayo sobre
la demencia precoz es la contribución más rica y significativa a mis
trabajos que jamás tuve ocasión de apreciar ..."[72] Luego, en la misma
carta, no puede contener su impaciencia: "Quisiera sugerirle que
preste menos atención a la oposición que ambos enfrentamos y que
no la deje influir tanto en sus escritos. Le ruego que no sacrifique nada esencial por consideraciones de tacto y de afabilidad pedagógica, y
que no se desvíe demasiado de mí... Mi inclino a tratar a los colegas
que ofrecen resistencias exactamente como tratamos a nuestros pacientes en la misma situación"[73].

Jung, en su respuesta, admite francamente que sus vacilaciones
se deben en gran parte a consideraciones relacionadas con su carrera,
y procura tranquilizarlo prometiendo que "jamás abandonará una
parte de su teoría que sea esencial ... para mí"[74]. La diplomacia sirve
aquí a dos objetivos: no cerrar las puertas a su propio progreso acadé-

mico, y desvincularse del "fanatismo" freudiano, aceptando lo razonable de las teorías propuestas y eliminando lo escandaloso.

Los trabajos de Freud y Jung aparecen en lugares contiguos en las publicaciones. El "Caso Schreber" compartió en la misma sección del *Jahrbuch* con "Wandlungen I" de Jung. Resulta apropiada esa "guardería" común. Ellos aún están unidos, pero la inminente discrepancia no se agota en una discusión científica: se trata de una cuestión que envuelve, como señala Roustang, "los fantasmas y delirios de los protagonistas"[75]. Jung hace de la demencia precoz un aliado. Roustang concluye que "cuando él describe los complejos separados que ya no se influyen mutuamente" y, al mismo tiempo, "pone distancia entre la demencia precoz y una histeria aparente, resulta evidente que es de sí mismo de quien habla"[76].

Eso nos remite al caso de Otto Gross, paciente de Jung, enviado por Freud, personaje importante en la correspondencia.

Se recuerda a Gross como genio malogrado. Hombre de la primera hora, fue el instructor de psicoanálisis de Jones en el asilo Burghölzli. Víctima de un delirio psicótico, el joven Gross es tratado en 1908 por Jung, quien, "después de curarlo del morfinismo, nutrió la ambición de ser el primero en curar un caso de esquizofrenia"[77].

Gross recuerda a Sergei, el Hombre de los Lobos. Cierta vez, continúa Jones, "Gross se escapó, saltando el muro del hospital, y al día siguiente envió un billete a Jung pidiéndole dinero para pagar la cuenta del hotel. En la Primera Guerra Mundial se alistó en un regimiento húngaro, pero antes del término de la contienda cometió un homicidio y se suicidó"[78].

Gross es la figura central de la carta de Jung a Freud del 21 de enero de 1908, "ya que el caso me consumía en la verdadera extensión de la palabra; le sacrifiqué días y noches"[79].

En efecto:

Esa experiencia fue una de las más duras de mi vida, pues en Gross descubrí muchos aspectos de mi propia naturaleza, a tal punto que él parece ser mi hermano mellizo"[80].

O sea que estos hermanos son sujetos divididos, esencialmente escindidos, salvo por la naturaleza de su transferencia. Las manifestaciones de la transferencia, en el caso Jung, son tan abundantes como inoperantes; a juicio de Roustang, ponen de manifiesto "la misma materia prima de los dementes precoces"[81]. Lo que es una tremenda exageración que el propio Roustang enmienda parcialmente:

Jung no es, por supuesto, un caso de hospicio. Lo que aquí cuenta es verlo hacerse el esquizofrénico (y él es talentoso en eso) para librarse de las presiones del maestro. En todo caso, desde ese lugar quiere ser oído. Freud, por su parte, va a hacer todo lo posible para derrumbar la fortaleza en que Jung se parapeta[82].

Pienso que Roustang exagera en el diagnóstico y se equivoca en el pronóstico. En síntesis, Jung no quiere ser una histérica de Freud, ni tampoco quiere ser un Rank o un Ferenczi.

No es fácil percibir cuándo comenzaron las diferencias manifestadas públicamente. Según Jones, entre 1906 y 1910, Jung daba la impresión, tal vez superficial, de ser un adepto no sólo sincero sino entusiasta de la causa freudiana. En ese período, sólo un ojo "muy perspicaz" podría haber advertido alguna señal de fractura posible, y el propio Freud tenía los más fuertes motivos para "hacer la vista gorda". Abraham, que según Freud cargaba con "los restos de un complejo de persecución" (para usar un término caro a Jung), y que trabajaba bajo la dirección del suizo, desconfiaba[83]. Recelaba una cierta propensión al ocultismo, la astrología y el misticismo en las probetas alquímicas de Burghölzli[*18]. Su crítica, empero, no causó impacto en Freud, que le aplicó paños tibios políticos: "No quisiera compartir su diagnóstico desfavorable en cuanto a la colaboración con Burghölzli... Concuerdo con su descripción del carácter de Bleuler, que me causó una extraña impresión en Salzburgo, pero el caso de Jung es diferente"[84].

Según Jones, ya en 1909, Jung se quejó a Freud de que le resultaba difícil explicar a sus alumnos el concepto de libido, y le pidió una definición más completa. Dos años más tarde, el propio Jung equiparó la libido con el *élan vital* de Bergson, o sea con una energía vital genérica, despojándola así de su connotación sexual específica. "En la visita a Worcester en 1909, Jung me sorprendió al decir que encontraba innecesario entrar en temas ofensivos con sus pacientes. Era desagradable cuando después los encontraba en una cena social"[*19]. Pero esto es cizaña jonesiana. El propio Jones traza un contrapunto entre la declaración de Jung y un párrafo contemporáneo de una carta de Freud a Pfister, donde el Profesor, en uno de sus mejores momentos, da este fantástico consejo, en una supervisión epistolar:

> Su análisis sufre del vicio hereditario de la virtud. Es el trabajo de un hombre excesivamente decente, que se siente obligado a ser discreto. Pero esas cuestiones psicoanalíticas necesitan una exposición plena que las haga comprensibles. Un análisis real só-

---

*18. No es de extrañar que la psicología de la Nueva Era y las corrientes del Potencial Humano tengan a Jung en alta estima.

*19. Jones, en una de sus primeras cartas a Freud, relata: "[aquí, en Toronto] un hombre que escribe siempre sobre un mismo tema, puede ser considerado un maníaco. Si el tema es sexual, será simplemente tildado de neurasténico sexual. De allí que pretenda diluir mis artículos sexuales con otros artículos" (V. Brome, *Ernest Jones, Freud's Alter Ego*, 1982, pág. 66).

lo puede avanzar cuando se desciende a los pequeños detalles, descartando las abstracciones que los recubren. La discreción, por lo tanto, es incompatible con una buena presentación del psicoanálisis. Hay que volverse una mala persona, violar las reglas, sacrificarse, traicionar y comportarse como el artista que compra pinturas con los ahorros de la mujer, o quema los muebles para calentar el taller para su modelo. Sin un poco de esa criminalidad no hay realización verdadera[85].

De eso se trata. El psicoanalista, pirata de almas, debe calentar a la modelo desnuda, quemando las naves. En ninguna otra parte Freud habló tan claramente del deseo del analista.

NOTAS

1. Ernest Jones, *A vida e a obra de Sigmund Freud*, 1989, Río de Janeiro, Imago, II, pág. 25.

2. Ibíd.

3. Ronald Clark, *Freud, el hombre y su causa*, 1980, Planeta, Buenos Aires, pág. 117.

4. Citado en *Psicología de grupo*, de Grinberg, Langer y Rodrigué, 1956, Buenos Aires, Paidós.

5. E. Roudinesco, *Historia da psicanálise na França. A batalha dos cem anos*, 1986, Río de Janeiro, Zahar, I, pág. 104.

6. Ernest Jones, *op. cit.*, II, pág. 91.

7. SE, XX, pág. 48.

8. Frank J. Sulloway, *Freud, biologiste de l'esprit*, 1981, París, Fayard, pág. 442.

9. Henri F. Ellenberger, *The Discovery of the Unconscious*, 1970, Basic Books, Nueva York., pág. 657.

10. V. Brome: *Vida de Jung*, pág. 76.

11. A. de Mijolla, *Visiteurs du moi*, París, Belles Lettres, 1896, cap III.

12. Vincent Brome, *Freud and his Early Circle: the Struggles of Psychoanalysis*, 1967, Londres, Heinemann, pág. 12.

13. C. Wilson, *Jung, señor del mundo subterráneo*, Buenos Aires, Urbano, 196, pág. 77.

14. C. G. Jung. *Memórias, sonhos, reflexões*, Nova Fronteira, Río de Janeiro, 1962, págs. 22-3.

15. Ibíd., pág. 40.

16. Ibíd.

17. Ibíd., pág. 41.

18. Ibíd., pág. 55.

19. Margaret Mahler, "On child psychosis and schizophrenia: autistic and symbiotic infantile psychosis", *Selected Papers*, 1952. Nueva York, Aronson, 1979, I, cap. 7, págs. 131-153.

20. Jung, *op. cit.*, pág. 42.

21. E. A. Bennet, *C. G. Jung*, 1961.

22. C. G. Jung, *op. cit.*, pág. 129.

23. Ernest Jones, *op. cit.*, II, pág. 147.

24. Carta de Freud a Fliess del 10 de julio de 1893, *Correspondência Sigmund Freud-Wilhelm Fliess*, 1986, comp. por J. M. Masson, Imago, Río de Janeiro, pág. 51.

25. Colin Wilson, *op. cit.*, pág. 54.

26. P. Janet, *Les obsessions et la psychasténie*, 1903, y *Les névroses*, 1909.

27. C. G. Jung, *op. cit.*, pág. 133.

28. Ibíd., pág. 134.

29. Ibíd.

30. F. Roustang, *Um destino tão funesto*, 1987, Río de Janeiro, Taurus, págs. 62-89.

31. Carta de Freud a Jung del 11 de abril de 1906, *Freud-Jung, Correspondência Completa*, pág. 43.

32. Renato Mezan, *Freud, pensador da cultura*, 1985, San Pablo, Brasiliense, pág. 269.

33. Carta de Jung a Freud del 5 de octubre de 1906, *Freud-Jung, Correspondência Completa*, pág. 44.

34. Ernest Jones, *op. cit.*, pág. 155 y sigs.

35. C. G. Jung, *op. cit.*, pág. 135.

36. Carta de Freud a Jung del 1º de enero de 1907, *Freud-Jung, Correspondência Completa*, pág. 58.

37. C. G. Jung, CW, I, pág. 112.

38. Carta de Jung a Freud del 13 de mayo de 1907, *Freud-Jung, Correspondência Completa*, pág. 86.

39. Ibíd.

40. Carta de Jung a Freud del 19 de enero de 1909, ibíd., pág. 248.

41. Carta de Jung a Freud del 10/13 de julio de 1909, ibíd., pág. 292.

42. Carta de Jung a Freud del 14 de febrero de 1911, ibíd., pág. 450.

43. SE, IV, pág. 130n.

44. SE, IV, pág. 131n.

45. Phyllis Grosskurth, *O círculo secreto*, 1992, Río de Janeiro, Imago, pág. 63.

46. Ibíd.

47. Paul Roazen, *Freud y sus discípulos*, 1974, Buenos Aires, Alianza, pág. 239.

48. Martin Freud, *Sigmund Freud: mi padre*, 1966, Buenos Aires, Horme, pág. 99.

49. Carta de Freud a Jung del 10 de mayo de 1910, en la edición original (*Freud-Jung, Correspondência Completa*, 1976, Río de Janeiro, Imago, pág. 399).

50. Renato Mezan, *op. cit.*, pág. 271.

51. C. G. Jung, *Symbols and Transformations of the Libido*, GW, III, 1911.

52. C. G. Jung, *Symbole der Wandlung*, pág. ix.

53. Ibíd.

54. Carta de Jung a Freud del 28 de octubre de 1907, *Freud-Jung, Correspondência Completa*, págs. 137-8.

55. Ibíd.

56. Ibíd.

57. Carta de Jung a Freud del 2 de noviembre de 1907, *Freud-Jung, Correspondência Completa*, 1976, Río de Janeiro, Imago, pág. 138.

58. Renato Mezan, *op. cit.*, pág. 269.

59. C. G. Jung, CW, III, apartado 123.

60. Carta de Jung a Freud del 29 de diciembre de 1906, *Freud-Jung, Correspondência Completa*, 1976, Río de Janeiro, Imago, pág. 55.

61. Carta de Jung del 29 de diciembre de 1906, ibíd., pág. 54.

62. Carta de Freud a Jung del 7 de octubre de 1906, ibíd., págs. 45-6.

63. Renato Mezan, *op. cit.*, pág. 270.

64. Carta de Jung a Freud del 23 de octubre de 1906, *Freud-Jung, Correspondência Completa*, pág. 47.

65. Manuscrito H, 24 de enero de 1895, *Correspondência Sigmund Freud-Wilhelm Fliess*, pág. 108.

66. Carta de Freud a Jung del 17 de abril de 1907, *Freud-Jung, Correspondência Completa*, pág. 80.

67. C. G. Jung, *The Psychology of Dementia Praecox*, 1907, *CW* III, págs. 3-313.

68. Jolande Jacobi, "C. G. Jung", *Intern. Encicloplaedia of Social Sciences*, 1968, Londres, Macmillan, pág. 328.

69. Carta de Freud a Jung del 6 de diciembre de 1906, ibíd., pág. 52.

70. Carta de Jung a Freud del 29 de diciembre de 1906, ibíd., pág. 54.

71. R .Mezan, *op. cit.*, pág. 273.

72. Carta de Freud a Jung del 1º de enero de 1907, ibíd., pág. 58.

73. Ibíd.

74. Carta de Jung a Freud del 8 de enero de 1907, ibíd., pág. 61.

75. François Roustang, *op. cit.*, pág. 69.

76. Ibíd.

77. Ernest Jones, *op. cit.*, II, pág. 44.

78. Ibíd., págs. 44-5.

79. Carta de Jung a Freud del 21 de enero de 1908, *Freud-Jung, Correspondência Completa*, pág. 202.

80. Ibíd.

81. François Roustang, *op. cit.*, pág. 68-9.

82. Ibíd., pág. 70.

83. Carta de Abraham a Freud del 16 de julio de 1908, Hilde Abraham y Ernst Freud, *A Psycho-analytic Dialogue: the Letters of Sigmund Freud and Karl Abraham, 1907-1926*, 1965, Nueva York, Basic Books, pág. 44.

84. Carta de Freud a Abraham del 23 de julio de 1908, ibíd., pág. 46.

85. Carta a Pfister del 5 de mayo de 1910, *Correspondance de Sigmund Freud avec le pasteur Pfister*, 1967, París, Gallimard, pág. 74.

CAPÍTULO 27

UNA METÁFORA ARQUEOLÓGICA Y LA ARQUEOLOGÍA DE UN ACTO FALLIDO

Retomemos la vida de Minna Bernays, llamada *Tante* Minna. Desde el principio, el vínculo con su cuñado fue fuerte. De novio, Freud la llamaba "Mi tesoro". Ya nos hemos referido a la intimidad grupal en el cuarteto integrado por él y Martha, Minna e Ignaz Schönberg. Ella estuvo allí desde el comienzo del noviazgo, como gran confidente y, en más de una ocasión, proporcionando dinero, además de consejos.

Vimos que, después de la muerte de Schönberg, la enlutada Minna se empleó como ama de compañía, ocupación que detestaba. El invierno continúa. Cerrada al mundo, ella prefiere los trabajos manuales caseros. Jones cuenta que *Tante Minna* "era ingeniosa, interesante, divertida y tenía una lengua mordaz que aportó un repertorio de epigramas familiares"[1].

Cuando Freud ya era padre de seis hijos, después de la muerte del viejo Jacob, Minna fue a vivir con la familia, desde 1896 hasta el fin de sus días. Los lazos con Sigmund se intensifican; comienzan los paseos animados, las vacaciones juntos, los helados en las noches tórridas, los diálogos sobre psicoanálisis. La complicidad intelectual se va estrechando. Freud le confió a Marie Bonaparte que Minna y Fliess eran los únicos que creían en él en la década de 1890. La estrella de la cuñada iba en ascenso a medida que Fliess menguaba en el firmamento sin estrellas del espléndido aislamiento. Minna como "hermana" es un objeto incestuoso, ideal de condensación del pasado, que viste las ropas de Pauline y las de Gisela Fluss. Ella anuncia un prototipo femenino: las Damas Fálicas del Nuevo Siglo. Jones establecerá la lista: Minna Bernays, Emma Eckstein (gran amiga de Minna), Loe Kann (la "mujer" de Jones), Lou Andreas-Salomé, Joan Rivière y Marie Bonaparte.

Según Anzieu, Minna era "disponible, inteligente, capaz de entrar en una profunda resonancia fantasmática con su cuñado, y respondía interiormente al deseo incestuoso secreto de él, protegida de responder en el plano de los actos por su rigor moral y su apego al novio muerto"[2].

Si entiendo bien, Anzieu opina que es la propia casta Minna quien opone el freno principal al incesto. Puede ser, pero la historia de la veneración por el novio muerto no convence. La carta de condolencias que Freud le envía habla claro de un enfriamiento previo de los enamorados: "Tu triste romance llegó a su fin y, al pensar cuidadosamente en el hecho, sólo puedo considerar una suerte que la noticia de la muerte de Schönberg haya llegado *después de tan largo período de alejamiento y enfriamiento*" (el énfasis es mío).

En otro lugar, analizando el sueño Hollthurn, Anzieu vuelve a exculpar a Freud. El sueño ocurre cuando Freud y Minna están proyectando viajar a Italia juntos (1898). Anzieu comenta: "La buena armonía en el campo intelectual y turístico sólo es posible entre Sigmund y Minna porque el interdicto del incesto funciona espontánea y plenamente entre ellos... Jamás hubo nada, desde el punto de vista sentimental y sexual, entre Freud y su cuñada"[3]. ¿Pero de dónde proviene tanta certeza? Freud nos enseñó que los "jamases" son sospechosos.

Peter Swales, biógrafo "maldito", sospecha.

La sospecha nace en el lapsus *aliquis*, pieza central de la *Psicopatología de la vida cotidiana*. Recorramos la anatomía de este lapsus, guiados por Swales. Freud nos informa:

El año pasado, estando nuevamente de vacaciones, volví a encontrarme con un joven de formación académica que estaba al tanto de algunas de mis publicaciones psicológicas[4].

La conversación versó sobre la "ambición racial". El joven se lamentó de que los judíos de su generación estuvieran predestinados a la "atrofia", y concluyó su exaltado discurso con una cita de la *Eneida* de Virgilio: "*Exoriare aliquis nostris ex ossibus ultor*! (¡Que alguien de nuestra sangre se levante para vengarnos! Pero no consigue recordar la segunda palabra de la maldición de Didón: *aliquis* ("alguien"). Freud, entonces, suplió el *aliquis* que faltaba. El compañero de viaje juzgó "estúpido" olvidar algo tan simple como un pronombre indeterminado, y quiso conocer la razón de esa laguna. Freud, que estaba elucubrando su *Psicopatología de la vida cotidiana*, entra en el ejercicio del desciframiento, y dice:

No nos tomará mucho tiempo. Sólo le pido que me cuente, franca y acríticamente, lo que pasa por su mente cuando dirige su atención a la palabra olvidada[5].

Vencida la resistencia inicial, surgen una serie de palabras, en la siguiente secuencia: *reliquiem, liquificante, fluidez, fluido*. Después de una pausa y de una sonrisa incrédula, el joven agregó que estaba pensando en "Simón de Trento, cuyas reliquias vi hace un par de años en Trento"[6].

A partir de ese momento se suceden las asociaciones con figuras de santos. Detrás de Simón, San Agustín, San Benedicto y San Genaro. Este último trae a colación el milagro anual de la licuefacción de la sangre.

Freud señala que tanto Agustín como Genaro son santos que entran en el calendario. A esta altura el joven vacila y frena el tren asociativo. Es instado a continuar. La razón de la pausa se debe a la irrupción de un pensamiento íntimo y que "no guarda ninguna conexión con el asunto".

El Profesor insiste y el joven revela:

Bien, de pronto pensé en una determinada Dama de la cual puedo recibir una noticia que sería embarazosa para ambos.

El olfato de Freud, por así decir, huele sangre cuando dice:

"¿Las reglas no bajaron?"

Sorpresa del interlocutor:

"¿Cómo lo adivinó?"[7]

En su articulación final, Freud liga la menstruación con los "santos del calendario y la sangre que fluye en determinado día del año", para rematar el punto. Caso resuelto y asentado en la mejor tradición sherlockiana: el "compañero de viaje" temía haber embarazado a su amante.

Peter Swales, que escrutó este episodio bajo otra lupa, comenta que este joven de "formación académica" parece ser un doble de Freud. Veamos una serie de "coincidencias". El interlocutor es judío y tiene un conocimiento de la obra de Freud raro en la época. La *Traumdeutung* acababa de aparecer, pero él ya maneja la noción de "olvido inconsciente", mencionada fugazmente en ese texto. Otra coincidencia es la cita de la *Eneida*, ya que el propio Freud la empleó en su ensayo "Sobre los recuerdos encubridores"[8]. La cita es también interesante porque el poeta está hablando de Aníbal, figura idealizada de Freud en la infancia. Por otra parte, el joven dice que estuvo en Trento dos años antes. El propio Freud había visitado a Trento con Minna en el año en que se produjo el lapsus del *aliquis*. Swales señala otras "coincidencias" menores, para concluir: "Sobre la base de esos datos, estoy dispuesto a defender la tesis de que no existió dicho «compañero de viaje», de que se trata del propio Freud ..., falsificación semejante a la descubierta en su artículo "Sobre los recuerdos encubridores", donde Freud usó la misma técnica de diálogo"[9].

En esa ocasión había elegido a una persona imaginaria para falsificarle un recuerdo personal. Es notable que en ambos casos coincide la presentación del personaje ficticio. En el artículo, esa persona se "interesaba en problemas psicológicos", y Freud agrega: "el sujeto de esta observación es un hombre de educación universitaria de 38 años"[10].

Una vez levantada la perdiz, la historia del *aliquis* parece demasiado perfecta: todo encaja para apuntalar la dramática revelación final. Swales no fue el primero en dudar de la autenticidad de ese lapsus. Frederic Raphael, reseñando en 1976 el libro de Timpanaro titulado *The Freudian Slip*[11], cuestiona el *aliquis*, preguntándose "si el episodio realmente ocurrió. ¿No será que es fruto de la imaginación de Freud y tenía que ser enmascarado...?"[12] Raphael y Swales desconfiaron de una historia *too good to be true*. El primero, novelista de profesión, no maneja su "freudiana" al dedillo, y piensa en términos de una falsificación imaginaria. Swales, en cambio, concluye que el asunto es un hecho consumado: Freud preñó a Minna.

La acusación es seria. En la huella de Swales, es bueno considerar que Freud, en los comentarios sobre sus sueños, menciona a otros miembros de la familia, pero nunca a Minna, aunque ella estaba manifiestamente implicada, en el sueño del conde Thun, el sueño Hollthurn y, especialmente, en el sueño de la Trimetila-Mina. Seis años más tarde, en el otoño de 1913, después de "diecisiete días deliciosos"[13] que había pasado en Roma con Minna, Freud escribe su "Introducción del narcisismo" con la misma prisa con que escribió el *Proyecto* para Fliess y, en carta a Abraham, él dirá que ese "hijo del incesto me parece imperfecto, hasta monstruoso..."[14]

Janet Malcolm se demora en la interpretación swalesiana del lapsus *aliquis* para concluir que "el argumento se presenta tan coherentemente desarrollado y tan firmemente basado en los hechos biográficos ... que es prácticamente imposible de refutar. Se obtiene una satisfacción inmensa al contemplar todo el asunto como un *tour de force* intelectual; no hay desperdicio, todas las piezas calzan como un guante, las articulaciones son elegantes, *pero está todo errado*. Es como un Vermeer falsificado por un Van Meegeren"[15] (lo destacado es mío). En un punto concuerdo con ella. Peter Swales, autodenominado analista *punk*, es otro talentoso "compañero de viaje" que escribe este ensayo haciendo un uso deliberado del más puro estilo freudiano. Extraño juego de falsificaciones dobles: él fue un Van Meegeren de un Van Meegeren: un metafalsificador.

La señora Malcolm juzga "posible, aunque poco probable, un *affaire* de Freud con su cuñada", para concluir que "si él tuvo el *infortunio* de enamorarse de la hermana de su mujer, y de embarazarla y llevarla a un aborto ¿[podría haber sido] tan inhumano como para realizar, meses después, el brillante e hilarante análisis del lapsus?"[16] (el énfasis en "infortunio" es mío). A ella le parece que habría sido un "infortunio" que Freud se hubiera enamorado. Que me perdonen las feministas, pero éste es un típico argumento femenino. Los datos no se refutan con sentimientos. Además, Freud no tenía por qué adoptar la ética cristiana de la culpa. Algo que admiro en él es su feroz dedicación a la cosa analítica. ¿Recuerdan el pasaje?:

[Para ser un analista] hay que volverse una persona mala, violar las reglas, sacrificarse, traicionar y comportarse como el artista que compra pinturas con los ahorros de la mujer, o quema los muebles para calentar el taller para su modelo. Sin un poco de esa criminalidad no hay realización verdadera[17].

En este caso, *aliquis* vale un Perú, una "perla" que un Conquistador no puede dejar pasar. En segundo lugar, ¿quién dice que Minna abortó? Pudo haber sido una falsa alarma ...

De hecho, en esa época Freud y Minna salían regularmente de vacaciones. Jones nos cuenta que en el verano de 1897 hicieron una breve visita a Salzburgo y un viaje prolongado a Trafoi –lugar del lapsus de Signorelli– pasando por el Paso de Stelvio, rumbo a Bormio, en Italia. "Después de una noche en un pésimo hotel –nos cuenta Jones– tomaron el tren para Tirana, emprendiendo entonces una larga caminata por el valle hasta llegar a una aldea llamada Le Prese, a lo largo del Lago Poschiavo, que Freud calificó de lugar «maravillosamente idílico»"[18].

El argumento más fuerte para creer en esta historia es la revelación que debemos a Jung. En 1957, en una entrevista concedida a su amigo y biógrafo John Billinsky[19], Jung cuenta la siguiente historia, relacionada con sus primeras visitas a Berggasse 19, en 1907: "Luego conocí a la hermana menor de la mujer de Freud. Tenía una muy buena presencia y no sólo sabía bastante sobre psicoanálisis, sino también sobre todo lo que Freud estaba haciendo. Pocos días después, cuando yo visitaba el laboratorio de Freud, su cuñada me preguntó si podía hablar conmigo. Estaba muy perturbada por su relación con Freud y se sentía culpable. Por ella supe que Freud la amaba, y que la relación entre ambos era de hecho muy íntima. Fue un descubrimiento chocante para mí, y aún ahora puedo recordar la angustia que sentí en ese momento"[20]. Esta confidencia fue tildada de "calumnia maliciosa" de Jung[21]. Además de Billinky, Carl Meier y Antonia Wolff, amante de Jung, cuentan la misma historia[22].

Frente a esta revelación, Gay presenta un argumento tan superfluo y singular como el de la señora Malcolm: " ... las fotografías que tenemos no muestran que Minna Bernays haya tenido muy buena presencia"[23]. Pero, Mr. Gay, sobre gustos y colores ...; para Sachs, por ejemplo, Minna era "escultural"[24]. Gay intenta otra refutación: "Parece bastante improbable que Minna Bernays hubiese confiado un asunto tan íntimo a un completo desconocido". Pero Jung no era un "completo desconocido". Ese año de 1907 fue de amistades instantáneas y fulminantes. Ya vimos, por el relato de Martin Freud, que Jung había entrado en Berggasse 19 como un huracán. ¿Y si Minna Bernays hubiera quedado fascinada por ese forastero alto y apuesto que Freud escuchaba con una sonrisa? Por otra parte, la serie de enfermedades de Minna a partir de Trento, explicaría, según Swales, la confesión hecha a Jung: la culpa por el amor clandestino habría hecho estragos.

Finalmente, sospecho que Ferenczi sospechaba. En la larga carta del 26 de diciembre de 1912, donde habla de su relación con prostitutas, responsable de su sifilofobia, de su masturbación compulsiva, de la *felatio* realizada por un muchacho mayor, de su Edipo invertido, de juegos sexuales con su hermana Gisela, él cuenta un sueño en el que una serpiente salta sobre una mujer que se sube a la mesa por temor a ser mordida, y acota: "*Usted* y su cuñada entran en el sueño. En Italia, un lecho con baldaquín que tiene esta forma [intenta dibujarlo y no lo consigue]. No sé nada más de esta parte del sueño" . Primera asociación: "A los 14 años me impresionó escuchar que mi padre le decía a mi madre que Fulano se había casado con una puta". Segunda asociación: "Usted está en el lugar de mi padre y su cuñada en el lugar de mi madre". Tercera asociación: "Recuerdo el día en que usted viajó con su cuñada a Italia, viaje *lit-à-lit* [lecho a lecho]"; donde Ferenczi se apresura a agregar: "Se trata, naturalmente, de una idea infantil"[25].

Ésa es la historia de la Minna Trimetilamínica.

Tal vez, quién sabe, quizá[*1].

Llegó la gran hora de la *Gradiva*. Estamos en los tiempos del inconsciente dinámico. Hasta el verano de 1906, el inconsciente y lo reprimido eran sinónimos, pero aquí los términos comienzan a diferenciarse: "El inconsciente es un término puramente descriptivo e indefinido en muchas relaciones; es, por así decirlo, un término estático; represión es un término dinámico"[26]. El inconsciente en estado puro.

La principal producción de 1907 fue *El delirio y los sueños en la "Gradiva" de W. Jensen*[27]. Este ensayo inaugura la serie de análisis aplicados de Freud (*Schriften zur angewantden Seelenkunde* ("artículos sobre psicología aplicada"). Jones lo recomienda: "El libro sobre la Gradiva es uno de los tres textos de Freud a los que la palabra «encantador» se les puede aplicar adecuadamente; los otros dos, por lo menos en mi opinión, son el libro sobre Leonardo y el artículo "El motivo de la elección del cofre"[28].

Se trata del análisis de una novela de Jensen, escritor alemán de moda en la época, continuador de los folletines góticos, tan populares a mediados del siglo pasado. La novela de Jensen, como las *Memorias* de Schreber, fue lectura recomendada por Jung y, según Strachey, el ensayo habría sido escrito especialmente para agradar al suizo, del

---

*1. En esta historia yo apostaría mi *Standard Edition* a que el joven judío del *aliquis* no existió; o sea, a la tesis de Raphael. Existe, empero, la posibilidad, mencionada por Michael Molnar, de que ese joven haya sido Alexandre Freud, que en esa época andaba en amores. Por otra parte, confío en la seriedad de Jung: él no lanzaría un falso rumor de este tipo, particularmente en edad avanzada y con la supuesta sabiduría de un estudioso del *I Ching*. Pero, a esta altura del campeonato, ya no pongo las manos en el fuego por nadie, ni siquiera por mí.

mismo modo que la *Psicopatología de la vida cotidiana* y el *Proyecto* fueron escritos para Fliess[29].

Las modas pasan, y la *Gradiva* es considerada hoy en día una novela intrascendente, cuyo mérito reside en la ingenuidad, que, según Mannoni, se presta para la labor interpretativa, "como el primer sueño de un paciente que acaba de conocer el diván"[30].

Ésta no era la primera vez que Freud intentaba analizar una novela; ya en 1889, en carta a Fliess, había descifrado *Die Richterin* ("La jueza"), una "novela familiar"[*2, 31].

"El joven arqueólogo Norbert Hanold –comienza el ensayo– había descubierto en un museo de antigüedades en Roma un bajorrelieve que lo atrajo inmensamente..."[32] Se enamoró de la joven griega allí representada, de andar particularmente llamativo. Hanold le da el nombre de Gradiva: la "joven que va caminando"[33]. Es descrita de la siguiente manera:

> La cabeza levemente inclinada, tomaba con la mano izquierda la cola de su vestido extraordinariamente plegado que le caía desde la nuca hasta los tobillos, dejando al descubierto los pies y las sandalias. El pie izquierdo ... sólo tocaba el piso con la punta de los dedos, mientras que la planta y el talón se levantaban casi verticalmente[34].

Las fantasías y sueños en torno de ella van configurando un delirio suave en el arqueólogo. Hanold se convence de que su Gradiva murió enterrada en la erupción del Vesubio que arrasó Pompeya en el 79 a.C. La fuerza mítica del delirio lo arrastra a esa ciudad, donde descubre la "figura de Gradiva saliendo de una casa y caminando a su manera peculiar sobre las piedras de lava, cruzando la calle, tal como la había visto en el sueño ... en los peldaños del Templo de Apolo"[35]. Pero la "visión" no era un fantasma, sino la bella Zoë. Ella se da cuenta del estado mental del joven arqueólogo y, gracias "al poder curativo del amor", se convierte en agente de su recuperación. Al caminar frente a él imitando a la Gradiva del bajorrelieve, Zoë encuentra la clave terapéutica. Ese andar inconfundible de la joven levanta el velo del olvido. Ella entonces se revela –igual que el *Pájaro Azul* de Maeterlinck[*3]– como una amiga de su infancia, vecina de la misma ciudad.[36]

---

*2. El tema de la novela es el incesto entre hermanos. "Todos los neuróticos crean una novela familiar (que se hace más ostensible en la paranoia) ... como defensa contra el incesto" (carta de Freud a Fliess del 20 de junio de 1898, *Correspondência Sigmund Freud-Wilhelm Fliess*, 1986, comp. por J. M. Masson, Imago, Río de Janeiro, pág. 318).

*3. Libro publicado un año después de la "Gradiva" de Freud.

El joven, según Freud, padecía un *delirio histérico*[37], pero también le cabía el diagnóstico de *erotomanía fetichista* de la psiquiatría francesa[38]. Un paciente como Hanold habría sido un bocado de cardenal para Clérambault, maestro de Lacan.

Zoë y Gradiva portan la metáfora de la pasión arqueológica freudiana, y pueden ser consideradas símbolos de la transferencia amorosa en el tratamiento psicoanalítico[39]. La represión que apagó la figura de Zoë en la vida de Hanold corresponde a Pompeya sepultada. "Realmente –comenta Freud– no hay mejor analogía para la represión ... que el entierro que fue el destino de Pompeya y del cual la ciudad sólo podría reaparecer gracias al trabajo de la pala"[*4].

Por supuesto, Freud sintió curiosidad por la reacción del padre de la Gradiva, y le envió un ejemplar de su libro. Jensen respondió amistosamente, manifestando que el análisis de Freud coincidía con su propia intención al escribir la historia[*5] A Freud también le interesaba conocer la opinión de su discípulo suizo. Jung elogió el libro, y Freud respondió que esa aprobación era más valiosa "que el [aplauso] de todo un congreso médico". Admitía que la obra no contenía nada realmente nuevo, pero "Fue escrito en días de sol y me dio gran placer ... él nos permite gozar de nuestra riqueza"[40, *6].

El bajorrelieve por el cual el héroe de la historia se apasiona puede ser visto en el Museo Chiaramonte del Vaticano, donde Freud lo descubrió en ese verano de 1906[41]. ¿No será –se pregunta este arquero de una flecha– que Gradiva es Minna? Mejor dicho: ¿no será que Gradiva es una Gisela rediviva que se manifiesta en la figura de Minna?

NOTAS

1. Ernest Jones, *A vida e a obra de Sigmund Freud*, 1989, Río de Janeiro, Imago, II, pág. 152.
2. Didier Anzieu, *A auto-análise de Freud e a descoberta da psicanálise*, 1989, Artes Médicas, Porto Alegre, pág. 230.
3. Ibíd.
4. SE, VI, págs. 8-9.

*4. La metáfora arqueológica no es nueva: en el caso clínico de Elizabeth von R., Freud compara su técnica terapéutica con la exhumación de una ciudad enterrada (SE, II, pág. 139). Tres años más tarde, utiliza la misma analogía para ilustrar el trabajo de la represión.
*5. Jensen no conocía la obra de Freud.
*6. Marie Langer, que tenía una copia en yeso de la Gradiva en su consultorio, sostenía que éste era el mejor libro para introducir al lego en el estudio de los sueños (comunicación personal).

5. SE, VI, pág. 9.

6. SE, VI, págs. 9-10.

7. SE, VI, pág. 11.

8. SE, III, págs. 303-23.

9. Peter J. Swales, "Freud, Minna Bernays and the Conquest of Rome", 1982, *New American Review*, pág. 6.

10. SE, III, pág. 287.

11. Sebastiano Timpanaro, *The Freudian Slip: Psychoanalysis and Textual Criticism*, 1976, Londres, NLB.

12. Frederic Raphael, "A beard in the hand". *New Stateman*, julio de 1976, págs. 50-1.

13. Lydia Flem, *A vida cotidiana de Freud e seus pacientes,* 1986, Río de Janeiro, L&PM, pág. 142.

14. Carta de Freud a Abraham del 16 de marzo de 1914, Hilde Abraham y Ernst Freud, *A Psycho-analytic dialogue: the Letters of Sigmund Freud and Karl Abraham, 1907-1926,* 1965, Nueva York, Basic Books, pág. 167.

15. Janet Malcolm, *In the Freud Archives,* 1984, Nueva York, Knoff, pág. 124.

16. Ibíd.

17. Carta a Pfister del 5 de mayo de 1910, *Correspondance de Sigmund Freud avec le pasteur Pfister,* 1967, París, Gallimard, pág. 74.

18. Ernest Jones, *op. cit.,* I, pág. 337.

19. John N. Billinsky, "Jung and Freud, the End of a Romance?", *Andover Newton Quaterly,* 1969, págs. 39-43, citado por Peter Gay, *Freud, uma vida para o nosso tempo,* 1989, San Pablo, Companhia das Letras, pág. 665.

20. Ibíd.

21. Blumenthal, "Historian links Freud and wife's sister as lovers", *New York Times,* 22 de noviembre de 1981.

22. Patrick Mahony, "Friendship and its Discontents", *Contemporary Psychoanalysis,* 1979, XV, págs. 55-109.

23. Peter Gay, *op. cit.,* pág. 666.

24. Hanns Sachs, *Freud, Master and Friend,* 1946, Boston, Harvard Univ. Press, pág. 72.

25. Carta de Ferenczi a Freud del 26 de diciembre de 1912, *Sigmund Freud-Sandor Ferenczi, Correspondance,* 1992, Calman-Levy, París, pág. 472.

26. SE, IX, pág. 90.

27. SE, IX, págs. 7-94.

28. Ernest Jones, *op. cit.,* II, pág. 341.

29. SE, IX, pág. 4.

30. O. Mannoni, *Freud, el descubrimiento del inconsciente,* 1968, Buenos Aires, Galerna, pág. 98.

31. Carta de Freud a Fliess del 20 de junio de 1898, *Correspondência Sigmund Freud / Wilhelm Fliess,* 1986, comp. por J. M. Masson, Imago, Río de Janeiro, pág. 318.

32. SE, IX, pág. 10.

33. Ibíd., pág. 11.

34. SE, IX, pág. 10.

35. SE, IX, págs. 13-4.

36. Peter Gay, *op. cit.,* pág. 299.

37. SE, IX, pág. 45n.

38. Roland Broca, "Sobre la erotomanía de transferencia", *Psicosis y psi-coanálisis*, 1985, Buenos Aires, Manantial, pág. 122.

39. Lydia Flem, *op. cit.*, pág. 140.

40. Carta de Freud a Jung del 26 de mayo de 1907, *Freud-Jung, Correspondência Completa*, 1976, Río de Janeiro, Imago, pág. 92.

41. Notas de Strachey, SE, IX, pág. 95.

CAPÍTULO 28

LAS ODISEAS DE LA PULSIÓN

Si *La interpretación de los sueños* constituye el discurso del deseo, los *Tres ensayos de teoría sexual* [1] deben ser considerados el discurso de la pulsión. Toda la teoría psicoanalítica reposa en estos dos textos fundamentales[2]. Ellos funcionan en paralelo, como registros distintos de la misma búsqueda. A pesar de que los demás escritos hacen referencias necesarias a ambos, ellos mismos rara vez se "entrerremiten". Los *Tres ensayos* no están vueltos hacia el deseo que precisa realizarse, sino hacia la pulsión que necesita satisfacerse[3]. Como el propio título indica, la pulsión de la que se trata es la pulsión sexual.

Este texto, en el decir de Strachey, representa, "junto a *La interpretación de los sueños*, la contribución psicoanalítica más importante y original al conocimiento del hombre"[4]. Pero no es en los *Tres ensayos* donde se marca la aparición freudiana del sexo. La preocupación por el esperma del diablo y otras pulsiones demoníacas estaba presente desde los *Estudios sobre la histeria*.

¡Ah, si yo supiese por qué el semen del diablo es siempre descrito como helado en la historia de las brujas! [*1, 5]

Como lo señala Renato Mezan, "Freud conoce a las brujas desde mucho tiempo antes; ellas formaban parte de las fobias de Cäcilie y del artículo sobre la histeria, para la enciclopedia de Villaret, donde menciona las blasfemias de las monjas medievales"[6, 7]. Su interés por las obras del Maligno es obvio: le permiten universalizar lo que hasta entonces sólo era visto en el dominio de la psicopatología. La palabra de las histéricas encuentra su confirmación en los archivos eclesiásticos. Además, "el demonio que se apoderaba de las pobrecitas invariablemente abusaba de ellas sexualmente"[8], lo que ratificaba la teoría de la seducción precoz: el Diablo encarna al padre seductor.

¿Qué me dirías si yo te contase que toda mi novísima prehistoria de la histeria ya era conocida y fue publicada más de cien veces,

---

*1. ¿Y por qué el Diablo "eructa esperma" en el *Malleus*?

hace ya muchos siglos? No sé si recuerdas que yo siempre insistí en que la teoría medieval de la posesión, sustentada por los tribunales eclesiásticos, era idéntica a nuestra teoría de un cuerpo extraño en la histeria y de la división de la conciencia... ¿Por qué las confesiones de ellas bajo tortura son tan semejantes a las comunicaciones de mis pacientes en tratamiento psíquico?[9]

La pareja "Bruja-Histérica" lo fascina. En otra carta a Fliess el contrapunto continúa: "La idea de traer a escena a las brujas va ganando fuerza... El «vuelo» de ellas está explicado: la escoba que montan es, probablemente, el «gran Señor Pene»"[10]. Freud juega con la idea de que "las perversiones, de las cuales la histeria es el negativo, serían el remanente de un antiguo culto religioso, que en Oriente Próximo puede haber sido alguna vez una religión (Moloch, Astarté)". El Imperio del Gran Señor Pene.

Después del escándalo de la *Traumdeutung*, la *Psicopatología de la vida cotidiana* había tenido buena acogida: una nueva era de coexistencia pacífica apuntaba en el horizonte. Pero los *Tres ensayos* quiebran el incipiente idilio. Freud pasó a ser considerado una vez más un espíritu obsceno y peligroso. No era el sexo la causa de la indignación. La *Psychopathia Sexualis* de Krafft-Ebing seguía siendo un *best-seller* respetable. Ellenberger y Sulloway demuestran que el erotismo estaba de moda. Freud, por su parte, en lugar de catalogar las perversiones en una nosografía erudita, abolió las fronteras entre lo normal y lo perverso y, para empeorar las cosas, entre el sexo adulto y la sagrada inocencia infantil. El lector se sentía tranquilo frente a la galería de aberraciones sexuales que no eran las suyas, pero ahora se sobresaltaba ante esa imagen erótica que era su fiel reflejo[11, 12].

El libro se divide en tres partes. La primera, llamada "Las aberraciones sexuales", trata de los diferentes desvíos del instinto sexual. El tono siempre es descarnado, por momentos krafftebinguiano.

¿Qué es una perversión?

Cuando se entra en el dominio de las perversiones, lo primero que llama la atención es que el tema, como objeto de estudio, es sumamente contemporáneo. Las perversiones, por supuesto, son viejas, tan antiguas como la propia Astarté. Además, nuestro siglo, según Lacan[13], es tan poco imaginativo que ni siquiera inventó su perversión, aunque eso es discutible. No olvidar que aparecieron nuevos y contagiosos dispositivos como el virus de los viernes 13, la Fórmula Uno, las piedras en venta del Muro de Berlín, el increíble lanzamiento de enanos y el binóculo ultrasónico de Epson[*2.] Lo cierto es que no maquinamos nuevas grandes cepas perversas, pero las rotulamos con nombres eruditos. Así fue como Binet acuñó el nombre de "fetichis-

_____

*2. Una paciente desarrolló una *fitofilia*: gozaba abrazada al tronco de su roble favorito.

mo" en 1888. Krafft-Ebing y Havelock Ellis lanzaron los términos "sadismo", "masoquismo" y "narcisismo". El campo estaba nombrado, listo para ser subvertido por la revolución freudiana.

Aquí entramos en el énfasis que puso Freud en el erotismo. Pero él no fue el primero en afirmar que el sexo está en la base de la conducta humana. Para Schopenhauer, Eros era la mayor afirmación vital. El Solitario de Francfort afirmaba que "el deseo de los deseos [del hombre] es copular". El sexo era una voluntad, una fuerza ciega, bastante semejante al *Ello* groddekiano. Pero los solitarios de Viena y de Francfort, a su vez, tuvieron un precursor: Linneo. Linneo fue el Freud de la botánica. Con él, el aparato sexual de las plantas pasa a ser la clave clasificatoria del reino vegetal (nomenclatura binomial). De la misma manera que el padre del psicoanálisis, el padre de la botánica también fue atacado por esa "grosera lascivia" de ver sexo hasta en los yuyos[14].

El sexo está en todo lugar y desde el comienzo de los tiempos. El psicoanálisis acaba con el mito de la infancia inocente. En el lugar del niño puro, tenemos el "Bebé Perverso Polimorfo", criatura de puro placer. Conviene recordar que, en la primera edición de los *Tres ensayos*, Freud aún no admitía una organización erótica anterior a la pubertad. Lo que había en la infancia era una sexualidad anárquica, ligada a las zonas erógenas. El niño polimorfo fue heredero de la teoría de la seducción, casi pero no totalmente abandonada. Freud señala: "Bajo la influencia de la seducción, los niños pueden volverse perversos polimorfos, lo que puede acarrear irregularidades sexuales de todo tipo"[15]. Ese "sujeto en pañales", como lo denomina Aurelio Souza[16], todavía no era, paradójicamente, una criatura sexual. El infante perverso desemboca en ese niño trágico llamado Edipo, criatura del destino que mata en las encrucijadas de su inconsciente. A partir de allí las perversiones pasan a ser una clasificatoria Erótica (y no una nosografía), que intenta dar cuenta de las desviaciones del hombre y también de su norma.

Comencemos por la libido: "La concepción popular distingue entre el hambre y el amor, viéndolos como representantes de los instintos que velan por la autoconservación y los instintos sexuales que velan por la reproducción. A la fuerza que representa a la pulsión sexual en la mente la llamamos «libido» –deseo erótico– y la encaramos como análoga a la fuerza del hambre o la voluntad del poder y las otras inclinaciones entre las tendencias del yo"[17]. La libido es el sustrato de las transformaciones mentales de la pulsión sexual.

Muchas hadas fueron convidadas al baile del Amor: "El núcleo de lo que designamos con el nombre de amor está formado por lo que se llama usualmente amor y que los poetas cantan*3. Amor entre los

---

*3. Los poetas invitados fueron Shakespeare, Heine, Cervantes y Goethe, con la colaboración de Edipo, Yocasta, Sade y Masoch.

sexos, que tiene como fin la cópula. Pero no disociamos lo que, junto a eso, encierra la palabra amor, ni el amor a sí mismo, por un lado, ni por el otro el amor filial, así como la amistad y el amor entre los hombres, en general, e incluso el apego a objetos concretos e ideas abstractas... Encontramos, por tanto, que la lengua creó en la palabra «amor», en sus múltiples acepciones, una síntesis plenamente justificada".

Ahora bien, la articulación entre los sexos nunca es perfecta. Punto de partida del primer ensayo: "La opinión popular tiene ideas bien definidas sobre la naturaleza y las características de la pulsión. Se considera que ella está ausente en la infancia, para establecerse en la pubertad, en relación con los procesos de maduración, revelándose, finalmente, en la irresistible atracción de un sexo por el otro, donde se presume que la finalidad es la unión sexual ..."[18]

La finalidad última de este texto apunta a demoler la teoría aristofánica de la "media naranja". El sexo comienza antes, la unión nunca es perfecta, la pulsión no tiene destinatario fijo o predestinado, pero incentiva toda la conducta humana. En nuestro paso por la Tierra somos heterosexuales, homosexuales, bisexuales, transexuales y también unisex, en la reducción masturbatoria. El sujeto hablante es un bicho sexuado no resuelto por su propia naturaleza.

La no resolución se llama neurosis. En las primeras formulaciones freudianas la neurosis aparece como el reverso de la perversión, lo cual no significa que sean cara y cruz de la misma moneda: las neurosis tienen sus defensas específicas. Por otra parte, neurosis y perversión suelen coexistir en el mismo individuo. Con una reserva: se puede decir que perversión es sexo, cualquier sexo. Dado un comienzo tan escabroso, lo curioso es que no nos apartemos más de la norma, de nuestra querida e insoportable Norma.

El patrón que mide toda perversión es el coito heterosexual. La perversión es definida como la actividad erótica que no termina en cópula, en un lugar y un momento determinados[19]. Freud coincide con la sexología del momento, para luego organizar la masa aparentemente heterogénea de los desvíos en dos grandes grupos, según se trate de un desvío en cuanto al *objeto* de la pulsión o respecto de su *meta*.

El desvío del primer tipo incluye los cambios en el sexo, la condición y la especie del objeto, tal como sucede en la necrofilia y en zoolagnia. La homosexualidad, que Freud prefiere llamar "inversión", es la nave capitana de este grupo –la mejor estudiada. Hay inversión del sexo del objeto deseado. Hablando de los factores congénitos y adquiridos, Freud adhiere plenamente al concepto fliessiano de bisexualidad. La inversión es explicada por una fijación precoz e intensa a la madre, con la subsiguiente identificación con la imago femenina.

Los desvíos de la *meta* se dividen en dos subgrupos: *transgresión anatómica* y *fijaciones en estadios preliminares*. En el primer caso, otras partes del cuerpo –boca y ano, principalmente– toman el lugar de los órganos genitales. La transgresión puede apuntar a objetos no anatómicos, como el zapato de taco alto del fetichista. En el segundo subgrupo, de las *fijaciones en estadios preliminares*, se realzan ciertos componentes de la pulsión, que sustituyen la relación sexual normal. Hay insistencia en el estadio preliminar; el auxiliar erótico pasa a dominar la escena. Es el caso de la "escopofilia" y del "exhibicionismo"; esto es, el deseo totalizante de mirar o ser mirado. Lo mismo le cabe al par sado-masoquista. Aquí, en la valorización excesiva de las "caricias sexuales" entra también el amor cortés que, como veremos, Freud repudia, olvidando los tiempos en que Martha vivía en el castillo de Wandsbek.

La mayoría de esos desvíos funcionan de manera moderada en la vida erótica de todos nosotros. La *exclusividad* y la *fijación* hacen la diferencia. Se puede decir que la pulsión es perversa por carecer de la "lealtad ciega" de los instintos en el animal. Freud añade: "No parece probable que la pulsión sea, en primer lugar, dependiente de su objeto[*4], ni es probable que, en su origen, esté determinada por los atractivos de su objeto"[20].

El primer ensayo, en apariencia, no innova. Parte de un saber constituido que no intenta continuar o refutar, sino subvertir. Freud no propone una teoría sexual más. Él no suscribe la postura teórica de Krafft-Ebing, Moll o Havelock Ellis, sino que marca la diferencia con el punto de vista psicoanalítico. Adelanta una noción provocativa: la sexualidad humana, en sí misma, es aberrante –aberrante en relación con la función específica de la reproducción. Apunta a la satisfacción y no a la reproducción. Las teorías existentes reposaban en la noción de *instinto*; Freud coloca en su lugar a la *pulsión*. La pulsión como desvío del instinto. La sexualidad humana representa una mutación en el reino de los mamíferos. Por esto la finalidad del primero de los *Tres ensayos* es mostrar hasta qué punto el sexo supera en mucho los límites impuestos por las teorías instintivistas[21].

Freud habla de la *fuente* y la *meta* de las pulsiones. La fuente es una estimulación que surge en alguna parte del cuerpo; la meta: dar fin a ese estímulo. En ese punto se incorpora la noción de *zonas erógenas*, otro concepto tomado de Fliess, que introduce un referente anátomo-fisiológico. Luego, a partir de 1915, "después de reflexionar y de tomar en cuenta otras observaciones, fui llevado a atribuir la cualidad de erogeneidad a todas las partes del cuerpo y a todos los órganos internos"[22]. Frente a dicho cuerpo "imantado", Serge Leclaire se pregunta: ¿de qué cuerpo se trata? Ya que en el "conjunto escrito bajo dicho nombre por la anátomo-fisiología no habría lugar en las láminas

*4. Cosa que sí sucede con el instinto animal.

descriptivas para ese órgano fantasma que es el pene de la mujer, ni habría ocasión, en el metabolismo de las necesidades fundamentales, para ese objeto alucinado que es el pecho perdido"[23].

El cuerpo psicoanalítico, con sus vaginas *dentatas*, sus placentas oceánicas, sus pezones alucinados, es fantasmático. El deseo se dirige hacia el cuerpo fantasma y no hacia el cuerpo real. Es en el nivel de la representación donde desfila la caravana erótica. Cuando trata la "sexualidad madura", Freud "apoya" ese término en la función de procrear, llegando incluso a apelar a un instinto de conservación de la especie. Pero, se pregunta Garcia-Roza: "¿Es la propia función de reproducción la que concede primacía a la zona genital?; o será, por el contrario, ¿la genitalidad la que le otorga a esta función la importancia de que ella se reviste? ¿Prima la necesidad o el deseo?"[24] Es probable que Freud basándose en la "selección sexual" de Darwin diera prioridad a la necesidad. Esto rige hasta la aparición de *Más allá del principio de placer*.

Luego tenemos un abordaje de la sexualidad en las psiconeurosis. El síntoma es el sexo del individuo neurótico. Hay placer en el síntoma. Detrás de los síntomas neuróticos se pueden encontrar la mayoría de las perversiones enumeradas.

La "metáfora ética", el punto central del primer ensayo, insiste en afirmar que la sexualidad "normal" y la "invertida" están íntimamente relacionadas, a pesar de los intentos de la cultura de mantenerlas separadas. Así: "Pueden darse diferencias cualitativas en cuanto a los resultados [actividades sexuales], pero el análisis muestra que entre los factores determinantes las diferencias son sólo cuantitativas"[25].

El *segundo* ensayo presenta la teoría de la sexualidad infantil, pieza esencial en la arquitectura total. Se parte de la *amnesia infantil*, o sea de la razón por la cual el erotismo infantil pasó tanto tiempo ignorado. Pocos son los que recuerdan los acontecimientos de los primeros tres años de vida. Por eso se daba prioridad a la herencia de un atavismo distante, mientras que se desconocía el período prehistórico más próximo, el erotismo de la primera infancia (incluso lo ignoraba el pediatra Freud). En ese sentido, la amnesia infantil era una inmensa represión colectiva. Dicho de otro modo: todos tenían conciencia de ese "apagón" universal, pero nadie había pensado extraer las conclusiones correspondientes. Verdadera amnesia de la amnesia.

Los *Tres ensayos* le recuerdan al mundo algunas cosas que el mundo no quería repensar. Freud no fue el único ni el primero en reconocer esa prehistoria. Los victorianos, la verdad sea dicha, eran mucho menos puritanos con relación a lo erótico que lo que sus detractores pensaban[26]. Foucault documenta que el sexo era tema de estudio de los médicos de la época[27]. Los médicos, tal vez; los sexólogos, no. La ciencia que se constituye en el siglo XIX bajo el nombre de "sexología" se caracterizaba por su pauta reaccionaria; basada, como dice Mezan, en el deseo de asegurar el "vigor de la especie" y la "pureza moral de la sociedad", servía en primer lugar para propagar el terror en cuanto a los efectos perniciosos de la lujuria, el fantasma de las enfermedades venéreas y el cuco de la sífilis[28]. El semen del Diablo continuaba helado*5.

Freud, como vimos, plantea el punto de vista, entonces inusitado, de que el sujeto en pañales es un ente sexuado, capaz de lascivia desde el inicio de la vida y que las pulsiones sexuales sufren un desarrollo progresivo hasta los cuatro años de edad. El lapso que va desde los 4 hasta los 11 años fue denominado "período de latencia", expresión sugerida por Fliess. Período asexual marcado por la declinación del complejo de Edipo, explicada en términos de "imposibilidad interna", de una especie de discordancia entre estructura edípica e inmadurez biológica[29].

Las primeras manifestaciones del erotismo se relacionan con funciones físicas no genitales: la alimentación y la defecación, actividades autoeróticas que buscan la satisfacción de estímulos emanados de las zonas erógenas. Freud distinguía dos fases: la oral y la sádico-anal. Más tarde, Abraham diferenciará dos subfases en cada una, agregando los estadios fálico y genital.

Freud, en una carta a Fliess de 1899, se refirió por primera vez al *autoerotismo* caracterizándolo como "la más inferior de las capas sexuales", que actúa con independencia de cualquier fin psicosexual "y exige solamente sensaciones locales de satisfacción"[30]. El término fue tomado de Havelock Ellis, que lo había introducido un año antes en un artículo titulado "Autoerotism: A Psychological Study". Los *Tres ensayos* lo utilizan para designar un momento original de la sexualidad infantil en el cual la pulsión encuentra satisfacción sin recurrir a un objeto externo. Freud no está proponiendo la existencia de un estado primordial "anobjetal", sino el carácter contingente del objeto de la pulsión sexual, lo que anticipa al objeto parcial kleiniano.

Antes de la fase autoerótica tenemos un período en el cual la pulsión se satisface por *apoyo**6 en la pulsión de autoconservación, y esa satisfacción se da gracias a un objeto: el pecho materno[31]. El pecho, paradigma de apoyo:

> Parece, del mismo modo, que el niño, al chupar, busca en ese acto un placer ya experimentado y que ahora retorna a la memoria... Es fácil ver en qué circunstancias el niño, por primera vez, experimentó ese placer que en adelante intentará renovar. Fue esta actividad inicial, esencial para la vida, la que lo encaminó a chu-

*5. Hoy en día, con el fantasma del SIDA vuelven ecos del pasado.
*6. El término *apoyo* o *anaclisis* (*Anlehnungs*, en alemán) designa la relación que las pulsiones sexuales mantienen originalmente con las funciones vitales que le proporcionan una fuente orgánica, una dirección y un objeto.

par el pecho materno o todo lo que lo sustituye. Diríamos que los labios desempeñaron el papel de zona erógena, y que la satisfacción causada por el aflujo de leche tibia estaba estrictamente ligado al acto de saciar el hambre. La actividad sexual primeramente se apoyó sobre una función que sirve para conservar la vida, de la cual se hizo independiente más tarde [frase agregada en 1915][32].

El itinerario está perfectamente indicado: la vida sexual del adulto se apoya en un modelo preexistente; el movimiento opera en los dos sentidos: lo que ocurre ahora sólo se esclarece por su apoyo en experiencias anteriores, y éstas prefiguran lo que vendrá. De esa manera desde el pecho a la cópula, apoyo y posterioridad entran en un juego dialéctico, bien estudiado por Claude Le Guen[33]. En esas condiciones, Freud añade:

Nuestro estudio del acto de succionarse el pulgar, el chupar sensual, ya nos brindó las tres características esenciales de una manifestación sexual infantil. En su origen ella se apoya en una de las funciones somáticas vitales; aún no tiene objeto sexual, es autoerótica y está dominada por una zona erógena[34].

Para García-Roza, esta "función somática vital" que posee una fuente, una meta y una dirección específicas es el instinto[35]. El modelo lo constituye la alimentación del lactante. Aquí, empero, no estamos hablando del pecho sino de la leche, ya que ella es la que satisface el "estado de necesidad orgánica caracterizado por el hambre"[36]. Al mismo tiempo, en paralelo, se desarrolla un proceso de naturaleza sexual: la excitación labiopalatina brinda un excedente de satisfacción, una vuelta de tuerca, que no es reducible a la saciedad alimentaria. El objeto del instinto es la leche; el objeto de la pulsión sexual es el pecho materno. Freud es explícito: "Fue en su primera y más vital actividad, chupando el pecho, que se familiarizó con ese placer. Los labios del niño, a nuestro juicio, se comportan como una zona erógena que se asocia, en el primer caso, a la satisfacción de la necesidad de nutrición. Al principio, la actividad sexual se liga a funciones que atienden a la finalidad de autoconservación y sólo más tarde se hace independiente. Nadie que haya visto a un bebé reclinarse saciado junto al pecho, y dormir con los cachetes rosados y una sonrisa feliz[*7]

---

*7. Otros, en efecto, habían documentado este "pequeño orgasmo" del lactante, particularmente un pediatra húngaro, Lindner, quien sostenía que el bebé es impelido a chupar no sólo por hambre, sino también por el deseo de gratificación erótica (S. Lindner, "Das Saugen an den Fingern, Lippen bei den Kindern, *Jarbuch für Kinderheilkunde*, 1879, pág 68, citado por Freud).

puede dejar de pensar que ese cuadro persiste como prototipo de la expresión de la satisfacción sexual en la vida ulterior. El intento de repetir la satisfacción sexual se desliga ahora de la necesidad de nutrirse –separación que se vuelve inevitable cuando aparecen los dientes y el alimento no es ingerido sólo por succión sino que también es masticado. El niño no usa un cuerpo extraño para chupar; prefiere una parte de su propia piel porque es más conveniente, porque lo independiza del mundo exterior, y porque de esta manera él se proporciona, por así decir, una segunda zona erógena, aunque de calidad inferior"[37].

Aquí Lacan añade: "La propia demanda oral tiene otro sentido, más allá de satisfacer el hambre. Es una demanda sexual. Ella es canibalística, y el canibalismo tiene un sentido sexual"[38]. Las mamás son comidas.

La preocupación de Freud era oponer una sexualidad infantil desorganizada a una sexualidad organizada, a partir de la pubertad, bajo la primacía genital. Sólo después de la concepción de una *organización pregenital* pasa a ser posible la noción de "fase" de la libido[39]. Su carácter subversivo queda enmascarado cuando se lee la versión definitiva sin reparar en las fechas de los añadidos de 1910, 1915, 1920 y 1924. Todos estos datos apuntan en la misma dirección: disminuir el carácter aberrante de la sexualidad. Hablan de la "organización sexual en los estadios infantiles", reduciendo por tanto el polimorfismo de la edición original.

Una vez más entra Fliess en la historia. Tiene que ver con el uso del término "fase". Freud lo emplea para designar las etapas de la evolución de la libido. Fase también implica ciclos. Ciclos terrestres, ciclos celestes, ciclos lunares, ciclos fliessianos ...

Era el día 12 de noviembre de 1897; el sol estaba precisamente en el cuadrante este; Mercurio y Venus se encontraban en conjunción .... Es verdad, los anuncios de nacimiento ya no comienzan así. Fue el 12 de noviembre, un día dominado por una jaqueca del lado izquierdo ... cuando, después de los pavorosos dolores de parto de las últimas semanas, di a luz un nuevo conocimiento[*8].

¿Cuál era el "nuevo conocimiento"?
La teoría del desarrollo libidinal. La represión de las zonas erógenas ocupa el centro de la explicación dinámica de las neurosis. Las

---

*8. He consultado al Profesor Waldir Buonedei, quien me informó que en esa fecha Venus estaba en 27ª de Libra, y Mercurio en 23ª de Escorpio. Freud abusaba de los cielos. Según el Profesor Buonedei, autoridad en la materia, esa conjunción sólo ocurrió el 17 de abril de 1898.

zonas erógenas son sucesivamente reprimidas, a fin de que los "impulsos del desarrollo tengan un ordenamiento cronológico diferente en los sexos femenino y masculino".

El *tercer* ensayo está dedicado a los cambios que ocurren en la pubertad, cuando el individuo alcanza el estadio final de *primacía genital*. Las tendencias pregenitales, o tendencias parciales, finalmente se orquestan rumbo a la sexualidad madura. Muchos de los componentes iniciales adquieren una función en la vida adulta, propiciando lo que Freud denominó "placer previo", que él distinguía del "placer final". Ejemplo obvio: el beso nuestro de todos los días. Pero ese beso, que otrora fue el ósculo para la Dama Martha, no tiene buena acogida en este tercer ensayo. Freud manifiesta poca simpatía por el placer previo. Los preliminares del acto sexual son una etapa necesaria, aunque peligrosa: "si, en cualquier momento de los procesos preparatorios, el placer preliminar resulta demasiado intenso y el elemento de tensión demasiado pequeño, desaparece la energía pulsional necesaria para seguir adelante con el cronograma sexual, el camino se acorta, y el acto preparatorio sustituye al fin sexual normal"[40]. Lo que Freud llamó "criterio económico" hace de la sexualidad una cantidad limitada, que se consume de una manera avarienta. Cualquier psicología hedonista proyectaría una imagen de armoniosa gratificación mutua: la concepción freudiana del placer, por el contrario, sugiere, un "trueque de tontos" en el cual cada uno llega a la conclusión de que invistió más libido que la que merecía el "objeto"[41]. Freud nunca presentó una metapsicología erótica. Fue Lacan, finalmente, con su distinción entre placer y goce, quien recorrió una senda en la que el acto sexual no existe, nunca existe.

A partir de la pubertad se dividen las aguas entre varones y niñas. En esa diferenciación, el patrón, en el sentido de *default*, era la pulsión masculina. Freud sostiene que la libido de la niña es más masculina que femenina, dado que su actividad autoerótica se centra en el clítoris. Él llegó a decir que toda libido es masculina. Mejor dicho, la libido no tiene sexo. El hecho es que, en el caso de los hombres, el principal órgano sexual es siempre el mismo, el *Señor Pene*, mientras que las mujeres tienen que pasar del clítoris a la vagina, transición minada de peligros y vicisitudes. De allí que las mujeres sean proclives a tener más problemas sexuales. Lo que Freud no podía decir, bajo pena de un oprobio aún mayor, es que toda sexualidad es perversa. Casi lo dijo. No existe una diferencia taxativa entre las pulsiones pregenitales y las genitales. Unas y otras llevan al acto. La apuesta sexual es perversa, salta por encima de las defensas, mejor aún, seduce las defensas en un juego de escondidas erótico.

Los *Tres ensayos* funcionaron como "Biblia Sexual". Freud fue descubriendo gradualmente los "usos estratégicos" de este ensayo en la defensa del psicoanálisis contra sus detractores. El texto pasará a ser piedra de toque para separar a los leales de los disidentes, convirtiéndose en el dogma de fe que espantó a Jung[42]. "La resistencia a la sexualidad infantil –escribe Freud a Abraham en 1908– fortalece mi opinión de que los *Tres ensayos* son una realización comparable a *La interpretación de los sueños*"[43].

En su primera edición, ese librito de 90 páginas era "tan explosivo –comenta Peter Gay– como una granada de mano"[44].

En 1925, en la sexta y última edición que apareció en vida de Freud, el texto superaba las 120 páginas.

Sí, Freud no era un pansexualista, en el sentido en que tal vez lo haya sido Reich. Estaba lejos de cualquier "Imperio de los Sentidos", aunque aspirara a reformar las actitudes respecto de la sexualidad. Freud nunca se erigió como un ingenuo gurú de los placeres carnales; llegó a decir que "los genitales no se desarrollaron como el resto de la forma humana, en el sentido de la belleza", pues "conservan su molde animal" y, en consecuencia, "también el amor en la actualidad es tan animal en su esencia como siempre"[45].

Las posibles conquistas de la Diosa Libido no le despiertan esperanza, ni tiene nostalgia de su antiguo poder. Desdeñar tanto la permisividad orgiástica como el púdico ascetismo victorian: "Los antiguos glorificaban los instintos y, a causa de ello, estaban dispuestos a dignificar incluso un objeto inferior; en cuanto a nosotros encontramos despreciable la actividad erótica en sí misma, y sólo la consentimos por los méritos del objeto"[46].

No es casual que los *Tres ensayos* sean el texto más "seco" que Freud ya escribió, a años luz del "Caso Katharina". La intención del libro es desmitificar los datos sexuales y, en el mismo movimiento, abogar por su expresión[47]. Las tres partes del texto constituyen lo que Laplanche denomina la "odisea de la pulsión". Así, tenemos el *instinto perdido* en la primera parte, sobre las aberraciones sexuales; el *instinto apoyado*, en la sexualidad infantil, y el *instinto reencontrado*, en la parte final. A este último Laplanche lo denomina *instinto imitado,* ya que lo que se reencuentra, difiere considerablemente, en el ser humano, de la noción de instinto[48]. Odisea que va desde el instinto hasta la pulsión de muerte.

NOTAS

1. SE, VII, págs. 126-248.
2. O. Mannoni, *Freud e a psicanálise*, 1976, pág. 77.
3. Ibíd., págs. 77-78.
4. SE, VII, pág. 126.
5. Carta de Freud a Fliess del 24 de enero de 1897, *Correspondência Sigmund Freud-Wilhelm Fliess*, 1986, comp. por J. M. Masson, Imago, Río de Janeiro, pág. 228.
6. SE, I, pág. 41.

7. Renato Mezan, *Freud, pensador da cultura*, 1985, San Pablo, Brasiliense, pág. 314.

8. Carta de Freud a Fliess del 24 enero de 1897, *Correspondência Sigmund Freud-Wilhelm Fliess*, pág. 228.

9. Carta de Freud a Fliess del 17 de enero de 1897, *Correspondência Sigmund Freud-Wilhelm Fliess*, ibíd.

10. Carta de Freud a Fliess del 24 de enero de 1897, ibíd., pág. 227.

11. Frank J. Sulloway, *Freud, biologiste de l'esprit*, 1981, París, Fayard, págs. 245-50.

12. Henri F. Ellenberger, *The Discovery of the Unconscious*, 1970, Basic Books, Nueva York, págs. 297-8.

13. Lacan, *L'éthique de la psychanalyse*.

14. D. Boorstin, *Les decouvreurs*, 1983, París, Seghers, pág 405.A.

15. SE, VII, pág 191.

16. Aurélio Souza, Comunicación verbal.

17. SE, VII, pág. 135.

18. SE, VII, pág. 135.

19. SE, VII, pág. 148-9.

20. SE, VII, pág. 149.

21. L. A. Garcia-Roza, *Freud e o inconsciente*, 1988, Río de Janeiro, Zahar, pág. 97.

22. SE, VII, pág. 184.

23. S. Leclaire, *Psicanalisar*, 1977, San Pablo, pág. 55.

24. L. A. Garcia-Roza, *op. cit.*, pág. 103.

25. SE, VII, pág. 146n.

26. Peter Gay, *Freud, uma vida para o nosso tempo*, 1989, San Pablo, Companhia das Letras, pág. 144.

27. Foucault, *La volonté de savoir*, París, Gallimard, 1976.

28. Mezan, *op. cit.*, págs. 155-168.

29. SE, XIX, pág. 173.

30. Carta de Freud a Fliess del 9 diciembre de 1899, *Correspondência Sigmund Freud-Wilhelm Fliess*, pág. 391.

31. L. A. Garcia-Roza, *op. cit.*, pág. 99.

32. SE, VII, págs. 181-2.

33. Claude Le Guen, *A dialética freudiana*, San Pablo, Escuta, 1991.

34. SE, VII, pág. 222.

35. Garcia-Roza, *op. cit.*, pág. 99.

36. SE, VII, págs. 181-2.

37. SE, VII, pág. 181-82.

38. Jacques Lacan, *Le transfert - Séminaire, livre VIII*, 1991, París, Seuil, pág. 239.

39. Garcia-Roza, *op. cit.*, pág. 103.

40. SE, VII, pág. 211.

41. P. Rieff, *Freud, la mente de un moralista*, 1966, Buenos Aires, Paidós, pág. 162.

42. Gay, *op. cit.*, pág. 146.

43. Carta de Freud a Abraham del 12 de noviembre de 1908, Hilde Abraham e Ernst Freud, *A Psycho-analytic Dialogue: the Letters of Sigmund Freud and Karl Abraham, 1907-1926*, 1965, Nueva York, Basic Books.

44. Peter Gay, *op. cit.*, pág. 148.

45. SE, XI, pág. 183.

46. SE, VII, pág. 149.
47. Rieff, *op. cit.*, pág. 156.
48. Jean Laplanche, *Le fourvoiment biologisant de la sexualité chez Freud*, 1993, París, Synthélabo, pág. 24.

CAPÍTULO 29

EL NIÑO DE LOS CABALLOS

En 1951, Gregory Bateson escribe su conocido "metálogo", titulado "¿Por qué los franceses?":[1]

Hija: ¿Por qué los franceses agitan los brazos todo el tiempo?
Padre: No comprendo.
Hija: Sí, cuando hablan. ¿Por qué agitan los brazos?
Padre: Vamos a ver ... ¿Por qué sonríes tú? ¿Por qué pataleas?
Hija: No es lo mismo, papá. Yo no agito los brazos como los franceses. Creo que ellos no pueden parar, papá. ¿Acaso pueden?
Padre: No sé. Tal vez a ellos les resulte difícil parar... ¿Puedes tú dejar de sonreír?
Hija: Papá, yo no sonrío todo el tiempo. Es difícil parar cuando tengo ganas de sonreír. Pero no siempre me siento así. Y después, paro.

A Herbert Graf, o sea, Juanito, tal vez le habría gustado este "metálogo", porque él "metalogaba" todo el tiempo

Juanito: Mamá, ¿tú tienes un *Wiwimacher*?[*1]
Madre: Sí, tengo. ¿Por qué?
Juanito: Por nada, por nada ... estaba pensando[2].

Ésta fue la primera entrada en el diario clínico de su padre, registrada cuando el niño todavía no tenía tres años de edad.

Juanito era hijo del musicólogo Max Graf, asiduo participante de las reuniones de los miércoles, especialista en Wagner. Olga, su mujer, había sido paciente de Freud. Los Graf, entonces, se contaban entre sus primeros adeptos. Representaban un nuevo tipo de pareja de la alta burguesía vienesa; gente culta, inconformista, cosmopolita. Eran muy amigos de los Mahler; el músico era padrino de Juanito. Habían acordado educar a su hijo según la naciente "pedagogía" freudiana, o sea bajo la bandera de la indulgencia libidinal, con el mínimo de coerción posible[*2]. Cariñosos y solícitos con su hijo, se interesaban

*1. Literalmente, "cosa para hacer pipí".
*2. Educación responsable de sucesivas generaciones de niños insoportablemente malcriados.

por sus travesuras, registraban sus sueños, encontraban graciosa su incipiente promiscuidad infantil.

Cierta vez, cuando aún no tenía cuatro años, el niño se detuvo a mirar con insistencia a la madre mientras ella se sacaba la ropa. La madre le preguntó:

Madre: ¿Por qué me miras así?
Juanito: Para ver si tú también tienes un *Wiwimacher*.
Madre: Claro que sí. ¿Acaso no lo sabías?
Juanito: No. Como eres tan grande, pensé que deberías tener un *Wiwimacher* del tamaño de un caballo[*3, 3].

O sea que Juanito crecía como un niño normal, robusto y epistemofílico. Sus revelaciones, debidamente consignadas, eran trigo para el molino freudiano de los miércoles. Las notas del padre fueron empleadas como material didáctico en "El esclarecimiento sexual del niño" (1907)[4], donde Freud se sorprende por esa precoz curiosidad relacionada con los "enigmas del sexo", y en el ensayo "Sobre las teorías sexuales infantiles" (1908)[5], donde habla de la creencia infantil universal de que las mujeres tienen pene. En ese sentido, se arriesga a decir que "Juanito es homosexual, congruentemente con el hecho, que siempre debemos tener presente, de que el niño *conocía sólo un tipo de órgano sexual* – un órgano sexual como el suyo"[6]. Aquí Freud postula por primera vez la primacía del falo, tema que retomará en 1923, en "La organización genital infantil"[7].

Ya en este texto Freud no atribuye ningún valor a la vagina, ni al deseo de Juanito de procrear hijos como la madre. El órgano sexual de la mujer es un pene atrofiado llamado clítoris. Estos temas serán elaborados en los años 20. Este historial, centrado en la omnipresencia del *Wiwimacher*, está estructurado en torno de la primacía del falo y de la angustia de castración que sigue al descubrimiento de la diferencia sexual[8]. Aquí aparece por primera vez la expresión "complejo de castración". Como lo señala Fenichel, "lo que se teme en la neurosis de angustia son los sustitutos de la idea de castración"[9].

El parque imperial de Schönbrunn tenía un buen jardín zoológico. El informe de Max Graf incluye varias entradas que describen a Juanito deleitándose con los *Wiwimachers* de leones y otros animales de gran porte[10]. En el comienzo, entonces, era la *phylia*.

Seria un error, empero, pensar que esta *educación sexual psicoanalítica* tenía características de "vale todo". El tema fue animadamente debatido en las reuniones de los miércoles. Tausk se manifestó cauto. En la reunión del 4 de mayo de 1910, se pregunta: "¿Adónde nos llevará decir a los niños, en análisis, cosas que entran en contradicción con los puntos de vista actuales de la civilización?"[11] Por otra

---

[*3]. ¡De un caballo! Aquí aparece el animal totémico por primera vez.

parte, Freud juzga que la educación sexual no se puede impartir en forma neutra, sin "tono emocional". Al contrario: "El niño debe experimentar una cierta excitación sexual, apropiada al tema en cuestión"[12]. La educación sexual no puede ser tomada como una vacuna preventiva*4.

Aparte de la novedad de analizar a un niño, este ensayo puede considerarse un estudio piagetiano sobre el desarrollo del logos infantil. Vemos al niño develando el misterio de cómo nacen los bebés[13]. Freud relata las escenas en que "nuestro joven investigador"[14] intenta desentrañar las verdades sexuales de la vida.

Hasta que aparece un síntoma perturbador, como un rayo en un cielo despejado:

Querido Profesor:

Estoy enviándole más novedades sobre Juanito – pero esta vez, lamento decirlo, se trata de material para un caso clínico. Como podrá observar, en los últimos días él ha desarrollado un trastorno nervioso que nos preocupa tanto a mi mujer como a mí, en la medida en que no encontramos ninguna forma de disiparlo... Incluyo un registro del material disponible[15].

El preocupado padre culpa a la madre por una "sobreexcitación sexual" debida a la excesiva ternura, y pasa a describir el síntoma que atormenta al niño:

Tiene miedo a que un *caballo lo muerda en la calle*, y este temor parece conectado con el susto que le provocó ver un pene de grandes dimensiones[16].

Se trata, entonces, de caballos. Miedo paralizante a ser mordido por un caballo. Juanito pasó a tener pánico en particular ante los fuertes y briosos percherones que arrastraban ruidosamente su carga. Ellos iban a caer con estruendo. El niño procuraba evitar los lugares donde podría verlos.

Ante la angustia de los padres, Freud decide tomar el "caso",

---

*4. El pastor Pfister fue tal vez quien más se dedicó a este tema, en las primeras dos décadas de este siglo. Su libro *El psicoanálisis y la educación* tuvo más difusión que las obras del propio Freud. El texto se abre como sigue: "El psicoanálisis sirve de auxiliar a todos los que pretenden limpiar el espíritu inundado por el torrente impetuoso, preparando la tierra para que las nobles semillas prosperen". Para Pfister no se trataba de liberar la sexualidad, sino, por el contrario, de reemplazar la represión inconsciente por la represión consciente (O. Pfister, *El psicoanálisis y la educación*, 1969, Buenos Aires, 6ª ed., pág. 7).

analizándolo a distancia. Acepta el lugar de supervisor interactivo[17].
Por su parte, Max Graf, "que era padre, héroe, villano y curandero particular del hijo, comienza a conversar asiduamente con Juanito sobre el miedo a los caballos, informando a Freud de cada detalle"[18]. El "análisis" tuvo un escenario heterodoxo – escenario que Adler luego adoptará, tratando a niños en los parques o en sus casas. Más heterodoxa es sin duda la figura del analista: él no es médico, no tiene experiencia psicoanalítica y, principalmente, es el padre del paciente. Sobre Max Graf recae el mérito de haber llevado a cabo, sin darse mucho cuenta, el primer análisis infantil[*5].

Freud, empero, sabía que este triángulo terapéutico era transgresivo. Respondiendo a una pregunta de Jung, le escribe: "Siempre consideré imposible el análisis de la propia esposa, pero el padre de Juanito me probó que podría realizarse. La gran dificultad en el caso es superar la contratransferencia, un precepto técnico que desde hace poco se me ha vuelto evidente"[19, *6].

Freud tenía conciencia de la "ceguera edípica". Por otra parte, la buena voluntad de los padres no les impidió caer, un par de veces, en las viejas trampas culturales. Cuando el niño tenía tres años y medio, la madre lo sorprendió tocándose el pene, y amenazó con llamar al doctor para que le cortase su *Wiwimacher*. Al nacer la hermanita, sus padres, para prepararlo, no encontraron nada mejor que contarle la historia de la cigüeña. Él, empero, ya estaba en otra cosa: sus investigaciones sobre el misterio del nacimiento –para delicia de Freud– iban más allá de cualquier cigüeña.

Dada la incredulidad irónica del hijo, los padres esclarecieron parcialmente las cosas, señalando que los nenes nacen dentro de la barriga de la madre y después son empujados penosamente hacia afuera, como se expele un *lumpf*. Este esclarecimiento no hizo más que intensificar el interés anal del niño por los *lumpfs*. Como comenta Peter Gay, "Juanito, además de demostrar una cierta precocidad en sus observaciones, su lenguaje y sus intereses eróticos, estaba creciendo como un burguesito alegre y encantador"[20]. Yo no diría tanto burguesito como "niño contemporáneo".

Historial escrito con una sonrisa en los labios. Experiencia refrescante. Para el Profesor, el *kleine* Juanito tiene perfil de anti-Dora. Ella fue una hija difícil, testaruda; él ocupa el lugar de nieto de un

---

*5. La primera terapia hipnótica con niños parece haber sido realizada por Jung.

*6. Respuesta a una significativa carta de Jung, quejándose de los celos conyugales: "El análisis de la propia mujer es una tarea verdaderamente ingrata, a menos que esté asegurada la libertad mutua. La infidelidad consentida es, creo yo, una cláusula indispensable para un buen casamiento" (carta de Jung a Freud del 30 de enero de 1910, *Freud-Jung, Correspondência completa*, 1976, Río de Janeiro, Imago, pág. 343).

Freud que acababa de celebrar sus 50 años en la Tierra. Dora había demostrado, aun en el fracaso, que la interpretación de los sueños era el camino seguro en la histeria; el relato de esta fobia infantil, a su vez, puede servir como complemento de las conclusiones del segundo ensayo sobre la sexualidad. En ese sentido, se puede decir que Dora fue fruto de la *Traumdeutung*, y Juanito, de los *Tres ensayos*.

La diferencia de "disposición clínica" en uno y otro caso es notable. Aquí no hay una interpretación ya montada; el Profesor abre camino en tierra virgen, con una lupa sherlockiana, pronto a seguir todas las pistas. De allí que el padre pase automáticamente a ocupar el papel de infeliz de los doctores Watson de la vida[*7]. El padre, como vimos, pensaba que la angustia –porque de eso se trataba, de una neurosis de angustia– del niño se debía a una sobreestimulación sexual materna. Sospechaba que su fuente residía en la masturbación. Freud no estaba convencido; mejor dicho, permanecía "abierto". La lección de Dora había sido aprendida. En su supervisión, repetidas veces critica al padre por su intervencionismo. "Hace demasiadas preguntas e investiga según sus propios presupuestos, en vez de dejar que el niño se exprese"[21].

Juanito tiene el valor histórico de ser el punto de partida del análisis de niños. Anna Freud afirma que cuando su padre comenzó a recibir el material sobre Juanito, estaba lejos de pensar en una "ludoterapia": le interesaba la confirmación de sus conclusiones sobre la etiología sexual de las neurosis en la primera infancia. No era su intención explorar la psicopatología infantil[22]. Con este historial nace también la supervisión, práctica que luego completará el trípode de requisitos básicos tradicionales para una formación psicoanalítica[*8].

El diagnóstico: manifestaciones fóbicas en una "histeria de angustia". Esta expresión acababa de acuñarse, utilizada por primera vez, unos meses antes, en el prólogo del libro de Stekel titulado *Estados nerviosos de angustia y su tratamiento*[23].

El análisis "triangular" fue emprendido poco después de la presentación de la fobia. Duración: cuatro meses, aproximadamente.

Antes de iniciar la terapia, Freud le dio dos consejos al padre,

---

[*7]. Tanto Watson como Max Graf y Sancho son víctimas de una injusticia inducida por el papel de *straight-man* que representan. Herbert Graf, en sus *Memorias de un hombre invisible*, dice lo siguiente de su padre: "Fue el hombre más extraordinario que conocí. Particularmente como musicólogo y crítico musical ... Era discípulo de Romain Rolland ... y escribió el primer ensayo psicoanalítico aplicado sobre *El buque fantasma* de Wagner (F. Rizzo, *Memoirs of an Invisible Man*, Opera News, XXXVI, pág. 15).

[*8]. Práctica compleja que implica entre sus riesgos el de ser una posible resistencia al análisis. Una buena discusión de esta "escucha asistida" se encuentra en "L'analyse quatrième", de Jean-Paul Valabrega, *Études Freudiennes*, N° 31, 1994).

consejos que merecen nuestra atención. El primero: decirle al niño que "todo este asunto de los caballos era un tontería", ya que en el fondo lo que sucedía era que a él le "gustaba mucho la madre y quería ir a la cama con ella". El segundo consejo: comunicar ciertos conocimientos sexuales, "informándole que la madre y todas las criaturas femeninas –como podría ver en Hanna [su hermana]– carecían de pene[24]. Conviene reparar que no fue partidario de dar una información completa.

Es importante hablar del sexo. El tema merece un pequeño pero instructivo desvío.

Vacaciones en Koenigsee, tierra alta de los Edelweiss, en el verano de 1902. Hotel rústico sobre un pequeño lago verde. La familia Freud se baña en la playa, que tiene *deck-chairs* y cabinas. Martin Freud y un amigo descubren rendijas entre las tablas de las cabinas, y comienzan a espiar a bañistas. Un guardián los sorprende, y amenaza hablar con los padres de esos incipientes voyeuristas. Martin Freud rememora: "La amenaza del encargado no me alarmó. Sabía que mi padre se habría reído si yo se lo hubiera contado. Recuerdo que, antes de este episodio, hubo una discusión en familia sobre ganado, y mi padre descubrió que ninguno de sus hijos conocía la diferencia entre un toro y un buey. «Deben aprender esas cosas» exclamó, pero, como la mayoría de los padres, no hizo nada al respecto"[25]. De ahí el lamento del hijo: "Si el encargado de la playa le hubiese contado nuestra hazaña, mi padre habría tenido que explicarnos"[26].

En ese año de 1902, año en que los tres ensayos sexuales se estaban cocinando a fuego vivo, Martin Freud, de 13 años de edad, no sabía distinguir un buey de un toro. No es de extrañar, entonces, que Freud no se animara a contarle a Juanito todos los hechos de la vida, aunque el tema pasase por los genitales de los caballos[*9].

La posición frente a la masturbación tenía mucho que ver con su recelo. Le había dicho a Graf que "no es bueno estar excesivamente preocupado por el pene". Una vez más, el "vicio primario", fue visto con desconfianza, pues Freud creía que la descarga incompleta de la masturbación llevaba a las neurosis actuales.

Tanto el consejo de decirle al niño que él temía a los caballos porque quería ir a la cama con la madre, como la prevención contra la masturbación, fueron inoportunos. Lo mismo se puede decir, aunque en este caso nadie tenga la culpa (excepto, tal vez, la sincronicidad

---

[*9]. Tal vez, quizá. Cuando le conté esta historia a Belén, mi hija mayor, ahora casada y con dos hijos, ella exclamó riendo: "Pero papá, ¡tú hiciste lo mismo conmigo!" Ahora bien, eso me parece muy poco probable. Es posible, entonces, que ése sea un mito de los hijos. Tanto Belén como Martin habrían reprimido esa información, tal vez balbuceante, que nosotros, los padres, les proporcionamos.

junguiana), del hecho de que Freud le hubiera regalado al niño un caballo de madera, verdadero caballo de Troya, en ocasión de su tercer cumpleaños, o sea, antes de la fobia[27].

Pasaron semanas y el cuadro permanecía inalterado; la fobia se hizo más envolvente y se intensificó durante las vacaciones en Gmunden. El niño no quería salir de la casa –que quedaba frente a una rampa de carga y descarga–, pero a veces se sentía compelido a ver caballos. En el zoológico de Schönbrunn evitaba a los animales de gran porte. El pene del elefante era objeto de fascinación y espanto. En su imaginario cuestionaba hasta la obsesión la integridad de los órganos sexuales: los suyos, los del padre, los de la madre, los de la hermana, los de todo el mundo. Max Graf opinaba que el hijo tenía miedo a los penes grandes. Elemental, mi querido Watson. Freud fue más allá, partiendo del siguiente material:

Padre: De pequeño, iba a las caballerizas de Gmunden ...
Juanito (interrumpiendo): Sí, yo iba a las caballerizas todos los días, cuando los caballos volvían a casa.
Padre: Y probablemente te asustaste al ver el *Wiwimacherazo*. Pero eso no tiene que darte miedo. Los animales grandes tienen *Wiwimachers* grandes, y los animales pequeños, *Wiwimachers* pequeños.
Juanito: Y todo el mundo tiene *Wiwimacher*. Y mi *Wiwimacher* está creciendo junto conmigo. Al final, él está pegado al cuerpo[28].

A esta altura del análisis, el joven paciente y su padre tuvieron una entrevista con Freud, en la que emergió más material. Los caballos amenazadores representaban al padre, que tenía bigote negro, así como los percherones llevaban grandes cabezadas negras. Era evidente que el niño temía que su padre estuviese furioso con él por el amor a cielo abierto que él sentía por la madre y sus oscuros deseos parricidas. El caballo mordedor era el padre rabioso; el animal caído en el suelo representa el padre muerto. La equinofobia era un subterfugio defensivo para manejar la ambivalencia de sus sentimientos, pues Juanito también amaba a su padre. El sufrimiento del niño alertó a Freud sobre la inmanencia de esta polaridad afectiva, que Stekel acababa de identificar con el término de bipolaridad. Juanito golpeaba al padre para luego "curarle" la herida con un beso. La ambivalencia como eje del complejo de Edipo.

Juanito, en efecto, se nos presenta como hijo trágico de la angustia. Él es el gran pequeño Edipo de la saga freudiana. No en vano Freud le dijo a Ernest Jones: "Nunca logré una percepción más aguzada del alma de un niño"[29]. Tal vez se refiriera a su propia alma de niño al congratularse por la elección de Juanito: "Todo acaba bien, el pequeño Edipo encuentra una solución más feliz que la prescrita por el destino. En lugar de matar a su padre, le concede la felicidad que él mismo se otorga: lo promueve a abuelo y lo casa con su propia madre"[30]. ¿No fue eso lo que Sigismund hizo con Jacob, pintando a un progenitor venerable, de edad avanzada, marido posible de la vieja niñera? ¿Acaso no existe una semejanza entre el "alma infantil" de Juanito y la del Pequeño Sigismund, con su gobernanta concupiscente, su madre *nudam*, su vandalismo en el campo florido, su sexualidad aflorando y, en primer lugar, su parricidio también a flor de piel?

En este punto emergieron fantasías sádicas ligadas a la escena primaria. En una ocasión el niño se asustó al ver en la calle un carro con dos caballos. Cuando el padre preguntó qué lo había asustado, él dijo que "los caballos eran tan orgullosos que temía que se cayeran"[31]:

Padre: ¿Quién estaba tan orgulloso?
Juanito: Tu estás así cuando voy a la cama con mamá.
Padre: ¿De modo que quieres que me caiga?
Juanito: Sí. Tú tienes que estar desnudo (quería decir "descalzo") y sangrar, golpeándote en una piedra. Y yo podré estar solo con mamá, por un rato al menos. Cuando vuelvas a casa, saldré corriendo para que no me veas.
Padre: ¿Recuerdas quién se golpeó contra una piedra?
Juanito: Sí, Fritzl[*10].
Padre: Cuando Fritzl cayó, ¿en qué pensaste?
Juanito: Que *tú* deberías tropezar en la piedra y desplomarte.
Padre: ¿De modo que querías estar con mamá?
Juanito: Sí.
Padre: ¿Y por qué me enojo yo contigo?
Juanito: No lo sé (!!).
Padre: ¿Por qué?
Juanito: Porque te pones celoso.
Padre: Pero eso no es verdad.
Juanito: Sí, es verdad. Te pones celoso. Lo sé. Debe ser verdad[32].

Freud interpreta que este pasaje obedece a una fantasía doble: "Un oscuro deseo sádico dirigido hacia la madre y un claro impulso de venganza contra el padre"[33]. Pero sobre este mismo punto Robert Fliess, hijo de Wilhelm, se lanza a un vuelo especulativo digno de su padre. Él afirma: "Creo que él [Juanito] habla bajo el impacto de una fantasía filogenética"[*11]. Robert Fliess opina que el caballo es más que un animal totémico: "Los caballos orgullosos y erectos representan a los padres fálicos en la escena primaria"[34].

Ahora bien, desde Freud en adelante, todos los analistas, con la excepción de Robert Fliess, apostaron a que el caballo representaba

*10. Fritzl era un chico de ocho años de Gmunden.
*11. R. Fliess, *Erogeneity and Libido*, 1956, Nueva York, International University Press, pág. 15.

al padre, con bigote y todo. Nadie se preguntó si no podía representar a la madre, una madre con pene – una madre fálica[*12]. La primera mención de los caballos se había referido a ella ("Como eres tan grande, pensé que deberías tener un *Wiwimacher* del tamaño de un caballo"). Tal vez, entonces, el caballo que-muerde-que-cae represente la escena primaria, tal como afirma Robert Fliess.

De este modo Juanito fue interpretado. Él conoció la naturaleza de su dificultad griega y las cosas mejoraron sensiblemente: la fobia empezó a ceder antes del cuarto mes de terapia. En su lugar, dominaron la "ludoterapia" de este niño cobayo las pulsiones agresivas dirigidas a su hermana. Aquí surge un tipo de fantasía que Melanie Klein, a su tiempo, supo escuchar, en una escala distinta de la de Robert Fliess. Los *lumpfs* vuelven a ocupar un lugar destacado, como fetos fecaloides, transformados en objetos de asco. La teoría de cómo nacen los bebés avanzaba siguiendo la línea cloacal; las heces eran generadas de manera hermafrodita. Juanito quería tener hermanos, pero también no los quería. De hecho, hay que acotar que, a lo largo de su ruta terapéutica, este pequeño héroe demostró tener una visión profunda del análisis, que le permitía corregir al padre cuando la intervención paterna se salía de órbita.

Conviene recordar que Freud dio mucha importancia a la pulsión hostil del niño. Así, escribió que "el miedo que surgía de su deseo de muerte dirigido al padre ... se constituyó en el principal obstáculo en el análisis y sólo fue resuelto durante la charla en mi consultorio"[35]. En otro pasaje, Freud explicó la angustia del niño como debida a "la represión de sus tendencias agresivas (hostiles con su padre y sádicas con su madre)"[36]. Llegó incluso a considerar la posibilidad de que hubiera una "pulsión agresiva", comentando que este caso podría tomarse como "una notable confirmación del punto de vista de Adler"[37], para luego descartar la hipótesis, con el argumento de que la agresión sería un componente general de *todas* las pulsiones[38]. Se puede decir que el manejo de los sentimientos asesinos con respecto a la hermanita fue el *turning point* de este historial. Aparece un "metálogo" significativo en relación con la hermana Hanna[*13].

Padre: ¿Te gusta Hanna?
Juanito: Sí, me gusta mucho.
Padre: ¿Te gustaría que ella estuviese muerta o viva?

*12. Fue Cecilia Banbana, discutiendo este capítulo, quien me alertó al respecto.

*13. Sabemos que el nombre de Hans es Herbert, pero ¿cuál será el verdadero nombre de Hanna? Mejor dicho, ¿por qué Freud eligió un nombre tan parecido a Hans para la hermana? ¿No será que inconscientemente asoció a Hanna con Anna, la rival de su infancia, objeto de sus celos? Agradezco a Maria Auxiliadora Fernandes que me haya llamado la atención sobre este punto.

Juanito: Me gustaría que no estuviese viva.
Padre: ¿Por qué?
Juanito: Porque no gritaría tanto; no aguanto cómo grita.
Padre: Pero tú gritas.
Juanito: Pero Hanna también grita.
Padre: ¿Por qué es tan insoportable?
Juanito: Porque grita tan fuerte.
Padre: No, ella nunca grita.
Juanito: Cuando recibe palmadas en la cola, grita.
Padre: ¿Tú le pegaste?
Juanito: Cuando mamá le da unas palmadas, ella llora.
Padre: ¿Y no te gusta eso?
Juanito: No ...
Padre: ¿Por qué?
Juanito: Porque hace mucho barullo cuando grita[39].

Aquí el padre no puede con su genio y dice:

Padre: Si tú prefieres que ella no viva, entonces no puedes quererla.
Juanito (asintiendo): Hmm, bueno.
Padre: Eso fue lo que pensaste cuando tu madre estaba bañándola: ojalá que la suelte, entonces Hanna caería en el agua...
Juanito (interrumpiendo): Y moriría[40].

Esta confidencia es mal recibida y el padre nuevamente interrumpe:

Padre: Entonces tú te quedarías con ella [la madre]. Un buen niño no desea ese tipo de cosas.
Juanito: *Pero puede pensar en eso.*
Padre: No está bien.
Juanito: *Si lo piensa de todos modos es bueno, porque tú puedes escribirle al Profesor*[41].

El énfasis es de Freud, felicitando al niño en una nota de pie de página, donde acota: "¡Bravo, Juanito! No podría desear una mejor comprensión del psicoanálisis de cualquier adulto"[42].

Primero vino el discurso de las grandes histéricas, con Anna O. al frente y Dora cerrando el séquito de las "hechiceras terapeutas", como dice Clavreul[43]. Ahora tenemos la lección de Juanito. Se puede concluir que él hace una presentación psicodramática del inicio del complejo de Edipo.

A Freud le encantó esta cura. La interpretación del drama edípico tenía sentido. Más que eso, la angustia fóbica había sido vencida. Freud no sólo quedó satisfecho con los resultados inmediatos del análisis, sino que también expresó la esperanza de que ayudara al niño en la vida.

Caso cerrado.

En realidad, la importancia de este material clínico consiste en la verificación, en vivo y en directo, de los hechos de la sexualidad infantil, hasta entonces inferidos del análisis de adultos. Fuera de esa confirmación, no aportó "nada nuevo, estrictamente hablando".

Pero creó un precedente. En esa época se temía que el psicoanálisis tuviera un efecto pervertidor: que "debilitara el ideal del yo", como dijo Alexander al discutir el trabajo de Melanie Klein en Berlín, casi veinte años más tarde. Se ponderaba el riesgo de levantar la represión y sustituir el miedo a los caballos por el asesinato del padre. Por fortuna el caso Juanito antecedió al caso Rolf, en el que el sobrino-paciente estranguló a la tía-analista, Hug-Hellmuth, pionera oficial del análisis infantil.

En el péndulo de la vida, el triunfo acarreó una cierta derrota. Freud, ante Juanito, no generalizó, no fue más allá de las circunstancias, no vio más allá de Schönbrunn. Como Colón, pisó tierra firme sin advertir que estaba en un continente nuevo, el psicoanálisis infantil, y frente a una modalidad nueva de "transferencia" analítica: la supervisión. En el párrafo inicial del historial leemos: "Nadie, en mi opinión, podría haber convencido al niño de que hiciera esas confesiones"[44]. Piensa que fue el refuerzo de la autoridad paterna lo que hizo posible este caso, convirtiéndolo en un caso único, fruto contingente de una feliz constelación. "En otras circunstancias [el método] no sería practicable"[45]. La derrota, si podemos hablar de derrota, recaerá sobre su hija. Como dice Roudinesco, "la pobre Anna permaneció fijada al tratamiento de Juanito, o sea, en una etapa de la aventura freudiana en la que develar la sexualidad infantil tenía un aire de profanación"[46]. El análisis de niños tuvo que esperar veinte años, hasta que Melanie Klein ocupó ese dominio, que estaba extrañamente vacante[*14].

Yo agregaría, apoyándome en Peter N. Rudnytsky, que este caso, además de haber sido el primer análisis de niños y de haber involucrado la primera supervisión, inventó la terapia familiar, ya que Freud tuvo vínculos terapéuticos con la madre, el padre y el hijo[47].

Catorce años después, en la primavera de 1922, Freud abrió la puerta de su consultorio a un joven que se presentó diciendo:

– *Ich bin der kleine Hans* ("Yo soy Juanito").

Muchacho espigado y robusto de 19 años. Para orgullo de Freud, él rebosaba salud, y había atravesado bien una adolescencia perturbada por el divorcio de los padres. Herbert Graf vivía solo y lamentaba estar separado de Hanna, su hermana.

---

*14. Una interesante y poco conocida excepción es el pequeño Arpad, un chico de cinco años analizado por Ferenczi, que publicó su historial en 1913, con el título de "Pequeño Gallo". El niño había desarrollado una fobia a los gallos después de haber sido castigado por masturbarse.

Para sorpresa y –¿por qué no?– desilusión de Freud, Herbert había leído la historia clínica de su caso, pero no recordaba nada de lo que allí estaba escrito, excepto un viaje a Gmunden. La amnesia había eclipsado al análisis[48]. Amnesia que todo analista de niños pequeños conoce bien.

Existe, empero, un segundo epílogo. En el Congreso de Ginebra, en 1970, un señor de 67 años se presentó a Anna Freud diciendo, por segunda vez, "Yo soy Juanito"[49]. Había transcurrido tiempo. Sabemos que Herbert Graf, ahijado de Mahler, fue primero cantor y después director escénico del Metropolitan Opera House de Nueva York; escribió además tres libros de musicología, y una autobiografía titulada *Memorias de un hombre invisible*[50]. En la medida en que él continuó con éxito en la tradición de su padre, se puede decir que ese viejo amor fue legítimo, y la identificación duradera. En 1971 Herbert fundó en Hellbrunn, en el Festival de Salzburgo, un evento denominado Encuentro Mundial de la Juventud. Con ópera, teatro y danza, este proyecto, como lo señala Ivan Corrêa, sobrevive hasta hoy a su fundador, fallecido en 1973. De Schönbrunn a Hellbrunn[51].

NOTAS

1. G. Bateson, *Steps to an Ecology of the Mind*, 1972, Nueva York, Ballantine, pág. 9.

2. SE, X, pág. 7.

3. SE, X, págs. 9-10.

4. SE, IX, págs. 131-9.

5. SE, IX, págs. 209-26.

6. SE, X, pág. 110.

7. SE, XIX, págs. 141-145.

8. Peter N. Rudnytsky, "Mamma, a tu, toi aussi, un fait-pipi", *Cent ans de psychanalyse*, 1994, Le Coq-Héron, vol. 134, pág. 48.

9. Otto Fenichel, *Teoría psicoanalítica de las neurosis*, 1966, Buenos Aires, Paidós, pág. 229.

10. SE, X, pág. 9.

11. Reunión Científica del 4 de mayo de 1910, *Actas de la Sociedad Psicoanalítica de Viena*, org. por H. Nunberg y E. Federn, 1979, Buenos Aires, Nueva Visión, II, pág. 164.

12. Ibíd.

13. P. Rieff, *Freud, la mente de un moralista*, 1966, Buenos Aires, Paidós, pág. 105.

14. SE, X, pág. 7.

15. SE, X, pág. 22.

16. Ibíd.

17. Patrick Guyomard, "Le petit Hans", *Magazine Littéraire*, 1989, pág. 40.

18. Peter Gay, *Freud, uma vida para o nosso tempo*, 1989, San Pablo, Companhia das Letras, pág. 243.

19. Carta de Freud a Jung del 2 de febrero de 1910, *Freud-Jung, Correspondência completa*, 1976, Río de Janeiro, Imago, pág. 345.

20. Peter Gay, *op. cit.*, pág. 243.

21. SE, X, pág. 64.

22. A. Freud, "The infantile neurosis: genetic and dynamic considerations", *Psychoanalytic Study of the Child*, 1971, XXVI, págs. 79-90.

23. W. Stekel, *Nervöse Angstzustände und ihre Behandlung*, 1908.

24. Ibíd.

25. Martin Freud, *Sigmund Freud: mi padre*, 1966, Buenos Aires, Hormé, pág. 81.

26. Ibíd.

27. Max Graf, "Reminescence of Professor Sigmund Freud", *Psychoanalytic Quarterly*, XI, 1942, págs. 465-476.

28. SE, X, pág. 34.

29. Carta de Freud a Jones del 1º de junio de 1909, R. Andrew Paskauskas (comp.), *The Complete Correspondence of Sigmund Freud and Ernest Jones, 1908-1939*, 1993, Londres, Harvard University Press, pág. 26.

30. SE, X, págs. 92-3.

31. SE, X, pág. 82.

32. SE, X, pág. 82.

33. SE, X, pág. 83.

34. SE, X, pág. 16.

35. SE, X, pág. 112.

36. SE, X, pág. 40.

37. A. Adler, "Der Aggressionbetrieb im Leben und in der Neurose", *Fortschritte der Medizin*, 1908.

38. SE, X, pág. 140.

39. SE, X, págs. 71-2.

40. Ibíd.

41. Ibíd.

42. SE, X, págs. 71-2.

43. J. Clavreul, "Aspects cliniques des perversions", *Sexualité humaine*, 1970, París, Aubier-Montaigne, pág. 113.

44. SE, X, pág. 5.

45. SE, X, pág. 5.

46. Elisabeth Roudinesco, *História da psicanálise na França. A batalha dos cem anos*, 1986, Río de Janeiro, Zahar, I, pág. 158.

47. Peter N. Rudnytsky, ibíd., pág. 43.

48. SE, X, pág. 148.

49. J. Bergeret, *Le petit Hans et la réalité*, 1987, París, Payot.

50. Herbert Graf, *Memoirs of an Invisible Man 1*, Opera News, vol. XXXVI, págs. 25-28, citado por Martin Silverman, "A fresh look at the Little Hans", en *Freud and his Patients*, comp. por Kanzer y Glenn, 1980, pág. 101.

51. Ivan Corrêa, "De Schönbrunn a Hellbrunn", *Entretextos*, 1994, pág. 3.

CAPÍTULO 30

EL HOMBRE DE LAS RATAS

Podemos considerar que Ernst Lanzer[*1], un abogado de 29 años, fue el primer gran paciente masculino de Freud. Lúcido y culto, era un avezado contador de historias, a veces divertidas; otras, siniestras; este hombre cargaba con una "neurosis obsesiva completa" de considerable porte. Pulcro y atildado, sin duda detestaría que se lo recuerde como el Hombre de las Ratas.

Extraños síntomas obsesivos lo asediaban. Extraños, pero, por eso mismo, prototípicos. Presentaba una sintomatología clásica: dudas, rumiación mental, rituales supersticiosos, sentimientos de culpa. Después de la histeria a cielo abierto de Dora y la fobia transparente de Juanito, el "delirio de los ratas" de Ernst Lanzer aparecía como una formación laberíntica, con sus paradojas temporales y su lógica perversa.

Ficha Clínica: Ernst Lanzer nació en enero de 1878, el cuarto de siete hijos. Primer hijo varón. Cuando tenía tres años murió su hermana mayor, Camila: uno de los episodios que más huellas dejaron en su vida. El temor a la muerte del padre comienza a los seis años, junto con la convicción de que éste leía sus pensamientos.

El padre era "un hombre excelente ... que se distinguía por un cordial sentido del humor y por una bondadosa tolerancia con sus compañeros"[1]. "Generoso por naturaleza, llegaba hasta pagar secretamente el alquiler de su huésped"[2].

Bohemio, una de sus deudas de juego pasó a la historia. Cierta vez, como oficial comisionado, gastó parte de los fondos de su regimiento y, de no ser por la ayuda de un compañero, habría quedado en una posición embarazosa[3].

Heinrich Lanzer tenía sesenta y un años en la época en que nació su hijo Ernst. Nunca fue un judío ortodoxo, ni siquiera era religioso. Heinrich pasó a ser considerado en la literatura analítica, no como un padre prohibidor, sino como "un padre complaciente, que falla en su función represora y, por tanto, organizadora de la situación edípica"[4].

[*1]. Sólo desde 1986, gracias a la investigación de P. Mahony, conocemos su verdadero nombre. Recomiendo la lectura de su libro *Freud and the Rat Man*.

Rosa, como Amalia, era 19 años más joven que su marido. Mujer sucia y desaliñada. Ernst sentía asco ante una madre que hedía por "sufrir de una enfermedad intestinal" y, otras veces, "por el mal olor que emanaba de sus genitales"[5]. Tampoco soportaba los eructos maternos[6]. De allí que pensase "que todas las mujeres tenían secreciones asquerosas ..."[7]. Esta "madre anal", como la llama Ángel Garma, sólo aparece en las *Notas originales*[8].

Freud reparó en las tendencias anales del caso, aunque todavía no visualizaba la relación esencial entre analidad y neurosis obsesiva. Relacionaba el erotismo anal de Ernst con la presencia de vermes intestinales[9]. De la misma manera, la problemática de la regresión no ocupa un lugar destacado en el historial. Otro tanto ocurre en su artículo "Carácter y el erotismo anal"[10], escrito poco después de terminar este análisis, donde se examina el simbolismo excrementicio del dinero. Al papel de la regresión, ligada al estadio sádico-anal, sólo se le atribuirá importancia en 1913 ("La predisposición a la neurosis obsesiva") cuando se habla de la polaridad "activo-pasivo" en la relación objetal pregenital de la libido[11]. Este artículo tiende un puente entre el *Ratmann* y el *Wolfmann*. Visto en perspectiva, el trabajo clínico con el primero fue la plataforma que posibilitó el análisis del segundo. De allí que Mannoni concluya que "Freud, en el Hombre de los Lobos dará una solución al problema que lo inquietaba en el Hombre de las Ratas: la cuestión del estatuto y la naturaleza del inconsciente"[12]. El primero es un texto provisional, lo que nos lleva a una comparación fantasiosa aunque oportuna: en el terreno de la neurosis obsesiva, el Hombre de las Ratas es al Hombre de los Lobos lo que el *Proyecto* al capítulo VII del "Libro de los Sueños".

El tratamiento comienza a fines de 1907 y, según Mahony, duró nueve meses y medio[13]. En la primera sesión, en noviembre de 1907, Lanzer enumeró sus quejas: miedo a que pudiese ocurrir algo terrible con su padre o con la joven que el paciente amaba; impulsos criminales de matar ciegamente, preocupaciones obsesivas y temor a automutilarse. Al final de la sesión comenzó a presentar por propia iniciativa algunos datos sobre su vida sexual. Cuando se le preguntó por qué abordaba ese tema, admitió que lo hacía para adecuarse a las teorías sexuales analíticas, aunque en realidad sólo las conocía de oídas. O sea, que el psicoanálisis comenzaba a circular por los corredores de la Ringstrasse. Podemos considerar, entonces, a Ernst Lanzer como el primer paciente moderno, conocedor de las reglas de juego, que se echó en el diván con una transferencia en cierne. El perfil del Hombre de las Ratas es, entre todos los pacientes de Freud, el que más se parece al neurótico obsesivo actual.

En la segunda sesión le es enunciada la "regla fundamental": hablar sin reservas ni reticencias. El paciente se refiere a un amigo íntimo, cuya compañía buscaba cuando se veía asaltado por impulsos asesinos. Acto seguido, "de manera abrupta", retoma la descripción de su sexualidad. "Mi vida sexual comenzó muy temprano"[14], dice, cuando tenía cuatro o cinco años. Los temas abordados apuntaban tanto a tendencias homosexuales como a pasiones heterosexuales, precozmente desarrolladas. Todo bajo la égida de la pulsión escoptofílica.

Lanzer recuerda a jóvenes gobernantas entrevistas semidesnudas, y órganos genitales que había acariciado. Su hermana Katherine, cuatro años mayor, había despertado en él un profundo interés erótico. Pero más tarde el joven Ernst vio su curiosidad sexual afectada por el "sentimiento extraño" de que debía evitar la aparición de tales pensamientos para que su padre no muriese, *aunque en realidad ya estaba muerto*. Así, en la fase inicial de su tratamiento, el paciente estableció un puente entre el pasado y el presente: su padre había muerto unos años antes, pero el miedo a que muriera de alguna forma persistía en un mundo en el que los muertos pueden morir. Ese sentimiento extraño, transtemporal, experimentado por primera vez a los seis años de edad, había sido el "comienzo de mi enfermedad". El padre muerto: significante máximo de este historial.

"Nuestro paciente tenía una actitud peculiar frente a la muerte. Demostraba viva simpatía cuando alguien moría y acudía religiosamente a los funerales, de manera que se ganó el mote de «Buitre»"[*2, 15].

La muerte "real" del padre sucedió cuando el paciente acababa de cumplir 20 años. Heinrich murió de enfisema pulmonar, dolencia que trae una penosa y lenta agonía por asfixia. El hijo, que fue un solícito enfermero, estaba durmiendo en la hora final. Su duelo se produjo en dos tiempos. En un primer momento, el dolor fue amortiguado por la negación. La segunda fase se desarrolló 18 meses después, en ocasión de la muerte de una tía política. Fue entonces cuando recordó que, por dormir, no pudo despedirse del moribundo. A partir de este momento, su neurosis adquirió proporciones importantes. Él se "trataba [a sí mismo] como un criminal"[16]. Seis meses antes del deceso paterno, Ernst había tenido la fantasía de que, si su padre moría, él se podría casar. Bajo el signo de la culpa, al salir del velorio de la tía, "extendió la estructura de sus pensamientos obsesivos para incluir el mundo celestial"[17].

Gisela es otro grande y misterioso personaje que anima sus sesiones. Strachey cree que la había conocido en la escuela, a los ocho años, pero ese dato no se ha podido confirmar. Se enamoró de ella a los veinte. Fue el típico amor de un obsesivo, bajo el imperio de la duda, siempre ambivalente. Él temía por la vida de ella.

Freud intenta conseguir el mapa del laberinto. Pero el mapa, como dijo Alfred Korzibsky, no es el territorio. No se trataba de resolver uno a uno los sucesivos rompecabezas presentados por el paciente, sino de acompañarlo por los túneles, guiado por el oído analítico. De

---

*2. *Leichenvogel*, literalmente "pájaro de cadáveres".

esa manera, como bien dijo Peter Gay el caso del Hombre de las Ratas se convirtió "en un pequeño festín de técnica aplicada y explicada"[18]. Freud instruyó a su paciente sobre la diferencia entre la mente consciente y la mente inconsciente, la transitoriedad de la primera y la resistencia de la segunda, utilizando, para dicho fin, las antigüedades de su consultorio. Esos objetos habían sido "retirados de tumbas; el entierro, para ellos, significó preservación",[19] lo que no deja de ser un pensamiento junguiano. Moraleja de la historia: el consciente pasa; el inconsciente queda. En una ocasión, después de contar que su paciente había considerado una interpretación plausible, pero no convincente, Freud comenta, en beneficio de los lectores: "La intención de tales discusiones no es nunca convencer. Sólo pretende introducir en la conciencia los complejos reprimidos, despertando el conflicto relacionado con ellos en el inconsciente"[20] – otra influencia de Jung. Las andanzas del inconsciente contadas a la manera de una historia sufí, sobre héroes y tumbas.

Freud, con el Hombre de las Ratas, entra en una empresa de desciframiento que recuerda la tarea de traducción de los sueños de Dora y, como veremos, la interpretación de la "lengua fundamental" de Schreber. "El lenguaje de la neurosis obsesiva ... es, por así decir, un dialecto del lenguaje del histérico"[21]. Para Mannoni, la intención del ensayo es recopilar textos de ese dialecto; son ejemplo: "tantas ratas, tantos florines", o "le ocurrirá una desgracia a mi padre (muerto hace algunos años)"[22]. Este dialecto, que podría considerarse más simple que la lengua franca de la histérica (por no existir el fenómeno de la conversión), no resultó así en la práctica. Los pacientes obsesivos son mucho más difíciles que las histéricas. El Hombre de las Ratas, y luego el Hombre de los Lobos demuestran el "babelismo" del dialecto obsesivo. "La comprensión de una neurosis obsesiva no es nada fácil, y no se compara en dificultad con un caso de histeria"[23].

Resulta importante recordar que éste fue el único material clínico freudiano en el que un sueño no ilumina y organiza el paisaje anímico. Ese papel medular le cupo al relato de la tortura oriental.

Durante el verano de 1907, Ernst Lanzer fue de maniobras como oficial de la reserva. Cierta noche, en torno de un fogón, en la clásica rueda de conversaciones truculentas, el capitán del regimiento, Nemeckzek, contó la historia de un castigo refinado y cruel, practicado en Oriente. Esto horripiló al paciente. Al Hombre de las Ratas le costó muchísimo reproducir el relato que está en la base de su sobrenombre. Iba a comenzar, pero se detuvo, saltando del diván y rogando a su analista que le ahorrase el resto. "¡Hable!", le instó Freud.

Parece ser que en la tortura oriental la víctima era atada, de bruces, y le adaptaban un recipiente entre las nalgas. Un recipiente con ratas: "Ellas cavan su camino ...", murmuró el paciente de una manera casi inaudible. "Dentro del culo", completó Freud, con una puntuación decisiva y cargada con cierta connotación contratransferencial[24].

Es importante posicionarse frente a esta tortura. ¿Se trata de una fábula o de algo que realmente sucedió en algún confín chino? ¿Cuál es el origen de esta tortura china?

En 1899, Octave Mirbeau publicó un libro casi pornográfico, titulado *El jardín de las torturas*, donde describe, palabra por palabra, la tortura oriental narrada por el capitán, con la diferencia de que sólo se refiere a una enorme rata[25]. La descripción truculenta de Mirbeau merece que la citemos: "Usted elige un hombre, el más joven y fuerte, con músculos muy resistentes ... lo desnuda... lo hace arrodillar e inclinarse hacia adelante, sujeto con correas ... Entonces, en un gran pote, se pone una rata grande y hambrienta ... Este pote, con la rata dentro, se tapa herméticamente, como una enorme taza, con las nalgas del prisionero, mediante tiras ligadas a la correa de cuero pasada en derredor de sus cuadriles ... La rata penetra y muere sofocada, al mismo tiempo que la víctima ... ¡es muy lindo!"[26].

Esta rata, como bien observa Laplanche, sería un modelo ejemplar para caracterizar al aguijón superyoico: "El superyó se presenta como un rata gozadora ... como la propia imagen de la pulsión, de suerte que el castigo moral −conflicto de nivel elevado− no hace más que encubrir una lucha cruenta y lúbrica en la que el castigo máximo está siempre agregado al goce supremo"[27].

Este gozo estaba en la cara del paciente. Freud, durante el relato, observa una "expresión muy extraña" en el rostro de Lanzer, algo así como "horror ante un placer personal desconocido"[28]. De modo que Freud aborda por primera vez el tema del "goce". El goce de la "mantis religiosa" es pura perversión natural[29]. Goce que, para Lacan, será un lugar vacío de significantes[30]. Fueran cuales fueren sus sentimientos mezclados en relación con esta tortura, el paciente dijo que veía que ese castigo les era aplicado a su padre y a la joven que amaba. Entonces, cuando esas ideas horribles lo invadían, tenía que recurrir a rituales y pensamientos obsesivos.

Lanzer hace pensar en el flautista de Hammelin, con su cortejo de ratas. En este análisis, las ratas eran símbolos de dinero, del pene, de niños, y desembocaban en el manantial del sadismo anal del paciente, la pulsión dominante en este historial.

En la estela de la tortura china, mucho material salió a la superficie. Relato florido y retorcido, a veces casi incoherente, como el recuerdo de una cierta suma que debía a un colega por unos anteojos que había encargado. Los síntomas obsesivos, con su prolongada repetición, con sus incongruencias formales, su enorme dispendio de energía en banalidades, podían desesperar a Freud. Él se quejó a Jung: "Es difícil, muy difícil, casi va más allá de mi capacidad de presentación; es probable que el texto sólo sea inteligible en nuestro círculo inmediato. ¡Qué estropeadas salen nuestras reproducciones, de qué modo deplorable disecamos las grandes obras de arte de la naturaleza psíquica!"[31]

Jung tiene que ver con este texto. Mannoni emplea una frase

fuerte cuando dice que Freud "lamentablemente se deja influir por las concepciones junguianas – Jung «contamina» a Freud"[32].

Dejando de lado la acusación de "pestilencia", parece obvio que Jung fue su interlocutor. El Profesor se siente dispuesto a que su alumno lo examine, atribuyéndole un "supuesto saber":

> Usted fue el primero en conocer al Hombre de las Ratas. Aguardaba ansiosamente su opinión, pues yo mismo estaba insatisfecho con él. Mucho me alegra su elogio, aunque sepa que hay grandes imperfecciones que debe de haber captado[33].

Vemos una incipiente dependencia que recuerda los tiempos de Fliess. De allí, infiero, procede la teoría de la contaminación de Mannoni.

Strachey narra que "durante toda su vida fue costumbre de Freud, después de que apareciera cada libro suyo, destruir todo el material preparatorio sobre el cual se había basado la obra publicada. Por ello son poquísimos los manuscritos y notas originales que han sobrevivido. El material que sigue constituye una rara excepción, y fue encontrado entre los papeles de Freud después de su muerte"[34, *3].

Hablaremos entonces de dos Hombres de las Ratas. Texto y paratexto. El perfil pintado en la versión final difiere considerablemente de las *Notas originales*. Los sueños (el sueño de las espadas japonesas, en especial), la homosexualidad y la castración ocupan un lugar destacado en las *Notas*, además de la presencia más acentuada de la madre. Ella aparece en una de las primeras entradas: el paciente no había querido hacerse cargo de la herencia familiar, después de la muerte del padre, y necesitó consultar con su madre acerca de los honorarios propuestos por Freud[35].

En contraste, el tema del "dialecto" obsesivo y de las *defensas secundarias* marcan el curso de la redacción final. Este texto es más junguiano, para *malheur* de Mannoni. Las *Notas originales* son más freudianas. Por eso me pregunto si no fue deliberado que *estas* notas se salvaran de la hoguera. Tal vez Freud quiso que los dos Hombres de las Ratas fuesen preservados. Texto y paratexto representan visiones complementarias de un caso enigmático

"Su Hombre de las Ratas me colmó de satisfacción, está escrito con una inteligencia terrible y desborda la más sutil realidad ... Lamento sinceramente no haber sido yo quien lo escribió"[36], se lamenta Jung.

---

*3. Estas *Notas* sólo aparecieron en 1955 en la *Standard Edition*. Los analistas de las primeras generaciones –tanto Abraham como Federn, Fenichel y Aichorn, que abordaron este historial– no tuvieron acceso a ese material.

Éste fue el material clínico que más circuló entre los discípulos, aun antes de su publicación. Jones nos informa que "después de un mes de tratamiento, Freud ocupó dos noches de la Sociedad de Viena con la presentación del cuadro inicial del caso"[37]. Ésa fue la "exposición oral más fascinante" de su vida[38]. Según Jones, "Freud se sentó en el extremo de una larga mesa, a cuyos lados nos reunimos nosotros, y habló con su voz baja y clara, en tono de charla. Comenzó a las ocho de la mañana, hora continental, y lo escuchamos con absorta atención. A las once hizo una pausa, alegando que ya debíamos estar cansados. Estábamos tan absorbidos que insistimos para que continuase, lo que él hizo hasta casi la una. Una persona que consigue mantener a una platea atenta durante cinco horas debe tener algo muy valioso que decir"[39]. Además, un manuscrito incompleto se distribuyó como *working paper* para el Primer Congreso Psicoanalítico en Salzburgo.

Lo más innovador de este texto se encuentra en la sección titulada "Características de las estructuras obsesivas", donde se postula la teoría de esta neurosis sobre la base de un tipo específico de represión. El Hombre de las Ratas continúa teóricamente lo que Freud elaboró en "Las neuropsicosis de defensa" en 1896[40]. A diferencia de la histérica, el obsesivo no reprime el tema, sino que "olvida" el afecto. El paciente habla con indiferencia de su estado. Como lo señala Jones, "estos pacientes no sufren tanto de ideas obsesivas como de una manera obsesiva de pensar"[41]. Para comprender este pensamiento fue preciso constituir la noción de defensa primaria y secundaria, esta última como un *continuum* de elaboraciones –el laberinto del obsesivo– erigidas a partir de la defensa primaria. La producción de las defensas secundarias se estructura, hablando con propiedad, como un dialecto.

Parte de la teoría de la neurosis obsesiva pasa por la relación entre duda y compulsión. La compulsión es una duda doble: al *hago-reprimo* se suma el par *amo-odio*, ambas polaridades, en especial la segunda, que consumen grandes cantidades de energía, por redundar en un cuestionamiento perpetuo de la capacidad de amar del sujeto. En ese contexto, la *compulsión* aparece como *la radicalización de la duda*.

Otra radicalización de las defensas secundarias es lo que Freud aquí denomina "omnipotencia del pensamiento"[42], expresión tomada del paciente; así, "pensar" en la muerte del padre, tema básico en la vida de Ernst Lanzer, equivale a matarlo, antes o después de muerto. Este adelanto teórico siembra la semilla de *Tótem y tabú*. El pasaje omnipotente del deseo al acto está en la base del pensamiento supersticioso del Hombre de las Ratas, "siendo un elemento esencial de la mente de los pueblos primitivos"[43].

Éste es el primer caso en el que se aplica con rigor la técnica de la *asociación libre*, tal como lo dice el informe de la Reunión Científica del 30 de octubre de 1907: "La técnica analítica ha cambiado, de modo que el psicoanalista ya no trata de extraer el material que le interesa, sino que le permite al paciente seguir el curso natural y espontáneo de su pensamiento"[44].

Los rastros, en la senda del ritualismo obsesivo, llevaban al sadismo reprimido, que explicaba el horror y, al mismo tiempo, el interés lascivo por la crueldad, fuente de la expresión ambigua de goce ya consignada. En esa línea, cuando el paciente experimentó su primer orgasmo, un extraño pensamiento entró a viva fuerza en su mente: "¡Es maravilloso! ¡Por esto una persona es capaz de matar a su propio padre!"[45]

Pero en este aspecto el paciente se mantenía firme en su rechazo: no aceptaba la interpretación de deseos parricidas.

"¡Cómo es posible, si yo amo a mi padre!", exclamaba, protestando amor por ese viejo padre muerto de larga vida, figura inmortalizada por la fatal ambivalencia que lo llevaba a levantar una piedra del camino, porque alguien se podía lastimar, pero que luego, como observa Fenichel, sentía la necesidad de colocarla nuevamente en su lugar[46].

Cierta vez, el paciente aportó un recuerdo memorable, de la época en que tenía unos 3 o 4 años. Su padre le había dado una zurra por una masturbación más intuida que descubierta, y el pequeño Ernst, en una explosión de rabia, comenzó a insultarlo. Pero, como todavía no conocía ningún insulto común, le gritó "todas las cosas que se le ocurrían", por ejemplo «lámpara, toalla, plato»"[47]. El padre, atónito, se sintió llevado a predecir que su hijo se convertiría "en un gran hombre o en un gran criminal" ("O en un neurótico", añade Freud, en nota al pie de página)[48], y nunca más le dio una paliza. Los sentimientos conflictivos "no eran independientes entre sí, sino unidos a los pares. Su odio por la amada estaba necesariamente ligado a su afecto por el padre, y viceversa"[49]. En ese guión existía una identificación paterna. El padre, militar de carrera, había sido un *Spielratte*, o sea, una "rata de juego"[50]. El episodio ya mencionado de la deuda de juego paterna había dejado una impresión profunda en el paciente. Su juicio sobre el pecadillo de juventud de su progenitor era muy severo. Éste era un elemento de su propia compulsión de pagar pequeñas deudas, como hijo de *Spielratte*: "En sus delirios obsesivos, él había creado una verdadera moneda de ratas para sí mismo"[51].

El tema de la deuda cobra singular importancia si pensamos en la "deuda paterna" lacaniana, en relación con la función del padre. Para Masotta, esta "función del padre aquí no termina de funcionar cabalmente. La intención demostrativa, que constituye la esencia del delirio de Schreber, se convierte en ironía, burla, desconfianza, sospecha, en el caso del Hombre de las Ratas"[*4, 52]. Más tarde, promedian-

*4. Después de estudiar a Dora, Lacan estudia la transferencia del Hombre de las Ratas en "El mito individual del neurótico o poesía y verdad

do su análisis, la ambivalencia intrínseca se transformó en las denominadas "transferencias repugnantes"; el paciente atacaba la persona de Freud y a su familia. Insultaba de un modo soez que hace pensar en una rata, en la figura de un "animal de las cloacas"[53]. Se le ocurría, por ejemplo, que *Frau* Freud "iba a lamer su culo", junto con una fantasía en que "la hija de Freud estaba chupando a uno de los secretarios de tribunal, un tipo asqueroso que estaba desnudo"[54]. "¡Mi hija!", exclama el padre en las notas del 21 de noviembre[55].

Pensando en esas "transferencias repugnantes", me pregunto si el *Ratmann* sabía que Freud, antes de atender en Berggasse 19, tenía su consultorio en la Rathausstrasse 7. Es probable, pues conocía la vida y obra de Freud. En ese caso tenemos un *Ratmann*, hijo de un *Spielratte*, analizado en una *Ratthaus* (casa de ratas)*[5].

A medida que pasaban los meses, el paciente se aproximaba a la luz al final del túnel. El "delirio de las ratas" desapareció, con lo cual Ernst Lanzer pudo salir diplomado de su "escuela de sufrimiento"[56].

A pesar de su enervante fachada obsesiva, el Hombre de las Ratas fue desde el principio uno de los favoritos de Freud, segundo sólo del Hombre de los Lobos (*ranking* que, como luego veremos, cuestiono). Hay una frase enigmática, un tanto evangélica, en una entrada en las *Notas originales* del día 28 de diciembre, a fin de año: *Hungrig und wird gelabt* ("Hambriento y fue saciado")[57]. Era una iniciativa altamente heterodoxa alimentar a un paciente de modo maternal, violando todos los preceptos austeros que el propio Freud había enunciado. Pero, a pesar de esta "transgresión", el relato sigue siendo una exposición clínica ejemplar de una neurosis obsesiva clásica*[6]. El caso sirvió magníficamente para reforzar algunas postulaciones básicas: las raíces infantiles de la neurosis, la lógica interna de los

en la neurosis", en 1953. Partiendo del suplicio chino, él llega a la conclusión de que "la constelación original" de todo obsesivo no es el triángulo edípico, sino un cuarteto, por redoblamiento de las figuras paterna o materna. Esta estructura cuaternaria describe la condición masculina, frente a la condición triangular femenina ilustrada por Dora. A través de esta estructura Lacan habla de lo "trágico de la condición humana", pues el cuarto del cuarteto es la muerte.

*5. Aunque *Rathaus*, en alemán, significa alcaldía.

*6. Esta transgresión está mal contada por Peter Gay cuando dice que el paciente fue invitado a una "refacción familiar" (Peter Gay, *Freud, uma vida para o nosso tempo*, 1989, San Pablo, Companhia das Letras, pág. 251). En verdad, Freud hizo traer un plato de arenques ahumados que Lanzer, en la ocasión, declinó. Conviene recordar que el único paciente que compartió la mesa del Profesor fue E..., invitado para "cerrar su carrera de paciente" (carta de Freud a Fliess del 16 de abril de 1900, *Correspondência Sigmund Freud-Wilhelm Fliess*, 1986, comp. por J. M. Masson, Imago, Río de Janeiro, pág. 410).

síntomas, y las presiones, ocultas y poderosas, de los sentimientos ambivalentes.

Es probable que Freud se haya sentido reflejado y ampliado en el cuadro clínico de su paciente. Este joven, supersticioso *malgré lui*, podía serle familiar. Hombre culto, *à la page* con lo que sucedía en Viena, incluso el psicoanálisis. Ernst podría haber sido un candidato típico para las noches de los miércoles. Freud le tomó la expresión "omnipotencia del pensamiento", lo cual sólo tiene un paralelo en la *talking cure* de Anna O. Además, los dos compartían el amor bibliofílico.

Hay puntos de identificación que los unen, para no decir que los amarran. Ya vimos que Freud se considera un neurótico obsesivo. Ambos tuvieron seis hermanos. Amalia y Rosa tenían 19 años menos que sus maridos. Kallamon Jacob y Heinrich eran bohemios expansivos y temperamentales. Ineficientes, con un judaísmo en vías de asimilación. Ernst duerme en el momento de la muerte paterna; Sigmund "cierra los ojos". Ambos padres tuvieron agonías lentas y murieron por insuficiencia pulmonar. Cipión, el Hombre de los Perros, se reflejaba en el Hombre de las Ratas.

Esta afinidad encuentra su máxima expresión en el hecho de que los dos amaron a una Gisela. En las notas del día 18 de noviembre, Freud escribe que el paciente quedó muy impresionado cuando "el capitán N. mencionó el nombre de Gisela Fluss (!!!)"[58]. Los tres signos de admiración gritan ante tamaña coincidencia: ¡las novias tienen el mismo nombre! Exclamaciones que marcan puntualmente una contratransferencia espantada: entonces vemos que Freud escribe "Gisela Fluss", como si el apellido de ambas fuese el mismo. El apellido de la Gisela de Ernst era Adler. ¿El Fluss fue un acto fallido?

El nombre de las novias es el mismo, pero los destinos difieren. Ernst Lanzer murió, poco después del inicio de la Primera Guerra Mundial, en una trinchera, probablemente rodeado de ratas.

NOTAS

1. SE, X, págs. 200-1.

2. P. Mahony, *Freud e o Homem dos ratos*, 1991, pág. 21.

3. Ibíd., pág. 21.

4. Luis Carlos Menezes, "O homem dos ratos e a questão do pai", *Percurso, revista de psicanálise*, III, Nº 5/6, 1991, pág. 10.

5. SE, X, pág. 296.

6. Ibíd.

7. Ibíd.

8. Ángel Garma, "El origen de los vestidos", *Revista de Psicoanálisis*, 1950, VII, pág. 227.

9. SE, X, pág. 213.

10. SE, IX, págs. 169-75.
11. SE, XII, pág. 322.
12. O. Mannoni, "El «Hombre de las Ratas»", en *El Hombre de las Ratas*, comp. por O. Masotta y J. Jinkis, pág. 89.
13. P. Mahony, *op. cit.*, pág. 81.
14. SE, X, pág. 180.
15. SE, X, pág. 235.
16. SE, X, pág. 175.
17. Ibíd.
18. Peter Gay, *Freud, uma vida para o nosso tempo*, 1989, San Pablo, Companhia das Letras, pág. 249.
19. SE, X, pág. 176.
20. SE, X, pág. 250.
21. SE, X, págs. 156-7.
22. O. Mannoni, ibíd., pág. 88.
23. SE, X, pág. 156.
24. SE, X, pág. 166.
25. E. Wilson, *In Memory of Octave Mirbeau*, 1950.
26. P. Mahony, *op. cit.*, págs. 29-30.
27. Jean Laplanche, *Problemáticas I: a angústia*, San Pablo, Martins Fontes, pág. 280.
28. SE, X, pág. 167.
29. J. Lacan, *Séminaire VIII*, pág. 251.
30. J. D. Nasio, *Cinq leçons sur la théorie de Jacques Lacan*, 1992, París, Rivages, pág. 45.
31. Carta de Freud a Jung del 30 de junio de 1909, *Freud-Jung, Correspondência completa*, 1976, Río de Janeiro, Imago, pág. 289.
32. O. Mannoni, ibíd., pág. 95.
33. Carta de Freud a Jung del 17 de octubre de 1909, *Freud-Jung, Correspondência completa*, págs. 306-7.
34. SE, X, pág. 253.
35. SE, X, pág. 266.
36. Carta de Jung a Freud del 14 de octubre de 1909, *Freud-Jung, Correspondência completa*, pág. 303.
37. Ernest Jones, *A vida e a obra de Sigmund Freud*, 1989, Río de Janeiro, Imago, II, pág. 267.
38. P. Mahony, *op. cit.*, pág. 34.
39. Ernest Jones, *op. cit.*, II, pág. 56.
40. SE, III, pág. 171.
41. Ernest Jones, *op. cit.*, II, pág. 269.
42. SE, X, pág. 233.
43. SE, X, pág. 235n, nota al pie agregada en 1923.
44. Reunión Científica del 30 de octubre de 1907, *Actas de la Sociedad Psicoanalítica de Viena*, org. por H. Nunberg y E. Federn, 1979, Buenos Aires, Nueva Visión, I, pág. 242.
45. SE, X, pág. 201.
46. Otto Fenichel, *Teoría psicoanalítica de las neurosis*, 1966, Buenos Aires, Paidós, pág. 310.
47. SE, X, pág. 205.
48. Ibíd.
49. SE, X, pág. 238.

50. SE, X, pág. 210
51. SE, X, pág. 213.
52. O. Masotta (comp.), "Consideraciones sobre el padre en el «Hombre de las Ratas»", *Los casos de Sigmund Freud: el Hombre de las Ratas*, 1986, pág. 22.
53. SE, X, pág. 283.
54. Ibíd.
55. Ibíd.
56. SE, X, pág. 209.
57. SE, X, pág. 303.
58. SE, X, pág. 280.

CAPÍTULO 31

TOGAS CARMÍNEAS Y BIRRETES CON BORLAS DE ORO

Ferenczi, el Visir del psicoanálisis, el Heráclito de la psiquiatría húngara[1], el interlocutor de Freud en Siracusa, el autor del documento fundante en Nuremberg, nació en Budapest en 1873, octavo hijo entre once hermanos. Fue en el tiempo en que las ciudades de Buda y de Pest, frente a frente en las márgenes del Danubio, decidieron fusionarse en una ciudad única.

Su padre, Báruch Frankel, era un judío polaco que participó en la Guerra de la Primavera, en 1848, y tuvo que huir y cambiar el "Frankel" por "Ferenczi". Se estableció como librero en Budapest, con éxito, y se convirtió en editor. Su mujer, Róza, es recordada como una intelectual que acompañaba a su marido, aunque desbordada por su numerosa prole. Según Pierre Sabourin, el matrimonio era librepensador pero recatado en la expresión de afectos: prototipo de las futuras parejas de intelectuales neuróticos. Sandor comentará que "el sentimentalismo y las caricias eran desconocidos en mi familia. En su seno se cultivaban sentimientos púdicos ... Cuidar de las apariencias, librarse de los «malos hábitos», era lo más importante ... Fue así como yo llegué a ser un excelente alumno y un onanista secreto"[2].

Por otra parte, en la galería de padres de los primeros analistas, Báruch obtiene la mejor nota, superando por amplio margen al ineficiente Jacob Freud, al pusilánime Paul Jung, y al padre ausente de Karl Abraham, cuyo nombre ha quedado en el olvido. Su mayor "error" fue morir demasiado joven, cuando Sandor tenía 15 años, edad impropia para ser huérfano de padre[*1].

Sandor estudia medicina en Viena en el mismo año en que Freud estrena el método catártico con Emmy von N. Una vez formado, regresa a Budapest para iniciar su práctica; se establece primero como clínico y después como neuropsiquiatra. En 1897 es nombrado médico asistente del Hospital Rókus, en el servicio de las prostitutas. Era

---

*1. Ferenczi, en el memorable *Documento de Salzburgo*, comenta que existía un parecido entre Báruch Frankel y Sigmund Freud (S. Ferenczi, *Oeuvres complètes*, I, pág. 164).

sensible a la miseria social[3]. Denuncia el aparato de coacción psiquiátrico. Sus primeros textos anticipan la posición contestataria de la antipsiquiatría de los años 60; publicó folletos contra la mala práctica médica y contra las falsas promesas de los productos farmacológicos. Para él, "los eslóganes y la moda [servían] tanto al pensamiento médico como al ramo comercial de la indumentaria"[4].

En 1898 publica su primer ensayo, "Espiritismo", en la revista *Gyógiászat*, editada por Miksa Schacter, gran figura paterna en la vida de Sandor. Allí narra un episodio interesante. Cierto día, había participado de una reunión mediúmnica organizada por un viejo amigo espiritista. En la sesión, Ferenczi preguntó: "¿En quién estoy pensando en este momento?" La médium respondió: "La persona en la cual está pensando, acaba de levantarse de la cama para pedir un vaso de agua y caer muerta". En ese momento Ferenczi recordó que tenía pendiente una visita médica. Fue de prisa a la casa de la paciente, donde pudo verificar que había sucedido lo que dijo la médium[5]. Créase o no.

Otros de los ensayos merecen ser mencionados. En 1904 publicó "El valor terapéutico de la hipnosis"[6], y en el 3º Congreso de Psiquiatría de Hungría presentó un trabajo titulado "Creación de un comité de defensa de los homosexuales"[7].

Ferenczi también se preocupó por la psicohigiene del médico. Habla de la marca que deja en el estudiante de medicina la iniciación cadavérica, la cual lo lleva a considerar al paciente como un aglomerado de órganos. En la misma línea, formula una pedagogía del médico. Este interés culminará, en años venideros, en su preocupación por la contratransferencia.

Hubo dos primeros encuentros preparatorios, ambos negativos, con la obra de Freud. En 1893, al leer los *Estudios* de Freud y Breuer, repudió la etiología sexual de las neurosis. Siete años más tarde, también la *Traumdeutung* recibió una crítica desfavorable. La puerta de entrada fue el test asociativo de Jung, test que le reclutó más de un adepto a la Causa analítica. Concertó una entrevista con Freud para febrero de 1908.

"Freud fue conquistado de inmediato por la vivacidad mental y por los atributos intelectuales de Ferenczi, del mismo modo que, en otros tiempos, se sintió atraído por esas mismas cualidades en su gran amigo Fliess"[8]. Ferenczi era un hombre encantador y fue un caso de amor recíproco a primera vista. Tal vez no hubo el fuego wagneriano de la entrada de Jung, ocurrida meses antes, sino una sensación de casi *dejà vu*, de *toujours vu*: esa familiaridad instantánea que marca el genuino encuentro entre discípulo y maestro. Ferenczi se ubicó de entrada, sin ambivalencia, en el papel de receptor de un saber. Pero no era un neófito ingenuo, sino un "espíritu abierto, un verdadero observador de su tiempo"[9].

Jones nos da una idea de la intensidad de ese primer encuentro cuando dice que "la impresión que [Ferenczi] causó fue grande y, después del primer contacto, lo invitaron a pasar dos semanas, en agosto, con la familia Freud –de quien luego se volvió favorito– durante las vacaciones en Berchtesgarden"[10].

Como vemos, en poco menos de dos años Ferenczi pasó a ser Visir y mano derecha de Freud. Visir viene del árabe "wazir", y significa "aquel que ayuda a alguien a llevar una carga". Ferenczi, más que ningún psicoanalista, cargó con la carga de la Causa.

El Profesor estimuló al húngaro a participar en el Congreso de Salzburgo, que se realizaría ese mismo año. Ferenczi presentó su artículo "Psicoanálisis y pedagogía", primer trabajo analítico que abordaba el tema de la educación.

¿Cuáles eran las ideas claves de este ensayo inicial?

1. "La pedagogía actual constituye un verdadero caldo de cultivo para las más diversas neurosis"[11].

2. "La pedagogía obliga al niño a mentir, a negar lo que sabe y lo que piensa"[12].

3. "La humanidad es actualmente educada para una ceguera introspectiva"[13].

El interés por la pedagogía se transformará más tarde en una pasión por la técnica, por la formación de futuros analistas. Desde ese ángulo resulta interesante un ensayo poco conocido, titulado "Adiestramiento de un caballo salvaje". En él, Ferenczi habla de la voz fuerte del padre, complementada con la voz suave de la madre, como coordenadas para el juego transferencial del domador y el domado.

El perfil del joven Ferenczi puede tomarse como paradigma de la generación inconformista del fin de siglo, que pronto adoptará al psicoanálisis como ideología de la salvación personal. Hablando de caldos de cultivo, Viena, Budapest y Zurich eran hervideros de cosas portentosas. Fermento en torno a Mahler, Wittgenstein y Freud. El perfil de Ferenczi recuerda el de Tausk, el del relegado Sadger, el de Rank. Toda una talentosa generación caracterizada, como vimos, por la rebeldía, la marginalidad, la pasión doctrinaria y las tinieblas de las neurosis personales. Esa generación comienza con Ferenczi, Jung y, tal vez, Adler; concluye con Groddeck, el joven Fenichel, Reich y, tal vez, Silberer.

Pasemos a considerar la *transferencia de pensamiento*, expresión usada por Freud para hablar de la telepatía. Ferenczi, marcado por la experiencia espiritista, visitó en octubre de 1909 a una tal Sra. Seidler, médium de Berlín. Clarividente famosa. Lleva consigo una carta de Freud, y se entusiasma con las revelaciones de la mujer sobre la persona del Profesor. Después de la *séance*, escribe:

Admitiendo que posee capacidades realmente fuera de lo común, tal vez se deban a una especie de "lectura del pensamiento"; esto es, lectura de mis pensamientos. Me llevó a dicha hipótesis el autoanálisis profundo que realicé después de la sesión. La mayor parte de lo que me dijo sobre usted corresponde a procesos mentales que yo realmente tuve, pero también a procesos mentales que puedo haber reprimido... Además de la teoría de la "inducción psíquica", podemos contemplar la posibilidad de una hiperestesia extática ...[14]

El discípulo, con todo, se muestra cauto:

Quiero asegurarle que no hay ningún peligro de que yo sucumba al ocultismo debido a esta experiencia, todavía oscura[15].

Freud responde. Para él, los fenómenos paranormales

... no son fenómenos psi, sino alguna cosa *puramente somática*, lo que considero una novedad de primer orden.

Por la naturaleza del tema, pide sigilo:

Por el momento, callemos, silencio total sobre el asunto ... Iniciaremos a Jung en un estadio ulterior ...[16]

¿Cuál era esa gran novedad? ¿Qué significa que la telepatía se produce en el circuito somático? Creo que Freud está hablando de una fuente de intersubjetividad que luego pasará a ser dominio del *ello*; habla de la telepatía como una comunicación de inconscientes. Concuerdo con Julien en que la gran novedad tiene que ver con la transmisión psicoanalítica, con la transferencia de pensamiento entre Freud, Jung y Ferenczi[17]. Si bien el tema de lo oculto, y de las ciencias parapsicológicas en general, ocupó poco espacio en las Minutas de los Miércoles, el asunto funcionaba como contratema. En esa búsqueda de lo parapsicológico, Ferenczi estaba más adelantado que Jung. Una noche de miércoles en Viena, se presentó como "Astrólogo de la Corte de los Psicoanalistas"[18, *2].

El espíritu de aventura, eso sí, no faltaba. Una mañana de diciembre de 1910, Freud partió, vamos a suponer que sigilosamente, para encontrarse con Jung y Bleuler en Munich. ¿Motivo de la expedición? Visitar a *Frau* Arnold, una renombrada astróloga. La visita no tuvo lugar porque Freud –nos cuenta Jones– no consiguió recordar el nombre de la astróloga[19].

---

*2. Jones cuenta una anécdota divertida. Cierta vez, a bordo de un tranvía, Ferenczi intentó adivinar el nombre de un pasajero, y le preguntó: "¿Usted es *Herr* Kohn?" El hombre, espantado, respondió afirmativamente. Freud, comenta Jones, encontró la historia "fantásticamente bella" (Ernest Jones, *A vida e a obra de Sigmund Freud*, 1989, Río de Janeiro, Imago, III, pág. 380). En una ocasión, una profecía de Ferenczi se cumplió: él, que había presenciado el primer desmayo de Freud en Bremen, profetizó que lo mismo se repetiría en Munich. Esta historia comienza con el caso presentado en su primer ensayo, "Espiritismo".

O sea que hay algo inusitado en el aire. Los astros, la Rueda de la Fortuna, los Arcanos del tarot, el más allá del más allá, eran bien vistos en esos tiempos. Todo era posible para los oniromantes modernos con espíritu iniciático. Las nuevas ideas circulaban en el devenir asociativo de los miércoles: se privilegiaba el flujo del discurso, el sucederse de los significantes, por sobre la identidad de los "sujetos".

Es posible que esa transferencia de pensamiento funcionase libremente en los años que siguieron a los *Tres Ensayos*, lo que explicaría el hecho de que Ferenczi escribió su gran primer artículo psicoanalítico, "Psicoanálisis y pedagogía", un mes después de haber conocido a Freud. Al año siguiente, "Transferencia e introyección" lo convirtió en un teórico de la noche a la mañana[20]. Con ese "astral", como dicen los brasileños, las reuniones de los miércoles podrían considerarse un *baquet* telepático.

La transferencia de pensamiento, más allá de su pertinencia psicológica, fuerte como ley biológica, culmina en la *Experiencia de Worcester*, maravilloso safari psicoanalítico. Nueve semanas y media de análisis cruzado, recruzado, entre Freud, Jung y Ferenczi, en la aventura de conquistar América. Creo religiosamente que de la red neuronal de los primeros discípulos brotaban chispas.

Jung y Freud, cada uno por su lado, fueron invitados a los Estados Unidos en agosto de 1909. América despertaba al psicoanálisis. Stanley Hall los convocaba para participar en la celebración de los veinte años de la Universidad de Clark, en Worcester. Freud primero se excusó por una cuestión de fechas, de lucro cesante y, tal vez, por un toque fóbico. Pero cuando el venerable Stanley Hall insiste y posterga el evento para adaptarlo a la agenda del vienés, nuestro héroe acepta. Acepta encantado: "Confieso –le confiesa a Jung– que esto me entusiasmó más que cualquier hecho de estos últimos años (excepto tal vez la aparición del *Jahrbuch*) y que no he pensado en otra cosa"[21]. Le cuenta al Príncipe Heredero que tiene un "entusiasmo juvenil", parecido al experimentado cuando contemplaba emigrar al Nuevo Mundo, en los tiempos del noviazgo: "Ahora, veintitrés años después, voy por fin a América, no para ganar dinero, sino respondiendo a una invitación honorable"[22].

¿Qué significaba América para Freud? En la superficie: un lugar de dinero fácil, un paraíso de bobos con bajo vuelo intelectual. País de "enanos gigantescos". Ese chocante prejuicio es la fachada de algo más hondo. América recuerda a Viena, *carrefour* de la ambivalencia. Idéntica a grandes rasgos, polar en el mapa de su imaginario. América era la anti-Viena, la gran adversaria: codiciada, denostada, envidiada. América era Roma en su fantasmática geografía onírica.

Jung, independientemente, también había sido invitado a Worcester. Al saberlo, Freud se entusiasmó aún más con la expedición al Nuevo Mundo. Por si no bastara, se enteró de que su rival Janet iba a dar charlas en la Exposición Internacional de Saint Louis. La invitación a Jung "cambia completamente mi disposición de ánimo para el viaje, y lo vuelve importante. En esta época del año, me siento como Colón", le confía a Pfister, su pastor espiritual en Suiza[23]. Y a Jung: "Su invitación es lo mejor que nos ha sucedido desde Salzburgo"[24].

Salzburgo había sido el debut del psicoanálisis en el marco de la psiquiatría europea, mejor dicho, centroeuropea. La *opening night* en el gran circo internacional tendría lugar en una prestigiosa universidad de New England, en el corazón intelectual de la Nueva Inglaterra, cerca de Boston.

Freud, el Conquistador, cruzaba el Atlántico con la misión de llevar la peste psicoanalítica a América, iniciando la contaminación planetaria .... En tierra, en la retaguardia del enemigo, Brill y Jones aguardaban con armas y bagajes. El primero estaba en Nueva York; Jones descendía de las planicies de Toronto.

El viaje comienza signado por un desmayo de Freud. Según Jung, ese síncope fue provocado, "indirectamente", por los "cadáveres del pantano". El suizo había hablado de las momias de los pantanos de la región[*3]. Las aguas calcáreas del este de Bremen contienen ácidos vegetales que disuelven los huesos y curten la piel, de modo que hasta los cabellos quedaban en perfecto estado de conservación.

El interés morboso del suizo altera a Freud.

"¿Por qué le importan esos cadáveres?", exclama irritado. Momentos después sobreviene el desmayo. Jung rememora: "Más tarde me dijo que el tema de las momias significaba que yo deseaba su muerte"[25]. La maldición de Edipo marca la relación desde el inicio. Al día siguiente del primer encuentro, en febrero de 1907, Freud le preguntó a Jung qué soñaba. Binswanger, otro psiquiatra suizo que estaba presente, recordó años después "la interpretación de Freud: dijo que Jung deseaba derrocarlo y ocupar su lugar"[26]. O sea que el parricidio estuvo presente desde la primera hora.

Posteriormente, Freud opinó que todos sus desmayos estaban ligados al efecto de la muerte de su hermanito Julius. El modo en que Jones, por su parte, interpreta el desmayo es, por lo menos, estrafalario. Él concluye que Freud "había obtenido una pequeña victoria sobre Jung". Recuerda que el suizo venía de la fanática tradición antialcohólica del Burghölzli y "Freud consiguió hacerlo cambiar de opinión. Consiguió que cambiase de actitud, pero, acto seguido, tuvo el desmayo"[27]. Jones concluye: "Freud era un caso leve del tipo que él definió como «los malogrados por el éxito»"[28]. Pero ¿de qué éxito se trata?

*3. Cuenta C. Wilson que Jung, a los cuatro años de edad, vio sacar del río el cuerpo de un ahogado, y eso fue causa de una preocupación por los cadáveres que lo acompañó toda la vida (véase Colin Wilson, *Carl G. Jung*, 1984, Buenos Aires, pág. 13).

Imaginen la escena. Tres hombres celebran la aventura americana en una taberna de Bremen, gran ciudad cervecera, con el mejor de los espíritus. Surge la seducción del alcohol. Jung bebe. ¿Dónde está el triunfo que merezca un desmayo? Por si fuera poco, Jung no era un abstemio nato. Gustaba, en su juventud, de frecuentar bares, y entre sus amigos se había ganado el mote de "Barril". "Raramente se embriagaba –rememora su amigo Albert Oeri– pero, cuando lo hacía, era muy ruidoso"[29]. En ese sentido, la siguiente anécdota de Oeri es reveladora. Resulta que Jung, al salir de los bares por la madrugada, evitaba volver solo a su casa, por los peligros de la noche. Entonces, "empezaba a hablar sobre un tema particularmente interesante, y el elegido, sin darse cuenta, acababa por acompañarlo hasta la puerta. Al despedirse, Jung le ofrecía su revólver al amigo para el viaje de vuelta"[30]. El joven Jung, entonces, era hombre de portar armas en los bares.

El segundo acto del viaje transcurre a bordo del *George Washington*. Las cuatro semanas y media de la *tournée* pasaron a ser un laboratorio psicoanalítico gigante, maratón de asociación libre y festival onírico. Largas tertulias en el *deck* del navío. Esos hombres, entonces íntimos, se aproximaban a América como ladrones en la noche.

En el análisis cruzado, Jung presentó un sueño que luego considerará crucial, ya que allí nació la noción de "inconsciente colectivo"[*4]. Estaba en una casa de dos pisos y comenzaba a recorrerla desde arriba. A medida que descendía, el decorado iba retrocediendo a siglos pasados. El segundo piso tenía un mobiliario propio de los tiempos de los Luises en Francia; en el primero, se estaba en pleno medioevo. Una escalera bajaba a un sótano, cuyas paredes databan de la época romana. En una de ellas dio con una argolla que lo llevó a una gruta rocosa. "Entre el espeso polvo que cubría el suelo había esqueletos, restos de cerámica y vestigios de una civilización primitiva. Descubrí dos cráneos humanos, ya medio desintegrados. Después desperté"[31].

"Freud se interesó de inmediato por los dos cráneos, de la misma manera que, en el primer sueño de Dora, lo había interesado la «cajita de joyas»: [Freud] hablaba continuamente de ellos –rememora Jung– y sugirió que descubriese en mí, dentro del contexto, un *deseo* eventual"[32].

¿Qué asociaba Jung con los cráneos? ¿De quién eran?

"Naturalmente, yo sabía muy bien adónde quería llegar él", narra el soñante, por su parte refractario. "Pero, al fin de cuentas, ¿qué es lo que pretende? –pensaba Jung– ¿De quién deseo la muerte? Sentía violentas resistencias ... pero en aquella época no tenía suficiente

---

*4. Este sueño es el equivalente al sueño de la Inyección de Irma en el folclore junguiano.

confianza en mi juicio y deseaba conocer la opinión de Freud". A esta altura, Jung se justifica: "Yo estaba recién casado y sabía perfectamente que nada en mí indicaba tal deseo"[*5]. "No habría podido dar a Freud mis propias asociaciones para interpretar el sueño sin chocar con su incomprensión... También temía perder su amistad si mantenía mi punto de vista... Así fue como mentí"[33]. "Quería saber lo que él pensaba; obedecí, pues, a su intención, y dije: «mi mujer y mi cuñada» – ¡pues era preciso citar a alguien cuya muerte valiera la pena desear!"

La muerte de Emma Jung sería el precio del pacto homosexual, lo que recuerda la inmolación de Emma Eckstein en el pacto homólogo con Fliess.

El tema de la doble muerte, además, está sobredeterminado. Al hablar de la mujer y la cuñada, Jung se valía maquiavélicamente de la confidencia de Minna (como vimos en el capítulo 27). ¡Este Jung no es fácil!

En esas sesiones, Freud también comunicó algunos sueños que, en opinión de Jung, lo incomodaban mucho. "Los sueños –narra Jung– eran [precisamente] sobre el triángulo de Freud, su mujer y su cuñada. Freud no tenía idea de que yo estaba enterado del triángulo y su relación íntima con la hermana menor de Martha. Y así, cuando me contó un sueño en el que su mujer y su cuñada desempeñaban papeles importantes, le pedí algunas de sus asociaciones personales con el sueño"[*6]. El suizo dice que ese pedido despertó la desconfianza en Freud, quien justificó su negativa diciendo: "¡No puedo arriesgar mi autoridad!" El Maestro, a su vez, entra en resistencia. Para Jung, esa negativa prefiguraba el fin inminente de la relación. "Él ponía su autoridad personal por encima de la verdad", rememora.[34] Se puede decir que estas cuatro semanas y media de exasperante tertulia psicoanalítica, con momias en los pantanos y cráneos en el sótano, constituyeron el *turning point* de la relación. Jung cuenta mal esta historia: Freud tenía razón al desconfiar de un discípulo que le tendía una celada.

La vida privada de Carl Gustav era completamente diferente de la de Freud. En contraste con la recatada Martha, Emma Jung acompañaba a su marido, y ella misma ejerció como terapeuta. Los Jung, con sus cinco hijos, formaban una familia protestante ejemplar. Carl Gustav era un típico representante del buen marido burgués. Hasta amantes tenía. La más conspicua, después de la saga judeo-teutónica con Sabina Spielrein, fue Antonia Wolf, psiquiatra y ex paciente, amante fiel de toda la vida. Jung le confiaba al Profesor sus andanzas

---

*5. O sea que asesinar a la esposa es un deseo válido a partir del segundo año de vida marital.

*6. Citado por Bilinsky, *Jung and Freud*, pág. 42.

poligámicas, profesando que "el requisito de un buen matrimonio ... es el permiso para ser infiel"[35]. Y Emma cumplía con ese requisito con más resignación que sabiduría. En una carta a Freud, ella fue franca: "Naturalmente, todas las mujeres se enamoran de él, mientras que yo soy instantáneamente aislada por los hombres, como la esposa del amigo"[36]. La clásica asimetría intrínseca de los matrimonios abiertos. Freud, por su parte, a pesar de su propia austeridad, adoptaba una paternal benevolencia para con el Príncipe Heredero[*7].

Finalmente, desde el *George Washington* se divisó el *skyline* de Manhattan. La Estatua de la Libertad los recibe con su verde sonrisa oxidada. Escenario monumental para una fabulosa historia apócrifa. Nos llega vía Lacan, quien afirmó haberla escuchado del propio Jung en un conclave psiquiátrico en Suiza, en los años 50. Según Jung, cuando el navío llegaba al puerto de Nueva York, Freud le habría confiado a su discípulo: "Ellos no saben que les estamos trayendo la peste"[37]. Ahora bien –como señala Roudinesco–, Jung parece haber reservado a Lacan la revelación de este secreto[38]. En sus memorias no habla de «la peste». Los historiadores del psicoanálisis, de Jones a Gay, de Schur a Clark, pasando por Ellenberger, Brome y Roazen, tampoco[39]. Sucede, como es frecuente, que la ficción se ajusta mejor a la realidad que la historia oficial, particularmente si tomamos en cuenta, como agrega Lacan, que la peste compra billete de ida y vuelta, y la *ego-psychology* contraataca. Por otra parte, la metáfora pestilente no era ajena a Freud, quien cita a Heine diciendo que "el judaísmo es esa peste traída del valle del Nilo"[40].

El arribo al puerto de Nueva York es narrado por el suizo a partir de un comentario de Freud que lo sorprendió: "«¡Qué sorpresa van a llevarse cuando oigan lo que tengo que decir...!» Lo que llevó a Jung a exclamar: «¡Qué ambicioso es usted!» «¿Yo? –contestó Freud–. Si soy el más humilde de los hombres y el único que no es ambicioso»[41]. Es mucha ambición ser el único que no ambiciona. Creo que él no se reconoce ambicioso en la medida en que se siente encuadrado en un Movimiento. El manto de la ambición cubre al psicoanálisis.

Aunque no iban a hacer turismo, pasaron una semana de *sightseeing* en Nueva York, guiados por Brill, que los llevó al cine, a ver "una de las primitivas películas de la época, repleta de correrías desenfrenadas"[42]. También hubo un inevitable almuerzo en el Hammerstein's Roof Garden y una visita a Tiffany, donde Freud compró una taza china de jade para su incipiente colección[43]. El plato fuerte fue el Museo Natural de Ciencias, donde recorrieron la sección pa-

[*7]. Freud, en esa época, le confió a Emma la gradual decadencia de su sexualidad. En 1910 le escribía a Jung: "Mi crepúsculo erótico, del cual hablamos en nuestro viaje, se marchitó lamentablemente por la presión del trabajo".

leontológica, impresionados "por los viejos monstruos, los sueños de angustia de Dios en el día de la Creación"[44].

La "peste" fue didácticamente dosificada en cinco conferencias. Tarea nada fácil. El itinerario se presenta como una bella miniatura de síntesis y amenidad que servirá de modelo para futuras introducciones al psicoanálisis.

La primera conferencia se abre con una visión histórica. En ella, Freud, modestamente, demasiado modestamente para mi gusto, le atribuye a Breuer la paternidad exclusiva de la criatura. El mérito es sólo de él[45].

La segunda conferencia, vertida en lenguaje simple, continúa el examen retrospectivo, pasando por Charcot y Janet[*8], y describiendo la emergencia del psicoanálisis a partir de la hipnosis. Luego rememora "la cura por la palabra" catártica, para entrar en el *corpus* psicoanalítico vía la *resistencia* y la *represión*. El caso de Elizabeth von R. le sirve como ejemplo de represión. Acto seguido expone una teoría de los síntomas como productos sustitutivos, que representan, al mismo tiempo el deseo original y su represión[46].

En la tercera conferencia, dedicada a la técnica psicoanalítica, Freud realza la contribución de Jung, el único discípulo mencionado en ultramar, y define el "complejo" como la catexis de "un grupo de elementos ideacionales interdependientes"[47]. En esta ocasión inaugura "la regla fundamental del psicoanálisis"[48], que acababa de aplicar con el Hombre de las Ratas.

El delicado tema de la sexualidad ocupa la cuarta conferencia y, por primera vez, Freud habla de la constelación edípica como el complejo nuclear en el desarrollo de la sexualidad infantil. Introduce el autoerotismo y la secuencia de las zonas erógenas. Si comparamos la manera de abordar el sexo en Worcester y en las sesiones de los miércoles, el tono tal vez sea más circunspecto, pero las concesiones son mínimas.

"En todo tratamiento psicoanalítico de un paciente neurótico, hace su aparición el extraño fenómeno que conocemos como «transferencia»"[49]. Así se llega al tema de la técnica, con la conclusión de que el estudio de los fenómenos transferenciales proporciona las pruebas más convincentes para la teoría del psicoanálisis.

Jones, presente en la ocasión, dice que las conferencias fueron dadas sin notas, casi improvisadas[50]. Ferenczi actuó como asistente de producción en el montaje de cada charla. Director y acompañante fóbico. Escudo doble, frente a los norteamericanos y, tal vez, frente a Jung. Freud después dirá: "De mañana, antes de cada reunión, pa-

---

*8. Janet también recibe un elogio tal vez exagerado: "Fue Janet el primero en intentar un enfoque más profundo de los procesos psicológicos propios de la histeria" (SE, XI, pág. 21).

seábamos juntos [con Ferenczi] frente al edificio de la Universidad, y yo le pedía el tema de ese día. Él me proporcionaba un esbozo, sobre el cual, media hora más tarde, yo improvisaba. De esa manera [Ferenczi] participó en el origen de las *Cinco conferencias*"[51].

Aunque hablaba en alemán, Freud consiguió mantener a la audiencia cautiva. La *tournée* fue un éxito. William James asistió a una de las conferencias, que se prolongó en un largo paseo compartido por el *campus* de la Universidad. El evento culminó el 10 de setiembre, con la entrega de títulos honorarios para Freud y Jung, que en adelante podrían agregar a sus nombres las siglas L. L. D. La ceremonia incluyó una "tremenda cantidad de ritos e indumentarias pintorescas con todo tipo de togas carmín y birretes cuadrados con borlas de oro"[52].

Así, con togas carmín y birretes con borlas de oro, terminan las semanas en América del hombre menos ambicioso del mundo.

NOTAS

1. Claude Lorin, *Le jeune Ferenczi. Premiers écrits 1899-1906*, Aubier Montagne, París, 1983.

2. *Correspondência Sandor Ferenczi-Georg Groddeck*, págs. 55-57.

3. Denise Stefan Rocha, "Um brilho no olhar", manuscrito.

4. Claude Lorin, *op. cit.*, pág. 288.

5. B. This, "Introduction à l'oeuvre de Ferenczi", *Freud, Ferenczi, Groddeck, Klein, Winnicott, Dolto, Lacan*, comp. por J. D. Nasio, 1994, París, Rivages, pág. 105.

6. Sandor Ferenczi, *Les écrits de Budapest*, 1994, París, EPPEL.

7. Ibíd., págs. 217-23.

8. Ernest Jones, *A vida e a obra de Sigmund Freud*, 1989, Río de Janeiro, Imago, II, pág. 49.

9. B. This, ibíd., pág. 105.

10. Ibíd.

11. S. Ferenczi, "Psicoanálisis y pedagogía", *Oeuvres complètes*.

12. Ibíd.

13. Ibíd.

14. Carta de Ferenczi a Freud del 5 de octubre de 1909, *Sigmund Freud-Sandor Ferenczi, Correspondance*, 1992, Calman-Levy, pág. 84.

15. Ibíd.

16. Carta de Freud a Ferenczi del 11 de octubre de 1909, *Sigmund Freud-Sandor Ferenczi, Correspondance*, pág. 89.

17. P. Julien, "El debate entre Freud y Ferenczi: saber cómo hacer o saber estar ahí", *Ornicar?*, 1981, Barcelona, Champ Freudien, págs. 83-120.

18. Ernest Jones, *op. cit.*, III, pág. 379.

19. Ibíd., III, págs. 378-9.

20. D. Chauvelot, "Siracusa 1910: el supuesto pase de Freud", *Ornicar?*, I, 1981, Barcelona, Petrel, pág. 60.

21. Carta de Freud a Jung del 9 de marzo de 1909, *Freud-Jung, Correspondência completa*, 1976, Río de Janeiro, Imago, pág. 260.

22. Ibíd.

23. Carta a Pfister del 13 de junio de 1909, *Correspondance de Sigmund Freud avec le pasteur Pfister*, 1967, París, Gallimard, pág. 58.

24. Carta de Freud a Jung del 18 de junio de 1909, *Freud-Jung, Correspondência completa*, pág. 285.

25. C. G. Jung. *Memorias, sonhos, reflexões*, 1962, Río de Janeiro, Nova Fronteira, pág. 141.

26. L. Binswanger, *Erinnerungen*, pág. 20.

27. Ernest Jones, *op. cit.*, II, pág. 155.

28. Ibíd.

29. A. Oeri, *Jung: entrevistas e encontros*, pág. 28.

30. Ibíd.

31. C. G. Jung, *op. cit.*, pág. 143.

32. Ibíd.

33. Ibíd.

34. Ibíd., pág. 142.

35. Carta de Jung a Freud.

36. Carta de Emma Jung a Freud del 30 de noviembre de 1911, *Freud-Jung, Correspondência completa*, pág. 533.

37. Jacques Lacan, *Écrits*, 1966, París, Seuil, "La chose freudienne", pág. 403.

38. Elisabeth Roudinesco, *História da psicanálise na França. A batalha dos cem anos*, 1986, II, Río de Janeiro, Zahar, pág. 196.

39. Elisabeth Roudinesco, *Jacques Lacan*, 1993, París, Fayard, pág. 349.

40. SE, XXIII, pág. 30, 2n.

41. C. G. Jung, *op. cit.*, pág. 161.

42. Ernest Jones, *op. cit.*, II, pág. 69.

43. Ronald Clark, *Freud, el hombre y su causa*, 1985, Planeta, Buenos Aires, pág. 97.

44. Carta de Jung a Emma del 9 de setiembre de 1909, C. G. Jung, *op. cit.*

45. SE, XI, pág. 9.

46. SE, XI, pág. 27.

47. SE, XI, pág. 31.

48. SE, XI, pág. 33.

49. SE, XI, pág. 51.

50. Ernest Jones, *op. cit.*, II, pág. 69.

51. Nota necrológica de Sandor Ferenczi, SE, XXII, pág. 207.

52. C. G. Jung, *op. cit.*, pág. 313.

CAPÍTULO 32

EL NIÑO BUITRE

El salto cualitativo fue dado en 1907. Renato Mezan conjetura que el tipo de psicoterapia elaborada en Berggasse 19 podría haber sucumbido con la muerte de su fundador[1, *1]. A pesar de la ilusión retrospectiva, universalizarse no era el destino ineludible del psicoanálisis. No se trata de la victoria de la luz sobre las tinieblas, pero "es preciso investigar de qué modo el psicoanálisis, que nació ... de la aventura más solitaria posible, el autoanálisis de Freud, se transformó en una institución sociohistórica"[2].

Las primeras generaciones instauran la discusión de casos, con un nuevo formato, que difería del coloquio psiquiátrico tradicional. Había un alto nivel teórico-práctico en las noches de los miércoles. Sadger, partiendo de la bisexualidad y de la identificación, comenzó a hablar del narcisismo, y Sabina Spielrein formuló la hipótesis de un instinto de destrucción. El psicoanálisis invade nuevos territorios: la biografía, los mitos, el folclore y la filología. Sin el *affaire* Jung, como luego veremos, sin duda Freud no hubiera parido *Tótem y tabú*[3], y el Hombre de los Lobos sería otro Hombre de los Lobos.

1909 fue el año de la gran fusión entre Freud y Jung. En octubre piensan en un trabajo en común. Jung escribe: "Estoy obcecado en la idea de escribir algún día un texto que abarque todo ese campo, claro que después de años de preparación y recolección de datos. Conviene atacar en varios frentes. La arqueología, o más propiamente la mitología, ya clavó sus garras en mí. Es una mina de materiales fantásticos. ¿No podría usted echar un poco de luz en esa dirección, al menos una especie de análisis espectral *à distance*?"[4].

¿Análisis espectral? Freud se interesa, y mucho. A vuelta de correo llega la respuesta: "Sé de sobra que usted comparte mi creencia de que debemos conquistar por completo el campo de la mitología. Hasta ahora tenemos apenas dos pioneros: Abraham y Rank. No será fácil encontrarlos, pero necesitamos hombres para campañas más largas. Conviene atacar también por el dominio biográfico. Tuve una inspiración después de mi viaje: el enigma del carácter de Leonardo da Vinci se me volvió súbitamente claro"[5].

---

*1. Recomiendo la lectura del capítulo "Un mito científico" en *Freud, pensador da cultura*, de Mezan, págs. 319-54.

En los historiales ya vistos, la inspiración estaba al servicio de una estrategia global. "Dora" llega para reforzar *La interpretación de los sueños*; "Juanito" y el "Hombre de las Ratas" fueron redactados para encauzar el desarrollo de los *Tres ensayos*. *Un recuerdo infantil de Leonardo da Vinci*[6] sigue ese mismo principio. Este texto debe ser considerado la punta de lanza de un ambicioso plan que, comenzando con el *Leonardo*, desemboca en *Tótem y tabú*.

Escribirlo, además de inaugurar el campo de la psicobiografía, fue un genial divertimiento tomado en serio. El *Leonardo* puede ser considerado otro "hijo del placer", como "Juanito". "Mi Leonardo", le dijo Freud a Lou Andreas-Salomé, casi diez años después de publicarlo, en un acceso de nostalgia, fue "la única cosa bella que jamás escribí"[7]. Él nunca encuadró su largo ensayo como un "verdadero" caso clínico, aunque cierta vez invitó a Ferenczi a "maravillarse" por su nuevo e "ilustre" analizado[8]. Se trataba, en efecto, de "un análisis espectral *à distance*": "Un espíritu noble, Leonardo da Vinci, ha posado regularmente para mí, a fin de que yo lo psicoanalice un poco"[9]. Desde mucho antes había puesto los ojos en el pintor. Ya en 1889 le escribió a Fliess: "Leonardo —no se le conoce ninguna relación amorosa- tal vez sea el más célebre de los zurdos"[10].

Zurdo, o sea, homosexual, en argot alemán. Fliess, en 1898, se había interesado en el problema del ambidiestrismo como manifestación de bisexualidad. Freud, "abrazó literalmente la bisexualidad", pero objetó la conexión "de la bisexualidad con el ambidiestrismo, exigida por [Fliess]"[11]. Unas líneas más abajo, agrega: "Tuve la impresión, además, de que me consideras parcialmente zurdo; si es así, me gustaría que me lo dijeras, pues no hay nada en ese autoconocimiento que pueda molestarme"[12].

El tema de la homosexualidad, propia o ajena, es central en este ensayo. Fue el contacto con Jung el que lo llevó, de vuelta de los Estados Unidos, a interesarse por Da Vinci. Le escribe a Ferenczi: "Mis pensamientos, en la medida en que todavía consiguen hacerse oír, están con Leonardo da Vinci y la mitología" [13].

Como en "El Moisés de Miguel Ángel", aquí la mira está puesta en dos lugares biográficos estratégicos: el artista pintando la tela de la Mona Lisa, mujer de Francesco del Giocondo, y un recuerdo infantil. Enigma por resolver: la expresión de la Gioconda. La famosa sonrisa "leonardesca" que "produce el efecto poderoso de confundir" a todo el mundo[14]. Freud acepta lidiar con la "magia demoníaca de esa sonrisa"[15].

Para Peter Gay, se trata de un descubrimiento en la inmensa pila de libros de anotaciones del pintor. "En esa voluminosa compilación, entre caricaturas, experimentos científicos, ensayos bélicos y máquinas de volar, apareció en una reflexión sobre el vuelo de los pájaros, un extraño recuerdo infantil, semejante a un sueño"[16]:

Parece que desde el comienzo yo estaba destinado a ocuparme profundamente del buitre [*nibbio*, en italiano], pues viene a mi mente un recuerdo muy antiguo de que, cuando yo estaba todavía en la cuna, un buitre se posó en mí, abrió mi boca con su cola y la sacudió entre mis labios varias veces ...[17]

Freud estaba convencido de que ese buitre del "recuerdo encubridor" podría constituirse en la clave para comprender la evolución emocional y artística del pintor. Acumuló una buena cantidad de erudición sobre ese pájaro intruso. En el antiguo Egipto, el símbolo icónico del buitre era el jeroglífico correspondiente a "madre"[*2].

Para la leyenda cristiana, el buitre es un pájaro femenino, emblema del parto de una virgen, fecundada por el viento. Ahora bien, Leonardo fue un "niño-buitre que tuvo madre, pero no padre"[18], forma poética de decir que era bastardo. En ausencia del padre, conjetura que el niño, en su más tierna infancia, había disfrutado del amor exclusivo de una madre abandonada. Tal amor "debe de haber tenido una influencia decisiva en su vida interior"[19]. El "niño-buitre", entonces, no tenía padre. "La violencia de las caricias a las que apunta la fantasía del buitre era absolutamente natural. Como todas las madres insatisfechas, ella había puesto al hijo en el lugar del marido, robándole una parte de masculinidad a través de una estimulación demasiado precoz de su erotismo"[20]. De esa manera dispuso el escenario para la posterior homosexualidad de su hijo.

Esto representa la etapa preliminar del desarrollo homosexual masculino. En un segundo tiempo, "el niño reprime su amor a la madre, colocándose en su lugar, identificándose con ella y tomándose a sí mismo como modelo, a semejanza del cual elige sus nuevos objetos de amor"[21]. Por primera vez, se expone la antigua identificación con la madre, reemplazándose una catexis objetal por una identificación. Leonardo se identifica con la madre y busca como objeto sexual a quien pueda representarlo, para reproducir la actitud materna. Aquí se da una renuncia al objeto, que se pierde, por introyección, en el propio yo[22]. El homosexual ama al niño que vieron los ojos de su madre.

En carta a Jung, Freud añade una observación que intriga, sin dar mayores detalles: "No hace mucho encontré a un neurótico que era un fiel retrato de él (sin su genio)"[23]. Freud se desplazaba con mucha comodidad en ese contrapunto entre hallazgos históricos y material clínico. ¿Ese paciente, me pregunto, no será acaso Ernst Lanzer, el Hombre de las Ratas, también apodado "buitre"?[*3]. Como

*2. Es posible que ese pájaro le recordara al Profesor el sueño en el que aparecía Philipp con pico de pájaro en una escena erótica con la propia madre de Freud. Él asoció con la figura con cabeza de pájaro de un bajorrelieve egipcio reproducido en la biblia de Phillipson.

*3. En contra de esta flecha, problemente desacertada, está el hecho de que, en dicha carta, Freud menciona más de una vez al Hombre de las Ratas, sin establecer ninguna conexión.

lo señala Peter Gay, "el diván y la mesa de trabajo [de Freud] estaban muy próximos"[24].

Freud no tenía dudas de que el recuerdo de Leonardo representaba simultáneamente una *fellatio* homosexual y el feliz succionar del pecho materno.

Como es de imaginar, había que andar de puntillas al abordar el tema de la homosexualidad de ese gran hombre, en particular la *fellatio*. Partiendo del buitre, "la cola, *coda* [en italiano], es uno de los símbolos sustitutos del órgano masculino, tanto en italiano como en otras lenguas. La fantasía de un buitre que abre la boca del niño y dentro de ella mueve vigorosamente la cola corresponde a la idea del acto de *fellatio*, un acto sexual en el cual el pene es introducido en la boca de la persona"[25].

Una vez dicho esto con todas las letras, Freud le pide al lector que "refrene su indignación" si siente que se está profanando "la memoria de un hombre grande y puro"[26]. Por otra parte, esta práctica, considerada una "hedionda perversión sexual", tenía su lugar en la *Psychopathia Sexualis* de Krafft-Ebing. Es más común de lo que la gente piensa, observa Freud. Aquí vienen a la memoria las fantasías del caso Dora[27].

En este ensayo, en cuna espléndida, se acuña el término *narcisismo*. "Él [el homosexual] encuentra sus objetos de amor por la vía del *narcisismo*, visto que los griegos llamaban Narciso a un joven a quien nada agradaba tanto como su propia imagen especular"[28]. Freud se apoya en los *Tres ensayos*, donde el narcisismo es considerado un estadio intermedio entre el autoerotismo primitivo del *infans* y el amor objetal del niño propiamente edípico.

El padre de Leonardo acaba por casarse y tres años más tarde lo reconoce como hijo, llevándolo a vivir con él. El niño, entonces, creció con dos madres. Esas dos amorosas jóvenes fueron conjuradas cuando el artista compuso su tríptico *Santa Ana, la Virgen y el Niño*. El cuadro pinta a las dos madres, ambas de la misma edad y sonriendo sutilmente con la inefable sonrisa giocondina que será su marca registrada. Freud nunca se ilusionó pensando que había descubierto el secreto del genio de Leonardo da Vinci; creía, eso sí, haber dado con la punta del hilo que lo conduciría al núcleo de la personalidad del pintor. En esa reconstrucción, el hijo se identifica con el volátil padre que lo abandona para recobrarlo; el pintor tratará a sus "hijos" de la misma manera: con pasión en la creación, impaciente en los detalles tediosos, incapaz de sostener la inspiración de su obra hasta el final. Este rasgo voraz, en parte compulsivo, lo lleva a descuidar su arte.

Da Vinci era también un "sujeto dividido" entre arte y ciencia. Este segundo lado se nutrió en la rebeldía frente al padre que, conviene recordarlo, lo inscribió como aprendiz en el atelier del escultor y pintor Verrocchio. El movimiento consistió en reemplazar la obediencia filial por una lealtad superior: la fidelidad a las evidencias.

La atracción de Freud por Leonardo fue grande. Figura estelar en su panteón. Objeto de máxima curiosidad. ¿De dónde provenía su genial epistemofilia? ¿Cuál había sido el destino pulsional de Leonardo? Ya en los *Tres ensayos* se señala que los elementos perversos de la sexualidad son los más aptos para favorecer la sublimación. Da Vinci sin duda sublimó su curiosidad sexual, aunque una parte quedó apresada en el conflicto homosexual.

Tres son los destinos de la pulsión epistemofílica. Puede ser inhibida: la inteligencia queda entonces bloqueada en la estupidez; puede seguir sexualizada, como en la neurosis obsesiva, y puede ser sublimada, como en el caso del artista, aunque a expensas de una homosexualidad disociada.

Freud era "un" Leonardo por identificación. Ya vimos la importancia que siempre atribuyó a su primera infancia, en la que el *Goldener Sigi* tuvo una madre joven y bonita, sólo para él, hasta los tres años. Tal vez ésa sea la razón por la cual creía que Leonardo fue adoptado por el padre sólo a los tres años. Jack J. Spector, en su trabajo *The Æsthetics of Freud*[29], señala que Freud tenía un ensayo francés cuyo autor sostenía que el padre se había llevado a su hijo ilegítimo el mismo año en que se casó. Freud hizo anotaciones en ese libro, pero pasó por alto esa observación. Mi flecha, a quemarropa, apunta a esa identificación de orígenes con su "ilustre analizado". Leonardo es Sigismund en la Roma de su imaginario.

El *Leonardo da Vinci* muestra el camino libidinal del homosexual que es, en su eje central, válido hasta hoy en día: vínculo erótico intenso y prolongado con la madre, identificación ulterior con ella, amor a adolescentes que la reemplazan. En relación con la sublimación, Freud anticipa aquí "Pulsiones y destinos de pulsión": "La observación de la vida cotidiana de los hombres nos muestra que la mayoría consigue orientar hacia su vida profesional porciones bastante considerables de sus fuerzas pulsionales sexuales, y la pulsión sexual es particularmente idónea para prestar estas contribuciones, pues está dotada de capacidad para la sublimación, o sea que es capaz de permutar su meta inmediata por otras más sublimes y no sexuales"[30].

Inmediatamente antes de la publicación del ensayo, Freud le escribe a Jones: "No debe esperar mucho del Leonardo que va a salir el próximo mes. Ni el secreto de la *Vierge aux Rochers*, ni la solución del enigma de la Mona Lisa. Mantenga sus expectativas en un nivel más bajo, así podrá apreciarlo más"[31].

Recuerda al padre que, en la nursery, pretende que el bebé no es lindo.

El bebé fue recibido con entusiasmo dentro del círculo de los íntimos, fuera del cual la gente se hizo cruces. "El Leonardo parece agradar a los compañeros", observó Freud, animado, en 1910. Jung exclama: "Leonardo es maravilloso"[32], [*4]. Havelock Ellis escribió una buena crítica bibliográfica (el ensayo bien podría haber sido dedicado a él).

---

*4. Renato Mezan opina que "el más evidente de los [factores] personales

527

"Extrañas reacciones llegan de Suiza", comenta Ernest Jones[33]. Jung y Pfister comienzan a ver buitres en el cuadro de la Virgen. "Pfister me dijo –escribe Jung– que ha visto el buitre en el cuadro"[*5]. Yo también vi uno, pero no en el mismo lugar: es exactamente en la región púbica donde está el pico. Cabría decir con Kant: "Un juego del azar que equivale a las más sutiles elucubraciones de la razón"[34]

Esos buitres, todos ellos, resultaron ser falsos buitres. Al cabo de quince años, Strachey hizo un descubrimiento incómodo, que demuele, por así decir, la base de sustentación plumífera de la superestructura especulativa montada por Freud. Éste se había valido de traducciones alemanas de los cuadernos de Leonardo da Vinci, que vertían erróneamente *nibbio* como "buitre", en lugar de "milano". En vista de esa *gaffe* revelada en 1923, la construcción madre-buitre, con todas sus implicaciones simbólicas, quedaba sin cimientos. Lo que no deja de ser una pena.

Es más que posible que el error de traducción que convirtió un milano[*6] en un buitre haya sido notificado a Freud –especialmente si pensamos que en esa época el propio Strachey se tendía en el diván del Profesor–, pero nunca lo corrigió. Él, que en su larga vida, estuvo más de una vez dispuesto a enmendar sus errores y rever sus teorías. "Pero no su Leonardo", comenta Peter Gay, lacónicamente[35].

Por otra parte, la cuestión de la homosexualidad era noticia en esos tiempos atribulados de desmayos y de sueños cruzados en las semanas del safari americano. La "cosa" homosexual era transitable años después de su pasaje al acto, en la tremenda transferencia con Fliess. Se trata de la cura del autoanálisis. En esa época la homosexualidad fue mencionada repetidas veces, casi como si fuera el núcleo de su neurosis. Más demonio que fantasma. Pensaba, erróneamente, haberse librado de ella para siempre. Tarea fácil, ya que consideró que la homosexualidad era del propio Fliess. En una carta a Jung de 1908 escribió: "Mi ex amigo Fliess desarrolló una bella paranoia después de librarse de su inclinación, no pequeña, por mí"[36]. Paranoia y homosexualidad, temas del momento. El problema, empero, no acaba allí: veremos el fantasma de Fliess en Siracusa, donde Freud discute su homosexualidad con el conturbado Ferenczi[37].

---

es la envidia de Jung respecto de Freud: regularmente, al recibir los trabajos del maestro, él expresa su deseo de haber sido el autor de textos tan brillantes" (véase el "Leonardo", "El Hombre de las Ratas", "El caso Schreber"). No estoy de acuerdo. La envidia "amarga y traidora" no habla. Por otra parte, no hay mayor elogio que confesarle al autor que uno lo envidia.

*5. Sobre este descubrimiento de Pfister, véase "Kryptolalie, Kryptographie und unbewusstes Vexierbild bei Normalen", *Jahrbuch*, V. 1913.

*6. El milano, según los ornitólogos, es tan común en la campiña romana como el buitre en Egipto.

Vale la pena recordar el final de este ensayo: "Todavía no podemos definir con precisión cómo se reparten los factores determinantes entre las «necesidades» de nuestra constitución y los «accidentes» de nuestra infancia; aunque, precisamente, ya no dudamos de la importancia de los primeros años de nuestra vida. Aún respetamos poco la Naturaleza que –según las enigmáticas palabras de Leonardo que recuerdan el dicho de Hamlet– «está repleta de causas (*ragioni*) sin fin que nunca entran en la experiencia». Cada uno de nosotros, seres humanos, corresponde a uno de los innumerables experimentos en los cuales esas *ragioni* de la naturaleza se abren camino en la experiencia"[38].

Este texto nos brinda claves para una metapsicología del proceso de creación. La obra de arte es, como nos lo recuerda Hornstein, una forma de retorno de lo reprimido. De modo que la Gioconda no es sólo un rostro por descifrar, sino el "resultado de un compromiso en el que representación y afecto son indisolubles"[39].

Pocos textos presentan tal riqueza de elementos teóricos; algunos de ellos están en estado práctico, y sólo años más tarde fueron teorizados por el propio Freud. Entre otros tenemos, siguiendo a Hornstein:

1) El recuerdo infantil y el problema de la historia del psicoanálisis.
2) La relación entre inconsciente-producción artística y distintas formas de retorno de lo reprimido.
3) Las teorías sexuales infantiles.
4) La importancia de los primeros años de vida – novela familiar.
5) El narcisismo, la elección de objeto.
6) La sublimación.
7) La teoría del Edipo. El problema de la madre fálica y su relación con la homosexualidad.
8) El concepto de la identificación narcisista.
9) El problema del carácter y su relación con las identificaciones[40].

A la lista de Hornstein yo agregaría, junto a la novela familiar, la relación entre el "complejo paterno" y la idea de Dios[41]. Este tema sólo es retomado en *El porvenir de una ilusión*, dieciséis años más tarde.

El *Leonardo* abrió una ventana a los juegos posibles de la historia. Se trata de la historia de los detalles, de lo que no es dicho, de los lapsus, de los errores, de los buitres de la vida. Ella hoy en día tiene un nombre, es la *microhistoria* de Carlo Guinsburg, que se aplica tanto a una determinada secuencia de eventos como a la atención al detalle: esto es, analiza las manifestaciones del inconsciente[42].

NOTAS

1. Renato Mezan, *Freud, pensador da cultura*, 1985, San Pablo, Brasiliense, pág. 321.

2. Ibíd.

3. SE, XIII, págs. 1-161.

4. Carta de Jung a Freud del 14 de octubre de 1909, *Freud-Jung, Correspondência completa*, 1976, Río de Janeiro, Imago, pág. 304.

5. Carta de Freud a Jung del 17 de octubre de 1909, ibíd., pág. 307.

6. SE, XI, págs. 60-138.

7. Carta de Freud a Lou Andreas-Salomé del 9 de febrero de 1919, *Freud-Lou Andreas-Salomé, Correspondência*, 1972, Río de Janeiro, Imago, pág. 123.

8. Carta de Freud a Ferenczi del 10 de noviembre de 1909, *Sigmund Freud-Sandor Ferenczi, Correspondance*, 1992, París, Calman-Levy, pág. 116.

9. Carta de Freud a Jung del 11 de noviembre de 1909, *Freud-Jung, Correspondência completa*, pág. 313.

10. Carta de Freud a Fliess del 9 de octubre de 1898, *Correspondência Sigmund Freud-Wilhelm Fliess*, 1986, comp. por J. M. Masson, Imago, Río de Janeiro, pág. 332.

11. Carta de Freud a Fliess del 4 de enero de 1898, ibíd., pág. 293.

12. Ibíd.

13. Carta de Freud a Ferenczi del 17 de marzo de 1910, *Sigmund Freud-Sandor Ferenczi, Correspondance*, pág. 163.

14. SE, XI, pág. 107.

15. R. Muther, *Geschichte der Malerei*, 1909, citado por Freud (SE, XI, pág. 108).

16. Peter Gay, *Freud, uma vida para o nosso tempo*, 1989, San Pablo, Companhia das Letras, págs. 254-5.

17. SE, XI, pág. 82.

18. SE, XI, pág. 90.

19. SE, XI, pág. 92.

20. SE, XI, págs. 115-7.

21. SE, XI, pág. 100.

22. SE, XI, págs. 98-100.

23. Carta de Freud a Jung del 17 de octubre de 1909, *Freud-Jung, Correspondência completa*, pág. 307.

24. Peter Gay, *op. cit.*, pág. 255.

25. SE, XI, págs. 85-6.

26. SE, XI, pág. 86.

27. SE, VII, pág. 5.

28. SE, XI, pág. 100.

29. J. Spector, *The Aesthetics of Freud: a Study in the Psychoanalysis of Art*, 1972, pág. 58, citado por P. Gay, *op.cit.*, pág. 257.

30. SE, XI, pág. 78.

31. Carta de Freud a Jones del 15 de abril de 1910, en Ernest Jones, *A vida e a obra de Sigmund Freud*, 1989, Río de Janeiro, Imago, II, pág. 76.

32. Carta de Jung a Freud del 17 de junio de 1910, *Freud-Jung, Correspondência completa*, pág. 386.

33. Ernest Jones, *op. cit.*, II, pág. 347.

34. Carta de Jung a Freud del 17 de junio de 1910, *Freud-Jung, Correspondência completa*, pág. 384.

35. Peter Gay, *op. cit.*, pág. 257.

36. Carta de Freud a Jung del 17 de febrero de 1908, *Freud-Jung, Correspondência completa*, pág. 165.

37. Carta de Freud a Ferenczi del 6 de octubre de 1910, *Sigmund Freud-Sandor Ferenczi, Correspondance*, pág. 231.

38. SE, XI, pág. 137.

39. Luis Hornstein, *Cura psicoanalítica e sublimação*, 1990, Porto Alegre, Artes Médicas, pág. 67.

40. Ibíd.

41. SE, XI, pág. 123.

42. François Dosse, "L'histoire devient le caractère psychique de son object", *Revue Internationale de l'Histoire de la Psychanalyse*, 1993, VI, pág. 153.

ÍNDICE DE NOMBRES

Dickens, Charles, 104
Diego y Gilou, 14
Donato, 187
Dorer, María, 164
Dostoievsky, Fedor, 430
Dreyfus, 344
Du Bois-Raymond, Emil, 119, 120, 278
du Maurier, Daphne, 50
Dubcovsky, Santiago, 55, 202
Dumas, Alejandro, 81, 190

Ebner-Eschenbach, María, 124
Eckstein, Emma, 26, 28, 29, 63, 315, 319, 331-342, 422, 463, 518
Edison, Thomas Alva, 160
Ehrmann, 162
Einstein, Albert, 401
Eissler, 50, 85, 257
Eitingon, Max, 431, 434, 446
Ellenberger, Henri, 9, 11, 15, 17, 50, 218, 219, 220, 221, 240, 254, 331, 367, 385, 443, 474, 519
Ellis, Havelock, 254, 283, 402, 442, 475, 477, 479, 527
Engels, Friedrich, 44, 271
Epson, 474
Epstein, Raisa Timofeyevna, 425
Erikson, Erik, 13, 23, 26, 31, 255, 258, 408, 409, 410, 416
Erlenmeyer, A., 181
Esquilo, 365
Evans, Sir Arthur, 400
Exner, Sigmund, 122, 123, 124, 163, 272, 312
Eyguesier, Pierre, 170
Eysenck, 16, 349
Eyth, Max, 100

Fairbairn, 404
Fechner, 126, 247
Federn, Paul, 426, 427, 431, 435
Fedida, 15
Felipe V, 174
Fenichel, 487, 513
Ferenczi, Sandor, 11, 42, 289, 386,

387, 401, 442, 452, 459, 467, 468, 511-522, 524, 528
Ferstel, Marie, 375
Feuerbach, Ludwig, 87, 110
Fichtner, Gerhard, 12
Fleischl, Ernst, 33, 122, 123, 124, 147, 151, 161, 162, 169, 170, 179, 180, 192, 197, 271, 278, 404
Flem, Lydia, 83, 84, 220, 262, 371, 373, 376, 399, 400
Fliess, Ida, 33, 338
Fliess, Jacob, 278
Fliess, Robert, 324, 325, 493, 494
Fliess, Selma, 235
Fliess, Wilhelm, 12, 13, 16, 22, 24, 25, 26, 28, 31, 33, 63, 66, 85, 86, 87, 89, 94, 127, 136, 178, 179, 189, 210, 211, 212, 213, 224, 241, 249, 250, 255, 257, 259, 264, 269, 270, 271, 272, 277-293, 294, 295, 297, 301, 302, 303, 304, 305, 316, 317, 319, 320, 322, 324, 332, 333, 334, 335, 336, 337, 338, 339, 340, 345, 347, 350, 373, 374, 375, 377, 379, 380, 381, 383, 385, 386, 398, 399, 400, 402, 405, 416, 421, 425, 426, 428, 457, 463, 466, 469, 474, 477, 479, 481, 504, 512, 518, 524, 528
Fluss (flía.), 54, 278
Fluss, Eleanora, 91, 92, 93, 96
Fluss, Emil, 79, 82, 90, 107, 108, 145
Fluss, Gisela, 127, 374, 463
Fluss, Ignaz, 67
Forel, 115, 242, 263, 344, 446
Foucault, Michel, 185, 186, 478
Francioni, 163
Francisco José, 39, 78, 79, 80, 81, 100
Frankel, Báruch, 511
Frankl, Samson, 53
Freeman, Lucy, 243
Freud, Amalia, 88, 92, 146
Freud, Anna, 10, 12, 13, 23, 24, 28, 29, 67, 95, 96, 141, 173, 277, 318, 324, 335, 490, 497
Freud, Emmanuel, 33

Niemann, Albert, 174, 175
Nietzsche, 18, 45, 344, 387, 429, 448
Nijinski, 243
Nin, Anaïs, 429
Nitzchke, Bernard, 321
Nitze, 218
Nothnagel, Hermann, 119, 149, 150,
    151, 193, 206, 271
Nunberg, 430

Oeri, Albert, 517
Offenbach, 348
Oppolzer, 119, 124, 247
Osipov, Nicolai, 446

Paneth, Josef, 147
Pappenheim, Bertha (Anna O.), 29,
    234-246, 264, 269
Pappenheim, Siegmund, 235
Parvú, N., 18
Pavlov, Iván Petrovitch, 159, 160,
    306
Pavlovsky, Tato 14
Paz, Rafael, 14
Pfenning, A. R., 339, 340
Pfister, Oskar, 38, 447, 459, 516, 528
Pfrimer, Théo, 69
Philippson, Ludwig, 50, 53, 61
Pinel, 191
Pitres, 264
Plank, 344
Plinio el Viejo, 190
Pollock, 240
Polo, Marco, 78, 240
Pontalis, J. B., 14, 15, 311, 333, 346
Porge, Erik, 16, 280, 337
Preiswerk, Emilie, 443
Prichard, James Cowles, 247
Puységur, 190

Rabelais, François, 394
Rafael, 65, 374
Rainey, 83
Ramón y Cajal, 115
Rank, Otto, 353, 387, 388, 425, 429,
    430, 431, 441, 453, 459, 513, 523

Raphael, Frederic, 466
Rappaport, David, 13, 367
Raymond, 229
Rayney, Ruben, 73
Rei, Oscar, 437
Reich, 14, 436, 483, 513
Reichert, 159
Reik, 12, 387, 388
Reissner, 113, 115
Reitler, Rudolf, 422, 425
Ribot, 226
Richet, 365
Richetti, 200, 202
Rickmann, 13, 442
Rie, Oscar, 25
Rieff, Philipp, 9, 11, 135, 360, 385,
    410
Rimbaud, Jean, 332
Ritvo, Lucille, 121
Rivière, Joan, 13, 258, 463
Rivière, Pichon, 426
Roazen, Paul, 10, 11, 15, 16, 17, 23,
    28, 52, 67, 85, 137, 138, 270, 271,
    340, 422, 431, 434, 519
Robak, 48, 83
Robert, Marthe, 74, 86, 103, 113,
    131, 136, 296, 299, 340, 380
Robin, Albert, 344
Robitansky, 119, 124, 155
Rocha, Zeferino, 15
Rogow, 409
Rolland, Romain, 378, 380
Rosanes, 334
Rosenberg, Ludwig, 25
Rosenberg, Otto, 429
Rosenblum, Eva, 372
Rosenstein, Ludwig, 437
Rosenthal, 218
Rosenzweig, Saúl, 160
Rothschild, 14
Roudinesco, Elisabeth, 9, 11, 15,
    188, 193, 202, 240, 270, 345, 365,
    367, 402, 496, 519
Rougemont, 134
Rousseau, Jean Jacques, 43
Roustang, 442, 449, 458, 459

ÍNDICE DE OBRAS DE FREUD

ÍNDICE GENERAL

Sigismund Freud nace en Freiberg. ¿Cómo era Freiberg? Philipp y el sueño de los pájaros egipcios. Amalia y el sueño de Tres Parcas. Nacimiento de Anna. El sobrino John, amigo-enemigo. Monica Zajic, niñera de Sigismund. Monica Zajic fue despedida al nacer Anna. Muerte de Julius. La pérdida de Freiberg. Los motivos del éxodo. Prisión de Joseph Freud. El infierno de Breslau. Leipzig. *Matrem nudam*. La llegada a Viena. "Entonces vinieron años difíciles". Episodio del gorro. Escolaridad de Freud. Reforma liberal del estatuto de los judíos en 1869.

Viena en la juventud de Freud. La descripción caricaturesca del jubileo del Emperador. El imperio de Francisco José. El Emperador eterno y Marie Langer. Freud en el *Leopoldstädter Real und Obergymnasium*. La graduación como bachiller. Bar Mitzvah de Freud. París y Viena son las capitales del sexo en el fin del siglo. ¿Qué sabemos de la sexualidad del joven Freud? El primer amor de Freud. La Academia Española. Cipión y Berganza. No se sabe casi nada de Eduard Silberstein. Primera hoguera. Amistad con Emil Fluss. La primera tentación de Sigmund Freud. El caso de Pauline Theiler.

Ser liberal "era bueno para los judíos". El Viernes Negro de 1873. Freud en la universidad. Amago de duelo. Aventura en el tren antisemita. Viaje a Manchester. La segunda tentación de Sigmund Freud. La elección de profesión. Oda a la Naturaleza. Freud ingresa en la Universidad de Viena. Feuerbach. Brentano. Darwin en Alemania. Los testículos de las anguilas. El Petromyzon. Waldeyer y la teoría de las neuronas.

La Escuela de Medicina de Helmholtz. Brücke. El sueño "Non vixit". Claus, Brücke, Nothangel. El servicio militar en 1880. La traducción de Stuart Mill. Breuer. Descubrimientos fisiológicos de Breuer. Freud se forma como médico. Decisión de abandonar el Instituto Brücke.

Sigmund conoce a Martha. *"My sweet darling girl"*. La ética del trovador. Una de las grandes correspondencias románticas. La castidad de Freud. Besos que "dejan sin aliento". El absurdo de Stuart Mill. Freud y sus dos rivales. Encuentro en el café Kurzweil. Las reticencias de *Frau* Bernays tienen sentido. Emmeline Bernays, futura suegra. Wandsbek, un castillo remoto. Freud era pobre para ir a Wandsbek. Caballos salvajes en la pampa. Pobreza: cualquier cosa por trabajar. La cara oscura del noviciado fue la pobreza. *Royalties* por la traducción del libro de Charcot. Préstamos de Breuer. El mito del héroe pobre. Fuego. La pulsión "piromaníaca" en Freud. Comencemos por la primera hoguera. Un *après-coup* orwelliano. Freud como *aspirant* subalterno. El consejo vocacional de Breuer. El suicidio de Weiss. Meynert.

Freud, manos de hada para las tinturas. Comparación de Freud con Pavlov. Freud en el laboratorio de Maynert. Freud se dedica a la médula durante dos años. El *Entwurf* de Exner. Barroco epistémico. ¿Cuál es la identidad epistemológica freudiana? Carus. Von Hartmann. Shopenhauer. Griesinger, discípulo de Herbart.

La fórmula de la cocaína. La cocaína, droga mágica. Freud y la cocaína. La virginidad de Freud. La cocaína como "transgresión creativa". Las propiedades formacológicas de la cocaína. La tercera tentación de Freud. Operación de Jacob Freud. La amistad con Fleischl, un hombre admirable. Fleischl como ideal. "El tercer flagelo de la humanidad".

Historia de la locura. En el siglo XVIII, los cometas eran cosas portentosas. Descartes y el nuevo saber sobre la locura. El hospicio, gran fábrica de producción de psicóticos. ¿Dónde buscar la prehistoria del psicoanálisis? La locura es producida experimentalmente. Mesmer y el magnetismo animal. El mesmerismo se va transformando en hipnosis. James Braid, inventor de la hipnosis. Simientes del método catártico de Breuer. *Rapport* y transferencia. Domesticación pigmaliónica. Freud en París. París, Capital del Amor. La Salpêtrière, Ciudad de los Locos. Encuentro con Charcot. Blanche, la Reina de la Salpêtrière. En la casa de Charcot. Jeanne Charcot. Un judío en la corte del Rey Charcot.

Decisión de Sigmund de casarse. De regreso a Viena. El problema de la vivienda. Las maniobras militares. Esas cuatro semanas locas. Casamiento civil en Wandsbek. Una ceremonia simple. Luna de miel en Lübeck. Los hijos comienzan a llegar. Nacimiento de Mathilde Freud. El sueño de la Monografía Botánica. El amor, sin duda, desapareció.

Príapo y la campiña sensual. El señor M. ataca a Goethe. En Berggasse crece la familia. Oliver. Freud habla de los hijos en la correspondencia. "Economía doméstica" del consultorio.

Psicopatología: escuelas alemana y francesa. Reunión en la Sociedad Imperial de Medicina. Crítica de Ellenberger al mito del héroe. La "batalla de Viena". Los héroes perturban el sueño del mundo. El problema de la histeria masculina. Meynert, representante de la psicología alemana. Conferencia en la Sociedad Psiquiátrica de Viena.

Sobre las afasias. Freud y Meynert. El aparato del lenguaje. Discursos afásico e histérico. Bleuler, psicología profunda. Las "neuropsicosis de defensa". "Etiología de la histeria". Neurosis actual y psiconeurosis. Formación de compromiso. Retorno de lo reprimido. Retorno de lo reprimido, primera formulación. Defensa secundaria en la neurosis obsesiva.

Descripción de una histérica por Kraepelin. Una noche calurosa de 1883. Bertha Pappenheim. Breuer trata a Anna O. Breuer inaugura el método catártico. El mito de la fuga a Venecia. Participación de Freud en el mito veneciano. El demonio "Pero". El caso no tuvo un final feliz. Binet, la terapia sugestiva.

Terapias proteiformes de la histeria. Insania moral, caso Hesse. El implacable Jeoffrey Moussaieff Masson. La noción de defensa en Freud. Breuer y las "voces del inconsciente" de Freud. Freud convence a Breuer de que publiquen el historial de Anna O. La "Comunicación preliminar". Breuer invierte a Charcot. Diferencia entre parálisis orgánicas e histéricas. Los "estados hipnóticos" de Charcot. Los *Estudios* como manual de psicoterapia. Paradoja doble de los *Estudios*. Katharina: terapia en los Alpes. El estilo de Freud. El caso clínico de Lucy R. El caso clínico de la Sra. P. J. El caso clínico de Emmy von N. Un mundo terrorífico de zoofobias y parestesias. Cäcilie, paciente tratada por Freud y Breuer. El claso clínico de Elisabeth von R. "Nuestras pacientes sufren de reminicencias". Tormenta metapsicológica en las páginas de los *Estudios*. Estado hipnoide. La década del espléndido aislamiento. Freud siguió de largo al ver a Breuer. Breuer y Engels. Las deudas con Breuer. Animosidad de Freud contra Breuer. Elogios a Breuer en Worcester.

547

El capítulo VII. Esquema del aparato psíquico. Indestructibilidad del deseo inconsciente. Tercer modelo de aparato psíquico.

El paralelismo entre Freud y Janet. La bella medium Léonie. Aquiles y la posesión demoníaca. Madeleine, lo opuesto a Aquiles. Bergson. Janet eclipsado por la gigantesca sombra de Freud. Janet y la autonomía del yo.

Rutina de trabajo de Freud. La serie romana. Lübeck, suicidio y luna de miel. Freud vuelve cambiado de Roma. El título de Profesor. En 1902 Freud era ya un *household name*. Atenas. Los dos hermanos estaban frente al Lloyd de Trieste. Freud, en la Acrópolis, no pensó en Jerusalén. Carta supersticiosa a Jung. La tesis de Bakan. Sentimiento oceánico. Psicología de la vida cotidiana. Signorelli. El papel de Fliess en el libro. La teoría de los lapsus. Lapsus y determinismo. Precursores de la teoría del lapsus. 2467 errores. Mónaco. Jerarquía de actos fallidos.

El chiste de Cracovia. Freud recuerda a Shakespeare. El trabajo del chiste. La condensación en el chiste. El chiste en la estética. La agudeza en la encrucijada de metáfora y metonimia.

Freud a principios de siglo. Freud se define como conquistador. Fecha de la muerte en el nuevo siglo. A la caza de hongos. Freud y las antigüedades. Las vacaciones de verano. Definición del psicoanálisis en 1922. Krafft-Ebing y Havelock Ellis. La "verdad histérica". Dora. Dora: historia clínica. Herr K., el villano-galán de la historia. Ginecofilia. Transferencia negativa de Dora. ¿Qué quería Dora? El sueño del Cofre de Joyas. Dora y la transferencia. La lógica de Dora. El sueño de la Mesa de Hotel. Freud y la mujer. Cuál podría haber sido el futuro de Dora.

Los comienzos de los miércoles. La segunda hoguera. Kahane y Reitler. Stekel y Adler. Sabemos poco de los primeros años de la vida de Adler. Stekel y el artículo "fabricado" por él. Diferencias entre Freud y Adler. Freud, al principio, acepta las ideas de Adler. Adler, analista de la esposa de Alexander. Analistas anónimos. Paul Federn. Federn y la medalla de Edipo. Otto Rank. Rank y la sombra. Rank como hijo adoptivo. Los discípulos tenían celos de Rank. Tienen sus reglas. Stekel y la masturbación. La masturbación, "vicio primario". Defensa minoritaria de Stekel. Erotismo anal de Jung. La Armada Brancaleone. Los tiempos de Urbantschitiesh. La patología y la elevada tasa de suicidios. Freud es la marca del siglo. Conferencias de los sábados en la Universidad. Tarot de los sábados.

La ingrata tarea de institucionalización. Carta circular de Roma. ¿Cuál era el motivo político de esta circular? Ave Fénix e instituciones. La segunda hoguera. Jung abre el segundo acto de la Causa. Carl Gustav Jung. Infancia de Jung. Jung en el albañal. Jung y el espiritismo. Jung en Burghölzli. Jung visita a Janet. Bleuler sería el Breuer de Jung. La correspondencia de Jung con Freud es reveladora. Primer contacto personal Freud-Jung. El artículo que pone de manifiesto el ingreso de Jung en el psicoanálisis. Freud se aferra a la ilusión de convertir a Jung. Sueño de los Caballos de Jung. Carta ejemplar de Freud a Pfister. Diálogo de sordos en la segunda vuelta. Primera entrada de Sabina Spielrein. La demencia precoz de Jung. "Mi ambiente"... El secreto de Jung. Freud no entra en el discurso histérico de Jung.

Minna se une a la familia Freud en 1896. Nuevo tipo de mujer fálica. Freud y Minna salían regularmente de vacaciones en esa época. *Aliquis*. Trento, lugar del "crimen". Minna y una sugerencia maliciosa de Jung. Minna se confiesa con Jung. Viajes a Italia con Minna. Minna: curas en verano. La Gradiva. Hanold, héroe de la Gradiva. Arqueología, analogía de la reflexión. Hanold: erotomanía fetichista. La Gradiva y Minna. Carta de Freud a Jensen. Jung elogia mucho el libro.

Se dice que el semen del diablo es helado. La pareja Bruja-Histérica fascina a Freud. ¿Qué es una perversión? El bebé perverso polimorfo. El hombre es heterosexual, homosexual, transexual. La neurosis aparece como el reverso de la perversión. Freud elabora la noción de zona erógena. La sexualidad en las psiconeurosis. La amnesia infantil. El autoerotismo. Uso del término sexualidad en Freud.

Juanito, análisis de la fobia de un niño de cinco años. Metálogo de

Bateson. El síntoma aparece como un relámpago en el cielo azul. El análisis transgresivo. El historial escrito con una sonrisa. El episodio de Martin Freud en las casillas de la playa. Angustia de castración y antisemitismo. Las fantasías sádicas de Juanito. Con Juanito nace la supervisión. *Ich bin der kleine Hans.*

Ernst Lanzer. El tratamiento se inicia a fines de 1907. La muerte del padre. Babelismo del dialecto obsesivo. La tortura de las ratas. Había placer en el rostro del paciente. El tema del "dialecto" obsesivo. Teoría de la neurosis obsesiva. *Spielratte.* Transferencias repugnantes. La omnipotencia del pensamiento. El Hombre de las Ratas, ambivalencia de Freud. El Hombre de los Cachorros y el Hombre de las Ratas.

Sandor Ferenczi nació en Budapest en 1873. Báruch Frankel, padre de Sandor. Ferenczi publica su primer ensayo, "Espiritismo". Primer encuentro de Ferenczi con Freud. La transferencia del pensamiento. El espíritu de los miércoles. Primer desmayo de Freud. El George Washington, teatro de este "análisis onírico". Laboratorio psicoanalítico gigante a bordo. El sueño de los dos cráneos. La vida privada de Jung. Jung poligámico. Llegada al puerto de Nueva York. Las cinco conferencias. La primera conferencia se inicia con una reseña histórica. La segunda conferencia. La tercera conferencia, dedicada a la técnica. La cuarta conferencia, dedicada a la sexualidad. Habladas en alemán.

El salto cualitativo. Llegada de la primera generación. El alto nivel teórico-práctico de los miércoles. Un recuerdo de infancia de Leonardo da Vinci. Un buitre descendió hasta mí. La homosexualidad de Leonardo. El narcisismo nace en cuna de oro. Leonardo creció con dos madres. La epistemofilia llevada hasta los límites de la perversión. Metapsicología del proceso creador.

Esta edición de 5.000 ejemplares
se terminó de imprimir en
La Prensa Médica Argentina,
Junín 845, Buenos Aires
en el mes de septiembre de 1996.